【제2판】

특수교육의 이해

추연구 · 김병룡

KNOWLEDGE COMMUNITY 공동체

머리말

지금까지 우리나라의 특수교육은 장애 학생의 기본적인 교육권 확보를 위해 주로 양적인 측면에서 발전해 왔다. 하지만 이제부터 특수교육은 학교에서 학습자로서 적절하게 배울 수 있는 장애 학생 권리의 실제적인 보장이라는 질적인 측면에 초점을 맞추고 발전해 가야 한다. 장애 학생의 실제적인 학습권 보장은 한 명의 학생도 포기하지 않고 모두가 함께 배운다는 '모두를 위한 교육'의 가치를 실현하는 것이다. '모두를 위한 교육'의 가치는 장애 학생만을 위한 특수교육에서 더 나아가 특별한 교육적 요구(SEN : Special Educational Needs)를 가진 학생 모두를 위한 통합교육이라는 특수교육의 새로운 지향점을 제시한다.

학생들은 학교 이후 사회인으로서 살아간다. 학생들이 학교에서 경험한 통합교육은 이들이 미래에 살아가야 하는 통합사회의 기반이 된다. 통합사회는 서로에 대한 차별 없이 균등한 기회에 기초하여 개인의 권리를 실현할 수 있는 사회이다. 이와 같은 통합사회에서 개인의 다양성에 대한 배려가 중요하다. 통합사회 속에서 배려가 필요한 개인은 적극적으로 배려를 요구하고, 그 개인이 속한 사회는 요구에 적절히 반응하며 가능한 범위에서 배려를 제공해야 한다. 이와 같은 배려를 '합리적 배려(reasonable accommodation)'라고 한다.

합리적인 배려는 UN(2006)이 발표한 장애인 권리협약에서도 잘 나타난다. 장애인은 다른 사람과의 평등에 기초하여 모든 인권 및 기본적 자유를 향유하고 이를 행사할 수 있어야 한다. 그리고 이를 위해 사회는 필요한 부분에 한하여 조절과 조정을 해주되, 그 과정에서 균형을 잃거나 과도한 부담을 서로에게 부과하지 않아야 한다.

합리적 배려는 다양한 사람들과 함께 살아본 경험에서 나올 수 있다. 다양한 개인들과 삶을 공유한 경험들에서 서로의 다양성에 대한 이해가 생겨나고 합리적인 배려가 가능해지는 것이다. 통합이 아닌 분리된 교육 속에서 자라난 학생들이 통합사회 속의 성인이 되었을 때 서로에 대해 합리적인 배려를 할 리가 만무하다. 통합교육을 통해 학생들은 사람들 사이의 벽으로서 존재하는 사회 구조와 제도에 대해 비판적으로 생각할 수 있는 개인으로 자라나야 한다. 그리고 다양한 사람들과 공생하며, 서로 다른 문화의 차이를 알고 이를 존중하며 자신의 문화에 대해서도 역시 경의를 가질 수 있는 개인으로 자라나야 한다. 또한 이를 가로막는 장애들에 대해 적극적이고 개혁적 태도로 변화를 일으킬 수 있는 개인으로 자라나야 한다. 이에 특수교육과 일반교육은 함께 통합교육을 지향해야 한다.

이를 위해 2009학년도부터 전국 국·공·사립 사범대학교와 교육대학교는 교직 이수 과목에 '특수교육의 이해'라는 과목 개설을 규정하고 있다. 이와 더불어 앞서 말했듯이 특수교육이 통합교육의 차원에서 제공되어야 한다는 것의 중요성과 그 세계적인 추세에 따라 특수교육의 이해는 교사양성기관에서 더욱 중요한 과제가 되고 있다. 따라서 본 교재는 예비교사의 통합교육역량 강화에 필요한 내용과 그것의 실천에 대해 고민하고자 하였다.

본 교재는 제1부에서 장애 학생을 바라보는 관점, 통합교육, 개별화교육을 설명한다. 제2부에서는 특수교육대상자로 규정하는 10가지 장애영역의 정의, 원인, 진단·평가, 분류와 특성, 교육적 접근을 중심으로 설명하고, 우리나라에서 특수교육대상자는 아니지만 현장에서 만나게 될 주의력결핍 과잉행동장애(ADHD) 아동, 영재 아동의 분야도 소개하고자 했다. 특히 중요한 사항은 예시나 심화자료를 덧붙여 이해를 도우려 했다.

이 책이 나오기까지 서로의 경험을 공유하며 함께 글을 집필하고 수정하면서 많은 의견을 준 김병룡 박사의 헌신적 노력에 감사를 드린다. 원고 교정과 편집 등에 많은 도움을 주신 공동체 가족 여러분에게도 감사드린다.

2025년 3월

춘천교육대학교 교육학과 추연구

차례

PART 2 특수교육대상 학생의 이해

PART **01**

특수교육의 이해

CHAPTER 01

장애를 보는 관점

우리가 어떤 대상에 대하여 개념을 정의한다는 것은 단순히 그 대상을 사전적 의미로 설명한다는 것만은 아닐 것이다. 대상을 어떻게 정의하느냐에 따라 그 대상이 지니는 사회적 의미까지도 달라질 수 있다. 이와 마찬가지로 장애에 대한 개념도 그 정의가 쉽지 않다. 장애를 '개인적 · 의학적 대상'으로 보느냐 또는 '정치적 · 사회적 대상'으로 보느냐에 따라 다르고 장애를 누가 정의하느냐, 어떤 목적에서 정의하느냐에 따라 다르다. 그뿐만 아니라 과거와 현재라는 시간의 흐름에 따라 장애는 다르게 정의되어 왔다. 나아가 우리나라와 다른 나라의 장애에 대한 개념 역시 서로 다르다.

장애를 어떻게 파악할지, 장애가 있는 사람에게 어떻게 대응해 가야 할지, 어떻게 지원해 가야 하는지에 따라 장애의 정의에 대한 접근방법은 크게 달라진다(추연구, 2015). 장애를 정의하는 전반적인 흐름을 살펴보면, 1970년대 이전까지는 의료 전문가들에 의해 '의료 모형'으로 정의되었지만, 1970년대부터는 '우리들의 문제는 우리 자신들이 가장 잘 알고 있다'고 주장하는 장애인 당사자들에 의해 '사회 모형'이 제기되고 이에 따른 장애의 정의가 이루어졌다. 이 두 모형은 장애인 당사자가 가지고 있는 '손상'과 이로 인한 '장애'에 대하여 서로 다른 접근을 하고 있다. 이 두 모형을 중심으로 장애에 대한 개념 변화를 구체적으로 살펴보자.

1 의료 모형

1) 의료 모형의 개념

의료 모형(medical model)은 '손상'과 '장애'를 구별하지 않는다. 장애를 의료의 문제 또는 개인의 문제로 국한시키고 있다. 이 관점에서는 장애인이 경험하는 경제적 · 사회적 · 문화적 차별은 장애를 가진 개인과 그 개인의 손상 때문이라고 본다. 따라서 장애인은 자신이 가지고 있는 '손상'을 교정(재활)하거나 치료해야 하는 존재이며, 이 과정에서 자신을 돌봐주고 치료해 주며 의사결정을 대신해 줄 수 있는 사람에게 의지해야 하는 불쌍하고 의존적인 사람으로 간주된다. Johnstone(2012)은 장애인을 바라보는 의료 모형의 관점을 〈표 1-1〉과 같이 제시하고 있다. 표에 제시된 것처럼 의료 모형에서는 '비장애'와 '장애'를 간단하게 이분법으로 정의하고 장애가 없는 것을 더 정상적이고, 더 우월하며, 더 완전한 것으로 생각한다.

〈표 1-1〉 의료 모형의 관점

구 분	비장애		장 애	
내 용	• 정상이다. • 좋다. • 깨끗하다.	• 적합하다. • 할 수 있다. • 독립적이다.	• 비정상이다. • 나쁘다. • 불결하다.	• 적합하지 않다. • 할 수 없다. • 의존적이다.

출처 : Johnstone(2012), p. 17.

의료 모형은 장애인들의 삶을 '의료화'하고 있다. 즉, 장애가 있는 아동의 놀이는 '놀이치료'가 되고 음악, 미술, 운동과 같은 여가는 '음악치료', '미술치료', '운동치료'로 간주해 버린다. 장애가 있는 성인들의 삶을 바라보는 눈도 마찬가지다. 비장애인들은 직업훈련을 받는 반면, 장애인들은 '직업재활훈련'을 받는 것이다. 중요한 것은 이렇게 하여 치료나 재활에 성공한 장애인은 사회에서 인정받지만, 그렇지 못한 대부분의 장애인은 배제를 경험한다는 것, 그리고 치료와 재활에 성공하지 못한 책임은 장애인 개인에게 돌아간다는 것이다. 이와 같은 경험의 반복에 의해, 장애는 점점 개인적인 비극이 된다. 의료 모형을 개인적인 '비극 이론'이라고 부르는 이유가 여기에 있다.

2) 의료 모형에 대한 비판

사람의 신체나 정신의 조건을 기준으로 장애와 비장애의 두 부류로 분류하는 의료 모형은 전혀 과학적인 이론이 아니다(Johnstone, 2012). 그뿐만 아니라 의료 모형이 비판받는 또 다른 이유로 첫째, 이 모형은 개인의 기능적 어려움이라 할 수 있는 손상(impairment)만을 다룰 뿐, 조직과 문화의 산물, 즉 사회 정치적 해석으로서 장애(disability)라는 용어를 다루지 않는다. 둘째, 의료 전문가들이 기능 상실의 강조와 함께 사람들을 진단하고 붙이는 이 꼬리표는 강력한 부정적 영향을 미칠 수 있다. 이때 인간으로서의 정체성(identity)은 도외시될 수밖에 없다. 셋째, 의료기관과 빈번한 접촉은 손상을 가진 사람들을 더욱 의료에 의존적인 위치에 놓이게 한다(조한진, 2011).

2 사회 모형

1) 사회 모형의 개념

1960년대와 1970년대의 많은 연구자들은 장애에 대한 의료 모형에 대해 비판적 입장을 가지면서도, 손상과 장애를 구분하여 고려하지 않았다. 그러나 장애에 대한 사회 모형이 대두되면서 〈표 1-2〉와 같이 당사자에게 장애의 책임을 돌리는 의료 모형과는 달리, 사회 모형은 장애를 사회적 책임으로 정의함으로써 장애 문제를 사회화시켰다.

〈표 1-2〉 의료 모형과 사회 모형의 차이

구 분	의료 모형	사회 모형
내 용	• 개인의 비극을 강조하는 이론 • 장애는 개인의 문제 • 개인별 치료 • 전문가 · 전문지식 중심 • 개인의 정체성 • 비장애인의 편견 · 태도의 변화 요구 • 보호와 통제, 장애인의 적응 강조	• 사회의 장애인 억압을 강조하는 이론 • 장애는 사회의 문제 • 장애인의 사회적 행동, 자조 활동 • 당사자와 그들의 경험 중심 • 집단의 정체성 • 비장애인의 차별과 행위의 변화 요구 • 권리와 선택, 사회의 변화 강조

의료 모형이 의사를 비롯한 전문가 집단에 의해 제기된 것과 달리, 사회 모형(social model)은 장애인 당사자들의 요구에서부터 출발하였다. 장애인은 단지 보살펴 주고 도와주기만 하면 해결되는 사람이 아니라 비장애인과 같이 평등하게, 자기결정권을 가지고 지역사회에서 스스로 독립적으로 살아가야 하는 존재라는 인식이 생기기 시작한 것이다(이지수 역, 2014). 따라서 '손상'과 '장애'에 대한 개념을 구분하는 일은 사회 모형의 핵심이 되었다.

일반적으로 '손상'의 정도는 개인의 능력을 측정하는 데 상당히 중요한 요소가 된다. 개인의 정상적인 생활을 어렵게 만드는 것이 '손상'이다. 따라서 '손상'을 입은 사람들은 당연히 장애가 있는 사람으로 인정이 된다(이선자 · 정운옥, 2010).

그러나 영국의 신체장애인연합회(UPIAS : Union of the Physically Impaired Against Segregation)를 필두로, 손상과 장애를 분리하자는 인식의 변화가 나타나기 시작하였다. UPIAS에 따르면 '손상(impairment)'은 사지의 전체 혹은 일부가 없는 것, 혹은 사지, 기관, 신체구조에 결함을 갖는 것이지만, '장애(disability)'란 신체적 손상을 입은 사람을 거의 혹은 완전히 무시함으로써, 그들을 사회 활동의 주류로부터 배제시키는 사회조직에 의한 불이익이나 활동의 제약이라는 것이다. 즉, UPIAS는 장애의 원인이 사회와 사회조직 내부에 있다고 주장하였다(윤삼호 역, 2006).

따라서 사회 모형은 '손상'의 치료나 재활보다 '장애'를 유발하는 사회적 장벽을 제거하는 것이 최우선의 과제라고 주장한다. 왜냐하면 비록 장애가 개인적 비극에서 시작한다고 하더라도 실제로 장애인을 가로막고 있는 것은 비장애인 위주의 사회이기 때문이다(Finkelstein, 1992). 즉, '장애'는 차이를 인정하지 않고 비장애인 중심으로 사회를 구성한 결과, 장애인과 함께하지 못하는 비장애인 중심 사회의 문제라는 것이다. 사회 모형을 '사회 억압 이론'이라고 부르는 이유가 여기에 있다.

이와 같은 사회 모형의 관점에서 보면, 장애는 의학적 결과가 아니라 배제하거나 억압하는 사회적 구성과 기제의 결과이다. 개인의 신체적 손상으로 '장애'가 된 것이 아니라 장애인들이 참여하기 어려운 장애물이 만들어지면서 '장애'가 된 것이기 때문이다. 사회 모형에 따르면 사회적 장애물의 제거를 통해 사회로부터 소외당한 장애인이 노동을 비롯한 사회적·문화적 결정에 대하여 '자기결정권'을 가지고 자신의 삶을 통제할 수 있어야 한다.

2) 사회 모형에 대한 비판

사회 모형은 장애의 원인을 개인의 '손상'에서 '사회적 억압'으로 격상시킴으로써 장애인의 해방에 큰 기여를 했다. 그러나 한계점도 존재한다.

무엇보다 큰 한계점은 장애인이 가지는 손상의 경험을 등한시했다는 점이다(우충환, 2014). 즉, 사회 모형이 의료 모형과 대립하며 자신의 영향력을 만들어 내는 과정에서 장애인들의 실질적인 삶에서 매우 중요할 수 있는 보건의료적 이슈들을 제대로 다루지 못하였다(김도현, 2009).

또한 정치적 집단주의에 집중한 나머지 장애 내에 존재하는 다양성을 적극적으로 반영하지 못했다(우충환, 2014). 사회 모형은 현실적으로 실효성을 지닐 수 있는 여러 대안을 적절히 개발하지 못하거나, 정부의 영향력 아래 진행되는 관련 사안들에 개입하는 데 소극적으로 보이기도 했다(김도현, 2009).

무엇보다 의료 전문가 집단의 영향력 아래에 있는 장애 관련 단체들(의료 모형 관점)과 장애인 당사자들 단체들(사회 모형 관점)을 나누어 정립하기 위해, 장애인 조직(organization of the disabled)과 장애인을 위한 조직(organization for the disabled)이라는 이분법이 무차별적으로 보편화됨으로써, 장애 억압에 대한 직접적인 경험을 지나치게 특권화해 왔다는 비판을 받고 있다(김도현, 2009).

3 장애에 대한 개념의 역사적 변천

세계적으로 수용되고 있는 장애의 개념을 연도별로 살펴보면 〈표 1-3〉과 같다. 이를 통해 장애란 무엇인가에 대한 생각이 시대별로 달라질 수 있다는 사실을 알 수 있다.

〈표 1-3〉 장애의 개념에 대한 각 기관의 정의 및 해설

<table>
<tr><th>기 관</th><th>연 도</th><th>설명 모형</th><th>장애의 개념에 대한 각 기관의 정의 및 해설</th></tr>
<tr><td rowspan="6">세계보건
기구
(WHO)</td><td rowspan="2">1952</td><td rowspan="2">의료 모형</td><td>모든 장애는 질병이며, 모든 장애인은 병자이다. 신체나 정신에 손상을 가진 사람은 누구나 '의학적 비정상인'이자 '사회적 일탈자'이다.</td></tr>
<tr><td>1960년대부터 유럽과 미국을 중심으로 일어난 장애 당사자 운동 참여자들의 비판으로 인하여 위와 같은 개념 규정은 변화되었다.</td></tr>
<tr><td>1980</td><td>의료 모형</td><td><table><tr><th>개 념</th><th>의 미</th><th>차 원</th></tr><tr><td>건강조건</td><td>의학적인 증상이 있다.</td><td>개인적 차원</td></tr><tr><td>손상</td><td>신체 구조와 기능의 장애</td><td>개인적 차원</td></tr><tr><td>장애</td><td>특정 과제를 수행할 때 다른 사람들이 일반적으로 행하는 방법으로 수행하기 어려운 상태</td><td>개인적 차원</td></tr><tr><td>사회적 불리</td><td>환경과의 상호작용에서 개인이 받는 불이익</td><td>사회적 차원</td></tr></table>'손상'이 '장애'를 일으키고 이로 인해 '사회적 불리'가 생긴다고 봄으로써, 결국 장애인의 사회적 불리를 없애려면 손상을 치유해야 한다는 결론으로 이어진다.</td></tr>
<tr><td>1997</td><td>의료 모형
+
사회 모형</td><td><table><tr><th>개 념</th><th>특 징</th><th>부정적 측면</th><th>설명 모형</th></tr><tr><td>손상</td><td>신체기능 신체 구조</td><td>손상</td><td>의료 모형</td></tr><tr><td>활동</td><td>개인의 일상 활동</td><td>활동 제한</td><td>의료 모형</td></tr><tr><td>참여</td><td>상황과 관련성</td><td>참여 제한</td><td>사회 모형</td></tr></table>장애를 손상, 활동, 참여의 측면에서 개념화하고 개인이 속한 상황에 따라 이 요인들의 영향이 변화하는 것으로 정의한다.</td></tr>
<tr><td>2001</td><td rowspan="4">획기적인
패러다임의
전환</td><td>특정 영역에서 개인들의 기능 수준은 건강상태와 상황적 맥락의 상호작용 결과라고 본다(그림 1-1 참조).</td></tr>
<tr><td colspan="2"></td></tr>
<tr><td rowspan="2">UN 총회
장애인
권리 협약</td><td rowspan="2">2006</td><td>"장애는 진화하고 있는 개념이며, 또한 장애는 손상을 입은 사람과 이들의 동등하고 완전하며 효과적인 사회참여를 가로막는 태도 및 환경의 장벽이 상호작용한 결과라는 점을 인정한다."</td></tr>
<tr><td>'장애'는 고정된 개념이 아니라 특정 사회와 시기에 따라 달리 해석된다는 뜻이다.</td></tr>
</table>

특히 세계보건기구(WHO : World Health Organization, 2001)가 발표한 국제생활기능분류(ICF : International Classification of Functioning Disability and Health)는 장애의 개념에 획기적인 패러다임의 전환을 가져왔다. 이 분류는 1997년의 정의를 계승하여 장애를 손상, 활동, 참여 각각에 영향을 미치는 상황 요인들에 따라 변화하는 것으로 보았다. 그리고 개인적인 장애와 상황적 맥락(환경적 요소와 개별적 요소)과의 상호작용에 의하여 기능과 장애를 설명하였다. 즉, 특정 영역에서 개인의 기능 수준은 건강 상태와 상황적 맥락이 상호작용한 결과라고 보고 있다.

이러한 상호 작용은 |그림 1-1|과 같이 나타낼 수 있다. 예를 들면, 호흡기 손상 때문에 호흡기의 기능이 제약되면 활동이 제약되고, 이로 인해서 사회적 참여도 제약된다. 이 모든 것은 기능적으로 서로 연관되어 작용하며, 이때 각각의 기능은 호흡기 손상이라는 건강 상태에 미치는 환경 요인 및 개인 요인들의 상호작용에 의해서 규정된다.

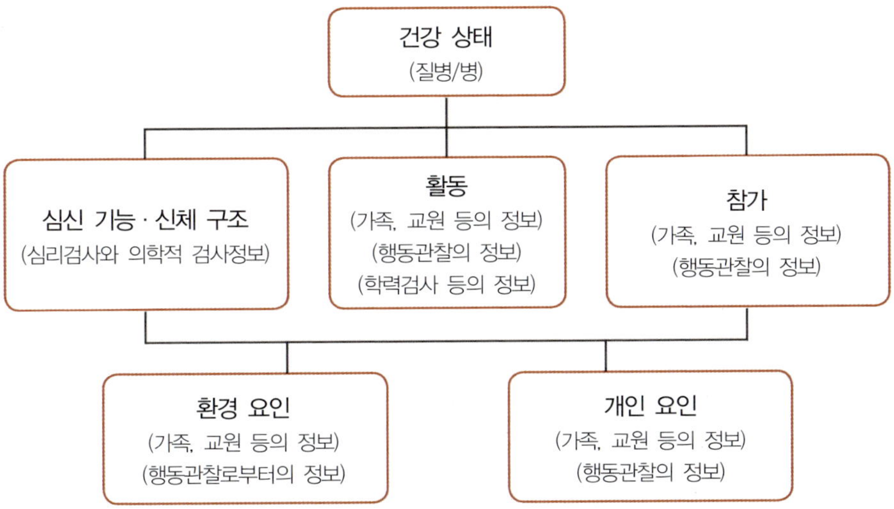

|그림 1-1| 특정 영역에서 개인의 기능 수준

출처 : WHO(2001).

2006년 12월 13일, UN 총회에서는 만장일치로 「장애인 권리 협약」이 채택되었다. 이 협약에는 장애인 인권이 추가되었다. 그러나 「장애인 권리 협약」은 장애(disability)를 명확하게 정의하고 있지는 않다. 복잡한 현대 사회에서 장애를 정의하는 것이 그만큼 어려워졌고, 조약의 특성상 수많은 나라의 동의를 얻어내야 하는 것도 만만치 않았을 것이다. 다음에 제시한 이 협약의 전문(前文)에서 장애를 '진화하고 있는 개념'이라고 규정한 대목은 이 같은 고민의 흔적을 나타내고 있다. 이 협약에서는 '장애'가 고정된 개념이 아니라 특정 사회와 시기에 따라 달리 해석된다는 뜻이다.

The States Parties to the present Convention, recognizing that disability is an evolving concept and that disability results from the interaction between person with impairments and attitudinal and environmental barriers that hinders their full and effective participation in society on an equal basis with others, have agreed as follows :

이 협약의 당사국은 장애는 진화하고 있는 개념이며, 또한 장애는 손상을 입은 사람과 이들의 동등하고 완전하며 효과적인 사회참여를 막는 태도 및 환경의 장벽이 상호작용한 결과라는 점을 인정하면서 다음과 같이 합의하였다.

4 우리나라의 장애 정의

우리나라에서 공식적으로 장애를 정의한 것은 1981년 6월 5일 법률 제3452호로 제정된 심신장애자복지법(현재 장애인복지법)에서 출발한다. 당시 이 법률 제2조에 의하면 장애인이란 지체부자유, 시각장애, 청각장애, 음성 · 언어기능장애 또는 정신박약 등 정신적 결함으로 인하여 장기간에 걸쳐 일상생활 또는 사회생활에 상당한 제약을 받는 자로 정의했다. 그 후 2001년 제정된 장애인복지법 제2조 제1항에 '장애인이란 신체적 · 정신적 장애로 오랫동안 일상생활이나 사회생활에 상당한 제약을 받는 자'로 개정하였는데, '결함'이 '장애'라는 단어로 바뀐 것 외에는 지금까지 변함이 없다.

한편 장애인복지법의 제2조 제2항에서 '신체적 장애'란 주요 외부 신체 기능의 장애, 내부 기관의 장애 등을, '정신적 장애'란 발달장애 또는 정신질환으로 발생하는 장애를 말한다고 정의하고 있다. 이는 우리나라에서 '의료 모형'에 따라 법적으로 장애를 정의하고 있음을 시사한다. 비슷한 시기에 WHO가 '사회적 장애' 개념을 받아들여 발전을 반복한 것과 상당히 비교된다.

그러나 2008년 4월 11일 「장애인차별금지 및 권리구제에 관한 법률」이 제정되었다. 이 법은 모든 생활영역에서 장애를 이유로 한 차별을 금지하고, 장애를 이유로 차별받은 사람의 권익을 효과적으로 구제함으로써 장애인의 완전한 사회참여와 평등의 실현을 통하여 인간으로서 존엄과 가치의 구현을 목적으로 하고 있다. 드디어 우리나라의 장애인 관련 법률에도 사회 모형의 영향이 나타나고 있는 것이다. 이 법에서는 차별 행위의 사유가 되는 장애를 '신체적 · 정신적 손상 또는 기능 상실이 장기간에 걸쳐서 개인의 일상 또는 사회생활에 상당한 제약을 초래하는 상태'라고 정의하고 있으며 이로 인한 차별을 금지하고 있다.

차별금지로는 고용 분야, 재화와 용역의 제공 및 이용 분야, 사법 · 행정 절차 및 서비스 분야와 참정권 분야, 모 · 부성권, 성 등 관련 분야, 가족 · 가정 · 복지시설, 건강권 등 관련 분야로 나누어져 있다. 이 법에서 금지하는 차별행위로 인해 피해를 입은 사람이나 피해 사실을 알고 있는 사람 혹은 단체는 국가인권위원회에 피해 내용을 진정할 수 있다. 진정이 없는 경우에도 국가인권위원회는 장애인차별금지법에서 금지하는 차별행위가 있다고 믿을 만한 상당한 근거가 있고 내용이 중대하다고 인정할 경우 직권으로 차별행위를 조사할 수 있다.

이와 같은 맥락으로 예비교사 교육에 있어서 1995년 장애 학생의 대학교육 기회 확대 및 직업 재활을 도모하기 위해 장애인 등에 대한 특별전형제도가 실시되었다. 이후 장애인 공직 임용 확대 방안의 일환으로 2005년부터 교육대학교 입학전형 모집

요강에도 장애인 특례입학이 반영되고, 장애인에 대한 입학 제한 규정은 사라지게 되었다(추연구 · 김은영, 2016).

장애인 차별에 대한 고정관념에 대한 교육의 영향도 매우 크다. 특히 학교교육에서 활용하는 교과서의 영향은 무시할 수 없다. 따라서 교과용 도서에 등장하는 장애인의 수를 늘리고 그 유형도 다양화해야 한다. 다양한 장애를 가진 특수교육대상자도 교실의 구성원임을 알리는 삽화를 넣을 필요가 있을 뿐만 아니라 현재 다운증후군이나 지체장애만을 포함하는 삽화들을 다양화함으로써 장애 유형을 뛰어넘어 모든 이들이 수업에 참여할 수 있음을 시사해야 한다(하정희 · 추연구, 2015).

최근 OECD는 회원 국가들에게 SENDDD(Special Education Needs, Disabilities, Difficulties, Disadvantages) 체제를 권고하고 국가 수준의 보고서를 요구하고 있다(Evans, 2004). 이는 특수한 교육적 요구의 원인을 장애뿐만 아니라 학습 곤란, 문화 실조 등도 포괄하여 대상 범주를 넓히도록 하는 패러다임의 전환을 종용하고 있다(김원경, 2007). 최근 우리나라도 개인의 다양성 수용, 인종, 민족, 가족 구성원, 성 역할 등이 현실적으로 다양하게 나타남에 따라 특수교육대상 학생에 대한 다양성의 범위를 제고할 필요가 제기되고 있다(추연구, 2008). 그러나 다문화 학생은 특수교육에 과잉 배치되며(지능 검사의 문화 편파적 요소로 인한 현상) 영재교육에는 과소 배치되는 경향이 있다(김동일 역, 2012). 이러한 편향적인 현상의 원인은 교사가 다문화 학생의 특수한 교육적 요구를 담당할 준비가 충분하지 않아 그들의 강점을 제대로 보지 못하기 때문이다(추연구, 2014).

이상에서 살펴본 것처럼 '특수교육대상자'는 개념이 확대되고, 명칭에도 많은 변화가 있었다. 그러나 현재 대부분의 국가에서는 장애 범주에 따라 이들을 분류하고 있다. 이는 특수교육대상자를 선정 · 배치하고 개별화교육을 지원하는 과정에서 여러 가지 편의를 제공하기 때문이다. 그러나 이러한 범주에 의한 분류는 단순히 어떤 특정 장애 집단을 지칭하는 용어에 불과하며, 관점과 나라에 따라 조금씩 차이가 있다.

다음의 표를 통해 미국과 한국의 예를 들어 간략히 살펴보자.

〈표 1-4〉 우리나라 특수교육대상자 선정 기준

장애영역	대상자 선정 기준
시각장애를 지닌 특수교육대상자	시각계 손상이 심하여 시각기능을 전혀 이용하지 못하거나 보조공학기기의 지원을 받아야 시각적 과제를 수행할 수 있는 사람으로서 시각에 의한 학습이 곤란하여 특정의 광학기구 · 학습매체 등을 통하여 학습하거나 촉각 또는 청각을 학습의 주요 수단으로 사용하는 사람
청각장애를 지닌 특수교육대상자	청력손실이 심하여 보청기를 착용해도 청각을 통한 의사소통이 불가능 또는 곤란한 상태이거나, 청력이 남아있어도 보청기를 착용해야 청각을 통한 의사소통이 가능하여 청각에 의한 교육적 성취가 어려운 사람
지적장애를 지닌 특수교육대상자	지적 기능과 적응행동상의 어려움이 함께 존재하여 교육적 성취에 어려움이 있는 사람
지체장애를 지닌 특수교육대상자	기능 · 형태상 장애를 가지고 있거나 몸통을 지탱하거나 팔다리의 움직임 등에 어려움을 겪는 신체적 조건이나 상태로 인해 교육적 성취에 어려움이 있는 사람
정서 · 행동장애를 지닌 특수교육대상자	장기간에 걸쳐 다음 각 항목의 어느 하나에 해당하여, 특별한 교육적 조치가 필요한 사람 가. 지적 · 감각적 · 건강상의 이유로 설명할 수 없는 학습상의 어려움을 지닌 사람 나. 또래나 교사와의 대인관계에 어려움이 있어 학습에 어려움을 겪는 사람 다. 일반적인 상황에서 부적절한 행동이나 감정을 나타내어 학습에 어려움이 있는 사람 라. 전반적인 불행감이나 우울증을 나타내어 학습에 어려움이 있는 사람 마. 학교나 개인문제에 관련된 신체적 통증이나 공포를 나타내어 학습에 어려움이 있는 사람
자폐성장애를 지닌 특수교육대상자	사회적 상호작용과 의사소통에 결함이 있고, 제한적이고 반복적인 관심과 활동을 보임으로써 교육적 성취 및 일상생활 적응에 도움이 필요한 사람
의사소통장애를 지닌 특수교육대상자	다음 각 항목의 어느 하나에 해당하여 특별한 교육적 조치가 필요한 사람 가. 언어의 수용 및 표현능력이 인지능력에 비하여 현저하게 부족한 사람 나. 조음능력이 현저히 부족하여 의사소통이 어려운 사람 다. 말 유창성이 현저히 부족하여 의사소통이 어려운 사람 라. 기능적 음성장애가 있어 의사소통이 어려운 사람

학습장애를 지닌 특수교육대상자	개인의 내적 요인으로 인하여 듣기, 말하기, 주의집중, 지각, 기억, 문제해결 등의 학습 기능이나 읽기, 쓰기, 수학 등 학업성취 영역에서 현저하게 어려움이 있는 사람
건강장애를 지닌 특수교육대상자	만성질환으로 인하여 3개월 이상의 장기입원 또는 통원치료 등 계속적인 의료적 지원이 필요하여 학교생활 및 학업수행에 어려움이 있는 사람
발달지체를 보이는 특수교육대상자	신체, 인지, 의사소통, 사회, 정서, 적응행동 중 하나 이상의 발달이 또래에 비하여 현저하게 지체되어 특별한 교육적 조치가 필요한 영아 및 9세 미만의 아동

출처 : 장애인 등에 대한 특수교육법 시행령 [별표] 특수교육대상자 선정 기준(제10조 관련).

〈표 1-5〉 미국의 특수교육대상자 선정 기준

장애영역	대상자 선정 기준
자폐 (autism)	일반적으로 3세 이전에 나타나 구어와 비구어 의사소통 및 사회적 상호작용에 심각한 영향을 미침으로써 교육적 성취에 부정적인 영향을 미치는 발달장애, 자폐와 관련된 기타 특성은 반복적 활동과 상동적인 움직임을 보이고 환경적 변화나 일과의 변화에 저항을 보임
농 (deafness)	보청기를 착용하거나 착용하지 않은 상태에서 청각을 통해서 언어적인 정보를 처리하지 못하여 교육적 성취에 부정적인 영향을 미치는 심각한 청각 손상
농-맹 (deafness-blindness)	심각한 의사소통 및 기타 발달적 · 교육적 문제를 일으키는 청각과 시각의 동시 손상, 농 또는 맹만을 지닌 아동을 위한 특수교육 프로그램에 맞지 않음
청각장애 (hearing impairment)	'농'의 정의에 해당되지 않으면서 교육적 성취에 부정적인 영향을 미치는 영구적이거나 변동적인 청각의 손상
지적장애 (intellectual disability)	발달시기에 나타나 교육적 성취에 부정적인 영향을 미치는 적응행동상의 결함 및 이와 동시에 나타나는 심각한 평균 이하의 지적 기능
중복장애 (multiple disabilities)	한 가지 장애만을 위한 특수교육 프로그램으로는 수용될 수 없는 다양한 손상들이 동시에 조합(예 정신지체-맹, 정신지체-지체장애)된 상태로 심각한 교육적 어려움들을 야기
지체장애 (orthopedic impairment)	교육적 성취에 부정적인 영향을 미치는 심각한 정형외과적인 손상, 선천성 기형(예 내반족, 신체 일부의 결손), 질병에 의한 손상(예 소아마비, 골결핵), 기타 원인에 의한 손상(예 뇌성마비, 절단, 근육이나 힘줄을 손상시키는 골절이나 화상)을 포함함

정서장애 (emotional disturbance)	다음의 특성 중 하나 이상을 오랜 시간 동안 눈에 띌 정도로 나타냄으로써 교육적 성취에 부정적인 영향을 미치는 상태 • 지능, 감각, 건강상의 요소로는 설명할 수 없는 학습상의 무능력 • 또래와 교사와 만족할 만한 상호적인 관계를 형성하고 유지하지 못함 • 정상적인 환경에서 나타나는 부적절한 형태의 행동이나 감정 • 일반적이고 전반적인 불행이나 우울의 분위기 • 개인적인 또는 학교문제와 관련된 신체적인 증상이나 두려움을 나타내는 경향. 조현병을 포함함. 사회적 부적응을 보이는 아동은 심각한 정서장애로 판단되지 않는 한 포함하지 않음
특정학습장애 (specific learning disability)	듣기, 생각하기, 말하기, 읽기, 쓰기, 철자법, 수 계산을 수행하는 불완전한 능력으로 나타날 수도 있는, 말이나 글로 표현된 언어이해나 사용에 포함되는 기본적인 심리학적 과정에 있어서 한 가지 이상의 장애, 지각장애, 뇌손상, 미세뇌기능장애, 난독증, 발달적 실어증과 같은 상태를 포함함. 시각장애, 청각장애, 운동기능 장애, 정신지체, 정서장애나 환경적, 문화적, 경제적 불이익이 주원인인 학습문제를 보이는 아동은 제외함
말/언어장애 (speech or language impairment)	교육적 성취에 부정적인 영향을 미치는 말더듬, 조음장애, 언어장애, 음성장애 등과 같은 의사소통 장애
외상성 뇌손상 (traumatic brain injury)	교육적 성취에 부정적인 영향을 미치는 전반적인 또는 부분적인 기능장애나 심리사회적 손상을 초래하는 외부적인 물리적 힘에 의해서 발생한 뇌손상, 인지, 언어, 기억, 주의집중, 논리, 추상적 사고, 판단, 문제 해결, 감각, 지각, 운동기능, 심리사회적 행동, 신체기능, 정보처리, 말과 같은 영역 중 한 가지 이상의 영역에서의 손상을 초래하는 개방형 또는 폐쇄형 두뇌손상을 포함함. 선천적이거나 퇴행성, 또는 출생 중에 발생한 뇌손상은 포함하지 않음
시각장애 (visual impairment)	교정을 한 후에도 교육적 성취에 부정적인 영향을 미치는 맹을 포함하는 시각 손상, 저시력과 맹을 모두 포함함
기타 건강상의 장애 (other health impairment)	심장상태, 결핵, 류머티스 질환, 신장염, 천식, 겸상적혈구빈혈증, 혈우병, 뇌전증, 납 중독, 백혈병, 당뇨병 등과 같은 만성 또는 급성 건강 문제로 인하여 약화된 체력, 활력, 그리고 각성에서의 제한

출처 : 미국 장애인교육법(Individuals with Disabilities Education Act : IDEA).

〈표 1-6〉 특수교육 대상 장애의 비교

장애인 등에 대한 특수교육법 (2021년)	장애인복지법 시행령 [별표 1](2021년)	미국 장애아동교육향상법 (2004년)
시각장애	시각장애	시각장애
청각장애	청각장애	청각장애
지체장애	지체장애	지체장애
	뇌병변 장애	뇌손상
정서 · 행동장애		정서 · 행동장애
자폐성장애 (이와 관련된 장애를 포함)	자폐성장애	자폐성장애 (이와 관련된 장애를 포함)
의사소통 장애	언어장애	언어장애
학습장애		학습장애
건강장애	신장장애, 심장장애 호흡기장애, 간장애 안면장애, 장루 · 요루장애, 뇌전증	건강장애
지적장애	지적장애	지적장애
발달지체		발달장애
그 밖에 대통령이 정하는 장애	정신장애	농-맹
		중복장애

출처 : 김원경 외(2021).

특수교육대상 학생을 정의하고 분류하는 것은 절대적인 기준이 있는 것은 아니기 때문에 위의 도표와 같이 국가별로 다소 다르게 분류하고 있다. 하지만 특수교육대상 학생의 영역이 확대되고 있으며, 최근에는 한 대상자에게 주어지는 교육이나 서비스 형태를 중심으로 특수교육대상 학생을 분류하고 가능한 한 장애라는 명칭을 붙이는 것을 피하고자 한다. 특수교육대상 학생이라는 명칭을 사용하는 것은 특수교육대상 학생에게 일반 학생과 인간 전체가 이름 붙인 하나의 편의적인 용어라는 점을 유의해야 한다(한현민, 2000). 또한 장애를 가진 학생을 대할 때 정상적인 발달을 보이는 또래 학생과의 차이점과 더불어 유사점에도 역시 초점을 맞추어야 한다. 단지 특수교육대상 학생으로 분류되었다는 이유로 그들이 가지고 있는 일반적인 부분까지 저버려서는 안 된다. 특수교육 관련 종사자들은 장애에 초점을 맞추기보다는 그들이 가지고 있는 능력에 초점을 맞추어야 한다. 그리고 약점보다는 강점을 볼 수 있고 강점의 지원에 최선을 다해야 한다.

▎참고문헌▎

김동일 역(2012). 다문화 특수교육. 서울 : 학지사. G. Cartledge., R. Garden III, & D. Y. Ford. *Diverse Learners with Exceptionalities.*

김원경(2007). 한국 특수교육의 변화 경향과 미래 전망. 정신지체연구, 9(2), 1-19.

김원경 외(2021). 최신 특수교육학개론. 경기 : 양성원.

김도현(2009). 장애학 함께 읽기. 서울 : 그린비.

우충환(2014). 장애학의 인권과 통합교육에 대한 시사와 함의. 2014 한국통합교육학회 동계학술대회발표집, 3-14.

윤삼호(2006). 장애화의 정치. 대구 : DPI. Oliver Michael(1990). *The Politics of Disablement.*

이선자 · 정윤옥(2010). 장애학의 다중 패러다임을 통한 장애(인)에 대한 인식의 유형. 주관성연구, 20, 165-183.

이지수 역(2014). 장애와 함께 살아간다는 것—변화하는 사회 속 장애청소년들의 이야기. 서울 : 그린비. Sonali Shah & Mark Priestlet(2010). *Disability and Social Change : Private and Public Policies.*

조한진(2011). 장애학에 대한 재고찰. 특수교육저널, 12(4), 1-25.

추연구(2008). 통합교육 관점에서 보는 특수교육의 변화 고찰. 발달장애연구, 12(2), 175-193.

______(2014). 다문화교육과 특수교육의 통합적 접근. 지적장애연구, 16(2), 333-353.

______(2015). 사회문제로서의 장애에 대한 연구-장애학 관점을 중심으로. 춘천교육대학교 초등교육연구소. 교육연구, 33(1), 81-106.

추연구 · 김은영(2016). C 교육대학교 '특별전형 특수교육대상자'의 입학 사정과 학업 현황분석. 특수교육저널 : 이론과 실천, 17(2), 145-166.

하정희 · 추연구(2015). 특수교육 기본 교육과정 초등학교 과학교과용 도서의 인물삽화 분석-양성평등관점에서-. 발달장애연구, 19(4), 159-170.

한현민 외(2000). 특수아동과 특수교육. 서울 : 도서출판 특수교육.

Evans, P.(2004). A Comparison of Inclusion practice in OECD countries. *Education Canada, 44*(1), 32-35.

Finkelstein, V.(1992). *Issues in Terminology of Disability.* Open University Advisory Committee on Students with Disability.

Johnstone, D.(2012). *An Introduction to Disability Studies*(Second Editon). New York : David Fulton.

World Health Organization(2001). *International Classification of Functioning, Disability and Health : ICF.* Geneva, Switzerland : Auther.

CHAPTER 02

통합교육

장애 학생이 지역사회의 한 시민으로 가치 있는 역할을 하며 살아가기 위해서는 학령기의 통합교육이 필수적이다. 이는 사회의 다양한 구성원의 요구는 바로 그 다양한 구성원과 요구가 있는 곳에서 배워야 하기 때문이다. 통합교육은 정상화, 주류화, 최소제한환경의 기본원리를 바탕으로 장애 학생들도 비장애 학생들과 동등한 교육 기회를 누리며 더불어 살아갈 수 있도록 도와주는 데 목적을 두고 있다. 여기서 통합교육은 완성이 아닌 과정(process)이다. 그리고 그 과정을 통해 통합교육을 이루어 가는 것이 특수교육의 이상을 실현하는 것이라 할 수 있다. 이제 장애 학생이 배치되어 통합교육을 수행할 때 필요한 내용을 살펴보자.

1 통합교육의 법률적 근거

통합교육은 특수교육대상자에게 통합된 교육환경을 제공함을 의미하고 이는 특수교육을 기본적인 토대로 하여 이루어진다. 특수교육은 헌법, 교육기본법, 유아교육법, 초·중등교육법, 「장애인 등에 대한 특수교육법」, 특수학교시설·설비기준령, 「장애인차별금지 및 권리구제 등에 관한 법률」, 평생교육법 등이 정한 규정에 의해 이루어지고 있다(교육부, 2021 : 13). 〈표 2-1〉에 특수교육 관련 법령과 관련 조항을 간략히 제시하였다.

〈표 2-1〉 특수교육 관련 법령

법 령	관련조항
헌 법	제31조
교육기본법	제3조(학습권) 제4조(교육의 기회균등), 제8조(의무교육), 제18조(특수교육)
유아교육법	제15조(특수학교 등)
유아교육법 시행령	제25조(특수학교의 교직원)
초 · 중등교육법	제2조(학교의 종류), 제12조(의무교육), 제19조(교직원의 구분), 제21조(교원의 자격), 제55조(특수학교), 제56조(특수학급), 제58조(학력의 인정), 제59조(통합교육)
초 · 중등교육법 시행령	제11조(평가의 대상 구분), 제14조(위탁 시의 협의), 제40조(특수학교 등의 교원), 제43조(교과), 제44조(학기), 제45조(수업일수), 제57조(분교장), 제58조(국 · 공립 학교운영위원회의 구성), 제63조(사립학교의 운영위원회)
장애인 등에 대한 특수교육법/시행령/시행규칙	전체
특수학교시설 · 설비기준령	전체
장애인복지법	제20조(교육), 제25조(사회적 인식개선 등)
장애인복지법 시행령	제16조(인식개선 교육의 실시)
진로교육법 시행령	제4조(진로전담교사)
학교폭력예방 및 대책에 관한 법률	제16조의2(장애 학생의 보호)
평생교육법	제5조(국가 및 지방자치단체의 임무), 제9조(평생교육진흥기본계획의 수립), 제12조(시 · 도평생교육협의회), 제14조(시 · 군 · 자치구 평생교육협의회), 제19조의2(국가장애인평생교육진흥센터), 제20조의2(장애인평생교육시설 등의 설치), 제21조의2(장애인 평생교육과정)
평생교육법 시행령	제5조(진흥위원회의 구성 · 운영), 제11조의2(국가장애인평생교육진흥센터), 제12조의2(장애인평생교육시설의 등록), 제12조의3(장애인평생교육시설에 대한 운영비 지원)
평생교육법 시행규칙	제2조의3(장애인평생교육시설의 등록)

장애인 차별금지 및 권리구제 등에 대한 법률	제2장 제2절 교육
장애인 · 노인 · 임산부 등의 편의증진 보장에 관한 법률	제8조(편의시설의 설치기준)
장애인고용촉진 및 직업재활법	제8조(교육부 및 보건복지부와의 연계)

통합교육을 실시할 때 특히 중요한 법률은 「장애인 등에 대한 특수교육법」이다. 이 법은 교육기본법 제18조에 따라 국가 및 지방자치단체가 장애인 및 특별한 교육적 배려가 필요한 사람에게 통합된 교육환경을 제공하고 생애주기에 따라 장애 유형 및 정도의 특성을 고려한 교육을 실시하여 이들의 자아실현과 사회의 통합에 기여함을 목적으로 한다. 이제 「장애인 등에 대한 특수교육법」 내의 통합교육 관련 규정을 살펴보자.

1) 통합교육의 법률적 정의

'통합교육'이란 특수교육대상자가 일반학교에서 장애 유형 · 정도에 따라 차별을 받지 아니하고 또래와 함께 개개인의 교육적 요구에 적합한 교육을 받는 것을 말한다(장애인 등에 대한 특수교육법 제2조 제6호).

2) 특수교육대상자의 법률적 정의

'특수교육대상자'란 제15조에 따라 특수교육이 필요한 사람으로 선정된 사람을 말한다(장애인 등에 대한 특수교육법 제2조 제3호, 앞 장의 〈표 1-4〉 참조).

3) 특수교육의 법률적 정의

'특수교육'이란 특수교육대상자의 교육적 요구를 충족시키기 위하여 특성에 적합한 교육과정 및 제2호에 따른 특수교육 관련서비스 제공을 통하여 이루어지는 교육을 말한다(장애인 등에 대한 특수교육법 제2조 제1호).

4) 특수교육 관련서비스의 법률적 정의

'특수교육 관련서비스'란 특수교육대상자의 교육을 효율적으로 실시하기 위하여 필요한 인적·물적 자원을 제공하는 서비스로서 상담지원, 가족지원, 치료지원, 지원인력배치, 보조공학기기지원, 학습보조기지원, 통학지원 및 정보접근지원 등을 말한다(장애인 등에 대한 특수교육법 제2조 제2호).

2 통합교육의 이론적 배경

1) 통합교육이라는 용어가 대두된 과정

(1) 정상화의 원리

장애인들의 사회통합운동을 위한 기본적인 철학을 제공하는 것은 '정상화의 원리(the principle of normalization)'다. 세계에서 처음으로 정상화 원리의 이념을 명확하게 규정한 사람은 덴마크의 Bank-Mikkelson(1919~1991)이다(성명옥, 2004 재인용). 이를 토대로 덴마크에서는 1959년에 정상화를 근거로 법률이 제정되었다. 그리고 스웨덴에서 1960년대 Nirje(1969)에 의해 처음 '정상화'라는 단어가 사용되었다. '정상화의 원리'란 장애나 기타 불이익을 경험하는 모든 사람이 가능한 한 사회의 일반적인 환경 및 생활방식과 유사하거나 동일한 삶을 살 수 있는 조건을 제공해 주는 것을 의미한다(이소현·박은혜, 2011).

(2) 탈수용시설화

1960년대와 1970년대를 거쳐 장애인을 시설에 수용하는 것에 대한 비판이 제기되었다. 그리고 시설에 수용되어 있는 장애인들을 시설에서 지역으로 이동시키자는 탈수용시설화(deinstitutionalization) 운동이 나타났다. 이에 따라 장애인을 수용하는 시설을 폐쇄해야 한다는 강한 주장까지 있었다. 이후 많은 장애 아동이 가정에서 성장하게 된 것과 지역사회 내 작은 규모의 시설들이 보편화되기 시작한 것은 이러한 탈수용시설화 이념에 기인한 것이다(이소현·박은혜, 2011).

(3) 최소제한환경

최소제한환경(LRE : Least Restrictive Environment)이란 장애 학생을 학교에 배치할 때 장애가 없는 또래, 가정, 지역사회로부터 최소한으로 분리시켜야 한다는 원리이다. 이 원리는 미국의 장애인교육법의 규정에서 출발하였다. 이 규정 자체가 통합교육과 동일한 개념은 아니지만 통합교육을 뒷받침하는 법적 개념으로 현재 받아들여지고 있다.

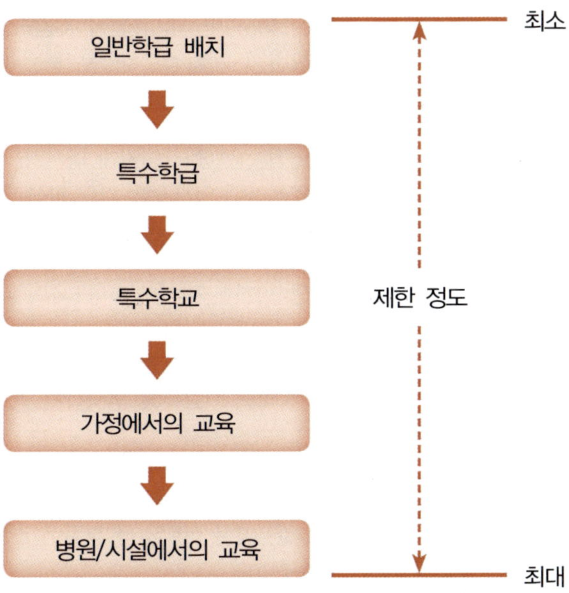

|그림 2-1| 장애인교육법에 제시된 연계적 배치체계 모형

출처 : 권요한 외(2015).

|그림 2-1|에서 보듯이 제한 정도가 커질수록 일반학교 환경에서 배제되는 것을 의미한다. 제한 정도는 일반학급에 배치되었을 경우 최소이며, 다음 단계로 갈수록 커져서 병원이나 시설에서 교육받을 경우 가장 큰 것을 의미한다. 장애 학생을 최소로 제한된 교육환경에 배치해야 한다는 이 규정은 매우 바람직하기는 하나, 이를 실제로 적용하는 과정은 개념을 정의하는 것부터 단순하지 않기 때문에 이와 관련된

여러 보조 기준들이 필요하다. 다음 〈표 2-2〉의 배치 결정기준 역시 최소제한환경에 장애 학생들을 배치하는 데 필요한 보조 기준들 중 하나이다. 학생 배치 결정 시 이 기준에 따른 점검내용을 살펴보자.

〈표 2-2〉 최소제한환경 배치 결정기준에 따른 점검내용

최소제한환경 배치 결정기준	점검내용
학교는 학생이 일반학급에 남아있을 수 있도록 하기 위해 단계적인 노력을 기울였는가?	• 보완 도구 및 서비스들을 제공하였는가? • 필요한 중재를 시도하였는가? • 얼마나 많은 중재를 시도하였는가?
보완 도구나 서비스의 제공과 함께 일반학급에서 교육받을 때와 특수교육을 받을 때 그 혜택이 어떻게 다른가?	• 학업적 혜택에서 어떻게 다른가? • 사업성이나 의사소통 기술 향상과 같은 비학업적 혜택에서 어떻게 다른가?
다른 학생의 교육에 미치는 영향은 어떠한가?	• 학생이 방해 행동을 보이는 경우 다른 학생에게 부정적인 영향을 미치는가? • 학생에게 교사의 지나친 관심이 필요하고, 이에 따라 다른 학생의 교육에 부정적인 영향을 미치는가?
만일 학생이 일반학급이 아닌 다른 환경에서 교육받고 있다면, 가능한 범위에서 최대한으로 또래들과 통합된 경험을 하고 있는가?	• 학생은 어떤 학업적 활동에서 또래들과 통합되고 있는가? • 학생은 어떤 비학업적 활동에서 또래들과 통합되고 있는가?
연계적 배치체계의 종류가 적절한 배치를 선택하기에 모두 가능한가?	

출처 : Yell, M. L.(2006).

(4) 주류화

주류화(mainstreaming)란 장애 아동을 가능한 일반아동의 생활 흐름에 포함시키는 것을 말한다(Turnbull & Turnbull, 1990). 이 개념은 앞서 살펴본 최소제한환경 원리에 기초하여 등장하였다. 주류화는 학급 활동의 전체나 그중 일정 부분 동안 일반학급에 장애 학생을 배치하는 것으로 1990년 이후에 통합(inclusion)이라는 용어로 대치되었다(Friend & Bursuck, 2006).

(5) 일반교육 주도

일반교육 주도(regular education initiative)는 장애 학생이 적절한 교육을 받기 위해서는 일반교육과 특수교육의 이중 구조를 폐지하고, 하나의 교육체계로 통합함으로써 교육적 개혁을 시도하여야 한다는 주장이다. 미국의 경우 1970년대에 장애 학생을 특수학급에 배치하거나 1980년대에 자료실(resource room)에 배치하기도 하였는데, 이 주장은 이들을 일반교육 프로그램에 포함시키려는 노력에서 시작되었다(Smith et al., 2004).

그러나 '일반교육 주도' 운동에 대하여 지금까지도 많은 찬반 논란이 있다. 먼저 일반교육 주도 운동의 지지자들은 현재 이루어지고 있는 일반교육과 특수교육의 이중 구조는 일반 학생과 장애 학생이라는 두 종류로 구분되는 학생이 있다는 것을 가정한다고 지적한다. 그러나 실제로 모든 학생은 한 연속선상에서 다양한 특성을 가지고 있다.

또한 일반교육과 특수교육이라는 이중 구조에서는 장애가 있는 특수교육대상자를 진단 · 평가하는 것뿐만 아니라 특수교육대상자로 선정된 장애 학생들에게 어떤 교육체제가 적합한지를 파악하는 데에도 많은 시간과 노력이 요구된다. 특히 학습장애, ADHD, 지능 수준이 높은 자폐성장애가 있는 학생과 같이 일반적으로 일반학급에서 교육을 받고 있는 학생들의 특별한 교육적 지원에 있어서 더욱 큰 어려움이 야기된다(추연구, 2009).

무엇보다도 장애 학생들에게만 한정된 효과적인 특별한 교육방법은 존재하지 않으며, 바람직한 교육 프로그램은 모든 학생들에게 효과적이라는 것이다. 많은 전문가들은 '일반교육 주도'로 긍정적인 혜택을 얻을 수 있지만, 실제의 교육현장에서 실천의 어려움 역시 지적하고 있다(Fuchs & Fuchs, 1994).

(6) 완전통합

완전통합(full inclusion)이라는 개념은 1990년대 이후 발전하였다. 이 개념은 통합(inclusion), 일반교육 주도(regular education initiative)의 개념과 서로 관련 있으며, 경우에 따라서는 거의 동일한 의미로 사용되고 있다. 즉, 장애 학생을 보다 완전히 일반교육에 포함시키기 위해 '일반교육 주도'가 제안되었고, 이후 이 '일반교육 주도'를 실현하기 위한 프로그램을 지칭하기 위한 용어로 '통합(inclusion)'이 제시되었다(Smith et al., 2004). 시대에 따라 등장한 통합교육 관련 용어와 그 의미는 〈표 2-3〉과 같다.

〈표 2-3〉 시대별 통합교육 관련 용어의 의미

시 기	용 어	의 미
1900~ 1960년대	정상화 (normalization)	장애를 가진 사람들에게도 장애가 없는 사람들과 동일한 삶의 환경과 기회를 선택할 수 있는 자유를 부여함
1950~ 1960년대	탈수용시설화 (deinstitutionalization) 지역사회통합 (community integration)	장애를 가진 사람들을 대단위 시설이 아닌 그들의 가족이나 지역사회의 소규모 시설에 거주하게 함
1970년대	최소제한환경 (least restrictive environment)	장애를 가진 학생들이 비장애 또래들과 최대한 상호작용을 할 수 있는 최소의 제한적인 환경에서 교육을 제공해야 함
1980년대	주류화 (mainstreaming)	최소제한환경의 원리를 기초한 개념. 학교의 교육프로그램을 재구조화하여 장애를 가진 학생들이 가능한 한 비장애 또래와 함께 일반학교와 학급에서 교육을 받아야 함
1990년대 초반	통합 (inclusion)	주류화와 비슷한 개념이지만 구체적으로 장애를 가진 학생을 일반학급에 통합시키는 것을 의미함
1990년대 중반 이후	완전통합 (full inclusion)	장애의 유형이나 정도에 관계없이 모든 학생을 일반학급에 배치하여야 함

2000년대 이후	완전참여 (full participation) 의미 있는 혜택 (meaningful benefit)	장애를 가진 학생의 물리적, 사회적, 교수적 통합과 더불어 모든 학생의 학교교육에 완전한 참여와 이를 통한 의미 있는 혜택에 관심을 둠

출처 : Kochhar, West & Taymans(1996) 일부 수정.

현재 통합에 대해 많은 찬반 논란이 있다. 즉, 분리교육을 포함한 현재의 특수교육 제도가 장애 학생의 개별적인 교육적 요구를 충족시키는 데 실패했다고 보는 주장도 있지만, 실제적인 향상을 위해 보다 집중적인 교육이 필요하며, 특수학급이나 자료실 같은 분리된 상황에서 장애 학생들이 더 나은 향상을 보인다는 주장도 있다. 나아가, 장애 학생들의 사회적 적응에서 가장 중요한 것은 또래의 태도이며, 이들이 어디서 교육을 받느냐 하는 장소의 문제보다는 그들의 교육적 요구를 채워주는 것이 더 중요하게 고려되어야 한다는 주장도 있다(Zigmond, 2003).

앞서 이야기한 통합교육에 대한 여러 주장들은 완전통합과 장애 학생의 필요에 따라 적절한 환경에 배치하는 연계적 배치 체계로 정리될 수 있다. 완전통합과 연계적 배치체계에 대한 여러 찬성 입장에 대한 자세한 내용은 〈표 2-4〉와 같다.

〈표 2-4〉 완전통합과 연계적 배치체계에 대한 찬성 입장

완전통합 지지자	연계적 배치체계 지지자
1. 시민의 권리이다. 장애 학생들은 비장애 또래들과 어울려 교육을 받을 권리가 있다. 분리교육은 처음부터 공평하지 못하다. 2. 부정적 낙인효과가 적어진다. 특수학교나 특수학급에 다니는 학생들을 부정적으로 생각할 수 있다. 3. 통합된 학생들 간 상호작용이 증진되고 이를 통해 더 많이 의사소통을 하게 되며, 사회적 기술을 더 잘 발달시키고, 우정을 더 많이 쌓는다.	1. 연속적 서비스의 선택은 필수적이다. 장애 학생에게 필요한 여러 서비스들은 일반학급에서 항상 가능한 것은 아니다. 법의 결정은 "최소제한적" 요소보다는 "적절한 교육"을 더 강조하고 있다. 2. 일반학급 역시 낙인을 찍는다. 언어치료나 물리치료 및 특별한 읽기교수와 같은 특별한 서비스가 일반 또래학급에서 이루어진다면 이것이 오히려 낙인이 될 수 있다.

4. 효율적이다. 완전통합된 학생들은 특수교육을 받기 위해 일반교실에서 '빠져나가는' 동안 방해받고 시간을 낭비하는 결과를 없앤다. 5. 평등성을 증진한다. 한 학급에 모든 학생을 통합한다는 것은 단지 배치문제를 정당하고 공평하게 해결하는 것뿐만 아니라 모든 학생을 통하여 평등사상을 증진하는 것이다.	3. 일반교사는 완전통합에 대해 준비가 되어있지 않다. 많은 일반교사들은 완전통합이 성공적이 되도록 하는 훈련이나 필요한 시간이 부족하다. 4. 일반학급은 적절한 자료가 부족하다. 특별한 요구가 있는 학생은 일반학급에서 읽기 수준이 낮은 교재나 점자 교재, 음성 변환기, 특수 컴퓨터, 특별 훈련교재를 필요로 한다. 5. 연구들이 완전통합이 우수하다고 지지할 만한 증거를 갖고 있지 않다. 연구자료들이 일관성이 결여되어서 완전통합의 우수성을 증명하기에는 부족하다.

출처 : 강영심 외(2010) 재인용.

2) 통합교육에 대한 최근 연구 방향

(1) 모음(Integration)과 포함(Inclusion)

'모음(integration)'이란 의미의 통합은 '선 분리, 후 통합'교육이라 할 수 있으며, 주류화(mainstreaming), 최소제한환경(LRE : Least Restrictive Environment) 등이 이러한 개념을 담고 있다고 할 수 있다(한국통합교육학회 편, 2009). 즉, 특수교육대상자들이 먼저 특수학급에 소속되고, 가능한 한 최대로 일반교육을 받아야 한다는 개념이다(Smith et al., 2004).

반면에 '포함(inclusion)'이라는 의미의 통합은 '선 통합, 후 분리'교육을 의미한다고 볼 수 있다(한국통합교육학회 편, 2009). 즉, 모든 학생은 일반학급에 소속 혹은 포함되어야 하며, 일반학급에서 적절한 서비스를 제공받을 수 없는 경우에만 분리시켜야 한다는 개념이다(Smith et al., 2004). 다음 〈표 2-5〉에 이를 간략히 비교하였다.

〈표 2-5〉 모음식 통합교육과 포함식 통합교육의 비교

구 분	모음식 통합교육	포함식 통합교육
사전적 의미	Integration : 분리된 개체들을 목적에 따라 조합하거나 단일화하는 것	Inclusion : 성분이나 요소로 내포 또는 포함된 상태
대 상	장애가 있는 학생	모든 학생
과 정	처음에는 장애 학생의 교육을 일반교육과 분리된 환경에서 시작한다. 필요에 따라 나중에 통합을 지향한다. (예 하루 종일 혹은 일정 시간 동안 학급 활동의 전체나 부분을 일반학급에 배치)	처음부터 장애 학생을 포함하여 교육을 시작한다. 필요에 따라 나중에 분리한다.
목 적	가능한 한 분리하지 않고, 일반교육 환경 내에서 특별한 교육을 한다.	다양성을 존중하고 특별한 교육적 요구에 대응해야 한다.
시 책	일반학급 배치 혹은 일반교육이 할 수 있는 정도의 대응을 한다.	모든 학생의 다양한 교육적 요구를 고려해서 학습활동 참가를 보장한다.

출처 : 추연구(2008).

(2) 역통합교육 모형

현실적으로 통합학급에서 장애 학생을 교육한다는 것이 쉬운 일은 아니다. 교육현장의 실정을 고려하지 않은 무리한 통합교육은 일선 교사들의 반감을 일으키며, 부정적인 견해를 가지게 만들고 통합교육의 실패를 부추기는 상황이 되어버린다. 이에 따라 통합교육 현장에서 새로운 모형이 요구되었다(박경우 · 추연구, 2012). 그래서 기존의 통합교육과는 다른 '역통합교육'이 특수학교와 일반학교에서 적용되고 있다.

역통합교육 모형은 비장애 학생이 주체가 되는 일반교육기관에 장애 학생이 통합되는 전형적인 통합교육의 방식과는 반대의 것이다(한은주, 2008). 즉, 다수의 장애 학생이 있는 환경 속에 소수의 비장애 학생이 통합되는 것을 역통합교육이라고 한다.

통합교육과 역통합교육은 모두 장애 학생과 비장애 학생이 물리적으로 동일한 장소에서 함께 교육을 받는다는 것은 같으나 통합의 장소에 따라 통합의 주체와 특수교육의 질이 달라지므로 장애 학생에게 보다 높은 질의 특수교육을 제공하기 위하여

특수교육기관 내에서 역통합교육이 시행되고 있다(김이랑 · 이미숙, 2016; 이영숙, 2007). 장애 학생을 위한 학급이나 교육기관에 비장애 학생이 통합되어 교육을 받음으로써, 장애 학생과 비장애 학생이 함께 상호작용하게 되며, 비장애 학생은 장애 학생에게 긍정적인 역할 모델이 되어 다양한 상황에서 비장애 학생이 보다 의욕적으로 참여할 수 있게 된다(정경희, 2011).

3 성공적인 통합교육을 위한 협력교수

2024년도 특수교육 연차보고서(교육부, 2024)에 따르면, 전체 특수교육대상자 115,610명 중 약 16.6%인 19,254명이 일반학급에서 통합교육을 받고 있으며, 특수학급을 포함한 일반학교에서 교육을 받는 특수교육대상자들은 85,220명으로 전체 특수교육대상자들의 약 73.7%이다. 그리고 통합교육을 받는 특수교육대상 학생의 수는 〈표 2-6〉과 같이 해마다 증가하고 있다.

〈표 2-6〉 연도별 통합교육을 받는 특수교육대상 학생 수의 변화 (단위 : 명, %)

연 도	일반학교 배치학생 수			전체 특수교육대상자
	특수학급	일반학급	소계	
2012	44,433	15,647	60,080 (70.7)	85,012 (100)
2013	45,181	15,930	61,111 (70.5)	86,633 (100)
2014	45,803	15,648	61,451 (70.4)	87,278 (100)
2015	46,351	15,622	61,973 (70.4)	88,067 (100)
2016	46,645	15,344	61,989 (70.5)	87,950 (100)
2017	47,564	15,590	63,154 (70.7)	89,353 (100)
2018	48,848	15,595	64,443 (71.0)	90,780 (100)

2019	50,812	15,687	66,499 (71.6)	92,958 (100)
2020	52,744	16,061	68,805 (72.1)	95,420 (100)
2021	54,266	16,600	70,866 (72.2)	98,154 (100)
2022	57,948	17,514	75,462 (72.8)	103,695 (100)
2023	61,993	18,474	80,467 (73.3)	109,703 (100)
2024	65,966	19,254	85,220 (73.7)	115,610 (100)

출처 : 교육부(2024).

일반학급에 통합된 장애 학생이 실질적으로 교육적 혜택을 받기 위해서는 적어도 두 가지의 요건이 충족되어야 한다. 첫째, 수업시간에 자신의 능력과 필요에 따라 학습을 할 수 있도록 학습 기회를 제공받아야 한다. 둘째, 통합된 장애 학생이 또래 및 교사와 의미 있는 상호작용을 바탕으로 진정한 학급 구성원으로서 인식되고 적절한 역할을 수행해야 한다(추연구 · 김은영, 2017).

이와 같은 요건들을 충족하기 위해 통합교육에는 물리적 통합, 사회적 통합, 교수적 통합이라는 세 가지 측면의 통합이 모두 포함되어야 한다(Friend & Bursuck, 2006). '물리적 통합'이란 장애 학생을 비장애 학생들과 같은 물리적 공간, 즉 동일한 교실에 배치하는 것을 의미한다. '사회적 통합'이란 장애 학생이 장애가 없는 비장애 또래나 성인들과 의미 있는 사회적 관계를 형성하도록 하는 것이다. 마지막으로 '교수적 통합'이란 장애 학생들을 통합교육환경에서 성공적으로 학습할 수 있도록 지원하는 것을 의미한다(Friend, 2007). 이와 같은 세 가지 측면의 통합을 모두 고려한 통합교육을 위하여 다양한 구성원들의 협력이 필요하다. 그중 특수교사와 일반교사의 협력은 필수적이다. 특수교사와 일반교사 사이에는 다양한 형태의 협력이 존재한다. 그중 대표적인 것으로 협력교수를 들 수 있다. 협력교수는 특수교사와 일반교사가 함께 통합학급에 있는 학생들의 교육에 직접적이고 지속적으로 관여하는 것이다. 그리고 이를 통해 특수교육대상자뿐만 아니라 모든 학생들에게 통합교육이 실질적인 효과를 나타낼 수 있도록 노력하는 것을 말한다.

1) 협력교수의 정의

협력교수는 다양한 학습적 요구를 가지고 있는 학생들을 통합학급 내에서 지원하기 위해 제시된 교사 협력모형이다. 이는 일반교사와 특수교사가 교실현장에서 학생들에게 교육적 서비스를 함께 제공하는 교수방법을 말한다. 협력교수의 궁극적인 목표는 일반교사와 특수교사가 타 영역의 전문지식을 공유함으로써 서로의 전문성을 향상시키고 최종적으로 모든 학생을 위해 향상된 교수를 제공하고자 하는 것이다(김병룡, 2019). 이와 같은 협력교수를 Friend와 Cook(2007)은 '물리적으로 한 공간에 다양한 능력을 지닌 학생들에게 두 명 이상의 교사가 실질적인 교수를 전달하는 것'이라 정의하였다.

Murawski와 Dicker(2008)는 협력교수의 실행을 위한 세 가지 중요한 활동을 계획활동, 교수활동 그리고 평가활동으로 설정하였다. 계획활동은 일반교사와 특수교사가 자신의 전문성을 수업에 반영할 수 있는 첫 단계의 활동이다. 수업의 효율성과 효과성을 보장하기 위한 사전활동인 계획활동에서 두 명의 교사들은 어떤 내용을 전달할 것인지 그리고 그것을 어떻게 학생에게 전달할 것인지에 대해 자신의 전문성을 바탕으로 논의하고 결정하게 된다.

교수활동은 협력교수의 실천과정이다. 계획된 지식과 기술은 일반교사와 특수교사의 협력을 통해 각각의 학생들에게 개별화된 내용으로 교수된다. 협력교수에서는 '새로운 것을 시도하려는 태도, 협력교사 모두가 평등하다는 생각, 그리고 협력교사 모두 상대방의 이야기를 기꺼이 들으려는 태도' 등과 같은 요인이 성공적인 교수활동을 위해 필수라고 할 수 있다(Murawski & Dicker, 2008).

평가활동은 학생들의 학습상태와 학습에 필요한 수정내용을 파악하는 것으로 협력교수를 좀 더 완벽하게 만들 수 있는 핵심적인 요인이다. 일반교사와 특수교사는 전체학급을 위한 교수활동은 무엇인지에 대해, 어떤 영역과 내용을 수정하고 다시 다루어야 하는지에 대해 그리고 특수한 교육적 요구를 가진 학생들에게 어떤 교수를 제공할 것인지에 대해 자신의 전문성을 바탕으로 함께 고민하여 결정한다(Murawski & Dicker, 2008).

이와 같이 협력교수는 교수의 계획부터 실행 그리고 평가까지 특수교사와 일반교사의 동등한 책임 아래 학생들을 위해 함께 노력해 나가는 수업이라 할 수 있다.

2) 협력교수의 유형

협력교수는 운영 방법과 내용에 따라 다양한 유형이 있다. Friend와 Cook(2007)에 따르면 협력교수는 크게 교수–관찰(one-teach, one-observe), 교수–지원(one-teach, one-assist), 스테이션교수(station teach), 평행교수(parallel teach), 대안교수(alternative teach) 그리고 팀교수(team teach) 모형이 있다.

① 교수–관찰(one–teach, one–observe)

교수–관찰 모형에서는 특정 교사 한 명이 학급의 전체 학생을 위한 교수를 주도한다. 그리고 다른 교사는 학생 참여에 대한 자료 수집, 학생의 진보 확인 그리고 학생의 부적절한 과제행동에 대처하는 역할을 한다. 이 모형의 목적은 다양한 관점에 기초하여 자료들을 수집하고 분석하여 학생들의 교수 프로그램에 정보를 제공하는 것이다(Friend & Cook, 2007).

② 교수–지원(one–teach, one–assist)

교수–지원 모형에서는 특정 교사 한 명이 전체 학생들을 대상으로 교수하는 동안 다른 교사는 교실을 순회하며 학생들에게 개별 보충교수를 제공한다. 이 모형은 협력교사 간 관계가 확립되지 않았을 때, 즉 협력교수의 초기 단계에서 매우 효과적인 모형이 될 수 있다. 하지만 학생들에게 협력교사들 사이 지위 차이에 대한 오해를 심어줄 수 있고(Friend et al., 2010), 개별 보충교수를 받는 학생들에 대한 낙인효과를 불러일으킬 수 있다(김병룡, 2019).

③ 스테이션교수(station teach)

스테이션교수 모형에서는 학생들을 두 개 또는 그 이상의 스테이션들로 나누고 일반교사와 특수교사가 자신이 담당하는 집단에서 주도적으로 교수한다. 각각의 학생집단은 특정 교사의 스테이션에서 교수를 받고 난 후 다른 교사의 스테이션으로 이동하여 교수를 받는다. 그리고 교수의 마지막 단계에서 학습 결과를 확인하기 위하여 학급전체 토론이 제시된다. 스테이션교수는 일반학급에서 쉽고 자주 사용될 수 있는 모형이다(Friend et al., 2010).

④ 평행교수(parallel teach)

평행교수 모형에서는 학급을 두 개의 집단으로 나눈 상태에서 두 명의 교사들이 동시에 교수를 제공한다. 각각의 교사들은 한 학급 내 다양한 학생들의 요구와 수준을 충족시키고 동일한 학습목표에 도달시키기 위해 같은 학습내용을 다양한 방법으로 전달한다. 즉, 학습내용은 동일한 상태에서, 내용의 제시와 전달 방법은 다양화하는 것이다(Friend et al., 2010).

⑤ 대안교수(alternative teach)

대안교수 모형에서는 전체 학생들을 대집단과 소집단으로 구성하여 협력교사들 중 한 명이 대집단 학생들에게 교수를 실시하고 그동안 다른 교사는 소집단에 좀 더 개별화되고 집중적인 교수를 제공한다. 학생들은 소집단과 대집단 사이를 융통성 있게 이동할 수 있어야 한다. 이는 학생들이 모든 동료들과 함께 공부해 볼 수 있는 기회를 만들고 특정 학생이 한 집단에 고정되는 경우를 방지하기 위함이다(Friend et al., 2010).

⑥ 팀교수(team teach)

팀교수는 여러 협력교수 모형 중 가장 높은 수준의 모형이라 할 수 있다. 팀교수 모형은 협력교사들 사이 강하고 긍정적인 관계와 협력을 요구하며 한 교실에서 전체 학생을 대상으로 협력교사들이 교수의 역할을 공유하는 형태를 가진다. 팀교수 모형에서 협력교사들은 수업 계획부터 교수 및 평가 등에 동등하게 개입하고 그 과정에서 각자의 전문성을 발휘함으로써 서로를 보완해 나간다. 실제 교수 장면에서는 특정 교사가 전체 활동을 주도하는 것이 아닌 서로 간에 역할을 교대해 가며 교수를 제공한다. 그리고 별도의 소집단 교수시간을 제공하지 않는다(김병룡, 2019).

3) 협력교수의 기본원리와 수업 단계별 활동

양질의 협력교수가 제공될 때만이 협력교수가 학업성취에 긍정적인 영향을 미칠 수 있다(Ronfeldt et al., 2015). 협력교수의 질을 보장하기 위해서는 협력교수의 주요 원리들을 교수-학습활동 속에서 실천하고자 노력해야 한다. 협력교수의 주요 원리들로 협력교사들의 동등한 관계 형성과 책임감 공유, 학생 낙인 효과 예방, 교사 상호 간 전문성 보완, 공동의 수업 계획 · 지도 · 평가 그리고 개별화된 교수 제공이 있다(김병룡, 2019). 이와 같은 주요 원리들을 반영한 협력교수의 단계별 활동은 〈표 2-7〉과 같다.

〈표 2-7〉 협력교수의 주요 원리와 단계별 활동

단 계	협력교수 주요 원리	활동내용
교수 준비	• 협력교사의 동등한 관계 형성과 책임감 공유	• 협력교수의 필요성과 목적에 대한 공감대 형성 • 공동의 교수 목표의 설정 • 비정기적인 모임을 통한 협력교사 상호 친밀감 형성
	• 학생 낙인효과 예방	• 학생 사전교육을 통한 일반교사와 특수교사에 대한 선입견 해소
교수 계획	• 일반교사와 특수교사의 상호작용을 통한 상호 간 전문성 보완 • 협력교사의 동등한 관계 형성과 책임감 공유	• 협력교수 전 매일 교사협의 실시 • 협력교사 간 협의를 통한 수업 정보 공유 – 수업주제에 대한 교사별 전문지식 공유 – 수업주제와 관련해 고려해야 할 학생에 대한 정보 공유 – 학생 특성에 따른 교수적 수정 정보 공유

	• 공동의 수업, 계획, 지도, 평가 • 협력교사의 동등한 관계 형성과 책임감 공유	• 협력교사 간 협의를 통한 공동의 교수계획 – 교사 직책에 따른 경계 없이 교수계획에 동등하게 참여 – 교사 직책에 따른 경계 없이 교수활동과 평가에서 협력교사의 역할이 동등하게 분담될 수 있도록 계획
	• 소집단 또는 개인교수를 통한 개별화된 교수 제공/학생 낙인 효과 예방	• 학생 특성에 따른 교수집단 구성 계획 – 소집단 구성계획 시 학생들의 학업성취도뿐만 아니라 학생들의 교수방법에 대한 선호도를 함께 고려함으로써 특정 집단의 학생에 대한 낙인 효과를 예방 • 학생 특성에 따라 개별적인 지원을 계획 시 특정 학생에 대해 특정 교사의 역할이 고정되지 않도록 교수계획 • 소집단 또는 개인교수 시 특정 교사 한 명이 특정 집단이나 개인에게 고정되지 않도록 유의하여 교수를 계획
교수 실시	• 공동의 수업 계획, 지도, 평가 • 협력교사의 동등한 관계 형성과 책임감 공유	• 교수계획에 따라 특정 교사 한 명에게 역할이 편중되지 않게 수업실행
	• 일반교사와 특수교사의 상호작용을 통한 상호 간 전문성 보완	• 교수계획에 따른 수업에서 협력교사들은 자신의 역할 수행 시 필요에 따라 서로에게 도움을 요청하고 지원하며 활동을 진행
	• 소집단 또는 개인교수를 통한 개별화된 교수 제공	• 소집단 또는 개인교수 시 협력교사들은 교수계획 단계에서 협의를 통해 정해진 집단과 개인을 담당하여 교수 실시 • 소집단 또는 개인교수 시 특정 교사 한 명이 특정 집단이나 개인에게 고정되지 않도록 유의하여 교수 실시 • 계획된 내용 외 추가적인 소집단 또는 개인별 지원 발생 시 협력교사 간 즉각적인 상호작용을 통해 지원 담당교사와 지원내용을 결정하여 제공

교수 평가	• 일반교사와 특수교사의 동등한 관계 형성과 책임감 공유	• 교수활동을 통한 수업목표 도달 여부에 대한 협력 교사 공동의 평가
	• 공동의 수업 계획, 지도, 평가	• 평가 결과에 대한 공유와 추후 학생 지원 방안에 대한 협의
	• 일반교사와 특수교사의 상호작용을 통한 상호 간 전문성 보완	• 교수활동 중 수정과 보완해야 할 내용에 대한 협의 • 교수활동 중 관찰된 학생의 변화와 이에 따른 교수적 수정 내용 협의

4 성공적인 통합교육을 위한 교수적 수정

통합교육이 1997년 개정된 특수교육진흥법에 명시되며 이에 대한 제도적 장치가 마련된 이래 장애 학생의 통합교육은 점차 증가하고 있다. 이에 따라 장애 학생들의 일반학급 수업 참여 역시 늘어나고 있다. 이와 같은 흐름에서 현재 통합교육은 일반학급의 수업에 장애 학생이 물리적으로 위치하고(물리적 통합), 비장애 학생들과 상호작용 기회를 가지는 것(사회적 통합)만으로는 만족할 수 없어 교수적 통합이라는 질적 향상에 대한 기대가 커지고 있다(박승희, 2003). 통합교육에서 장애 학생이 수업에 의미 있게 참여할 수 있도록 하기 위한 교수적 수정에 대한 구체적인 방법들이 제안되고 있다(박승희, 2003).

1) 교수적 수정

교수의 다양성과 관련하여 제시된 'Instructional Adaptation'은 국내에서 교수적 수정(박승희, 1999) 혹은 교수 적합화(신현기, 2004) 등의 여러 용어들로 번역되어 사용된다. 하지만 그 용어 속 의미는 모든 교사가 통합학급의 다양성을 고려하여 교수–학습 전반에 걸쳐 학생 개별 특성에 맞춘 다양한 교수를 제공해야 한다는 의미를 담고 있다. 교수적 수정은 구체적으로 '일반학급의 일상적인 수업을 특수교육적 요구가 있는 학생의 수업참여에 최적합한 수준으로 만들기 위해서 교수 환경, 교수 집단, 교수 방법(교수 활동, 교수전략 및 교수자료), 교수 내용 혹은 평가방법을 수정 및 보완하는 것'으로 정의된다(박승희, 1999).

교수적 수정의 개념적 틀은 Glaser(1977)가 처음 제시하였다. 그는 교수적 수정을 일반학급의 학습 상황에서 장애 학생이 성공적으로 참여할 수 있도록 교수자료, 과제, 평가 과정, 평가 기준, 교수를 제시하는 형태, 집단 크기, 피드백 형태들을 수정하는 대안적 교수행동이라고 보았다. 그리고 박승희(1999)는 교수 환경, 집단, 방법, 내용, 평가의 유형에 따라 교수적 수정을 제시하였다. 그 구체적인 내용은 〈표 2-8〉과 같다.

〈표 2-8〉 교수적 수정의 유형

교수적 수정의 유형	정 의	예
교수 환경의 수정	일반학급의 물리적 및 사회적인 환경을 수정하는 것	교실 환경을 밝게, 쾌적하게, 산만한 학생의 자리 배치
교수적 집단의 수정	효과적으로 수업에 참여할 수 있도록 다양한 형태의 집단을 구성하는 것	전체 학급 교수, 소집단 교수, 또래 교수, 1:1 교수, 자습
교수적 방법의 수정	교수가 제시되고 전달되는 방법을 수정하는 것	교수활동의 수정 : 수업 주제를 구체적인 활동들로 구조화하여 수업을 편성, 교수전략의 수정, 교수자료의 수정 예 청각장애가 있는 학생에게 문자와 이미지 같은 시각정보를 활용하여 내용을 정보 전달
교수적 내용의 수정	일반교육과정의 내용을 각 장애 학생들이 가지는 교육적인 요구와 수행 수준에 적합하게 수정하는 것	내용 단순화 접근, 기능적 기술 추출 접근, 근본기술 접근
교수적 평가의 수정	학습성취와 진보의 평가 과정에서 측정과 평가 기준을 수정하고 보완하는 것	일반학습 참여 과정에서 성공을 경험할 수 있도록, 개별 학생에 따라 적절한 평가 실시 예 시각장애를 가진 학생에게 서술평가를 구술평가로 전환하여 실시

일반학급 속 통합된 장애 학생을 위한 교수적 수정의 구체적인 절차는 |그림 2-2|와 같다.

1단계 : 장애 학생의 개별화교육계획 검토
현재 학습수행수준, 장·단기 교육목표, 교육내용, 교육방법, 평가계획 등

↓

2단계 : 통합학급에서 교수적 수정이 필요한 교과 선정

↓

3단계 : 선정된 교과수업에서의 장애 학생 학습특성 및 수업행동 평가

↓

4단계 : 수업환경에 대한 다양한 정보수집
교수내용, 물리적 환경, 교수방법, 평가 등

↓

5단계 : 1~4단계까지 수집한 정보에 근거하여 교수적 수정계획 수립
- 교수내용의 수정(수정된 학습목표의 설정)
- 교수환경의 수정
- 교수적 집단화의 수정
- 평가방법의 수정
- 교수방법(교수활동, 교수전략, 교수자료)의 수정

↓

6단계 : 장애 학생을 위한 교수적 수정에 따른 수업 실시

↓

7단계 : 교수적 수정에 따른 장애 학생의 수업 참여의 양과 질 평가

↓

8단계 : 차기 교수적 수정계획에 7단계 평가결과 반영

|그림 2-2| 교수적 수정 절차

출처 : 강영심 외(2010).

성공적인 교수적 통합을 위해서는 통합학급 속 교수적 수정의 실천 수준이 중요하다. 이를 점검하기 위한 평가지표는 〈표 2-9〉와 같다.

〈표 2-9〉 통합학급 속 교수적 수정의 실천 수준

하위항목	번 호	내 용
교수환경	1	장애 학생을 위한 물리적 환경 조건(예 자리배치, 조명, 소음)을 수정함
	2	장애 학생을 위한 교실 내 바른 행동, 수업참여 행동, 문제행동 관리에 관한 규칙을 제시함
교수집단	3	다른 학생과 짝을 지어 장애 학생의 학습 및 문제행동 관리를 돕도록 함
	4	장애 학생만을 위한 개별화 교수가 포함됨
	5	소집단을 구성하고 장애 학생에게 역할을 맡김
	6	장애 학생에게 실무원의 지원을 받도록 함
교수방법	7	도입에서 수업시간에 지켜야 할 수업 및 활동 참여 관련 규칙을 설명해 줌
	8	도입에서 선행조직자, 그래픽 자료 등을 사용해 지난 수업 내용과 이번 수업내용의 개요 및 핵심을 설명함
	9	장애 학생의 수준과 표현 및 반응양식을 고려해 다양한 교재와 교구(예 시청각 자료, 구체물, 교사제작 학습지, 컴퓨터 활용 등)를 사용함
	10	수업 시 다양한 교수방법 및 수업기법(예 또래교수, 협동학습, 토론 등)을 사용함
	11	수업 시 실생활과 연계시켜 예시를 들거나 구체물 등을 사용해 이해를 도움
	12	장애 학생이 참여할 수 있는 활동을 계획하여 참여도를 높임
	13	장애 학생의 수준을 고려하여 수업 중 활동 과제를 다양하게 제시함(예 자료조사, 작품제작, 글쓰기 등)
	14	장애 학생에게 학습전략(예 키워드 암기전략, 노트필기 기술, 시험 보는 기술 등)을 가르치거나 기존에 배운 학습전략을 사용하도록 함

교수내용	15	학습목표가 학생 수준에 따라 나누어져 있으며, 장애 학생의 수준 및 특성에 따라 타당하게 설정함(예 필수 · 선택/핵심 · 심화/상 · 중 · 하 등)
	16	장애 학생을 위한 학습목표가 관찰 및 평가가 가능하도록 구체적으로 명료하게 진술됨
	17	장애 학생의 학습목표 달성에 적절한 학습내용으로 구성됨
	18	장애 학생을 위한 학습내용 및 학습활동을 작은 단위로 세분화하거나 단계화함
	19	장애 학생의 학업적 성공/성취 경험 확대를 위해 과제나 활동의 수준을 조절함
평가방법	20	학습목표와 일관된 평가기준과 방법을 마련함
	21	장애 학생의 수행과 성취의 수준이 어느 정도인지 구체적으로 확인할 수 있는 평가기준을 제시함
	22	장애 학생을 위해 대안적 평가방법(예 구두평가, AAC 활용 평가, IEP 목표 연계 등)을 사용함
	23	장애 학생의 특성을 고려한 평가 운영방법(예 추가시간 제공, 평가 장소)에 대한 수정과 규칙을 마련함
	24	장애 학생을 위한 별도의 평가기준(예 IEP 목표 달성, 핵심 내용 습득)을 마련함
	25	장애 학생을 위해 평가 시 보조인력(예 문제 낭독, 용어 설명 등)을 제공함

출처 : 서효정 · 박윤정(2019).

2) 일반교육과정 내용에 접근 방안

통합교육에서 교수적 수정은 결국 일반교육과정 내용에 대한 장애 학생의 접근성을 높이기 위한 노력이라 할 수 있다. 이와 같은 접근성을 높이기 위하여 내용 단순화 접근, 기능적 기술 추출 접근 그리고 근본기술 접근의 방안들을 활용할 수 있다(박승희, 2002).

① **내용 단순화 접근** : 일반교육과정의 내용을 장애 학생이 참여할 수 있는 수준까지 단순화시키는 것을 의미한다. 그러나 중요한 것은 내용 단순화 접근을 사용한다고 하더라도 그 단순화된 내용이 학생들에게 의미가 있어야 하며, 그 단순화된 내용들로 구성된 교육과정에서도 학생들의 진전과 연계성(progression and continuity)이 계획될 수 있어야 한다는 것이다.

② **기능적 기술 추출 접근** : 일반교육과정의 내용에서 기능적 기술들을 추출하는 것을 의미한다. 다시 말해 일반교육과정의 목표들이 기능적 성과(functional outcomes)로서 재구조화되는 것이다(Ford, Davern, & Schnorr, 2011). 그러나 〈표 2-10〉의 기능적 기술 추출 접근의 예에서 살펴볼 수 있듯이, 특정 목표에서 추출된 기능적 기술들이 그 특정 교과의 목표를 담아내는 면에서는 다소 제한적이고 인위적일 수 있다. 특히 교육과정의 진전과 연계성을 특별히 고려하지 않으면 내용이 임의로 추출되어 내용의 위계와 적절성이 약해질 수 있고 비슷한 기술들의 교수를 반복하게 되어 학생들의 진보와 성취를 계획하지 못하는 경우를 초래할 수 있다. 〈표 2-10〉은 2015 개정 교육과정 사회과 성취기준에 따른 내용에 내용 단순화 접근 방안과 기능적 기술 추출 접근 방안을 적용한 예이다.

〈표 2-10〉 내용 단순화 접근과 기능적 기술 추출 접근의 예

사회과 성취기준	내용 단순화 접근	기능적 기술 추출 접근
자연환경과 인간생활 : [4사02-02] 우리 고장과 다른 고장 사람들의 의식주 생활 모습을 비교하여, 환경의 차이에 따른 생활 모습의 다양성을 탐구한다.	• 다른 고장 사람들의 생활 모습과 관련된 그림을 오려서 우리나라 지도 위의 적절한 곳에 붙인다. • 우리나라 사계절과 관련된 사진을 계절별로 분류해 본다. • 우리나라 지도를 보고 산, 바다, 강, 평야의 이름을 말하거나 이를 듣고 가리킨다.	• 자신의 집 주소를 말한다. • 계절에 따라 적절한 옷차림을 한다. • 건강한 식사를 한다. • 미세먼지 경보에 따라 외출을 줄인다.

역사일반 : |4사03-03| 우리 지역을 대표하는 유 · 무형의 문화유산을 알아보고, 지역의 문화유산을 소중히 여기는 태도를 갖는다.	• 우리 지역의 유명한 문화유산과 그 이름을 연결한다. • 우리 지역의 문화유산과 외국의 문화유산을 구분한다.	• 도서관에 가서 우리 지역의 문화유산에 관한 화보집을 본다. • 대중교통수단을 이용하여 유적지와 같은 목적한 곳으로 이동한다. • 설날에 세배를 한다.
정치 : |4사03-05| 우리 지역에 있는 공공기관의 종류와 역할을 조사하고, 공공기관이 지역 주민들의 생활에 주는 도움을 탐색한다.	• 지역의 공공기관 사진과 그 이름 및 역할을 연결한다. • 우리 지역의 지도에 공공기관의 사진을 오려 붙인다.	• 공공기관의 이용 가능한 시간을 안다. • 적절한 방법(방문, 전화통화, 전자우편 등)을 선택해 공공기관을 이용한다. • 자신의 목적에 따라 필요한 공공기관을 선택해 이용한다.

출처 : 박승희(2002), p. 217 발췌 수정.

③ **근본기술 접근** : 교수할 여러 기술들 중에서 가장 근본이 되고 교육과정적으로 매우 중요한 지식과 기술들이다. 이러한 근본기술들이 개인적으로 의미 있는 수행 성과로 나타나기 위해서는 그 근본기술들에 특별한 관심을 갖고 직접교수를 통해 전달되어야 한다.

5 성공적인 통합교육을 위한 보편적 학습설계

미국 장애인교육법(IDEA : Individuals with Disabilities Education Act, 1997)은 통합교육을 강조하고 모든 학생들의 일반교육과정 참여를 보장하고자 하였다. 이에 따라 교육 현장에서는 장애 학생의 단순한 통합을 넘어서 새로운 수준의 책무성을 요구하게 되었고, 모든 학생의 학습과 학업성취에 대한 기대가 증가되었다(Skrtic, Harris, & Shriner, 2006). 즉, 장애 학생이 통합교육 환경에서 교과수업에 의미 있게 참여할 수 있도록 하는 교육과정적 통합이 강조되고 있다. 장애 학생의 교육과정적 통합을 위해 최근 보편적 학습설계(UDL : Universal Design for Learning)라는 개념이 발전하였다. 보편적 학습설계의 개념은 보편적 설계에서 시작되었다.

1) 보편적 설계

보편적 설계(Universal Design)는 1960년대 후반 두 가지의 커다란 사회적 요인으로 인해 탄생하였다. 첫 번째는 베트남 전쟁이다. 미국에서는 전쟁으로 인해 생겨난 많은 부상자들을 사회로 복귀시킬 필요가 생겨났고 이것은 미국형 보편적 설계의 시작으로 이어졌다. 두 번째는 당시 북유럽의 고령화 사회 현상이다. 북유럽 사회 고연령층 인구들은 다른 사람의 손을 빌리지 않고 스스로 일상생활을 하기 위해 보편적 설계를 필요로 하게 되었다(추연구, 2006). 이와 같은 사회적 현상에서 시작되어 1980년대 미국의 건축가이자 공업디자이너인 Ron Mace(1942~1998)는 배리어 프리 개념을 더 진화시켜, 남녀노소를 불문한 모든 사람이 사용하기 쉬운 물건과 환경을 디자인하자는 주장을 했고 이때 보편적 설계라는 말이 처음 등장하게 되었다(강병근, 2008).

'보편적 설계'라는 철학의 '일곱 가지 원칙'은 다음과 같다(추연구 · 김은영, 2017 재인용).

① 능력이 다양한 사람들 모두에게 유용하고 구입 가능해야 한다(Equitable Use : the design is useful and marketable to people with diverse abilities).

② 디자인은 광범위한 개인적 성향과 능력을 수용해야 한다(Flexibility in Use : the design accommodates a wide range of individual preference and abilities).

③ 사용자의 경험, 지식, 언어기술, 현재의 주의 집중 수준에 관계없이 이해하기 쉬운 디자인을 이용해야 한다(Simple and Intuitive Use : use of the design is easy to understand, regardless of the user's experience, knowledge, language skills, or current concentration level).

④ 주위의 조건, 사용자의 지각 능력에 관계없이 사용자에게 필요한 정보를 효과적으로 전달해야 한다(Perceptible Information : the design communicates necessary information effectively to the user, regardless of ambient conditions or the user's sensory abilities).

⑤ 우발적이거나 의도하지 않은 행동으로 인해 발생할 수 있는 위험하고 부정적인 결과를 최소화해야 한다(Tolerance for Error : the design minimizes hazards and the adverse consequences of accidental or unintended actions).

⑥ 효율적이고 편안한, 최소한의 신체적 노동으로 사용할 수 있어야 한다(Low physical Effort : the design can be used efficiently and comfortably and with a minimum of fatigue).

⑦ 접근, 도달, 조작, 사용에 필요한 적절한 크기와 공간이 제공되어야 한다(Size and Space for Approach and Use : appropriate size and space is provided for approach, reach, manipulation, and use regardless of user's body size posture, or mobility).

2) 보편적 학습설계

보편적 학습설계는 보편적 설계의 철학에 근거하여 모든 학생들이 장애에 상관없이 일반교육과정에 접근하여 함께 교육받을 기회를 제공하고자 한다. 이에 따라 보편적 학습설계는 일반교육과 특수교육을 분리하여 이원적 체제로 설계하기보다는 모든 학생이 일반교육과정에 접근할 수 있도록 계획 단계부터 대상 학생들의 범위를 확장하여 다양한 학생들의 특성을 수용할 수 있는 교육과정과 교수법 등을 설계한다(정해진, 2004).

미국의 응용특수교육공학센터(CAST : Cast for Applied Special Technology)에서는 신체적 장애나 감각장애를 가진 학생이 교육활동에 참여할 수 있는 기회를 확대하기 위해 보편적 학습설계의 교육현장 적용에 대해 연구를 지속하고 있다. CAST의 주장에 따르면 학습의 기제는 내적으로 연결된 세 가지 네트워크(network)에 분산되어 있다. 세 가지 네트워크는 인지망(cognition network), 전략망(strategic network), 정서망(affective network)이다. 예를 들어, 생일의 의미를 이해하고 카드, 펜, 내용 적기, 서명하기의 행동 요소를 확인해 내는 것은 인지망의 기능이다. 친구에게 생일 카드를 보내야겠다고 목표를 세우고, 펜을 잡아 글을 적기 위한 계획을 세우고 잘 적었는지 확인하고, 필요한 수정을 하는 것은 전략망의 기능이다. 친구를 위한 일을 해야겠다는 마음을 갖게 하고, 카드를 보내고자 하는 과제에 동기를 부여하는 것은 정서망의 기능이다(Rose & Mayer, 2002 : 13). 세 가지 네트워크에 기초한 보편적 학습설계의 원리들은 〈표 2-11〉과 같다.

〈표 2-11〉 보편적 학습설계의 3원리

원 리	학습과의 관련	지원 영역	구체적 방법
원리 1	학습 내용	학습자의 인지망	다양한 정보 제시 방법을 제공한다.
원리 2	학습 방법	학습자의 전략망	다양한 표현 방법과 숙달 방법을 제공한다.
원리 3	학습 동기	학습자의 정서망	다양한 참여 방법을 제공한다.

출처 : Rose & Mayer(2002).

보편적 학습설계에 기반한 수업 계획을 위한 지침은 〈표 2-12〉와 같다.

〈표 2-12〉 PAL(Planning for All Learners)의 4단계에 따른 계획

단 계	보편적 학습설계를 적용한 지침
1단계 목표 설정	• 교육과정(교과서와 교과용 지도서) 및 표현활동의 목표를 참고하여 ① 모든 학생을 위한 목표, ② 대부분의 학생을 위한 목표, ③ 일부 학생을 위한 목표 등 세 수준으로 개별적 교수목표를 설정 • 장애 학생을 포함한 모든 학생에게 적절한 도전을 주는 목표를 설정
2단계 상황 분석	• 보편적 학습설계 세 가지(인지적, 전략적, 정서적) 원리를 적용하여, 현재 교사가 사용하고 있는 교수법, 교수매체를 분석 • 보편적 학습설계를 적용할 교수법 적용 • 보편적 학습설계의 원리를 토대로 한 모든 학생의 강점, 약점, 선호도/관심 파악 • 학생이 통합 수업에 참여하는 것을 막는 교육과정 내에 발생하는 방해요인 확인과 문제 해결방안 탐색

3단계 UDL 적용	• 보편적 학습설계 교수방법, 교수매체 확인 및 수업계획 작성 • 작성된 수업 계획의 보편적 학습설계 요소를 체크리스트로 재검토
4단계 UDL 수업 및 평가	• 계획에 따라 보편적 학습설계를 적용한 수업 교수 • 장애 학생을 포함한 보편적 학습설계를 적용한 수업 평가

출처 : 추연구 · 김은영(2017) 발췌 수정.

〈표 2-13〉은 통합학급(비장애 학생 21명)에서 IQ 64 그리고 사회적응행동 수준이 '간헐적/제한적 지원'으로 평가된 지적장애 학생을 위한 국어(읽기) 보편적 학습 설계 프로그램의 예이다. 이 프로그램을 적용하여 수업한 후 학생들의 성취도를 평가해 본 결과, 장애 학생의 학업성취뿐만 아니라 학습부진학생, 일반 학생의 학업성취에도 긍정적인 영향을 준 것으로 나타났다(김은영 · 박미화, 2015).

〈표 2-13〉 보편적 학습설계에 기초한 국어 수업 지도안

과목	국어(읽기)	장소	ㅇㅇ초등학교 5학년 2반 교실
단원	4. 주고받는 마음	차시	4/6
주제	서평이 다른 이유		
학습목표	1. 같은 책의 서평이 다양한 까닭을 알 수 있다. 2. 같은 책의 여러 서평을 읽고 다른 점을 찾을 수 있다. 3. 같은 책의 서평이 다를 수 있음을 알 수 있다. 4. 같은 책 다른 내용의 서평을 읽을 수 있다.		
자료와 미디어	읽기 자료(교과서 본문), 음성 자료, PPT 자료, 보충학습지, 빙고놀이판, 어려운 낱말 설명 자료, 빙고놀이 붙임딱지, 읽기보조스틱		

<table>
<tr><th rowspan="2">단계</th><th rowspan="2">학습 흐름</th><th colspan="2">교수-학습활동</th><th rowspan="2">시간</th><th rowspan="2">학습 자료 유의점</th></tr>
<tr><th>일반적인 학습 설계</th><th>UDL 적용</th></tr>
<tr><td rowspan="2">도입</td><td>동기 유발</td><td>♠ 전시학습 상기</td><td>♠ 같은 노래 다른 느낌
– 두 가수가 부른 같은 노래의 느낌 이야기 나누기
– 같은 곡이지만 부르는 사람에 따라 느낌이 달라지는 이유 이야기 나누기
– (시청각 자료 활용)</td><td rowspan="2">5´</td><td>동영상 자료</td></tr>
<tr><td>목표 확인</td><td>같은 책의 서평이 다양한 까닭을 알 수 있다.</td><td>1. 같은 책의 서평이 다양한 까닭을 알 수 있다.
2. 같은 책의 여러 서평을 읽고 다른 점을 찾을 수 있다.
3. 같은 책의 서평이 다를 수 있음을 알 수 있다.
4. 같은 책 다른 내용의 서평을 읽을 수 있다.</td><td></td></tr>
<tr><td>전개</td><td>학습 활동</td><td>♠ 문제 해결 방법 찾기
• 문제에 대한 자료 탐색하기
– 서평의 내용이 어떻게 다른지 생각하며 ‘그런 편견은 버려!’에 대한 독자의 인터넷 서평 읽기
– 교과서 문항 해결하며 내용 정리하기
– ‘그런 편견은 버려!’에 대한 여러 가지 서평을 읽고 다른 점 정리하기</td><td>♠ 본문 내용 이해하기
• 음성자료, PPT자료를 활용하여 본문 읽기
• 교과서 본문을 읽으며 내용 확인하기
– 문항 시각 자료 제공하여 책을 읽으며 내용 확인하고 답 찾기(읽기 자료 청각 · 시각적 제공하기, 읽기 보조스틱 활용)
– 어려운 낱말 설명 제공
– ‘그런 편견은 버려!’와 3편의 관람한 서평내용과 관련된 문항을 제공하여 글의 내용을 이해하는 자료로 활용하게 함
– 묵독하면서 서평과 관련한 문항 15개를 해결하기
– 본문 내용 확인하기(PPT 자료를 활용하여 본문 내용 확인)</td><td>30´</td><td>읽기자료(교과서 본문), 음성자료, PPT 자료, 보충학습지, 빙고놀이판, 빙고놀이 붙임 딱지</td></tr>
</table>

전개	학습 활동	♠ 문제 해결하기 – 세 명이 쓴 서평의 내용이 어떤 점에서 비슷하고 어떤 점에서 다른지 찾아보고 정리하기	♠ 본문 내용 확인하기 • 빙고놀이로 본문 내용 확인하기(조작활동 자료 제공–빙고놀이판, 붙임딱지) – 문항 정답을 직접 쓰거나 붙임딱지를 이용하여 빙고 놀이판 완성하기 – 짝꿍과 빙고놀이를 하며 본문 내용 확인하기 – 3줄 빙고를 먼저 완성하는 사람이 승리하는 게임 • 본문에서 같은 책을 읽고 서로 다른 서평이 나오는 이유 생각해 보기		
정리	일반화하기	♠ 같은 책의 서평이 서로 다른 까닭 정리하기	♠ 서평이 다를 수 있는 까닭 정리하기	5′	PPT 자료 학습지, 낱말 스티커

출처 : 김은영 · 박미화(2015) 발췌.

6 성공적인 통합교육을 위한 장애이해교육 프로그램

장애이해교육의 목적은 장애에 대한 잘못된 이해나 개념을 바로 잡아 장애에 대한 편견을 없애기 위함이다(국립특수교육원, 2015). 통합교육의 궁극적인 목표는 장애 학생과 일반 학생 모두 사회의 구성원으로서 서로를 수용하며 살아가게 하는 것이다. 이에 따라 통합학급에서 장애이해교육을 통해 학급의 구성원들에게 장애에 대한 정확한 정보를 제공함으로써 장애에 대한 긍정적인 태도를 갖도록 하는 것은 매우 중요하다.

장애이해교육은 그 방법에 따라 이해중심 장애이해교육과 활동중심 장애이해교육으로 나누어 생각해 볼 수 있다(서소람, 2017).

1) 이해중심 장애이해교육

이해중심 장애이해교육은 장애에 대한 정보 제공, 장애인들의 능력 소개, 집단토의, 장애인의 삶과 관련된 내용을 다룬 영화와 책, 장애인들이 사용하는 장치에 관한 지도, 가상의 사례 제시 등으로 구성된다(서소람, 2017).

① 장애에 대한 정보 제공

부정확하고 불충분한 정보는 장애와 장애인에 대한 부정적 태도를 형성하므로 이에 대한 정확한 정보의 제공이 필요하다. 따라서 장애이해교육에서 장애에 대한 정보 제공 방법은 장애에 관한 수업이나 강의를 통해 일반 학생에게 장애 학생에 대한 인지적 정보를 제공함으로써 장애인에 대한 이해를 높이고 편견을 없애며 태도를 변화시키는 방법이다(문진아, 2003).

② 장애인들의 능력 소개

장애를 가지고 있는 사람들이 크게 성공한 사례와 그들이 어떻게 장애를 극복했는지 소개함으로써 장애인에 대한 긍정적인 시각을 갖도록 하는 데 도움이 될 수 있다(Jairrels, Brazil, & Patton, 1999). 예를 들어, 루즈벨트, 헬렌 켈러, 윈스턴 처칠 등의 위인들과 그들의 업적 및 가졌던 장애를 연결 짓는 활동을 하고 그들이 장애를 극복하기 위해 한 노력에 대해 이야기를 나누어 보는 것이다.

③ 집단토의

장애에 대한 구조화된 토의를 통해 장애인에 대한 일반 학생들의 태도 개선을 가져올 수 있다(Gottlieb, 1980). 집단토의는 계획적으로 진행하지 않으면 오히려 장애에 대한 부정적인 인식을 형성시킬 수 있으므로, 교사는 토의 진행과 관련된 구체적인 질문을 만들어 활용하고 장애의 부정적인 측면보다는 긍정적인 측면을 인식시켜 주어야 한다(서소람, 2017). 집단토의는 장애 학생의 상황을 담은 짧은 글이나 영상을 보고 난 후 그 학생이 장애가 있다고 생각하는 이유나 장애 학생이 처한 상황 속에서의 기분 그리고 문제를 개선하기 위한 방안 등을 주제로 진행하면 도움이 될 것이다.

④ 장애인의 삶을 다룬 영화와 책

장애인의 삶을 다룬 영화와 책은 일반 학생의 장애 학생들에 대한 수용태도를 개선하는 데 효과적인 방법이다(Safran, 2000). 영화와 책을 이용할 경우 줄거리 요약, 장애에 대한 정보 제공하기, 주인공과 학급 속 학생들과의 유사점 파악하기 그리고 그 내용을 주제로 한 토의 등과 같은 활동을 함께 진행하면 더 좋은 효과를 얻을 수 있다(Favazz & Odom, 1997). 또한 영화로 인한 태도의 변화는 오랫동안 지속되지 않을 수 있기 때문에 초청강사의 강의 듣기와 같은 다른 전략들을 함께 이용할 필요가 있다(우이구 외, 2004).

⑤ 필요한 장치에 대한 지도

통합학급의 장애 학생들은 학급 적응을 위해 여러 가지 장치나 설비, 자료, 보조도구 등이 필요하다. 이와 같은 장치들은 이에 익숙하지 않은 일반 학생들에게 호기심을 불러일으키고 자칫 장애 학생과 그 장치에 대한 과도한 관심 및 놀림과 같은 문제행동을 유발할 수 있다. 따라서 장애 학생들이 통합학급에 배치되기 전에 일반 학생의 통합교육 준비 프로그램에 이와 같은 보조도구나 장치들에 대한 소개를 포함해야 한다(Salend, 2001).

⑥ 가상의 사례 제시

장애 학생들에 대해 일반 학생들은 긍정적인 태도를 갖기도 하지만, 때때로 과도하게 장애 학생을 보호하고 도움을 주려고 하는 태도를 가지게 되는 경우도 있다. 이를 해결하기 위해 가상의 사례를 제시하고 일반 학생들이 그에 대한 문제 해결 방법을 생각하게 함으로써 그 과정에서 과도한 도움이나 동정적인 태도를 교정하는 것이다. 이를 위해 Salend(1994)는 가상의 사례 제시를 위한 효과적인 6단계를 제시하였다. 1단계로 장애 학생의 강점과 약점의 명확한 제시, 2단계로 환경적 요인의 분석, 3단계로 문제영역의 결정, 4단계로 문제 영역 진술, 5단계로 가상의 사례 제시, 6단계로 문제 해결이다.

2) 활동중심 장애이해교육

활동중심 장애이해교육은 장애인과 접촉할 수 있는 경험 제공, 모의장애체험, 역통합의 방법으로 구성된다(서소람, 2017).

① 접촉 경험 제공

장애인에 대한 긍정적인 태도 변화는 장애 학생과의 단순한 접촉이나 물리적 통합만으로는 어렵고, 좀 더 체계적이고 구조화된 상호작용 기회의 제공을 통해서 가능하다(우이구 외, 2004). 장애인과의 직접적인 접촉방법으로 장애인을 직접 초청하여 일반 학생이 장애인을 직접 만나게 하거나, 장애인과 관련된 복지시설이나 기관을 방문하는 방법 등이 있다(조민경, 2008).

② 모의장애체험

모의장애체험이란 일반 학생들이 장애를 가졌을 때의 느낌을 직접 체험할 수 있도록 기회를 제공해 장애인을 긍정적으로 이해하고 수용하도록 하는 것이라고 하였다(Horne, 1998). 모의장애체험의 방법으로는 휠체어 체험, 눈 가리고 점심시간 동안 있기, 귀를 막고 수업하기, 쉬는 시간 동안 음성 이외의 방법으로 친구들과 의사소통하기 등이 있다(우이구 외, 2004). 이때 중요한 것은 장애체험활동 이후 체험을 통해 무엇을 배웠으며, 앞으로 장애인에 대해 어떤 태도를 지녀야 하는지에 대한 토론이 이루어져야 한다는 것이다(이소현, 1996).

③ 역통합

역통합이란 일반 학생이 장애 학생과 같은 교육을 받기 위해 특수교육기관(특수학급, 특수학교)에 방문하는 형태를 말한다(우이구 외, 2004). 이러한 역통합 과정은 특수교육기관(특수학급, 특수학교)의 목적이나 활동에 대한 이해를 돕는 역할을 하여 특수교육기관(특수학급, 특수학교)에 대한 이해를 높일 수 있다. 또한 일반학급 상황으로 옮겨질 수 있는 친구 관계를 지원해 줄 수 있다(우이구 외, 2004).

3) 장애이해교육의 적합성 평가

장애이해교육을 다양한 방법으로 실시할 때, 다음의 질문들을 통하여 그 방법이 적합한 것인지에 대해 평가할 수 있다(이대식 외, 2018 재인용).

① 우리 반 학생들에게 적합한 방법인가?
② 이 방법을 실행하기 위해 필요한 기술이 무엇인가? 나(교사)는 필요한 기술을 가지고 있는가?
③ 이 방법을 실행하기 위해 필요한 자원이 무엇인가? 나(교사)는 필요한 자원을 가지고 있는가?
④ 이 방법은 개인의 차이에 대한 수용과 한 (장애)집단에 대한 핵심적인 정보를 가르치는가?
⑤ 이 방법은 한 특정 (장애)집단에 대한 긍정적이며, 비고정관념적인 사례를 제시하는가?
⑥ 이 방법은 장애 학생을 일반 학생과의 동등한 지위의 관계 확립을 준비시키는가?
⑦ 이 방법은 특정 집단과 개인의 차이를 학습할 수 있는 구조화된 경험을 학생들에게 제공하는가?
⑧ 이 방법은 특정 집단과 개인의 차이를 학습할 수 있는 부가적인 기회와 추후 활동을 촉진시키는가?

❙ 참고문헌 ❙

강병근(2008). 보편적 디자인(Universal Design)의 이론적 배경과 철학적 개념. 한국특수교육학회, 2008년추계학술대회 한국특수교육학회.

강영심 외(2010). **예비교사를 위한 특수교육학개론**. 서울 : 서현사.

교육부(2024). 특수교육연차보고서(정기국회 보고자료).

권요한 외(2015). **특수교육학개론**. 서울 : 학지사.

김병룡(2019). 일반교사와 특수교사의 협력교수를 통한 직접교수 제공이 초등 3학년 곱셈과 나눗셈 성취도와 수학태도에 미치는 영향-일반학생, 수학 학습장애 위험군 학생, 수학 학습장애 학생을 중심으로-. 단국대학교 대학원 박사학위논문.

김이랑 · 이미숙(2016). 역통합교육에 대한 일반유아 어머니의 경험 : A 장애전문 어린이집을 중심으로. **열린부모교육연구, 8**(4), 163-182.

김은영 · 박미화(2015). 보편적 학습설계 국어 수업(읽기)이 초등 통합학급 학생에게 미치는 영향. **초등교육연구, 28**(4), 33-60.

문진아(2003). 장애이해 프로그램이 일반아동의 태도 변화에 미치는 영향. 대구대학교 교육대학원 석사학위논문.

박경우 · 추연구(2012). 소그룹 역통합교육의 사회적 상호작용 및 수용태도 변화에 관한 연구. **발달장애연구, 16**(3), 23-44.

박승희(1999). 일반학급에 통합된 장애 학생의 수업의 질 향상을 위한 교수적 수정의 개념과 실행 방안. **특수교육학연구, 34**(2), 29-71.

______(2002). 장애 학생의 교육과정적 통합을 위한 일반학교의 학교수준 교육과정 계획 모형. **특수교육학연구, 37**(1), 199-235.

______(2003). **한국장애학생통합교육**. 서울 : 교육과학사.

서소람(2017). 이해중심 및 활동중심 장애이해교육이 고등학생의 장애수용태도와 학급 분위기에 미치는 영향. 한국교원대학교 교육대학원 석사학위논문.

서효정 · 박윤정(2019). 초등 사회과 통합학급 수업을 위한 예비 특수교사의 교수적 수정 적용 사례 분석. **특수교육교과교육연구, 12**(3), 1-25.

성명옥(2004). **정상화의 연구**(서구의 이론과 실천). 서울 : 창지사.

신현기(2004). **통합교육 교수적합화**. 서울 : 학지사.

우이구 · 이유훈 · 권태환 · 김희규 · 유장순 · 최세민(2004). **장애이해 교육자료 개발연구**. 국립특수교육원.

이대식 · 김수연 · 이은주 · 허승준(2018). **통합교육의 이해와 실제**. 서울 : 학지사.

이소현(1996). 장애아동의 사회적 통합. 통합교육의 현황 및 과제, 57-85. 제3회 이화특수교육 학술대회 자료집.

이소현 · 박은혜(2011). **특수아동교육**. 서울 : 학지사.

이영숙(2007). 역통합교육 환경조성을 위한 교육행정 지원에 관한 연구. 건국대학교 대학원 박사학위논문.

조민경(2008). 초등학교 아침활동 시간을 이용한 장애이해교육이 일반 학생의 장애 학생에 대한 태도 변화에 미치는 영향. 이화여자대학교 교육대학원 석사학위논문.

정경희(2011). 중등과정 역통합에 대한 특수학교 교사의 인식. 전남대학교 대학원 석사학위논문.

정해진(2004). 유니버셜 디자인-보편적 설계. **장애아동과 테크놀로지**. 3, 8-10.

추연구(2006). 통합교육 효율화를 위한 유니버셜 디자인 적용 가능성 고찰. **정신지체연구**, **8**(3), 113-133.

______(2008). 통합교육 관점에서 보는 특수교육의 변화 고찰. **발달장애연구**, **12**(2), 175-193.

______(2009). 일본 특별지원교육의 동향과 특징에 관한 연구. **특수교육교과교육연구**, **2**(1), 1-29.

______(2011). 영국과 일본의 특별요구교육에서 코디네이터 제도의 고찰. **발달장애연구**, **15**(2), 21-43.

추연구 · 김은영(2017). **특수교육의 이해**. 서울 : 양서원.

한국통합교육학회 편(2009). **통합교육**(2판). 서울 : 학지사.

한은주(2008). 특수학교 유치부 역통합교육에 대한 일반유아 가족과 교사의 인식. 단국대학교 대학원 석사학위논문.

Favazza, P. C., & Odom, S. L .(1997). Promoting positive attitudes of kindergarten-age children toward individuals with disabilities. *Exceptional Children, 63*, 405-418.

Ford, A., Davern, L., Schnorr, R.(2001). Learners with significant disabilities : Curricular relevance in an era of standards-based reform. *Remedial and Special Education, 22*(4), 214-222.

Friend, M.(2007). The Co-Teaching Partnership. *Educational Leadership, 64*(5), 48-52.

Friend, M., & Bursuck, W. D.(2006). *Including Students with Special Needs : A Practical Guide for Classroom Teachers*(4th ed). Boston : Allyn & Bacon.

Friend, M., & Cook, L.(2007). *Interactions : Collaboration skills for school professionals*(5th ed.). Boston : Allyn & Bacon.

Friend, M., Cook, L., Hurley-Chamberlain, D., & Shamberger, C.(2010). Co-Teaching : An illustration of the complexity of collaboration in special education. *Journal of Educational and Psychological, 20*, 9-27.

Fuchs, D., & Fuchs, L. S.(1994). Inclusive schools movement and radicalization of special education reform. *Exceptional Children, 60,* 294-309.

Glaser, R.(1977). *Adaptive Education : Individual diversity and learning*. New York : Holt, Rinehart & Winston.

Gottlieb, J.(1980). Improving attitudes toward retarded children by using group discussion. *Exceptional Children, 47,* 106-111.

Horne, J.(1998). Rising to the challenge. *Teaching Tolerance,* 7(1), 26-31.

Jairrels, V., Brazil, N., & Patton, J. R.(1999). Incorporating popular literature into the curriculum for diverse learners. *Intervention in School and Clinic, 34*(5), 303-306.

Kochhar, C. A., West, L. L., & Taymans, J. M.(1996). *Handbook of successful inclusion. Gaither*, Manyland : An Aspen Publication.

Murawski, W. W, & Dieker, L. A.(2008). 50 ways to keep you co-teacher : Strategies for before, during and after co-teaching. *Teaching Exceptional Children, 40*(4), 40-48.

Ronfeldt, M., McQueen, K., & Grissom, J. A.(2015). Teacher collaboration in instructional teams and student achievement. *American Educational Research Journal, 52*(3), 475-514.

Rose, D., & Meyer, A.(2002). *Teaching Every Student in the Digital Age : Universal design for learning*. Alexandria, VA : Association for supervision and Curriculum Development(ASCD).

Safran, S. P.(2000). Using movies to teach students about disabilities. *Teaching Exceptional Children, 32*(3), 44-47.

Salend, S. J.(1994). *Effective Mainstreaming : Creating inclusive classrooms*. New York : Macmillan Publishing Co.

Skrtic, T., Harris, K. R., & Shriner, J. G.(2006). *Special Education Policy and Practice*. Denver. Colorado : Love Publishing Company.

Smith, T. E. C., Polloway, E. A., Patton, J. R., & Dowdy, C. A.(2004). *Teaching Students with Special Needs*(In Inclusive Settings) (4th ed). Boston : Allyn and Bacon.

Turnbull, A. P., Turnbull, H. R.(1990). *Families, Professionals and Exceptionality : A Special partnership*. Merrill Publishing Company.

Yell, M. L.(2006). *The Law and Special Education*(2th ed.). NJ : Pearson Education Inc.

Zigmond, N.(2003). Where should students with disabilities receive special education service? Is one place better than another? *The Journal of Special Education, 18*(9), 535-541.

CHAPTER 03

개별화교육

개별화교육은 개별화교육계획이라는 문서를 통해 이루어진다. 개별화교육계획은 「장애인 등에 대한 특수교육법」에 의거하여 특수교육대상자 개개인이 지닌 교육적 요구에 적합한 교육을 제공하기 위해 작성되는 법적 문서이다.

개별화교육계획이라는 용어를 구성하고 있는 단어의 의미를 살펴보면, '개별화'는 특수교육대상자의 개별성을 의미한다. 특수교육대상자의 개별적 특성을 고려하여야 함을 강조하고 있다. '교육'은 크게 특수교육과정과 특수교육 관련서비스를 통해 이루어진다. 특수교육과정은 특수교육대상자의 교육적 요구에 적합한 교육과정이며, 특수교육 관련서비스는 특수교육대상자의 교육을 효율적으로 실시하기 위한 다양한 인적 · 물적 자원을 말한다. 마지막으로 '계획'이라는 것은 특수교육대상자의 교육적 요구에 적합한 교육과정 및 특수교육 관련서비스에 대하여 기록한 법적 문서로서 이는 개별화교육지원팀의 협력을 통해 수행해야 한다(추연구 · 김은영, 2017).

이 장에서는 2022 개정 특수교육 교육과정(교육부, 2022)과 「장애인 등에 대한 특수교육법」을 바탕으로 개별화교육계획 수립 · 운영에 관해서 살펴보고자 한다.

1 개별화교육의 법률적 근거

1) 개별화교육의 법률적 정의

장애가 의심되는 학생이 진단의 절차를 거쳐 특수교육대상자로 판별되면 사정결과를 바탕으로 개별화교육계획(IEP : Individualized Education Plan)을 수립하게 된다. 「장애인 등에 대한 특수교육법」 제2조 제7호에는 '개별화교육이란 각급 학교의 장이 특수교육대상자 개인의 능력을 계발하기 위하여 장애 유형 및 장애 특성에 적합한 교육목표 · 교육방법 · 교육내용 · 특수교육 관련서비스 등이 포함된 계획을 수립하여 실시하는 교육을 말한다'라고 정의되어 있다.

2) 개별화교육을 위한 법적 절차

(1) 특수교육대상자 선정

특수교육대상자 선정을 위한 구체적인 법적 절차는 「장애인 등에 대한 특수교육법」 제14~17조에 밝히고 있으며 〈표 3-1〉과 같다.

〈표 3-1〉 특수교육대상자 선정에 따른 법적 절차

장애인 등에 대한 특수교육법 제14조 (장애의 조기발견 등)		
영유아 장애 선별검사 무상	제1항	교육장 또는 교육감은 영유아의 장애 및 장애 가능성을 조기에 발견하기 위하여 지역주민과 관련기관을 대상으로 홍보를 실시하고, 해당 지역 내 보건소와 병원 또는 의원에서 선별검사를 무상으로 실시한다.
보호자 혹은 보호자의 사전 동의 필요	제3항	보호자 또는 각급 학교의 장은 제15조 제1항 각호에 따른 장애를 가지고 있다고 의심되는 영유아 및 학생을 발견한 때에는 교육장 또는 교육감에게 진단평가를 의뢰하여야 한다. 다만, 각급 학교의 장이 진단 · 평가를 의뢰하는 경우에는 보호자의 사전 동의를 받아야 한다.

특수교육지원센터에서 진단 · 평가 실시	제4항	교육장 또는 교육감은 제3항에 따라 진단 · 평가를 의뢰받은 경우 즉시 특수교육지원센터에 회부하여 진단 · 평가를 실시하고, 그 진단 · 평가의 결과를 해당 영유아 및 학생의 보호자에게 통보하여야 한다.
장애인 등에 대한 특수교육법 제15조(특수교육대상자의 선정)		
특수교육대상자 유형	제1항	교육장 또는 교육감은 다음 각 호의 어느 하나에 해당하는 사람 중 특수교육을 필요로 하는 사람으로 진단 · 평가된 사람을 특수교육대상자로 선정한다. 1. 시각장애, 2. 청각장애, 3. 지적장애, 4. 지체장애, 5. 정서 · 행동장애, 6. 자폐성장애(이와 관련된 장애를 포함한다), 7. 의사소통장애, 8. 학습장애, 9. 건강장애, 10. 발달지체, 11. 그 밖에 대통령령으로 정하는 장애
특수교육운영위원회의 심사	제2항	교육장 또는 교육감이 제1항에 따라 특수교육대상자를 선정할 때에는 제16조 제1항에 따른 진단 · 평가 결과를 기초로 하여 고등학교 과정은 교육감이 시 · 도 특수교육운영위원회의 심사를 거쳐, 중학교 과정 이하의 각급 학교는 교육장이 시 · 군 · 구 특수교육운영위원회의 심사를 거쳐 이를 결정한다.
장애인 등에 대한 특수교육법 제16조(특수교육대상자의 선정절차 및 교육지원 내용의 결정)		
특수교육지원센터	제1항	특수교육지원센터는 진단 · 평가가 회부된 후 30일 이내에 진단 · 평가를 시행하여야 한다.
교육장 또는 교육감에게 최종 의견 보고	제2항	특수교육지원센터는 제1항에 따른 진단 · 평가를 통하여 특수교육대상자로의 선정 여부 및 필요한 교육지원 내용에 대한 최종 의견을 작성하여 교육장 또는 교육감에게 보고하여야 한다.
부모 등 보호자에게 서면 통지	제3항	교육장 또는 교육감은 특수교육지원센터로부터 최종의견을 통지받은 때부터 2주일 이내에 특수교육대상자로의 선정 여부 및 제공할 교육지원 내용을 결정하여 부모 등 보호자에게 서면으로 통지하여야 한다. 교육지원 내용에는 특수교육, 진로 및 직업교육, 특수교육 관련서비스 등 구체적인 내용이 포함되어야 한다.
부모 등 보호자의 의견진술의 기회보장	제4항	제1항에 따른 진단 · 평가의 과정에서는 부모 등 보호자의 의견진술의 기회가 충분히 보장되어야 한다.

장애인 등에 대한 특수교육법 제17조(특수교육대상자의 배치 및 교육)		
특수교육대상자의 배치 유형	제1항	교육장 또는 교육감은 제15조에 따라 특수교육대상자로 선정된 자를 해당 특수교육운영위원회의 심사를 거쳐 다음 각 호의 어느 하나에 배치하여 교육하여야 한다. 1. 일반학교의 일반학급, 2. 일반학교의 특수학급, 3. 특수학교
거주지에서 가장 가까운 곳에 배치	제2항	교육장 또는 교육감은 제1항에 따라 특수교육대상자를 배치할 때에는 특수교육대상자의 장애 정도 · 능력 · 보호자의 의견 등을 종합적으로 판단하여 거주지에서 가장 가까운 곳에 배치하여야 한다.

(2) 개별화교육을 위한 법적 절차

개별화교육을 위한 구체적인 법적 절차는 「장애인 등에 대한 특수교육법」 제22조 및 「장애인 등에 대한 특수교육법 시행규칙」 제4조에 밝히고 있으며 〈표 3-2〉와 같다.

〈표 3-2〉 우리나라의 개별화교육에 대한 법령

장애인 등에 대한 특수교육법 제22조(개별화교육)		
개별화교육지원팀의 구성	제1항	각급 학교의 장은 특수교육대상자의 교육적 요구에 적합한 교육을 제공하기 위하여 보호자, 특수교육교원, 일반교육교원, 진로 및 직업교육 담당 교원, 특수교육 관련서비스 담당 인력 등으로 개별화교육지원팀을 구성한다.
개별화교육 계획의 작성 시기	제2항	개별화교육지원팀은 매 학기마다 특수교육대상자에 대한 개별화교육계획을 작성하여야 한다.
전학 시 송부	제3항	특수교육대상자가 다른 학교로 전학할 경우 또는 상급학교로 전학할 경우에는 전출학교는 전입학교에 개별화교육계획을 14일 이내에 송부하여야 한다.

특수교육교원의 업무지원	제4항	특수교육교원은 제1항부터 제3항까지의 규정에 따른 업무를 수행하기 위하여 각 업무를 지원하고 조정한다.
기타	제5항	제1항에 따른 개별화교육지원팀의 구성, 제2항에 따른 개별화교육계획의 수립 · 실시 등에 관하여 필요한 사항은 교육부령으로 정한다.
장애인 등에 대한 특수교육법 시행규칙 제4조(개별화교육지원팀의 구성 등)		
개별화교육지원팀 구성 시기	제1항	각급 학교의 장은 법 제22조 제1항에 따라 매 학년의 시작일부터 2주 이내에 각각의 특수교육대상자에 대한 개별화교육지원팀을 구성하여야 한다.
개별화교육계획 작성 시기	제2항	개별화교육지원팀은 매 학기의 시작일부터 30일 이내에 개별화교육계획을 작성하여야 한다.
개별화교육계획의 내용	제3항	개별화교육계획에는 특수교육대상자의 인적사항과 특별한 교육 지원이 필요한 영역의 현재 학습수행 수준, 교육목표, 교육내용, 교육방법, 평가계획 및 제공된 특수교육 관련서비스의 내용과 방법 등이 포함되어야 한다.
개별화교육계획 평가 및 결과통보	제4항	각급 학교의 장은 매 학기마다 개별화교육계획에 따른 각각의 특수교육대상자의 학업성취도 평가를 실시하고, 그 결과를 특수교육대상자 또는 보호자에게 통보하여야 한다.

3) 미국 장애인교육법의 영향

장애인교육법(IDEA : Individuals with Disabilities Education Act)이란 미국의 장애인에 대한 특수교육 및 관련 서비스를 위한 연방 법률이다. 장애인교육법은 미국 전역에 있는 학교에 영향을 미쳤으며, 일반교사, 특수교사, 학교관리자, 부모, 장애 학생의 역할을 변화시켰다. 장애인교육법의 주요 원리들은 처음 제정부터 지금까지 변하지 않고 적용되고 있다(Turnbull & Cilley, 1999; Turnbull & Turnbull, 2000).

(1) 배제금지(Zero Reject)

학교는 장애를 가진 모든 학생(3~21세)을 장애 유형이나 장애 정도에 상관없이 무상의 공교육을 받을 수 있는 기회로부터 결코 배제해서는 안 된다. 이는 모든 장애 학생에게 완전한 시민권(full citizenship)을 부여하는 것으로, 무상교육이 국가나 국민으로부터의 연민이나 수혜가 아니라 권리임을 인식하도록 해주었다.

(2) 비차별적 판별 및 평가(Nondiscriminatory Evaluation)

학교는 평가 대상 학생의 다양한 문화적 배경(인종, 언어, 습관)과 관련된 편견이 없는 다양한 진단과 평가방법을 사용하여 장애 학생을 판별함으로써, 장애 학생이 받을 수 있는 불이익을 없애야 한다.

(3) 무상의 적절한 공교육(FAPE : Free, Appropriate Public Education)

부모나 보호자의 경제적 부담 없이 모든 장애 학생은 각 학생의 교육적 요구에 맞게 특별히 고안된 적절한 공교육을 무상으로 받아야 한다. 이때 적절한 교육의 핵심은 개별화에 있다. 장애인교육법(IDEA)에서는 3세부터 21세의 장애 학생을 위한 개별화계획을 개별화교육 프로그램(IEP : Individualized Education Program)이라고 한다. 또 출생부터 2세(또는 0세부터 3세)까지의 장애 영·유아를 위한 개별화계획을 개별화가족서비스계획(IFSP : Individualized Family Service Plan)이라고 한다. 그리고 장애 학생이 학교 졸업 후 사회생활에 효과적으로 적응할 수 있도록 지원하기 위해 개별화교육과정에 첨부되는 계획을 개별화전환계획(ITP : Individualized Transition Plan)이라고 한다.

(4) 최소제한환경(Least Restrictive Environment)

장애 학생이 학교에 입학한 후에는 가능한 한 비장애 학생들과 함께 자신이 희망하는 장소에서 학습할 수 있도록 최소로 제한된 환경에 배치되어야 한다. 법은 개개의 장애 학생이 자신의 교육적 요구에 따라 최소제한환경에서 교육받는 것을 보장하기 위해 연계적 서비스와 대안을 제공하여야 한다.

(5) 적법 절차(Procedural Due Process)

특수교육과 관련된 진단과 배치를 하기 전에 부모의 동의를 받는 등 장애인교육법에 명시된 장애 학생과 부모의 권리 보호 법령을 준수하여야 한다. 그러나 법에 명시되어 있다고 하더라도 학교에서 이를 지키지 않을 경우 부모와 학교 사이에 갈등이 생기게 된다. 이러한 갈등을 해소하고자 할 때는 적법한 절차를 거쳐야 한다.

즉, 갈등이 생겼을 경우 일차로 중재(mediation) → 적법 절차에 의한 청문(due process hearing) → 이해 당사자가 아닌 사람들(due process hearing officer)을 선정하여 중재 → 법원 해결을 위한 제소의 과정을 거치도록 법에 의해 보장하고 있다.

(6) 부모와 학생의 참여(Parental and Student Participation)

학교는 장애 학생을 위한 교육 프로그램을 계획 및 실시, 평가하는 과정이나 개별화교육 프로그램 작성과정 등 교육적 결정을 할 때 장애 학생과 그 부모를 참여시켜 의사를 표현하도록 하고, 공동으로 의사결정을 하여야 한다.

장애인교육법(IDEA)은 1975년 PL 94-142에서 시작하여 가장 최근 2004년에 장애아동교육향상법(IDEIA : Individuals with Disabilities Education Improvement Act)으로 개정되었다. 장애아동교육향상법(IDEIA)의 핵심내용은 2001 아동낙오방지법(NCLB : No Child Left Behind)과의 연계이다. 아동낙오방지법은 일반 학생뿐만 아니라 장애 학생들까지 포함한 모든 학생들의 학업성취 향상을 목적으로 한다. 아동낙오방지법은 학생들의 학업성취를 보장하기 위하여 책무성의 강조, 전문적 자질을 갖춘 교사 양성, 과학적으로 검증된 연구 기반 교수법의 강조, 안전한 학교 환경 조성, 부모의 선택권 확대 등을 기본원리로 한다. 이후 아동낙오방지법은 2015년 모든학생성공법(ESSA : Every Student Succeeds Act)으로 개정되었지만 학업성취에 대한 연방정부의 책임을 각각의 주들(States)로 이동시킨 것을 제외하고 대부분의 원리는 그대로 유지되었다.

우리나라의 특수교육과 관련된 법률과 규정은 미국의 장애인교육법(IDEA)을 근거로 한 것이 많다. 미국 장애인교육법(IDEA)이 미친 여러 가지 영향 중 대표적인 것이 개별화교육 프로그램에 대한 것이다. 우리나라에서도 미국 장애인교육법(IDEA)의 개별화교육 프로그램(IEP : Individualized Educational Plan)의 장애 학생의 요구, 교육목적과 목표, 교육과정, 배치와 평가 등에 대한 내용을 받아들였다. 그리고 「장애인 등에 대한 특수교육법」의 전신인 특수교육 진흥법 제16조, 특수교육 진흥법 시행령 제14조 그리고 특수교육 진흥법 시행규칙 제9조에는 1994년부터 개별화교육을 실시하도록 규정하였다.

2 개별화교육계획 작성

개별화교육계획서의 작성 자체는 특수교사가 주도적인 역할을 하게 된다. 그러나 일반교사도 개별화교육지원팀을 통하여 개별화교육계획 수립에 참여한다. 일반적으로 개별화교육계획은 특수교육대상자의 교육적 요구에 적합한 교육과정 및 특수교육 관련서비스를 포함하여 작성하고 그 과정은 다음과 같이 이루어진다.

1) 개별화교육지원팀의 구성 및 회의

(1) 개별화교육지원팀 구성

각급 학교의 장은 매 학년의 시작일로부터 2주 이내에 각각의 특수교육대상자에 대한 개별화교육지원팀을 각각 구성하여야 한다. 하나의 개별화교육지원팀은 학생 한 명만을 지원한다. 따라서 학교 차원에서 보면 특수교육대상자의 수와 동일한 개별화교육지원팀이 구성된다. 이때 학교장, 보호자, 특수교육교원, 일반교육교원, 진로 및 직업교육담당교원, 특수교육 관련서비스 담당 인력 등 각 학생을 잘 알고 있거나 각 학생의 교육적 요구가 있는 영역의 전문성을 지닌 자들로 개별화교육지원팀을 구성할 수 있다. 개별화교육지원팀의 구성에 대한 접근은 다학문적 접근과 간학문적 접근, 초학문적 접근으로 나눌 수 있다. 다학문적 접근, 간학문적 접근 그리고 초학문적 접근의 모델은 〈표 3-3〉과 같다.

〈표 3-3〉 다학문적 접근, 간학문적 접근 그리고 초학문적 접근 모델

<table>
<tr><th></th><th>다학문적 팀
(Multidisciplinary)</th><th>간학문적 팀
(Intradisciplinary)</th><th>초학문적 팀
(Transdisciplinary)</th></tr>
<tr><td>진단</td><td>각자가 개별로</td><td rowspan="7">각자 개별적 진단,
필요시 협력</td><td>팀 구성원과 가족이 함께</td></tr>
<tr><td>부모참여</td><td>부모가 각 전문가를 각각 만남</td><td>팀의 구성원으로 적극 참여</td></tr>
<tr><td>계획개발</td><td>팀원들이 자신의 분야만</td><td>팀 구성원이 협력적으로</td></tr>
<tr><td>계획책임</td><td>팀원 각자</td><td>주 서비스 제공자</td></tr>
<tr><td>계획실행</td><td>팀원 각자</td><td>팀원이 협력적으로</td></tr>
<tr><td>의사소통</td><td>비공식적 통로</td><td>정기적인 회의</td></tr>
<tr><td>인력개발</td><td>스스로 자신의 분야 내에서</td><td>서로 배움(역할 양도)</td></tr>
</table>

출처 : 박승희(2003).

개별화교육지원팀의 구성형태와 그에 따른 구성원의 예는 〈표 3-4〉와 같다. 교사는 서로 다른 학생의 개별화교육지원팀에 동시에 참여할 수 있다.

〈표 3-4〉 개별화교육지원팀의 구성 형태와 구성원의 예

<table>
<tr><th>교육적 배치</th><th>기본 구성원</th><th>선택 구성원</th></tr>
<tr><td>특수학급
설치학교</td><td>• 개별화교육지원팀장 • 특수교육 교원
• 일반교육 교원 • 보호자</td><td rowspan="2">• 부담임교사 • 교과전담교사
• 보건교사 • 상담교사
• 영양교사 • 학교의
• 진로 · 직업교육 담당교원(전문가)</td></tr>
<tr><td>특수학급
설치학교
(순회교육
대상자)</td><td>• 개별화교육지원팀장 • 특수교육 교원
• 일반교육 교원 • 순회교사
• 보호자</td></tr>
</table>

<table>
<tr><td>특수학급 설치학교 (순회학급 설치학교)</td><td>• 개별화교육지원팀장
• 특수교육 교원(순회학급 교사)
• 일반교육 교원(담임교사/교과담당교사)
• 보호자</td><td rowspan="4">• 특수교육 관련서비스 담당인력
• 시 · 군 · 구 주민센터 사회복지사
• 학생의 기타가족
• 교육(지원)청 특수교육 담당자
• 방과후 교실 강사
• 돌봄교실 강사
• 학교 담당 경찰관</td></tr>
<tr><td>특수학급 미설치교 (순회교육 대상자)</td><td>• 개별화교육지원팀장 • 순회교사
• 특수교육 업무 담당 일반교육교원
• 일반교육 교원(담임교사/교과담당교사)
• 보호자</td></tr>
<tr><td>특수학급 미설치교</td><td>• 개별화교육지원팀장
• 특수교육 업무 담당 일반교육교원
• 일반교육 교원(담임교사) • 보호자</td></tr>
<tr><td>특수학교</td><td>• 개별화교육지원팀장 • 특수교육교원
• 보호자</td></tr>
<tr><td>병원학교</td><td>• 개별화교육지원팀장 • 병원학교장
• 병원학교 교사
• 일반교육 교원(소속학교 담임교사)
• 보호자</td><td>• 재활복지팀장
• 수간호사
• 의료사회복지사</td></tr>
</table>

출처 : 정주영 외(2019), p. 48 발췌 수정.

개별화교육지원팀 구성원의 구체적인 역할은 〈표 3-5〉와 같다.

〈표 3-5〉 개별화교육지원팀 구성원의 역할

<table>
<tr><th>교육적 배치</th><th>구성원</th><th>역 할</th></tr>
<tr><td rowspan="2">특수학급 설치학교</td><td>개별화교육 지원팀장</td><td>• 학교장 또는 교감/개별화교육계획 수립 및 실행에 관한 책임자
• 개별화교육지원팀 운영
• 학생의 교육 및 생활 지도를 관리 · 감독</td></tr>
<tr><td>특수교육 교원</td><td>• 특수학급 교사
• 개별화교육계획의 수립, 실행, 평가 담당자
• 완전통합된 학생의 개별화교육계획 수립 담당자
• 학생의 통합학급 및 특수학급에서 교육 및 생활 지원에 관한 조정자</td></tr>
</table>

	일반교육 교원	• 담임교사, 교과 담당교사 등 • 개별화교육계획의 수립, 실행, 평가에 대한 업무 지원 • 통합학급에서 학생의 교육 및 생활지도, 평가 담당자 • 완전통합된 학생의 경우 개별화교육계획의 실행 및 평가 담당자
	보호자	• 특수교육대상 학생의 개별화교육계획 수립, 실행, 평가 과정에서 학생의 대리인 • 학교와 가정 간의 지속적인 협력 관계 유지
특수학급 설치학교 (순회교육 대상자)	개별화교육 지원팀장	• 학교장 또는 교감/개별화교육계획 수립 및 실행에 관한 책임자 • 개별화교육지원팀 운영 • 학생의 교육 및 생활 지도를 관리 · 감독
	특수교육 교원	• 특수학급교사 • 순회교육 대상 학생의 개별화교육지원팀 구성 및 운영 담당자 • 순회교육 대상 학생의 개별화교육계획 수립 담당자(순회교사로부터 순회교육 대상 학생의 개별화교육계획 내용과 방법, 평가 결과를 받아 개별화교육계획을 수립) • 순회교육 대상 학생의 개별화교육계획 실행 및 평가에 관한 업무 지원
	일반교육 교원	• 담임교사, 교과 담당교사 등 • 개별화교육계획의 수립, 실행, 평가에 대한 업무 지원 • 통합학급 내에서 개별화교육계획의 실행, 평가 담당자 • 통합학급 내에서 학생의 교육 및 생활 지도에 대한 담당자
	순회교사	• 순회교육 대상 학생의 개별화교육계획 내용과 방법 수립 담당자 • 순회교육 대상 학생의 개별화교육계획 실행, 평가 담당자(순회교사는 학생의 개별화교육계획 내용과 방법, 평가 결과를 작성하여 순회교육 대상 학생의 개별화교육계획 수립 담당자에게 제공) • 통합학급에서 개별화교육계획의 실행 과정에 대한 업무 지원
	보호자	• 특수교육대상 학생의 개별화교육계획 수립, 실행, 평가 과정에서 학생의 대리인 • 학교와 가정 간의 지속적인 협력 관계 유지

특수학급 설치학교 (순회학급 설치학교)	개별화교육 지원팀장	• 학교장 또는 교감/개별화교육계획 수립 및 실행에 관한 책임자 • 개별화교육지원팀 운영 • 학생의 교육 및 생활 지도를 관리 · 감독
	특수교육 교원	• 순회학급 특수교사 • 순회학급 학생의 개별화교육계획의 수립, 실행, 평가 담당자
	일반교육 교원	• 순회학급 학생의 개별화교육계획 수립, 실행, 평가에 대한 업무 지원
	보호자	• 특수교육대상 학생의 개별화교육계획 수립, 실행, 평가 과정에서 학생의 대리인 • 학교와 가정 간의 지속적인 협력 관계 유지
특수학급 미설치학교 (순회교육 대상자)	개별화교육 지원팀장	• 학교장 또는 교감/개별화교육계획 수립 및 실행에 관한 책임자 • 개별화교육지원팀 운영 • 학생의 교육 및 생활 지도를 관리 · 감독
	순회교사	• 순회교육 대상 학생의 개별화교육계획 내용과 방법 수립 담당자 • 순회교육 대상 학생의 개별화교육계획 실행, 평가 담당자 • 순회교육 대상 학생의 통합학급에서 교육 및 생활 지원에 대한 업무 지원
	특수교육 업무 담당 일반교육교원	• 특수교육대상 학생의 담임교사 또는 교과(생활지원) 담당 교사 • 순회교육 대상 학생의 개별화교육계획 수립, 실행, 평가에 대한 업무 지원 • 순회교육 대상 학생의 통합학급에서 교육 및 생활 지원 담당자
	보호자	• 특수교육대상 학생의 개별화교육계획 수립, 실행, 평가 과정에서 학생의 대리인 • 학교와 가정 간의 지속적인 협력 관계 유지
특수학급 미설치학교	개별화교육 지원팀장	• 학교장 또는 교감/개별화교육계획 수립 및 실행에 관한 책임자 • 개별화교육지원팀 운영 • 학생의 교육 및 생활 지도를 관리 · 감독

<table>
<tr><td rowspan="3"></td><td>특수교육
업무 담당
일반교육교원</td><td>• 개별화지원팀의 구성 및 운영 담당자
• 특수교육대상 학생의 개별화교육계획 수립, 실행, 평가 담당자
• 특수교육 업무 담당 일반교육 교원과 협력하여 개별화교육계획을 수립, 운영, 평가
• 특수교육대상 학생의 통합학급 교육 및 생활에 관한 주된 담당자</td></tr>
<tr><td>일반교육교원</td><td>• 특수교육대상 학생의 담임교사 또는 교과(생활지원) 담당 교사
• 특수교육대상 학생의 개별화교육계획 수립, 실행, 평가 담당자
• 특수교육 업무 담당 일반교육 교원과 협력하여 개별화교육계획을 수립, 운영, 평가
• 특수교육대상 학생의 통합학급 교육 및 생활에 관한 주된 담당자</td></tr>
<tr><td>보호자</td><td>• 특수교육대상 학생의 개별화교육계획 수립, 실행, 평가 과정에서 학생의 대리인
• 학교와 가정 간의 지속적인 협력 관계 유지</td></tr>
<tr><td rowspan="3">특수학교</td><td>개별화교육
지원팀장</td><td>• 학교장 또는 교감/개별화교육계획 수립 및 실행에 관한 책임자
• 개별화교육지원팀 운영
• 학생의 교육 및 생활 지도를 관리 · 감독</td></tr>
<tr><td>특수교육교원</td><td>• 담임교사, 교과 담당 교사, 생활 지원 담당 교사
• 개별화교육계획의 수립, 실행, 평가 담당자
• 개별화교육계획의 수립, 실행, 평가에는 필요에 따라 2인 이상의 교원이 참여(예 담임교사와 교과담당교사, 교과담당교사 2인 등)</td></tr>
<tr><td>보호자</td><td>• 특수교육대상 학생의 개별화교육계획 수립, 실행, 평가 과정에서 학생의 대리인
• 학교와 가정 간의 지속적인 협력 관계 유지</td></tr>
<tr><td rowspan="2">병원학교</td><td>개별화교육
지원팀장</td><td>• 학교장 또는 교감/개별화교육계획 수립 및 실행에 관한 책임자
• 개별화교육지원팀 운영
• 학생의 교육 및 생활 지도를 관리 · 감독</td></tr>
<tr><td>병원학교장</td><td>• 병원학교 운영지원
• 학생의 건강상태 관련 정보 제공 및 의견 제시</td></tr>
</table>

	병원학교 교사	• 개별화교육계획 양식 준비 • 특수교육대상자에 대한 진단 · 평가 결과 및 교육지원 내용 계획 • 개별화교육계획 수행 관련 교육지원 • 개별화교육계획의 수립 및 수행 • 개별화교육계획 관련 사항 논의 • 병원학교 운영상의 제반 문제 협의
	일반교육교원 (소속학교 담임교사)	• 학생의 수행능력에 대한 정보 제공 • 적절한 교육 프로그램 제언 및 통합교육 시행 • 학생의 통합학급 배치에 관한 문제 협의
	보호자	• 특수교육대상 학생의 개별화교육계획 수립, 실행, 평가 과정에서 학생의 대리인 • 학교와 가정 간의 지속적인 협력 관계 유지

출처 : 정주영 외(2019), pp. 49-51 발췌 수정.

(2) 개별화교육계획의 작성 시기

개별화교육지원팀은 매 학기마다 특수교육대상자에 대한 개별화교육계획을 작성하여야 하며, 매 학기의 시작일로부터 30일 이내에 개별화교육계획을 작성하여야 한다.

(3) 개별화교육지원팀의 회의

학교장은 개별화교육지원팀의 구성에 책임을 지며, 의장 역할을 수행할 수 있다. 회의는 회의를 주관하는 교사가 준비하며, 각 개별화교육지원팀의 구성원 중에서 학교장이 한 명을 선정하도록 하며, 회의 주관 교사는 회의 일정 조정, 회의 장소 섭외, 연락을 담당한다. 그리고 보호자를 포함한 모든 구성원에게 회의의 목적, 시간, 장소, 참석자를 알려준다(일반적으로 담임의 경우나 가장 오랜 시간을 학생과 보내는 사람이 담당자 역할을 한다).

2) 개별화교육계획 작성 절차

개별화교육계획은 매 학기의 시작일로부터 30일 이내 다음 |그림 3-1|과 같은 절차를 작성한다.

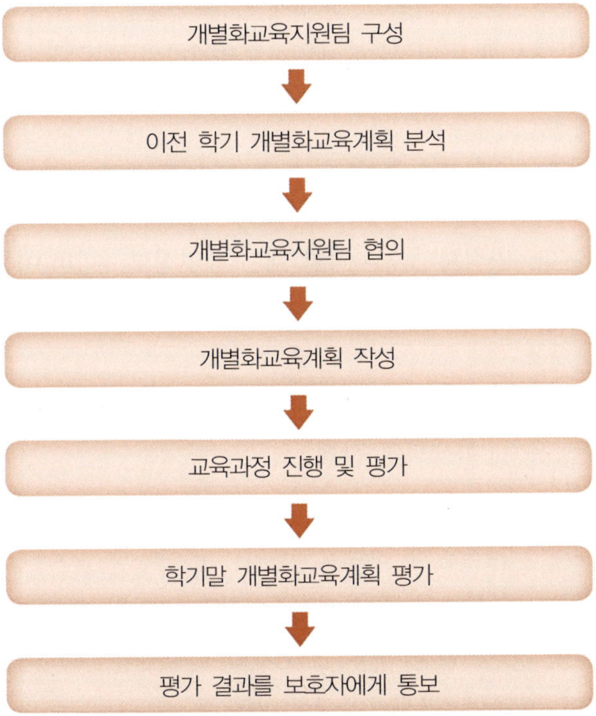

|그림 3-1| **개별화교육계획 작성 절차**

3) 개별화교육 프로그램의 구성요소

현재 특수교육 학교현장에서 사용하는 개별화교육계획 양식은 매우 다양하기 때문에 그에 따른 작성 방법 또한 차이를 보인다. 교육목표, 교육내용 등의 필수 항목들은 동일하게 포함하고 있으나, 각 특수학교의 교육과정에 따른 운영 특수성을 고려해야 하기 때문에 개별화교육계획 양식에서 차이가 있을 수 있다(권기홍 · 김영걸, 2021;

방명애 · 강남숙, 2005). 하지만 이는 현장에서 쉽게 활용할 수 있는 개별화교육계획의 모델이나 작성방법에 관한 표준화된 양식의 보급의 필요성 역시 의미한다(태원섭 · 박남수, 2007). 개별화교육 프로그램의 일반적인 요소로서 「장애인 등에 대한 특수교육법 시행규칙」 제4조의 내용에 따라 특수교육대상자의 인적사항과 특별한 교육지원이 필요한 영역의 현재 학습수행수준, 교육목표, 교육내용, 교육방법, 평가계획 및 제공할 특수교육 관련서비스의 내용과 방법 등이 개별화교육계획에 포함되어야 한다.

(1) 인적사항

인적사항은 개별화교육계획 수립 시 일반적으로 알아야 되는 특수교육대상자에 관한 정보를 포함한다. 인적사항을 파악할 때는 개인정보 수집 · 이용에 관한 고지와 동의서를 제시하여 동의를 구해야 한다. 인적사항의 기본 내용은 다음과 같다.

- 이름, 성별, 생년월일, 학교급, 배정학급 구분, 학년–반, 주소, 전화번호
- 보호자명, 주양육자, 학생과의 관계
- 장애 유형 및 정도, 특성
- 개별화교육계획의 시작일과 종료일
- 장애인등록 여부, 통학수단, 통학시간, 순회교육 지원 여부
- 학생의 흥미 및 강점, 약점 내용, 보호자의 희망사항, 기타사항
- 진단평가 영역, 도구명, 검사결과, 평가자

(2) 현재 학습 수행 수준

현재 학습 수행 수준은 학생의 현재 교육적 요구에 대한 수준을 명확히 보여주어야 하며, 교육목표 설정에 필요한 평가 관련정보, 교육목표와 관련된 출발점 행동 수준, 사회성 기술, 부적절한 행동, 신체활동(건강 상태, 보호장구 사용 등)과 같은 적응행동 특성은 교과 내에 포함시켜서 진술한다. 현재 학습 수행 수준 기록의 예는 〈표 3–6〉과 같다.

〈표 3-6〉 현재 학습수행 수준 작성 사례

이름 : (김○○)　　성별 : (남)　　학년 반 : (4)학년 (1)반

영 역	작성일	현재 학습 수행 수준
국어교과	2019. 3. 4.	• 자신의 이름을 부른 사람을 바라보며 손을 들고 '네'라고 대답함. • '쉬, 빵빵, 맘마, 시어, 꼬' 등의 유아어로 의사를 표현하거나 사물을 지칭하여 말함. • 바구니에 붙어있는 그림에 해당하는 물건을 담아 정리하고, 교실에서 사용하는 물건 중 자신의 이름이 쓰여있는 물건을 찾음. • 여러 가지 쓰기 도구를 잡고 긁적임.

출처 : 정주영 외(2019), p. 36 발췌 수정.

학생의 현재 학습 수행 수준을 세부적인 영역별로 파악하지 못하게 되면 학생의 발달 수준과 맞지 않는 개별화교육계획을 작성할 수 있다. 이렇게 발달에 적합하지 않은 개별화교육계획은 실제 지도내용과 다른 형식적인 문서로 남게 될 우려가 많다.

(3) 교육목표

교육목표는 장기목표인 학기목표와 단기목표인 월별목표를 제시한다. 매 학년 1학기 개별화교육계획을 개발할 때, 학기목표와 월별 목표를 일차로 수립한다. 다만, 2학기 개별화교육지원팀 회의를 할 때, 1학기 교육목표의 달성 여부에 따라 2학기 교육목표를 수립할 수 있다. 교육목표를 설정할 때는 특수교육대상자에게 적용하고 있는 교육과정을 고려해야 한다. 특수교육대상자의 경우 학습과제에 따라 학생의 학습 속도를 파악하여 개별화교육계획을 작성해야 한다. 교육목표 기록의 예는 〈표 3-7〉과 같다.

〈표 3-7〉 교육목표 기록의 예

이름 : (김○○) 성별 : (남) 학년 반 : (4)학년 (1)반

영 역	작성일	학기목표
국어교과	2019. 3. 4.	• 사람, 음식이나 물건, 장소와 관련된 낱말을 사용하여 표현한다. • 관련성취기준 [4국어01-03] 친숙한 행동으로 표현하거나 사물을 지칭하는 낱말을 사용하여 말한다. [4국어02-03] 일상생활에서 자주 접하는 낱말을 읽는다. [4국어03-01] 글자의 모양을 따라 쓴다. [4국어03-02] 일상생활과 관련된 친숙한 글자와 낱말을 쓴다.

출처 : 정주영 외(2019), p. 36 발췌 수정.

(4) 교육내용

현재 학습 수행 수준을 기초로 하여 교육목표에 도달할 수 있는 교육내용을 세부적으로 기술한다. 교과영역 교육내용은 특수교육대상자의 수준과 참여하는 수업의 특성에 따라 기본교육과정 중심과 국민공통기본교육과정 중심으로 구성될 수 있다. 특수교육대상자가 속한 학년 교육과정을 고려하여야 하지만, 반드시 같은 학년의 교육과정을 따를 필요는 없다. 교육내용은 실제 가르치는 내용을 의미하여 목표와 매우 유사하게 진술될 수도 있으며, 교육내용을 선정할 때는 교과목 간의 연관성, 교수방법, 생활연령 등을 고려하여야 한다. 다음은 교육내용의 개별화 방안에 대한 고심이 담긴 특수교사와의 면담내용이다(이진석 · 한경근, 2016).

과학교과를 교육하는 데 공통교육과정을 기본적으로 사용하고 있어요. 그런데 학생이 이해하는 데 많이 어려워해요. 그래서 교과서의 지문 내용들을 참고적으로 읽어주고 교과서의 내용을 이해하기 쉬운 용어로 풀어 학습지를 만들어요.(참여자 3)

학생 A는 공통교육과정 내용을 기본으로 하여 학생의 수준에 맞게 일부 수정하여 교육하고 있고, 학생 B는 기본교육과정 사회교과 내용을 중심으로 교육하고 있어요. 그리고 학생들이 촉각적으로 경험할 수 있도록 사회교과 보완자료들을 보충자료로 사용하고 있어요.(참여자 1)

(5) 교육방법

교육방법은 영역별로 특수교육대상자의 개별적 요구에 부응할 수 있는 교육방법을 기술한다. 지나치게 개별화된 교육방법은 분리를 초래할 수 있으며, 교사의 부담을 가중시켜 실현이 어렵다는 점을 염두에 두어야 한다. 현재 교사와 학생이 상호작용을 하면서 학생으로 하여금 참여활동을 통해 개념을 익히는 방법이 많이 사용되고 있다. 학생이 기존에 가지고 있는 경험적 지식들을 사용하여 수업내용과 연계하여 교육할 수도 있다(이진석 · 한경근, 2016).

학생 A의 경우는 다양한 내용에 대해 사전에 경험한 것들이 많이 부족한 편이어서 학생이 주로 관심 있어 하는 음식을 활용하여 연산활동에 사용하고 있어요. 그러면 추상적인 수의 개념을 자신이 경험했던 내용과 연관 지어 학습에 보다 집중할 수 있어요.(참여자 2)

또한 학생들의 장애 특성들을 고려하여 교재교구들을 적용할 수도 있다. 소근육 활용의 어려움을 보완해 주는 교재교구들을 개발하거나 기존의 교재교구들을 약간 변형해서 수업에 활용할 수 있다. 그리고 청각적인 부분과 촉각적인 부분들을 종합적으로 사용하여 인지 수준이 낮은 학생에게도 수업 내용에 관심과 흥미를 유도하며 참여할 수 있도록 지도한다(이진석 · 한경근, 2016).

학생 A는 소근육의 변형으로 소근육 활동에 제한이 많이 있어 벌집 형태의 공들을 활용하여 수업에 적용하였어요. 벌집 형태의 공은 표면에 구멍이 여러 개 뚫려 있어 학생이 잡기 편하게 되어 있고, 공을 힘을 주어 꼭 쥐지 않고 손가락 하나만 도와주어도 학생 스스로 공을 들 수 있거나 잡을 수 있도록 활용해 보았어요.(참여자 4)

학생 B는 언어적 의사 표현은 어렵지만 소리를 듣거나 손으로 만져서 형태를 유지하는 것은 가능해요. 동물 퍼즐 조각의 형태를 만져보고 퍼즐 조각을 맞추면 동물의 울음소리가 나오는 데 학생이 표정을 바꾸어 가면서 반응하는 것을 관찰할 수 있어요.(참여자 5)

(6) 평가계획

개별화교육계획은 교육목표 달성 여부에 대한 평가계획을 포함해야 한다. 평가계획은 평가 담당자, 평가 시기와 같은 일반사항과 교육목표 달성 여부를 어떻게 판단할 것인가에 관한 평가준거를 포함해야 한다. 평가는 객관적인 결론을 내릴 수 있도록 다양하고 타당한 방법을 사용하여야 하고, 평가준거를 제시할 때는 측정 가능한 방법을 제시해야 하며 단일한 평가준거를 모든 교육목표에 획일적으로 사용하는 것이 아니라 교육목표별로 타당한 평가준거를 개발하여야 한다. 평가계획 및 평가준거 기록의 예는 〈표 3-8〉과 같다.

〈표 3-8〉 평가계획 및 평가준거 기록의 예

이름 : (김○○)　　성별 : (남)　　학년 반 : (4)학년 (1)반

※ 평가계획

영 역	작성일	평가계획
국어교과	2019. 3. 4.	• 평가방법 : 관찰을 통한 누가기록 • 평가내용 – 사람, 음식이나 물건, 장소에 해당하는 낱말을 말하는가? – 사람, 음식이나 물건, 장소에 해당하는 낱말을 찾는가? – 사람, 음식이나 물건, 장소에 해당하는 낱말을 소리 내어 읽는가? – 사람, 음식이나 물건, 장소에 해당하는 낱말의 뜻을 아는가? – 사람, 음식이나 물건, 장소에 해당하는 낱말을 보고 쓰는가? – 사람, 음식이나 물건, 장소에 해당하는 낱말을 듣고 쓰는가? |사람, 음식이나 물건, 장소 관련 낱말 : 엄마, 아빠, 형, 선생님, 밥, 물, 우유, 과자, 햄버거, 피자, 주스, 아이스크림, 컴퓨터, 인형, 옷, 블록, 핸드폰, 연필, 지우개, 책상, 의자, 가방, 책, 칠판, 알림장, 버스, 집, 학교, 복지관, 미용실, 수영장, 마트, 병원, 방, 화장실, 부엌, 교실, 강당, 음악실, 컴퓨터실, 도서실 등|

※ 평가준거의 적절한 예

영 역	평가내용	평가준거	
국어 교과	사람, 음식이나 물건, 장소에 해당하는 낱말을 듣고 쓰는가?	매우 우수	사람, 음식이나 물건, 장소에 해당하는 낱말 5개를 듣고 그중 4개 이상을 쓴다.
		우수	사람, 음식이나 물건, 장소에 해당하는 낱말 5개를 듣고 그중 2개 이상을 쓴다.
		보통	사람, 음식이나 물건, 장소에 해당하는 낱말을 듣고 교사의 안내에 따라 쓸 수 있다.
		미흡	사람, 음식이나 물건, 장소에 해당하는 낱말을 듣고 교사의 시범에 따라 쓸 수 있다.
		매우 미흡	수행하지 못한다.

※ 평가준거의 부적절한 예

영 역	평가내용	평가준거	
국어 교과	사람, 음식이나 물건, 장소에 해당하는 낱말을 듣고 쓰는가?	매우 우수	과제를 성공적으로 100% 수행
		우수	과제를 성공적으로 80% 수행
		보통	과제를 성공적으로 50% 수행
		미흡	교사가 도와주면 과제를 수행
		매우 미흡	과제를 수행하지 못함

출처 : 정주영 외(2019), p. 36 발췌 수정.

(7) 특수교육 관련 서비스

「장애인 등에 대한 특수교육법 시행령」 제23~29조에는 특수교육대상자에게 필요한 경우 가족지원(가족상담, 양육상담, 보호자 교육, 가족지원프로그램 운영 등), 치료지원(물리치료, 작업치료 등), 보조인력, 각종 교육 및 학습보조기 지원(각종 교구, 학습보조기, 보조공학기기 등), 통학지원(통학차량, 통학비), 기숙사의 설치 · 운영, 기타 특수교육 관련서비스(보행훈련, 심리 · 행동 적응 훈련 등) 등에 관한 지원을 규정하고 있다. 개별화교육계획을 수립할 때는 특수교육대상자의 특성에 따라 요구되는 특수교육 관련 서비스의 내용과 방법 등이 포함되어야 한다. 좀 더 구체적인 지원을 위하여 특수교육 관련서비스 담당인력은 특수교육 관련 서비스의 목표 및 평가계획 등을 개발할 수 있다.

4) 개별화교육계획의 실행

개별화교육계획서는 법률적으로 중요한 문서일 뿐만 아니라 실제 수업에 적용해야 하는 실질적인 수업계획이다. 즉, 매일의 수업목표가 성취되고, 이것이 누적되면 개별화교육계획의 교육목표들이 달성될 수 있도록 작성해야 한다. 이를 위해 교사는 개별화교육계획상의 교육목표들이 어떤 교육과정을 담아낼 것인지 계획하여야 하며, 실행의 과정에서 다양한 교수 지원을 해야 한다.

5) 개별화교육계획의 평가 및 검토

각급 학교의 장은 매 학기마다 개별화교육계획에 따른 특수교육대상자의 학업성취도 평가를 실시해야 한다. 특수교육대상자의 교육목표 달성 여부를 평가하고, 개별화교육계획서에 기재한다. 평가 결과는 특수교육대상자 또는 보호자에게 통보되어야 한다. 개별화교육지원팀은 필요한 경우, 특수교육대상자의 개별화교육계획이 계획대로 잘 진행되고 있는지의 여부를 검토하고 수정할 수 있다.

6) 개별화교육과 교육행정정보시스템(NEIS : National Educational Information System)

정부는 교육행정서비스의 수준을 향상시키고 사용자 중심의 서비스를 제공하며 교직원 업무경감 및 대국민 서비스를 확대하기 위하여 교육행정정보시스템(NEIS)를 구축하였다(김영걸 · 권기홍, 2012). 이에 따라 학교현장은 교육과정 운영과 그 결과를 NEIS와 연계하여 계획하고 실행하며 기록할 필요가 있다. 이는 특수교육현장에서도 동일하다. NEIS의 개별화교육 프로그램 세부 메뉴와 그 기능은 〈표 3-9〉와 같다.

〈표 3-9〉 NEIS의 개별화교육 프로그램 세부 메뉴와 기능

항 목	세부 메뉴	기 능
인적 사항 관리	인적사항 항목 관리	인적사항 관리에 필요한 [단일항목]과 [표 항목]을 학교 실정에 맞게 추가 및 삭제, 사용여부를 관리하는 화면
	진단평가 관리	학생의 각 영역을 검사한 후 평가를 입력하는 화면
	인적사항 관리	해당 학생의 기본정보 및 각 항목을 추가 관리할 수 있는 화면
	인적사항 조회	[인적사항 관리]에서 입력한 학생의 항목별 내용을 보여주는 화면
서비스 기타 정보 관리	특수교육 관련서비스 관리	해당 학생의 특수교육 관련 제공서비스에 대한 관리 화면
	특수교육서비스 조회	특수교육 관련서비스 관리 화면에 추가 및 입력한 내용을 보여주는 화면
	기타정보 관리	해당 학생의 기타제공 서비스에 대한 관리 화면
	기타정보 조회	기타정보 관리 화면에 추가 및 입력한 내용을 보여주는 화면
연간 목표 관리	연간목표 관리	• 해당 학년의 과목별 연간목표를 다양하게 설정하는 메뉴 • 해당 학년의 과목별 그리고 학생별로 연간목표를 입력함
	연간목표 조회	[연간목표 관리] 화면에서 추가 및 입력한 내용을 교과 담당교사/담임교사에게 보여주는 화면
학기별 개별화 교육	학기별 개별화교육계획 관리	학기별로 학기목표, 교육내용, 교육방법을 관리하는 화면
	학기별 개별화교육평가 관리	학기별로 개별화교육평가를 관리하는 화면
	학기별 개별화교육계획/평가 조회	출력구분에 따라 학기별로 교육계획 및 교육평가를 보여주는 화면
월별 개별화 교육	월별 개별화교육계획 관리	월별 개별화교육목표 및 교육내용을 등록 관리하는 화면
	월별 개별화교육평가 관리	월별 개별화교육목표 및 교육내용에 따라 평가내용을 등록 관리하는 화면
	월별 개별화교육계획/평가 조회	출력구분에 따라 월별로 교육계획 및 교육평가를 보여주는 화면
주별 개별화 교육	주별 개별화교육 관리	주별로 학생들의 개별화교육내용 및 평가를 등록하고 관리하는 화면
	주별 개별화교육 조회	출력구분에 따라 주별로 교육내용 및 교육평가를 보여주는 화면
마감 관리	개별화교육마감 관리	• 과목별로 각 구분(연간, 학기, 월)에 따라 마감정보를 관리하는 화면 • 반별로 각 구분(연간, 학기, 월)에 따라 마감정보를 관리하는 화면

출처 : 김영걸 · 권기홍(2012).

NEIS의 개별화교육 프로그램 작성 예시는 |그림 3-2|와 같다.

☐	순서	월	교육목표	교육내용	교육방법	평가준거	평가	마감
			-	나[생략...]	.]	나타내[생략...]	에 표[생략...]	
☐	3	6-7	-두 자리 수의 크기를 비교한다.	-앞 뒤 수 알아보기 -몇 십의 수 크기 비교하기 -두 수의 크기 비교하기	-'구체물-수모형-수' 단계로 두 자리 수의 크기 비교를 하면서, 스스로 자기 점검을 하게[생략...]	*평가방법: 관찰 및 서술평가 *평가초점 -두 자리 수의 앞과 뒤의 수를 아는가? -[생략...]	두 자리 수가 제시되었을 때, 수를 읽고 앞과 뒤의 수를 말함. 순서가 섞여 있는 5개의 [생략...]	미마감

순서	3	월	6-7
교육목표	-두 자리 수의 크기를 비교한다.		
교육내용	-앞 뒤 수 알아보기 -몇 십의 수 크기 비교하기 -두 수의 크기 비교하기		
교육방법	-'구체물-수모형-수' 단계로 두 자리 수의 크기 비교를 하면서, 스스로 자기 점검을 하게 하고, 생활 주변의 문제에 이를 적용하여 해결하게 한다.		
평가준거	*평가방법: 관찰 및 서술평가 *평가초점 -두 자리 수의 앞과 뒤의 수를 아는가? -두 수의 크기를 비교하는가?		
평가	두 자리 수가 제시되었을 때, 수를 읽고 앞과 뒤의 수를 말함. 순서가 섞여 있는 5개의 두 자리 수를 차례대로 나열함(예:23, 21, 19, 20. 22-> 19, 20, 21, 22, 23). 두 자리 수를 부등호를 이용하여 비교하며, 큰 수와 작은 수를 비교하여 △는 ○보다 '작다/크다'라고 표현함. 크기가 같은 두 개의 상자에 각각 표기된 수량을 확인하고, 내용물이 더 많은 것과 적은 것을 구분함.		

번호	1	이름	이	마감	미마감
현행수준	-받아 올림(내림)이 없는 한 자리 수 덧셈, 뺄셈이 가능함. -뺄셈을 덧셈으로 계산하여 틀리는 경우가 종종 있음. -두 자리 수를 세고 씀. -위, 아래, 앞, 뒤, 옆의 개념은 알고 있지만 오른쪽, 왼쪽을 헷갈려하며 중간의 개념은 알고 있지 않음. -공간에서의 사물의 위치를 말하는데 어려움. -전자시계를 볼 수 있고 바늘시계를 시간 단위로 읽음.				
학기목표	-수와 연산: 받아 올림(내림)이 없는 몇 십 몇 ± 몇의 계산을 한다. *관련성취기준 [9수학01-05]받아 올림(내림)이 있는 두 자리 수의 덧셈과 뺄셈이 이루어지는 실생활 장면에서 덧셈과 뺄셈의 의미를 이해한다. [9수학01-06]19 이하의 받아 올림(내림)이 있는 덧셈과 뺄셈을 한다. [9수학01-07]받아 올림(내림)이 있는 두 자리 수의 범위에서 두 수나 세 수의 덧셈과 뺄셈을 한다. *대체성취기준 [6수학01-04]받아 올림(내림)이 없는 두 자리 수의 덧셈과 뺄셈이 이루어지는 실생활 장면에서 덧셈과 뺄셈의 의미를 이해한다. [6수학01-07]받아 올림(내림)이 없는 두 자리 수의 범위에서 두 수나 세 수의 덧셈과 뺄셈을 한다. -도형: 공간을 구성하고 있는 사물들 사이의 위치와 방향, 거리를 표현한다. 동일한 물건을 분류하고 쌓아 공간을 정리한다. *관련성취기준 [9수학02-07]쌓기 나무로 만든 입체 모양을 보고 똑같이 쌓는다. [9수학02-08]쌓기 나무로 만든 입체 모양에 사용된 쌓기 나무의 개수를 센다. [9수학02-09]주어진 조건에 맞게 쌓기 나무를 이용하여 입체 모양을 만든다. *대체성취기준 [6수학02-05]공간을 구성하고 있는 사물들 사이의 위치와 방향, 거리를 표현한다. [6수학02-06]동일한 물건을 분류하고 쌓아 공간을 정리한다. [6수학02-07]물건을 이동시키거나 쌓아 자유롭게 공간을 구성한다. -측정: 시계를 보고 시각을 몇 시 몇 분(5분 단위)으로 읽는다.				

	*관련성취기준 [9수학03-04]시계를 보고, 시각을 '몇 시 몇 분'으로 읽는다. -규칙성 및 자료와 가능성: 여러 가지 규칙에 따라 세 가지 물체를 분류한 것을 표로 나타낸다. *관련성취기준 [9수학04-01]생활 주변의 물체, 무늬, 수 등의 배열에서 규칙이 있는 것을 찾는다. [9수학04-02]자신이 정한 규칙에 따라 물체, 무늬, 수 등을 배열한다. [9수학05-01]사진, 그림 등을 이용하여 그래프로 나타낸다. *대체성취기준 [6수학04-01]생활 주변의 세 가지 물체 배열에서 규칙이 있는 것을 찾는다. [6수학04-02]여러 가지 규칙에 따라 세 가지 물체를 배열한다. [6수학05-03]여러 가지 기준으로 분류한 것을 표로 나타낸다. <평가계획> -월별 평가준거 참조
평가	처음에는 블럭을 가지고 10개를 묶고 낱개를 세어 수를 만들고 식에 맞춰 더하거나 빼서 계산함. 손가락을 사용하거나 그림을 그려 계산하기도 하였으나 점차 사라짐. 수직선에서 오른쪽, 왼쪽 방향으로 이동하는 것이 더하기와 빼기를 의미하는 것을 이해함. 받아 올림이 없는 몇 십 몇 ± 몇의 계산을 정확하게 잘 계산함. 문제 중간에 받아 올림이 있는 몇 십 몇 + 몇을 해보았는데 십의 자리 수가 2, 3일 경우는 잘 해결하였으나 5, 6으로 수가 올라가면 어려워하였음. 빼기 기호에 대한 오류는 줄어들었음. 교실 책상에서 자신의 책상을 기준으로 앞, 뒤, 좌, 우의 친구들이 누구인지 말함. 가운데 개념은 아직 어려움이 있음. 기준점이라는 개념을 어려워 함. 학교의 교실과 특별실을 층과 몇 번째로 말함. 5×5 칸이 있는 보드게임판의 숫자를 위치 주사위와 숫자 주사위를 돌려 이동하고 계산하는 게임을 함. 같은 색, 같은 크기, 같은 모양대로 물체를 분류함. 두 가지의 그림이 반복되는 패턴, 세 가지의 그림이 반복되는 패턴은 쉽게 찾는데 같은 그림 두 번, 다른 그림 한 번 같이 나오는 패턴은 찾기 어려워함.(예: ○○●○○●, ○●○○●○). 시가 바뀌기 얼마 전의 시계읽기에서 시간을 바뀐 시간으로 읽기도 함(예:11시 55분을 12시 55분으로 읽음). 보이는 숫자와 분이 달라 바로 정확하게 말하지 못하고 5, 10, 15로 차례대로 세어가며 느리지만 정확하게 시각을 말함. 한 자리 수의 규칙일 경우 찾아 계산할 수 있지만 배열된 수가 두 자리 일 경우 규칙을 찾는데 어려움. 섞여있는 물건을 자신이 세운 기준으로 분류하고 그 이유를 설명함. 여러 장의 그림카드를 보고 친구와 상의하여 기준을 세워 분류하나 어려움. 규칙을 보고 정리하거나 분류할 수 있지만 자신이 기준을 정해야 할 때는 어려워 함. 표를 만드는 방법을 이해함.

|그림 3-2| NEIS 개별화교육 프로그램 작성 예시

출처 : 정주영 외(2019).

3 성공적인 개별화교육을 위한 증거기반교수

현재 교육현장에서는 특수교육 분야 학생들의 학습에 대한 책무성이 점차 더 강조되고 있다. 이와 같은 책무성의 강조는 특수교육대상 학생들의 특별한 교육적 요구를 효과적으로 충족시키기 위한 교수방법에 대한 관심으로 이어지고 있다. 최근 특수교육대상 학생들을 위한 효과적인 교수방법으로서 '증거기반실제(evidence based practice)', 다른 말로 '증거기반교수(evidence based instruction)'의 개념이 대두되었다. 증거기반교수란 여러 연구들을 통해 그 효과가 확인된 교수와 중재를 의미한다(추연구 · 김병룡 · 윤민영, 2019; Cook & Cook, 2011). 교사는 효과적인 교수를 제공하기 위하여 특수교육대상 학생들에게 자신의 경험에만 바탕을 둔 교수나 중재가 아닌 다수의 연구들을 통해 효과가 확인된 교수를 제공할 필요가 있다.

Gersten 등(2005)은 특정 교수가 증거기반교수로서 인정받기 위해서는 질적 수준이 양호한 4편 이상의 실험 및 준실험 연구들에 의해 뒷받침되어야 하고 이때 연구들의 효과크기는 0보다 커야 한다고 제시하였다. Horner 등(2005)은 질적 수준이 양호한 5편 이상의 단일대상연구들에 의해 뒷받침되고 이 연구들은 3명 이상의 다른 연구자들에 의해 3곳 이상의 다른 지리적 환경에서 실시된 것들이어야 한다고 제시하였다.

이와 같은 증거기반교수의 대표적인 예로는 소집단 및 개인 교수, 직접교수, 학습전략교수 등이 있다. 소집단 및 개인 교수는 집단을 4명 이하의 학습자로 구성하여 교사와 학생 그리고 학생과 학생 사이의 의사소통을 활발히 하기 위한 방법이다. 이와 같은 활발한 의사소통은 학습자가 자발적이고 능동적으로 수업에 참여하게 하고 학생들이 서로에게 배울 수 있는 기회를 제공하여 학업성취도뿐만 아니라 학습 동기를 향상시키는 데 도움이 된다(하정숙 · 김자경, 2018). 또한 소집단 및 개인 교수는 학생 개인의 특성에 따라 개별화된 교수를 계획하여 제공할 수 있게 함으로써 교수의 효과성을 향상시킬 수 있다(김병룡, 2019). 하지만 소집단 및 개인 교수는 학생들이 학습해야 할 핵심적인 지식과 기술 그리고 그것들을 전달하기 위한 타당한 교수방법이 함께 고려될 때 그 효과를 보장할 수 있다.

효과적인 증거기반교수방법인 직접교수(direct instruction)는 학급조직과 관리에서부터 시작하여 교사–학생 사이 상호작용의 질과 교재 구성에 이르기까지 교수와 학습의 전반적인 과정을 관리하며 학생에게 학습내용을 명시적이고, 체계적으로 가르치는 교육시스템이다(Gersten, Woodward, & Darch, 1986). 직접교수의 일반적인 단계와 내용 예시는 〈표 3–10〉과 같다.

〈표 3–10〉 직접교수의 일반적인 단계와 내용 예시

수업단계	직접교수단계	내용 예시
도입 (10분)	도입	▶ 동기유발 ▶ 학습목표 확인하기 – 학습목표 제시 학습지로 제시되는 올림이 없는 (세 자리 수)×(한 자리 수) 계산 4문제

<table>
<tr><td rowspan="3">전개
(25분)</td><td></td><td>중 3문제 이상을 정확하게 해결한다.
– 학습문제 함께 소리 내어 읽기</td></tr>
<tr><td>선수학습내용
확인/활성화</td><td>▶ 선수학습내용(배경지식) 확인을 위한 간단한 퀴즈풀이

2차시 학습지 1. 올림이 없는 (세 자리 수)×(한 자리 수)
※ 다음 문제를 계산하시오(시간은 2분입니다).
1) 13 × 2   2) 22 × 4   3) 31 × 3   4) 23 × 3

▶ 본 차시에서 활용할 선수학습 지식과 기술과 전략 확인
– 곱셈구구내용 확인
– 일의 자리 수와의 곱셈 값, 십의 자리 수와의 곱셈 값을 적는 위치에 대한 확인</td></tr>
<tr><td>핵심 개념과
기술의
명시적 교수
및 시범</td><td>▶ 학습개념과 기술의 명시적 교수
– 핵심어휘지도 : 231×3에서 "×3"의 의미에 대한 명시적 설명
– 핵심 개념과 기술에 대한 교사의 설명과 시범
• 교사가 수모형을 활용하여 231×3을 계산하기 설명과 시범을 보이고 학생들은 교사를 모방하여 수모형을 활용하여 231×3을 계산하기

<table>
<tr><th>단계</th><th>수모형</th><th>설명</th></tr>
<tr><td>1</td><td>2   3   1

×   3</td><td>1. 231을 수모형 묶음을 활용하여 표현한다.
2. "×3"은 수모형 묶음이 3개 있다는 의미이다.</td></tr>
<tr><td>2</td><td><table><tr><th>백</th><th>십</th><th>일</th></tr><tr><td colspan="3">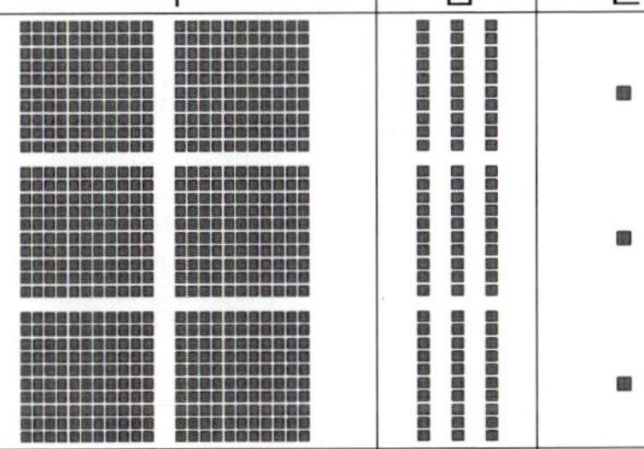</td></tr><tr><td>600</td><td>90</td><td>3</td></tr><tr><td colspan="3">693</td></tr></table></td><td>– 231×3을 수모형 묶음을 완전히 표현한 후 수모형 낱개의 개수를 세어 곱셈 값을 구한다.</td></tr>
</table></td></tr>
</table>

		• 교사가 제시된 수모형과 비교하며 곱셈 세로식으로 표현하는 방법과 일, 십, 백의 자리 순으로 곱셈구구를 활용하여 계산을 진행해야 하는 것을 시범 보이며 명시적으로 설명하기
	안내된 연습	▶ 핵심 개념과 기술을 연습하기 위한 연산과제를 교사의 안내에 따라 해결함 – 학생이 교사의 안내에 따라 개인적으로 412×2를 곱셈 세로식으로 표현하고 계산하기
	독립된 연습	▶ 개별학습지의 문제 해결 – 교사와 또래의 도움 없이 독립적으로 문제 해결 – 문제 정답확인 및 문제의 정답률로 학습목표 도달 판단 – 교사는 문제 해결 시 확인된 학생의 오류 교정
정리 (5분)	수업 마무리	▶ 학습 내용에 대한 질문과 응답 ▶ 보충과제 제시 ▶ 차시 예고

출처 : 김병룡(2019) 발췌 수정.

또 다른 증거기반교수로 학습전략교수가 있다. 학습전략이란 학습하고 과제를 해결하는 데 도움이 되는 효율적인 방법을 말한다. 읽기 및 쓰기에서 대표적인 학습전략으로 자기조절전략(SRSD : Self-Regulated Strategy Development)을 들 수 있다. 자기조절전략은 목표설정(goal-setting), 자기점검(self-monitoring), 자기교수(self-instruction) 그리고 자기강화(self-reinforcement)와 같은 자기조절 절차에 따라 과제를 수행해 나가며 필요에 따라 학습전략을 적용하는 것이다. 자기조절전략에서 활용할 수 있는 대표적인 읽기 전략으로 TWA가 있다. TWA는 읽기 전(Think before reading), 읽기 중(Think While reading) 그리고 읽기 후(Think After reading) 3단계로 구성되었고 각 단계별로 효과적인 읽기 전략들이 포함되어 있다. TWA의 단계별 읽기 전략 내용은 〈표 3-11〉과 같다.

〈표 3-11〉 TWA의 단계별 읽기 전략 내용

읽기 단계	읽기 전략
읽기 전 (Think before reading)	• 글쓴이의 의도 생각하기 • 이미 알고 있는 것 생각하기 • 알고 싶은 것 생각하기

읽기 중 (Think While reading)	• 읽기 속도에 대해 생각하기 • 지식과 연결하며 생각하기 • 다시 읽어 봐야 할 부분이 있는지 생각하기
읽기 후 (Think After reading)	• 중심내용 생각하기 • 요약하기 • 무엇을 배웠는지 생각하기

출처 : 김미령(2018) 발췌 수정.

대표적인 쓰기 전략으로는 POW+WWW What2 How2와 POW+TREE 전략이 있다. POW+WWW What2 How2와 POW+TREE 전략의 내용은 〈표 3-12〉와 같다.

〈표 3-12〉 POW+WWW What2 How2와 POW+TREE 전략의 내용

글의 종류	전 략	전략내용
이야기 글쓰기	POW+WWW What2 How2	• Pick my idea(쓸 내용에 대한 생각을 꺼내라) • Organize my notes(생각을 조직하라) • Write and say more(생각을 추가하면서 써라) • Who(누가에 대해 써라) • When(언제에 대해 써라) • Where(어디에서에 대해 써라) • What2(무엇을 원했는지, 무슨 일이 일어났는지에 대해 써라) • How2(어떻게 끝났는지, 어떤 느낌이었는지에 대해 써라)
주장하는 글쓰기	POW+TREE	• Pick my idea(쓸 내용에 대한 생각을 꺼내라) • Organize my notes(생각을 조직하라) • Write and say more(생각을 추가하면서 써라) • Topic sentence(주장 문장을 제시하라) • Reasons(주장에 대한 근거를 제시하라) • Explain(근거를 설명하라) • Ending(결론을 써라)

출처 : 김애화 · 김의정 · 김자경 · 최승숙(2012) 발췌.

수학의 문장제 문제 해결에서 대표적인 학습전략으로 표상전략을 들 수 있다. '표상(representation)'이란 문제를 읽고 그에 대한 정보를 그림이나 도식(mapping/schema)을 활용하여 의미 있게 해석하는 것이라 할 수 있다. 표상전략은 '문제 읽기 → 도식 확인 → 표상 → 계획 → 문제 해결'의 단계에 따른다(Chen, 1999). 표상전략의 활용 예시는 〈표 3–13〉과 같다.

〈표 3–13〉 수학 문장제 문제 해결 시 표상전략의 활용 예시

<table>
<tr><th>단 계</th><th>단계별 내용</th></tr>
<tr><td>문제 읽기</td><td>• 경미네 집에서는 빵을 235개 만들어서 196개를 팔았습니다. 남은 빵은 몇 개입니까?</td></tr>
<tr><td>도식 확인</td><td>• 문제 유형 확인 '변화형 : 어떤 대상의 수가 변화하는 형태의 문제로 시작, 변화량, 결과의 관계를 파악해야 하는 문제'
• 문제 유형에 따른 도식 확인
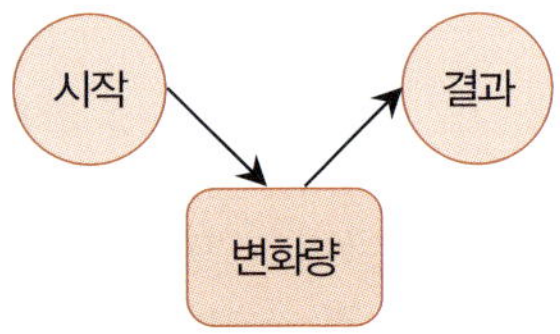
</td></tr>
<tr><td>표 상</td><td>• 문제 해결을 위해 파악한 정보 정리
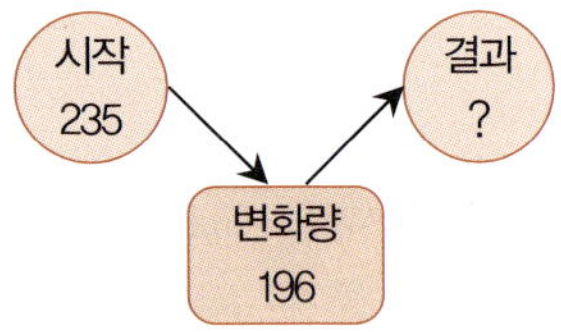
</td></tr>
<tr><td>계 획</td><td>• 식 세우기
235 − 196 =</td></tr>
<tr><td>문제해결</td><td>• 식 계산하여 답 구하기
235 − 196 = 39</td></tr>
</table>

출처 : 김애화 · 김의정 · 김자경 · 최승숙(2012) 발췌 수정.

❙ 참고문헌 ❙

교육부(2022). 특수교육 교육과정 총론(교육부 고시 제2022-34호).

권기홍 · 김영걸(2012). 나이스(NEIS)를 활용한 개별화교육계획의 작성에 대한 특수교사의 인식. **특수교육저널 : 이론과 실천, 13**(4), 387-414.

김미령(2018). 자기조절 전략을 활용한 읽기 · 쓰기 교수가 경도지적장애 학생의 읽기이해 및 쓰기에 미치는 효과. 고려대학교 대학원 석사학위논문.

김병룡(2019). 일반교사와 특수교사의 협력교수를 통한 직접교수 제공이 초등 3학년 곱셈과 나눗셈 성취도와 수학태도에 미치는 영향-일반학생, 수학 학습장애 위험군 학생, 수학 학습장애 학생을 중심으로-. 단국대학교 대학원 박사학위논문.

김애화 · 김의정 · 김자경 · 최승숙(2012). **학습장애 이론과 실제**. 서울 : 학지사.

김영걸 · 김용욱 · 권기홍(2014). 나이스 특수교육 자문단 면담을 통한 나이스 개별화교육 활용 인식 및 활성화 방안 연구. **특수교육저널 : 이론과 실천, 15**(3), 73-92.

박승희(2003). **한국장애학생 통합교육**. 서울 : 교육과학사.

방명애 · 강남숙(2005). 개별화교육 프로그램 운영실태와 개선방안에 대한 중등부 특수 학급 담당 교사의 인식. **특수교육학연구, 39**(4), 149-173.

이진석 · 한경근(2016). 시각 · 지체장애학생의 교육 지원에 대한 개별화교육지원팀 구성원들의 인식에 관한 연구. **지체 · 중복 · 건강장애연구, 59**(2), 145-173.

정주영 외(2019). **개별화교육계획 운영 가이드북**. 충남 : 국립특수교육원.

추연구 · 김병룡 · 윤민영(2019). 학습장애 학생과 학습부진학생을 위한 수학중재연구의 질적 수준과 효과크기 분석 -준실험 및 실험연구를 대상으로-. **특수교육교과교육연구, 12**(4), 185-209.

추연구 · 김은영(2017). **특수교육의 이해**. 서울 : 양서원.

태원섭 · 박남수(2007). 초등학교 특수학급의 개별화교육계획의 작성과 운영에 관한 질적 사례 연구. **특수교육저널 : 이론과 실천, 8**(3), 261-281.

하정숙 · 김자경(2018). 느린 학습자를 위한 소집단 직접교수의 효과 : 초등 2학년 수와 연산 영역 중심으로. **특수아동교육연구, 20**(3), 23-44.

Cook, B. G., & Cook, S. C.(2011). Unraveling evidenced-based practices in special education. *The Journal of Special Education, 47*(2), 71-82.

Gersten, R., Woodward, J., & Darch, C.(1986). Direct Instruction : A Research-Based Approach to Curriculum Design and Teaching. *Exceptional Children, 53*(1), 17-31.

Gersten, R., Fuchs, L. S., Coyne, M., Greenwood, C., & Innocenti, M. S.(2005). Quality indicators for group experimental and quasi-experimental research in special education. *Exceptional Children, 71*(2), 149-164.

Horner, R. H., Carr, E. G., Halle, J., McGee, G., Odom, S., & Wolery, M.(2005). The use of single-subject research to identify evidence-based practice in special education. *Exceptional Children, 71*(2), 165-179.

Turnbull, A. P., Cilley(1999). *Developing and Implementing Individualized Education Programs*. Ohio : Chares E. Merril Publishing Co.

Turnbull, R., Turnbull, A.(2000). *Exceptional Lives : Special education in today' schools*(6th Edition). NJ : Merrill/Prentice Hall.

PART 02

특수교육대상 학생의 이해

CHAPTER 04

시각장애

2024년을 기준으로 시각장애 학생 배치현황을 살펴보면 전체 115,610명의 특수교육대상자 수 중 1,698명이 특수학교, 특수학급 그리고 일반학급에 배치되어 있다(교육부, 2024). 사람은 주로 시각을 통해 끊임없이 주위의 다양한 정보를 받아들이며 자신의 생각과 행동을 조절한다. 여러 가지 원인으로 시각에서 문제가 생겨나면 시각장애가 발생하게 된다. 시각장애는 선천적 또는 후천적으로 발생할 수 있고 행동·사고·정서 발달 등 학생의 발달에 절대적인 영향을 미친다. 이 장에서는 시각장애의 정의와 진단 및 평가방법을 살펴보고, 그들이 지니고 있는 다양한 특성에 따른 교육적 지원 방법 등에 대해 알아보고자 한다.

1 시각장애의 정의 및 원인

1) 시각장애의 정의

일반적으로 시각장애는 의학적·법적·교육적 정의로 나누어 볼 수 있다. 의학적 정의는 시각의 기능적 상태에 대한 진단을 바탕으로 개인의 시각적 능력 규정을 목적으로 한다. 법적 정의는 학생이 국가에서 사회보장을 받거나 특수교육대상자로 선정되는 데 필요한 자격 부여를 목적으로 시각장애를 규정한다. 그리고 교육적 정의는 학생이 실제로 교육을 받는 데 필요한 것을 기초로 하여 시각장애를 규정한다.

시각장애의 의학적 · 법적 · 교육적 정의에 대한 구체적인 내용을 살펴보면 다음과 같다.

(1) 의학적 정의

의학적 정의는 주로 시력과 시야, 광각, 색각 등에 의해 결정된다(박중휘, 2006). 시력(visual acuity)은 눈의 가장 본질적인 기능에 속하는 능력으로 물체의 존재 및 그 형태를 인식하는 능력을 의미한다. 시력을 측정함으로써 눈의 기능적 상태를 가장 단적으로 진단할 수 있다(이진학 외, 2008).

시야(visual field)는 눈으로 한 지점을 집중하여 볼 때 이를 중심으로 볼 수 있는 주변의 범위를 말한다(이진학 외, 2008). 정상적인 시야의 범위는 가로 150°, 세로 120° 정도인데 시야의 결손이 나타나면 시야장애를 가지게 된다.

광각은 빛을 느끼는 기능을 의미한다. 즉, 빛의 유무와 그 강도를 구별할 수 있는 능력으로 어두운 곳에서 물체를 잘 식별하지 못하는 야맹과 밝은 곳에서 물체의 식별이 어려운 주맹이 있다.

색각(color vision)은 물체의 색을 구별하는 인식하는 능력을 말한다. 색양과 색맹과 같은 색각 이상과 무색의 물체가 착색되어 보이는 색시증이 있다(이진학, 2008).

(2) 법적 정의

법적 정의는 주로 시력과 시야에 대한 기준이 적용되는데, 사회복지의 혜택이나 특수교육 적격성을 결정하기 위한 기준으로 사용된다. 우리나라에서 법으로 규정하고 있는 시각장애의 정의는 장애인복지를 목적으로 하는 장애인복지법에 따른 규정과 특수교육을 목적으로 하는 「장애인 등에 대한 특수교육법」에 따른 규정이 있다.

장애인복지법 시행령과 시행규칙 [별표](2021 개정)에서는 시각장애인을 다음과 같이 정의하고 있다.

장애인복지법의 시각장애 정의

1. 장애인복지법 시행령 [별표 1]

가. 나쁜 눈의 시력(공인된 시력표에 따라 측정된 교정시력을 말한다. 이하 같다)이 0.02 이하인 사람

나. 좋은 눈의 시력이 0.2 이하인 사람

다. 두 눈의 시야가 각각 주시점에서 10도 이하로 남은 사람

라. 두 눈의 시야 2분의 1 이상 잃은 사람

마. 두 눈의 중심 시야에서 20도 이내에 겹보임[복시(複視)]이 있는 사람

2. 장애인복지법 시행규칙 [별표 1]

가. 장애의 정도가 심한 장애인

1) 좋은 눈의 시력(공인된 시력표로 측정한 것을 말하며, 굴절이상이 있는 사람은 최대 교정시력을 기준으로 한다. 이하 같다)이 0.06 이하인 사람

2) 두 눈의 시야가 각각 모든 방향에서 5도 이하로 남은 사람

나. 장애의 정도가 심하지 않은 장애인

1) 좋은 눈의 시력이 0.2 이하인 사람

2) 두 눈의 시야가 각각 모든 방향에서 10도 이하로 남은 사람

3) 두 눈의 시야가 각각 정상시야의 50퍼센트 이상 감소한 사람

4) 나쁜 눈의 시력이 0.02 이하인 사람

5) 두 눈의 중심 시야에서 20도 이내에 겹보임[복시(複視)]이 있는 사람

「장애인 등에 대한 특수교육법 시행령」 [별표](2021 개정)에 따른 시각장애 특수교육대상자의 정의는 다음과 같다.

「장애인 등에 대한 특수교육법 시행령」 [별표]의 시각장애 정의

시각계의 손상이 심하여 시각기능을 전혀 이용하지 못하거나 보조공학기기의 지원을 받아야 시각적 과제를 수행할 수 있는 사람으로서 시각에 의한 학습이 곤란하여 특정의 광학기구·학습매체 등을 통하여 학습하거나 촉각 또는 청각을 학습의 주요 수단으로 사용하는 사람

(3) 교육적 정의

교육적 정의는 시각장애가 학생의 학업성취에 영향을 주는 정도와 이에 따른 특별한 교육적 지원이 필요한 정도로 정의된다. 법적인 정의는 시각장애인이 어떻게 시력을 사용하는가에 대해서는 언급하지 않았으므로, 이러한 제한점을 해소하기 위하여 좀 더 기능적인 교육적 정의가 사용되기 시작하였다(이소현 · 박은혜, 2011). 국립특수교육원(2005)의 시각장애 정의에서는 시각장애를 맹과 저시력으로 구분하며 그 내용은 다음과 같다.

시각장애는 좋은 쪽 눈의 교정시력이 0.3 이하이거나 교정한 상태에서 학습 활동이나 일상생활을 위해 특별한 지원을 요구하는 자이며, 맹과 저시력이 있다.

- 맹은 좋은 쪽 눈의 교정시력이 0.05 미만이거나 시야가 20도 이하인 자, 또는 학습에 시각을 주된 수단으로 사용하지 못하고 촉각이나 청각을 주된 수단으로 사용하여 학습활동이나 일상생활에서 특별한 지원을 지속적으로 요구하는 자를 말한다.
- 저시력은 좋은 쪽 눈의 교정시력이 0.05 이상 0.3 이하인 자, 또는 저시력 기구(광학기구와 비광학기구), 시각적 환경이나 방법의 수정 및 개선을 통해 시각적 과제를 학습할 수 있는 자를 말한다.

이와 더불어 교육적 측면에서 시각장애를 정의할 때는 시각장애 학생의 보유 시력과 연령, 시력 손상 시기, 성취수준, 지적 능력, 현재의 다른 장애 상태, 시력 손상의 원인, 정서 및 심리 상태 등의 요인에 따라 결정하여야 한다.

2) 눈의 구조와 시각장애의 원인

(1) 눈의 구조

눈은 크게 안구와 부속기관으로 이루어져 있다. 안구는 외막, 중막, 내막으로 이루어진 세 겹의 막이 방수, 수정체, 유리체를 감싸고 있으며, 눈 부속기관은 안와, 눈꺼풀, 결막, 눈물기관, 외안근, 신경 및 혈관조직으로 이루어져 있다.

안구의 외막은 크게 각막과 공막으로 이루어져 있다. 이 중 각막은 눈알의 가장 겉면을 이루고 있는 무혈관성의 섬유층이고(이진학 외, 2008) 공막은 외막의 뒷부분 5/6를 차지하는 치밀한 섬유조직으로 하얗고 단단하며, 눈알의 형태를 유지하고 안구 운동의 지주역할을 한다. 각막과 관련한 질환에는 각막염, 각막궤양, 원추각막, 각막반흔 등이 있다.

안구의 중막은 포도막이라고도 하며 홍채, 모양체, 맥락막으로 구성되어 있다. 홍채는 중막의 가장 앞부분에 있는 얇은 원반 모양의 조직으로 동공을 통해 눈으로 들어오는 빛의 양을 조절한다. 모양체는 망막의 거상연 전방에 위치하여 섬모돌기와 섬모체소대의 기반이 된다. 맥락막은 망막과 공막 사이에 위치하여 빛의 산란을 막는 기능을 한다. 중막 관련 질환에는 무홍채안, 베세트병 등이 있다.

내막은 망막이다. 망막에는 원뿔세포(추체)와 막대세포(간체)가 있어 빛, 색깔, 물체의 형태를 느낀다. 원뿔세포는 밝은 곳에서 그리고 막대세포는 원뿔세포가 감각하지 못하는 어두운 곳에서 물체의 형태와 색깔을 감각한다. 내막과 관련된 질환에는 당뇨성망막증, 미숙아망막증, 망막박리, 망막모세포종, 망막색소변성, 황반변성, 백색증, 추이체영양증 등이 있다.

외막, 중막, 내막 속에는 수정체, 유리체, 방수, 섬모체소대가 있다. 수정체의 기능은 망막에 광선의 초점을 맞추기 위하여 빛을 큰 굴절을 일으키고, 유리체는 눈알의 외형을 유지하고, 망막을 눈알 내면에 밀착시키는 작용을 한다. 방수는 수정체, 망막, 각막의 대사에 필요한 영양을 공급하고, 일정한 안압을 유지한다. 섬모체소대는 수정체를 고정시키고 수정체의 두께를 조절한다. 수정체 관련 질환에는 백내장이 있으며, 방수 관련 질환에는 녹내장이 있다.

눈 부속기관에서 안와는 눈알을 둘러싸고 있고, 눈꺼풀은 눈알과 안와를 덮고 있으며, 눈물기관은 눈물을 생산하고 배출한다. 그리고 외안근은 눈알 운동과 지지의 역할을 한다. 그 외 여러 기관들이 있다.

눈의 구조와 관련해 안구와 그 주위 조직의 단면도는 |그림 4-1|, 안구의 단면도는 |그림 4-2| 그리고 시로의 모형도는 |그림 4-3|과 같다.

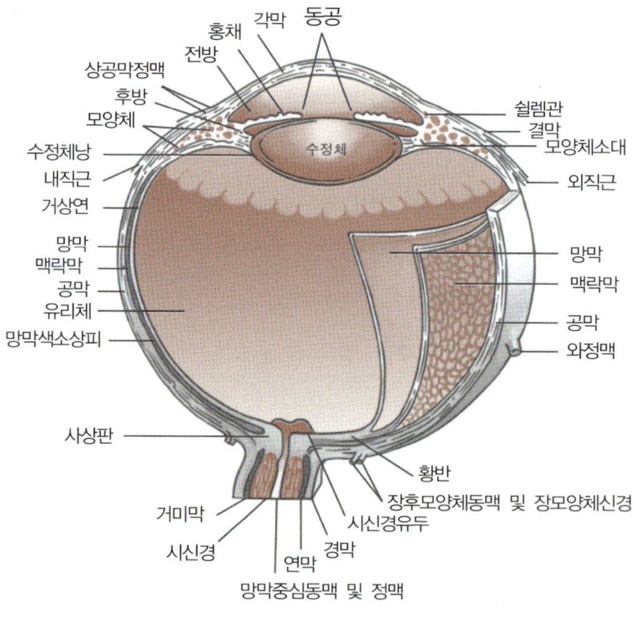

|그림 4-1| 안구와 그 주위 조직의 단면도

출처 : 이진학 외(2008).

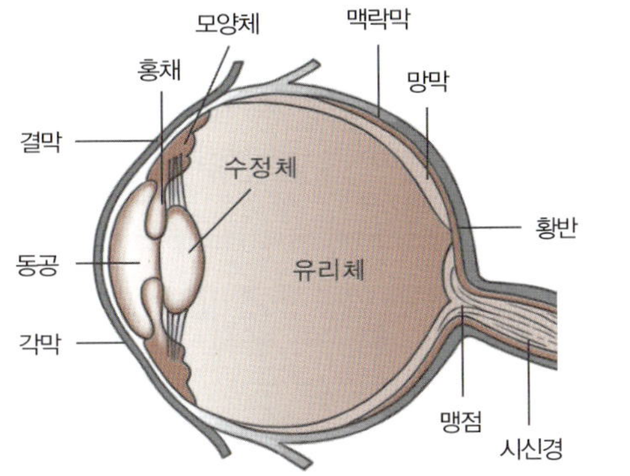

|그림 4-2| 안구의 단면도

출처 : Batshaw, M. L.(Eds.)(2002).

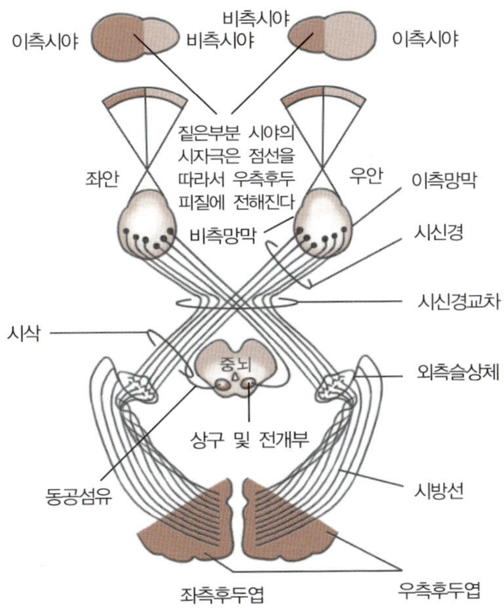

|그림 4-3| 시로의 모형도

출처 : 김영욱 외(2009).

(2) 시각장애의 원인

시각장애의 원인은 환경과 인종에 따라 그 비율이 다르게 나타나고 있는데, 전 세계적으로 백내장 42%, 퇴행성 및 대사 이상의 질병 23%, 과립성 결막염 16%, 녹내장 14% 그리고 회선 사상충증(onchocerciasis, river blindness)과 건성안 5%라고 하였다. 시각장애 학생의 시각장애 원인에서는 임균성 결막염, 트라코마 등의 전염성 질환, 영양장애 등에 의한 원인은 격감하고 있는 반면, 선천적인 원인이나 미숙아 망막증, 중독, 종양에 의한 비율이 점차 증가하고 있다.

시각장애 학생의 교육을 위해서는 시각장애의 원인 및 정도 그리고 발생 시기에 대해 이해하는 것이 무엇보다 중요하다. 그 이유는 시각장애의 원인 및 정도 그리고 발생 시기에 대한 정보는 그들의 교육내용, 교육자료 그리고 교육방법 설정에 기초적인 정보를 제공하기 때문이다. 시각장애의 원인은 다양하다. 그중 시각장애를 유발하는 대표적인 원인들을 살펴보면 다음과 같다.

① 굴절 이상

굴절 이상은 학생들에게 흔히 발생하는 원인으로 근시, 원시, 난시가 있고 각각의 원인들은 다음과 같다.

가. 근시(myopia)

보통 눈의 가장 바깥쪽인 각막과 안쪽인 망막 사이의 거리(안축이라고 함)가 길기 때문에 동공을 통과한 물체의 상이 망막 앞에 맺히는 굴절 이상이다. 즉, 가까이 있는 물체는 잘 보이고 멀리 있는 물체는 잘 보이지 않으므로, 오목렌즈로 교정이 가능하다.

나. 원시(hyperopia)

굴절력이 약하거나 안축의 길이가 짧아서 물체의 상이 망막보다 너무 뒤에 맺히는 굴절 이상이다. 즉, 멀리 있는 물체를 보는 데는 전혀 문제가 없으나 가까이 있는 것은 명확하게 볼 수 없으므로, 볼록렌즈를 사용하여 교정할 수 있다.

다. 난시(astigmatism)

난시에는 정 난시와 부정 난시 두 가지가 있다. 정 난시는 각막의 굴곡 정도가 방향에 따라 다르기 때문에 일어나고, 부정 난시는 눈의 염증이나 상처 등이 원인이 되어 각막의 표면이 울퉁불퉁해졌기 때문에 일어나는 것으로 안경으로 교정이 안 되고 각막 이식 수술이나 콘택트 렌즈로 교정이 가능하다.

근시, 원시, 난시와 관련한 시력교정의 단면도는 |그림 4-4|와 같다.

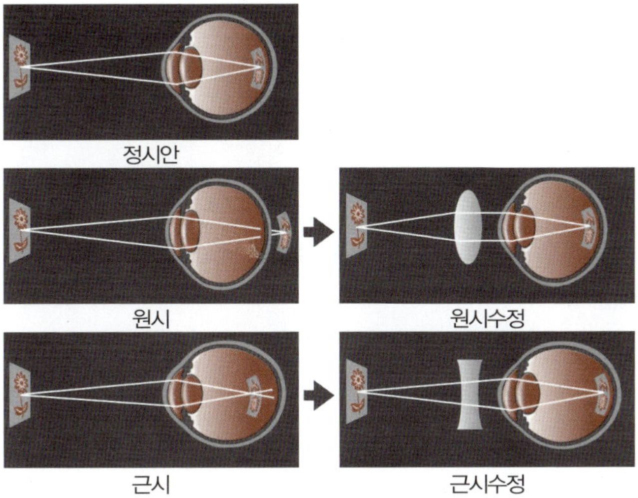

|그림 4-4| 시력교정 단면도

출처 : 송준만 · 유효순(2004).

망막은 선천적 · 후천적 요인에 의한 장애의 발생빈도가 높은 곳으로서 이곳에 질환을 가지면 시야의 중심부 또는 주변부에 시력을 상실하게 된다. |그림 4-5|는 정상시야와 터널시야, 조각시야, 주변시야의 차이를 소개하고 있다. 터널시야는 마치 굴속에서 밖을 보듯이 한정된 부분의 망막은 온전한데 다른 부분은 기능을 발휘하지 못하는 상태이고, 주변시야는 황반 근처의 시세포가 기능을 하지 않고 주변의 세포들만이 작용하는 상태이다.

정상시야를 가진 학생이 본 거리의 모습

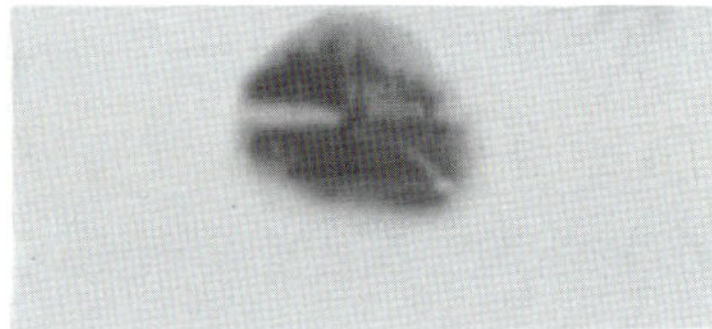

터널시야를 가진 학생이 본 거리의 모습

조각시야를 가진 학생이 본 거리의 모습

주변시야를 가진 학생이 본 거리의 모습

|그림 4-5| 터널시야, 조각시야, 주변시야의 상태

출처 : 송준만 · 유효순(2004).

② 눈 질환

가. 백내장(cataract)

수정체가 혼탁해지거나 불투명해져서 빛이 망막에 도달하지 못하는 현상이다. 이로 인하여 눈은 빛을 받아들이는 능력이 감소되고, 시각적 상이 왜곡되고 희미하게 보이게 된다. 혼탁한 부위의 크기, 위치, 농도 등에 따라 미치는 영향이 다르다.

백내장을 가지고 태어나는 선천성 백내장(congenital cataract)의 경우 수술로 수정체를 제거하고 안경이나 콘택트 렌즈를 착용하기도 하지만 그와 같은 처치 후에도 심각한 시각장애를 가지는 학생이 많다. 참고로 노인성 백내장은 후천적으로 50~60대에 나타나며, 수술 후 인공수정체를 삽입하면 예후가 좋다(전헌선 외, 2011).

나. 녹내장(glaucoma)

녹내장은 방수의 생산과 배출의 균형이 깨져 발생하는 것으로 비정상적으로 높아진 안압이 망막과 시신경을 손상시켜 기능장애를 가져오는 것이며, 증상으로는 통증, 매스꺼움, 두통 등이 있고, 적절한 치료를 받지 않으면 시신경의 손상과 함께 영구적인 시력 손상을 가져올 수 있으므로 조기치료가 필수적이다.

다. 황반 변성

망막의 시세포 중 추체(cone cell)에서 발생하며, 초기에는 사물이 흐리게 보이는 경우도 있고, 사람에 따라서는 글자체가 흔들려 보이거나, 시야 가운데가 흐릿하기도 하고 직선이 굽어보이다가, 망막 황반부가 변성되어 시야의 중심부가 잘 보이지 않아 시력이 악화된다. 학령 전기에 시작되기 때문에 심리적 안정이 필요하며, 진행성인 경우는 정기적인 안과 검진을 받도록 해야 한다.

③ 안구 운동 이상

가. 사시

사시는 근육의 불균형에 의하여 생기며, 두 눈이 동시에 같은 물체에 동일한 초점을 맞추지 못하는 상태이다. 안구가 한쪽으로 치우친 경우를 말하며, 외사시와 내사시로 분류할 수 있고 사시로 인한 이중 시각상을 피하기 위해 주로 더 나은 쪽을 많이 사용하다 보면 사용하지 않는 쪽에 약시(amblyopia)를 초래하기도 한다.

나. 안구 진탕증(nystagmus)

눈의 움직임이 불수의적으로 움직이는 것이며, 경련을 일으키거나 천천히 느리게 움직이거나 회전하거나 좌우로 움직인다. 이것은 떨림의 유형에 따라 좌 · 우 방향으로 움직이기도 하고(수평형), 상 · 하로 움직이기도 하며(수직형), 빙글빙글 돌기도(회전형)한다. 안구가 움직여도 학생은 물체가 고정되어 있는 것으로 인식하며 대개 안과적 질병과 함께 나타난다.

④ 망막과 시신경 이상

가. 망막 색소변성(retinitis pigmentosa)

망막 주변에 일어나는 질환으로 가장 흔한 유전병이며, 청소년기에 나타나는 경우가 많다. 초기에는 간상체 세포에 영향을 미쳐 주변시력이 약화되고 야간시력이 저하되고, 시간이 지남에 따라 시각장애나 터널시력을 초래한다. 선천성 농으로 어셔 증후군(Usher's syndrome)이 되기도 한다.

나. 망막 박리(retinal detachments & breaks)

망막 박리는 망막에 생기는 장애로서 망막이 맥락막으로부터 떨어져서 그 사이에 액체가 고여 망막의 감각기능이 저하되는 상태이다. 떨어진 망막은 짧은 시간 내에 재부착 가능하며, 외상이나 고도근시, 백내장, 당뇨병, 외상, 머리의 충격, 퇴행성 근시 때문에 발생한다.

⑤ 백색증(albinism)

백색증은 유전으로 인하여 눈, 피부, 머리카락 등 몸 전체에 색소의 결핍이 나타나며, 눈의 구조에도 영향을 미쳐 시력저하, 난시, 안구 진탕증, 광선공포증(photophobia), 높은 굴절의 이상, 눈부심, 중심에 황반과 사시를 보인다.

⑥ 시신경 감퇴(optic nerve atrophy)

시신경다발이 손상을 받은 상태를 말한다. 망막에서 두뇌 시신경 부위로 시신경 전류가 흐르지 않는 것이며, 손상된 장소와 심한 정도에 따라 시각손상의 정도가 다르다. 그 정도에 따라 시각신경에 대한 압력, 시야의 손상, 색깔 지각의 어려움, 녹내장, 독성이나 유전(열성유전)이 나타난다.

⑦ 기타

이 외에도 임산부가 임신 초기에 풍진에 감염되면 아기가 시각, 청각, 지적장애 등의 장애를 가지고 태어날 가능성이 매우 높고, 조산이나 저체중아를 위한 인큐베이터에서 산소를 지나치게 많이 공급함으로 인해 근시 또는 실명을 초래하는 렌즈후부섬유증식증(retrolental fibroplasia)이 있다(이소현 · 박은혜, 2011).

2 시각장애의 진단 및 평가

1) 선 별

시각장애의 경우 맹과 저시력으로 구분할 수 있는데, 일반적으로 맹학생의 경우 특수학교(시각장애학교)에서 대부분 교육을 받고 있다. 그러나 아직 저시력 학생들은 특수교육서비스를 받지 못하는 경우가 많다. 이는 맹학생의 경우 발견이 쉽지만, 상대적으로 저시력 학생의 경우 발견이 쉽지 않기 때문이다. 저시력 학생의 발견이 쉽지 않은 이유는 대부분의 저시력 학생들이 자신의 문제를 타인에게 잘 이야기하지 않기 때문이다(임안수, 2008). 따라서 시각장애 학생의 선별에 있어 주변 성인들의 역할이 매우 중요하다.

시각의 문제로 또래 학생들과 비교하였을 때 일상생활이나 학습활동에서 다음 〈표 4-1〉의 항목 중 두 개 이상에 해당하는 경우는 시각장애를 지닌 특수교육대상자로 의심되므로 정확한 진단을 받도록 안내해야 한다.

〈표 4-1〉 시각장애 선별기준 항목

구분		항목
외안 상태		1. 눈꺼풀이 처져 있거나 눈이 감겨져 있다. 2. 눈이 자주 충혈되어 있거나 다래끼가 자주 생긴다. 3. 사시이거나 눈동자의 움직임이 부자연스럽다.
행동	맹	4. 시각으로 사물과 글자 등을 전혀 식별하지 못한다. 5. 일상 활동과 학습에서 시각이 아닌 촉각이나 청각 등의 감각에 의존한다.
	저시력	6. 눈을 자주 깜빡이거나 문지른다. 7. 물건에 걸려 자주 넘어지거나 부딪힌다. 8. 눈을 가늘게 뜨거나 찌푸린다.

		9. 약간 떨어져 있는 사람을 알아보지 못한다.
		10. 한쪽 눈을 감고 보거나 고개를 돌리고 본다.
		11. 그림을 그리거나 글자를 쓰는 것을 어려워한다.
		12. 사물이나 책을 지나치게 눈에 가까이 대고 본다.
		13. 책을 읽을 때 줄을 건너뛰거나 읽던 줄을 잃어버린다.
		14. 글을 쓸 때 줄을 맞추지 못하고 일반 학생보다 지나치게 크게 쓴다.
		15. 측정도구의 수치를 지나치게 가까이 대고 본다.
		16. 부옇게 보인다거나 두 개로 보인다고 불평한다.
		17. 밝은 곳과 어두운 곳의 전이 시 매우 힘들어한다.
		18. 칠판이나 스크린의 내용을 잘 볼 수 없다.

출처 : 이경림(2008).

2) 시력검사

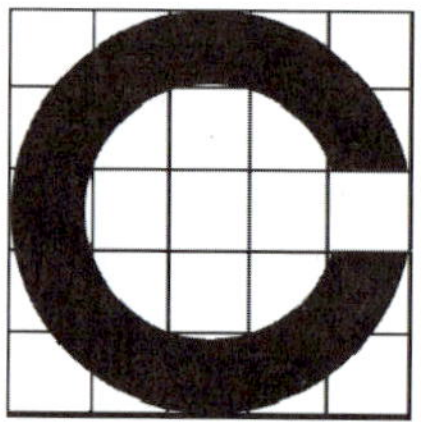

|그림 4-6| 란돌트 환(Landolt's ring)

|그림 4-7| 스넬렌 시표

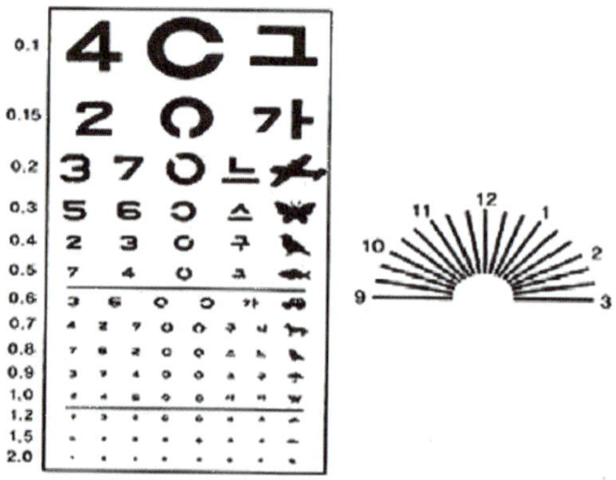

|그림 4-8| 한천석의 시력표

시각손상으로 인한 판별에 주로 사용되는 것은 시력검사이며, 시양검사, 색각검사가 요구된다. 시시력표는 그 종류가 다양한데 국제안과학회에서는 란돌트 환(Landolt's ring)을 표준표시로 하고 있으나(그림 4-6) 유럽과 미국에서는 스넬렌 시표(Snellen chart)를 표준시표로 하고 있으며(그림 4-7), 우리나라에서는 한천석 시력표를 주로 사용하고 있다(그림 4-8). 유아의 경우 문자를 읽을 수 없으므로 |그림 4-6|과 같이 고리 모양의 뚫린 방향을 물어 측정할 수 있다.

그러나 시력검사는 시각장애 학생을 판별하는 데 가장 효과적이나, 시야에 문제가 있거나 근시가 심한 시각장애 학생에게는 크게 도움이 되지 못한다(송준만 · 유효순, 2015).

3) 시야검사

시야란 눈을 움직이지 않고 한 점을 주시하여 볼 수 있는 외계의 범위이다. 정상적인 시야의 범위는 코 쪽에서 귀 쪽으로 약 150도, 위쪽에서 아래쪽으로는 약 120도이다. 시야검사에는 대면법, 탄젠트스크린법, 주변시야계법, 평면시야계법 등 다양한 방법이 있다. 시야검사의 목적은 저시력 학생에게 어떤 부위의 시야에 중요한 손상이 있는가를 파악하기 위함이다(권요한 외, 2010).

4) 시각적 행동관찰

정상적인 눈은 깨끗하고 앞으로 똑바로 보며, 양안이 안정적으로 함께 움직이고 물체를 바로 바라볼 수 있으므로 눈의 움직임을 관찰하여 시력장애가 있는지 발견할 수 있다. 책을 읽거나 원거리 물체를 볼 때 자세가 굳어지거나, 책을 읽을 때 눈을 움직이는 대신 머리를 앞뒤로 움직이거나 기울이는 등의 행동을 관찰함으로써 시력장애가 있는지를 발견할 수 있다. 또한 학업성적과 학습량이 일정하지 않다거나 오랜 시간 독서할 때 읽는 속도가 떨어지는 등 학업성취에 대한 관찰을 통해서도 시력장애 여부를 발견할 수 있다(권요한 외, 2010).

5) 교육적 평가

시각장애 판별을 위한 종합평가에는 기능시력, 학습매체, 지능 및 인지능력, 학업성취도, 보조공학, 보행 및 운동기술, 사회적 기술과 일상생활 기술 그리고 진로교육 평가 등이 있다(임안수, 2008). 시각의 의학적 평가가 신체 기관의 이상과 그 정도, 치료에 초점을 맞춘다면 교육적 평가는 시각장애 학생을 위한 교육을 어떻게 할 것인가에 초점을 맞춘다.

(1) 기능시력 평가

조명, 눈부심 조절, 글자크기, 전경–배경의 차이와 체계성 찾기, 추시, 중심 외 보기, 저시력 기구의 사용 등 학생의 시각적 요구를 알아보는 것으로 지정된 장소에서 구조화된 관찰과 비형식적 및 형식적 평가도구를 사용한다.

(2) 학습매체 평가

학생이 선호하는 학습 스타일, 방법, 자료 및 문자매체를 결정하며, 적절한 문자매체와 검사의 수정을 결정하는 데 도움을 준다.

(3) 지능 및 인지 능력평가

지능검사의 실시는 유자격 심리학자, 특히 시각장애 학생을 대상으로 검사 경험이 있는 사람이 실시하는 것이 좋다. 일반적으로 검사도구의 타당도에 문제가 있을 수 있으므로 검사 결과에 대한 해석에 주의하여야 한다. 학업성취도 평가에는 교과영역과 관련 서비스 영역이 포함되며, 준거지향검사, 교육과정중심평가, 포트폴리오 평가는 수업 계획 세우기와 지속적 평가에 적절하다.

(4) 보조공학 평가

화면 확대, 화면 읽기, 점자 출력, 점자정보 단말기, 기타 다른 기구 등에 대한 컴퓨터 하드웨어와 소프트웨어의 사용 등이 포함된다. 이 평가를 통해 시각장애 학생이 일반교육과정에 접근하고 효율적이고 독립적으로 학습하도록 지원하기 위해 어떤 전략과 보조공학기기가 필요한지를 결정한다.

(5) 보행기술 및 운동근육 기술 평가

보행기술 및 운동근육 기술 평가는 자아 개념, 경험과 사회적 접촉의 기회, 자신의 환경에 대한 통제 및 독립성의 측면에서 중요하며, 교사는 신체상, 위치 개념, 환경적 개념, 체육과 관련된 학습, 학교와 가정환경에 대한 익숙한 정도를 평가하고, 보행 전문가는 자기보호법, 안내법, 지팡이 기술, 보행기구 사용법 등 전체적인 독립보행에 필요한 내용을 평가한다.

(6) 사회적 기술 평가

사회적 기술에는 차례 기다리기, 다른 사람들에게 주목하기, 대화하기, 일반적으로 사용되는 표현이나 행동 이해하기 등이 포함되며, 일상생활 기술에는 식사하기, 옷 입기, 씻기, 음식 만들기, 청소하기, 돈 관리하기 등이 포함된다. 이 기술평가는 일반적이고 형식적이고 체계적인 관찰과 학생들의 지인들과의 면담을 통해 이루어진다.

(7) 진로발달 평가

흥미와 적성, 의사소통, 사회적 상호작용, 보행 및 일상생활 기술 등 시각장애 학생이 직접에서 성공하는 데 중요한 요인들을 알아볼 수 있으며, 형식적 검사와 비형식적 검사가 있다.

3 시각장애의 특성

1) 발달적 특성

시각장애는 경험의 범위와 다양성, 이동능력, 환경과의 상호작용에 기본적인 제한을 가한다(Lowenfeld, 1975). 시각장애를 가진 아동은 시각을 효율적으로 활용할 수 없으므로 타인을 모방하고 우연적으로 학습하는 기회가 적다. 이로 인해 습득하는 정보의 질과 양이 감소하게 된다. 이와 같은 시각손상으로 인한 학습기회 및 경험의 불리는 아동에게 여러 영역에서 발달지연(developmental lag)을 가지고 올 수 있다. 이와 같은 발달지연은 정안아동과 비교해 보았을 때 6개월쯤부터 나타날 수 있으며, 12개월쯤부터 뚜렷해진다. 하지만 이와 같은 발달지체는 시각장애 아동의 고유한 특성이라기보다 시각장애로 인해 야기되는 부차적인 문제라고 할 수 있으므로 모든 시각장애 아동이 겪어야 하는 불가피한 문제가 아니다. 이는 적절한 조기중재로 극복할 수 있으며, 이를 통해 시각장애 아동 역시 또래와 같은 양상으로 발달할 수 있다.

2) 언어적 특성

시각장애 학생은 얼굴 표정이나 움직임을 보거나 가리키는 것과 같은 몸짓을 사용할 수 없다. 그리고 직접적인 주의집중, 시선 이동, 의사전달, 정보를 서로 나누는 행위 등 초기 의사소통을 위한 단서를 사용할 수 없으며 언어 사용에서 추상적인 표현을 많이 사용하여 언어주의에 빠지기 쉽다.

대화의 특징은 일반 학생보다 크게 이야기하며 억양에 변화가 없으며, 음을 조절하지 못하고, 느리게 이야기하며, 몸짓이나 얼굴 표정을 덜 사용하며, 발음하는 데 입술을 덜 움직인다. Hallahan과 Kauffman(2000)은 시각장애 학생이 말을 늦게 시작하는 이유는 말이 상징적인 기능을 한다는 것을 늦게 깨닫기 때문이라고 했다. 하지만 말이 가지고 있는 상징성을 이해하면 어휘가 급속도로 늘어나며, 언어를 통한 사고와 개념형성이 이루어진다고 하였다.

3) 인지적 특성

시각장애 학생의 지능은 일반 학생에 비해 낮지 않다고 보고되고 있다. 그러나 학령기 학생에게 측정하는 지능은 발달 초기의 경험에 의해 많은 영향을 받고, 시각의 손상에 의해 사물의 영속성, 인과관계, 목적과 수단의 관계 등과 같은 개념을 습득하는 시기가 늦어질 수 있으므로, 시각손상은 인지발달을 방해하는 조건이 될 수 있다(송준만 · 유효순, 2004).

Weiss와 Weiss(1978)에 의하면 시각장애 학생의 기초산수 계산능력은 정상시력을 가진 학생에 비해 떨어지지만 문학 과목은 비슷한 것으로 나타나며, 학업성취 면에서 시각적 정보 습득의 지체로 쓰기와 읽기 속도가 느리고, 수술로 인한 수업 결손, 특수교육시기 지연 등으로 더 낮은 성취도를 보일 수 있다. 하지만 조기판별 조기 특수교육의 실시, 각종 학습매체 및 보조공학기기의 사용, 통합교육의 영향 등으로 시각손상에도 학업성취도 및 가능성이 과거에 비해 좋아지고 있다.

4) 신체적 특성

시각장애 학생의 신체발달은 일반 학생과 유사하나 뚱뚱하거나, 작거나, 야윈 신체를 가진 경향이 많으며, 시력손상은 이들의 신체발달에 간접적인 영향을 미친다. 왜냐하면 시각장애아들은 시력손상으로 인해 신체적 활동이 제한되기도 하며, 부모의 과잉보호나 소홀함에 의해 신체적 기술 발달의 기회가 제한되기 때문이다.

일반 학생은 소리나 대상을 보기 위해 고개를 돌리거나 머리를 좌우로 움직이는 등의 운동 반응을 보인다. 그러나 시각장애 학생은 운동성 발달의 지연을 보인다. 이는 시각 자극의 결함으로 물체가 존재한다는 사실을 알 수 없기 때문에 이로 인해 공간 속으로 손을 뻗거나 움직이고자 하는 동기가 일어나지 않는다. 또한 공간에서 신체 위치에 대한 지각, 즉 신체 공간 감각이 낮으므로 자세가 불안정하고 보행패턴이 자연스럽지 못하다. 따라서 저시력이나 맹학생이 촉각적 · 청각적 자극을 통해 움직이도록 동기를 유발시켜야 한다. 그리고 여러 가지 감각을 통한 운동 발달을 촉진시키고 자연스러운 자세와 걸음걸이를 갖도록 도와주어야 한다.

5) 사회적 특성

시각장애 학생은 조용한 성격의 수동적인 성향을 가지거나 여러 사회적 관계에 대해 소극적으로 대처하는 경우가 많다. 이는 시각장애 학생의 행동발달에서 큰 영향을 미치는 청각적 자극이 시각적 자극에 비해 능동적인 성향을 유발시키는 데 제한이 있기 때문이다(Bower, 1977). 사회화 기술은 자연적인 환경에서 관찰과 우발학습을 통해 습득되기 때문에 시각장애 학생은 이와 같은 기술을 발달시키는 데 어려움을 겪게 된다.

하지만 시각장애학교에 재학하고 있는 시각장애 학생의 경우 신체적 능력에서는 정안학생에 비해 제한을 보였으나, 사회적 기술면에서는 큰 차이를 보이지 않았다(佐藤泰正, 1974). 이는 사회적 기술에서의 제한이 시각장애 학생의 고유한 특성이 아님을 의미하며, 사회적 기술의 교육을 통해 사회적 자율성을 획득할 수 있도록 도와주어야 함을 시사한다.

6) 저시력 학생의 특성

(1) 저시력 학생의 행동특성

저시력 학생들이 시력을 사용해서 책을 읽거나 신체적인 활동을 할 때에 보이는 행동특성은 다음과 같다(임안수 · 이해균 · 이우관, 2005). 첫째, 눈을 대상물이나 교과서에 아주 가까이 대고 본다. 교과서에 얼굴이 닿을 정도로 가까이 보는 학생도 적지 않다. 정안인의 입장에서 보면 매우 이상한 자세로 책을 읽거나 사물을 보는 것으로 보이는데, 저시력 학생의 입장에서는 나름대로의 적응행동이다. 눈을 대상물이나 문자에 가까이 하면 물체나 문자가 확대되어 보이기 때문이다. 시거리와 망막에 비치는 대상물의 크기는 반비례하므로 30cm 거리에서 보는 문자가 1의 크기라고 가정했을 때 10cm에서 보면 3의 크기로 보인다. 그런데 대상물에 눈을 가까이 한다고 해서 사물이 잘 보이는 것은 아니다. 특히 원시가 있는 저시력 학생은 멀리 있는 것이 그나마 잘 보인다. 하지만 시력이 약해서 물체를 알아보려면 눈에 대고 보아야 알아볼 수 있다. 저시력 학생 지원 교사는 이런 특성을 잘 알고 있어야 한다.

둘째, 저시력 학생 중에는 대상물에 시선을 맞추지 못하고 얼굴을 옆으로 돌려서 보는 학생도 있다. 이것 역시 저시력 학생의 적응행동이다. 즉, 중심시야에 암점이 있거나 각막 중심에 혼탁이 있을 때는 그 부분을 피하여 잘 보이는 부분을 보려고 하기 때문에 결국 사물을 옆으로 보는 행동을 한다. 따라서 '눈을 보다 더 지면에서 떼고 보세요'라고 하든지, '고개를 똑바로 하고 보세요'라고 하는 지시는 저시력 학생에게는 받아들이기 어려운 말이 된다(이상호, 2012).

(2) 저시력 학생의 사회적 기술 특성

저시력 학생에게는 잔존시력이 있지만 이를 통해 사회적 기술을 완벽하게 습득하는 것에는 한계가 있다. 이로 인해 저시력 학생들은 다른 사람과 상호작용하는 것에 어려움을 보인다(McGaha & Farran, 2001). 주로 상호작용 시 이를 능동적으로 시작하는 역할보다는 수동적으로 대화에 반응하는 역할을 하게 된다(D'Allura, 2002). 좀 더 구체적으로 적절한 시기와 방법으로 대화를 시작하고 유지하며 끝내는 것, 상호작용 중 비구어적 표현에 대한 이해와 이를 활용하는 것 그리고 자기주장을 하는 것에 많은 어려움을 갖는다.

하지만 저시력 학생들이 다른 사람들과 상호작용하고 적합하게 반응하는 능력을 습득하게 된다면, 사회적 성공뿐만 아니라 생활 속에서 만족감을 느낄 수 있게 될 것이다. 따라서 저시력 학생들에게 사회적 기술에 대한 명시적 중재와 더불어 일상생활 속에서 자연스럽게 주변 인물을 통하여 사회적 기술을 습득해 나갈 수 있도록 환경을 구조화해 줄 필요가 있다.

4 시각장애 학생을 위한 교육적 접근

1) 시각장애 학생 교육을 위한 기본원리

시각장애 학생은 시각적 정보 활용의 제한으로 인해 특별한 교육적 요구를 만들어 낸다. 시각장애로 인해 발생되는 구체적인 경험과 우연적인 경험의 제한을 보완하기 위한 세 가지 교육적 접근 원리는 다음과 같다(Lowenfeld, 1975). 첫째, 구체적 경험이 필요하다. 이것은 시각장애 학생이 구체물을 조작하면서 다양한 정보를 느끼고 이해하게 하도록 해야 함을 의미한다. 둘째, 실행기회를 제공해야 한다. 시각장애 학생이 학습한 내용을 실제 상황에 적용할 수 있는 기회를 제공할 필요가 있다. 셋째, 경험을 통합할 기회를 제공해야 한다. 정안학생은 우연학습을 통해서 학습내용을 다양한 경험들과 통합하여 확장해 나갈 수 있지만 이는 시각장애 학생들에게는 많은 제한이 따른다. 따라서 시각장애 학생들에게는 경험통합을 위한 의도적인 기회를 제공할 필요가 있다. 시각장애 학생 교육을 위한 기본원리 적용의 예는 〈표 4-2〉와 같다.

〈표 4-2〉 시각장애 학생 교육을 위한 기본원리 적용의 예

기 술	원 리		
	구체적 경험	실행하기	경험의 통합
사과 껍질 깎기	사과와 과도, 접시 등을 실제로 사용한다.	성인의 도움이나 보조로 사과 껍질을 깎는다.	• 사과를 과일가게에서 사온다. • 수학 시간에 배운 분수의 개념을 통합한다. • 손님이 오셨을 때 사과를 깎아서 대접한다.

출처 : 이경림(2008).

2) 시각장애 학생을 위한 특수교육적 접근

시각장애 학생들은 일반 학생과 달리 시각적 제한으로 인하여 독특한 교수방법과 지원이 필요하다.

(1) 점자 교육

오늘날 사용하고 있는 6점 점자는 1892년에 프랑스의 Louis Braille가 만들었으며, 우리나라 한글 점자는 1926년 박두성이 만들었다. 점자는 6점(종으로 3점, 횡으로 2점)으로 구성되었으며, 읽을 때는 점의 왼쪽에서 오른쪽으로 1, 2, 3점, 4, 5, 6점의 번호를 붙여서 사용하고, 쓸 때는 오른쪽에서 왼쪽으로 1, 2, 3점, 4, 5, 6점을 붙여 사용하며, 6개의 점을 조합하여 64개의 점형을 만들고 띄어쓰기를 할 때는 점을 찍지 않

는 빈칸을 사용하며, 64개의 점형을 초성 자음 13자, 종성 자음 14자, 모음 21자, 약자 27자, 약어 7개, 숫자, 문장 부호, 띄어쓰기(빈칸) 등에 배정하여 사용한다. 점자 한글판은 |그림 4-9|와 같다.

시각장애 학생들이 점자를 잘 읽을 수 있게 하기 위해서는 어릴 때부터 사물에 대한 촉각 경험을 많이 주어 손가락 끝으로 점을 식별하는 능력을 키워주어야 한다.

점자를 읽을 때	점자를 쓸 때
1 ● ● 4 2 ● ● 5 3 ● ● 6	4 ● ● 1 5 ● ● 2 6 ● ● 3

자음	ㄱ ○● ○○ ○○	ㄴ ●● ○○ ○○	ㄷ ○● ●○ ○○	ㄹ ○○ ○● ○○	ㅁ ●○ ○● ○○	ㅂ ○● ○● ○○	ㅅ ○○ ○○ ○●	ㅇ	ㅈ ○● ○○ ○●	ㅊ ○○ ○● ○●	ㅋ ●● ●○ ○○	ㅌ ●○ ●● ○○	ㅍ ●● ○● ○○	ㅎ ○● ●● ○○	된소리 ○○ ○○ ○●
받침	ㄱ ●○ ○○ ○○	ㄴ ○○ ●● ○○	ㄷ ○○ ○● ●○	ㄹ ○○ ●○ ○○	ㅁ ○○ ●○ ○●	ㅂ ●○ ●○ ○○	ㅅ ○○ ○○ ●○	ㅇ ○○ ●● ●●	ㅈ ●○ ○○ ●○	ㅊ ○○ ●○ ●○	ㅋ ○○ ●● ●○	ㅌ ○○ ●○ ●●	ㅍ ○○ ●● ○●	ㅎ ○○ ○● ●●	
모음	ㅏ ●○ ●○ ○●	ㅑ ○● ○● ●○	ㅓ ○● ●○ ●○	ㅕ ●○ ○● ○●	ㅗ ●○ ○○ ●●	ㅛ ○● ○○ ●●	ㅜ ●● ○○ ●○	ㅠ ●● ○○ ○●	ㅡ ○● ●○ ○●	ㅣ ●○ ○● ●○					
	ㅐ ●○ ●● ●○	ㅒ ○● ○● ●○	●○ ●● ●○	ㅔ ○● ○● ●○	ㅖ ○● ○○ ●○	ㅘ ●○ ●○ ●●	ㅙ ●○ ●○ ●●	●○ ●● ●○	ㅚ ●● ○● ●●	ㅝ ●● ●○ ●○	ㅞ ●● ●○ ●○	●○ ●● ●○	ㅟ ●● ○○ ●○	●○ ●● ●○	ㅢ ○● ●● ○●
약자	가 ●○ ●○ ○●	나 ●● ○○ ○○	다 ○● ●○ ○○	마 ●○ ○● ○○	바 ○● ○● ○○	사 ●○ ●○ ●○	자 ○● ○○ ○●	카 ●● ●○ ○○	타 ●○ ●● ○○	파 ●● ○● ○○	하 ○● ●● ○○	억 ●● ○● ○●	언 ○● ●● ●●	얼 ○● ●● ●○	연 ●○ ○○ ○●

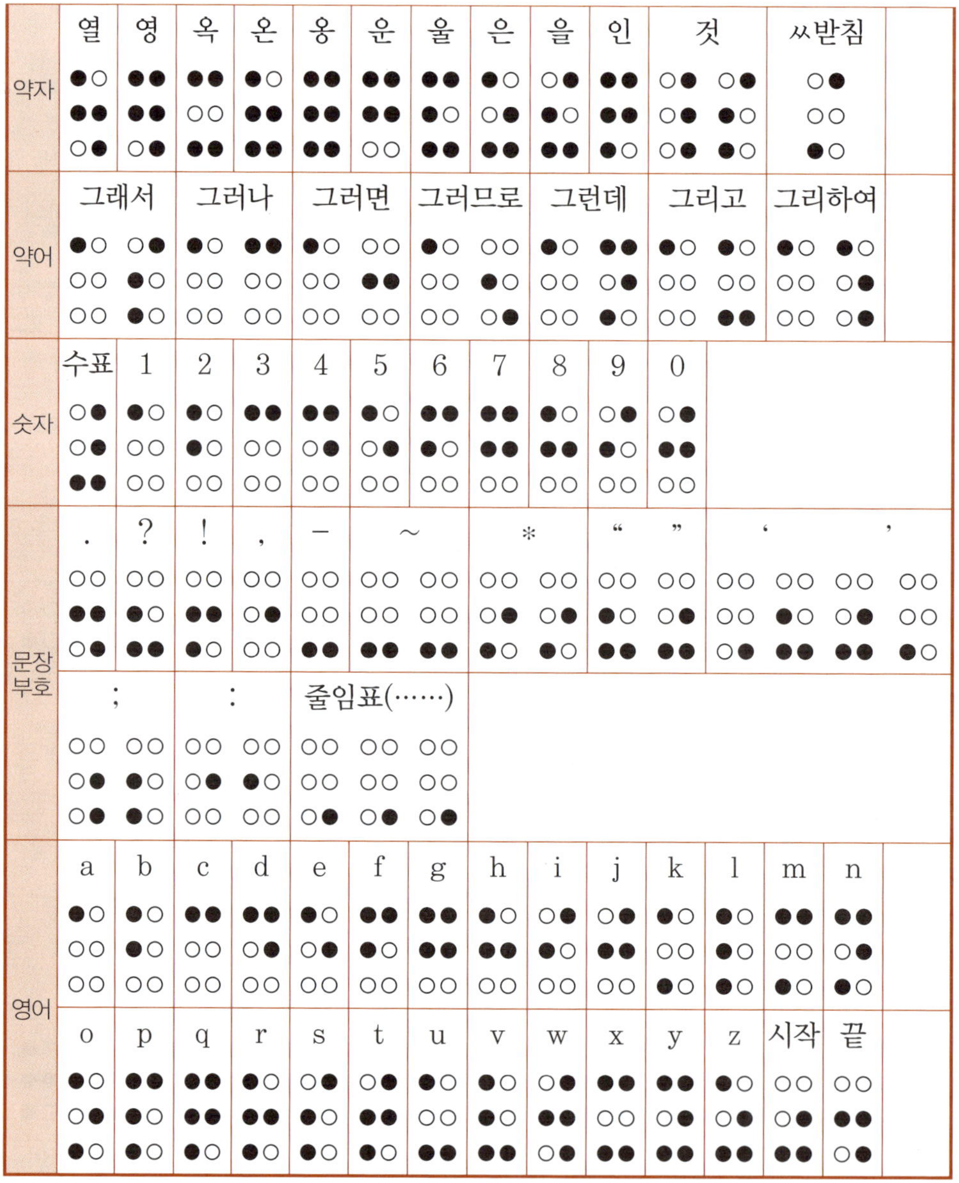

|그림 4-9| 한글판과 점자

출처 : 강대옥 · 강병일 · 김남진 · 김창평(2016).

(2) 보조공학기기

컴퓨터 공학은 시각장애인들이 다양한 정보를 좀 신속하게 접할 수 있고 일반 학생들과 학습할 수 있도록 도움을 주고 있다(이소현 · 박은혜, 2011). 보조공학기기를 선정하여 활용할 경우 학생의 기능 수준, 교육적 필요, 연령, 장단기 교수목표들을 고려하여 최신 보조도구와 자료를 제공하여야 하며, 청각, 촉각, 시각 매체를 다양하게 사용할 수 있도록 제공해야 한다.

① 시각적 도구

저시력 학생이 인쇄물을 읽을 수 있도록 지원하는 확대 독서기, 렌즈, 큰 활자 인쇄 등이 있다. 이들에게는 잔존시력을 활용해 인쇄 활자를 읽도록 권장해야 하며(Hanninen, 1975), 이때 활자의 크기와 인쇄물의 질, 줄 간격, 조명과 같은 다른 질적인 요인들을 함께 고려해야 한다.

- **확대 독서기** : 모니터를 통해 글자를 확대하여 보여준다. 읽을 페이지를 작은 망원렌즈가 있는 카메라의 밑에 놓으면 위의 모니터에 확대된 활자가 나온다. 활자의 크기, 대비 정도, 밝기를 조절할 수 있으며, 흰 바탕에 검은 글씨 또는 검은 바탕에 흰 글씨 중 일부를 선택하여 볼 수 있다.

② 청각적 보조공학기기

시각장애 학생들이 사용하는 청각적 보조공학기기에는 카세트 녹음기, 녹음도서, 컴퓨터 음성 출력 등이 있으며, 이러한 청각적 보조자료는 점자나 큰 활자 인쇄보다 정보를 더 빨리 전달받을 수 있기 때문에 흔히 사용하나, 청각적 보조공학기기에 너무 의존하여 잔존 시력을 활용하지 않으려 하는 점, 주의집중력이 낮은 학생들에게 과도한 집중을 요한다는 점 등의 문제점이 있다.

- **음성전환 독서기** : 음성전환 독서기는 컴퓨터의 성능을 이용하여 인쇄된 활자를 직접 음성 합성으로 바꾸는 기구이다. 책이나 기사, 편지 등을 복사할 때처럼 기계 위에 엎어 놓고 작동시키면, 스캐너가 움직이면서 글을 음성으로 읽어준다.
- **스크린 리더**(screen reader) : 시각장애인에게 컴퓨터 화면 내용을 읽어주는 음성 합성장치이다.

③ 보행훈련

보행기술은 시각장애 학생들이 성공적으로 적응을 하는 데 중요한 능력이다. 보행기술은 훈련에 의해 습득될 수 있으나, 보행훈련의 결정적인 요소는 움직이고자 하는 동기와 장애물 지각능력이다.

보행은 방향정위(orientation)와 이동(mobility)의 두 가지 요소로 구성된다. 방향정위는 특정 시간과 환경 속에서 자신의 위치를 알기 위하여 잔존감각을 사용하는 능력을 말하고, 이동은 한 장소에서 다른 장소로 옮겨 가는 능력을 말한다. 이 두 요소는 보행에서 중요한 요인일 뿐만 아니라 서로 분리될 수 없는 기능이다(임안수, 2008).

보행의 종류에는 안내법, 지팡이 보행, 안내견 보행, 전자보행기구에 의한 보행 등이 있으며, 교사가 그들이 보이는 방향성과 이동성의 문제를 도울 수 있는 방법은 다음과 같다(Hallahan & Kauffman, 2000).

- 불필요한 장애물을 없애고, 이동식 스크린 등의 일시적인 장애물로 인한 교실의 변화를 학생에게 알려준다.
- 문을 완전히 닫거나 열어놓아서 반쯤 열린 문에 학생이 부딪치지 않도록 한다.
- 처음에는 친구와 함께 화장실, 도서실, 체육관 등 자주 가는 곳을 다니며, 가는 길과 표지들을 익히도록 하고 익숙해질 때까지 자유롭게 다녀보도록 한다.
- 혼자서 다닐 수 있는 능력이 생기면 친구에게 의논하는 일을 줄여가도록 지도한다.

(3) 시각장애 학생의 개별적 교수–학습 지원 시 유의점

시각장애 학생의 개별적 교수–학습 지원(이상호, 2012)에서 교사가 유의해야 할 내용은 다음과 같다.

① 부담스러워하는 수업 형태

시각장애 학생들은 시력의 제한으로 인해 판서나 PPT 위주의 강의 형태를 매우 어려워한다. 따라서 수업 전에 관련 자료를 미리 제공해 줌으로써 수업 내용을 미리 예습할 수 있도록 하는 배려가 필요하다. 또한 PPT와 같이 컴퓨터를 활용하여 자료를 제시할 경우 갑자기 들리는 큰 효과음에 시각장애 학생들이 깜짝 놀랄 수 있으므로 이에 대한 조정이 필요하다.

② 부담스러워하는 과제의 형태

다음의 과제들은 시각장애 학생들이 매우 어려워하거나 수행이 불가능한 형태의 과제이다.

- 현장에서 견학 후 과제 제출 또는 발표, 사진이나 영상물 제작 제출
- PPT를 활용한 발표
- 포트폴리오 제작 제출 과제들은 접근 자체가 매우 어려워 수행이 불가능하다.

대부분의 과제는 리포트 형식으로 할 수 있도록 조정해 주거나 조별 과제를 통해 인터넷 조사 등의 과제를 수행할 수 있도록 해주는 것이 바람직하다.

③ 교과서 및 교재의 지원

저시력 학생들은 잔존 시력의 정도에 따라 학생 개개인마다 교재의 활용 정도가 다르다. 일반 교과서를 활용할 수 있을 정도의 잔존시력이 있는 학생이 있는 반면 잔존시력을 활용하여 일반교과서로는 학습이 어려운 경우가 많다. 따라서 잔존시력

을 활용할 수 있는 저시력 학생의 경우 확대교과서 또는 텍스트 파일을 제공해 주는 것이 바람직하며, 전맹 학생들은 일반 강의 교재의 활용이 불가능하므로 점자 또는 텍스트 파일 등의 학습자료를 제공해 줄 필요가 있다.

④ 평가지원

저시력 학생의 경우 잔존시력에 따라 차이가 있겠지만 대체로 17포인트 정도의 확대 시험지를 제공해 주는 것이 바람직하며, 글자체는 끝이 각진 고딕 형태의 글자체로 제공해 주는 것이 좋다.

전맹 학생의 경우 컴퓨터와 USB를 제공해 주어 한글이나 텍스트 파일로 답안을 작성하게 하여야 한다. 대필자를 선정하여 답안을 대신하여 작성해 줄 수 있는 방법이 있으나 대필자의 학습능력에 따라 부정의 소지가 발생할 수 있으므로 전자의 방법이 공정한 평가를 하는 데 좋다. 그리고 점자정보 단말기를 사용하여 한글 또는 텍스트 파일로 제출하는 방법이 있으나 이 방법 또한 부정의 소지가 발생할 수 있으므로 피하는 것이 좋다. 현재 우리나라 수학능력시험에서는 시각장애 학생들에게는 일반 학생 시험응시시간의 1.7배가 주어진다.

3) 시각장애 학생을 위한 통합교육적 접근

(1) 긍정적이고 수용적인 통합학급 분위기 조성

긍정적이고 수용적인 통합학급 분위기를 조성하기 위해서는 우선 장애이해 교육을 통해 시각장애 학생의 특성에 대한 정안학생의 올바른 이해를 도모할 필요가 있다. 그리고 이를 위해 시각장애 학생, 정안학생 그리고 교사 사이의 효과적인 의사소통이 핵심이라 할 수 있다. 통합학급에서 효과적인 의사소통을 위한 방법은 다음과 같다.

- 시각장애 학생과 이야기할 때 '보는 것'과 관련된 단어(예 쳐다본다, 빨간색 등)를 사용한다.

- 말할 때 누구에게 말하는 것인지를 모두 알 수 있도록 학생의 이름을 부르고 말한다.
- 학생의 얼굴을 쳐다보며 직접 학생에게 말한다.
- 시각장애 학생에게 다가갈 때와 떠날 때를 말해 준다.
- 필요한 어떤 보조기기라도 사용하도록 권장하고 이에 대해 다른 학생들도 인지하도록 한다.

이뿐만 아니라 물리적 환경의 조정 역시 필요하다. 물리적 환경의 조정 시 중요한 고려 요인은 조명과 자리배치이다. 조명은 학생의 특성과 과제에 따라 다양하게 조절될 수 있어야 한다. 어떤 약시학생은 밝은 조명을 필요로 하며, 다른 학생은 밝은 조명을 필요로 하지 않아 모든 방향에서의 빛을 가려줄 필요가 있다. 이와 같은 경우 약시학생에 개인 조명기기를 제공하여 빛의 양을 조절해 줄 수 있다. 그리고 통합학급 교실 속 시각장애 학생의 자리배치 시 교수, 학습 및 이동에 관한 평가를 통해 결정할 필요가 있다. 이때 교사와 전문가들이 직접 시각장애 학생의 입장에서 교실과 학교 실내 공간을 순회하며 편의성과 장애물들을 확인하면 도움이 된다.

(2) 통합 환경에서의 교수 지침

통합 환경에서 교사가 시각장애 학생을 위한 교수 지침은 〈표 4-3〉과 같다. 시각장애 학생들은 과거 전통적으로 특수학교에서 교육을 받는 경우가 많았으나 1980년대 이후 통합교육에 대한 관심이 높아지면서 일반학급으로 통합되는 경향이 늘어나고 있다. 이와 같은 상황에서 시각장애 학생의 통합교육을 위한 일반학급의 준비는 매우 필요하다 할 수 있다.

〈표 4-3〉 통합 환경에서 시각장애 학생을 위한 교수 지침

• 교수방법은 꼭 필요할 때만 수정하도록 하고, 교육목표는 시각장애 학생과 일반 학생 모두에게 동일하게 적용한다.
• 일반학급에서 사용하는 인쇄자료를 시각장애 학생이 필요로 하는 형태의 자료로 제공한다. – 특수교사와 협의하여 확대복사물, 점자 또는 녹음된 교재를 준비한다. – 필요한 때에 제공할 수 있도록 하기 위하여 충분한 시간을 두고 자료를 준비하도록 한다. – 수업내용뿐만 아니라 시험, 과제물 등에도 이러한 대안적 방법을 활용할 수 있다.
• 책을 읽을 때 충분히 시간을 준다. 시각장애 학생들은 책을 찾고, 읽기 시작할 곳을 찾는데 시간이 더 걸릴 수 있다.
• 워드프로세서의 사용을 장려한다. – 묵자로 자신의 의사를 표시할 수 있도록 하기 위해 워드프로세서를 사용하도록 지도하는 것이 좋다. 자신이 쓴 묵자를 컴퓨터가 읽어서 확인해 주는 프로그램이 국내에서도 개발되어 있으므로 이를 이용하여 스스로 워드프로세서를 사용할 수 있도록 지도한다. • 디지털기기를 활용하여 음성정보와 시각정보를 상호전환할 수 있는 STT 그리고 TTS 시스템을 적극 사용한다.
• 칠판이나 실물화상기를 사용할 때 내용을 크게 말하면서 적는다.
• 시각장애 학생에게도 강도 높은 운동이 필요하다. 가능한 한 일반 또래들과 경쟁하도록 한다.
• 시각장애 학생이 사용하는 다양한 특수기기에 익숙해지도록 한다.
• 저시력 학생을 위하여 가능한 한 대비 효과가 큰 자료를 사용하도록 한다. – 배경 그림 위에 글씨가 있는 자료는 사용하지 않는다. – 흐린 부분은 사인펜으로 진하게 사용한다. – 칠판은 항상 깨끗이 지운 후 사용한다. – 종이의 한쪽 면만 사용한다. – 한 페이지에 글씨를 너무 많이 써서 혼동되지 않도록 한다.

출처 : 이소현 · 박은혜(2011) 수정 · 보완.

❙ 참고문헌 ❙

강대옥 · 강병일 · 김남진 · 김창평(2016). **특수교육학개론**. 서울 : 학지사.

교육부(2024). 특수교육연차보고서(정기국회 보고자료).

국립특수교육원(2005). 시각장애아보행훈련프로그램.

권요한 외(2010). **특수교육학개론**. 서울 : 학지사.

김영욱 외(2009). **특수교육학**. 서울 : 교육과학사.

송준만 · 유효순(2015). **특수아교육**. 서울 : 한국방송통신대학교출판문화원.

이경림(2008). **시각장애학생 교육의 이해와 실제**. 서울 : 서현사.

이상호(2012). **시각장애 대학생 교수학습지원**. 장애학생지원센터 안내서, 2부 5장, 춘천교육대학교.

이소현 · 박은혜(2011). **특수아동교육**. 서울 : 학지사.

이진학 · 이하범 · 허 원 · 홍영재(2008). **안과학**. 서울 : 일조각.

임안수(2008). **시각장애아교육**. 서울 : 학지사.

임안수 · 이해균 · 이우관(2005). **시각장애아교육**. 대구 : 대구대학교출판부.

전헌선 외(2011). **특수교육개론**. 서울 : 양서원.

Batshaw, M. L.(Eds.).(2002). *Children with Disabilities*(5th ed.). Baltimore : Paul H. Brookes.

Bower, T. G. R.(1977). *A Primer of Infant Development*. W. H. Freeman and Company. (http://www.jvinstitute.net)

D'llura, T.(2002). Enhancing the Social Interaction Skills of preschoolers with Visual Impairments. *Journal of Visual Impairment & Blindness*, 96(8), 576-585.

Hallahan, D. P., & Kauffman, J. M.(2000). *Exceptional Learners : Introduction to special education*(9th ed). Boston : Allyn and Bacon.

Hanninen, K. A.(1975). *Teaching the Visually Handicapped*. Columbus : Charles E. Merrill.

Lowenfeld, B.(1971). *Our Blind Children*. Springfield, IL : Charles C Thomas.

McGaha, C. G., & Farran, D. C.(2001). Interactions in an inclusive classroom : The effects of visual status and setting. *Journal of Visual Impairment & Blindness*, 95, 80-94.

Weiss, J., & Weiss.(1978). Teaching Handwriting to the Congenitally Blind. *Journal of Visual Impairment and Blindness*, 72(7), 280-282.

佐藤泰正(1974). 視覺障害者の心理學. 東京 : 學藝圖書株式會社.

CHAPTER 05

청각장애

2024년 기준으로 청각장애 학생 배치현황을 살펴보면 전체 115,610명의 특수교육 대상자 수 중 2,842명이 특수학교, 특수학급 그리고 일반학급에 배치되어 있다(교육부, 2024). 우리나라에서는 1909년 Rosetta Sherwood Hall 선교사에 의해 농교육이 시작되었다(대한특수교육학회, 1995). 이후 청각장애교육에 있어서 다양한 접근의 차이가 있기는 하지만 청각장애인 입장에서의 이중언어접근법(bilingual-bicultural)과 듣고 말하는 법을 배움으로써 건청인 사회에 통합시키려는 청각-구화법(auditory-verbal therapy)이 대표적이다. 이 장에서는 청각장애의 정의와 진단 및 평가방법을 알아보고, 그들의 다양한 특성에 따른 교육적 지원 방법 등에 대해 알아보고자 한다.

1 청각장애의 정의 및 원인

1) 청각장애의 정의

소리를 듣는 과정을 보면, |그림 5-1|과 같다. 공기의 진동으로 발생된 음파는 외이도를 지나 고막을 진동시키고 이 진동이 고실에 있는 이소골 연쇄를 거쳐 난원창을 통해 내이의 와우각에 이르러 와우 내의 림프액에 파동을 일으키게 된다. 이 파동은 전기적 에너지로 바뀌어 청신경을 통해 대뇌의 청각중추에 도달되면 비로소

음을 지각하게 된다. 그러나 음의 전달과정에서 어떤 부분에 이상이 발생하게 되면, 소리를 듣는 데 어려움을 갖게 되고 이러한 현상을 청각장애(hearing impairment)라고 하며, 청각장애에는 농과 난청이 포함된다.

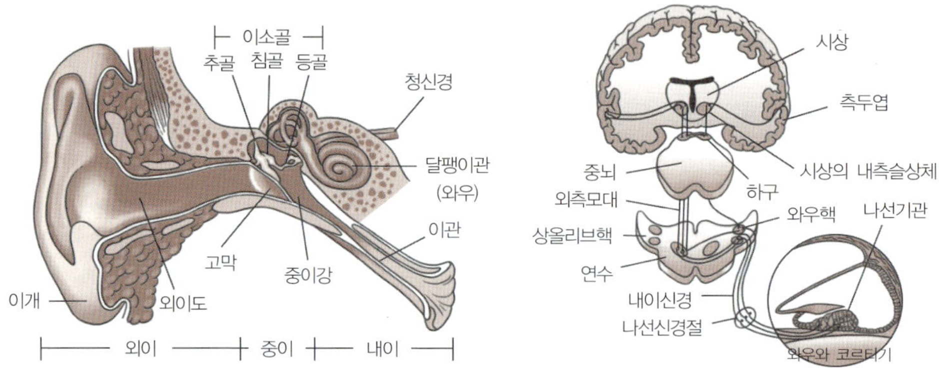

|그림 5-1| **귀의 구조와 소리의 전달경로**

출처 : 심응철 외(2009).

청감각 민감도는 데시벨(dB : decibels)이라는 소리 크기의 단위를 사용하여 측정된다. 정상청력을 가진 사람은 희미하게 들리는 소리도 감지할 수 있는데 이는 0dB을 의미한다. 어떤 소리의 일정 크기 이상을 감지하지 못하는 데시벨 수준을 청각장애의 정도로 나타낸다(권요한 외, 2015).

농(deaf)은 청각 보조 장치를 사용하거나 사용하지 않은 상태에서 청각에 의한 언어정보의 처리가 매우 어려워(보통은 70dB 이상) 교육 수행에 부정적 영향을 미치는 심각한 청각장애를 의미하고, 난청(hard of hearing)은 청각 보조 장치를 사용하거나 사용하지 않는 상태에서 청각에 의한(보통은 35~69dB) 언어정보의 처리가 원활하지 않아 교육 수행에 부정적 영향을 미치는 청각장애를 말한다. 이와 같은 청각장애의 법적인 정의를 살펴보면 다음과 같다.

장애인복지법 시행령과 시행규칙 [별표](2021 개정)에서는 청각장애인의 기준을 다음과 같이 정하고 있다.

장애인복지법의 청각장애 정의

1. 장애인복지법 시행령 [별표 1]

가. 두 귀의 청력 손실이 각각 60데시벨(dB) 이상인 사람

나. 한 귀의 청력 손실이 80데시벨(dB) 이상, 다른 귀의 청력 손실이 40데시벨 이상인 사람

다. 두 귀에 들리는 보통 말소리의 명료도가 50퍼센트 이하인 사람

라. 평형 기능에 상당한 장애가 있는 사람

2. 장애인복지법 시행규칙 [별표 1]

가. 청력을 잃은 사람

1) 장애의 정도가 심한 장애인

두 귀의 청력을 각각 80데시벨 이상 잃은 사람(귀에 입을 대고 큰소리로 말을 해도 듣지 못하는 사람)

2) 장애의 정도가 심하지 않은 장애인

가) 두 귀에 들리는 보통 말소리의 최대의 명료도가 50퍼센트 이하인 사람

나) 두 귀의 청력을 각각 60데시벨 이상 잃은 사람(40센티미터 이상의 거리에서 발성된 말소리를 듣지 못하는 사람)

다) 한 귀의 청력을 80데시벨 이상 잃고, 다른 귀의 청력을 40데시벨 이상 잃은 사람

나. 평형기능에 장애가 있는 사람

1) 장애의 정도가 심한 장애인

양측 평형기능의 소실로 두 눈을 뜨고 직선으로 10미터 이상을 지속적으로 걸을 수 없는 사람

2) 장애의 정도가 심하지 않은 장애인

평형기능의 감소로 두 눈을 뜨고 10미터 거리를 직선으로 걸을 때 중앙에서 60센티미터 이상 벗어나고, 복합적인 신체운동이 어려운 사람

「장애인 등에 대한 특수교육법 시행령」 [별표](2016 개정)에 따른 청각장애 특수교육대상자 선정 기준은 다음과 같다.

「장애인 등에 대한 특수교육법」의 청각장애 정의

청력손실이 심하여 보청기를 착용해도 청각을 통한 의사소통이 불가능 또는 곤란한 상태이거나, 청력이 남아 있어도 보청기를 착용해야 청각을 통한 의사소통이 가능하며, 청각에 의한 교육적 성취가 어려운 사람

2) 청각장애의 원인

청각장애는 선천적인 원인과 후천적인 원인이 있으며, 손상 부위에 따라 외이, 중이, 내이 및 청신경의 원인이 있다. 외이와 중이의 문제는 전음성 청각장애를 가져오는데, 내이 및 청신경이 원인일 경우와는 달리 대부분 의료적 치료가 가능하다.

(1) 외이의 원인

외이의 손상으로 생기는 난청은 대부분 60dB을 넘지 않는 경중도의 전음성 난청이나, 내이와 관련된 외이 문제일 경우 감각신경성이나 혼합성 난청이 나타나기도 한다(대한이비인후과학회, 2009). 이개의 문제로 소이증(microtia), 대이증(macrotia), 무이증(anotia)이 있으며, 외이도의 문제로 선천성으로 나타나는 외이도 폐쇄증(atresia)과 환경에 의해 생기는 외이도염(otitis externa), 귀지전색(impacted cerumen) 등이 있다.

(2) 중이의 원인

고막천공(perforated tympanic membrane), 고막염(myringitis), 중이염(otitis media)과 이관기능부전증(eustachian tube dysfunction)으로 인해 난청을 유발할 수 있다. 중이염은 유스타키오관의 기능이 비정상적일 때 발생하기 쉬운데 다운증후군과 구개파열 학

생은 더 자주 발생한다(Hallahan & Kauffman, 2003). 또한 중이의 청각장애와 관련된 후천적 난청으로 구개파열이나 구개외상은 이소골의 파열 혹은 연결고리의 절단 등으로 생길 수 있다. 유전성 또는 비유전성으로 중이장애를 발생시키는 증후군에는 다운(Down) 증후군, 구순 및 구개열, 트리처 콜린스(Treacher Collins) 증후군, 모어(Mohr) 증후군, 에퍼트(Apert) 증후군, 크로존(Crouzon) 증후군 등이 있다.

(3) 내이의 원인

① 난청과 관련된 비유전적 청각장애

비유전적이면서 선천적인 내이 발달장애는 산모가 이독성 약물(아미노글라이코 사이드계 항생제 등)과 방사선에 노출되었거나 산모의 바이러스성 감염(풍진, cytomegalovirus) 그리고 태아와 산모의 혈액형 불일치(RH 상반성)로 나타날 수 있다.

또한 비유전적이면서 후천성 내이장애로는 무산소증이나 저산소증, 뇌황달을 유발할 수 있는 고빌리루빈혈증, 볼거리, 홍역 등의 바이러스성 감염, 박테리아성 뇌막염, 이독성 약물과 소음에 지속적으로 노출되었을 때 발생하는 난청을 들 수 있다.

② 난청과 관련된 유전적 증후군

진행 형태와 난청 정도가 다양하게 나타나며, 바덴부르크(Waardenburg) 증후군, 어셔(Usher) 증후군, 펜드레드(Pendred) 증후군, 클리펠 파일(Klippel-Feil) 증후군 등이 있다.

(4) 청신경의 원인

신경섬유종(von recklinghausen's neurofibromatosis)은 시신경과 청신경에 영향을 주고 청각적으로는 편측성, 진행성, 감각신경성 난청을 동반한다. 청신경종(acoustic neuroma)은 뇌간에서 귀의 내이로 가는 청각신경(뇌신경 중 8번째 신경)에 양성종양이 자라는 것으로 이 청각신경은 청각과 몸의 평형을 유지시켜 주는 역할을 하므로 뇌종양이 자라면서 신경을 압박하게 되면 난청을 일으키게 된다.

2 청각장애의 진단 및 평가

1) 선별검사

(1) 신생아 청각선별검사

신생아 청각선별검사는 감수성과 특이성이 높고 객관적인 기준이 적용 가능하다. 신생아가 병원에서 퇴원하기 전에 시행할 수 있어야 하므로 합당한 비용으로 가능하여야 한다. 미국에서는 2000년부터 신생아 청각선별검사가 의료보험 수가를 적용받아 실시되고 있으며, 현재 우리나라에서는 의료보험의 혜택을 받지 못하나 산부인과에서 난청 고위험 요소를 가진 학생을 중심으로 부모의 동의하에 이루어지고 있다.

신생아 청각선별검사에 사용되는 기기로는 자동화 청성뇌간반응 검사(AABR : Automated Auditory Brainstem Response)와 자동화 이음향 방사(AOAE : Automated Evoked Otoacoustic Emissions)가 있다. 이음향 방사는 귀에 소리 자극을 주었을 때 와우에서 발생하는 소리로, 와우의 외우모세포의 수축과 진동의 능동적 기계력에 의해 발생한다고 알려져 있다(대한청각학회, 2009). 가장 많이 사용되고 있는 일과성음유발 이음향 방사(TEOAE : Transient Evoked Otoacoustic Emissions) 검사는 25~35dB HL보다 청력이 좋은 경우에는 측정이 가능하다. 청력검사 결과는 자동으로 통과 또는 재검으로 출력되는 기기이다. 이것은 난청이 있는 사람을 구별할 수는 있으나 청력의 정도를 예측할 수는 없으므로 재검 판정 후 2차 검사(퇴원 전 또는 한 달 후)에서도 다시 재검 판정을 받았다면, 청력역치의 정보가 주어지는 청성유발반응 검사(ABR : Auditory Brainstem Response)와 같은 검사를 실시한다. 미국의 유·소아협력협회(JCHI : Joint Committee on Infant Hearing)에서는 1994년 〈표 5-1〉과 같은 열 가지 청각장애 고위험 요소를 제시하여 3세까지 6개월마다 주기적인 청력검사를 실시하도록 권장하고 있다.

〈표 5-1〉 청각장애 고위험 요소

1. 유전성 감각신경성 난청의 가족력
2. 태아 시절의 감염
3. 두개안면부의 기형
4. 출생 시 체중 1,500g 이하
5. 교환수혈이 필요한 정도의 고빌리루빈혈증이 있는 경우
6. 아미노배당체(amonoglycosides)를 포함하는 하나 이상의 이독성 약물의 사용력이 있거나 고리이뇨제와 함께 사용하는 경우
7. 세균성 뇌수막염
8. 아프카 수치(Apgar scores)가 1분에 0~4점, 5분에 0~6점인 경우
9. 인공호흡기의 사용 5일 이상
10. 감각신경성 난청이나 전음성 난청과 관련된 것으로 알려진 증후군의 징후 혹은 임상적 소견이 있을 때

(2) 선별검사가 필요한 아동

청각장애를 가진 아동들은 자라면서 갑작스러운 큰 소음에도 놀라거나 움직이거나 하는 반응을 보이지 않는다. 이러한 행동특성은 청각장애 아동을 주의집중장애나 자폐 성향을 가진 아동으로 오해할 수도 있게 한다. 생활 속에서 〈표 5-2〉 청각장애 선별 검목표 속 특성을 보이는 아동들을 선별하여 정확한 진단을 실시할 필요가 있다.

〈표 5-2〉 청각장애 선별 검목표

발달시기	특 성	유	무
3~6개월	부모의 목소리에 깨어나거나 조용하였다.		
	소리가 나는 방향으로 눈이나 머리를 돌렸다.		
7~10개월	친근한 소리가 나는 쪽으로 머리를 돌렸다(예 친근한 발자국 소리나 누군가의 목소리)		

11~15개월	어떤 단어들을 이해하고 적절한 응답이나 행동을 하였다(예 고양이 어디에 있니?, 아빠 어디 계시니?)		
	큰 소리나 사람의 소리를 모방하려고 하였다.		
1~1.5세	신체와 관련된 질문에 바르게 대답하였다.		
	몇 개의 한 단어로 된 어휘를 사용하였다.		
	발음의 정확함은 떨어지지만 단어를 의미 있게 사용하였다.		
2세	눈에 보이는 단서 없이 간단한 명령을 이해하였다(예 책을 아빠에게 드려라).		
	문법적으로 정확하지는 않더라도, 문장을 만들어 말을 하였다.		
	가정이나 놀이방 등에서 들었던 일상단어를 사용하였다.		
	책이나 잡지를 읽고 사진 보이는 것을 즐기고, 지적하였다.		
	라디오나 텔레비전에 관심을 가졌다.		
2~2.5세	말을 하거나 노래를 부르고 음악을 즐겼다.		
	흥미로운 소리를 들었을 때, 들었던 소리나 이야기를 조사해서 대답하였다(예 자동차 문이 쾅 하고 닫혔다).		
3세	간단한 동사, 대명사 그리고 부사를 이해하고 사용하였다.		
	완전한 문장을 종종 사용하였다.		
4세	몇 가지 최근의 경험들에 대한 이야기를 계속할 수 있었다.		
	두 가지의 간단한 지시를 차례를 실행할 수 있었다(예 언니를 찾아서 이곳으로 데려오너라).		
5세	몇 개의 발음이 여전히 뚜렷하지 못하더라도 대개 명료하였다.		
	가족 외의 다른 성인들이 아이가 말하는 것의 대부분을 이해할 수 있었고, 시제에 맞게 말을 하였다.		
	어휘가 한정되었더라도 대화를 할 수 있었다.		
	대명사를 정확하게 사용하였다.		

출처 : 김원경 외(2021).

2) 청력검사

(1) 청성유발전위 검사

청성유발전위(AEP : Auditory Evoked Potentials) 검사는 소리 자극을 준 후 머리에 부착된 전극을 통해 청신경계에서 발생된 유발전위를 측정하는 객관적인 청력검사방법이다. 청성뇌간반응과 청성지속반응 검사가 학생에게 가장 많이 사용되고 있다.

① 청성뇌간반응검사

청성뇌간반응(ABR : Auditory Brainstem Response) 검사는 클릭음을 이용할 경우 2,000~4,000Hz 사이의 청력역치를 비교적 정확히 알 수 있으며, tone pip나 tone burst를 이용할 경우 주파수별 청력역치 측정도 가능하다.

② 청성지속반응검사

청성지속반응(ASSR : Auditory Steady-State Response) 검사는 청성뇌간반응을 보완할 수 있는 검사로 주파수 특이적인(반송주파수, 변조주파수) 청력역치를 제공한다. 최대 자극 강도가 120dB HL 이상으로 출력한계가 높아 청성뇌간반응으로 검사할 수 없었던 고도 및 심도의 난청 평가에 유용하다. 하지만 정상 청력과 경도 난청일 경우 일관된 반응이 나타나지 않고 청각신경병증을 확인할 수가 없으므로 단독으로 사용하기보다 청성뇌간반응이나 이음향 방사 검사 등과 함께 보조로 사용하는 것이 바람직하다.

(2) 행동관찰청력 검사

행동관찰청력(behavior observation audiometry) 검사는 학생에게 소리를 들려주어 그 반응(눈 깜빡임, 소리 나는 쪽으로 고개돌림 등)을 알아보는 검사로 최소한의 정보를 제공해준다. 연령은 신생아에서 2세까지의 영아에게 사용할 수 있다. 주로 3,000~4,000Hz 범위의 주파수를 60~80dB에서부터 변조시킨 음을 사용하여 2초 정도 들려주고 두 명의 검사자가 각각 관찰하여 일치된 결과를 얻었을 때 반응으로 간주한다(대한이비인후과학회, 2009).

(3) 시각강화 행동관찰 청력검사

시각강화 행동관찰 청력(visual reinforcement audiometry) 검사는 아이가 소리에 반응할 경우 빛을 깜빡이거나 장난감이 움직이도록 하여 검사하는 것으로 6개월에서 2.5세 영유아에게 적용할 수 있다.

(4) 유희청력검사

유희청력검사(play audiometry)는 3~5세 유아의 청력을 측정하기 위해 놀이를 활용하여 검사하는 방법이다. 소리를 듣고 고리를 끼우는 것과 같은 일정한 행동을 하도록 교육한 후 검사를 실시한다.

(5) 순음 및 어음청력검사

일반적으로 5세가 지난 학생은 검사자와 친밀감이 형성되면 순음 및 어음청력검사를 할 수 있다.

① 순음청력검사

순음청력검사(pure tone audiometry)는 전기적으로 발생시킨 순음(pure tone)을 사용하여 각 주파수에 따라 소리의 강도를 조절하여 피검자에게 들려주는데, 가장 약한 소리의 강도에서 피검자가 50% 반응하면 역치로 간주하여 청력도(audiogram)에 기입한다. 음이 공기를 통하여 외이도를 거쳐 내이에 전달되는 과정을 측정하는 기도청력검사(air conduction threshold)와 소리가 두개골을 통해 내이에 전달되는 과정을 측정하는 골도청력검사(bone conduction threshold)가 있다. 청력도 검사결과는 |그림 5-2|와 같다.

귀 / 검사종류	오른쪽	왼쪽
기도청력검사	○	×
차폐된 기도청력검사	△	□
골도청력검사	〈	〉
차폐된 골도청력검사	[	]

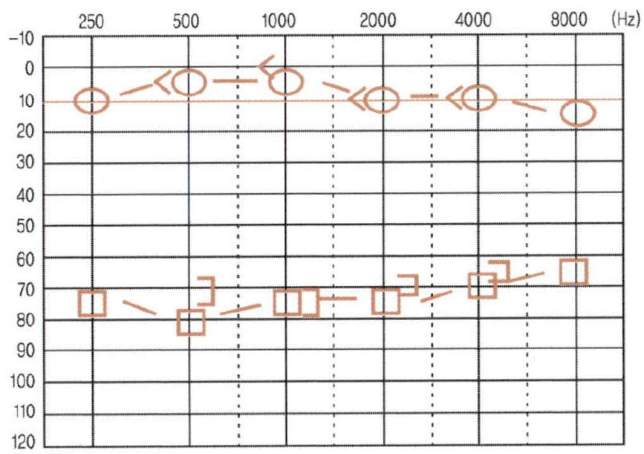

|그림 5-2| 청력도 검사 결과

② 어음청력검사

순음청력검사는 청력손실의 유무, 정도 그리고 유형에 관한 정보를 주지만, 순음청력검사의 결과만으로 말소리의 청취 및 이해력 정도를 평가하기는 어렵다. 어음청력검사(speech audiometry)에는 어음청취의 민감도를 측정하는 어음인지역치검사(SRT : Speech Recognition Threshold) 그리고 청각장애 학생의 일상생활에서의 의사소통 능력을 측정하는 검사로 단어인지도검사(WRS : Word Recognition Score)와 문장인지도검사(SRS : Sentence Recognition Score)가 있다. 이 두 검사는 청력손실의 장애 정도와 사회적응능력을 평가하는 데 순음청력 검사보다 도움이 된다.

어음인지역치검사는 제시되는 이음절 단어를 정확하게 50% 확인할 수 있는 가장 작은 강도(dB HL)를 측정하는 검사로 순음검사와의 일치 여부(10dB 이내)를 확인하여 검사의 신뢰도를 확인한다. 단어인지도검사는 듣기에 가장 적절한 강도로 단어를 제시하였을 때 정확히 이해하는 정도(%)를 측정하며, 문장인지도검사는 문장을 정확히 확인하는 정도(%)를 측정한다. 이 검사 결과는 의사소통장애의 정도, 청력손실 병변부위에 대한 정보, 보청기의 적응 및 선택, 보장구의 적합 및 재활, 재활의 평가와 계획, 중추청각처리장애 판별 및 재활 등에 필요한 정보를 제공한다. 취학 전 연령 단계부터 사용할 수 있는 한국표준 이음절표와 단음절표, 문장표가 있다(이정학 외, 2010).

(6) 이미턴스 검사

이미턴스(immittance)는 외이도 입구에서 소리 자극을 주고 고막에서 반사되어 돌아오는 에너지를 분석하여 고막과 중이 구조물의 저항과 수용에너지를 측정함으로써 중이 또는 내이의 상태를 간접적으로 분석할 수 있다. 이미턴스 검사에는 고막운동성검사(tympanometry)와 음향반사역치(ART : Acoustic Reflex Threshold), 음향반사피로검사(ARD : Acoustic Reflex Decay) 등이 있다. 고막운동검사는 고막과 중이의 상태를 진단하는 데 이용되며, 음향반사역치와 음향반사피로검사는 감각신경성 난청이 있을 때 병변부위를 변별하는 데 유용하게 사용된다.

3 청각장애의 분류 및 특성

청각장애는 다양한 기준에 따라 하위 유형으로 분류될 수 있다. 청각장애의 하위 유형을 분류하는 기준에는 청력 수준, 청력 손실 시기 그리고 청각기관의 손상 부위를 들 수 있다. 청각장애의 하위 유형들과 그 특성은 다음과 같다.

1) 청각장애의 분류

(1) 청력 수준에 따른 분류

청력 수준에 따른 청각장애의 하위 유형은 〈표 5-3〉과 같다. 청력수준은 dB단위로 나타내는데 일반적인 건강한 청력을 가진 사람이 들을 수 있는 최소가청역치를 0dB로 한다. 청력수준은 아동의 언어이해능력에 직접적인 영향을 미친다.

〈표 5-3〉 청력 수준에 따른 청각장애의 하위 유형

분 류	청력 수준	음의 강도	언어이해능력
정상 (normal)	0~25dB	• 속삭이는 소리 • 바람소리	• 일상적인 의사소통에 지장이 없음
경도 (mild)	26~40dB	• 조용한 대화 • 시계소리	• 언어발달에 약간의 지체현상이 나타남
중등도 (moderate)	41~55dB	• 평상시의 대화 • 자동차 내부, 세탁기 소리	• 의사소통에 어려움 • 언어습득과 발달이 지체됨
중등고도 (moderately severe)	56~70dB	• 큰 말소리 • 지하철, 버스 내부, 붐비는 식당 소리	• 정규 교육배치가 거의 불가능함 • 큰 소리는 이해함, 일대일 대화도 어려움 • 보청기를 착용하면 음을 이해함
고도 (severe)	71~90dB	• 약간 떨어져 외치는 소리 • 기차, 오토바이	• 큰소리로 이야기해도 이해가 어려움 • 보청기를 착용해도 음을 이해하기 어려움 • 어음명료도가 현저하게 떨어짐
최고도 (profound)	91dB 이상	• 귀 가까이서 외치는 소리 • 비행기 제트엔진	• 청력에 의존한 음의 수용과 이해가 어려움 • 어음명료도와 변별력이 현저하게 떨어짐 • 보청기를 착용한 어음 변별력도 현저하게 떨어짐

(2) 청력 손실 시기에 따른 분류

청력 손실 시기에 따른 청각장애의 분류는 출생 전후에 따라 선천성과 후천성으로 나눌 수 있다. 언어습득 전후를 기준으로 하는 청각장애의 분류가 교육적 관점에서 중요하다.

- **언어습득 전 청력 손실**(prelingually hearing loss) : 말을 하고 언어를 이해하는 학습을 하기 이전(3~5세)에 청력 손실이 있는 경우이다. 태어날 때부터 청각장애였거나 유아기에 청력을 손실한 청각장애의 약 95%가 한쪽이나 양쪽의 농 부모

를 가지고 있어 자발적인 언어 획득이 힘들고 다른 사람들과의 의미 있는 의사소통이 어렵다.

- **언어습득 후 청력 손실**(postlingually hearing loss) : 말을 하고 이해하는 학습을 한 후에 청력 손실이 있는 경우이다. 대부분의 사람은 말을 사용하고 구두로 의사소통하는 능력을 가지고 있다. 언어습득 후 청력을 소실한 경우 언어수용능력은 열악하지만, 언어표현능력을 대체로 유지한다.

(3) 청각기관의 손상 부위에 따른 분류

청각기관의 손상은 기도 청력에 관여하는 부분 중에서 외이 또는 중이 부분에 장애가 있는 경우 전음성 난청, 소리를 분석하여 뇌로 전달해 주는 달팽이관 또는 청신경에 장애가 있는 경우 감음신경성 난청, 앞의 두 가지가 같이 있는 것을 혼합성 난청이라고 한다.

- **전음성 난청**(conductive hearing loss) : 소리를 증폭시키고 전달하는 부분(외이, 중이)에 장애가 있는 것이므로 전달이 될 수 있는 만큼의 큰소리를 들려주면 잘 들을 수 있다. 흔한 예로는 귀지가 가득 찬 경우, 중이염으로 중이 내에 물이 차있는 경우 등이 있다. 이런 경우들은 이비인후과적인 치료로 해결될 수 있다. 또한 고막에 구멍이 나거나 중이와 이소골들 간의 연결이 끊어진 경우에도 생길 수 있는데 많은 경우에 수술이나 약물치료를 통해 교정될 가능성이 있다.
- **감음성 난청**(sensorineural hearing loss) : 달팽이관(와우)이나 내이에서 뇌로 소리를 전달하는 신경 경로에 장애가 생겨 잘 들을 수 없는 경우로, 청력의 회복 가능성이 떨어진다. 전음성 난청과는 달리 크게 말해도 무슨 말인지 구별을 못하는 경우가 많다. 심한 두부타박상, 뇌막염, 심한 소음, 약물중독, 내이염 등에 의해 감음 신경성 난청이 유발될 수 있다. 일반적으로 나이가 먹을수록 내이의 장애가 초래되는데, 이런 노인성 난청도 감음 신경성 난청에 해당된다.
- **혼합성 난청**(mixed hearing loss) : 전음성, 감음성 두 종류의 난청이 동시에 존재할 때 혼합성 난청이라고 한다. 만성 중이염과 같이 염증에 의하여 중이의 증

폭 기능에 장애가 생기고, 또한 내이에까지 염증이 파급되어 감음 신경성 장애를 갖게 되는 경우 등에서 볼 수 있다.

- **중추성 장애**(central hearing loss) : 특별한 청력 손실을 보이지 않고, 음을 듣기는 하지만 의미를 이해하는 데 어려움을 보이는 경우이다. 뇌간이나 대뇌의 중추 신경계에서 청각정보를 처리하는 데 문제가 있는 것으로 생각되지만 진단이 어렵고 원인도 명확하지 않다. 이러한 난청의 형태는 말초신경계의 어떤 이상이라기보다는 상위의 처리 수준에 문제가 있는 것으로 가정한다. 소음 상황에서 잘 듣지 못하고, 어음 명료도가 떨어지거나 소리의 방향감이 나빠지는 등의 어려움을 가진다.

2) 청각장애의 특성

(1) 지적 능력과 학업성취

듣고 이해하기는 뗄 수 없는 과정으로 지적 능력과 밀접한 관계가 있다. 청각장애 학생의 지적 발달에 관해서는 사고가 언어에 의존하므로 이들의 개념 능력에 결손이 있다고 주장하는 견해가 있다. 하지만 언어가 없어도 사고가 가능하므로 청각장애는 언어와 관련된 개념 형성에만 문제가 있다고 보는 견해가 좀 더 강조되고 있다(Furth, 1971). 후자에 따르면 청력손실은 청각장애 학생의 인지발달에 직접적으로 영향을 미친다기보다는 청력손실로 인한 언어적 경험의 부족이 인지발달에 영향을 미친다고 보았다(Paul, 1990). 즉, 청각장애 학생과 관련해 이들 대부분은 정상적인 지능을 갖고 있다고 보는 것이다(Moores, 2001).

그러나 청각장애 학생은 지능검사에서 지적 능력이 떨어지는 것으로 나타난다. 이는 아마도 다음과 같은 이유에 근거한다고 볼 수 있다.

첫째, 지적 발달을 위한 적절한 자극을 받지 못했거나 교육을 받지 못했다.

둘째, 검사에 있어 충분한 의사소통이 이루어지지 않았다.

셋째, 지능검사가 너무 언어에 의존되어 있다.

청각장애아들의 지적 능력에 문제가 있다는 확실한 증거가 없음에도 불구하고 이들은 학업성취에 어려움을 보인다. 연구들은 모든 청각장애 학생, 특히 농아의 학업성취가 낮은 것으로 보고한다. 읽기나 쓰기에 있어서 청각장애 학생들은 대부분 자신의 연령보다 뒤떨어지는 수행을 보이며, 어휘량이 적고 문장구조들은 더 단순하다. 수학의 경우는 청각장애아의 성취가 가장 높은 영역 중의 하나임에도 불구하고 20세경의 평균 수준이 중학교 2학년 정도로 보고되고 있다(송준만 · 유효순, 2004).

청각장애 학생의 학업성취도와 관계가 있는 주요 변인들에는 다음과 같은 것들이 있다(Werts, Culatta, & Tompkins, 2007).

① **청각장애 정도** : 청력 손실이 크면 클수록 언어학습과 학업기술발달에 어려움을 겪기가 쉽다.
② **청력손실 시기** : 언어습득 이전의 청력손실은 언어습득 이후의 청력손실보다 학업성취를 훨씬 더 어렵게 만든다.
③ **지능검사점수** : 지능검사점수가 높으면 높을수록 학업성공의 확률은 높아진다.
④ **가족의 사회경제적 상태** : 사회경제적 수준이 높은 가족의 청각장애 학생일수록 사회경제적 수준이 낮은 가족의 청각장애 학생들보다 일반적으로 성공적인 학업수행을 나타낸다.
⑤ **부모의 청력 여부** : 부모가 농인 청각장애 학생이 부모가 건청인인 청각장애 학생보다 성공적인 학업수행을 나타낸다.

(2) 말과 언어적 특성

청각장애 학생의 말은 건청학생에 비해 느리게 발달하여 그 결과 또래 학생과 가족으로부터 고립과 정서적 어려움을 겪게 된다. 청력 손실이 말과 언어에 미치는 영향은 청력 손실의 정도, 청력 손실을 입은 시기, 중재를 시작한 시기 등 여러 변인에 따라 달라질 수 있다(권요한 외, 2015).

청각장애 아동들의 말하기 능력은 또래의 아동들에 비해 많이 뒤떨어진다. 일반

아동들은 다른 사람의 말을 들으면서 자연스럽게 말과 언어를 습득하지만, 청각장애 아동들은 이 모든 것을 직접 반복과 교정훈련 등을 통해 배워야만 한다. 청각장애 아동의 말하기 능력을 살펴보면 건청아동과 달리 6~10개월에서부터 자음과 유사한 음성의 발성이 줄어들고, 옹알이도 선천성 청각장애 아동의 경우 11~25개월 사이에 시작하며, 건청유아에 비해 더 적은 옹알이를 보인다. 그리고 청력의 손실도가 높을수록 말의 명료도가 낮게 나타난다. 경도에서 중도의 청각장애 아동은 일반적으로 명료한 수준의 말소리를 산출할 수 있지만 고도 및 최고도 청각장애 아동의 발성은 0~100%까지의 다양한 명료도를 보인다. 또한 말을 할 때 특정 음소의 탈락, 다른 음소로의 대치, 말의 억양이나 높이의 어색함, 속도나 운율의 부적절함, 비음이 나거나 지나치게 탁한 소리 그리고 숨찬 소리 등의 어려움들을 나타낸다.

문자언어에 있어서도 어휘와 문장구조의 습득에 어려움을 겪고, 어휘력과 문법적인 지식도 부족한 경우가 많다(이소현 · 박은혜, 2011). 어휘 측면에서 단어의 획득 수가 적고 다의어를 이해하는 데 어려움을 보인다. 문장구조의 측면에서는 '주어+서술어' 문형이나 '주어+목적어+서술어' 문형에서는 어려움을 보이지 않으나, '주어+보어+서술어' 구조나 주어가 생략된 서술구문에서 활용과 이해에 어려움을 보인다(최영주, 1990).

(3) 사회 · 정서적 특성

청각장애아는 성격이나 정서적 문제가 일반 학생보다 더 독특하거나 심각하다고는 볼 수 없지만 여러 방면에서 청각장애는 아동의 사회 · 정서적 발달에 문제를 야기할 수 있다. 특히 영유아기 아동의 청각문제에 대한 부모의 심리적 불안정과 부모의 기대를 충족시키지 못한다는 아동의 죄책감은 아동의 사회 · 정서적 발달에 부정적인 영향을 미친다. 또한 언어를 활용한 사회적 상호작용의 제한으로 인해 사회적 적응의 문제를 가질 수 있고 이에 따라 외부의 지나친 간섭과 부정적 기대를 받게 될 가능성이 크다(김병하 외, 2007; 송준만 · 유효순, 2004).

흥미로운 사실은 청각장애부모를 가진 청각장애 아동이 건청부모를 가진 청각장애 아동보다 조기에 수화를 사용하여 부모와 의사소통을 함으로써 사회적 성숙, 사회적 적응 등이 훨씬 더 성공적이었다는 것이다(Heward, 2006). 이는 청각장애 아동의 특성에 대한 이해를 바탕으로 한 긍정적이고 잦은 상호작용이 아동의 사회·정서적 발달에 매우 중요하다는 것을 시사한다. 따라서 교육 종사자들은 학기 초 오리엔테이션이나 지속적인 장애이해교육을 통하여 청각장애 아동과 그 주변인들이 서로에 대해 이해하고 더 쉽고 적극적으로 의사소통할 수 있는 방법들을 안내하고 지도해야 한다. 그리고 이를 통해 주변으로부터 청각장애 아동에 대한 긍정적인 정서적 유대와 지지를 형성해 나갈 필요가 있다.

4 청각장애 학생을 위한 교육적 접근

1) 청각장애 학생 교육을 위한 기본원리

사람들은 많은 정보들을 청각을 통해 받아들인다. 청각으로 주변의 정보를 받아들이는 데 어려움을 가진 청각장애 학생은 건청학생들에 비해 부족한 경험을 가지고 학교에 올 수 있다. 청각장애 학생들의 부족한 경험과 적절하지 못한 의사소통 기회를 보완하기 위해 다음 네 가지 원리에 기초하여 교육을 설계할 수 있다(Steward & Kluwin, 2001).

첫째, 실제 경험을 제공해 준다. 언어와 지식은 그 실제 세계 및 경험과 연결시킬 수 있을 때 의미 있게 습득될 수 있다. 특히 청각장애 학생들에게는 실제의 삶과 경험 속에서 언어가 활용되는 경험이 이를 습득하는 데 큰 도움이 된다. 둘째, 자기표현의 기회를 준다. 자기표현은 '정교한 구어적 기술들을 연습하기 위한 기회'와 '생각들을 정의하고 구체화시키기 위한 기회'를 제공한다. 셋째, 농 역할 모델을 제공한다. 성공적인 청각장애 성인들과의 만남 또는 사례의 소개를 통해 청각장애 학생이 긍정적인 자아정체성을 성립할 수 있도록 해야 한다. 넷째, 여러 자료들을 시각적 형태로 제공한다. 청각장애 학생은 시각에 의한 정보 수용 의존도가 높다. 시각 자료의 색이 중요하며, 사실적 그림이나 사진보다는 단순한 그림, 삽화, 약화 등이 효과적이다.

2) 청각장애 학생을 위한 특수교육적 접근

(1) 의사소통 지원

① 청능 훈련

청능 훈련이란 장애 학생이 가지고 있는 잔존청력(residual hearing)을 최대한 활용하여 상대방의 말을 통한 언어적 정보를 수용할 수 있게 하는 훈련이다(최위주 외, 2007). 보청기나 인공와우를 사용하는 청각장애 유소아가 소리에 반응하는 방법을 알지 못하면 보청기 조절과 인공와우 매핑에 어려움을 겪게 된다. 청능 훈련은 학생이 소리에 반응하는 방법을 배우게 하며, 나아가 말소리를 듣고 이해하여 표현하는 능력을 익히게 한다. 다음은 청능 훈련의 대화 기법과 듣기 훈련법이다(서영란, 2001).

가. 대화 기법

㉠ 자연적 대화 기법

어떤 형식에 구애받지 않고 자연스러운 대화를 통해 청각장애 학생이 일반적으로 대화의 형식을 익히도록 유도하는 것이다. 청각과 시각적 단서(AV : Auditory Visual)를 모두 동원하여 실시하는 상황에서 시각적 단서 없이 청각적 단서만을 사용하는 상황(AO : Auditory Only)으로 전이시켜 간다. 자연적 대화 기법은 폭넓은 의사소통 환경을 익힐 수 있지만 청각장애가 고도 또는 심도일 경우에는 이해가 부족하여 산만해질 우려가 있다.

㉡ 구조적 대화 기법

주어진(close-set) 주제나 환경에 따른 제한적 청각상황을 응용하여 발생할 청각 환경을 청각장애 학생이 예상할 수 있도록 유도하면서 대화하는 방법으로 소리를 처음 대하는 청각장애 학생이나 아직 언어의 개념이 없는 고도 이상의 청각장애 학생에게는 어려울 수 있다.

나. 듣기 훈련법

㉠ 청각 탐지(Auditory Detection)

단순한 음성이나 악기 소리를 사용하여 소리의 존재 유무를 감지하고 소리가 들리면 의식적인 행동 반응으로 유도한다. 학생의 흥미를 유발시킬 수 있는 다양한 놀이기구를 활용하고, 소리의 감지능력과 청력검사의 수행능력을 접목시키는 지속적인 평가법(ongoing evaluation)과 유기적으로 연결시킨다. AV 상황에서 AO 상황으로 진전시키거나 단순한 악기 소리에서 의성어나 의태어로 발전시켜 나간다.

㉡ 청각변별(Auditory Discrimination)

두 가지 이상의 소리 자극을 비교나 대조를 통해 구별하도록 한다. 주파수가 서로 다른 소리의 변별에서 주파수가 비슷한 소리의 변별로 나아간다.

㉢ 청각확인(Auditory Identification)

청각장애 학생은 자신이 들은 단어나 문장을 바르게 골라내는 데 어려움이 있다. 확인 단계에서는 보기가 주어진 상황에서 학생에게 주어진 소리나 단어를 골라내고 따라 하게 한다. 처음에는 적은 수, 동일한 집단의 예로 시작하여 점진적으로 많은 수의 예와 복합집단의 예로 진행한다(AV 상황 → AO 상황). 모방이 첨부되므로 본격적인 언어훈련과 병행하는 것이 좋으며, 음소 → 단어 → 문장 등으로 전개시켜 나간다. 훈련내용과 주제로 적절한 것은 학습자의 언어발달 수준에 맞추어 가까운 것에서 먼 것으로 주제를 정해나가는 것이 적절하다. 또 주제의 선정은 학생이 관심을 보이고 흥미 있어 하는 것을 중심으로 시작하는 것이 좋다.

㉣ 청각인지(Auditory Recognition)

학생은 보기가 주어지지 않은 상황(open set)에서 들은 음소, 단어 및 문장을 골라내야 한다. 다양한 게임 등으로 인지 및 사고 훈련도 함께 한다. 인지 및 사고 훈련의 예로는 관찰학습, 예상게임, 비교게임, 난센스 게임, 실상과 환상 가리기, 원인과 결과 나누기 등이 있다.

㉤ 청각이해(Auditory Comprehension)

자발적으로 이해를 하거나 질문에 답하는 형식으로 이해의 정도를 높인다. 단, 지도하는 사람의 말을 반복하거나 따라 하지 못하게 하고 반응하기 전에 사고하는 시간을 갖도록 유도한다. 청각이해를 위한 방법으로는 반대말 대기, 물체 · 사건 · 활동 등의 종류 구분하기, 주어진 문장의 진위 가리기, 주어진 단어와 연상되는 단어 말하기, 예문을 읽어주거나 상황을 설명한 후 관계된 질문하기, 동화책 읽고 이야기 나누기 등이 있다.

② 독화지도

독화(speech reading)는 말의 시각적인 수용으로 상대방의 입 모양이나 표정을 보고 화자의 사고를 이해하는 기술로 독화 과정에 포함할 수 있는 변인으로는 화자의 말소리인 음성 단서, 화자의 조음운동에 의해 나타나는 시각 단서, 전언에 수반되어 화자에 의해 표현되는 비음성 단서(안면표정, 손짓과 몸짓 등) 그리고 환경으로부터 오는 단서를 들 수 있다(김영욱, 2007).

독화지도 방법에는 분석적 방법과 종합적 방법이 있다. 분석적 방법은 입술 움직임에 주력하는 것으로서 시각적으로 구별되는 말소리를 조음의 위치와 방법으로 이해시켜 상대방이 하는 말을 인지할 수 있게 지도하는 것이고, 종합적 방법은 부분보다 전체 이해에 중점을 두는 것으로 문맥적 정보를 이용하여 시각적으로 구별되지 않는 의미의 개념을 추측할 수 있도록 하여 청각장애 학생이 의사소통하는 데 어려움을 줄여주는 방법이다.

청각장애 학생이 청각적 정보 없이 독화를 할 때는 조음 위치가 같거나 유사한 말소리를 구별하는 것이 어렵고, 또 시각적으로 보이지 않는 입 안쪽에서 나는 소리(연구개음, 성문음 등)를 이해하기 어렵다. 그러므로 분석적 방법과 종합적 방법을 병행하여 지도하여야 상대방이 하는 말을 이해하기가 쉬울 것이다. 또한 독화과정은 문자 그대로의 읽기가 아니라 소리 나는 대로의 음운과정이므로 독화지도 시 청각장애 학생에게 알려주어야 한다.

③ 수화지도

수화는 청각장애 학생들이 단어와 생각, 개념을 표현하기 위해 사인(sign)을 사용하여 표현하는 방법이다. 수화는 크게 수화와 지문자로 나눌 수 있다.

수화는 모든 단어를 전달하고 개별 철자보다는 생각을 완전하게 나타내는 손 움직임의 체계적이고 복잡한 결합체를 말한다. 우리나라 수화에는 자연수화와 문법수화가 있는데, 자연수화는 농사회의 역사를 따라 자연스럽게 발생되어 전통적으로 내려온 것으로 국어체계와는 다른 독자적인 문법을 갖고 있다. 문법수화는 건청인과 원활한 의사소통을 위해 국어의 의미와 문법체계에 맞추어 만들어진 수화이다.

지문자는 손 모양을 사용하여 시각적으로 구어와 철자와 동일한 형태로 만든 것이며, 수화를 보충하는 것으로 많이 사용되고 있다. 지문자는 수화 시에 음성언어와 함께 사용되기도 한다(권요한 외, 2015). 지문자는 |그림 5-3|과 같다.

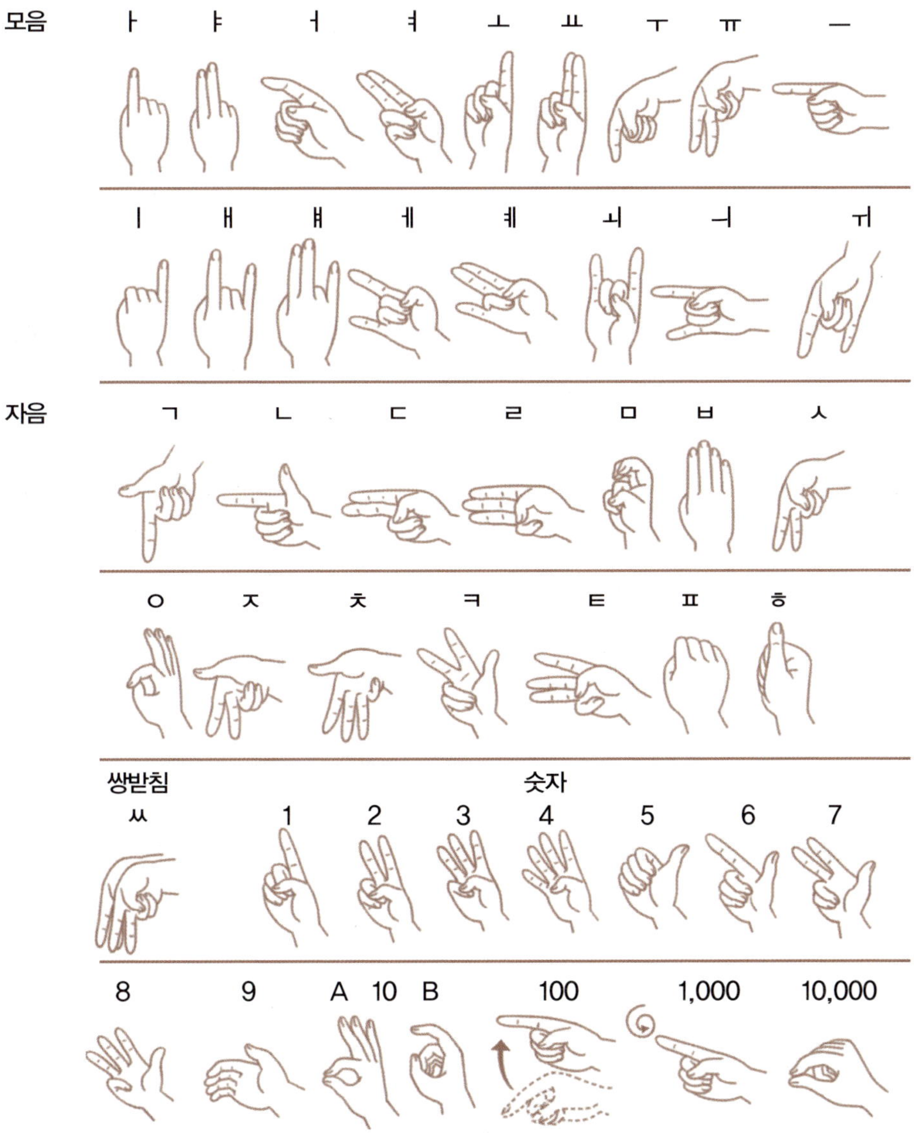
모음
ㅏ ㅑ ㅓ ㅕ ㅗ ㅛ ㅜ ㅠ ㅡ
ㅣ ㅐ ㅒ ㅔ ㅖ ㅚ ㅢ ㅟ
자음
ㄱ ㄴ ㄷ ㄹ ㅁ ㅂ ㅅ
ㅇ ㅈ ㅊ ㅋ ㅌ ㅍ ㅎ
쌍받침
ㅆ
숫자
1 2 3 4 5 6 7
8 9 A 10 B 100 1,000 10,000

|그림 5-3| 지문자

(2) 종합적 의사소통법

청각장애 학생과 의사소통할 때 구화법만을 사용한다면, 청력 손실이 고도 이상인 청각장애 학생은 청각과 말로 정보를 받아들이는 데 한계가 있다. 종합적 의사소통(total communication)은 청각장애 학생이 의사소통하는 데 이러한 어려움을 덜어주기 위해 개인의 의사소통 요구에 초점을 맞추어 청각, 구화, 수화, 지문자, 쓰기 등의 모든 의사소통 양식을 활용하는 것이다. 종합적 의사소통은 수화와 말을 동시에 제공함으로써 한 개인이 수화와 말을 더 잘 이해하고 좀 더 효과적으로 사용할 기회를 증가시킨다.

(3) 이중언어–이중문화접근법(Bilingual–bicultural Method)

이중언어–이중문화접근법은 수화를 하나의 완전한 청각장애인의 언어로 인정하고, 이와 더불어 청각장애인의 문화도 하나의 고유문화로 인정하자는 것이 핵심이다. 그리고 이를 바탕으로 청각장애 학생이 자연수화인 모국어와 그 나라의 건청인이 사용하는 언어를 익히고 청각장애인의 문화와 건청인의 문화를 모두 습득하도록 해야 한다는 것(Tumbull et al., 2004)으로 1990년대 이후 관심이 높아졌다. 자연스럽게 습득되는 언어(자연수화)를 사용한 교육이 학습에 의해 습득하는 외국어(국어)로 교육받는 것보다 교육의 효율성이 높다는 것이나, 수화 다음에 구화를 가르쳐야 하는지, 둘을 동시에 가르쳐야 하는지에 대한 의문은 여전히 남아있다(권요한 외, 2015).

(4) 보조공학

① 보청기

보청기는 소리를 크게 해주는 증폭기이다. 보청기의 유형은 형태에 따라 귀걸이형, 귀속형, 박스형, 안경형이 있으며 신호전달 방식에 따라 기도보청기, 골도보청기, 촉각형(tacktile) 보청기로 나눈다.

청각장애 학생이 적합한 보청기를 일찍 착용하면 청능훈련에 더 도움이 된다. 그러나 보청기가 소리를 크게 해준다고 해서 반드시 소리를 맑게 해주는 것은 아니다. 따라서 소리를 왜곡해서 듣는 학생들은 여전히 보청기에서 왜곡된 음을 경험한다(Heward, 2003).

② 인공와우

인공와우는 소리의 전달경로인 귓속의 유모세포가 손상되거나 상실되어 제 기능을 하지 못할 때 환경음과 말소리 정보를 제공하기 위하여 청신경을 전기적으로 자극하는 기구이다. 보청기와 다른 점은 단순히 음을 크게 증폭시키는 증폭기가 아니라 청신경을 직접 자극하기 위하여 말초 청각기관에 이식하는 기구라는 점이다. 와우이식이 청력을 복원하는 것이 아니기 때문에 그 효과는 이식자마다 다를 수 있다.

③ FM 시스템

보청기는 화자가 가까이 있을 경우에는 도움을 주지만 교실과 같이 소음이 많은 환경에서는 역할을 제대로 하지 못한다. 이런 경우에 보청기와 함께 FM 시스템을 사용하면 화자가 바로 옆에서 말하는 것처럼 들을 수 있다. FM 시스템은 FM 라디오 주파수를 이용하여 교사가 착용한 무선 마이크로폰을 통해 소음이 많은 교실에서 멀리 떨어진 학생에게 교사의 말소리를 바로 옆에서 하는 것처럼 전달할 수 있다. 따라서 자유롭게 이동할 수 있고, 여러 사람이 말하는 토론 시간에 효과적으로 사용할 수 있다(권요한 외, 2015).

④ 기타 보조공학 기기

컴퓨터나 전화기, 인터넷 등의 기술적 진보로 청각장애인은 교육의 기회와 여가 시간도 확장할 수 있게 되었다. 컴퓨터가 인터넷과 연결되면서 자막, 이메일, 채팅, 웹 등을 통해 여러 가지 다양한 시각적인 정보를 빠르게 접할 수 있게 되었다. 청각장애인용 전화기는 문자를 보낼 수 있는 문자전화기와 유선수화기 부분에 특수진동자를 부착하여 뇌에 진동을 전달함으로써 소리를 들을 수 있도록 하는 두 종류가 있으며, 그 밖에 초인종소리, 전화소리, 화재경보 등 여러 가지 소리나 사건들을 알리는 알림장치 등이 청각장애인들이 의사소통하고 일상생활에서 정보를 얻고 생활하는 데 많은 도움을 주고 있다.

(5) 인공와우 시술 학생에 대한 교육적 이해

① 인공와우 시술 청각장애 학생의 교육적 배치 현황

우리나라의 경우, 인공와우는 1980년대 말부터 시술되기 시작했다. 2005년도부터 인공와우 시술이 국민건강보험의 급여대상으로 적용을 받게 되고 인공와우 착용 결과에 대한 긍정적인 보고로 인하여 최근 영유아기 및 학생기에 시술을 받는 대상이 현저하게 증가하고 있다(장현숙 외, 2016). 2014년 특수교육실태조사에 따르면, 전체 청각장애 학생 중 인공와우 착용학생 비율은 63%이다. 인공와우 시술을 받은 학생은 특수학교 289명, 특수학급 319명, 일반학급 845명으로 배치되어 있다(국립특수교육원, 2014). 이상의 자료에서 인공와우 시술 학생과 보청기로 음성언어를 사용하는 청각장애 학생의 수는 수어를 사용하는 청각장애 학생보다 높은 비율을 차지하고 있음을 짐작할 수 있다(김소연, 2015).

② 인공와우와 소음

요즘은 토의식 수업, 실외 현장학습 등 조용한 교실 수업만을 하지 않기 때문에 더욱 소음 상황에 많이 노출될 수 있다. 많은 건청인들 또한 소음상황에서 듣기를 어려워한다. 그러나 중요한 사실은 소음으로 인해 건청인보다 청각장애인이 더욱 많은 영향을 받는다는 것이다(양한석, 2000). 소음상황에서 듣기는 청감각만으로 이루어지는 능력이 아닌 중추신경계의 활동과도 관계된다. 특히 문장을 이해하기 위해 청자는 두 가지의 처리과정을 사용하게 된다. 하나는 청각시스템을 통해 수용된 음향정보의 처리이며, 다른 하나는 언어학적 정보를 사용하여 음운론적, 의미론적, 통사형태론적 지식을 통합하여 말을 이해하는 것이다(안리정, 2002). 전자를 상향식 정보처리, 후자를 하향식 정보처리라고 한다.

소음상황은 청각장애인과 건청인 모두의 상향식 정보처리를 방해하기 때문에, 불충분한 음향정보를 처리할 때는 하향식 정보처리를 선호한다(허지혜 · 이재희, 2009). 그런데 학생은 성인에 비해 언어 능력 및 경험의 부족으로 하향식 정보처리보다는 상향식 정보처리를 선호할 뿐 아니라 언어발달이 지체되는 경우 더더욱 상향식 정보처리가 선호된다(김유경, 2008). 그럼에도 불구하고 여전히 많은 인공와우 착용 학생은 인공와우만을 착용하고 건청학생과 동일한 환경에서 통합교육을 받고 있다(김유경, 2013)는 점을 유의해야 한다.

③ 인공와우 착용과 청각행동 특성

가. 음악 변별 영역

인공와우 착용 청각장애 학생은 단2도와 같은 작은 음정의 변화를 지각하는 데는 어려움이 없으나 상행하거나, 하행하는 것과 같은 멜로디의 윤곽을 지각하는 데 어려움이 있기 때문에 같은 음정 간격으로 되어있으나 멜로디의 방향이 다른 것은 지각하기 어려운 것으로 나타났다(이드보라 · 최성규, 2011). 따라서 노래와 리듬 배우기 그리고 외국어 및 새로운 용어 학습에 보통 이상의 어려움을 보인다(장현숙 외, 2016).

인공와우 이식자들의 낮은 음악 인지능력이 성인 인공와우 이식자와 학생 인공와우 이식자에게 공통적인 것은 아니다. 성인 인공와우 이식자들은 이식받기 전에 접했던 소리 또는 음악경험이 청각적 기억으로 남아 수술 후 제공되는 청각 자극과 연관시켜 비교적 쉽게 소리를 지각 · 인지 · 변별할 수 있다(Kanda et al., 2005; Nakata et al., 2009).

하지만 학생 인공와우 이식자들은 영유아기에 청각적 자극을 충분히 제공받지 못했기 때문에 소리 또는 음악을 지각 · 인지 · 변별하는 데 많은 어려움을 보인다. 이러한 결과들은 성인 인공와우 이식자들은 일반 건청성인과 가사 리듬을 인지하는 능력이 거의 비슷하지만, 학생기의 인공와우 이식자들은 그들이 인지할 수 있는 주파수에 부합하는 소리만 지각할 수 있다는 것을 나타낸다(황선영, 2011).

나. 의사소통 영역

인공와우 착용 학생의 경우, 특히 빠르거나 웅얼거리는 말소리를 이해하는 경우에 더 많은 어려움을 보인다(장현숙 외, 2016). 빠르거나 웅얼거리는 말소리는 음향학적 신호가 불충분한 정보를 처리하는 것으로 선행지식이나 문맥적 단서 활동 능력이 부족한 학생의 경우 상향식 정보처리에 의존하여 음향적으로 불충분한 정보를 처리하여야 하는데, 이러한 어려움은 인공와우를 거치면서 가중된다(김유경, 2013).

인간의 언어에는 음악의 요소인 주파수, 음색, 리듬 등이 존재한다(Gfeller et al., 1998). 이 중 음색은 화자의 음성 질을 나타내는 요소로 인공와우를 이식한 사람은 화자의 언어적 수용은 할 수 있지만, 화자 변별이 되지 않아 타인과의 커뮤니케이션이 원활히 이루어지지 않게 된다(황선영, 2011).

대부분의 정상 화자들은 자신의 말을 상대방이 이해하지 못한다고 생각할 때 말 속도를 느리게 조절한다(신수진 외, 2006). 그런데 사람들은 말 속도를 느리게 할 때 분절음 길이의 증가, 모음 길이의 증가, 휴지 길이의 증가 등의 전략을 사용한다(Uchansky et al., 1996). 그런데 어떤 방식으로 느리게 말하는 경우에, 청각장애인의 말 지각에 효과적일까?

일반적으로 인공와우를 이식한 성인은 보통 속도에 비해 느리게 할수록 문장지각력이 좋은 것으로 나타났다(신수진 외, 2006). 그런데 모음을 중심으로 느리게 말하는 상황 내에서 말 속도에 따른 비교를 한 결과 자음 + 모음(예 포, 도)과 자음 + 모음 + 자음(예 집, 밥)이 있다면, 자음 + 모음 + 자음으로 이루어진 단어의 경우, 보통 속도에 비해 느리게 할수록 잘 인식하지 못하는 것으로 나타났다. 모음 + 자음으로 이루어진 구조의 경우, 모음을 느리게 말하는 것이 자연스러운 방식이지만, 모음 + 자음 + 자음으로 이루어진 구조의 경우, 모음이 길어지는 것이 두 개의 음절로 말하는 것처럼 되어버리기 때문이다(예 학교 → 하악 + 교). 또한 자연스럽지 않은 방식이므로 억양의 변화도 생기게 된다(Ryan, 1980). 따라서 과장된 입모양은 듣기에 방해가 된다.

결론적으로 말하면, 의미단위로 잘라서 느리게 말하는 상황 내에서 말 속도에 따른 비교를 한 결과, 의미단위별로 느리게 말하는 것이 의미 단위를 나누고 생각할 시간을 주어서 문장을 인지하는 것에 긍정적인 영향을 주는 것으로 나타났다(신수진 외, 2006).

④ 인공와우 시술 청각장애 학생에 대한 사례

청각장애 특수학교에서 근무하는 특수교사를 대상으로 설문조사한 청각장애 학생의 인공와우 시술 이후의 학교생활과 현실(김소연, 2015)을 일부 소개하고자 한다.

가. 학습능력 향상

인공와우 수술 후 음을 인지할 수 있다는 점과 음성언어에 대한 반응 및 이해력의 증가가 교수-학습적 부분에서 학습능력 향상에 도움이 되었다.

언어 변별력이나 언어구사력이 높아져 학습에 긍정적인 요인이 많아졌다. 음성언어에 대한 민감도와 이해도가 높아져서 학습에 대한 이해나 공부에 대한 자신감이 높아졌다.

소리에 대한 반응이 좋아 음원을 활용한 과제를 쉽게 제시할 수 있었다.

나. 자유로운 의사소통

교수-학습 과정에서 청각장애 학생과 자유롭게 의사소통할 수 있다는 점은 청각장애 학생의 적극적인 수업 태도를 불러일으킬 수 있고, 이는 학습능력 향상에도 긍정적인 영향을 미친다.

듣기 능력을 활용한 교과에서 소외되지 않고 수업에 참여할 수 있는 점과 유창한 수화를 할 수 있는 교사가 적은 현재 교육현장에서 교과수업시간에 전달 내용을 시간 차 없이 바로 전달하고 또 의견을 교환할 수 있다는 점에서 장점이 있다.

다. 인공와우의 기술적 한계

인공와우는 청력을 완전히 회복시키는 것이 아니라 일상대화 가능 영역인 40~60dB의 소리만 들을 수 있게 한다. 따라서 교수-학습적 부분에서 교사의 실수를 야기할 수 있다.

인공와우의 착용이 학생의 듣기 능력을 100% 보장할 수 없음을 인지하지 못하고 교사가 보조자료의 준비에 미흡할 수 있는 점에서 학생이 손해를 볼 수 있다. 그러므로 교사는 학생의 현재 상태를 정확히 파악해야 하며, 수업 중간에 학습내용을 점검하는 수고를 잊지 말아야 한다.

라. 장애인식

인공와우 시술로 소리를 인지할 수 있게 되었지만 장애의 한계에 부딪혀 자신을 여전히 청각장애인으로 인식하는 경우가 있다. 이는 남들과 다르게 외부장치를 착용해야 한다는 부담감에서 오는 경우가 많다. 건청인과 다르게 기계를 착용한다는 점과 기계를 빼거나 고장 나서 들리지 않을 때로 인해 장애를 인식하게 된다. 인공와우 외부기기로 인해 타인의 시선이 부담스럽게 느껴지며, 인공와우 착용으로 인해 주의해야 할 사항이 인지될 때 청각장애인이라고 느끼는 것이다. 그러나 음성언어로 서로 대화하는 가운데 자존감이 높아지고 그동안 말 때문에 제한받았던 상황이 일시에 해소되므로 건청인과의 관계에서도 자신감이 생긴다.

3) 청각장애 학생을 위한 통합교육적 접근

청각장애 학생의 사회성 함양과 의사소통능력의 향상에 있어서 건청학생과의 통합교육은 도움이 된다. 통합학급에서 청각장애 학생을 긍정적으로 수용하기 위한 방법들은 다음과 같다.

① 교실에서 효과적인 의사소통을 향상시키기 위한 방법

교실에서 언어능력을 조성하는 것은 청각장애교육에서 가장 중요한 것 중의 하나이다. 다음은 교실에서 청각장애 학생들과 건청학생들 그리고 교사 사이의 효과적인 의사소통을 향상시키기 위한 방법들이다(김원경 외, 2021; Luckner & Denzin, 1998; Smith et al., 2006).

첫째, 청각장애 학생들이 가장 잘 듣고 볼 수 있는 곳을 찾아서 앉을 수 있게 배려한다. 청각장애 학생의 자리는 교사를 정면으로 바라볼 수 있도록 배치되어야 하며, 교사는 말할 때 이들에게서 등을 돌리는 일이 없도록 주의해야 한다.

둘째, 빛을 마주 보지 않게 앉힌다. 즉, 청각장애 학생은 빛을 등지고 앉고, 말하는 사람은 빛을 등지고 서지 않도록 한다. 교사가 빛이 들어오는 창문 앞에 서서 말한다면, 청각장애 학생은 교사가 무슨 말을 하는지 입을 볼 수가 없다.

셋째, 수업 내용을 명료하고 적절한 속도로 발음한다. 몸짓이나 입술의 모양을 일반적인 것보다 지나치게 하지 않는다.

넷째, 학급 토의, 토론 그리고 발표에 참여하도록 용기를 준다. 토의, 토론이나 다른 학생의 발표가 있을 때에는 청각장애 학생이 필요한 경우 자리를 옮겨 다니며 말하는 사람의 입을 볼 수 있게 해주어야 한다. 단, 심적 부담을 느낄 정도로 참여를 강요해서는 안 된다.

다섯째, 청각장애 학생이 발음을 정확하게 했을 때, 특히 어려운 발음을 잘했을 때 격려하는 분위기를 조성한다. 청각장애 학생이 어려운 발음에도 도전할 수 있도록 학생의 발음을 끝까지 듣고 수용하는 것을 교사뿐만 아니라 건청학생 모두가 함께 노력하는 분위기를 조성한다.

여섯째, 부드럽고 편안한 언어 환경을 제공한다. 수화 통역자가 교실에 있다면 청각장애 학생이 잘 볼 수 있는 위치에 있도록 한다.

일곱째, 청각 자료뿐만 아니라 시각적 단서를 적극적으로 활용한다. 예를 들어서,

활동시간이 얼마나 남았는지를 청각적으로만 알려주는 것이 아니라 시각적으로도 알려준다.

② 교실 환경 구성

청각장애 학생이 함께 학습할 수 있는 효과적인 통합교육환경을 위해 고려해야 할 것들은 다음과 같다(김원경 외, 2021; Luckner & Denzin, 1998; Smith et al., 2006).

첫째, 교실 안팎의 소음을 최대한 줄여주어야 한다. 보청기를 착용하고 있는 경우에는 말소리뿐만 아니라 모든 소리가 크게 들리기 때문에 소음의 수준을 고려해야 한다. 식당이나 음악실 등으로부터 먼 교실을 선택하고, 의자 다리 밑에 커버를 씌우거나, 가능하다면 카펫이나 커튼 등을 이용하여 소리를 흡수하도록 한다.

둘째, 청각장애의 특성에 따라 좌석 배치를 한다. 양측성 난청학생의 경우에는 교사의 말소리가 머리 위로 바로 지나가지 않도록 대개 둘째 줄이 가장 좋은 것으로 알려져 있다. 편측성 난청의 경우에도 둘째 줄이 권할 만하며, 한가운데 앉히는 것보다 잘 듣는 쪽의 귀가 교사를 향하는 각도에 앉힌다.

셋째, 교실 속 여러 정보를 문자로 제공할 수 있는 환경을 구성한다. 예를 들어, 교실 내의 물건들에 이름을 써 붙여서 물건에 대한 이해와 더불어 학생의 어휘 발달을 돕는다. 이러한 방법은 다른 일반 학생들의 읽기 능력을 발달시키는 데도 유익하다.

넷째, 급우를 도우미로 활용한다. 청각장애 학생의 옆이나 뒤에 앉아 있는 건청친구로 하여금 공부하고 있는 책의 페이지 펴는 것, 필기하기 등을 돕게 한다.

❙ 참고문헌 ❙

교육부(2024). 특수교육연차보고서(정기국회 보고자료).

국립특수교육원(2014). 2014 특수교육실태조사. 충남 : 국립특수교육원.

권요한 외(2015). 특수교육학개론. 서울 : 학지사.

김병하 · 석동일 · 원영조 · 이규식(2007). 청각장애아 교육(개정판). 대구 : 대구대학교출판부.

김소연(2015). 청각장애학교 교사가 인식하는 인공와우 시술 청각장애 학생에 대한 질적 연구. 한국청각 · 언어장애교육연구, 6(2), 59-79.

김영욱(2007). 청각장애아동교육의 이해. 서울 : 학지사.

김유경(2013). 인공와우 착용 아동의 소음상황에 따른 문장 듣기 능력. 특수아동교육연구, 15(2), 199-214.

김원경 외(2021). 최신 특수교육학개론. 경기 : 양성원.

대한이비인후과학회(2009). 이비인후과학-두경부외과학 Ⅰ. 서울 : 일조각.

대한청각학회(2009). 청각검사지침. 서울 : 학지사.

대한특수교육학회(1995). 한국특수교육백년사. 서울 : 도서출판 특수교육.

서영란(2001). 청능훈련. 한국 언어청각임상학회 언어 · 청능장애, 여름연수회.

송준만 · 유효순(2004). 특수아교육. 서울 : 한국방송통신대학교출판부.

신수진 · 신지철 · 윤미선 · 김덕용(2006). 말속도가 인공와우 청각장애인의 문장지각에 미치는 영향. 음성과학, 13(2), 47-58.

심응철 · 전우병 · 양동규(2009). 심리학과 생활. 경기 : 서현사.

안리정(2002). 소음 환경 속에서 어음인지검사도구의 개발에 대한 연구. 한림대학교 사회복지대학원 석사학위논문.

양한석(2000). 청각장애특수학교 유 · 초등부 교실의 신호대 잡음비에 관한 연구. 한림대학교 사회복지대학원 석사학위논문.

이드보라 · 최성규(2011). 인공와우와 보청기 착용 청각장애아동의 음정과 리듬 지각에 대한 비교연구. 언어치료연구, 20(2), 125-148.

이소현 · 박은혜(2011). 특수아동교육. 서울 : 학지사.

이정학 외(2010). 어음청각검사 : 전문가지침. 서울 : 학지사심리검사연구소.

장현숙 · 윤건석 · 류혜수(2016). 통합교육 환경 인공와우 착용 아동의 청각행동특성. 통합교육연구, 11(2), 167-186.

최영주(1990). 청각장애 학생의 다의어 이해와 유형 분석. 단국대학교 대학원 석사학위논문.

최위주 · 오수희 · 방정화(2017). 음악을 이용한 청능훈련이 인공와우 착용 아동에 있어서 어음인지와 작업기억력에 미치는 효과. **청능재활**, 13(1), 70-77.

황선영(2011). 학령기 인공와우 이식 아동과 일반 건청 아동의 음악 선호도에 대한 비교 연구. **인간행동과 음악연구**, 8(2), 47-64.

허지혜 · 이재희(2009). 인공와우와 보청기 양이착용이 K-HINT 수행도에 미치는 혜택. **청능재활**, 5, 60-70.

Furth, H. G.(1971). Linguistic deficiency and thinking : Research with deaf subjects. *Psychological Bulletin, 76*. 58-72.

Gfeller, K. E., Knutson, J. F., Woodworth, G. Witt, S., DeBus, B.(1998). Timbral recognition and appraisal by adult cochlear implant users and normal-hearing adults. *Journal of the American Academy of Audiology, 9*, 1-19.

Heward, W. L.(2003). *Exceptional Children*(7th ed). NJ : Prentice-Hall.

Kanda, Y., Mitani, C., Nakata, T., Schellenberg, E, G., Shibasaki, A. & Trehub, S. E.(2005). Music recognition by Japanese children with cochlear implants. *Journal of Physiological Anthropology and Applied Human Science, 24*, 29-32.

Luckner, J., & Denzin, D.(1998). In the mainstream : Adaptations for students who are deaf or hard of hearing. *Perspectives in Education and Deafness, 17*, 8-11.

Moores, D. F.(2001). *Educating the Deaf : Psychology, principles and practices*(5th ed). Boston : Houghton Mifflin.

Nakata, T., Trehub, S. E., & Vongpaisal, T.(2009). Music in the lives of deaf children with cochlear implants. *Annals of the New York Academy of Sciences, 1169*, 534-542.

Paul, P. V.(1990). *Education and Deafness*. Boston : Allyn and Bacon.

Ryan, W. J., Hutchinson, J. M. & Hull, R. H.(1980). Conversation : The aging speaker. *Journal of Speech, Language, and Hearing Research, 22*, 423-428.

Smith, T. E. D., Polloway, E. A., Patton, J. R., & Dowdy, C. A.(2006). *Teaching Students with Special Needs : In inclusive settings*(4th ed.). Boston : Allyn and Bacon.

Stewart, D. A., & Kluwin, T. N.(2001). *Teaching Deaf and Hard of Hearing Students*. Needham Heights, MA : Ally & Bacon.

Uchanski, R. M., Choi, S. S., Braid, L. D., Reed, C. M. & Durlach, N. I.(1996). Speaking clearly for the hard of hearing IV : Further studies of the role of speaking rate. *Journal of Speech, Language, and Hearing Research, 39*, 494-509.

Werts, M. G., Culatta, R. A., and Tompkins, J. R.(2007). *Fundamentals of Special Education*(3rd ed.). Upper Saddle River, NJ : Pearson Prentice Hall.

CHAPTER 06

지적장애

2024년을 기준으로 지적장애 학생 배치현황을 살펴보면 전체 115,610명의 특수교육대상자 수 중 57,883명이 특수학교, 특수학급 그리고 일반학급에 배치되어 있다(교육부, 2024). 지적장애는 과거 백치, 천치, 바보, 멍청이 등을 비롯한 여러 비하적 표현들로 묘사되었다. 특정 대상의 용어를 규정하는 것은 단순히 이름을 부여하는 것이 아닌 사회 속 그 대상에 대한 인식을 결정짓는 중요한 일이다. 따라서 비하적 표현들에서 알 수 있듯이 과거에는 지적장애를 보는 사회적 시각이 부정적이었고, 정상사회와 거리가 먼 시설 중심의 분리 배치가 주류를 이루었다. 하지만 사회 전반의 인간 존엄성을 바탕으로 한 법적 지위 신장과 더불어 급격한 변화를 맞게 되었다. 우리나라에서도 2016년 「장애인 등에 대한 특수교육법 시행령」에서 지적장애라는 용어를 사용하기 시작했다. 지적장애라는 용어를 통해 타 장애와 명확하게 지적장애를 구별하고 적합한 자격과 지원을 제공하고자 하였다.

이 장에서는 지적장애의 정의와 진단 및 평가방법을 알아보고, 그들이 지니고 있는 다양한 특성에 따른 교육적 지원을 방법 등에 대해 알아보고자 한다.

1 지적장애의 정의 및 원인

1) 지적장애의 정의

일반적으로 지적장애의 정의는 미국 지적 및 발달장애협회(AAIDD : American Association on Intellectual and Developmental Disabilities)의 정의, 의학 분야에서 DSM-5의 정의 그리고 법적 정의로 「장애인 등에 대한 특수교육법」과 「장애인 복지법」의 정의가 대표적이다. 이 중 DSM-5로 대표되는 의학적 정의는 개인의 지적 기능과 적응 기능에 대한 진단을 바탕으로 개인의 능력을 규정하는 데 목적이 있다. 반면 「장애인 등에 대한 특수교육법」과 「장애인 복지법」에서는 개인에게 필요한 사회보장을 받거나 특수교육의 대상으로 선정되는 데 필요한 자격 부여를 목적으로 지적장애를 정의하고 있다.

(1) 미국 지적 및 발달장애협회(AAIDD)의 정의

지적장애의 정의는 세계적으로 인정받고 있는 미국 정신지체협회(AAMR : American Association on Mental Retardation)의 정의를 많이 사용해 왔다. 이 협회는 1921년 최초의 정의를 발표해 온 이래, 가장 최근의 2002년도까지 거의 10년마다 지적장애에 대한 정의를 새롭게 보완하면서 지적장애 정의의 흐름을 주도해 왔다(강영심 외, 2010). AAMR의 1992년과 2002년의 정의는 다음과 같다.

1992년 미국 정신지체협회(AAMR)의 정의

- 정신지체는 현재 기능에 실질적인 한계가 있는 것이다. 정신지체는 유의미하게 평균 이하의 지적기능과 동시에 다음의 적응기술 중 두 가지 혹은 그 이상에서 적응상의 한계를 보인다.
- 의사소통, 자기관리, 가정생활, 사회성 기술, 지역사회 활용, 자기지시, 건강과 안전, 기능적 교과, 여가, 직업
- 지적장애는 18세 이전에 나타난다.

2002년 미국 정신지체협회(AAMR)의 정의

- 정신지체란 지적기능과 개념적, 사회적, 실제적 적응기술에서 상당한 제한이 나타나는 장애이다.
- 개념적 적응기술에는 언어, 읽기와 쓰기, 금전 개념, 자기지시가 있다.
- 사회적 적응기술에는 대인관계, 책임감, 자존감, 속기 쉬움(gullibility), 소박, 단순(naivete), 규범 준수하기, 법에 복종하기, 희생양되는 것 피하기(avoid victimization)가 있다.
- 실제적 적응기술에는 일상생활 활동(식사하기, 이동하기, 화장실 사용하기, 옷 입기), 일상생활의 도구적 활동(식사 준비하기, 집 청소하기, 교통수단 이용하기, 약 먹기, 돈 관리하기, 전화 사용하기), 직업기술, 안전생활이 포함되어 있다.
- 18세 이전에 나타난다.

AAMR은 2007년 1월 1일부터 협회의 명칭을 미국 지적 및 발달장애협회(AAIDD : American Association on Intellectual and Developmental Disabilities)로 개명하고, 2010년 지적장애에 대한 새로운 정의를 제시하였다(11차 정의).

2010년 미국 지적 및 발달장애협회의 정의

지적장애를 조작적으로 정의하는 준거는 지적기능과 개념적, 사회적, 실제적 적응기술로서 표현되는 적응행동의 두 영역에서 유의미한 제한성과 18세 이전에 시작된다는 것이다.

중요한 것은 이 협회에서 2002년까지는 '개인의 기능성(individual functioning)'이라는 용어를 사용했지만, 2010년에는 '인간의 기능성(human functioning)'이라는 용어를 사용하고 있다는 것이다. 이는 생태학적·다차원적(ecological and multidimensional) 관점 안에서 장애를 개념화해야 하며, 인간의 기능성을 향상시키는 데 있어서 개별화된 지원(support)이 중요한 역할을 해야 함이 강조되고 있기 때문이다.

AAIDD는 2021년 12차 정의를 다시 제시하고 있다(박승희 · 박윤희 · 한선영, 2022 재인용)

2021년 미국 지적 및 발달장애협회의 정의

지적장애는 지적 기능성과 개념적, 사회적, 실제적 적응기술들로 표현되는 적응행동 양쪽에서 심각한 제한성으로 특징화된다. 이 장애는 22세에 도달하기 전으로 조작적으로 정의되는 발달기 동안에 시작된다.

다음의 다섯 가지 가정들은 이 정의의 적용에 필수적이다.

첫째, 현재의 가능성에서 제한성은 한 개인의 동년배와 문화에 전형적인 지역사회 환경 맥락 안에서 반드시 고려되어야만 한다.

둘째, 타당한 평가는 의사소통, 감각·운동 및 행동적 요인들에서의 차이뿐만 아니라 문화적 및 언어적 타당성을 고려한다.

셋째, 한 개인 안에서 제한성은 강점과 자주 공존한다.

넷째, 제한성을 나타내는 중요한 목적은 필요한 지원의 프로파일을 개발하는 것이다.

다섯째, 개별화된 적합한 지원이 장기간 주어지면, 지적장애인의 생활 가능성은 일반적으로 향상할 것이다.

AAIDD 매뉴얼 12판은 현재 영향을 주는 지적장애인에 대한 패러다임 전환을 포함하며, 다음 사항을 반영한다.

- 능력 및 인권과 법적 권리의 한 관점
- 지적장애에 대한 다차원적 및 사회-생태학적 성격
- 인간 기능성에서 제한성에 대한 총체적 접근
- 개별화된 지원이 인간 기능성과 개인적 성과를 증진하는 데 있어서의 필수적 역할
- 진단, 분류 및 지원 계획에서 전문가 책임과 임상적 판단의 주요 역할
- 성과 주도(outcomes-driven)의 장애 정책과 실제에 대한 초점

(2) 의학적 정의

DSM−5(2013)에서는 지적장애의 진단 기준을 〈표 6−1〉과 같이 제시하고 있다.

〈표 6−1〉 DSM−5 지적장애(지적발달장애)의 진단 기준

진단 기준
지적장애(지적발달장애)는 발달 시기에 시작되며, 개념, 사회, 실행 영역에서 지적 기능과 적응 기능 모두에 결함이 있는 상태를 말한다. 다음의 세 가지 진단 기준을 충족하여야 한다.
A. 임상적 평가와 개별로 실시된 표준화된 지능 검사로 확인된 지적 기능(추론, 문제 해결, 계획, 추상적 사고, 판단, 학업, 경험 학습)의 결함이 있다.
B. 적응 기능의 결함으로 인해 독립성과 사회적 책임 의식에 필요한 발달학적 · 사회문화적 표준을 충족하지 못한다. 지속적인 지원이 없이 적응 결함으로 인해 다양한 환경(가정, 학교, 일터, 공동체)에서 한 가지 이상의 일상 활동(의사소통, 사회적 참여, 독립적 생활) 기능에 제한을 받는다.
C. 지적 결함과 적응 기능의 결함은 발달 시기 동안에 시작된다.
주의점 : 지적장애라는 진단명은 ICD-11의 지적발달장애와 동의어이다. 이 편람에서는 지적장애라는 용어를 사용하고 있지만, 다른 진단 체계와의 연관성을 명확히 하고자 제목에는 두 가지 용어를 모두 기재하였다. 더욱이 미국 연방 법령(공법 111-256, 로사법)에서 정신지체라는 용어 대신 지적장애라는 용어를 사용하기로 결정하였고, 학술지에서도 지적장애라는 용어를 사용하고 있다. 이와 같이 지적장애라는 용어는 의학, 교육 및 기타 전문직뿐 아니라 일반 시민과 시민 단체에서도 널리 사용되고 있다.

DSM-5(2013)에서 제시하고 있는 지적장애의 심각도 수준은 〈표 6-2〉와 같다.

〈표 6-2〉 지적장애(지적발달장애)의 심각도 수준-경도

심각도 수준	개념적 영역 (conceptual domain)	사회적 영역 (social domain)	실행적 영역 (practical domain)
경도 (Mild)	• 학령전기 학생에게서는 개념적 영역의 차이가 뚜렷하지 않을 수 있다. • 학령기 학생과 성인에서는 읽기, 쓰기, 계산, 시간이나 돈에 대한 개념과 같은 학업 기술을 배우는 데 어려움이 있으며, 연령에 적합한 기능을 하기 위해서는 하나 이상의 영역에서 도움이 필요하다. • 성인에서는 학습된 기술의 기능적 사용(예 읽기, 금전 관리)뿐 아니라 추상적 사고, 집행 기능(예 계획 전략 수립, 우선순위 정하기, 인지적 유연성), 단기 기억도 손상되어 있다. 문제나 해결에 대한 접근이 또래에 비해 다소 융통성이 없다.	• 전형적인 발달을 보이는 또래에 비해 사회적 상호작용이 미숙하다. 예를 들어, 또래들의 사회적 신호를 명확하게 인지하는 데 어려움이 있을 수 있다. • 의사소통, 대화, 언어가 연령 기대 수준에 비해 좀 더 구체적인 수준에 머물러 있거나 미숙하다. • 연령에 적합한 방식으로 감정이나 행동을 조절하는 데 어려움이 있을 수 있다. 이러한 어려움은 사회적 상황에서 또래들에게 눈에 띄게 된다. 사회적 상황에서의 위험에 대해 제한적인 이해를 한다. • 사회적 판단이 연령에 비해 미숙하여 다른 이들에게 속거나 조종당할 위험이 있다.	• 자기관리는 연령에 적합하게 수행할 수 있다. • 복잡한 일상생활 영역에서는 또래에 비해 약간의 도움이 필요하다. • 성인에서는 장보기, 교통수단 이용하기, 가사 및 아이 돌보기, 영양을 갖춘 음식 준비, 은행 업무와 금전 관리와 같은 영역에서의 도움이 필요하다. • 여가 기술은 또래와 유사하나, 웰빙과 여가 계획과 관련된 판단에는 도움이 필요하다. 성인기에는 개념적 기술이 강조되지 않는 일자리에 종종 취업하기도 한다. • 건강관리나 법률과 관련된 결정을 내리고 직업 활동을 능숙하게 수행하기 위해서 도움이 필요하다. • 가족을 부양하는 데 도움이 필요하다.
중등도 (Moderate)	• 전 발달 영역에 걸쳐, 개념적 기술이 또래에 비해 현저히 뒤쳐진다. • 학령 전기 학생에게서는 언어와 학습 준비 기술이	• 전 발달 과정에 걸쳐 사회적 행동과 의사소통 행동에서 또래들과 확연한 차이를 보인다. • 표현언어가 사회적 의사소	• 식사, 옷 입기, 배설, 위생관리는 가능하나 이러한 영역을 독립적으로 수행하기 위해서는 장기간에 걸친 교육과 시간이 필요하며,

	느리게 발달한다. • 학령기 학생에게서는 읽기, 쓰기, 수학, 시간과 돈에 대한 이해가 전 학령기에 걸쳐 더딘 진행을 보이며, 또래에 비해 매우 제한적이다. • 성인기에도 학업 기술은 초등학생 수준에 머무르며 개인 생활이나 직업에서 학업 기술을 사용하기 위해서는 도움이 필요하다. • 일상생활에서의 개념적 업무를 완수하기 위해서는 지속적인 도움이 필요하며, 다른 사람이 이러한 책임을 전적으로 대신하기도 한다.	통의 주요 수단이지만 단어나 문장이 또래에 비해 단조롭다. • 대인 관계를 맺는 능력이 있어 가족과 친구와 유대 관계를 가지며, 성공적으로 우정을 나눌 수도 있고, 성인기에 연애를 할 수도 있다. 그러나 사회적 신호를 정확하게 감지하거나 해석하지 못할 수도 있다. • 사회적 판단과 결정 능력에 제한이 있어 중요한 결정을 내릴 때에는 보호자가 반드시 도와주어야 한다. • 의사소통이나 사회성의 제약이 정상 발달을 하는 또래들과의 우정에 영향을 미친다. • 직업적 영역에서 성공하기 위해서는 많은 사회적 · 의사소통적 도움이 요구된다.	할 일을 상기시켜 주는 것도 필요하다. • 성인기에 모든 집안일에 참여할 수 있으나 장기간의 교육이 필요하며, 대체로 성인 수준을 수행하기 위해서는 지속적인 도움이 필요하다. • 제한된 개념적 기술과 의사소통 기술이 요구되는 직업에 독립적으로 취업이 가능하나 사회적 기대, 업무의 복잡성 및 일정관리, 교통수단 이용하기, 의료보험, 금전 관리와 같은 부수적인 책임을 해내기 위해서는 동료나 감독자, 다른 사람의 상당한 도움이 필요하다. • 다양한 여가 활용 기술을 발달시킬 수 있다. 이를 위해서는 일반적으로 오랜 기간에 걸친 부수적인 도움과 학습 기회가 필요하다. • 극히 일부에서는 부적응적인 행동을 보이며 사회적 문제를 야기하기도 한다.
중도 (Severe)	• 개념적 기술을 제한적으로 습득할 수 있다. • 글이나 수, 양, 시간, 금전에 대한 개념적 이해가 거의 없다. • 보호자들은 인생 전반에 걸쳐 문제 해결에 광범위	• 말 표현 시 어휘나 문법에 상당한 제한이 있다. • 한 단어나 구로 말을 하거나 다른 보완적 방법으로 내용을 보충하게 된다. • 말이나 의사소통은 현재의 일상생활에 관한 내용에	• 식사, 옷 입기, 목욕, 배설과 같은 일상생활 영역 전반에 대한 지원과 감독이 항시 필요하다. • 자신이나 타인의 안녕에 대한 책임 있는 결정을 내릴 수 없다.

	한 도움을 제공한다.	치중되어 있다. • 언어는 설명이나 해석보다는 사회적 의사소통을 위해 사용하며, 간단한 말이나 몸짓을 이해할 수 있다. • 가족 구성원과의 관계나 친밀한 이들과의 관계에서 즐거움을 얻고 도움을 받는다.	• 성인기에 가사, 여가활동이나 작업에 참여하기 위해서는 지속적인 도움과 지원이 필요하며, 모든 영역의 기술 습득을 위해서는 장기간의 교육과 지속적인 도움이 필요하다. • 소수의 경우에는 자해와 같은 부적응적 행동이 문제가 될 수 있다.
최중도 (Profound)	• 개념적 기술은 주로 상징적 과정보다는 물리적 세계와 연관이 있다. • 자기 관리, 작업, 여가를 위해 목표 지향적 방식으로 사물을 이용할 수 있다. • 짝짓기, 분류하기와 같은 단순한 시각-공간적 기능을 습득할 수 있으나 동반된 운동, 감각 손상이 사물의 기능적 사용을 방해할 수 있다.	• 말이나 몸짓의 상징적 의사소통에 대한 이해가 매우 제한적이다. • 일부 간단한 지시나 몸짓을 이해할 수 있다. • 자신의 욕구나 감정은 주로 비언어적, 비상징적 의사소통 방식을 통해 표현한다. • 친숙한 가족 구성원이나 보호자와의 관계를 즐기며, 몸짓이나 감정적 신호를 통해 사회적 의사소통을 맺는다. • 동반된 감각적 · 신체적 손상으로 인해 다양한 사회적 활동에 제한이 생길 수 있다.	• 일부 일상 활동에는 참여할 수도 있으나 일상적인 신체 관리, 건강, 안전의 전 영역에 걸쳐 타인에게 의존적인 생활을 하게 된다. • 심각한 신체적 손상이 없는 경우에는 접시 나르기와 같은 간단한 가사를 보조할 수 있다. • 고도의 지속적인 도움을 통해 물건을 이용한 간단한 활동을 함으로써 일부 직업적 활동의 기초를 마련할 수 있다. • 다른 사람의 도움하에 음악 듣기, 영화 보기, 산책하기, 물놀이와 같은 여가활동에 참여할 수 있다. • 동반된 감각적 · 신체적 손상이 집안일이나 여가, 직업적 활동에 참여하는 데 종종 방해가 된다. 소수의 경우에서는 부적응 행동이 나타날 수 있다.

(3) 법적 정의

우리나라에서는 「장애인 등에 대한 특수교육법」과 장애인복지법에서 지적장애를 정의하고 있다. 「장애인 등에 대한 특수교육법」의 정의에서는 AAIDD의 정의와는 다르게 연령 제한에 대한 언급이 없으며, 장애인복지법에서는 지적장애를 항구적 지체로 보고 있어, 초기 지적장애 정의의 관점을 그대로 유지하고 있다. 이는 지적장애에 대한 부정적 편견이나 오해를 초래할 수 있기 때문에 지양되어야 할 것이다(강영심 외, 2010). 「장애인 등에 대한 특수교육법 시행령」 [별표](2016 개정)에 따른 지적장애 특수교육대상자의 정의와 장애인복지법에 따른 지적장애의 정의는 다음과 같다.

「장애인 등에 대한 특수교육법」의 지적장애 정의

지적 기능과 적응행동상의 어려움이 함께 존재하여 교육성취에 어려움이 있는 사람

장애인복지법 시행령 [별표 1](2021 개정)에서는 지적장애인을 다음과 같이 정의하고 있다.

장애인복지법의 지적장애 정의

정신 발육이 항구적으로 지체되어 지적 능력의 발달이 불충분하거나 불완전하고 자신의 일을 처리하는 것과 사회생활에 적응하는 것이 상당히 곤란한 사람

현재 선진 외국에서는 '정신지체'라는 단어가 미치는 부정적인 낙인의 영향을 없애기 위해 '지적장애' 혹은 '학습곤란' 등을 사용하는 추세이다. 우리나라에서도 2016년 「장애인 등에 대한 특수교육법」이 개정되면서 '정신지체'라는 용어 대신 '지적장애'라는 용어가 사용되고 있다. 지적장애라는 용어를 다양한 정의들에서 선호하는 이유는 본 용어가 세계보건기구(WHO : World Health Organization)에서 제시하는 장애 개념을 반영하고 국제적인 용어로서 일관성이 높고, 장애의 특성에 기반을 둔 용어

로서 개별화된 지원 내용의 논리적 근거를 제시할 수 있으며, 무엇보다 장애인들에게 덜 불쾌한 용어이기 때문이다(Schalock et al., 2010).

2) 지적장애의 원인

지적장애의 원인은 전통적으로 생물학적(생리학적) 범주와 환경적(심리 · 사회적) 범주의 두 가지로 나눌 수 있다. 그러나 아직도 지적장애 원인을 규명할 수 있는 비율은 50% 정도에 불과하다. 병리학적 요인은 개인의 IQ가 50 미만인 경우의 60~75%는 설명할 수 있으나, IQ가 50 이상인 경도 지적장애인 경우는 25~40% 정도만 그 원인을 구체적으로 설명할 수 있을 뿐이다.

최근에는 전문화된 지원(special supports)에 기반을 둔 중재들과 치료가 통합된 접근으로 전문화된 지원을 위한 다중 관점 틀(a multiple perspective framework)의 제공을 요구하고 있다. 여기서 네 가지 관점은 생의학적 관점(유전과 생리적 요인), 심리 교육적 관점(심리적, 행동적), 사회문화적 관점(사회환경과의 상호작용), 사법적 관점(인권과 법적 권리)이다.

〈표 6-3〉 지적장애를 초래할 수 있는 위험요인

장애에 대한 관점	추정된 장애의 위치	주요 위험 요인	전문화된 지원의 예
생의학적	• 유전자-환경 상호작용 • 건강 • 두뇌 발달	• 유전적/염색체 이상 • 머리 부상 • 기형 발생 물질(teratogen)	• 특별한 식이요법 • 유전자 변형 • 외과적 처치 • 정신 약리학 • 의료적 처치 • 정신건강 중재
심리 교육적	• 지적 능력, 적응행동 및 참여 사이의 역동적 및 상보적 참여	다음의 부족 • 교육 기회 • 육아 • 조기 중재 • 개인적 성장과 발달을 위한 기회	• 양육 기술 • 개인적 발달 전략 • 상담 • 특수교육 • 정보 및 보조공학

사회 문화적	• 기능적 제한성들 • 개인적 역량과 맥락적 요구 사이의 차이	• 사회차원적 태도 • 빈곤한 환경 • 분리된 환경	• 공공 교육 • 환경적 강화 • 환경적 조정
사법적	• 사회차원적 조치 • 정부 체제들	• 사회적 불평등 • 불의 • 차별 • 권리의 거부	• 권리 확인 • 법률 상담 • 자기 옹호 • 정보에 입각한 사법적 결정

출처 : 박승희 외(2022).

발생 시기별 지적장애를 유발할 수 있는 요인들 중 몇 가지의 구체적인 내용들은 다음과 같다.

(1) 다운증후군(Down Syndrome)

정상적으로 분열되어야 할 염색체의 비정상적 분열로 생겨난다. 정상적인 46개의 염색체가 아니라 47개의 염색체를 갖고 있다. 이 증후군에는 삼체성 염색체(trisomy21), 전위, 모자이크 등 세 가지 유형이 있다. 삼체성 염색체21형은 정상아의 염색체보다 1개가 더 많은 것으로 21번 염색체가 2개인 다른 정상 염색체보다 1개가 더 많은 3개로 형성되어 있다. 다운증후군은 35세 이상의 산모로부터 출산되었을 때 빈도가 높아 산모의 연령과 관계가 있고, 이는 전위(translocation)라 불리는 염색체 이상에 의해서도 야기되는데 학생의 염색체는 47개이지만 그 가운데 한 쌍이 깨져서 그 깨진 부분이 다른 염색체 안으로 녹아든다. 이는 양수나 융모막을 이용한 염색체 검사를 통해 조기진단이 가능하다.

(2) 페닐케톤뇨증(PKU : Phenylketonuria)

개인의 정상적인 성장과 발달은 효소가 적시적소에 생산되느냐에 달려있다. 효소가 생산되지 않거나 정상적인 기능을 수행하지 못할 때, 문제를 일으키는 많은 조건들이 발생한다. 이로 인해 발생되는 문제 중 하나로서 페닐알라닌이라는 아미노산이 생산될 때 페닐케톤뇨증이 발생한다.

(3) 취약 X증후군(Fragile X Syndrome)

성염색체(23번)의 X 염색체 끝부분이 변형되어 있기 때문에 붙여진 이름이고 지금은 지적장애 발달장애의 주도적인 원인으로 인식되고 있다. 취약 X증후군은 광범위한 학습과 행동상의 문제를 나타내는 증후군이다. 여성(1/600)보다 남성(1/1000)에게 많이 나타나고, 또 장애도 남자가 무거운 경우가 많고, 중도(中度)의 지적장애를 나타낸다. 취약 X증후군의 남성을 대상으로 한 초기 연구에서는 이들을 자폐증이라고 진단하는 일이 많았다. 예를 들어, 스테레오 타입의 행동, 동일성 고집, 접촉에 대한 과민성, 사회성 결여와 같은 사회성 면에서 문제를 나타내는 경향이 있기 때문이다(추연구, 2005).

(4) 프래더 윌리 증후군(Prader-Willi Syndrome)

프래더 윌리 증후군은 1/15,000의 비율로 발생하고, 15번 염색체의 결함으로 나타나며, 경도의 정신지체를 동반하는 경우가 많다(Dykens et al., 1996). 프래더 윌리 증후군이 있으면 과긴장, 먹는 것과 삼키는 것에 곤란을 나타내고, 2세에서 6세의 아동은 식사, 음식물에 대한 이상적 흥미, 그리고 과도하게 음식물을 찾아서 요구하는 행동을 나타낸다(Holm et al., 1993). 프래더 윌리 증후군에 있어서 과식은 성격의 우유부단함과 음식에 대한 의지의 결여에 의한 것은 아니다. 과식을 일으키는 결정적인 원인은 아직 밝혀지지 않았다. 만복감에 대해 정상적인 감각을 가질 수 없고, 그대로 두면 폭식을 하고 만다. 음식을 훔치거나, 쓰레기통을 뒤지거나, 입에 맞지 않는 음식도 먹어버리고 만다(추연구, 2005).

(5) 윌리엄스 증후군(William's Syndrome)

윌리엄스 증후군은 약 1/20,000 비율로 출현하고, 대부분의 경우 7번 염색체의 결함에 의해 발생한다(Ewart et al., 1993). 윌리엄스 증후군이 있는 대부분의 사람들은 심장혈관 질환과 어린 요정같이 귀엽고, 매력적이라고 표현되는 얼굴 모양이 특징적이다(Pober & Dykens, 1996). 또한 훌륭한 언어표현력과 드라마적인 감각을 가진 언어구사력이 있지만, 비언어적인 면, 특히 지각-공간 기능에 곤란함을 보인다. 상냥하고 동정심이 많고, 애교가 많고 매력적인 인격을 나타낸다. 그러나 윌리엄스 증후군이 있는 아동은 성장함에 따라 행동과 정서 면의 곤란함을 나타내고, 그중에는 또래들과 관계를 형성하는 것이 곤란한 경우도 있다. 윌리엄스 증후군이 있는 아동은 지능이 일반아동들보다 크게 떨어지지는 않아 IQ 70 이하여야 하는 지적장애 등급을 받지 못하는 경우도 적지 않다(추연구, 2005).

(6) 감염

인간의 뇌는 수정된 지 3주부터 발달을 시작한다. 그 다음 몇 주에 걸쳐 중추신경계는 질병에 대해 매우 민감하다. 이 시기에 산모가 뇌염(독일 홍역)에 감염되면 출생하는 아이는 지적장애나 다른 심한 출생결함을 갖고 태어날 가능성이 크다. 학생들과 성인들은 고열을 수반하는 바이러스에 의해 뇌손상을 당할 위험이 있고, 동시에 이것은 뇌 세포의 파괴를 가져온다.

(7) 그 외 환경적 요인

다중위험 요인이 있는 가정 출신의 학생들에게서 특히 지적장애 발생률이 높다. 다중위험 요인으로부터 받는 스트레스, 스트레스에 대처하는 가족 구성원과 이러한 요인을 공유하는 학생, 학생의 지적·사회적 능력과 관련된 부모의 양육태도 등이 있다.

2 지적장애의 진단 및 평가

지적장애를 진단하는 것은 매우 어려운 일이다. 지적 능력과 같은 인간의 심리 현상은 직접적인 평가가 거의 불가능하다. 따라서 지적장애를 진단할 때 평가의 대상이 되는 영역을 결정하는 것이 매우 중요하다. 우리나라의 「장애인 등에 대한 특수교육법 시행령」, 미국의 AAIDD(2021) 그리고 DSM-5에서는 공통적으로 지적장애의 정의에서 지적 기능과 적응 행동의 결함을 중요한 진단 기준으로 제시하고 평가의 영역으로 포함하고 있다.

1) 지적 기능

지적 기능은 주로 지능으로 대변된다. 그러나 지능은 추상적인 구성개념으로 사고능력, 학습능력, 적응능력 등 학자들마다 다양하게 정의하고 있다. 이는 지능에 대한 보편적 정의가 존재하지 않기 때문에 지능 측정방법 또한 지능을 정의하는 방식에 따라 달라질 수 있음을 뜻한다.

장애 진단에 사용되는 검사도구는 표준화검사로 같은 연령의 규준집단과 비교하여 지능검사 점수가 평균으로부터 얼마나 차이가 나는가에 대한 정보를 준다. 이 정보를 기술하기 위해 우리는 수학적 개념인 '표준편차'라는 용어를 사용한다. 일반인을 대상으로 지능검사를 하여 나온 지능검사 점수에 수학공식을 적용함으로써 그 지능검사의 한 표준편차 안에 어떤 점수들이 포함되는지를 결정할 수 있다. 한 개인의 지능검사 점수는 전체 평균으로부터 그 이상 혹은 이하 몇 편차에 속하는지로 기술될 수 있다. 그러므로 전체 대상 인구의 약 2.3%가 평균 점수로부터 하위 2편차 이하에 속해있는데, 이것을 미국지적장애협회에서는 평균 이하의 '유의미하게 낮은'이라고 지칭하고 있다.

주로 사용되는 지능검사인 스탠포드-비네 지능검사(Stanford-Binet Intelligence Scale)와 웩슬러 아동용 지능검사-개정판(WISC-R : Wechsler Intelligence Scale for Children-Revised)의 평균점수는 100점이다. 스탠포드-비네 지능검사의 한 편차는 16점이고 웩슬러 아동용 지능검사-개정판의 한 편차는 15점으로 되어있다. 그러므로 미국지적장애협회의 정의에 따르면, 지적장애로 진단하기 위해서 지능지수가 평균으로부터 -2 표준편차 이하가 되어야 하는데, 이것을 점수로 말하면 두 지능검사에서 대체로 70~75 혹은 그보다 낮음을 의미한다(권요한 외, 2015). 정상분포곡선에서 IQ의 이론적 분포는 |그림 6-1|과 같다.

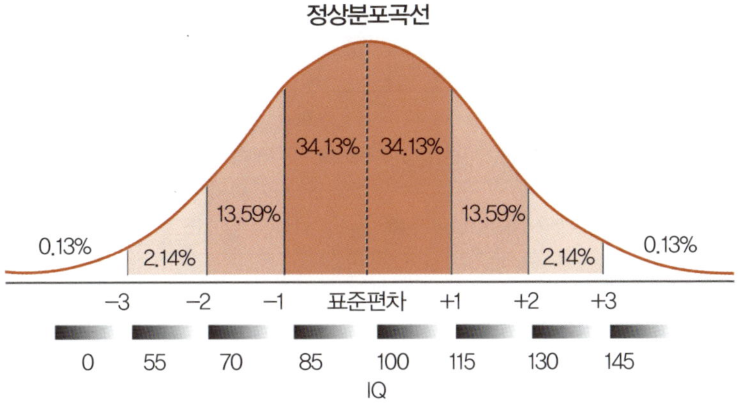

|그림 6-1| 정상분포곡선에서 IQ의 이론적 분포

출처 : Hallahan, D. P., & Kauffman, J. M.(2003).

2) 적응행동

적응행동은 적응기술에서 발전된 용어이며, 개인이 공동생활의 요구에 얼마나 효율적으로 대처할 수 있고, 개인이 속한 연령집단이나 사회문화적 배경에 따라 일반적으로 기대되는 표준적인 개인의 독립성을 얼마나 잘 충족시킬 수 있는가를 말한다(Grossman, 1983). 적응행동에 대한 평가는 각 개인에게 적합한 서비스를 계획하는 데 직접적인 정보를 제공하기 때문에 중요하다.

AAIDD(2021)는 구체적인 적응기술을 〈표 6-4〉와 같이 제시하고, 각 적응기술에 대한 규준지향 평가를 실시하여 그 결과를 중재의 근거로 활용하도록 하고 있다. 특히 지적장애 그리고 관련 발달장애를 진단에 포함시킬 기준점수(cut-off area) 제시에 초점을 맞추고 있다.

〈표 6-4〉 적응기술 영역

AAMR(1992)	AAIDD(2021)
• 의사소통 : 수용언어, 표현언어 등 • 기능적 학업 : 읽기, 쓰기, 수 계산, 시간, 돈, 부피, 양 개념 등 • 자기지시 : 화장실, 옷 입기, 식사하기, 몸 단장 등	개념적 기술 • 문해력 • 자기지시 • 수, 돈 그리고 시간의 개념
• 사회적 기술 : 상호작용 기술, 감정 표현과 감정 읽기, 성적 행동, 집단참여 등 • 여가 : 관심사 발달, 놀이기술, 편의시설 이용, 취미활동 등	사회적 기술 • 대인관계 • 사회적 책임감 • 자아존중감 • 순진함 • 타인에게 잘 속는 정도 • 사회적 문제 해결 • 규칙 준수하기 • 법 준수하기 • 희생당하지 않기
• 자조기술 : 선택하기, 스케줄, 환경에 적절히 활동하기, 과제 완료에 대한 기술 등 • 가정생활 : 집 청소, 집 관리, 의복 관리, 음식 준비, 가정 안정 등 • 건강 및 안전 : 먹기, 질병, 치료, 예방, 응급조치, 기초적인 안정 등 • 지역사회 활용 : 지역사회 이동, 장보기, 물건 구매하기, 대중 및 공공시설 이용 등 • 직업생활 : 특정 작업기술, 작업 습관 및 태도, 작업 수행, 구직기술 등	실제적 기술 • 일상생활 활동(개인 관리) • 직업 기술 • 돈 사용하기 • 안전하기 • 건강관리 • 교통수단 이용 • 일정관리 • 전화기 사용하기

한 학생이 지적장애로 진단되려면 3가지 적응행동 영역들(개념적, 사회적, 또는 실제적) 중 적어도 한 영역에서 평균에서부터 대략 2 표준편차 아래인 적응행동 점수를 충족하는 유의한 결핍이 있어야 한다. 3가지 적응행동 영역에 대한 설명과 강조는 특수교육 프로그램의 핵심요소로서 적응기술에 대한 커져가는 관심을 반영한다. 따라서 지능지수 점수가 낮지만 여전히 사용 가능한 적응기술을 소유하고, 지역사회에

서 자립적으로 생활하며, 사람들과 합리적으로 상호작용하고, 시간제 직업이나 전일제 직업을 유지하는 것이 가능하면, 지적으로 제한성을 가진다고 하지만 '지적장애'로 불릴 필요는 없다.

우리나라에서 표준화되어 있는 적응행동검사는 NISE-K · ABS(국립특수교육원, 2020), 사회성숙도 검사(김승국 · 김옥기, 1995)와 적응행동검사(김승국, 1997), K-SIB-R 한국판 적응행동검사(백은희 외, 2007) 등이 있다.

3 지적장애의 분류 및 특성

1) 지적장애의 분류

미국정신지체협회(AAMR)에서는 지적장애의 용어와 정의뿐만 아니라 분류체계도 여러 가지로 제시해 왔다. 주로 지능지수를 기초로 하여 가장 많이 쓰이는 분류는 경도(mild), 중등도(moderate), 중도(severe), 최중도(profound)로 분류한 1973년도의 정의 및 분류이다. IQ 검사 결과를 기초하여 Grossman(1983)이 경도, 중등도, 중도, 최중도를 분류한 내용은 〈표 6-5〉와 같다.

〈표 6-5〉 장애 정도별 지적장애의 분류

정 도	IQ 범위	IQ 분류 표준편차	공존하는 적응기능 제한 범위
경도(mild)	55~70	-2SD	2개 또는 그 이상의 영역
중등도(moderate)	35~54	-3SD	2개 또는 그 이상의 영역
중도(severe)	20~34	-4SD	모든 영역
최중도(profound)	20 미만	-5SD	모든 영역
정도를 세분할 수 없음(unspecified)		표준화된 검사에 의해 지능을 측정할 수 없음	

지능 외에도 지원의 정도에 따라 지적장애를 분류하기도 한다. AAMR(1992)의 분류에서는 지적장애 학생에게 요구되는 지원(support)의 종류와 강도에 따라 간헐적(intermittent)

지원, 제한적(limited) 지원, 확장적(extensive) 지원, 전반적(pervasive) 지원으로 분류하였다. 지원의 정도에 따른 분류의 구체적인 내용은 〈표 6-6〉과 같다. 하지만 이 분류는 측정의 어려움 및 개념의 새로움 등으로 인하여 교육현장에서 많이 사용되지는 않고 있다.

〈표 6-6〉 지원의 정도에 따른 지적장애의 분류

분 류	지원 강도
간헐적 지원	필요한 때에 기초한 지원, 간헐적 성격의 지원이다. 개인이 항상 지원을 필요로 하지 않거나 인생에서 전환 시기 동안 단기간의 지원이 필요(예 직업상실, 심각한 의료적 위기)한 경우 간헐적으로 제공된다.
제한적 지원	일정한 시간에 걸쳐 간헐적으로 제공되는 것이 아니라 일관적으로 지원하며 시간에 제한된 지원이 제공된다(예 시간 제한적인 고용훈련, 학교에서 성인기로의 전환적 지원 제공 등).
확장적 지원	적어도 몇몇 환경(직장 또는 가정)에서 시간에 제한되지 않고 정규적으로 지원을 제공하는 것이다(예 장기간의 가정생활 지원).
전반적 지원	항구성과 고강도의 지원으로 전반적인 삶에 대해 지원하며, 잠재적으로 삶을 유지하는 데 필요한 성격의 지원을 제공한다. 전반적 지원이란 전형적으로 확장적 또는 시간 제한적 지원보다 더 많은 수의 요인들에서 개인에게 더 많은 개입을 하며 지원하는 것을 포함한다.

출처 : 이소현 · 박은혜(2011).

2) 지적장애의 특성

(1) 인지능력과 학업성취

지적장애 학생들은 적절한 곳에 주의를 기울이지 못하고 엉뚱한 곳에 주의를 기울이거나 주의집중 시간이 짧고, 장기 및 단기기억력도 일반 학생보다 부족하다. 특히 단기기억력이 많이 부족한 것으로 알려져 있으며, 장기기억력은 단기기억력에 비해 덜 손상된 것으로 보는 견해가 많다. 특히 지적장애가 있는 학생의 경우 생활 연령이 높을수록 장기기억에 저장된 정보를 인출하여 과제를 해결하고 있었지만, 정신연령을 일치시킨 통제집단인 정상 아동 집단은 실시간으로 작업 기억에서의 처리를 통하여 과제를 해결하고 있었다(Numminen et al., 2002). 이는 지적장애 학생의 지도에 있어서 작업 기억의 결함에 대해 주의하며 이를 보완할 수 있는 다양한 방안에 대해 모색하고 적용할 필요가 있음을 시사한다.

지적장애 학생들 중에는 학습동기가 높지 않아서 문제가 되는 경우가 많다. 처음부터 동기유발이 잘 되지 않는 경우도 있지만 누적된 실패의 경험으로 인해 아무리 하고자 해도 안 된다는 생각을 갖게 되어, 하고자 하는 의욕을 상실한 '학습된 무기력(learned helplessness)'의 상태가 되는 경우도 빈번하다. 실패의 경험뿐만 아니라 스스로 할 수 있는 기회가 주어지지 않고 주위에서 모든 것을 대신 해주기 때문에 이러한 학습된 무기력이 생기기도 한다. 그러므로 학생의 능력에 맞는 과제를 주어서 성공을 경험하게 하고 시간이 걸리고 힘들어도 스스로 할 수 있는 기회를 많이 제공하여야 한다.

또한 관찰이나 모방을 통하여 배우는 모방학습이나 우발학습의 능력도 부족하기 때문에 일반 학생들은 교사가 가르치지 않아도 스스로 아는 내용에 대해서도 교사의 직접적이고 세부적인 교수가 필요하다. 이는 성교육에 있어서도 마찬가지로 적용된다. 지적장애 학생은 성적 성숙에 이르지만 제한된 지적 능력으로 성적 욕구에 대한 보상적 갈등 해소나 승화의 가능성을 찾기 어렵다. 그리고 신체의 변화를 느끼지만 그 느낌을 해소하거나 자신에게 일어난 일을 감정적으로 소화하기 어렵고 그에 따른 행동 조절에 어려움이 있다. 그뿐만 아니라 언어적 의사소통 능력의 제한으로 해당 학생의 비언어적 의사소통신호가 제대로 이해되지 못하고 종종 잘못 해석되거나 성적 표현으로 이해되어 지적장애인에 대한 편견을 강화시키기도 한다(채기화, 2004). 따라서 성교육은 저학년부터 전체 교육과정에 통합된 형태로 시작되어야 하며 평생 지속되어야 한다(추연구 · 김은영, 2012).

그리고 한 가지를 배우면 지나치게 여러 가지에 그것을 적용시키는 과도한 일반화의 문제를 보이기도 하고, 반대로 교실에서 배운 내용을 다른 환경에서 적용하지 못하는 일반화 부족의 문제를 나타내기도 한다.

초인지(metacognition)에 있어서도 지적장애 학생들은 일반 학생에 비해 낮은 능력을 보인다. 초인지란 특정 과제를 하기 위해 어떤 전략이 필요한지를 알고 자신이 하는 일에 대해 지속적으로 검토하며 결과와 효과성에 대해 점검할 수 있는 능력이다(Hallahan & Kauffman, 2003). 지적장애 학생의 인지와 초인지 과정의 지식 사용과 구조화를 위한 질적 개선 방법의 하나로 '과정 중심 교수(PBI : Processed-Based Instruction, Ashman & Conway, 1993)'를 들 수 있다. PBI 모형의 중심과제는 계획수립(planning) 능력의 향상이다. PBI 모형에서 계획이란, 주어진 학습과제의 성공적인 성취를 위하여 일들의 순서를 정하고 행동을 요목화하는 것이다(추연구, 2003a).

초인지는 초인지 지식(인간 과제, 전략 변인)과 초인지적 자기조정으로 구성되고, 이 두 측면은 상호보완적이다. 또 초인지적 자기 조정은 자기점검(자기평가 전략, 자기 기록 전략)과 자기통제(자기교수 전략, 자기통제 전략)로 상호보완적 관계를 이룬다. 자기점검은 계획 수립과 실천을 강조하는 PBI 적용 수업으로 향상될 수 있다(추연구, 2003b).

(2) 언어 및 사회성 발달

언어발달에 있어서 지체되거나 비정상적인 패턴을 보이는 것은 거의 모든 지적장애 학생들에게서 나타나는 특성이다. 이들은 정상적인 언어발달의 단계를 따르나, 발달 속도가 일반 학생에 비해 지체된다. 언어발달이 심하게 지체되거나 구어가 아예 발달하지 않는 경우에는 대안적 방법으로 보완대체 의사소통 체계를 사용하기도 한다. 또한 언어를 통해 자기표현과 주변 환경의 통제를 충분히 할 수 없을 때는 문제행동으로 표출되기도 하여 이에 대한 적절한 지원을 필요로 한다.

지적장애 학생들은 사회성 발달에 있어서도 다양한 문제를 보인다. 이들은 다른 사람과 어떻게 상호작용해야 하는지를 잘 몰라서 친구를 사귀지 못하는 경우가 많다. 또한 어렸을 때부터 자신이 친구들과 다르다는 것을 인식하고 빈약한 자아개념을 형성하게 되는 경우, 이는 사회성 발달에 부정적인 영향을 미치게 된다. 그러나 어렸을 때부터 일반 학생들과 함께 지내고 긍정적인 상호작용을 할 수 있는 기회를 제공해 주면 지적장애 학생들의 사회성 발달에 도움을 줄 수 있다.

(3) 신체 및 운동 특성

경도 지적장애아를 기준으로 봤을 때 일반아동과 신체 및 운동 특성에서 다음과 같은 차이가 있는 것으로 나타난다(김원경 외, 2021).

- **신체발달** : 경도 지적장애 아동들은 일반아동에 비해 키, 몸무게, 골격의 성숙이 비교적 평균 이하이다.
- **운동발달** : 경도 지적장애 아동들에 대한 연구에서 보면 모든 운동 분야에서 또래의 일반아동보다 상당히 저조하게 성취된다.
- **신체적 손상** : 어떤 지적장애 아동들은 대개 중도 장애나 신경학적 손상-뇌성마비, 발작적인 이상, 감각손상 그리고 어린이 학대에서 오는 상해와 같은 신체적 문제를 동시에 보인다.
- **건강문제들** : 부적절하고 불균형적인 식사, 감염에 대한 노출, 부적당한 건강관리 그리고 치아의 이상 등이 지적장애 아동들의 일반적 특징으로 알려진다.

하지만 이것은 지적장애 자체가 직접적인 원인이 되어 유발되는 신체 및 운동상의 차이가 아니다. 지적장애라는 조건으로 인해 생겨나는 차이이다. 즉, 지적기능 및 적응행동상의 결함으로 인해 발생한 자기관리상의 문제가 이와 같은 차이를 만들어 낸 것으로 이해된다. 이는 지적장애아의 교육에 있어서 결함이 있는 지적 기능에만 초점을 맞출 것이 아니라 신체 및 운동상의 적절한 발달을 위한 접근 역시 매우 중요하다는 것을 시사한다.

4 지적장애 학생을 위한 교육적 접근

1) 지적장애 학생 교육을 위한 기본원리

지적장애 학생들은 교과학습이나 일상생활의 경험을 통해 습득한 지식과 기능을 다양한 맥락에서 전이하여 활용하는 능력이 상당히 떨어진다. 따라서 학교에서는 의도적인 수업활동을 통하여 실제 삶 속에서 필요한 지식과 기능을 습득시킬 필요가 있다. 다시 말해, 지적장애 학생들이 학교를 떠나 지역사회의 일원으로서 생활해 나가는 데 필요한 지식과 기능을 교육과정에 적절히 반영해야 한다. 이를 통해 기능적 생활중심 교육과정을 구성하여 실행할 필요가 있다. 하지만 기능적 생활중심 교육과정은 모든 지적장애 학생들에게 동일한 내용과 수준으로 구성되어 적용되는 것이 아니라 지적장애 학생의 교육적 요구에 맞춰 적절하게 구성되어야 한다.

2) 지적장애 학생을 위한 특수교육적 접근

(1) 교육과정의 구성 및 교육방법

지적장애 학생을 위한 교육과정의 구성은 적응능력의 신장에 주안점을 두고 실생활에 적용하여 도움이 되는 생활중심의 교육으로 구성되어야 한다. 개인이 실제로 사회생활을 하고 생계를 유지하려면 직업훈련이 필요하므로 생활중심 교육과정(life-centered curriculum)은 직업교육의 잠재적 가능성을 충분히 발휘할 수 있도록 구성해야 한다. 예를 들면, 어려운 수학문제보다는 간단한 수학능력(물건을 세고 분류 · 기록하기), 노동법에 관한 지식, 직업에 대한 정보, 작업실습, 위탁직업교육, 상사의 명령에 복종하고 지시에 따르는 것, 일을 마치고 정리하는 습관과 간단한 과학지식, 자기의 건강관리와 안전에 관한 지식 등이 더 필요하며, 여가 선용이나 사람들과의 바람직한 관계를 이룩하는 것 등 실제 생활 중심의 기술을 가르치는 교육이 되어야 할 것이다.

인간은 누구나 자기결정력을 행사할 권리를 가지고 있다. 자기결정력이란 자신의 삶에 대해 스스로 결정하는 것을 말한다(Hallahan & Kauffman, 2003). 예를 들면,

사는 곳, 직업, 교육, 친구관계 등을 스스로 결정하는 것이다. 지적장애 학생도 일반인과 같이 자신의 삶을 개인적으로 조절할 줄 알아야 한다. 자기결정력 기술을 학습하는 것은 그것 자체가 교육과정의 목표가 될 뿐만 아니라 다른 학습을 성취하도록 돕는 수단이 될 수 있다. 교사들은 지적장애 학생들에게 자기결정력 기술을 가르치고 이러한 기술을 연습할 수 있는 학급 분위기를 만들어 주어야 한다(송준만 · 유효순, 2004).

(2) 기능적 생활중심 교육과정의 통합교실 적용

많은 지적장애 특수학교를 대상으로 교육의 목표를 삼는 인간상을 조사한 결과, 건강하고, 자주적인 기능인으로서 자립하여 도덕적으로 생활할 수 있는 사람으로 나타났다(여광응 · 추연구 · 김정선, 2002). 즉, 지적장애 학생에게 단순히 일반 학교교육의 기회가 주어지는 것에 만족하던 시기에서 벗어나 1980년대 이후 새로운 교육과정 모델로서 기능적인 교육과정이 강조되기 시작되었다. 기능적 교육과정이란 '직업교육, 지역사회 참여를 위한 교수, 레크리에이션 및 여가 등의 광범위한 부분에서 연령에 적합한 기능적 기술에 접근(배찬효, 2012)'하는 것을 교육목표로 하는 교육과정이다. 기능적 교육과정의 구체적인 내용은 다음과 같다(Taylor, Richards, & Brady, 2005).

- **독립생활 기술** : 신변처리, 옷 입기, 가정생활, 독립적인 이동(자기 통학)
- **의사소통** : 말 문제(대체, 생략, 왜곡 등 조음의 문제), 목소리 문제, 언어장애(지체된 언어나 발달되지 않은 어휘), 비상징적인 의사소통 기능
- **사회적 상호작용 및 관계** : 사회성 기술, 사회적 지식, 관계수립 기술 등
- **교과기술** : 일반교육과정에의 접근 혹은 기능적 교육과정에 초점
- **전환 및 지역사회 기술** : 자기결정 기술, 졸업 후 긍정적인 고용 및 지역사회 생활

지적장애 학생이 이와 같은 기능적 기술을 학교와 학급의 일상생활 및 수업에서 학습할 수 있도록 교육과정을 구성해야 한다. 이를 위해서 우선 지적장애 학생에게

지도하고자 하는 내용, 즉 기술을 결정해야 한다. 이를 결정하는 데 있어서 고려해야 할 중요 원리들은 다음과 같다(신현기 역, 2006).

- 다양한 지역사회 환경에서 교수가 이루어질 수 있어야 한다.
- 지적장애 학생이 현재 혹은 미래의 환경에 참여하는 데 도움이 되어야 한다.
- 지적장애 학생의 삶의 질을 개선하는 데 도움이 되어야 한다.
- 연령에 적합한 기술, 과제 그리고 자료여야 한다.
- 사회에서 가치 있다고 생각되는 기술이어야 한다.
- 학생에게 도움이 되고 지역사회에서도 생산적으로 기여하는 데 도움이 되는 것이어야 한다.
- 학생의 관심과 흥미를 반영하고 학생의 재능을 향상시킬 수 있어야 한다.

위의 원리들을 바탕으로 결정된 기술을 목표로 설정하고 그 기술에 대한 분석이 필요하다. 〈표 6-7〉은 '급식실 이용'이라는 기술을 지도하기 위해 수업 주제 및 학습 목표를 분석한 예이다.

〈표 6-7〉 수업 주제 및 학습 목표의 분석

영 역	학 교
환 경	급식실
하위환경	급식실의 외부 전 구역, 식당 내부의 배식대, 식사 후 그릇을 두는 곳
지원가능 자원	급식실 표시 시설, 급식 메뉴판, 식사도구 등
활 동	급식실 이용 기술(차례 기다리기, 음식 배식 받기, 식사기술, 식사 후 정리)
구체적인 특성	• 급식실의 외부 환경 • 여러 유형의 급식 메뉴 • 급식실 내부 환경

출처 : 김영준 외(2012)에서 개념 응용.

학습 목표가 기술되면 '급식실 이용 기술'이라는 일련의 행동을 작게 나누어 전체 행동 중 현재 가능한 세부 행동과 학습이 필요한 세부 행동으로 분석해 본다. 이를 앞으로 학습해야 할 내용을 파악하기 위한 '과제분석'이라고 한다. '급식실 이용하기' 기술 중 '식사기술' 행동은 〈표 6-8〉과 같이 과제분석할 수 있다.

〈표 6-8〉 식사기술 행동에 대한 과제분석

목표 행동	과제분석 단계의 내용
식사기술	테이블에 맞춰 의자를 당겨 앉아 식사 준비를 한다.
	물수건으로 손을 닦는다.
	식사도구 통에서 숟가락과 젓가락을 꺼낸다.
	음식을 중심으로 숟가락과 젓가락을 각각 왼쪽과 오른쪽에 놓는다.
	숟가락을 사용하여 음식을 먹는다.
	젓가락을 사용하여 음식을 먹는다(순서는 상호 바뀌어도 상관없음. 숟가락과 젓가락을 구분하는 것은 올바른 사용법을 구체적으로 대상학생이 인지하고 수행할 수 있도록 촉진하기 위함).
	음식을 먹은 뒤 숟가락과 젓가락을 빈 그릇 옆에 각각 왼쪽과 오른쪽에 놓는다.
	테이블 주변이 더럽지 않은지를 점검한다(테이블이 지저분한 상황인 경우, 대상학생이 직접 휴지통에서 휴지를 꺼내서 정리함).
	휴지통에서 휴지를 꺼내 입 주위를 닦고, 테이블 밑에 있는 쓰레기통에 휴지를 넣는다.
	테이블에서 일어나 테이블과 의자를 반듯하게 정리한다.

출처 : 김영준 외(2012)에서 개념 응용.

〈표 6-8〉과 같이 과제분석된 일련의 행동 중 현재 스스로 사용하지 못하고 있는 행동의 학습에는 교수전략이 필요하다. 이때 사용할 수 있는 교수전략으로 〈표 6-9〉와 같은 방법들이 있다.

〈표 6-9〉 식사기술 지도를 위해 일상적으로 사용할 수 있는 교수전략

교수전략	구체적인 내용
언어촉진	• 1단계 : 직접적인 언어촉진(예 여기서 기다리세요) • 2단계 : 간접적인 언어촉진(예 어디서 기다려야 하나요?)
동작촉진과 신체촉진	• 동작촉진 : 교사가 학생에게 모방을 제공 (예 교사가 식판을 들고 차례를 기다리는 모습을 대상학생에게 보여준다) • 신체촉진 : 교사가 학생의 신체(특히, 손)를 잡고 함께 과제 수행 (예 교사가 학생의 손을 잡고 함께 먹은 식판을 정리한다)
시각적 단서	차례 기다리는 기술, 음식 배식받는 기술, 식사기술에 대한 과제분석의 전단계를 표로 제시
자기점검표	시각적 단서와 유사한 형태로, 대상학생이 과제분석의 전 단계를 확인 및 점검하는 데 사용(예 3회 연속 비율이 80~90% 이상일 경우 소거함)
시간 지연법	각 과제분석의 전체 단계는 5초(s) 이내에 시작하는 것을 기본으로 하나, 대상학생의 현재 수행 능력에 따라 기다려 주는 방법
기타	토큰강화 : 대상학생의 과제기술 수행과 관련하여 주의집중과 흥미, 독립 수행을 촉진하기 위한 한 가지 방법으로, 사탕이나 과자 등의 기호식품을 강화물로 활용하여 적용하는 교수 기회도 가짐

출처 : 김영준 외(2012)에서 개념 응용.

이때 보편적으로 비디오 모델링 수업을 활용할 수도 있다. 비디오 모델링 수업은 매 회기 약 40~50분 정도로 실시되는 형태로 구성할 수 있다. 이때 수업 절차는 지적장애 학생들에 대한 교사들의 개별지도 방식으로 이루어져야 한다. 구체적인 교수 절차는 〈표 6-10〉과 같다.

〈표 6-10〉 식사기술 지도를 위한 비디오 모델링 수업 절차

순 서	구체적인 활동
1	중재를 받는 교실로 학생과 교사가 함께 들어간다.
2	교사는 학생과 함께 모니터가 놓인 위치의 중앙에 있는 소파에 앉는다.

3	교사는 학생에게 비디오 시청을 요구하면서 비디오를 켠다.
4	모니터에 나오는 모델의 행동(식사하기)에 대해 학생이 흥미와 주의집중을 가질 수 있도록 교사는 구체적인 설명을 제공한다. • 중재 초기 : 교사의 수행을 모델 행동으로 하는 비디오 모델링 수업 • 중재 중기 : 학생이 자신의 과제 수행 행동을 직접 점검하면서 보완할 수 있는 인지능력을 촉진하기 위하여 비디오 자기모델링 수업
5	비디오를 시청하고 있는 것에 대하여 학생의 행동을 칭찬하고, 비디오의 작동을 잠시 중단한다.
6	교사와 학생은 식사기술 역할놀이를 수행할 준비를 한다. (식사기술의 수행에 필요한 교재교구를 제작하여 교실의 상황을 식당 공간과 부분적으로 유사하게 연출함으로써 역할놀이를 수행하였음).
7	학생은 식사기술의 한 가지 기술 단계가 포함된 모델 행동을 비디오로 시청하면서 교사의 언어 및 신체 촉진과 함께 행동 시연을 한다(예 "ㅇㅇ아, 비디오에서 본 것처럼 이 버튼을 눌러야지, 잘 모르겠으면 선생님과 함께 해볼까?")
8	학생이 식사기술의 전체 단계를 7번의 원리에 따라 행동시연할 수 있도록 촉진한다.
9	수행한 것에 대하여 학생에게 칭찬을 제공하고, 교사는 학생에게 음식 주문 기술의 전체 단계 내용에 대한 언어적 피드백을 다시 한 번 제공한다.
10	학생과 교사는 함께 교실 중재 환경을 정리한다.

출처 : 김영준 외(2012)에서 개념 응용.

지적장애 학생들의 보편적인 학습 스타일로 고려될 수 있는 시각적 자극, 놀이 및 게임 형태의 학습 자료 등은 학습 흥미와 주의집중 효과가 있다(강경숙 외, 2006, 2009; 조인수 · 기윤안, 2003). 따라서 식사기술 지도를 할 때 학생들의 학습 스타일을 고려한 PPT 자료를 제작하면 도움이 된다. 제작 시 유의점은 다음과 같다. 올바른 자세로 식사를 해야 하는 이유를 구체적으로 인지할 수 있도록 하여야 한다. 즉, 대상학생이 식당에서 시끄럽고 지저분하게 식사를 할 경우 주위 사람들이 불쾌해하는 사진 등을 담아 PPT로 구성한다(김영준 외, 2012).

(3) 자기결정 능력 향상을 위한 지도

1990년대 중반부터 강조된 자기결정 능력은 지적장애인이 그들의 삶을 스스로 관리하는 것을 강조한다(배찬효, 2012). 자기결정(self-determination)은 외부 영향이나 간섭을 받지 않고 자신의 삶을 스스로 선택하고 결정하는 행위로 정의된다.

장애가 있는 사람이 자기의 인생에 대해서 의사결정을 하거나, 목표를 설정하는 등의 과정에 의미 있게 참가하지 못했던 것을 과거의 역사 속에서 찾아볼 수 있다. 그런 이유로 장애가 있는 사람과 함께 살고 있는 사람과 그들을 보살피고 있는 대부분은 장애가 있는 사람의 정보에 기초한 의사결정 능력과 의미 있는 목표 설정 능력에 관해서 과소평가했다. 그 결과 장애가 있는 사람이 자기결정을 연습하는 기회가 한정되었다. 그러나 지적장애가 있는 학생이지만, 자기의 인생 운영자로서 기본적인 권리에 대해서 연습하는 것이 가능하다(추연구, 2007). '자기결정'의 네 가지 특성으로 자율성, 자기규칙, 심리적 역량, 자아실현이 있다. 이중 자기규칙과 관련된 목표설정, 자기관찰기록, 자기평가, 자기강화의 전략들은 학생들 자신이 삶의 주도적 역할 수행을 배울 수 있다는 점에서 의의가 있고 중요하다(추연구, 2007).

① 목표설정

목표설정과 의사결정에 관한 전략은 일반적으로 비장애 학생과 동일한 순서로 진행하지만, 그 시간적인 타이밍은 장애 학생 따라 다양하다. 성인은 학생에게 밀착해서 의사결정과 목표설정을 제어하려고 하기보다는 배려에 만족하고, 또 끊임없는 배려를 통해서 학생들이 의사결정 연습을 할 수 있도록 지원하며 또 기대되는 일이 실현되지 않았을 때 실패를 통해서 학생이 배우도록 해야 한다. 학생 대신에 목표설정과 의사결정을 실행하는 것을 삼가야 한다. 이것은 학생이 본래 가지고 있는 기본적 권리, 즉 자기의 목표를 설정하거나, 자기 자신의 자주적인 의사결정을 하는 것을 존중하는 것이기 때문이다(추연구, 2007). 〈표 6-11〉은 지적장애를 동반한 학생의 목표설정 단계와 각 단계에서의 지원 방법을 간략히 정리한 것이다.

〈표 6-11〉 목표설정 단계와 각 단계에서의 지원 원칙

목표 설정 단계	각 단계에서의 지원 원칙
단계 1 목표를 설정한다.	• 원칙 1. 학생이 즉시 자기 목표를 달성했는지 알 수 있도록 명확하고 구체적인 목표를 세운다. • 원칙 2. 결정된 시간 안에 달성할 수 있는 목표를 세운다. • 원칙 3. 설정한 결과 목표를 달성하기 위해서 학생이 실행 가능한 구체적인 행동에 대해서 기술하고 과정 목표를 설정한다.
단계 2 복수의 행동 계획에 대해서 검토한다.	• 원칙 4. 학생이 자기의 목표를 달성하기 위해서 실행 가능한 다양한 행동 목록을 작성한다. • 원칙 5. 각각의 행동 계획의 선택지에서 고려되어 얻은 결과 사상(+/−)에 대해서 중요함을 붙이도록 학생을 지도한다. • 원칙 6. 학생이 자기가 가지고 있는 행동계획의 선택지에 대해서 정보를 평가할 수 있도록 지원한다. • 원칙 7. 의사결정을 내리기 전에, 선택지에서 고려되어 얻는 결과 사상(+/−)에 대해서 중요함을 기록하도록 학생을 지도한다. • 원칙 8. 복잡한 의사결정을 실행하기 전에, 그것을 단순화하도록 학생을 지원한다.
단계 3 한 가지 행동 계획을 선택하고 그에 따라서 행동한다.	• 원칙 9. 학생이 자기가 선택한 것을 명확하고, 애매한 점이 없이 기술하도록 요구한다. • 원칙 10. 자기가 내린 결정에 학생이 열심히 몰두하도록 지원한다.
단계 4 목표와 의사결정을 평가하고 수행한다.	• 원칙 11. 학생이 만든 계획이 설정한 목표를 달성하는 것을 돕고 있는지에 관해서 정기적으로 평가하는 계획을 세운다. • 원칙 12. 학생의 목표가 그들의 흥미와 요구를 계속해서 나타내고 있는지에 관해서 정기적으로 평가하는 계획을 세운다.

출처 : Sands et al.(2002).

② 자기관찰기록

자기관찰기록에서 중점이 되는 것은 목표를 세울 때 약속한 행동의 발생 여부이다(추연구, 2007). 학생들에게 |그림 6-2|와 같은 양식의 자기관찰기록을 지도한다. 그 외 시간 안에 정해진 행동이 반복되어 일어나는지(예) 수학 문제 풀이 한 개수, 학습

중 한창 토론할 때 손을 드는 횟수) 일련의 동작 단계를 끝마쳤는지(예 아침의 일련의 활동, 수학 문제를 풀기 위한 단계) 또는 특별한 시점에서 약속된 행동이 일어났는지의 여부를 기록하게 한다.

학생의 이름 : ○○○ 날짜 : ________________

기록하는 방법 : 각각의 과제가 끝나면 '✔' 마크를 한다.

일 과	월	화	수	목	금
책상에 앉기					
집중해서 수업 듣기					
설명 필기하기					
교과서 꺼내기					
서로 돕기					

|그림 6-2| 아침 일과용 자기기록 용지의 예

출처 : 추연구(2007), p. 12 재구성.

③ 자기평가

자기평가는 미리 정해져 있는 형태로 목표 행동이 발생했는지 여부를 확인한다. 이것은 행동의 질적인 측면(예 관계의 적절성 등), 노력한 양(예 열심히 작업했다, 대단히 열심히 작업했다, 거의 작업을 하지 않았다 등) 또는 능숙하게 끝마칠 수 있었던 작업과 과제의 양(예 모든 작업이 기준을 만족하는 형태로 완료, 거의 과제가 기준을 만족시키는 형태로 완료, 최소한의 과제만 만족해 가는 형태로 완료 등)을 포함한다(추연구, 2007).

학생이 자기평가 도구를 사용하는 것은 행동의 발생을 기록하는 것뿐만 아니라, 그 행동의 질적인 측면도 평가하기 위해서이다. 이러한 도구는 통상적으로 평가항목

과 평가척도가 포함된다. 평가항목은 자기관리를 하는 목표행동의 달성기준에 상응하도록 구성되고 평가척도는 행동의 질적인 측면으로 평가할 수 있게 설정된다. 평가척도는 5단계 품평척도의 범위도 가능하고, 또 상징과 그림을 사용할 수도 있다. 문자로 나타낸 평가의 방법, 촉구, 그림과 상징이 처음에는 필요할 수도 있다. 그러나 이러한 것은 일단 학생이 그 형태의 사용 방법을 이해했다면, 보통 서서히 없어지게(fade-out)하는 것이 가능하다(추연구, 2007). |그림 6-3|은 자기평가기록지의 예이다.

학생의 이름 : ○○○ 날짜 : ______________

아침 활동 시간 나의 다짐

나의 목표 : 오늘은 __________ 개의 스마일표를 받자.

알림장 쓰는 시간 : '스스로의 하루를 생각해 봅시다.'

오늘 하루 중 각각의 수업에서 나는 어느 정도 노력했는가?

수업시간	과목명	☺	😐	☹
1교시				
2교시				
3교시				
4교시				
점심시간				
5교시				
6교시				

오늘 스스로에게 준 스마일 표는 모두 몇 개인가요? 세어보세요.

오늘은 총 __________ 개의 스마일 표를 받았어요.

|그림 6-3| 자기평가 예시

출처 : 추연구(2007), p. 12 재구성.

④ 자기강화

자기강화는 학생 자신이 선택하고, 사전에 결정한 강화자를 자기가 사용하는 데 중점을 두고 있다. 그래서 이 강화자를 사용하는 것은 행동기준에 달성했다고 판정된 후이다. 자기강화를 사용하기 전에, 학생이 자기관리기록(어느 정도의 작업이 끝났는가)과 자기평가(어느 정도의 질로 작업이 이루어졌는가)를 이해하고 있는지를 확인한다(추연구, 2007).

(4) 지적장애 학생을 위한 전환교육

지적기능의 제한과 의사소통의 제한으로 인해 지적장애 학생은 고등학교를 졸업한 후 실질적으로 사회의 구성원으로서 통합을 이루며 평균 수준 이상의 삶의 질을 유지하는 것에 많은 어려움이 있다. 따라서 졸업 후 지적장애 학생이 사회의 구성원으로서 자립하여 자주적인 삶을 살 수 있도록 하기 위해서는 다양한 형태의 의미 있는 전환교육이 개발되어 제공될 필요가 있다. 그리고 이 전환교육은 지적장애 학생의 생애 중 한 시점에서 제한적으로 제공되는 것이 아니라 전 생애에 걸쳐 꾸준히 제공될 필요가 있다(강동선 · 신진숙, 2015). 즉, 지적장애 학생에게 있어서 전환교육은 학령기 이후 삶에 대한 적응을 위해 지속적으로 제공될 필요가 있고, 그러한 측면에서 평생교육의 일환으로 바라볼 필요가 있다(김원호, 2020).

지적장애 학생들을 위한 다양한 전환교육 모델들이 있다. 그중 Kohler의 전환 프로그램 분류(Taxonomy for Transition Programming) 모델을 살펴보면 |그림 6-4|와 같다. Kohler는 전환교육 및 서비스 프로그램을 학생중심계획, 학생개발, 부모/가족 참여, 각 기관 간의 협동 그리고 프로그램 구조 및 속성으로 분류하고 각 영역별로 전환 프로그램을 개발할 때 실천해야 하는 과제들을 제시하였다.

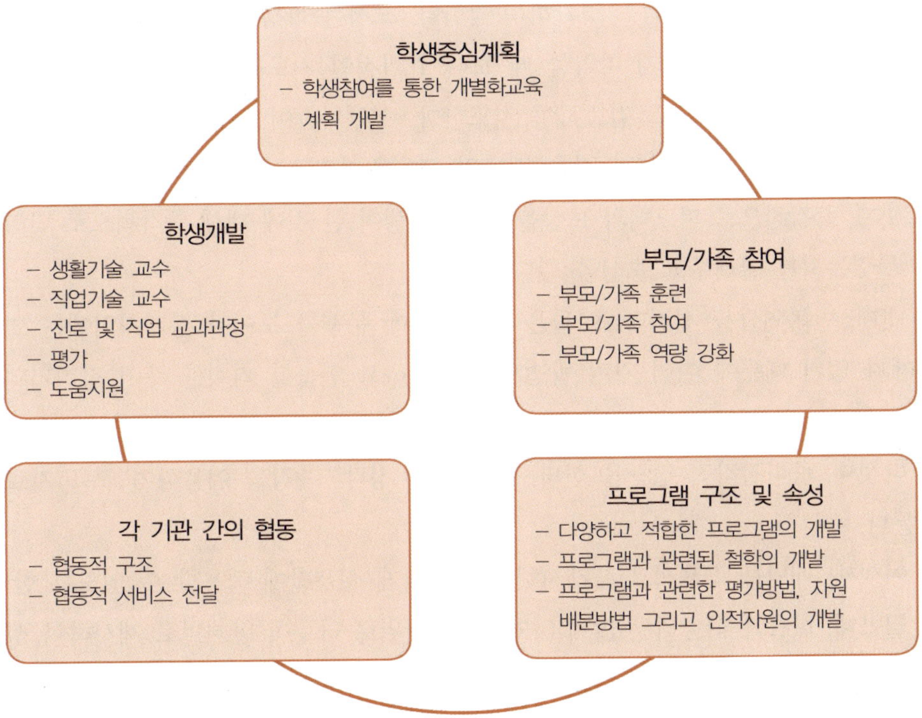

|그림 6-4| Kohler의 전환 프로그램 분류 모델

출처 : Kohler, P. D.(1996). Taxonomy for Transition Programing. Champaign, IL : University of Illinois, Transition Research Institute.

3) 지적장애 학생을 위한 통합교육적 접근

(1) 지적장애 학생의 통합교육을 위한 일반적 원리

성공적인 통합교육을 위해서는 일반교사들에게 지적장애 학생 지도를 위한 훈련이나 지원이 반드시 제공되어야 하며, 충분한 시간을 가지고 특수교사와 일반교사가 함께 협력하여야 한다. 지적장애 학생들이 보이는 학습부진, 기억문제 등을 고려한 지도의 일반적 원리는 다음과 같다(송준만 · 유효순, 2004).

첫째, 각 학생의 장단점을 명확히 파악한다. 교사는 학생에 따라서 능력에 어떠한 장단점이 있는지를 바르게 파악할 때 보다 효과적인 지도를 할 수 있다.

둘째, 학습의 준비도를 검토하여 지도한다. 선행학습이 어느 정도 이루어졌는지를 알지 못하고 다른 학생과 같은 진도의 교육을 한다는 것은 효과적이지 못하다.

셋째, 즉각적으로 피드백과 보상을 한다. 학생이 한 것에 대해 즉각적으로 맞았는지 틀렸는지를 알려주고 보상을 한다.

넷째, 반복연습을 시킨다. 이들은 단기기억에 문제를 보이나 장기기억에는 별로 문제가 없기 때문에 여러 가지 방법으로 반복하고 연습할 기회를 주어 장기기억을 돕는다.

다섯째, 중다감각적 접근을 한다. 즉, 시각 · 청각 · 촉각을 이용하여 교육 자료를 만든다.

여섯째, 개념을 구체적으로 제시하고 다양하게 실생활에 적용할 수 있도록 한다.

일곱째, 학습과제는 너무 많지 않게 작은 단위로 나누어 단계별로 제시하여 성취감을 갖게 하며 학습동기를 유발시킨다. 또한 학생 성취에 대해 직접적이고 자주 측정하여 효과적인 교육방법을 찾아낸다.

(2) 지적장애 학생의 통합교육에 대해 생각해 보기

경도 지적장애 학생들에게 '일반교육과정으로의 접근성 강화'란 어떤 의미인가? '일반교육 교육과정으로의 접근'이란 국어, 수학과 같은 핵심과목을 배울 기회를 제공하고 학업을 증진시키기 위한 교수 지원을 갖도록 하는 것으로 같은 학년 수준의 기대를 모두 충족시키는 것을 의미하는 것이 아니라 각 학년 수준의 우선적으로 중요한 몇 가지 기술, 읽기, 기본적인 계산력 등을 촉진하는 것을 의미한다(Browder et al., 2006). 즉, 일반교육 교육과정에 지적장애 학생을 포함하는 다양한 능력의 모든 학생이 참여하여 학업적인 진보를 이루는 것이다. 동일 연령의 또래와 같은 교육과정 내용을 지적장애 학생들에게도 전달되도록 하여, 지적장애 학생에 대한 낮은 기대치에 대하여 문제를 제기하고, 지적장애 학생의 참여와 진보에 대한 합당한 기대를 명시하는 것은 지적장애 학생의 구체적 성과 및 향상에 목적을 둔 것이다(Wehmeyer et al., 2002). 이는 지적장애 학생들에게 기능적인 기술들의 학습방법을 제공하는 것뿐만 아니라 학업적 내용과 직접적으로 연계된 구체적인 목표기술들을 선정한다는 점에서 큰 변화라고 할 수 있다.

과거의 교육자들은 지적장애 학생들의 IEP를 일반교육 교육과정과 분리된 기능적 교육과정으로 구성하거나 일반교육 교육과정에 대한 이해가 거의 없는 상태에서 불확실하고 모호한 교육과정에 기초하여 수립하였다(Browder & Flowers, 2004). 따라서 통합 환경 상황에서 지적장애 학생의 IEP 목표는 일반교육 교육과정을 배우는 학급의 수업 내용과 일치하지 않았으며, 권장 기준과 맞추어져 있지 않은 경우도 있었다(Fisher & Frey, 2001). 이는 '통합교육이 양적으로 팽창하고 있지만 통합교육 현장에서 특수교육대상자의 교육권이 제대로 보장되지 않는다(엄미애 · 방명애, 2011 : 138)'라는 선행연구와도 일맥상통한다. 2008년 특수교육 실태조사에 따르면, 통합교육의 교육적 성취영역에서 초등학생의 경우 사회성 발달영역의 성취가 65.9%인 반면에 교과학습 영역의 성취는 3.9%이었다. 즉, 물리적 및 사회적 차원에서의 통합은 향상되었으나 교육적 통합은 미흡함을 알 수 있다(국립특수교육원, 2008).

1980년대 중반 이후 통합교육의 개념은 더욱 발전하여, 장애 학생을 포함한 모든 학생을 처음부터 일반교육환경에서 교육하고 지원하는 방향으로 발전해 가고 있다. Will에 의해 제기된 일반교육주도(the regular education initiative)의 특수교육 재구조화 운동은 경도 장애 학생의 교육적 책임을 모든 교육자가 공유하는 것이 마땅하다는 전제에 근거한다. 그는 학생들이 지적, 행동적, 신체적 차이는 있지만 모든 학생들이 일반적인 환경에서 함께 학습할 수 있는 능력이 있다고 생각했다. 그리고 경도 지적장애 학생들에게 적절한 교수를 제공하기 위해서는 일반교육 환경에서 배제시켜 특수교육 서비스를 제공하기보다 일반교육의 수업을 그들의 요구에 적합화할 것을 제안하였다.

그러나 통합학급 교사들이 교수의 수정에 관해서 긍정적으로 인식하고 있으나 장애 학생의 인지적 특성이나 교육적 요구에 따른 교수 목표의 수정에는 어려움을 보이는 것으로 나타나고 있다(박새은, 2009; 정주영, 2006). 또한 통합학급 교사의 경우 일반 학생들과는 달리 수준을 낮추거나, 장애 학생의 학업능력에 적합한 대안적인 방법으로 교수활동이 이루어져야 한다고 인식하는 반면, 특수학급 교사는 가능한 한 일반 학생과 동일한 방법으로 교수 활동에 참여해야 한다고 인식하고 있어 인식의 차이를 보인다(박새은, 2009).

▎참고문헌 ▎

강경숙 · 김희규 · 최세민 · 유장순(2006). 장애학생의 교육과정적 통합을 위한 초등학교 도덕과 교육과정수정방법 및 사례. **특수아동교육연구, 8**(3), 1-27.

강경숙 · 최세민 · 유장순 · 김희규(2009). 정신지체학생의 교육과정적 통합을 위한 초등학교 과학과 교육과정 수정 적용 사례. **초등교육연구, 22**(3), 287-314.

____________________(2009). 통합교육 장면에서 초등학교 사회교과의 교수적 수정 및 적용방법. **교육연구, 48**, 169-194.

강동선 · 신진숙(2015). 성인발달장애인 직업중심 평생교육 모델에 관한 기초연구. **발달장애연구, 19**, 1-22.

강영심 외(2010). **예비교사를 위한 특수교육학개론**. 경기 : 서현사.

교육부(2024). 특수교육연차보고서(정기국회 보고자료).

권요한 외(2015). **특수교육학개론**. 서울 : 학지사.

김영준 · 강경숙 · 김주영(2012). 지적장애학생의 전환교육프로그램과 특수교육과정 사회교과의 통합적 접근 구안. **특수교육저널 : 이론과 실천, 13**(2), 141-172.

김원경 외(2021). **최신 특수교육학개론**. 경기 : 양성원.

김원호(2020). 지적장애학생을 위한 전환교육으로서의 평생교육에 대한 의미와 지원방안 탐색 : 특수교사와 교과교사의 인식을 중심으로. **특수아동교육연구, 22**(3), 141-170.

김승국(1990). **적응행동검사**. 서울 : 중앙적성출판사.

김승국 · 김옥기(1995). **사회성숙도검사**. 서울 : 도서출판특수교육.

박새은(2009). 교수 수정에 대한 통합학급 교사와 특수학급 교사의 인식 비교. **특수교육교과교육연구, 2**(2), 63-81.

박승희 · 박윤희 · 한선영(2022). **AAIDD 12판 지적장애 정의, 진단, 분류 및 지원체계**. 경기 : 교육과학사.

배찬효(2012). 지적장애학생의 일반교육 교육과정 접근방안 탐색. **특수교육교과교육연구, 5**(3), 77-108.

백은희 · 이병인 · 조수제(2007). **K-SIB-R 한국판 적응행동검사**. 서울 : 학지사.

송준만 · 유효순(2004). **특수아교육**. 서울 : 한국방송통신대학교출판부.

신현기 역(2006). **정신지체 : 역사적 관점, 현재의 동향 그리고 미래의 방향**. 서울 : 시그마프레스.

엄미애 · 방명애(2011). 초등 통합학급 교사의 장애학생 교수에 대한 교사효능감과 교수적 수정에 영향을 미치는 변인분석. **통합교육연구, 6**(1), 137-161.

여광응 · 추연구 · 김정선(2002). 정신지체학교의 형식적 교육목표 설정에 관한 실태분석 연구. **특수교육연구, 9**(1), 65-86.

이소현 · 박은혜(2011). **특수아동교육**. 서울 : 학지사.

정주영(2006). 통합교육 환경의 교수적합화 연구 경향 고찰. **통합교육연구 1**(1), 83-116.

추연구(2003a). 과정 중심 교수의 접근 고찰. **특수교육저널 : 이론과 실천. 4**(3), 87-108.

______(2003b). 과정중심수업 모형을 이용한 사회과 계획전략수업 적용이 발달장애학생의 초인지 전략 사용능력에 미치는 효과. **특수교육재활과학연구, 42**(2), 223-250.

______(2005). 정신지체인의 인격발달 연구-Zigler의 관점을 중심으로-. **特殊敎育再活科學硏究, 44**(1), 63-86.

______(2007). 정신지체학생의 삶의 질 향상을 위한 자기결정기술에서 자기규칙의 촉진 방안. **발달장애연구, 11**(1), 1-21.

추연구 · 김은영(2012). 지적장애 학생의 성교육 프로그램 지원 방안. **발달장애연구, 16**(4), 219-237.

Browder, D. & Flowers, C.(2004). The impact of teacher training on state alternative assessment scores. *Exceptional Children. 71*(3), 267-282.

Ewart, A. K., Morris, C. A., Atkinson, D., Jin, W., Sternes, K., Spallone, P., Stock, A., Leppart, M., & Keating, M.(1993). Hemizygosity at the elastin locus in a developmental disorder, Williams Syndrome. *Nature Genetics, 5*, 11-16.

Fisher, D. & Frey, N.(2001). Access to the Core Curriculum Critical Ingredients for Student Success. *Remedial and Special Education, 22*(3), 148-157.

Grossman, H. J.(1983). *Classification in Mental Retardation*. Washington, DC : American Association on Mental Retardation.

Hallahan, D, P., & Kauffman, J. M.(2003). *Exceptional Learners : Introduction to special education*(9th ed). Boston : Allyn and Bacon.

Holm, V. A., Cassidy, S. B., Butler, M. G., Hanchet, J. M., Greenswag, L. R., Whitman, B. Y.,& Greenberg, G.(1993). Prader-Willi Syndrome : Consensus diagnostic criteria. *Pediatrics, 91*, 398-402.

Numminen, H., Service, E., and Ruoppila, I.(2002). Working memory, intelligence and knowledge base in adult persons with intellectual disability. *Research in Developmental Disabilities, 23*, 105-118.

Pober, B. R., & Dykens, E. M.(1996). Williams syndrome : An overview of medical, cognitive and behavioral features. *Child and Adolescent Psychiatric Clinics of North America, 5*, 929-944.

Sands. D., Doll. B. & Browder. D.(ed.)(2002). *Teaching Goal Setting and Decision Making to Students With Developmental Disabilities*. Washington : AAMR.

Schalock, R. L., Gardener, J. F., & Bradley, V. J.(2007). *Quality of Life : Applications for people with in intellectual and development disabilities*. Washington, DC : American Association on Intellectual and Developmental Disabilities.

Taylor, R. L., Richards, S. B., & Brady, M. P.(2005). *Mental Retardation : Historical perspectives, current practices, and future directions*. Boston : Pearson Education.

Wehmeyer, M. L., Sands, D. J., Konwlton, H. E. & Kozleski, E. B.(2002). *Teaching Students with Mental Retardation : Proving access to the general curriculum*. Baltimore, MD : Paul H. Brookes.

CHAPTER 07

지체장애

2024년을 기준으로 지체장애 학생 배치현황을 살펴보면 전체 115,610명의 특수교육대상자 수 중 9,263명이 특수학교, 특수학급 그리고 일반학급에 배치되어 있다(교육부, 2024). 지체장애가 있는 학생들은 신체에 이상이 있다는 공통점이 있지만, 그 특성은 너무나 다양하다. 지체장애로 인한 신체적 제한으로 학교 출석이나 학습이 어렵게 되면 특수한 서비스, 훈련, 기구, 자료 혹은 시설이 필요하게 된다. 지체장애는 크게 신경계통의 장애, 근골격계의 장애, 선천적 기형 등으로 분류할 수 있다. 이 장에서는 이러한 지체장애의 정의와 진단 및 평가방법을 알아보고, 그들이 지니고 있는 다양한 특성에 따른 교육적 지원 및 교육적 방법 등에 대해 알아보고자 한다.

1 지체장애의 정의 및 원인

1) 지체장애의 정의

지체장애는 그 종류나 발생 시기, 원인, 부위에 따라 광범위하고 다양하며, 의학적 진보와 사회정책, 문화의 진보에 따라 그 내용이 변화될 가능성이 있다. 따라서 지체장애를 정확하게 정의하기란 매우 어렵다. Best, Heller와 Bigge(2005)가 지적했듯이 지체장애 학생들은 신체에 이상이 있다는 공통점만으로 함께 묶여있다.

미국 장애인교육법(IDEA)에서는 지체장애를 정형외과적 장애라는 용어로 정의한다. 정형외과적 장애란 심한 외과적 손상을 의미하는 것으로 선천적 이상에 의한 손상(만곡증, 사지결손증 등), 질병에 의한 손상(소아마비, 골결핵 등), 그 외 다른 원인에 의한 손상(뇌성마비, 절단, 골절 및 화상에 의한 수축 등)을 포함한다고 정의하고 있다.

우리나라 「장애인 등에 대한 특수교육법」과 장애인복지법에서도 각각 지체장애를 규정하고 있다. 「장애인 등에 대한 특수교육법 시행령」 [별표](2016 개정)에 따른 지체장애 특수교육대상자의 정의는 다음과 같다.

「장애인 등에 대한 특수교육법」의 지체장애 정의

기능 · 형태상 장애를 가지고 있거나 몸통을 지탱하거나 팔다리의 움직임 등에 어려움을 겪는 신체적 조건이나 상태로 인해 교육적 성취에 어려움이 있는 사람

장애인복지법 시행령 [별표 1](2021 개정)에서는 지체장애인의 기준을 다음과 같이 정하고 있다.

장애인복지법의 지체장애 정의

1. 장애인복지법 시행령 [별표 1]

가. 한 팔, 한 다리 또는 몸통의 기능에 영속적인 장애가 있는 사람

나. 한 손의 엄지손가락을 지골(指骨 : 손가락 뼈) 관절 이상의 부위에서 잃은 사람 또는 한 손의 둘째 손가락을 포함한 두 개 이상의 손가락을 모두 제1지골 관절 이상의 부위에서 잃은 사람

다. 한 다리를 가로발목뼈관절(lisfranc joint) 이상의 부위에서 잃은 사람

라. 두 발의 발가락을 모두 잃은 사람

마. 한 손의 엄지손가락 기능을 잃은 사람 또는 한 손의 둘째 손가락을 포함한 손가락 두 개 이상의 기능을 잃은 사람
바. 왜소증으로 키가 심하게 작거나 척추에 현저한 변형 또는 기형이 있는 사람
사. 지체(肢體)에 위 각 목의 어느 하나에 해당하는 장애정도 이상의 장애가 있다고 인정되는 사람

「장애인 등에 대한 특수교육법」과 장애인복지법의 지체장애에 대한 정의는 약간의 차이를 보인다. 「장애인 등에 대한 특수교육법」에서는 교육적 요구에 초점을 두고 지체장애를 정의했다면 장애인복지법에서는 장애의 손상 정도와 부위를 기준으로 지체장애를 규정하고 있다.

2) 지체장애의 원인

지체장애의 다양한 종류만큼 그 원인도 다양하다. 그러나 발생론적 입장에서는 출생 전, 출생 시, 출생 후로 구분한다(곽승철 외, 1995). 그 구체적인 내용은 다음과 같다.

- 출생 전 원인 : 출생 전은 임신에서 출산까지를 말하며, 이 시기는 유전적 요인과 임신 중 요인(모체 내 감염)까지를 포함한다. 유전적 요인은 유전적으로 나쁜 결함 유전인자가 자녀에게 전달되거나 부모에게서 나타나지 않았으나 자녀에게 나타나는 경우이며, 임신 중 요인은 임신 중 태아 감염(톡소플라즈마증, 풍진, 기타 모체 감염), 태아 무산소증(모체의 빈혈증, 저혈압), 고혈압, 심폐기능장애, 독성물질과 엑스선(X-rays)에의 노출, 약물 복용, 대사성 질환, 모체의 영양실조 등이다.
- 출생 시 원인 : 출생 시 요인은 진통 시작부터 첫 호흡까지로, 이 시기의 아기는 외상이나 산소결핍의 위험이 크다. 부적당한 겸자(鉗子) 사용, 분만 사고에 따른 뇌출혈과 뇌손상, 모체의 산소 결핍, 전치태반박리, 허혈성 뇌증, 뇌염, 뇌막염, 핵황달 등이 포함된다.

- **출생 후 원인** : 출생 후에는 신생아기(1~28일), 유아기(28일~1세), 학생기(2세 이후), 청소년기, 성인기까지의 문제를 포함하고, 보통 출생에서 2세까지의 기간을 말하며, 조산, 뇌손상, 뇌혈관질환, 뇌막염, 뇌염, 중독증, 뇌 무산소증, 허혈, 출혈 등이 원인이 될 수 있으며 교통사고 역시 주된 원인이 될 수 있다.

지체장애 학생들 중 큰 비중을 차지하고 있는 뇌성마비의 원인을 살펴보면 장애의 발생 시기에 따라 선천성 원인이 85%, 후천성 원인이 15%를 차지한다. 뇌성마비의 원인에 대한 구체적인 내용은 〈표 7-1〉과 같다(김희규 외, 2010).

〈표 7-1〉 뇌성마비의 원인

발생시기	원 인
유전성	• 가족성 무정위증, 가족성 진전증, 가족성 역성대마비, 가계성 경직형 사지마비 등이 있다. • 뇌성마비는 유전적 원인이 약 10% 정도 차지한다.
선천성(자궁 내), 임신 중 요인	• 풍진, 톡소플라즈마증, 바이러스 등에 의한 감염 등 • 일산화탄소 중독증, 질식, 빈혈, 태반경색, 태반 조기박리 등 • 임신중독증, 모세의 출혈성 소인에 의한 출생 전 뇌출혈 등 • 제대 얽힘, 꼬임에 의한 출생 전 무산소증 등 • 자궁 내 감염
출생 시 (산모의 진통 시작~아기의 첫 호흡)	• 기계적 무산소증 : 호흡폐쇄, 확장부전, 진정제 과잉복용에 의한 마취, 골반이상 등 • 출생 시 외상 : 나상에 의한 출혈, 부적절한 겸자 출산 등 • 출산합병증 : 조산(태내기간 37주 이내), 미숙아(2.5kg), 저체중아(1.5kg), 초저체중아(1.0kg), 소인성(Rh인자, ABO 부적합에 의한 핵황달), 매독, 뇌막염 등
출생 후	• 외상 : 경막하혈종, 두개골절, 뇌좌상 등 • 감염 : 수막염, 뇌염 등 • 맥관장애 : 선천성 뇌종맥류, 혈전, 색전, 고혈압성 뇌증 등 • 독소 : 납, 비소 등 • 무산소증 : 일산화탄소 중독, 질식, 무산소증, 저혈당증 등

출처 : 김희규 외(2010).

2 지체장애의 진단 및 평가

지체장애 학생에 대한 진단평가의 목적은 교육적 서비스에 적합한 개인의 선별, 적절한 교육 환경의 결정과 배치, 개인과 집단을 위한 프로그램 입안, 프로그램의 효과 측정 및 연구적 활용, 개인의 진보 정도를 점검하기 위한 성취도 확인에 있으며(전헌선 외, 2006), 그들이 가지는 다양하고 무거운 장애 때문에 다학문적 접근이 필요하다. 그러나 지체장애 학생은 중증장애와 복잡한 수반장애 등으로 인해 필요한 모든 발달영역에 대한 평가가 불가능할 수 있다. 따라서 진단평가가 소요되는 시간과 노력을 고려하여 개별 학생의 특성과 요구에 따라 우선순위를 결정하여 실시할 필요가 있으며, 의료, 심리, 생태학적 평가 등에 대한 진단평가가 요구된다(강영심 외, 2010).

1) 신체운동 능력

신체운동 능력의 진단에서 의료적 진단으로는 근긴장도, 뇌기능 및 뇌파검사, 관절질환 등에 대한 검사를 실시하며, 운동능력의 예후를 예측할 수 있는 원시반사의 잔존과 미출현에 대한 조기 진단, 각종 치료지원활동과 관련된 대근육운동과 소근육운동의 발달상태, 자세와 관절가동범위, 지각-운동능력 등에 대한 진단이 요구된다. 이 외에도 신체운동 능력과 관련해 학생이 현재 스스로 할 수 있는 일상생활 활동을 평가하고 앞으로 습득해야 할 일상생활 동작을 알아야 한다. 이를 위해 물리치료사, 작업치료사, 교사 그리고 부모는 일상 및 학교생활에서 학생의 자세와 효과적인 보행 및 이동방법 등을 지속적으로 확인하고 일상생활과 학습활동에서 실시하는 기능적 치료에 필요한 정보를 수집할 수 있어야 한다.

2) 심리평가

지체장애에 대한 심리평가는 검사과정에서 검사방법이 이들 학생에게 정확하게 전달되고 있는지 등에 대하여 검사가 진행되는 동안 수시로 체크해 볼 필요가 있다. 또한 지필검사를 실시할 때에는 자세나 운동장애 특성, 피로 등의 문제를 고려하여 문제 수의 축소, 시험시간의 연장, 필기 보조기기의 제공 등 다양한 측면에서 지원과 배려가 필요하다.

또한 뇌성마비는 특히 조기발견과 치료가 중요하므로 상세한 병력청취와 근긴장도, 원시반사, 자발운동, 자세반사 등을 포함한 면밀한 이학적 검사가 필수적이며 뇌전산화 단층촬영, 뇌자기공명 영상, 뇌파검사 등도 필요할 것이다. 그리고 조기발견을 위한 관찰 가능한 신체 및 자세 증후에 유의할 필요도 있다.

3) 생태학적 접근

지체장애에 대한 진단평가로 생태학적 접근법이 강조되고 있다. 이는 지체장애 학생의 나이가 많고 중증일수록 유용하며, '무엇을 할 수 있다'는 관점에서 진단평가가 이루어진다. 그러나 중증지체장애 학생을 위한 진단평가는 검사상의 조건 등으로 인해 쉽지 않을 뿐만 아니라 기본능력과 표출능력이 훨씬 낮은 경우(수반장애로 80% 이상이 언어장애가 나타남)가 많기 때문에 장점이나 강점을 찾기가 쉽지 않다(강영심 외, 2010).

3 지체장애의 분류 및 특성

1) 지체장애의 분류

지체장애는 크게 중추신경계의 손상으로 인한 신경성 증후군과 근골격계의 이상으로 인한 운동기 증후군으로 분류하며, 신경성 증후군은 뇌성마비, 진행성 근위축증, 척수성 소아마비를 포함하며, 운동기 증후군은 결핵성 증후군, 골 증후군, 관절 증후군, 외상성 증후군, 형태이상 증후군을 포함한다. 지체장애의 분류 및 내용은 〈표 7-2〉와 같다.

〈표 7-2〉 지체장애의 분류

유 형	분 류	종 류
신경성 증후군	뇌성마비	경직형, 불수의운동형, 운동실조형, 강직형, 진전형
	진행성 근위축증	듀센형, 베커형, 안면견갑상완형, 지대형, 위축성 근 경직형
	척수성 소아마비	소아마비
운동기 증후군	결핵성 증후군	결핵성 고관절염, 무릎관절 결핵, 관절 결핵, 골 결핵, 척수 카리에스
	골 증후군	골형성 부전증, 연골무형성증, 골단염, 레그-페르데스병, 구루병, 모르퀴오병, 골수염
	관절 증후군	선천성 고관절탈구, 병적 탈구, 관절 류마티즘, 관절염, 관절구축
	외상성 증후군	절단, 반흔구축, 가관절
	형태이상 증후군	만곡족, 내반슬, 외반슬, 척추측만, 척추후만, 척추전만, 척추파열(이분척추), 단지증

출처 : 전헌선 외(2011).

(1) 신경성 증후군

① 뇌성마비

뇌성마비(cerebral palsy)는 수태에서 생후 1개월까지의 신생아기에 뇌손상으로 인해 비진행성 병변이 발생하고, 그 결과 지체의 수의 운동장애, 운동기능 마비, 자세 이상 등의 신경성 운동기능 장애가 초래된 것이다. 이러한 운동기능장애는 일시적이 아니고 영속적이며 출생 후 만 2세까지 증후가 나타날 수 있다. 따라서 뇌성마비의 주장애는 뇌 병변으로 인해 생기는 운동장애이며, 수반장애로 지적장애, 시각장애, 의사소통장애, 청각장애, 정서 · 행동장애, 학습장애, 뇌전증 등이 있다.

미국뇌성마비학회(AACP : The American Academy on Cerebral Palsy)에서는 뇌성마비를 〈표 7-3〉과 같이 분류하고 있다.

〈표 7-3〉 지체장애의 분류

분 류	특 성
경직형 (spastic type)	• 대뇌 추체로 손상 • 뻣뻣한 근육 • 선택적인 운동 억제 감소 • 비정상적이고 제한적인 운동 협응 • 근 활동의 지나친 과활성화 • 제한된 범위의 이동 • 느린 근 활성화와 자세 반응 • 뇌성마비의 50~60% • 외부 영향을 받는 활동으로 근육 긴장의 증가
불수의 운동형 (athetoid type)	• 대뇌 추체외로 손상 • 손상된 자세 고착 • 억제되지 않고 불수의적인 움직임이 나타남 • 불수의와 강직, 진전을 포함함 • 강직일 때 움직이는 범위 내에서 저항을 보임 • 움직임은 시기, 방향, 장소의 특성에 따라서 비정상적임 • 뇌성마비의 30~40%
운동 실조형 (ataxic type)	• 소뇌 손상 • 손상된 자세 억제 • 무너진 균형 • 협응 운동의 조절에 있어서 부적절한 억제 • 종종 긴장 이상과의 연합 • 활동적인 운동을 하는 동안에 체력 감소 • 몸, 손, 목소리 등의 떨림도 존재 • 뇌성마비의 5~10%
강직형 (rigidity type)	• 관절을 굴곡하거나 신전하면 묘한 저항감이 있음 • 근육의 신축성 상실로 운동 저항이 강하게 생김 • 경직형과 비슷하나 과잉동작이나 불수의적인 동작은 없음 • 뇌성마비의 5~10%
진전형 (tremor type)	• 수의 운동 시에 주로 진전이 나타남 • 대뇌와 소뇌의 연락장애가 있을 때 진전이 나타남 • 보행실조가 나타남 • 뇌성마비의 2~5%

출처 : Workinger(2005).

뇌성마비의 마비가 나타나는 부위별 분류는 〈표 7-4〉와 같다.

〈표 7-4〉 뇌성마비의 부위별 분류와 분포

분 류	분 포
단마비(monoplegia)	사지 중의 한쪽 마비(매우 희박함)
편마비(hemiplegia)	몸 한쪽의 팔과 다리 마비
양마비(diplegia)	모든 사지마비 : 팔보다는 다리가 더 포함됨
사지마비(quadriplegia)	모든 사지마비 : 팔, 다리가 똑같이 포함됨
삼지마비(triplegia)	몸 세 부분의 마비
대마비(paraplegia)	오로지 다리만 마비(매우 희박함)

출처 : Workinger(2005).

뇌성마비의 운동 형태에 따른 이동 형태의 도식은 |그림 7-1|과 같다.

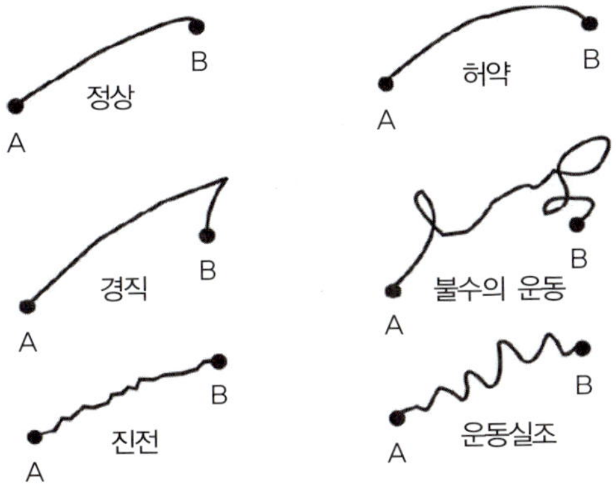

|그림 7-1| 운동 형태에 따른 이동 형태

② 진행성 근위축증

근이영양증, 척수성 근위축증 등 다양한 용어로 불리는 근위축증(muscular dystrophy) 이란 진행성의 근위축을 보이며 근육조직검사에서 근육의 괴사 및 재생과정을 보이고 근섬유의 크기가 고르지 않으며 근섬유가 고사된 자리에 지방 및 섬유화 조직으로 대치되는 모든 근질환을 말한다. 주로 유전적 원인에 의해 발병하며, 일반적으로 근육의 약화가 진행되어 일어서기 어렵고 걷거나 뛰기 힘들어한다. 근위축 증후의 진행과정은 보행시기, 휠체어시기, 침상시기로 구분할 수 있다(전헌선, 2005).

보행시기에는 달리기가 힘들고 계단 오를 때 난간을 이용하거나 일어설 때 무릎에 손을 짚게 된다. 다리의 근력 저하가 생기면 상체를 좌우로 뒤뚱거리며 걷게 되고 뒤꿈치를 들고 발가락을 세워 걷게 된다. 허리의 근력 저하로 가슴과 배를 쑥 내민 특유의 자세를 보인다. 휠체어시기에는 척추측만, 관절구축이 진행되고 운동량 부족으로 비만이나 순환장애가 있을 수 있다. 침상시기에는 호흡, 신장기능이 저하되어 호흡곤란이 문제가 될 수 있다. 근위축 증후의 종류는 다양하며, 유전 성향과 임상 양상에 따라 다섯 가지 유형, 즉 듀센형, 베커형, 안면견갑상완형, 지대형, 위축성 근 경직형으로 구분한다(김정희, 2007; 전헌선, 2005).

③ 척수성 소아마비

소아마비 또는 척수성 소아마비(polio)라고 하며 유아 및 소아에게 주로 나타난다. 소아마비는 폴리오바이러스(polio virus)의 감염에 의해 하지나 상지에 이완성 마비가 오는 전염병의 일종이다. 소아마비는 바이러스의 원인에 대한 백신이 발달하기 전에는 공공의 질병이었다. 바이러스는 경도에서부터 중도에 이르는 신체 마비의 원인이 되고 뇌를 침범할 수도 있다. 또한 부분 마비를 일으키는 경우도 있다. 바이러스는 지금까지도 존재하고 있고, 모든 아이들은 이 질병으로부터 보호받기 위해 면역성을 필요로 한다(March of Dimes, 1999). 생애 초기에 소아마비를 가진 일부 사람들은 소아마비 후 근육 위축이 나타날 수도 있다.

우리나라에서는 소아마비가 드물었으나 한국전쟁을 전후해서 발생 빈도가 증가하다가 1950년대 후반부터 1960년대 초반에 이르러 폭발적인 대유행이 있었다(주정빈, 1989). 예방접종이 개발된 이후 소아마비 발생률이 급격히 감소되어 현재 우리나라의 경우 소아마비 Zero를 선언하고 있다. 초기 지체장애 특수학교의 교육 대상 학생은 주로 소아마비가 주를 이루었다. 그러나 지금은 소아마비로 입학하는 예는 드물며, 대부분 뇌병변 장애를 지닌 학생들로 구성되어 있다.

(2) 운동기 증후군

① 척수 카리에스

척추 카리에스(spinal caries)는 척추염, 척추결핵이라고도 하며 척추가 결핵균에 감염되어 생기는 질병이다. 즉, 척추로 들어간 결핵균에 의해 조직이나 세포가 죽어서 뼛속에 빈 공간을 형성하면 등골뼈가 연화되어 척추가 둥글게 굽는다. 심한 통증과 고름, 종기 등의 증세가 나타나기도 한다.

② 골형성 부전증

골형성 부전증(osteogenesis imperfecta)은 태내에서부터 나타나는 유전질환으로 특별한 원인이 없어도 뼈가 쉽게 부서지는 질병이다. 남녀 모두에서 나타나며, 중도(重度)의 경우에는 이미 태내에서 많은 골절이 일어나서 사망한다. 출생 후에도 골절을 반복하는 관계로 사지의 길이 차이가 나타나게 된다. 골절은 기저귀를 교체하는 중이거나 안아 올릴 때, 트림을 시키는 동안, 그리고 일어서거나 걷기 시작하는 정상행동 중에서도 다양하게 발생한다. 특징으로는 성장하면서 골절을 수없이 반복하기 때문에 장관골(長管骨) 변형이 생겨서 발육부진이 일어나고 이에 따라 신체가 작고 척추가 휘거나 튀어나와 있으며, 머리가 크게 보이고 턱이 앞으로 나와있다. 또한 골형성 부전증은 청색 각막, 난청을 수반하기도 한다(전헌선 외, 2006). 골형성 부전증인 사람은 뼈가 약하기 때문에 이동 시에, 특히 문이나 물건의 모서리에 부딪치지 않도록 주의하고 휠체어에서 떨어지거나 넘어지지 않도록 미리 조치를 취하여야 한다. 앉아서 이동할 경우에는 처진 다리가 흔들리지 않게 고정시켜서 다른 물체에 부딪치지 않도록 해야 한다. 골절을 가져오지 않도록 세심한 주의를 기울여 변형의 예방에 힘써야 한다.

③ 선천성 고관절 탈구

선천성 고관절 탈구(congenital dislocation of hip)는 고관절이 태어날 때부터 어긋나 있는 것을 말한다. 엉덩이뼈와 다리뼈를 연결하는 관절을 고관절이라 하며, 고관절 탈구는 이 고관절이 어긋나 있는 것을 말한다.

선천성 고관절 탈구는 좌측보다는 우측에서 많이 나타나며, 원인이 확실하지는 않지만, 유전이나 임신 중 모체에 대한 외부의 영향, 내분비계 이상, 자궁 내에서 태아가 받는 기계적 요소의 영향 등으로 고관절을 이루고 있는 박구(髆臼)발달 이상 등으로 발생한다(김영민 · 한문식, 1972). 또한 태반 내에서 둔위(臀位, 태아의 엉덩이가 먼저 나오게 밑으로 누워 있는 자세)로 있던 아이에게서 주로 나타나며, 발이나 목 등의 선천성 기형을 동반하는 경우가 많다. 출생 직후에 그 증상이 뚜렷하게 나타나지 않기 때문에 특별한 주의를 기울이지 않으면 조기에 발견하기가 쉽지 않다(김영민 · 한문식, 1972).

④ 가관절

가관절(pseudoarthrosis nonunion of bone)이란 골절부의 뼈가 잘 유합되지 않아 관절이 있지 않아야 할 곳에 마치 관절처럼 움직이는 상태가 생겨난 것을 말하며, 위관절이라고도 한다. 이것은 골절 후의 정복(탈구한 관절을 정상으로 복귀시켜 탈구를 되돌리는 조작)이나 관절 고정의 불량, 골절부의 세균감염 등이 원인이 된다.

가관절이 하지에 있을 때는 지지성에 문제가 있고, 상지에 있을 때는 힘의 감량이나 만성 통증 등의 증상을 나타낸다. 가관절이 되기 쉬운 부위는 원래 혈액의 흐름이 충분한 곳으로 대퇴골 경부, 경골(정강이뼈) 1/3 지점, 상완골(팔꿈치 위쪽 뼈) 중앙부 주상골(肘上骨) 등이다.

⑤ 이분척추

이분척추(spina bifida)는 태아가 배 속에 있을 때 신경계가 형성되는 과정에서 척수가 경막(척수를 싸고 있는 두껍고 튼튼한 섬유질의 막)이나, 근육 또는 피부에 완전히 덮이지 못한 채로 태어나는 경우로 척추파열이라고도 한다(Bowe, 2000). 따라서 척추의

융합이 안 된 신경관 형성으로 척추 뒤쪽은 텅 빈 공간으로 남게 되고, 그 안에 존재하는 척수는 보호가 안 된 상태로 외부에 노출된 현상이다. 종류로는 척추뼈의 결함만 있는 잠재이분척추(spina bifida occulta : 척추 뒤의 피부는 그대로 덮고 있어 척수가 외부로 노출되지 않음)와 척추뼈의 결함뿐 아니라 척추뼈 내용물의 전위와 척추를 덮고 있는 피부 결함 등을 동반해서 드러난 낭포이분척추(spina bifida aperta)가 있다.

2) 지체장애의 특성

(1) 인지능력과 학업성취

지체장애 아동의 인지능력과 학업성취는 매우 다양하다. 뇌성마비 아동의 경우 심한 뇌성마비를 가지고 있어도 정상 또는 그 이상의 우수한 인지능력을 가지는 경우도 있을 수 있고, 지적장애를 동반하는 경우도 있다. 이처럼 지체장애 아동은 심한 인지적 결함을 나타내는 수준부터 우수한 수준까지 다양한 분포를 보이기 때문에 단일한 특성으로 규정하여 일반화하기에는 어려움이 있다(이소현 · 박은혜, 2011).

하지만 빈도 높게 나타나는 특성들을 살펴보면 다음과 같다. 우선 신경계통의 장애로 인한 언어발달의 지연과 지각 · 운동장애로 인한 정보 수용능력의 부족은 학습욕구를 저하시키고 습득한 지식을 일반화, 통합 조직하는 학습능력의 지체를 가져온다.

또한 지체장애 아동은 행동 기능이 제한되어 활동의 영역이 협소하고 행동의 범위가 제한됨에 따라 제한된 경험만을 가지는 경우가 많다. 경험을 통해 형성한 배경지식은 학습의 기초를 이루는데, 이러한 경험의 제한은 각종 사물이나 사상에 관한 개념 형성에 있어서 왜곡을 가져올 수 있으며, 지각–운동장애, 의사소통장애, 정서불안정, 전경–배경 변별 장애 등의 현상을 일으킬 수도 있다.

마지막으로 지체장애 아동은 신체적 · 의료적 문제의 치료를 위해 잦은 입원과 이로 인한 결석을 하게 되는 경우가 있다. 치료를 위한 입원과 결석 그리고 이로 인한 피로감은 수업 결손을 가져오고 장기적으로 학업성취도에 부정적인 영향을 미친다.

집중 치료와 입원으로 인해 학교 입학 시기가 되어도 입학을 하지 못하고 유예하거나 서류상 진급하는 형태로 실제적인 교육을 제공받지 못하는 경우도 많다.

(2) 사회-정서적 특성

지체장애는 성장기에 큰 영향을 미친다. 외현적으로 드러나는 신체의 장애와 치료에서 오는 심한 고통 등은 아동의 사회·정서적 발달에 심각한 영향을 줄 수 있다. 지체장애로 인한 부자유와 장애 중적 심화과정의 경험은 사회·정서적 발달에 영향을 미친다. 지체장애 아동은 지체의 부자유 때문에 욕구 불만이나 부적응이 야기되며, 성격발달에 결함을 나타내는 경우도 있다. 또한 지체장애 아동은 장애중적 심화과정으로 인해 지체의 부자유라는 일차 증상이 원인이 되어 사회-정서적인 문제로 이어지기도 한다. 이와 같은 장애 중적 심화과정의 경험으로 인해 지체장애 아동은 정서불안, 열등감, 비사회적 행동, 반사회적 행동 등을 나타내기도 한다. 그리고 부정적인 자아개념, 도피적 행동 경향성, 강한 자기방어, 그리고 많은 경계심을 갖게 되는 경향이 있다.

그리고 지체장애 아동은 신체적으로 남에게 많이 의존하게 된다. 이로 인해 학습된 무기력(learned helplessness)이라 불리는 수동적인 양상을 보이기도 한다. 또한 어려움이 있는 다른 사람의 감정과 자신의 감정의 관계를 이해하지 못하고 좀 더 친밀한 관계를 위해서 적당히 주고받는 방법을 알지 못하기 때문에 일방적인 교류가 되어 타인에게 오해를 받는다.

(3) 신체·운동적 특성

지체장애는 체간과 사지의 운동기능 장애, 변형 및 기형 등의 형태적 이상, 자세 이상을 가지고 있다. 그러므로 주 장애인 운동기능 장애를 극복하고 개선하는 일은 지체장애 교육의 중심 과제라고 할 수 있다. 지체장애 아동의 신체·운동적 특성으로 첫째, 근육 협의성 곤란 및 근육 마비 또는 위축으로 자세 유지 및 이동에 어려움을 겪는다.

둘째, 지체장애 아동은 구강 주변 근육의 조절과 협응의 문제로 혀를 조절하기 힘들어 침을 흘리거나 말을 잘하지 못하고 아주 천천히 말할 수 있다. 이러한 언어장애는 발어기관의 마비현상에 의한 언어장애, 발음기관의 운동조절 부족에 의한 발음장애 및 리듬장애, 그 외 감각손상이나 언어발달 지체에 따른 언어의 미숙 등으로 나타난다.

셋째, 지체장애 아동은 유연성, 근력, 순발력, 민첩성, 평형성, 지구력과 같은 운동기능이나 호흡기능이 매우 열등하다. 그 이유는 신체기능 장애와 그에 따른 운동량의 부족과 심리적 위축 또는 열등감 때문에 활동 범위가 협소하고, 일상의 운동과 신체적 활동시간이 일반아동의 활동량에 미치지 못하기 때문이다(김희규 외, 2010).

(4) 기타 특성

뇌성마비 아동은 전도성을 나타낸다. 전도성이란 특정한 대상에 주의를 집중시키지 못하고 무선택적으로 반응해 버리는 것을 말한다. 이는 자극에 대해서 반응하지 않고는 견딜 수 없는 특징을 가진다는 점에서 강박적 반응성이라고도 한다. 또한 다른 자극으로 주의가 계속해서 이동하기 때문에 주의지속이 짧다(김희규 외, 2010).

뇌성마비 아동은 발달 초기의 운동과 사회 인지적 발달 및 놀이 경험의 부족으로 언어습득 이전의 비언어적 몸짓, 제스처 등의 언어 전 행동을 발달시키지 못하므로 의사소통 기술을 습득하는 데 방해를 받게 된다. 지체장애 아동의 저조한 의사소통 발달은 교사나 또래의 말을 듣고 이해하거나 자신을 표현하는 능력에서 문제를 야기한다. 이러한 의사소통의 문제는 사회적 상호작용을 방해하고 통합된 환경의 적응에 어려움을 나타내게 된다(김원경 외, 2021).

4 지체장애 학생을 위한 교육적 접근

1) 지체장애 학생 교육을 위한 기본원리

지체장애 학생의 학업적 능력은 매우 다양하지만 많은 수의 지체장애 학생은 일반 학생과 동일한 교육목표와 교육적 요구를 가지고 있다. 따라서 지체장애 학생의 교육 시 일반교육 목표에 이들의 특별한 교육적 요구를 더해서 진행할 필요가 있다. 지체장애 학생의 교육 시 특별한 교육적 요구를 반영한 교육목표를 수립하기 위하여 각 학생의 생활을 분석하여 실제 생활 속에서 필요를 파악해야 한다. 이를 바탕으로 수립된 교육목표는 일반적으로 가정, 학교, 지역사회에서 독립성이나 참여를 증대시키는 데 초점을 맞추고 또래와의 상호작용과 신체운동기능을 개선할 수 있으며 각 학생의 생활연령에 적절해야 한다. 이와 같은 교육목표에 따라 교수 시 의료나 특별한 건강에 대한 정보, 감각적 요구를 자극하기 위한 교구의 활용, 교재 · 교구의 수정, 관련서비스 지원, 팀 접근방법, 교수-교육공학 적용 등을 고려한 교육방법들이 활용되어야 한다.

지체장애 학생의 지도를 위한 구체적인 지침은 다음과 같다(김희규 외, 2010).

- 학생이 할 수 있는 일을 스스로 하도록 한다.
- 최대한 많은 것을 직접 경험하도록 기회를 마련한다.
- 학생의 현재와 미래의 환경을 고려하여 학생교육을 전망한다.
- 학생의 생활연령에 맞는 교재와 지도방법을 사용한다.
- 교육에 상응하는 교재 · 교구를 변형하여 학생의 장애를 극복한다.
- 학생에게 가장 중요한 교육목표를 향해 전문가들 간 협력 체제를 갖춘다.
- 학생의 잠재력을 과소평가하지 않는다.
- 학생이 긍정적인 자아개념을 갖도록 한다.
- 학생의 새로운 담임이 될 교사에게 최대한의 정보와 자료를 제공한다.
- 최대한 일반환경에서 교육을 실시한다.
- 개별지도와 집단활동을 조화롭게 한다.
- 발달의 순서성을 존중한다.
- 전문가 상호 간의 협력을 존중한다.
- 과제 해결에 스스로 임하도록 동기를 부여한다.

2) 지체장애 학생을 위한 특수교육적 접근

(1) 교수-학습 방법

① 읽기 교수-학습 전략

지체장애 학생의 읽기능력을 효과적으로 이끌어 내기 위해서 다양한 교수전략을 사용해야 한다. 어휘력, 독해력, 지속적 동기유발을 위한 교수전략 등을 활용할 수 있다.

저학년 초등학생들에게 활용되는 읽기 교수전략 중 어휘력 증진 교수전략은 수업 초반부나 중간에 읽기 자료에 새롭게 나타난 단어에 대해 의미 설명하기, 새로운 단어에 대한 단순한 정의 내리기, 새로운 단어의 동의어나 반의어 찾기 등의 수업 활동을 말한다. 이 교수전략은 단순히 새로운 단어의 사전적 의미나 정의를 제공하는 방법보다 새로운 단어에 대한 의미나 정의를 전반적인 글의 맥락 속에서 설명하는 것이 훨씬 효과적이다.

독해력 향상을 위한 교수전략으로는 관련지식 자극하기, 질문하기, 심상 만들기 등이 있다. 관련지식 자극하기 전략은 학생들이 읽기자료의 주요 내용들을 논리적이고 의미 있게 서로 연결하고 글의 내용을 중심으로 적절한 추론을 내릴 수 있도록 글의 내용과 관련한 경험이나 지식을 서로 이야기하도록 도와주는 역할을 한다(Pearson & Fielding, 1996). 질문하기 전략은 글의 주요 내용에 주의를 기울이도록 유도하고, 글의 전체 내용을 단계적으로 요약할 수 있도록 도와주며, 학생 스스로가 글을 읽는 동안 글의 내용에 대한 자신의 이해를 점검해 볼 수 있도록 해준다(Mastropieri & Scruggs, 1997; Pearson & Fielding, 1996). 심상 만들기 전략은 글을 읽는 동안 글 속에 기술되어 있는 인물, 사건, 상황 등을 반영하는 영상을 마음속에 형성하는 동시에 사실적 정보에 대해서는 그 내용을 명제로서 부호화하는 전략으로 글을 읽고 난 후 글의 내용을 대표할 수 있는 그림을 그리도록 하는 방법이 있다(McNamara, Miller, & Bransford, 1996).

한편 동기유발 교수전략은 읽기활동에 적극적으로 참여하도록 유도함으로써 읽기 능력 향상을 목표로 한다. 학생들이 읽기활동에 참여하는 요인에는 내재적 요인과 외재적 요인이 있으며, 내재적 요인으로는 글의 내용에 대한 관심, 새로운 내용에 대한 학습 호기심, 글 속에 숨어 있는 복잡한 암시나 해결책 찾기, 책의 내용에 대해 이야기하기 등이 있고, 외재적 요인으로는 교사로부터 인정받기, 친구들과 경쟁하기 등이 있다. 읽기활동에 동기유발을 줄 수 있는 다른 요인으로 학생의 읽기 수준에 맞는 적절한 읽기자료 선정하기, 참여를 격려해 주는 학습환경 조성하기, 읽기행동에 대한 긍정적인 피드백 주기, 읽기 수행에 대한 긍정적인 기대갖기 등이 있을 수 있다(신종호, 1999).

② 쓰기 교수–학습 전략

학생의 쓰기발달은 초기쓰기 단계와 초기쓰기 이후 단계로 나눌 수 있다. 초기쓰기는 학생 개인의 읽기, 쓰기 능력 발달 수준이나 개인이 사용하는 독특한 쓰기 방법이 충분히 반영될 수 있는 매우 복잡한 유형의 쓰기이다. 초기쓰기의 특징으로는 음성언어의 습득과 마찬가지로 매우 자연스러운 방법으로 배우게 되며, 아주 어린 시기부터 문자언어를 접하고, 이해하고, 통제하게 된다. 그리고 주변 환경 속에서 문자언어를 지각할 때 그 지각은 매우 조직적이고 체계적이다(박순길, 2005).

뇌성마비 학생은 뇌손상으로 인한 운동장애를 갖기 때문에 자신의 의지대로 쓰기에 필요한 활동을 할 수 없으므로 쓰기장애를 갖게 된다. 또한 뇌성마비 학생의 시각과 청각의 특정 결함은 나중에 철자장애를 가져오게 한다. 또한 뇌성마비 학생의 쓰기능력을 방해하는 요인으로 시지각과 시각변별, 시공간관계, 시각운동능력, 공간관계 처리능력, 눈–손 협응의 결함 등이 있다.

쓰기는 글씨쓰기(handwriting)와 철자법(spelling), 작문(composition)의 세 영역으로 구분할 수 있다. 글씨쓰기 교수전략으로는 학생이 보고, 듣고, 글자를 베껴 쓰도록 하는 방법이 있다(김윤옥, 2003). 교사가 쓰인 글자를 보여주고, 그 글자의 이름을 말하고 쓰는 방법을 이야기한다. 그러면 학생이 손으로 그 글자를 찾아서 쓰는 방법을 소리 내어 말하면서 글자를 연필로 따라 쓰게 한다. 마지막으로 공책에 학생이 글자를 쓰게 한다.

철자법 교수전략으로는 단어 형태를 분명히 지각하고, 그 단어의 시각적 상을 분명하게 만들어, 운동적인 감각이 자동화되도록 하는 방법이 있다(김윤옥, 2003). 교사가 어떤 단어를 쓰고 말하면 학생이 그 단어를 말하면서 베껴 쓴다. 그 다음 단계에는 학생이 그 단어를 기억해서 쓰게 한다. 마지막으로 교사가 단어를 쓰고 말하면, 학생은 스스로 쓰고 말할 수 있게 된다. 이러한 과정을 여러 번 반복적으로 진행하면서 철자를 자연스럽게 익히게 한다.

작문 교수전략으로는 〈표 7-5〉와 같이 작문 준비 및 초고 단계, 수정 단계, 편집 단계로 나누어 볼 수 있다(김윤옥, 2003). 작문은 가장 높은 수준의 의사소통으로서 읽기, 철자, 구어적 표현 등의 경험이 충분하게 갖추어져야 획득된다. 그러므로 작문에 대한 진단평가는 초등학교 고학년이 되어서야 할 수 있다.

〈표 7-5〉 작문의 교수전략 단계

단 계	내 용
작문 준비 및 초고 단계	주제를 선택하라–무엇에 대해 쓸 것인가?
	목적을 주제에 맞게 작성하라–왜 이것을 써야 하는가?
	아이디어 목록이 적당한지 살펴라–독자가 알아야 할 것은?
	주제문장으로 문단을 소개하라–나는 ~라고 말할 수 있다.
	주제에 벗어나는 문장을 검토하라–모든 아이디어를 다 포함시켰나?
	마무리 문장으로 끝내라–주제를 한 번 더 요약해서 말하고 있는가?
수정 단계	말이 되는가?
	주제와 관련이 되는가?
	부족한 것이 있는가?
	실수는 없는가?
편집 단계	들여쓰기를 했는가?
	깨끗하게, 띄어 썼는가?
	마침표와 쉼표를 찍었나?
	철자를 바로 썼는가?

출처 : 김윤옥(2003).

③ 수학 교수-학습 전략

수학은 위계적이고 계열성이 강한 교과목이다. 단계가 올라가면서 그 내용이 점점 어려워지는 과목이기 때문에 기초와 원리를 제대로 인식하고 있지 않으면 당연히 어렵고 싫어할 수밖에 없다. 그렇기 때문에 쉽게 가르칠 수 있는 방법을 많은 교사가 고안해야 할 것이다. 특히 수학에 대한 두려움과 어려움을 가지고 있는 학생들을 위한 통합교수적 측면에서 접근하는 것도 고려해 보아야 할 것이다. 이러한 접근은 특수학생에 대한 접근과도 같은 맥락에서 생각해 볼 문제이다.

뇌성마비 학생들은 시각장애로 인한 거울문자의 특성을 보일 수도 있다. 즉, 46을 64로 읽는다든지, 85를 58로 읽는 특성을 나타낸다. 이러한 특성들은 수학의 셈하기를 하는 데 있어서 정답의 오류를 나타내기도 한다. 그러므로 다양한 교수전략들이 필요하다.

과제분석에 의한 단계적 교수전략은 수학이 어렵다고 생각하는 학생들을 위한 좋은 방법이 될 것이다. 이는 교육과정을 가능한 한 작은 단계로 나누어 교수하는 것을 의미한다(이소현 · 박은혜, 2011). 이러한 방법은 적절한 시각화 전략을 함께 사용해야 효과적이다.

예를 들어, 〈두 자리 수 × 두 자리 수〉를 하는 데 있어서 풀이 과정에 화살표와 해결 순서에 번호를 사용하여 복잡한 계산을 쉽게 할 수 있는 방법을 시각적으로 제시해 줌으로써 복잡한 곱셈 문제를 순차적으로 처리할 수 있도록 하는 방법을 사용할 수도 있다. 이러한 전략은 학생이 기억해야 할 내용을 줄여주고 잃어버린 기억을 회상할 수 있는 단서를 제공해 준다(김윤옥, 2003).

(2) 공학적 지원

① 간단한 도구 사용과 수정

손가락 대신에 막대기를 쥐고 키보드를 누르거나 머리띠 같은 것에 연결된 막대기를 사용하여 키보드를 누르도록 할 수 있다. 또한 한 번에 여러 개의 키를 누르게 되는 것을 방지하기 위해 키 가드를 씌우는 것도 도움이 된다.

② 대체 키보드

대체 키보드에는 확대 키보드와 축소 키보드가 있어 학생의 운동능력에 맞는 것을 사용할 수 있다. 확대 키보드의 경우에는 손가락 사용능력이 좋지 않은 경우에도 누르는 부분이 넓기 때문에 정확히 입력할 수 있다. 대체 키보드는 누르는 데 요구되는 힘도 일반 키보드에 비해 훨씬 적으며, 키보드를 사용자가 필요에 따라 정의할 수 있는 장점이 있다. 즉, 글자 대신에 키보드 전체를 특정 프로그램에 필요한 화살표와 엔터키만으로 만들 수 있고, 키의 크기를 조절할 수 있다.

③ 터치스크린

키보드를 누를 필요 없이 직접 컴퓨터 화면을 만져서 프로그램을 조작한다(예 현금자동인출기). 인지능력이 떨어지는 어린 학생들이 쉽게 배울 수 있지만, 터치스크린을 사용할 수 있도록 제작된 프로그램에서만 사용할 수 있다는 단점이 있다.

④ 스위치

운동능력 장애가 심한 지체장애 학생의 경우에 학습 및 일상생활을 스스로 통제할 수 있도록 하기 위하여 스위치를 사용하는 방법이 많이 사용된다. 스위치에는 단일 스위치, 마이크로 스위치 등이 있으며, 각종 기자재(예 컴퓨터, 의사소통 기구)를 조절하기 어려운 지체장애 학생들이 사용하기에 매우 유용하다.

⑤ 보완대체 의사소통 보조기구

지체장애 학생의 대부분을 차지하는 뇌성마비 학생은 인지능력의 결함이 없어도 구강 주변의 근육조절과 협응의 문제로 인해 표현 언어 능력의 결함을 나타내게 된다. 말이나 글을 통해 독립적으로 의사표현을 할 수 없는 사람의 자기표현 능력을 증진시키는 방법으로 제스처나 발성, 얼굴표정, 머리 끄덕임, 지적하기 등의 비언어적인 방법을 사용하거나, 그림, 사진, 낱말 판 등의 의사소통판이나 컴퓨터 보조기구를 활용하여 표현능력을 신장시킬 수 있는 보완대체 의사소통(AAC : Augmentative Alternative

Communication) 방법을 사용할 수 있다.

보완대체 의사소통에 사용되는 보조기구는 각각의 장단점을 지니고 있으므로 학생의 잔존능력과 요구에 따라 충분한 능력을 발휘할 수 있도록 효율적인 표현 수단을 선정하고, 의사소통을 촉진시키기 위해 교육환경을 조성하여야 한다.

(3) 특수교육 보조인력

희수는 뇌성마비로 인하여 휠체어를 타고 다니고 있다(지체장애 1급). 일반학급에서 대부분의 수업을 받는 희수를 위해 희수의 부모님은 특수교육 보조원이 필요하다고 생각하였다.

(2007 중등 특수(전공) 재구성)

위의 사례와 같이 특수교육대상자의 통합교육을 지원하기 위해 '통합교육 보조인력'을 신청할 수 있다. 우리나라의 특수교육 보조원 제도는 2000년 인천광역시 교육청에서 시행하였다. 그리고 특수교육발전종합계획(2003~2007, 교육인적자원부)에 의해 2003년도에 유급의 특수교육 보조원제를 시범운영한 후, 2004년부터는 전국적으로 시행하고 있다(공임연, 2005). 2021년 4월을 기준으로 특수교육 보조인력은 유급 특수교육 보조인력과 사회복무요원을 합쳐 총 12,977명이 배치되어 있다. 이 중 유급 특수교육 보조인력은 8,600명으로 특수학교에 2,803명, 특수학급에 5,681명 그리고 일반학급에 116명이 배치되어 있다. 그리고 사회복무요원은 4,377명으로 특수학교에 1,653명, 특수학급에 2,644명 그리고 일반학급에 80명이 배치되어 있다(교육부, 2021). 이처럼 특수교육보조원은 특수학교뿐만 아니라 통합교육이 제공되는 일반학교에도 다수 배치되어 있다.

특수교육 보조원은 고등학교 졸업 이상의 학력을 소지하고 특수교육에 관심이 있는 자와 시·도교육청 주관 특수교육에 관한 연수 과정을 이수한 자면 가능하다(장애인 등에 대한 특수교육법 시행규칙). 실제로 특수교육 보조원의 학력은 대학원(2%)을 포함하여 대졸 이상이 40%를 차지하고, 연령별로는 20세 36%, 30~34세 21%, 35~39세

22%로 20대의 젊은 연령층 비율이 높다. 그리고 소지 자격으로는 특수교육 2%, 초·중등교사 12%, 보육교사 및 보육사 11%를 차지하며, 직전 경력으로는 복지시설 16.5% 유치원·어린이집 16%, 초·중·고등학교 근무도 9%로 나타났다. 이 가운데 장애 학생 부모도 6%를 차지하였다(강경숙, 2004).

특수교육 보조인력의 역할은 교사의 요청에 따라 교수–학습 활동, 신변처리, 급식, 교내외 활동, 등하교 등 특수교육대상자의 교육 및 학교 활동에 대해 보조 역할을 담당하도록 하고 있다(장애인 등에 대한 특수교육법 시행규칙 제5조). 특수교육 보조인력은 장애 학생이 양질의 교육과 성공적인 학교 활동에 필요한 인적자원이지만 교사의 고유 업무인 수업·평가, 행정업무를 대리할 수 없고 학급 담임교사의 요청에 의해 학생지도를 보조하되 특수교육대상 학생의 개인 요구를 지원하고 교수–학습활동과 문제행동의 관리에 지원을 제공하는 업무를 수행하도록 한다고 명시하였다(교육부 특수교육 보조원제 운영 개선방안, 2004. 8).

특수교육 보조원 신청 절차는 다음과 같다.

- 주양육자의 경우 : 특수교육보조원 배치 신청서를 작성하여 학교장에게 제출
- 담임교사 : 특수교육 보조원 배치 요구학생 행동 평정표 및 특수교육 보조원 운영 계획서를 작성하여 학교장 명의로 시·도교육청 특수교육운영위원회 또는 시·군·구 지역교육청 특수교육운영위원회에 제출
- 특수교육운영위원회에서 특수교육보조원 배치 대상학생 선정

(4) 휠체어 이동

우리 반의 진수에게는 근육의 긴장도가 높고 독립 보행이 안 되는 심한 뇌성마비가 있다. 그림 상에 드러난 문제점으로 보아, 안아서 휠체어로 옮겨 줄 때의 바른 방법을 알아보자.

(2007, 2011, 중등 특수 임용고사 기출문제 재구성)

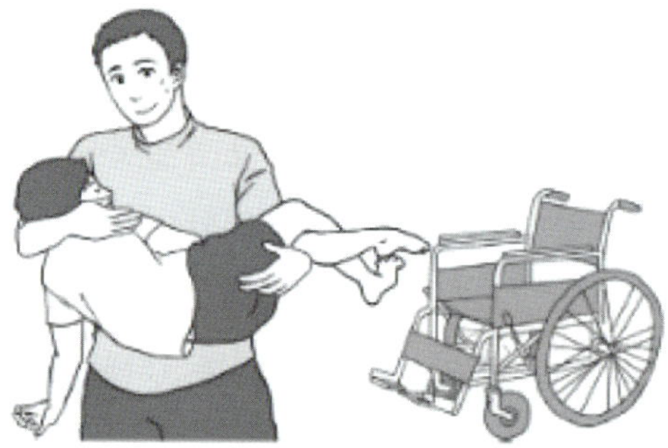

|그림 7-2| 잘못된 안아 옮기기 방법

|그림 7-2|와 같이 옆으로 누운 형태의 껴안기 법은 피해야 한다. 그러나 현실적으로 많은 사람이 이러한 방법을 사용하고 있다. 껴안기 방법의 기본이 되는 원칙 중 가장 중요한 것은 머리나 체간을 수직이 되게 껴안아 올리는 것이다. 바르게 안아 올리는 방법은 다음과 같다.

① 먼저 스스로 자세 안정을 취하려는 시도를 하게 한다. 그리고 학생이 교사를 쳐다보거나 휠체어를 바라보는 반응을 기다려 준다.

② 학생을 부축했을 때 이동이 가능한 정도라면, 어디로 옮길 것인지를 말해준 후 학생의 겨드랑이 사이로 양손을 끼워 넣어 단단히 잡고 일으켜 세운다.

③ 다리의 마비가 심하여 전혀 스스로 이동할 수 없을 때, 혹은 학생이 어려서 마주 보게 안아서 옮길 수 있을 때는, 학생의 양다리를 벌리고 무릎을 구부려 교

사의 허리에 걸치게 한 다음 학생의 팔을 교사의 어깨에 올려 껴안고 옮긴다.

④ |그림 7-2|와 같이 다리의 경직이 강한 경우 가위다리를 하는 경향이 많다. 껴안을 경우에는 양다리를 벌린 형태가 되도록 한다. 양다리를 벌리고 학생을 한쪽 골반 위에 끼우듯 해서 껴안는다.

⑤ 경직형 뇌성마비가 있는 경우에는 갑작스런 불수의 운동을 유발시킬 수 있으므로 긴장하거나 불안해하지 않도록 유의한다.

⑥ 불수의 운동형 뇌성마비가 있는 경우 머리 조절이 안 된다. 따라서 머리 뒤에 손을 넣어 자세를 유지시킨 채 들어올린다.

(5) 급식지도

> 우리 반의 재영이는 말하는 것은 서툴지만 다른 사람의 말은 잘 알아듣고 웃음도 많은 행복한 왕자입니다. 반 친구들도 재영이를 잘 도와주고 매우 호의적인 편입니다. 한 가지 어려운 점은 재영이가 점심시간에 수저를 잘 사용하지 못한다는 점과 편식이 심하다는 것입니다. 특히 많은 수의 아이들이 소란스러운 점심시간에 저 혼자 재영이를 지도하기가 어렵습니다. 차라리 재영이가 특수학급 교실에 가서 점심을 먹는 것이 낫지 않을까요?
>
> (송재민, 2006 재구성)

출생 후 첫 몇 달 동안 영아는 '삼킴반사'라는 것으로 음식을 섭취하게 된다. 그러나 뇌성마비 학생들은 태어날 때부터 삼킴반사가 불안정하기 때문에 급식시간은 학생과 교사 모두에게 힘든 시간이 된다.

생후 6~7개월경에 영유아는 고형 음식을 물고 씹기 시작하고, 침을 흘린다. 이것은 치아가 날 때 나타나는 것으로 구강 조절이 발달하고 있다는 징후이다. 그러나 뇌성마비 학생들은 종종 씹을 수 없으며 대신 혀를 앞으로 내밀어 음식을 뒤로 밀어 입천장 쪽으로 보낸다. 음식이 으깨어지기는 하지만 씹힌 것은 아니며 음식이 입 뒤쪽에 도착했을 때 음식이 잘 조절되지 않은 상태이기 때문에 보통 기침이나 재채기를 하기 쉽다. 영유아가 숟가락으로 음식 먹기를 배운 후 약 1개월이 지나면, 앉아서 컵으로 물을 마실 수 있게 된다. 초기에는 조절이 잘 안되지만 나중에는 조절하면서 먹을 수 있게 된다.

그러나 뇌성마비 학생은 컵에 입을 붙이지 못하고 혀로 컵 모서리의 위아래를 밀칠 수도 있다. 입을 열고 닫는 것을 불완전하게 하고 아이가 무언가를 마시려고 시도할 때 혀를 내밀곤 한다. 이러한 모습은 아이가 씹으며 말을 하고자 할 때도 비슷하게 나타나며 또 머리를 뒤로 제칠 때나, 타인이 먹여줄 때 재채기를 하거나 기침을 할 때에도 나타난다.

지체장애 학생의 음식 섭취에 관련된 특성과 학급 내에서 일반적인 지원 방법은 다음과 같다.

① 구강섭식이 어려운 비강 삽입관을 이용하여 비전형적인 방법으로 식사를 하는 경우에도 반 친구들과 다른 장소 및 시간에 식사하는 것보다는 같이 식사하도록 지도한다.

② 목에 과신전이 있는 경우에는 음료를 마실 때 금속이나 유리 재질의 보통 컵 대신에 한 쪽이 둥글게 패인 플라스틱 재질의 투명한 컵을 이용하게 하여 과신전 가능성을 줄인다.

③ 음식을 먹여줄 때, 음식을 주는 사람은 학생의 바로 앞에서 눈높이에 맞춰 앉아 식사를 보조한다. 학생이 음식을 먹을 때는 머리와 몸통의 위치, 그리고 힘이 가는 곳과 약해지는 곳을 관찰한다.

④ 신경근육계 손상으로 혀의 조절장애가 있더라도 구강운동을 위해 딱딱한 음식을 제공하는 것이 좋다. 만족감도 제공하고 치아기능을 더 활발히 하기 때문이다. 한편 뇌성마비가 있는 경우 보통 삼킴장애를 많이 가지고 있다. 삼킴장애의 대표 증상은 흡인이다. 묽은 유동식으로 먹으면 흡인이 일어나 위험할 수 있다.

(2009 중등특수 1차 재구성)

경직형 뇌성마비 학생의 경우 다른 유형에 비해 특히 섭식에서 어려움을 보인다(Arvedson, 2013). 90% 이상이 구강운동기능에 장애를 나타내고, 이로 인해 12개월 뇌성마비 학생의 38%가 씹기 문제를 보이게 된다(Reilly et al., 1996). 뇌성마비 학생의 입술폐쇄 압력은 비장애 학생에 비해 낮고(Chigira et al., 1994), 혀 내밀기가 있는 경우에는 구강 내에서의 음식물 이동 속도가 더 느린 것으로 나타났으며(Peng et al., 2004), 혀 조절 문제를 보이는 것으로 보고되었다(Rogers et al., 1994). 이와 같은 비정상적인 구강 기능은 구강 기관의 운동을 제한하고, 협응을 방해하게 되어 경직형 뇌성마비 학생의 섭식-삼킴 기능에 부정적인 영향을 미치게 되는 것이다(김향희 외, 2008; 최명수 외, 2009). 나아가 경직형 뇌성마비 학생에게서 나타나는 비정상적인 씹기 기능이 말 명료도에 부정적인 영향을 미친다(박지은 외, 2010; 정필연 · 심현섭, 2015; Chang et al., 2012).

기본적으로 섭식 기능이 정상적으로 이루어지기 위해서는 입술 기능뿐만 아니라 혀 근육의 수의적 또는 비수의적 운동의 통제와 조절 기능이 요구된다. 뇌성마비가 있는 경우 이러한 정상적인 기능들이 방해를 받는 경우가 많다(Otapowicz et al., 2010). 뇌성마비로 인한 섭식문제는 근육의 강직 및 약화, 호흡과 자세의 문제로 인한 비정상적인 구강 기능과 관련이 있다. 이들이 보이는 비정상적인 구강운동 패턴으로는 입술 뒤로 당기기(lip retraction), 입술 오므리기(lip pursing), 턱 내밀기(jaw thrust), 긴장성 깨물기(tonic bite), 혀 뒤로 당기기(tongue retraction), 혀 내밀기(tongue thrust) 등이 있다(Workinger, 2005).

3) 지체장애 학생을 위한 통합교육적 접근

통합학급에서 비장애 학생과 다양한 상호작용은 지체장애 학생의 또래관계 형성에 긍정적인 영향을 미친다. 특히 통합학급에서 활용할 수 있는 또래교수는 통합교육을 촉진시킬 수 있는 효과적인 교수방법으로 인식된다. 또래교수는 한 학생이 또래교사가 되어 다른 또래학습자를 가르치거나 돕는 것을 말한다. 또래교수는 학생 개개인의 요구에 맞추어 개별화 교수를 가능하게 하는 효과적인 방법으로 그 중요성이 강조되고 있다. 또한 또래교수 중 비장애 학생과 지체장애 학생이 구조화된 상호작용을 할 수 있게 해줌으로써 학생들의 긍정적인 상호관계를 형성하는 데도 도움이 된다.

효과적인 또래교수의 실행을 위해 필요한 요소들을 살펴보면 다음과 같다(손지영 · 정소라, 2012).

① 비장애 학생이 또래교사의 역할을 하는 경우에 장애 학생을 배려할 줄 알고 책임감이 강한 학생을 또래교사로 선정해야 한다.
② 장애 학생을 위한 또래교사 훈련 과정과 또래교수의 절차가 구조화되어야 하고, 이를 위해 또래교수를 위한 대본을 활용하거나 모델링 및 역할놀이를 활용할 수 있다.
③ 또래교수 중 비장애 학생과 장애 학생의 진전도를 계속적으로 점검하고 규칙적으로 피드백을 제공하는 것이 중요하다.

통합교육 시 효과적인 교수방법과 더불어 지체장애 학생들의 활동을 위한 교육환경 구성이 무엇보다 중요하다. 지체장애 학생의 신체적 특성에 따라 좀 더 효율적으로 움직이고 활동할 수 있는 환경을 구성해야 한다. 물리적 환경의 편리성은 지체장애 학생의 수업참여도와 사회적 상호작용에 큰 영향을 미친다.

지체장애 학생을 위한 교육환경 구성 시 고려해야 할 중요한 물리적 환경으로 우선 책상과 의자가 있다. 책상과 의자는 지체장애 학생에게 적합한 학습조건을 만들어 줄 뿐만 아니라 자세 교정에도 영향을 미치므로 학생 개개인의 특성에 맞게 제작되어야 한다. 의자와 책상은 안정된 자세를 유지할 수 있도록 몸통에 딱 맞는 크기로 제작하는 것이 좋다. 둘째, 휠체어나 다른 보조기기를 사용하는 데 충분한 공간과 이동로를 확보해야 한다. 이를 위해 교실 내 출입이 편리한 곳에 학생의 자리를 배치해 주고, 출입문은 문턱을 없애며 계단을 대신해 경사로를 마련해 줄 필요가 있다. 셋째, 게시판, 책장, 학습 물품함, 사물함 등과 같이 지체장애 학생이 자주 사용해야 하는 가구들은 학생의 손이 닿을 수 있도록 높이를 조절할 필요가 있다.

❙ 참고문헌 ❙

강경숙(2004). **특수교육보조원과의 협력 및 활용**. 직무연구 제14기 특수학교(급) 교사과정. 충남 : 국립특수교육원.

강영심 외(2010). **예비교사를 위한 특수교육학개론**. 서울 : 서현사.

공임연(2005). 특수교육 보조원제 운영에 대한 만족도 조사. 대구대학교 특수교육대학원 석사학위논문.

교육부(2024). 특수교육연차보고서(정기국회 보고자료).

김영민 · 한문식(1972). 선천성 고관절 탈구의 진단과 치료. **대한정형학회지** 7(2), 177-188.

김윤옥(2003). **학습장애아동을 위한 교수–학습전략**. 서울 : 교육과학사.

김정희(2007). 중복 · 지체부자유아학생의 듀센형 근 위축 증후에 관한 고찰. **重複 · 肢體不自由兒敎育**, 49(1), 333-348.

김향희 · 박은숙 · 박지은 · 이현정 · 남정모 · 최명수 · 이승진(2008). 뇌성마비아동의 대 · 소근육운동기능 및 비구어기제기능이 섭식-삼킴행동에 미치는 영향. **언어청각장애연구**, 13(2), 242-262.

김희규 외(2010). **특수교육학개론**. 서울 : 학지사.

박순길(2005). 뇌성마비아의 인지적 능력과 언어학습기능의 관계 분석. 대구대학교 대학원 박사학위논문.

박지은 · 김향희 · 신지철 · 최홍식 · 심현섭 · 박은숙(2010). 경직형 뇌성마비아동의 말명료도와 관련된 말평가 변인. **말소리와 음성과학**, 2(4), 193-212.

손지영 · 정소라(2012). 장애학생 대상 또래교수에 관한 국내 연구동향과 중재효과의 고찰. **특수교육재활과학연구**, 51(3), 167-195.

송재민(2006). 특수교육 보조원이 수업에 들어온다니 영 부담스럽네요/장애아 급식지도에 어려움이 많아요. **중등우리교육**, 168-169.

신종호(1999). 교수전략이 초등학생의 읽기 능력 발달에 미치는 효과 연구. **초등교육연구**. 13(1), 71-89.

이소현 · 박은혜(2011). **특수아동교육**. 서울 : 학지사.

전헌선(2005). 지체부자유아 학생 근 위축 증후의 양상 및 대처 자원 연구. **重複 · 肢體不自由兒敎育**. 45(1), 21-39

전헌선 외(2006). **중복 · 지체부자유아 치료교육**. 대구 : 대구대학교출판부.

정필연 · 심현섭(2015). 경직형 뇌성마비아동의 씹기능력에 따른 말명료도의 변화. **특수교육**, 14(1), 63-80.

최명수 · 김향희 · 김덕용 · 박은숙(2009). 뇌성마비아동의 씹기 능력 관련 요인. **언어청각장애연구**, 14(1), 117-127.

주정빈(1989). 소아바비의 임상경험. 대한정형외과학회지. 23(4). 1109-1126.

Arvedson, J. C.(2013). Feeding children with cerebral palsy and swallowing difficulties. *European Journal of Clinical Nutrition, 67*, 9-12.

Best, S., Heller, K. W., & Bigge, J. L.(2005). *Teaching Individuals with Physical, Health, Multiple Disabilities*(4th ed). Upper Saddle River, NK : Merrill/Prentice Hall.

Bowe, F, G.(2000). *Physical, Sensory and Health Disabilities*. Merrill.

Chang, S. J., Sim, H. S., & Kwon, M. S.(2012). Relationship between chewing skill and speech intelligibly in Korean children with spastic cerebral palsy. *Japan Journal Logopedics and Phoniatrics, 53*(1), 20-26.

Chigira, A., Omoto, K., Mukai, Y., Kaneko, Y.(1994). Lip closing pressure in disabled children : A comparison with normal children. *Dysphagia, 9*(3), 193-198.

March of Dimes(1999). *Cerebral Palsy*. Public health information link 1275 Mamaroneck Ave. White Plains. NY 10605.

Mastropieri, M. A., & Scruggs, T. E.(1997). Best practices in promoting in reading comprehension in students with learning disabilities. *Remedial and Special Education. 18*, 197-213.

McNamara. T. P., Miller, D. L., & Bransford, J. D.(1996). Mental models and reading comprehension. In R. Barr., M. L. Kamil., P. Mosenthal., & P. D. Pearson(Eds), *Handbook of Reading Research : Volume Ⅱ*. Mahwah, NJ : Erlbaum.

Otapowicz, D., Sobaniec, W., Okurowska-Zawada, B., Artemowicz, B., & Sendrowski, K.(2010). Dysphagia in children with infantile cerebral palsy. *Advances in Medical Sciences, 55*(2), 222-227.

Pearson, P., & Fielding, L.(1996). Comprehension instruction. In R. Barr., M. L. Kamil. P. Mosenthal., & P. D. Pearson(Eds), Handbook of reading research : Volume II. Mahwah, NJ : Erlbaum.

Peng, C., Jost-Brinkmann, P., Yoshida, N., Chou, H., & Lin, C.(2004). Comparison of tongue functions between mature and tongue-thrust swallowing and ultrasound investigation. *American Journal of Orthodontics and Dentofacial Orthopedics, 125*(5), 562-570.

Reilly, S., Skuse, D., & Poblete, X.(1996). Prevalence of feeding problems and oral motor dysfunction in children with cerebral palsy : A community survey. *The Journal of Pediatrics, 129*(6), 877-882.

Rogers, B., Arvedson, J., Buck, G., Smart, P., & Msall, M.(1994). Characteristics of dysphagia in children with cerebral palsy. *Dysphagia, 9*(1), 69-73.

Workinger, M. S.(2005). *Cerebral Palsy Resource Guide for Speech-language Pathologists*. Clifton Park, NY : Thomson Delmar Learning.

CHAPTER 08

정서 · 행동장애

2024년을 기준으로 정서 · 행동장애 학생의 배치현황을 살펴보면 전체 115,610명의 특수교육대상자 수 중 1,785명이 특수학교, 특수학급 그리고 일반학급에 배치되어 있다(교육부, 2024). 정서 · 행동장애는 간단히 자신 및 타인의 생활을 방해하는 사회적 일탈행동으로 정의될 수 있다. 이 일탈행동은 또래를 때리는 공격적인 행동으로 나타나거나, 과도한 수줍음과 위축됨 등으로 나타나고 이는 사회에서 정한 규범에서 벗어나 개인 간의 갈등이나 개인의 내적 부적응을 유발하기도 한다. 흔히 정서 행동을 가진 사람을 사회부적응자, 비행청소년 또는 심할 경우 정신질환자와 같이 부정적으로 명명하며 이를 개인적 문제로 치부하였다. 하지만 이와 같은 개인적 접근보다는 문제의 해결을 위해 개인과 환경의 상호작용에서 정서 · 행동장애의 문제가 발생한다는 생태학적 관점의 접근을 바탕으로 한 사회적 지원이 필요하다.

이 장에서는 이러한 정서 · 행동장애의 정의와 진단 및 평가방법을 알아보고, 그들이 지니고 있는 다양한 특성에 따른 교육적 지원 방법에 대해 알아보고자 한다.

1 정서 · 행동장애의 정의 및 원인

1) 정서 · 행동장애의 정의

일반적으로 정서 · 행동장애의 정의는 미국 IDEA의 정의, 의학 분야에서 DSM-5

의 정의 그리고 법적 정의로 「장애인 등에 대한 특수교육법」의 정의가 대표적이다. 이 중 DSM-5로 대표되는 의학적 정의는 개인의 정서 및 행동의 특성에 대한 진단을 바탕으로 개인의 능력을 규정하는 데 목적이 있다. 반면 「장애인 등에 대한 특수교육법」에서는 특수교육의 대상으로 선정되는 데 필요한 자격 부여를 목적으로 정서·행동장애를 정의하고 있다. 하지만 정서·행동장애는 전문가마다 다른 개념적 모델, 다양한 사회적 기관 및 관계자 간의 목적 차이, 정서 및 행동에 대한 측정상의 문제 등으로 보편적으로 받아들여지는 정의를 찾기는 쉽지 않다.

(1) 미국 IDEA의 정의

1997년 IDEA 개정 이전까지 미국의 특수교육 분야에서 정서·행동장애에 대해 사용했던 용어는 '심각한 정서장애(serious emotional disturbance)'였으며, 개정 이후에는 '심각한(serious)'을 빼고 정서장애(ED : Emotional Disturbance)라는 용어가 사용되었다(유재연 외, 2009). 그리고 이 정의에 의해 다음과 같은 특성을 보이는 학생들을 '정서장애'로 분류하였다.

미국 IDEA의 정의

① 다음 중 한 가지 이상의 특성이 장기간 현저하게 나타나며 교육 수행에 불리한 영향을 미치는 상태를 의미한다.
- 학습에서 무력함을 나타내지만 지능, 감각적 요인이나 건강에는 이상이 없음
- 또래 및 교사와 만족스러운 대인관계를 맺지 못하거나 유지하지 못함
- 주위 환경이 정상적임에도 불구하고 부적절한 형태의 행동이나 감정을 나타냄
- 대체로 불행하고 우울한 기분이 만연함
- 개인이나 학교 문제와 관련하여 신체적 증후나 두려움을 보이는 경향이 있음

② 정서장애 학생에는 조현병 학생이 포함된다. 심한 정서장애를 가졌다는 판정이 없으면 사회적 부적응 학생들은 정서장애에 포함되지 않는다(미국교육부, 1999).

위 정의에서 사회적 부적응 학생에 대한 배제 조항은 특수교육에서 품행장애 학생 등을 배제시킬 수 있는 근거가 되기 때문에 많은 비판을 받고 있다. 또한 용어의 모호함, 잘못 해석될 가능성, 오명효과, 정서장애의 본질에 관한 일반적인 이해의 결여 등으로 인해 비판받고 있다(Forness & Kavale, 2000; Hunt & marshall, 2005). 예를 들어 '장기간(long period of time)'이란 어느 정도의 시간을 말하는지, '현저한 정도(marked degree)'의 행동은 어떻게 측정해야 할 것인지 등 정서장애로 명명되었을 때의 오명효과가 너무 큰데 비하여 정의에 사용된 용어들은 지나치게 모호하고 주관적일 수 있다는 것이다.

(2) 의학적 정의

DSM-5(2013)에서는 다양한 정서 · 행동장애의 하위분류들을 제시하고 있다. 그중 최근 학교현장에서 크게 관심 갖고 있는 품행장애의 진단 기준만을 살펴보면 〈표 8-1〉과 같다.

〈표 8-1〉 DSM-5 품행장애의 진단 기준

진단 기준
A. 다른 사람의 기본적 권리를 침해하고 적절한 사회적 규범 또는 규칙을 위반하는 지속적이고 반복적인 행동 양상으로, 지난 12개월 동안 다음의 15개 기준 중 적어도 3개 이상에 해당되고, 지난 6개월 동안 한 개 이상의 기준에 해당된다.
사람과 동물에 대한 공격성
1. 자주 다른 사람을 괴롭히거나, 위협하거나, 협박함
2. 자주 신체적인 싸움을 시작함
3. 다른 사람에게 심각한 신체적 손상을 입힐 수 있는 무기를 사용함(예 방망이, 벽돌, 깨진 병, 칼, 총)
4. 다른 사람에게 신체적으로 잔인하게 대함
5. 동물에게 신체적으로 잔인하게 대함
6. 피해자가 보는 앞에서 도둑질을 함(예 노상강도, 소매치기, 강탈, 무장강도)
7. 다른 사람에게 성적 활동을 강요함
재산 파괴
8. 심각한 손상을 입히려는 의도를 가지고 고의로 불을 지름
9. 다른 사람의 재산을 고의로 파괴함(방화로 인한 것은 제외)

사기 또는 절도
10. 다른 사람의 집, 건물 또는 자동차를 망가뜨림
11. 어떤 물건을 얻거나 환심을 사기 위해 또는 의무를 피하기 위해 거짓말을 자주 함(즉, 다른 사람을 속임)
12. 피해자와 대면하지 않은 상황에서 귀중품을 훔침(부수거나 침입하지 않고 상점에서 물건 훔치기, 문서 위조)

심각한 규칙 위반
13. 부모의 제지에도 불구하고 13세 이전부터 자주 밤늦게까지 집에 들어오지 않음
14. 친부모와 살거나 부모를 대신한 가정에서 사는 동안 적어도 2회 이상 짧은 기간 가출, 또는 장기간 귀가하지 않은 가출이 1회 있음
15. 13세 이전에 무단결석을 자주 함

B. 행동 장애가 사회적, 학업적, 또는 직업적 기능 영역에서 임상적으로 현저한 손상을 초래한다.

C. 18세 이상일 경우, 반사회성 성격장애의 기준에 부합되지 않는다.

(3) 법적 정의

우리나라의 「장애인 등에 대한 특수교육법」에서도 정서 · 행동장애를 정의하고 있다. 이 정의 역시 미국 장애인 교육법의 영향을 받은 것으로 앞서 제기된 미국 장애인 교육법의 비판에서와 같은 문제가 내포되어 있다. 「장애인 등에 대한 특수교육법 시행령」 [별표](2016 개정)에 따른 정서 · 행동장애 특수교육대상자의 정의는 다음과 같다.

「장애인 등에 대한 특수교육법」의 정서 · 행동장애 정의

장기간에 걸쳐 다음 각 항목의 어느 하나에 해당하여, 특별한 교육적 조치가 필요한 사람

가. 지적 · 감각적 · 건강상의 이유로 설명할 수 없는 학습상의 어려움을 지닌 사람

나. 또래나 교사와의 대인관계에 어려움이 있어 학습에 어려움을 겪는 사람

다. 일반적인 상황에서 부적절한 행동이나 감정을 나타내어 학습에 어려움이 있는 사람

라. 전반적인 불행감이나 우울증을 나타내어 학습에 어려움이 있는 사람
마. 학교나 개인문제에 관련된 신체적인 통증이나 공포를 나타내어 학습에 어려움이 있는 사람

한국과 미국의 정서 · 행동장애에 대한 정의에서 공통으로 정서 · 행동장애는 자신의 발달이나 타인의 생활을 방해하는 일탈적 행동으로 인식하고 있다는 것을 알 수 있다. 그러나 이러한 정서 · 행동장애를 명확하게 정의하는 일은 쉽지 않다. 그 이유는 다음과 같다.

첫째, 장애가 있는 행동이란 일종의 사회적 구성개념이기 때문에 건전한 정신건강에 대해 명확하게 일치되지 않았다.

둘째, 정서 · 행동장애에 대한 여러 가지 이론은 다른 개념과 용어의 사용으로 의미를 잘 전달하지 못하고 있다.

셋째, 윤리적 · 문화적 집단에 따라 적절한 행동에 대한 기대 수준과 규준이 다르다.

넷째, 정서 · 행동장애는 다른 장애들과 공존하는 경우가 많아서 어떤 장애가 다른 장애의 원인 혹은 결과인지를 알기 어렵다.

따라서 현재까지 정서 · 행동장애라는 용어의 사용과 정의에 일치된 합의는 없지만, 특수교육에서는 조기판별과 연령에 맞는 교육적 서비스를 지원하기 위하여 정서장애보다는 정서 · 행동장애라는 용어로 접근하고 있다.

2) 정서 · 행동장애의 원인

정서 · 행동장애의 원인으로는 생물학적 요인, 환경적 요인이 일반적으로 받아들여지고 있으나, 대부분 어느 한 요인이 학생의 장애에 직접적인 영향을 끼치지 않는다. 학생이 정서 · 행동장애의 기질을 타고났으며, 그 기질이 성장기간 동안 학생의 행동에 영향을 주었고, 여기에 환경 여건이 부적응의 가능성을 증가시켜 부적응 행

동이 발생한다고 추측한다. 이와 같이 아동의 문제행동이 심화되는 과정에 대한 설명은 〈표 8-2〉와 같다.

〈표 8-2〉 아동의 문제행동이 심화되는 과정

단 계	과 정	내 용
1	가족, 이웃, 학교 및 사회적 위험 요소에 노출	• 빈곤 • 아동학대 및 무지 • 난폭하고 비일관적인 양육태도 • 양육자의 약물 및 알코올 남용 • 정서 · 신체적 학대 혹은 성적 학대 • 공격적 행동모형 • 폭력적 대중매체 • 학교교육에 대한 부정적 태도 • 가족붕괴(사망 혹은 이혼) • 부모의 범죄행위
2	부적응 행동문제의 발달	• 성인에 대한 반항적 행동 • 학습 준비도의 부족 • 혐오적 상호작용 • 또래 친구에 대한 공격적 행동 • 문제 해결 능력의 부족
3	부정적인 단기 결과 초래	• 무단결석 • 또래 친구 및 교사로부터의 거부 • 낮은 학업적 성취 수준 • 교내 훈육부에 의뢰된 횟수가 많음 • 전학한 학교 수가 많음 • 약물 및 알코올 조기탐닉 • 최초로 구속된 연령(12세 이하)
4	부정적이고 파괴적인 장기 결과	• 학업 실패 및 중단 • 비행 • 약물 및 알코올 남용 • 조직폭력배 활동 • 폭력적 행동 • 성인 범죄행위 • 사회복지시설 내 의존적 생활 • 높은 사망률과 상해율

출처 : Walker & Sprague(1999).

아동의 문제행동이 심화되는 과정에서 직접적으로 행동장애의 원인이 된 단일요인을 찾을 수 있는 경우는 드물고, 여러 요인이 복합적으로 얽혀서 정서 · 행동장애에 영향을 주는 것으로 생각된다.

(1) 생물학적 요인

정서 · 행동장애에 영향을 미치는 생물학적 요인으로는 크게 유전적 요인, 뇌의 손상이나 기능장애, 영양실조나 알레르기, 기질을 들 수 있다(Kauffman, 2005).

유전적 요인은 조현병의 주요 원인으로 지적되고 있다. 여러 연구들을 종합해 보면 첫째, 일란성 쌍둥이가 이란성 쌍둥이보다 두 학생이 다 정신질환을 앓고 있는 비율이 높다. 둘째, 이러한 높은 일치도는 일란성 쌍둥이가 따로 떨어져 사는 경우에도 나타나고 있다. 그러나 조현병의 유일한 요인이 유전만은 아니다. 유전적으로 동일한 사람(일란성 쌍생아)도 모두 조현병을 앓을 가능성은 50% 미만이다. 이러한 결과는 유전적 요인이 장애를 일으키는 절대적인 원인은 아니며, 유전체계가 어떻게 장애를 일으키는지에 대해서는 아직까지 제대로 밝혀진 바가 없다.

(2) 환경적 요인

정서 · 행동장애에 영향을 미치는 환경적 요인으로는 크게 가정, 학교, 문화 및 기타 요인으로 나눌 수 있다.

가정은 학생이 가족과 상호작용을 통해서 바람직한 행동을 배우고 원만한 성격을 형성하게 하는 등 학생의 초기 발달에 영향을 준다. 부모의 훈육에 일관성이 없고, 지나치게 많은 벌을 주거나, 자녀와 친사회적인 활동을 하지 않으며, 자녀의 소재나 활동을 관찰하지 않고, 바람직한 행동에 대해서도 애정과 관심을 별로 보여주지 않는 가정에서 반사회적 학생이 나타날 가능성이 더 높다고 한다(Bigaln, 1995; McVoy & Welker, 2000; Patterson et al., 1992; Walker et al., 1995). 이러한 조건의 가정에서 사는 학생은 가족 구성원들이 갈등할 때마다 공격적으로 변할 수밖에 없도록 훈련받는 셈이다(Forgatch & Paterson, 1998).

위에서 보듯이 부모와 학생의 관계는 일방적인 관계보다는 상호보완적인 관계이므로 특수교육 관련 종사자들은 다른 영역 전문가들과의 협력을 통해서 건강한 가정과 가족의 기능을 지지함은 물론 학생의 교육적 환경을 보다 포괄적으로 개선하고 지원할 수 있도록 노력해야 할 것이다.

학교환경은 사회적 발달에 중요한 역할을 하게 된다. 그중 하나가 교사의 태도가 학생의 욕구에 대해 민감하지 못할 경우 학생에 대해 너무 높은 기대나 너무 낮은 기대를 가질 경우 또는 학생을 위한 규칙이나 규범을 정하지 않고 교사 자신의 편의대로 하는 경우에 문제가 발생한다. 학교의 훈육방법이 너무 엄격하거나 너무 느슨하거나 일관성이 없는 것도 문제가 된다. 또한 학생이 잘못된 행동을 했을 때는 관심을 받으나, 올바른 행동을 하였을 때는 무시되는 것도 학생의 정서 · 행동에 영향을 줄 수 있다.

우리는 우리가 속한 문화적 가치에 큰 영향을 받으며 살아간다. 문화 간의 갈등, 혹은 같은 문화 속에서도 세대, 지역, 종교, 계층, 성별 간에 다양한 가치관의 차이가 학생들의 행동에 많은 영향을 미친다. 특수교육 관련 종사자들은 사회적 낙인과 차별을 해소하기 위한 노력과 함께 보다 수용적인 관점에서 다문화적이고 다원적인 학생의 행동양식을 받아들일 필요가 있으며, 보다 큰 틀의 장기적인 관점에서 교육적 접근을 해야 한다.

가정과 학교, 문화적 요인 외에도 또래집단, 지역사회, 대중매체, 사회경제적 지위 등이 정서 · 행동장애에 영향을 미친다. 위에서 강조한 바와 같이 지금까지 살펴본 여러 가지 생물학적 요인과 환경적 요인들은 독립적으로 학생에게 영향을 미치기도 하지만 대부분은 여러 요인이 복합적으로 작용하여 학생에게 영향을 미치므로 원인에 대한 평가와 그 평가를 기반으로 학생을 둘러싼 생태학적 환경을 중심으로 한 교육과 지원을 해나가야 할 것이다.

2 정서 · 행동장애의 진단 및 평가

정서 · 행동장애의 평가는 크게 진단을 위한 평가와 교육을 위한 평가로 나눌 수 있다. 진단을 위해서는 체크리스트나 평정척도 등의 규준지향검사도구들과 자아개념검사, 성격검사 등의 준거지향검사 도구들이 사용될 수 있고 교육을 위해서는 기능적 행동 평가(functional behavioral assessment)가 사용될 수 있다. 정서 · 행동장애 아동을 평가하는 데 있어서 Walker, Colvin과 Ramsey(1995)가 제시한 반사회적 행동 평가의 네 가지 기준들을 활용할 수 있다. 그 기준들의 구체적인 내용은 다음과 같다.

- 아동이 심각한 부적응 문제를 나타낼 때까지 기다리는 것이 아니라 부적응 문제의 위험요소를 소지한 학생들을 선행적으로 선별해야 한다.
- 다양한 사람(예 교사, 부모, 훈련된 관찰자 등)이 다양한 장소(예 교실, 운동장, 식당, 가정 등)에서 아동의 문제행동을 평가하여 문제행동의 본질에 대해 폭넓고 객관적인 자료를 수집해야 한다.
- 사정과정은 유치부나 초등학교 1학년의 초기 학령기 수준에서 이상적으로 수행해야 한다.
- 교사평정 방법은 사정과정의 초기 단계에서 적절한 방법이지만 직접관찰 방법이나 생활기록부의 검토, 또래 및 부모 평정방법, 다른 유용한 정보 등을 통하여 보완되어야 한다.

1) 정서 · 행동장애의 사정과 판별에 사용되는 도구

우리나라의 경우 「장애인 등에 대한 특수교육법」에서 정서 · 행동장애 특수교육대상자의 선별검사 및 진단평가 영역으로 적응행동검사, 성격진단검사, 행동발달평가, 학습준비도 검사를 제시하고 있다. 한편 정서 · 행동장애의 사정과 판별을 위해 활용될 수 있는 구체적인 사용 도구의 예들은 〈표 8-3〉과 같다.

〈표 8-3〉 정서 · 행동장애의 사정 · 판별에 사용되는 도구

구 분	평가영역	사용도구
사전 평가	면담 및 보고서	교사 · 부모 · 학생면접, 면담도구 : 학생용 진단 면담검사표, 교사용 진단 면담지, 학생용 면담검사표
	관련 전문가로부터의 자료수집	약물복용 유무, 언어능력, 신체적 · 심리적 기능 수준 등에 대한 기초자료
심리 · 정서 평가	조현병 검사	DSM-5나 ICD-10의 기준, 학생기 장애와 조현병을 위한 면담지, 정동장애와 조현병 검사
	우울증 검사	학생의 우울증 평정척도 개정판, Bellevue 우울증 지수, 학생 · 청소년 우울증 면담 도구, 학생용 우울척도, 학생의 우울증 척도, Bellevue 우울지표, 우울자기평정척도, 레이놀즈 검사척도, 레이놀즈 학생우울척도, 학령기 우울목록척도, 학생우울평정척도, 우울증 또래지명척도, 학생용 절망척도, 레이놀즈 자살생각척도, 자기도피척도
	불안장애 및 기타 장애검사	Young 조증평가척도, 정서장애 평가척도, 불안장애 면담지, 학생의 두려움에 대한 조사일람표, 학생기 불안 민감도 지수, 학생의 불안 빈도 점검표, 학생 상태-특성 불안척도, 학생의 자기보고, 루이스빌 행동점검표, 루이스빌 학생 무서움 조사, PTSD 반응지수, 레이톤 강박성평가-학생 자가보고, 예일 전반적 틱 심각도 척도, 뚜렛 증후군 심각도 척도, 뚜렛 증후군 전반적 척도
	투사법에 의한 인성검사	피어스-해리스 자기개념척도, 피어스-해리스 학생용 자아개념 검사, 학생통각검사(CAT), Rorschach 심리진단검사, K-FSCT 문장검사 II, 운동-집-나무-사람 그림검사(K-H-P-T), Goodenough-인물화 검사(GHDT), 인물화 검사 : 정서장애 선별검사(DAP : SPED), 주제통각검사(TAT)
문제 행동 평가	평가척도 및 질문지	파괴적 행동장애 평정척도(DBDRS), 반응적 공격성과 주도적 공격성에 대한 교사-평정 도구, 학생행동화 경향척도(DATS), 충동성 척도(IS), 자기통제력 평정척도(SCRS), 학생공격성 척도(CAS), 청소년비행행동 측정도구(SMDB), 학생 · 청소년 행동 검목표(K-CBCL), 유아행동점검표, 교사보고식 학생행동점검표, 벅스의 행동평정척도, 과잉행동 자기통제력 평정척도
사회성 평가	교우관계 사정	또래지명법, 평정척도법, 또래행동 기술법
	사회적 행동평정척도	사회적 상호작용 평정척도, 학생용 사회성 불안척도, 외로움 척도, 사회성 기술평정 시스템, 교사기술 검목표
	사회적응행동검사	사회성숙도 검사, 미국 지적 및 발달장애 협회 적응행동척도, 적응행동검사

출처 : 김미경 외(2007) 일부 수정.

2) 기능적 행동 평가(FBA : Functional Behavioral Assessment)

기능적 행동 평가는 전형적인 표준절차에 따른 형식적인 방법이나 정확한 수치를 보여주는 통계적인 방법이 아니라 문제행동이 발생하는 맥락을 이해하는 평가활동이다. 최근 아동의 문제행동과 환경과의 기능적인 관계를 바탕으로 진단 및 중재방법을 개발하기 위하여 기능적 행동 평가가 많이 활용되고 있다(김희규 외, 2010). 기능적 행동 평가의 모델은 |그림 8-1|과 같다.

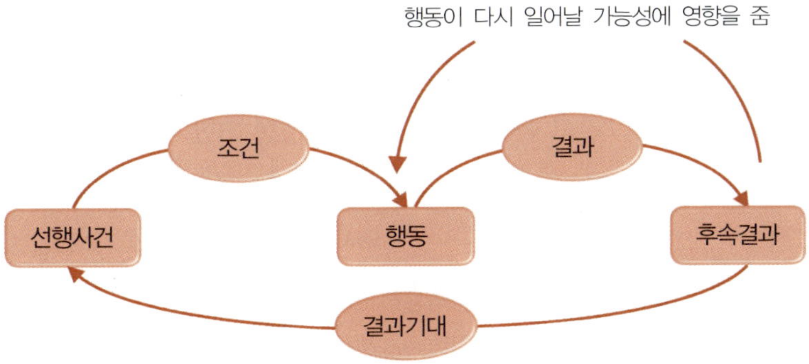

|그림 8-1| 기능적 행동 평가 모델

출처 : 강영심 외(2010).

|그림 8-1|과 같이, 학생의 문제행동을 변화시키기 위해서는 행동 전의 선행사건과 후의 후속결과에 대한 기본적 이해가 필요하고 이를 위한 기본 전제는 다음과 같다(김희규 외, 2010).

첫째, 문제행동은 공연히 일어나는 것이 아니라 어떤 상황 또는 선행 자극에 반응하여 일어난다는 것이다. 문제행동의 선행 자극이 될 수 있는 것들로는 주어진 학습활동, 교육과정의 내용, 학습활동의 선호도, 교사의 특정 교수활동, 또래와의 상호작용 등과 같은 외적 조건들이 있다. 그리고 내적 조건으로 아동의 신체적 또는 정서적 조건이 있다. 신체 및 정서적 조건으로는 불안, 화남, 배고픔, 피로, 질병, 통증 등을 들 수 있다.

둘째, 문제행동은 아동의 관점에서 어떤 목적 또는 기능을 가지고 있는 타당하고 논리적인 행동 방법이다. 문제행동은 '어떤 것을 얻기 위한' 또는 '어떤 것을 회피하기 위한' 기능을 가지고 있는 경우가 많다. 교사로부터 관심을 얻고자 하거나 또래로부터 인정을 받고자 할 때 울음, 공격행동, 불순종 행동, 학습활동의 거부, 부적절한 소음, 감각자극 행동 등을 일으키면, 교사는 아동에게 야단을 치게 되고 이는 결국 상대아동에게 관심을 주는 결과를 낳아 아동의 목적을 달성시켜 준다. 그리고 이와 같은 교사의 관심은 문제행동에 대한 정적 강화로 작용하게 된다.

교사는 기능적 행동 분석을 통하여 학생의 문제행동과 환경과의 기능적 관계 그리고 그 행동이 가지는 목적 및 기능에 대한 이해를 바탕으로 문제행동을 대체할 수 있는 수용 가능한 행동 그리고 문제행동을 감소시키기 위한 적절한 방법들을 개발할 수 있다.

3 정서 · 행동장애의 분류 및 특성

1) 정서 · 행동장애의 분류

정서 · 행동장애는 일정한 방식의 행동을 나타내거나 증후군의 일부 같은 행동을 보이므로, 만약 일련의 행동이 정서 · 행동장애의 한 유형으로 분류되면 그와 같은 행동 유형을 보이는 학생은 정서 · 행동장애로 진단될 것이다. 정서 · 행동장애와 관련된 행동을 군집화하고 행동적 패턴이나 유형을 구분하는 데 도움이 되는 분류체계로는 질적 분류인 정신의학적(psychiatric) 분류와 양적 분류인 행동적 특성에 의한 수치적(dimensional) 분류가 있다(Yell et al., 2009).

정신의학적 분류방식으로 가장 잘 알려진 것은 미국 정신의학협회(APA : American Psychiatric Association)에서 편찬한 정신장애 진단 기준 통계 편람(DSM-5, 2013)의 분류이다. DSM-5 분류에 따른 정서 · 행동장애의 하위유형은 〈표 8-4〉와 같다.

〈표 8-4〉 DSM-5 분류에 따른 정서 · 행동장애의 하위유형

하위유형	포함 장애	
불안장애	• 분리불안장애 • 선택적 함구증 • 범불안장애 • 공황장애	• 특정공포증 • 사회적 불안장애 • 광장 공포증
외상 및 스트레스 관련 장애	• 외상 후 스트레스 장애	• 반응성 애착장애
강박-충동 및 관련 장애	• 강박-충동장애	• 신체추형장애
섭식장애	• 신경성 식욕부진증 • 신경성 폭식증 • 폭식장애 • 이식증	• 반추장애(되새김장애) • 제한적/회피적 음식 섭취 장애
배변장애	• 유뇨증	• 유분증
우울장애	• 파괴적 기분조절 장애 • 주요 우울장애	• 지속적 우울장애
양극성장애	• 제1형 양극성장애	• 제2형 양극성장애
틱장애	• 일과성 틱장애 • 만성 운동 또는 음성 틱장애	• 뚜렛장애
파괴적, 충동조절 및 품행장애	• 적대적 반항장애	• 품행장애
주의력결핍과잉행동장애	• 부주의	• 과잉행동-충동성

DSM-5는 교육현장과 관련성이 적은 이유로 교육자들에게 비판을 받고 있으며, 특히 교육적 목적을 위해서는 이러한 분류체계에 의한 진단에 의존하기보다는 개별 학생의 행동 특성이나 유형 등을 통계적으로 분석하도록 권장되고 있다(Richardson, McGauhey, & Day, 1995).

최근에는 정서 · 행동장애에 대한 교육적 접근이 생태학적 접근으로 변화하면서 행동적 특성에 따른 분류체계가 적용되고 있다. Achenbach와 Edelbrock(1981)에 의해 개발된 학생행동체크리스트(CBCL : Child Behavior Checklist)는 외현적 행동문제와

내재적 행동문제라는 두 가지 차원을 적용하고 있다(Achenbach & Edelbrock, 1981; Gresham, Lane, MacMillan, & Bocian, 1999; Kauffman, 2005; Smith, 2004). 두 가지 차원에 해당하는 행동문제의 예는 〈표 8-5〉와 같다.

〈표 8-5〉 외현적 행동문제와 내재적 행동문제의 예

외현적 행동문제	내재적 행동문제
• 사물이나 사람을 향한 공격적 양상을 반복적으로 보인다. • 과도하게 언쟁한다. • 신체적이거나 언어적인 방법으로 다른 사람의 복종을 강요한다. • 합리적인 요청에 응하지 않는다. • 지속적인 성질부리기(tantrum)의 양상을 보인다. • 지속적인 거짓말 또는 도벽의 양상을 보인다. • 자기조절력의 결여 및 지나친 행동을 자주 보인다. • 만족할 만한 인간관계를 개발하고 유지하는 데 방해가 될 정도로 다른 사람이나 교사 또는 물리적 환경을 방해하는 기타 특정 행동을 보인다.	• 슬픈 감정, 우울함, 자기비하 감정을 보인다. • 환청이나 환각을 경험한다. • 특정 생각이나 의견이나 상황에서 벗어나지 못한다. • 반복적이고 쓸모없는 행동에서 벗어나지 못한다. • 갑자기 울거나, 자주 울거나, 특정 상황에서 전혀 예측하지 못한 비전형적인 감정을 보인다. • 공포나 불안의 결과로 심각한 두통이나 기타 신체적인 문제(복통, 메스꺼움, 현기증, 구토)를 보인다. • 자살에 대하여 말한다. 자살 생각을 이야기하고 죽음에 대하여 몰두한다. • 이전에 흥미를 보였던 활동에 대한 관심이 줄어든다. • 과도하게 놀림을 당하거나, 언어나 신체적으로 학대를 당하거나, 또래에 의하여 무시되거나 기피된다. • 활동 수준이 심각하게 제한된다. • 신체적, 정서적 또는 성적 학대의 증후를 보인다. • 만족할 만한 개인적인 관계 형성 및 유지에 방해가 될 정도의 위축, 사회적 상호작용 회피 또는 개인적인 돌봄의 결여와 같은 기타 특정 행동을 보인다.

출처 : Turnbull, H. R., Turnbull, A. P., Shank, M., & Smith, S. J.(2004), p. 139.

이렇듯 정서 · 행동장애를 분류하는 것은 매우 복잡한 작업이며, 학자들 사이에서도 어떻게 행동적 특성을 범주화할 것인지에 대하여 견해가 일치하지 않는다. 사람의 정서와 행동은 단순한 원인에 의해서 발생하는 것이 아니다. 그것의 사회문화적 배경 등과 같은 생태학적 요인도 다양하고, 그에 대해 반응하는 개별 학생의 특성 또한 예측하기 어려울 만큼 개인차를 지니고 있기 때문이다. 따라서 교사들은 장애를 분류하는 명칭보다는 실제 학생들이 지닌 구체적인 문제와 행동에 따른 적합한 교육을 지원하는 데 최선을 다해야 할 것이다.

2) 정서 · 행동장애의 특성

(1) 지능 및 학업성취

정서 · 행동장애 아동은 지적으로 매우 우수할 수도 있고 지적장애를 지니기도 하는데, 대부분 평균에서부터 평균보다 약간 낮은 하위 평균의 범주에 속하며, 상위 평균 이상의 지능을 보이는 학생은 비교적 적은 것으로 보고되고 있다(Duncan, Forness, & Hartsough, 1995; Kauffman, 1997). |그림 8-2|는 일반아동, 정서 · 행동장애 아동, 저기능 자폐아동의 가상적인 지능분포곡선을 보여주고 있다.

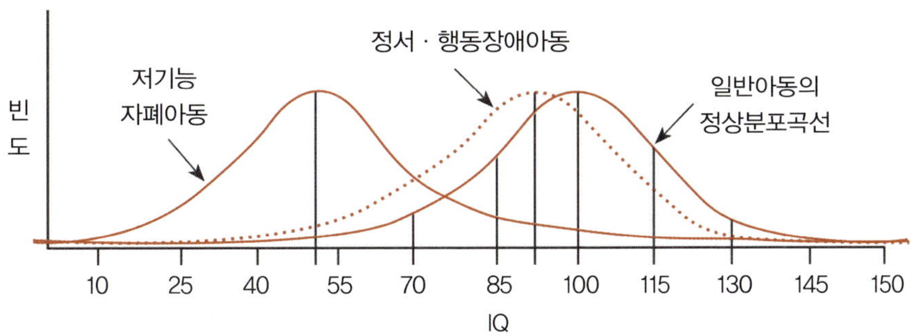

|그림 8-2| 정서 · 행동장애 아동, 저기능 자폐아동, 일반아동의 가상 지능분포곡선

출처 : Kauffman, J. M.(2005), p. 208.

정서 · 행동장애 학생들은 교실에서 학업활동 수행에 문제를 보인다. 특히 읽기와 수학에 어려움을 보일 뿐 아니라 기타 과목들의 학습에도 상당한 제한을 보인다. 장애가 심한 학생들은 기초학업기술 외에도 기본적인 자조기술조차도 갖추지 못할 수도 있다. 일반적으로 장애가 심할수록 학업성취도가 낮아지며, 비행이나 범법 행위를 보일 가능성도 높아지는 것으로 알려져 있다(Archwametry & Katsiyannis, 2000). 정서 ·

행동장애 학생들 중 50% 이상이 학습장애를 동시에 보이기도 하며(Glassberg, Hooper, & Mattison, 1999), 70%의 학생들이 표현 · 수용 언어영역에서 장애를 나타내기도 한다(Benner, Nelson, & Epstein, 2002).

정서 · 행동장애 학생들이 학교에서 보이는 학교 관련 행동문제는 다음과 같다.

- 빈번한 장기 결석 및 지각
- 대부분 학과목에서의 낙제
- 2~3년 정도의 학업 수준 지체
- 과제를 완성하지 않음
- 과제를 늦게 제출하거나 더럽히거나 엉망으로 제출하고, 때때로 교사에게 불손한 말을 적어서 제출함
- 지시 따르기에 어려움을 보임
- 학교 과제에 대한 주의집중에 어려움을 보임

(2) 사회 · 정서적 특성

DSM-5(2013)에서 정서 · 행동장애로 분류된 장애는 불안장애, 우울장애, 품행장애, 주의력결핍 과잉행동장애 등이 있다. 이들 장애의 사회 · 정서적 특성은 다음과 같다.

불안장애 아동은 집 또는 애착 대상과 떨어져야 할 때 심각한 고통을 반복해서 겪는다. 이로 인해 집을 떠나 학교, 직장, 혹은 다른 장소로 외출하지 못하는 모습을 보이고 주 애착 대상과 떨어져야 할 때 두통, 복통, 구토 등과 같은 신체적 증상을 보이기도 한다. 그리고 다른 상황에서는 말을 잘할 수 있음에도 불구하고 말을 해야 하는 특정 사회적 상황에서는 일관되게 말을 하지 않는다(선택적 함구증).

우울장애 아동은 거의 모든 일상 활동에 대해 흥미나 즐거움이 뚜렷하게 저하되어 있고, 생활의 활력이 없으며 자살에 대해 지속적으로 생각한다. 그리고 자존감이 많이 낮아져 있으며 깊은 절망감에 빠져있기도 하고, 심각한 분노의 표출을 보이기도 한다.

품행장애 아동은 자주 쉽게 화를 내고 반항적 행동을 보이며 권위자와의 부적절한 논쟁을 한다. 자주 고의로 타인을 귀찮게 하고 자신의 잘못을 다른 사람의 탓으로 돌린다. 그리고 사람과 동물에 대한 공격성을 보이며 파괴적인 행동을 보이기도 하고 심각하게 규칙을 위반한다.

주의력결핍 과잉행동장애 아동은 쉽게 산만해진다. 놀이나 과제에 지속적으로 주의집중을 하지 못하며 지속적인 노력이 필요한 과제에 대해 저항하고 반항한다. 지시를 잘 이행하지 못하고 부적절하게 부산한 행동을 하며 심각하게 충동적인 행동들을 반복한다.

정서 · 행동장애 아동들의 이와 같은 정서적 특성은 주변 사람들과의 소통을 제한하고 공동체에서 함께 생활하기 어렵게 만든다. 그리고 결국에는 주변에서 고립된 상황을 야기한다.

(3) 행동적 특성

① 외현적 행동 특성

정서 · 행동장애 아동들이 가장 공통으로 보이는 행동은 반사회적 행동이다. 이들은 때리고, 싸우고, 남을 괴롭히고, 소리 지르고, 요구를 거절하고, 울고, 기물을 파괴하고, 강탈하는 등의 구체적인 행동 특성을 보인다. 일반 학생도 이러한 행동을 보이지만 정서 · 행동장애 아동의 행동만큼 지나치게 충동적이거나 자주 일어나지는 않는다. 이들의 행동문제는 극단적일 뿐만 아니라 정상적인 훈육방법에 의해서는 변화되지 않고, 관심을 갖고 도와주려는 사람에게조차 긍정적으로 반응하지 않는다. 이들을 돕기 위해서는 학생의 행동과 환경 내의 다른 사람들의 행동 간의 상호작용을 조사해 보아야 하며, 학교생활 실패와 품행장애 및 청소년 비행은 상당히 높은 상관관계가 있는 것으로 알려져 있으므로(이소현 · 박은혜, 2011), 이들에 대한 관심과 세심한 교육적 배려가 필요하다.

② 내재적 행동 특성

정서 · 행동장애 학생 중 일부 학생들은 공격적이지 않으며, 다른 사람과 사회적 상호작용을 하지 않는 내재적 행동 특성을 가진다. 이들은 미숙하고 위축된 학생들로 학령기 발달에 심각한 영향을 미칠 뿐만 아니라 성인이 된 후에도 정신건강 측면에서 좋지 않은 예후를 보이곤 한다. 이들은 또래와 노는 일이 거의 없고, 친구를 만드는 데 필요한 사회적 기술도 없어 백일몽을 꾸거나 공상에 빠진다. 또한 이유 없이 두려워하며 배가 아프다거나 머리가 아프다고 하거나, 아무런 이유 없이 우울 증세를 보이기도 한다. 이러한 행동은 학생이 학교에서 학습에 참여할 수 있는 기회를 갖지 못하게 하며, 다른 학생들이 참여하는 활동에도 제한이 된다. 외현적 행동과는 달리 내재적 행동은 학급활동을 방해하지 않기 때문에 잘 발견되지 않는 경우가 많으나, 이들이 가진 문제가 경도이거나 일시적 문제라고 생각해서는 안 되며, 조기발견과 지속적인 교육적 배려가 필요하다.

4 정서 · 행동장애 학생을 위한 교육적 접근

1) 정서 · 행동장애 학생 교육을 위한 기본원리

정서 · 행동장애 학생의 교육을 위해서는 학업적 영역에서의 새로운 지식과 기술을 가르치는 것과 더불어 행동을 통제하는 방법과 사회성 기술들 역시 효과적으로 가르칠 필요가 있다. 행동통제방법과 사회성 기술지도 과정에 포함되어야 하는 네 가지 기본 요소는 다음과 같다(Begun, 1996; Kerr & Nelson, 2006).

- 모델링(시범 보이기) : 실제 생활에서 적용해야 하는 행동통제방법과 사회성 기술을 소개하고 이를 적용하는 방법에 대해 시범을 보이며 안내한다.
- 역할 수행(역할놀이) : 실제 생활 상황에서처럼 가상의 상황에서 행동통제방법과 사회성 기술을 적용하고 연습할 수 있도록 역할놀이를 한다.
- 일반화와 유지(실제 생활 상황에 적용) : 학생이 다양한 상황에서 사회성 기술을

사용할 수 있도록 실제 생활에서 다양한 활동을 구성하여 제공한다.

- **피드백**(수행에 대한 평가 및 토론) : 학생이 자신이 수행한 행동통제방법과 사회성 기술에 대해 평가와 토론을 해봄으로써 학생은 자신의 행동을 개선 및 수정하거나 강화할 수 있다.

위의 네 가지 기본 요소를 통해 구조화된 학습은 학생이 행동통제방법과 사회성 기술을 학습하는 데 효과적이고 부적응 문제행동으로 기인되는 어려움을 감소시켜 줄 수 있다.

2) 정서 · 행동장애 학생을 위한 특수교육적 접근

많은 정서 · 행동장애 학생들은 스스로가 자신의 삶을 통제하지 못한다고 생각한다. 이들이 어떤 일이 벌어질 것만 같이 불안해하고, 파괴적인 행동을 보이는 것은 불공평하고 욕구불만으로 가득 찬 세상에 대한 반응 수단인 것이다. 이때 '자기관리' 기술이 도움이 될 수 있다.

'자기관리'란 자신의 행동을 변화시키기 위해 사용하는 행동수정 기법이다. 즉, 자신의 미래에 일어날 다른 행동을 통제하기 위한 행동을 미리 할 때 자기관리가 일어난다(Watson & Trap, 1993; Yates, 1986). 자기관리는 '통제하는 행동'과 '통제된 행동'으로 구성된다. 미래에 일어날 통제된 행동(controlled behavior)에 영향을 미치기 위해 통제하는 행동(controlling behavior)을 한다.

자기관리 기술은 책임을 배우고 자기결정을 하도록 돕는다. 또한 자기관리는 수정된 행동이 한 장면에서 다른 장면으로 일반화되도록 조직하고 치료 성과를 유지시키는 중요한 수단이다. 자기관리 기술에는 자기점검 및 자기평가 기술이 동시에 요구된다. 자기점검은 학생이 자신의 행동을 관찰하고 기록하는 비교적 간단한 절차이고, 자기평가는 표준이나 목표와 자신의 행동을 비교하는 것을 말한다. 자기관리 기록지의 예는 |그림 8-3|과 같다.

〈자기관리 기록지〉

이름 : 김 민 아

날짜 : 2021. 10. 14.

학급 : 중 3-1

★ 나는 선생님의 지시를 잘 따랐나요?

교시 \ 응답	예	아니요
1교시	✔	
2교시	✔	
3교시	✔	
4교시		✔
5교시	✔	
6교시	✔	
7교시	✔	

★ 나는 오늘 어떻게 하였나요?

못함	보통	잘함	아주 잘함
		✔	

★ 나에게 주는 선물

선생님의 지시에 잘 따르면 내가 좋아하는 컴퓨터 게임을 30분 동안 할 수 있다.

|그림 8-3| 자기관리 기록지의 예

① 자기관리의 구체적 기법 – 자기관리 기록지

첫째, '나는 선생님의 지시를 잘 따랐나요?'라는 기록용지는 자기관리 절차의 목표와 셀프 모니터링(self-monitoring)을 보여주고 있다. 이와 같이 목표 설정은 대부분 셀

쓰 모니터링과 함께 실시된다. 셀프 모니터링을 이용하여 표적행동이 일어나는 것을 기록하며, 이것은 목표를 향한 진전을 평가하게 한다.

둘째, '나는 오늘 어떻게 하였나요?'라고 스스로 평가하는 부분은 자기관리 절차에서 자신의 변화를 스스로 평가하는 것이다. 즉, 셀프 모니터링을 통해 자료를 수집하고 원하는 방향으로 행동이 변하고 있는지를 자기평가하는 것이다. 행동이 기대한 것처럼 변한다면 목표에 도달할 수 있는지 알아보기 위해 셀프 모니터링 절차를 계속 실시해야 한다. 행동이 원하는 방향으로 변하지 않으면 자기관리 전략을 재평가하고 필요한 변화를 만들어야 한다.

셋째, '나에게 주는 선물'은 자기평가의 결과에 따라 자신이 원하는 강화인/강화물을 스스로에게 주는 자기강화 절차이다. 이처럼 제3자에게 자신에게 변화의 결과에 따른 강화물이나 벌 인자를 달라고 요청하지 않고 스스로 준비할 수 있다.

|그림 8-3| 자기관리 기록지에서 민아는 차시별로 선생님의 지시 수행 여부를 셀프 모니터링한 후 자기 평가를 하였고, 이를 근거로 자기강화를 하는 다양한 통제행동을 하고 있다. 이러한 통제행동은 민아로 하여금 선생님의 지시에 따른 수행을 더 자주 하게 만들었을 것이다.

② 자기관리 기록지의 기록이 행동에 영향을 미치는 이유

첫째, 자기관리 기록지는 일종의 '행동계약서'와 같은 역할을 하게 된다. 그러므로 학생이 목표 수행을 잘 이행하겠다는 공적 약속의 형태로 작용한다. 말과 행동의 일치(자신이 하겠다고 말한 것을 행함)에 대하여 강화를 받은 경험이 있는 사람에게 목표가 되는 행동을 제시하는 것은 목표행동의 이행가능성을 높인다(Stokes, Osnes, & DaVerne, 1993).

둘째, 규칙지배행동(rule-governed behavior)을 통해서 이와 같은 계약서는 행동에 영향을 미친다. 계약서를 작성하는 것은 목표로 하는 행동을 생각하고 적절한 시기에 목표로 하는 행동을 이행하도록 자신에게 이야기하게 만든다. 따라서 민아가 마음속으로 혹은 소리를 내어 이 규칙을 말할 때, 불안이 일어날 수 있고 목표로 설정한 행동의 이행 후 불안으로부터 벗어나게 된다(Malott, 1993). 이와 같이 선생님의 지시를 따른다는 행동을 수행하면 불안이 감소되는 과정을 경험하게 되고 지시를 따르는 행동의 빈도는 더 늘어날 것이다.

③ 행동계약서

|그림 8-3| 자기관리 기록지의 작성 자체도 일종의 행동계약이 되지만, 정식으로 '행동계약서'를 작성한 후 '자기관리'를 하면 목표가 되는 행동의 수행에 더 많은 도움이 된다. '행동계약서'란 |그림 8-4|와 같이 목표가 되는 행동의 이행에 동의하는 계약서이다.

행동계약서

계약일 : ____________ 부터 ____________ 까지

나는 이번 주에 다음 행동을 실천할 것을 약속한다.
매일 수업시간마다 선생님의 지시에 잘 따를 것이다.
매일 1교시부터 7교시까지 지시에 잘 따랐는지를 스스로 감독하여(self-monitoring) 방과 후 선생님께 보여드릴 것이다.

대신 우리는 다음과 같이 약속한다.
만약 스스로 감독한 결과 민아가 하루 7교시 중 5교시를 선생님의 지시에 잘 따랐다면, 민아는 좋아하는 컴퓨터 게임을 30분 동안 할 수 있다.

서명 : ____________ ____________
(김민아) (선생님)

|그림 8-4| 행동계약서의 예

|그림 8-4|에서 알 수 있는 것처럼 행동계약서에는 다섯 가지 기본적인 구성요소가 있다. 첫째, 목표로 하는 행동(예 선생님 지시에 잘 따르기)을 정하는 것이다. 둘

째, 목표 행동의 발생을 측정/기록하는 방법(예 셀프 모니터링 기록)을 정하는 것이다. 셋째, 행동이 수행되어야 할 시기(예 매 차시 수업 후)가 제시되어야 한다. 넷째, 목표 행동 수행을 돕기 위한 강화(예 컴퓨터 게임 30분)를 분명하게 제시하여야 한다. 다섯째, 작성된 목표 행동을 이행할 사람(예 김민아)을 정해서 사인을 한다. 예를 들어, 위의 계약서에서 김민아는 구체적인 목표행동 실행에 동의하고, 교사는 계약서에 제시한 강화를 실시한다.

행동계약서는 다른 사람이 결과를 평가하지만 자기관리 전략 유형의 하나로 생각할 수 있다. 계약서에 들어가는 행동은 미래의 목표행동 발생에 영향을 주기 때문이다. 저학년일 경우 교사가 계약관리자로 같이 참여할 때 자기관리를 혼자서 수행할 때보다 목표행동의 발생에 더 효과적일 수 있다.

3) 정서 · 행동장애 학생을 위한 통합교육적 접근

(1) 긍정적이고 수용적인 통합학급 분위기 조성

정서 · 행동장애 학생들을 위한 교육은 따로 구성된 교육보다 일반 학생들과 함께 통합된 교육이 더 효과적일 수 있다. 통합학급 교실에서 이들이 또래 학생들로부터 지지받는 긍정적인 교실환경이 만들어진다면 이 학생들이 지니고 있는 문제행동들이 호전되겠지만, 현실은 이들을 고립시키거나 거의 상호작용이 이루어지지 않아 사회적 기술 습득이 더욱 어려워지고, 자존감이 결여되는 등의 악순환이 거듭된다. 정서 · 행동장애 학생들을 위한 통합교육이 성공하기 위해서는 긍정적이고 수용적인 통합학급 분위기 조성이 필요하다. 이를 위해서는, 먼저 교사가 정서 · 행동장애에 대한 올바른 지식을 가지고 있어야 하며, 이러한 지식체계를 바탕으로 교육을 실행해야 한다. 교사가 이들에게 보이는 어조, 제스처, 지적하는 모습 등은 정서 · 행동장애 학생들에게 부정적인 영향을 미칠 뿐만 아니라 일반 학생들에게도 비우호적인 상호작용을 하게 만드는 근거가 될 수 있다(전헌선 외, 2011).

(2) 긍정적인 행동지원을 위한 학교 체제

학생의 문제행동을 효과적으로 지도하는 것은 교사들이 교과내용을 가르치는 것보다 훨씬 더 어려운 과제이다(김수연 · 이대식, 2008). 대부분의 교사들은 학교 현장에서 학생들의 문제행동과 관련한 어려움을 직면할 때 전문가의 도움이나 전문적인 자료에서 방법을 찾기보다는 시행착오를 통해 터득하거나 같은 경험을 가진 동료교사들의 조언에 의지하며(김수연 · 이대식, 2008; 최진오, 2009), 문제가 발생한 후에 잘못된 행동에 대해 벌하는 전통적인 방식을 주로 사용한다(정길순 · 노진아, 2011; Snell et al., 2012). 그러나 교사들의 부정적이고 처벌중심의 반응은 문제행동을 조절하는 데 효과가 없을 뿐만 아니라 학생들이 더 과격하게 행동하게 하고 학생과 교사 간의 관계를 악화시킬 수 있다(Shores et al., 1993). 전통적인 훈육방식은 현재의 복잡하고 강도 높은 학생 문제행동을 다루는 데 효과적이지 않을 뿐만 아니라 긍정적인 지도방법을 원하는 사회적 요구와도 부합되지 않는다. 특히 장애 학생의 경우, 자신의 인권을 스스로 보호하기 어렵다는 특수성으로 인해 교사의 훈육 관련 문제는 사회적으로 민감하게 받아들여진다(손유니 · 박지연, 2015).

최근 국내에서는 학교 차원의 긍정적 행동지원(School-wide Positive Behavior Support)이 강조되고 있다. 학교 차원의 긍정적 행동 지원은 문제행동의 학교 내 예방과 중재를 목표로 한다(Sailor et al., 2006). 따라서 긍정적 행동지원의 적용단위가 개인에서 학교 전체로 확장된 것이다(Bradshaw, Mitchell, & Leaf, 2010).

학교 차원의 긍정적 행동지원은 대상의 범위와 지원의 강도에 따라 보편적 지원, 그룹 지원 및 개별화된 지원이라는 세 가지 피라미드식 구성요소의 실행으로 나누어진다(Turnbull et al., 2002). 학교 전체 구성원을 대상으로 하는 보편적 지원은 1차적인 예방의 단계로 전체 학생을 대상으로 적절한 행동을 지도하여 바람직한 사회적 행동을 하도록 격려하는 동시에 학업성취를 최대화하는 것이다. 소그룹을 대상으로 하는 지원은 2차적 예방의 단계로 문제행동을 보일 위험이 있는 학생들을 대상으로 빈곤, 환경 등과 같은 위험요인을 줄이는 특별지원을 한다. 개별화된 지원은 3차적 예방의 단계로 중증의 문제행동을 지닌 학생을 대상으로 하는 일대일 지원을 제공한다(Sugai & Horner, 2009).

성공적인 행동을 지원하는 학교 체제는 다음과 같은 특징을 지니고 있다.

① 행동적 기대를 진술하기

소수의 행동적 기대를 명확하게 정의한다. '존중하고, 책임감 있고 신중하라' 혹은 '자신을 존중하고 타인을 존중하며, 재산을 소중히 하라' 등과 같은 단순하고 긍정적으로 짜인 규칙이 있어야 한다.

② 행동적 기대를 정의하고 가르치기

행동적 기대는 학교 내에 있는 모든 학생에게 가르친다. 행동적 기대에 대한 특별한 예를 제공한다. 행동적 기대는 체계적인 형식으로 직접 가르친다. 즉, 일반 규칙의 제시, 규칙의 합리성 토론, 긍정적인 예의 설명과 연습, 부정적인 예의 설명과 시범과 같은 일련의 과정 이후 학생이 잘 수행할 때까지 '옳은 방식'을 실행한다.

③ 적절한 행동을 인정하기

적절한 행동은 규칙적으로 인정한다. 어떤 학교는 철저한 공식적 체제를 지키며, 어떤 학교는 철저한 사회적 이벤트를 갖는다.

④ 행동 실수를 사전 예방적으로 교정하기

학생이 행동적 기대를 위배할 때 그 행동은 수용될 수 없다는 정보를 제공하고, 수용될 수 없는 행동 때문에 부주의한 결과를 초래하지 못하도록 예방하는 정보를 제공할 필요가 있다.

⑤ 자료 중심적이고 팀에 의한 프로그램 평가

성공적인 학교는 자신의 학교가 성공적인지와 행동문제를 해결하기 위한 의사결정 과정이 있는지를 지속적으로 사정하는 효율적인 전략을 가지고 있다. 학교 체제에서 학교 분위기를 알아보는 근거로는 행동 사건 경위서, 출석률, 지각률, 학생관찰 기록부 등을 포함한다.

⑥ 개별 학생 지원체제를 학교 훈육체제로 통합하기

학교 행동지원 체제는 더 개별화되고 지속적인 행동지원이 필요한 대부분 학교의 1~7% 학생들을 위한 집중적인 중재의 필요성을 간과하지 않아야 한다.

(3) 교실관리

정서 · 행동장애 학생을 지도할 때 교사는 긍정적인 행동과 학업 성공을 이끌기 위한 토대로서 반사회적 행동은 감소시키고 긍정적인 학생-교사 상호작용의 빈도는 증가시키기 위하여 효과적인 교실환경을 구성하고 관리해야 한다.

대부분의 교실행동 문제들은 친사회적 행동관리 전략을 이용하여 예방될 수 있다. 친사회적 행동관리 전략은 행동문제들을 예상하고 이들이 발생하기 전에 중단시키기 위해 미리 계획된 중재들이다. 친사회적 행동관리 전략에는 교실에 대한 물리적 환경의 구조화, 적절한 행동에 대한 명확한 규칙과 기대 설정하기, 휴식시간을 최소화하기 위해 교과활동을 계획하고 순서화하기, 순종하는 방법을 학생들에게 교육하기, 수업시간에 적극적으로 참여하기, 그리고 바람직한 행동을 유발하기 위해 정적 강화를 효과적으로 사용하기 등이 포함된다. 이러한 교실환경을 관리하는 것은 상당한 지식과 기술을 필요로 한다.

교사들은 이미 언급한 전략들과 함께 행동형성, 소거, 다른 행동 차별 강화, 반응대가, 타임아웃, 과잉교정 등의 행동수정 전략을 언제 어떻게 사용하는지 알아야 한다. 이러한 기법은 개별로 실행되는 것이 아니라 전반적인 수업과 교실관리 계획을 통합시켜야 하며, 개별 학생의 특권과 자립성을 더 많이 신장시키도록 돕는 토큰경제를 포함할 수 있다.

이러한 교실관리 전략들을 계획하고 수행할 때 교사들은 강압적 방법을 통해 학생이 참여하고 규칙을 따르도록 하는 환경을 만들지 않도록 주의하여야 한다. 강압적 환경은 도피와 회피행동을 촉진하는 결과를 초래하며, 또한 하지 말아야 할 것에 초점을 맞추기 때문에 무엇을 어떻게 해야 할지를 가르치지 못한다.

친사회적이고 긍정적인 교실관리 방법 중 대표적인 것이 또래 중재와 지원이다.

또래집단은 정서 · 행동장애 학생들의 긍정적인 변화를 이끌어 내는 효과적인 수단이 될 수 있다. 다른 학생의 부적절한 행동을 감소시키도록 돕기 위하여 또래들을 교육하기 위한 특별한 전략들은 다음과 같다.

- **또래 점검** : 또래 행동을 관찰하고 기록하여 그 또래에게 피드백을 제공하도록 가르치는 방법이다.
- **긍정적 또래 보고법** : 다른 학생의 긍정적인 행동에 대해 보고하는 법을 가르치고, 격려하고 강화하는 방법이다.
- **또래 교수법** : 학습 혹은 사회기술을 또래 학생이 다른 학생에게 가르치는 방법으로, 정서 · 행동장애 학생들은 이 방법을 통해 사회기술을 더 잘 배울 수 있다.
- **또래 비교법** : 또래들에게 부적절한 행동이 일어날 때, 또는 일어나려고 할 때 다른 사람과 비교하도록 하고, 그 행동이 왜 문제가 있는지를 설명하고, 적절한 대안행동을 제안하거나 모델링하는 방법이다.

(4) 긴밀한 교사-학생 관계 형성

가르치는 일은 최적의 조건하에서도 긴장이 되는 것인데, 정서 · 행동장애 학생들을 가르칠 경우에는 가르치는 일에 대한 스트레스가 훨씬 더 가중된다. 이들을 지도할 때에는 다른 학생들을 지도할 때와는 다른 행동관리 절차가 필요하며, 학업과 행동관리 기술뿐만 아니라 행동문제를 가진 학생들과 건전한 학생-교사관계를 확립해야 한다.

교사는 행동문제를 가진 학생들과의 효율적이고 긍정적인 관계를 위하여 두 가지 중요한 정서적 특성, 변별적 수용과 공감적 관계가 필요하다. 변별적 수용(differential acceptance)은 교사가 학생들의 분노 · 증오 · 공격과 같은 극단적인 행동들을 똑같은 방식으로 반응하지 않고, 받아들이는 것을 의미한다. 쉬운 일은 아니지만 이 수용은 반사회적 행동을 묵인하고 너그럽게 봐주는 것과 혼동해서는 안 되며, 학생은 자신이 부적절하게 반응하고 있음을 알아야 한다. 이것을 비난 없는 이해라 한다.

학생과의 공감적 관계(empathetic relationship)를 맺는 것은 종종 정서장애 학생들의 개인적 욕구를 이해하는 데 중요한 많은 비언어적 단서를 이해하고 인식하는 교사의 능력을 말한다. 교사는 학생들과 직접적이고 정직하게 의사소통을 해야 하며, 자신의 행동이 강력한 모델 역할을 한다는 사실을 알아야 한다. 따라서 교사의 행동과 태도는 성숙해야 하고, 자기통제의 모습을 보여주어야 한다.

정서 · 행동장애 학생들을 지도하는 교사는 학생이 보이는 행동에 대하여 역공격적(counter-aggressive) 행동이나 상호적 불쾌감(reciprocally unpleasant)이 없이 불쾌감을 견뎌낼 수 있고, 거부반응을 일으키지 않아야 한다. 다시 말해서 그들이 보이는 행동에 대하여 교사 자신의 마음이 상하지 않고 태연하게 대처할 수 있는 마음가짐이 매우 중요하다. 따라서 교사들은 가치관과 자신감, 가르침이나 일상생활 기능에 있어서 안정되어 있어야 하고, 개인이 지닌 장점과 인격적 소양을 바탕으로 지도방법을 개발할 수 있어야 한다. 교사들이 정서 · 행동장애 학생들을 지도할 때 고려할 사항은 〈표 8-6〉과 같다.

〈표 8-6〉 정서 · 행동장애 학생 지도교사가 고려할 사항

환경 조성	환경 관리
• 학생들과 신뢰감 있는 대인관계를 수립한다. • 허락이 아닌 수용적이고 온정적인 분위기를 조성한다. • 생활에서 지켜야 할 행동의 한계를 분명히 정하여 둔다. • 학급 규칙을 관대하게 정하고, 학생들에게 자주 주지시킨다. • 일관성을 유지하고 교과학습 기능에 초점을 둔다. • 학생들이 성공할 수 있는 경험을 제시한다. • 용서를 하면 지나간 일은 잊어버린다. 즉, 과거의 잘못된 행동에 대한 선입견을 가지고 학생을 대하지 않는다. • 칭찬할 만한 행동이 없더라도 학생을 좋아한다는 마음을 전한다. • 강화체계를 수립할 때 나이가 든 학생들도 참여하도록 한다.	• 문제를 일으킬 만한 물건이나 장난감을 치운다. • 학생에게 적합한 자리를 배정한다. • 시간계획을 신중히 살펴본다. 즉, 어떤 시간이나 주제가 분열을 일으킬 것으로 예상되면 계획을 변경한다. • 가위, 칼, 연필 등 위험한 물건에서 눈을 떼지 않는다. • 잘못된 결과를 가져온 행동을 즉시 제거하도록 한다. • 수업시간이 길 때는 진도에 변화를 주거나 운동을 좀 할 수 있도록 중간중간 끊어서 진행한다. • 학생에게 일관성 있는 요구와 기대를 한다. • 위기 상황이 오지 않도록 사전에 대비한다. • 철저하게 기록을 남겨둔다. • 가능한 한, 초등학교 및 중학교 수준의 모든 학교 프로그램에 참여할 수 있도록 한다.

❙ 참고문헌 ❙

강영심 외(2010). **특수교육학개론**. 서울 : 서현사.

교육부(2024). 특수교육연차보고서(정기국회 보고자료).

김미경 외(2007). **정서 및 행동장애아교육**. 서울 : 학지사.

김수연 · 이대식(2008). 초등학교 일반학급 교사들이 인식한 학급 내 문제행동 실태와 그 대처방안. **특수교육학연구, 43**(1), 183-201.

김희규 외(2010). **특수교육학개론**. 서울 : 학지사.

손유니 · 박지연(2015). 특수학교 차원 긍정적 행동지원 리더십팀을 위한 전문성 향상 프로그램 개발 및 효과 : 교사효능감, 학급관리기술, 교사상호작용행동을 중심으로. **특수교육학 연구, 50**(2), 197-224.

유재연 외(2009). **특수교육의 이해**. 서울 : 시그마프레스.

이소현 · 박은혜(2011). **특수아동교육**. 서울 : 학지사.

전헌선 외(2011). **특수교육개론**. 서울 : 양서원.

정길순 · 노진아(2011). 장애유아 교육기관 교사의 긍정적 행동지원 적용을 위한 기초조사연구, **유아특수교육연구, 11**(1), 1-21.

최진오(2009). 중·고등학교 교사들의 문제행동 중재방법. **특수교육저널 : 이론과 실천, 10**(4), 179-202.

Achenbach, T. M., & Edelbrock, C. S.(1981). Behavior problems and competencies reported by parents of normal and disturbed children aged four through sixteen. *Monographs of the Society for Research in Child Development, 46*(1, Serial No.188).

Archwamety, T., & Katsiyannis, A.(2000). Academic remediation, parole violations, and recidivism rates among delinquent youth. *Remedial and Special Education*. 21, 161-170.

Begun, R. W.(1996). *Social Skills Lessons and Activities*. Upper Saddle River, NJ : Society for Prevention of Violence.

Benner, G. J., Nelson, J. R., & Epstein, M. H.(2002). Language skills of children with EBD. *Journal of Emotional and Behavioral Disorders. 10*(1), 43-57.

Bigaln, A.(1995). Translating what we knew about the context of antisocial behavior into a lower prevalence of such behavior. *Journal of Applied Behavior Analysis, 28*, 479-492.

Bradshaw, C. P., Mitchell, M. M., & Leaf, P. J.(2010). Examining the effects of schoolwide positive behavioral interventions and supports on student outcomes : Results from a randomized controlled effectiveness trial in elementary schools. *Journal of Positive behavior Interventions, 12*(3), 133-148.

Duncan, B. B., Forness, S. R., & Hartsough, C.(1995). Students identified as seriously emotionally disturbed in day treatment : Cognitive, psychiatric, and special education characteristics. *Behavioral Disorders, 20,* 238-252.

Forgatch, M. S., & Paterson, G. R.(1998). Behavioral family therapy. In F. M. Dattilo(Ed.), *Case Studies in Couple and Family Therapy : Systematic and cognitive perspectiver*. New York : Guilford.

Forness, S. R., & Kavale, K. A.(2000). Emotional or behavioral disorders : Background and current status of the E/BD terminology and definition. *Behavioral Disorders, 26*, 269-281.

Glassberg, L. A., Hooper, S. R., & Mattison, R. E.(1999). Prevalence of learning disabilities at enrollment in special education : Students with be behavioral disorders. *Behavioral Disorders, 25*(1), 9-21.

Gresham, F. M., Lane, K. L., MacMillan, D. L., & Bocian, K. M.(1999). Social and academic profiles of externalizing and internalizing groups : Risk factors for emotional and behavioral disorders. *Behavioral Disorders, 24*, 231-245.

Hunt, N., & Marshall, K.(2005). *Exceptional Children and Youth*(4th ed.). Boston : Houghton Mifflin.

Kauffman, J. M.(1997). Conclusion : A little of everything, a lot of nothing is an agenda for failure. *Journal of Emotional and Behavioral Disorders, 5*, 76-81.

____________(2005). *Characteristics of Emotional and Behavioral Disorders of Children and Youth*(8th ed). Upper Saddle River, NJ : Merrill/Prentice-Hall.

Kerr, M., & Nelson, C.(2006). *Strategies for Managing Behavior Problems in the Classroom*. Upper Saddle River, NJ : Merill/Prentice-Hall.

Malott, R. W.(1993). A theory of rule-governed behavior and organizational behavior management. *Journal of Organizational Behavior Management, 12*(2), 45-65.

McEvoy, A., & Welker, R.(2000). Antisocial behavior, academic failure, and school climate : A critical review. *Journal of Emotional and Behavioral Disorders, 1*, 1-5.

Patterson, G. R., Reid, J. B., & Dishion, T. J.(1992). *Antisocial Boys. Vol. 4 : Asocial interactional approach*. Eugene, OR : Castalia.

Richardeson, G, A., McGauhey, P., & Day, N. L.(1995). Epidemiologic considerations. In M. Hersen & R. T. Ammerman(Eds.). *Advanced Abnormal Child Psychology*. Hillsdale, NJ : Erlbaum.

Sailor, W., Zuna, N., Choi, J. H., Thomas, J., McCart, A., & Roger, B.(2006). Anchoring schoolwide positive behavior support in structural school reform. *Research & Practice for Persons with Severe*

Disabilities, 31(1), 18-30.

Shores, R. E., Jack, S. L., Gunter, P. L., Ellis, D. N., DeBriere, T. J., & Wehby, J. H.(1993). Classroom interactions of children with behavior disorders. *Journal of Emotional and Behavioral Disorders, 1*(1), 27-39.

Smith, D. D.(2004). *Introduction to Special Education : Teaching in an age of opportunity*(5th ed). Boston : Allyn and Bacon.

Snell, M. E., Voorhees, M. D., Berlin, R. A., Stanton-Chapman, T., Hadden, S., & McCarty, J.(2012). Use of interview and observation to clarify reported practices of head start staff concerning problem behavior : Implications for programs and training. *Journal of Positive Behavior Interventions, 14*(2), 108-117.

Stokes, T. F., Osnes, P. G., & DaVerne, K. C.(1993). Communicative correspondence and mediated generalization. In J. Reichle & D. P. Wackr(Eds.), *Communicative Alternatives to Challenging Behavior : Integrating functional assessment and intervention strategies*(pp. 299-315). Baltimore : Paul brookes.

Sugai, G., & Horner, R. H.(2009). Defining and describing schoolwide positive behavior support. In W.Sailor, G. Dunlap, G. Sugai, & R. Horner(Eds), *Handbook of Positive Behavior Support*(pp. 421-441). New York, NY : Springer Science.

Turnbull, A., Edmonson, H., Griggs, P., Wickham, D., Sailor, W., Freeman, R., Warren, J.(2002). A blueprint for schoolwide positive behavior support : Implementation of three components. *Exceptional Children, 68*(3), 377-402.

Turnbull, H. R., Turnbull, A. P., Shank, M., & Smith, S. J.(2004). *Exceptional Lives : Special education in today's schools.* NJ : Merrill/Prentice Hall.

Walker, H. M., Colvin, G., & Ramsey, E.(1995). *Antisocial Behavior in Schools : Strategies and best practices*. Pacific Grove, CA : Brooks/Cole.

Walker, H. M., & Sprague, J. R.(1999). The path to school failure, delinquency, and violence : Causal factors and some potential solutions. *Intervention in School and Clinic, 35*, 67-73.

Watson. D. L., & Tarp, R. G.(1993). *Self-directed Behavior : Self modification for personal adjustment*(6th ed.). Pacific Grove, CA : Brooks/Cole.

Yell, M. L., Meadows, N. B., Drasgow, E. & Shriner, J. G.(2009). *Evidence-based Practice for Education Students with Emotional and Behavior Disorders*. NJ : Pearson Education, Inc.

CHAPTER 09

자폐성장애

2024년을 기준으로 자폐성장애 학생 배치현황을 살펴보면 전체 115,610명의 특수교육대상자 수 중 22,194명이 특수학교, 특수학급 그리고 일반학급에 배치되어 있다(교육부, 2024). 자폐(autism)는 1943년 Kanner에 의하여 처음 소개되었다. 생애 초기부터 심각한 사회적 고립, 사물에 대한 애착 형성, 고립과 동일성에 대한 지나친 집착의 세 가지 측면에서 조현병과는 다르다고 설명하였지만, 조현병의 증상을 나타내는 동일한 용어를 사용함으로써 자폐가 부모의 성격이나 잘못된 양육에 의하여 발생한다는 오해를 불러일으켰다.

1960년대 들어서 과학적인 입증 자료들이 누적되면서 신경학 및 생화학적인 원인에 의하여 자폐가 발생하며, 자폐로 인한 특성을 심인성 측면에서 이해하던 것에서 인지적 측면에서 이해하고자 하였다. 1980년대는 자폐의 사회성 결함이 자폐로 인한 특성 연구의 주요 관심이 되었으나, 최근에 나타난 가장 두드러진 변화는 자폐를 범주성 장애로 인식하기 시작하였다는 것이다. 즉, 장애가 있다 혹은 없다로 명확하게 구분되는 장애로 이해하기보다는 연속적이고 폭넓은 증상을 보이는 것으로 이해하기 시작하였다.

이 장에서는 이러한 자폐성장애의 정의와 진단 및 평가방법을 알아보고, 그들이 지니고 있는 다양한 특성에 따른 교육적 지원 방법 등에 대해 알아보고자 한다.

1 자폐성장애의 정의 및 원인

1) 자폐성장애의 정의

일반적으로 자폐성장애(ASD : Autistic Spectrum Disorders)의 정의는 미국 장애인교육법(IDEA)의 정의, 의학 분야에서 DSM-5의 정의(여기서는 '자폐스펙트럼장애'라고 함) 그리고 법적 정의로 「장애인 등에 대한 특수교육법」과 「장애인 복지법」의 정의가 대표적이다. 이 중 DSM-5로 대표되는 의학적 정의는 개인의 특성에 대한 진단을 바탕으로 개인의 능력을 규정하는 데 목적이 있다. 반면 「장애인 등에 대한 특수교육법」과 「장애인 복지법」에서는 개인에게 필요한 사회보장을 받거나 특수교육의 대상으로 선정되는 데 필요한 자격 부여를 목적으로 자폐성장애를 정의하고 있다.

(1) 미국 장애인교육법(IDEA : Individuals with Disabilities Education Act, 1997)

미국 장애인교육법에서는 자폐성장애를 다음과 같이 정의하고 있다.

미국 장애인교육법(IDEA, 1997)의 정의

일반적으로 3세 이전에 나타나며, 언어적 · 비언어적 의사소통과 사회적 상호작용에 심각한 영향을 미침으로써 아동의 교육적 성취에 부정적인 영향을 미치는 발달장애를 의미한다. 자폐증과 관련된 기타 특성들은 반복적인 활동 및 상동적인 움직임, 환경적인 변화나 일과의 변화에 대한 저항, 감각적 경험에 대한 비전형적인 반응 등이 있다. 이 용어는 아동이 정서장애로 인하여 교육적 성취에 주요한 부정적인 영향을 받게 되는 경우에는 적용되지 않는다.

(2) 의학적 정의

DSM-5(2013)에서는 자폐스펙트럼장애를 〈표 9-1〉과 같이 제시하고 있다.

〈표 9-1〉 DSM-5 자폐스펙트럼장애 진단 기준

진단 기준
A. 다양한 분야에 걸쳐 나타나는 사회적 의사소통 및 사회적 상호작용의 지속적인 결함으로 현재 또는 과거력상 다음과 같은 특징으로 나타난다(예시들은 증상을 총 망라한 것이 아님). 1. 사회적-감정적 상호성의 결함(예 비정상적인 사회적 접근과 정상적인 대화의 실패, 흥미나 감정 공유의 감소, 사회적 상호작용의 시작 및 반응의 실패) 2. 사회적 상호작용을 위한 비언어적인 의사소통 행동의 결함(예 언어적, 비언어적 의사소통의 불완전한 통합, 비정상적인 눈맞춤과 몸짓 언어, 몸짓의 이해와 사용의 결함, 얼굴표정과 비언어적 의사소통의 전반적 결핍) 3. 관계 발전, 유지 및 관계에 대한 이해의 결함(예 다양한 사회적 상황에 적합한 적응적 행동의 어려움, 상상놀이를 공유하거나 친구 사귀기가 어려움, 동료들에 대한 관심 결여)
B. 제한적이고 반복적인 행동이나 흥미, 활동이 현재 또는 과거력상 다음 항목들 가운데 적어도 두 가지 이상 나타난다(예시들은 실례이며 증상을 총 망라한 것이 아님). 1. 상동적이거나 반복적인 운동성 동작, 물건 사용 또는 말하기(예 단순 운동 상동증, 장난감 정렬하기, 또는 물체 튕기기, 반향어, 특이한 문구 사용) 2. 동일성에 대한 고집, 일상적인 것에 대한 융통성 없는 집착, 또는 의례적인 언어나 비언어적 행동 양상(예 작은 변화에 대한 극심한 고통, 변화의 어려움, 완고한 사고방식, 의례적인 인사, 같은 길로만 다니기, 매일 같은 음식 먹기) 3. 강도나 초점에 있어서 비정상적으로 극도로 제한되고 고정된 흥미(예 특이한 물체에 대한 강한 애착 또는 집착, 과도하게 국한되거나 고집스러운 흥미) 4. 감각 정보에 대한 과잉 또는 과소 반응, 또한 환경의 감각 영역에 대한 특이한 관심(예 통증/온도에 대한 명백한 무관심, 특정 소리나 감촉에 대한 부정적 반응, 과도한 냄새 맡기 또는 물체 만지기, 빛이나 움직임에 대한 시각적 매료)
C. 증상은 반드시 초기 발달 시기부터 나타나야 한다(그러나 사회적 요구가 개인의 제한된 능력을 넘어서기 전까지는 증상이 완전히 나타나지 않을 수 있고, 나중에 학습된 전략에 의해 증상이 감춰질 수 있다).
D. 이러한 증상은 사회적, 직업적 또는 다른 중요한 현재의 기능 영역에서 임상적으로 뚜렷한 손상을 초래한다.

E. 이러한 장애는 지적장애(지적발달장애), 또는 전반적 발달지연으로는 잘 설명되지 않는다. 지적장애와 자폐성장애는 자주 동반된다. 자폐성장애와 지적장애를 함께 진단하기 위해서는 사회적 의사소통이 전반적인 발달 수준에 기대되는 것보다 저하되어야 한다.

주의점 : DSM-4의 진단기준상 자폐성장애, 아스퍼거 장애 또는 따로 분류되지 않는 광범위성 발달장애로 진단되는 경우에는 자폐성장애의 진단이 내려져야 한다. 사회적 의사소통에 뚜렷한 결함이 있으나 자폐스펙트럼장애의 다른 진단 항목을 만족하지 않는 경우에는 사회적(실용적) 의사소통장애로 평가되어야 한다.

(3) 법적 정의

우리나라에서는 「장애인 등에 대한 특수교육법」과 장애인복지법에서 자폐성장애를 정의하고 있다. 「장애인 등에 대한 특수교육법 시행령」 [별표](2016 개정)에 따른 자폐성장애 특수교육대상자의 정의는 다음과 같다.

「장애인 등에 대한 특수교육법」의 자폐성장애 정의

사회적 상호작용과 의사소통에 결함이 있고, 제한적이고 반복적인 관심과 활동을 보임으로써 교육적 성취 및 일상생활 적응에 도움이 필요한 사람

장애인복지법 시행령 [별표 1](2021 개정)에서는 자폐성장애인을 다음과 같이 정의하고 있다.

장애인복지법의 자폐성장애 정의

소아기 자폐증, 비전형적 자폐증에 따른 언어 · 신체표현 · 자기조절 · 사회적응기능 및 능력의 장애로 인하여 일상생활이나 사회생활에 상당한 제약을 받아 다른 사람의 도움이 필요한 사람

2) 자폐성장애의 원인

자폐성장애를 유발시키는 원인이 무엇인지 명확하게 밝혀지지는 않았다. 그러나 일반적으로 두뇌 기능의 생물학적 이상에 의하여 발생하는 것으로 보는 견해가 지배적이다.

특히 유전적 요인, 임신 중의 특정 요소들과 같은 생물학적 요인들이 자폐성장애의 발생과 관련된 것으로 추측되고 있으나(Tsai, 2000), 이러한 요인들의 대다수는 원인인자로서 분명하게 입증되지는 못하고 있다.

뇌의 경우 뇌간이 손상되거나(Koegel et al., 1995), 전두엽 기능 이상으로 인하여(Dawson et al., 1998) 자폐성장애가 발생한다는 가설이 제시되고 있다. 또한 세로토닌, 도파민, 노르에피네프린과 같은 신경전달물질의 이상과 같은 뇌의 생화학적 차이 역시 자폐성장애의 원인으로 추측되고 있다.

유전의 경우 쌍생아 연구에서 자폐성장애의 유전율이 90% 이상으로 보고되며 자폐성장애의 발생에 직접적인 영향을 미친다고 입증할 만한 자료들이 제시되고는 있지만(Bailey et al., 2002), 실제로 어떠한 경로를 통하여 유전되는지에 대한 가설은 아직 입증되지 않고 있다(Volkmar & Rutter, 1995).

출생 중 산소 결핍이나 임신 중 약물복용과 같은 임신 관련 요소들과 함께 선천성 풍진, 뇌염, 홍역 등의 바이러스 감염도 자폐성장애의 발생과 관련된 것으로 추측되고 있다(Chess, 1971; Deykin & MacMahon, 1980; Smalley, 1998; Trottier, Srivastsva, & Walker, 1999; Williams & Hersh, 1998).

또한 취약 X증후군이나 결절성 경화증(tuberous sclerosis)과 같은 특정 의학적인 상태에 놓인 경우 자폐성장애의 발생 가능성이 높아지는 것으로 보고되고 있다(Feinstein & Reiss, 1998; Blackman, 1990).

결론적으로 아직까지 대다수 전문가들은 자폐성장애는 복합적인 생물학적 원인에 의하여 발생하는 행동증후군(behavior syndrome)으로 설명하고 있으며(Berney, 2000; Müeller & Courchesne, 2000), 아직까지 정확한 원인을 단정적으로 제시할 수 없기 때문에 원인에 따른 일관성 있는 치료적 접근도 제시하지 못하고 있는 실정이다(Seroussi, 2000).

그러므로 자폐성장애 아동을 교육할 때는 원인에 따른 접근보다는 증후군으로 인하여 발생하는 행동에 대하여 개별로 접근하는 것이 이 아동들을 효율적으로 지원하는 방법임을 알고 있어야 한다.

2 자폐성장애의 진단 및 평가

자폐성장애의 평가에는 선별 검사도구와 진단 검사도구를 사용한다. 자폐성장애를 진단하기 전에 주요 문제 증상들이 나타나는지 살펴보는 선별단계를 거치는 것이 중요하기 때문이다. 이때 일반유아들의 정상적인 발달과정에 비추어 이들의 문제증상을 살펴보면 도움이 된다.

1) 선별 검사도구

(1) 개정 영유아기 자폐증 검목표(M-CHAT)

개정 영유아기 자폐증 검목표(M-CHAT : The Modified Checklist for Autism in Toddlers)는 Baron-Cohen 등(1992)이 개발한 CHAT를 기초로 하여, Robins 등(2001)이 자폐성장애의 조기선별을 목적으로 개발한 검사이다. 검사대상은 사회적 의사소통 장애의 위험이 있는 18개월의 아동이며, M-CHAT를 통과하지 못한 아동은 약 1개월 후 재검사를 받게 되고, 만약 두 번째 시도에서도 통과하지 못할 경우 진단 검사를 위해 전문가에게 의뢰한다. M-CHAT의 내용은 〈표 9-2〉와 같다.

〈표 9-2〉 M-CHAT의 내용

- 다음 문항에 모두 답해 주십시오. 만일 문항의 행동이 드물게 나타난다면(예 한두 번) 그 행동을 하지 않는 것으로 간주해 주십시오.

1. 자녀가 그네를 태워 흔들어 주거나 무릎 위에서 흔들어 주는 것을 좋아합니까?
2. 자녀가 다른 아동에게 흥미를 가집니까?

3. 자녀가 계단 오르기를 좋아합니까?
4. 자녀가 까꿍놀이나 숨바꼭질 놀이를 즐겨합니까?
5. 자녀가 전화기에 대고 말을 하거나, 인형을 돌보는 것과 같은 가장적 행동을 합니까?
6. 자녀가 무엇을 묻기 위해 손가락을 사용하여 가리키는 적이 있습니까?
7. 자녀가 무엇인가에 흥미가 있음을 나타내기 위해 손가락을 사용하여 가리키는 적이 있습니까?
8. 자녀가 작은 장난감(예 자동차, 블록)을 빨거나 던지지 않고 적절히 가지고 놉니까?
9. 자녀가 당신에 무엇인가를 보여주기 위해 물건을 가져오는 적이 있습니까?
10. 자녀가 당신의 눈을 1~2초보다 오래 쳐다봅니까?
11. 자녀가 소음에 과민한 것 같습니까?
12. 자녀가 당신의 얼굴이나 미소에 대한 반응으로 미소를 짓습니까?
13. 자녀가 당신을 흉내 냅니까?
14. 자녀를 부르면 이름에 반응합니까?
15. 당신이 방의 저편에 있는 장난감을 가리키면 자녀가 그것을 봅니까?
16. 자녀가 걷습니까?
17. 자녀가 당신이 쳐다보는 것을 쳐다봅니까?
18. 자녀가 얼굴 가까이에서 손가락을 이상하게 움직입니까?
19. 자녀가 자신의 활동에 당신의 관심을 끌려고 애씁니까?
20. 자녀가 귀가 들리지 않는지 궁금한 적이 있습니까?
21. 자녀가 사람들이 말하는 것을 이해합니까?
22. 자녀가 가끔 아무것도 응시하지 않거나 목적 없이 어슬렁거리곤 합니까?
23. 자녀가 낯선 것에 직면했을 때 당신의 반응을 보기 위해 당신의 얼굴을 봅니까?

(2) 자폐스펙트럼 선별 질문지(ASSQ)

자폐스펙트럼 선별 질문지(ASSQ : The High-Functioning Autism Spectrum Screening Questionnarie)는 Ehlers, Gillberg, Wing(1999)이 자폐성장애 중에 고기능 집단을 선별하기 위해 개발한 검사이다. ASSQ 27 문항은 〈표 9-3〉과 같다. 이 검사도구는 기존의 선별도구가 중증 자폐성장애를 선별하는 데에 유용하며, 고기능의 경우에는 맞지 않는 점이 있어 본 도구를 개발하게 되었음을 밝히고 있다.

〈표 9-3〉 자폐스펙트럼 선별 질문지

아동명 : ____________________ 생년월일 : ____________________

평가자 : ____________________ 평 가 일 : ____________________

■ 이 아동은 다음과 같은 점에서 또래의 다른 아동과 다른 점을 나타낸다.

1. 구식이다 혹은 조숙하다.
2. 다른 아동들에게 '괴짜 교수'로 알려져 있다.
3. 자신만의 제한적이고 특이한 지적 관심사 속에서 살아간다.
4. 어떤 주제에 대해 실제로 그 의미를 이해하지 못하지만 그에 대한 정보를 모은다(기계적 암기력이 좋음).
5. 모호하거나 은유적인 언어를 문자 그대로 이해한다.
6. 형식적이고 까다로우며 시대에 뒤떨어져 보이고 마치 '로봇' 같은 언어를 사용하여, 의사소통 방식이 정상에서 일탈되어 있다.
7. 특이한 말과 표현을 고안해 낸다.
8. 목소리나 화법이 특이하다.
9. 목을 풀거나 킁킁거리고 입맛을 다시거나 소리를 지르는 등 무의식적으로 소리를 낸다.
10. 어떤 일에 대해서는 놀랍도록 잘하고 또 다른 일에 대해서는 놀랍도록 못한다.
11. 언어를 자유롭게 구사하나, 사회적 맥락이나 상대방의 요구에 맞게 사용하지 못한다.
12. 감정이입이 부족하다.
13. 고지식하고 당혹스러운 비평을 한다.
14. 응시하는 방식이 일탈되어 있다.
15. 사교적이길 원하나, 또래들과 관계를 형성하지 못한다.
16. 다른 아동들과 함께 할 수 있으나, 자신의 방식대로만 한다.
17. 친한 친구가 없다.
18. 상식이 부족하다.
19. 자신의 득점을 기록하거나 팀에 협력하는 것을 모르는 등 게임에 서툴다.
20. 움직임이나 몸짓이 세련되지 않거나, 협응이 서툴고, 어색하다.
21. 얼굴이나 몸의 불수의적 운동이 있다.
22. 어떤 활동이나 사고를 의무적으로 반복하기 때문에 단순한 일상적 활동에 어려움을 갖는다.
23. 변화시키지 않을 것을 고집하는 것과 같은 특정한 판에 박힌 일상을 갖는다.

24. 사물에 특유한 애착을 보인다.
25. 다른 아동들에게 위협을 당한다.
26. 눈에 띄게 이상한 얼굴표정을 한다.
27. 눈에 띄게 이상한 자세를 취한다.

2) 진단 검사도구

(1) 자폐증 행동 검목표(ABC)

자폐성장애가 있는 아동의 출현은 아동이 속한 지역, 문화, 사회, 경제적 제 여건과 크게 관련이 없다. 따라서 DSM-5의 자폐 진단 검사도구와 더불어 범문화적으로 사용 가능한 검사도구로 자폐증 행동 검목표(ABC : Autism Behavior Checklist)를 들 수 있다.

이 검목표는 Krug 등(1980)이 18개월에서 35세 이하의 자폐성장애가 있는 인구를 대상으로 표준화한 도구이다. 내용은 기존 도구들에서 발췌한 것으로 감각, 관계, 신체개념, 언어, 사회적 자립 등 다섯 개 하위 측정이 가능하다. 감각 9문항(최고 26점), 관계 12문항(최고 38점), 신체개념 12문항(최고 28점), 언어 13문항(최고 31점), 사회적 자립 11문항(최고 25점)으로 총 57개의 문항으로 구성되어 있다.

(2) 아동기 자폐증 평정척도(CARS)

신뢰도와 타당도가 높은 객관적 진단도구로 아동기 자폐증 평정척도(CARS : Children Autism Rating Scale)는 Schopler 등(1971)에 의해 자폐증이 있는 아동을 진단하고 자폐증상이 없는 발달장애 아동들과 구별하기 위해 만들어졌다. 약 15년간 1,500명을 대상으로 실시하였으며 1988년 개정되었다. 이것은 15개 항목으로 구성된 행동 평정척도로 경증 또는 중간 정도의 자폐성장애 아동과 중증의 자폐성장애 아동을 분류할 수 있다.

(3) Gilliam 자폐증 평정척도(GARS)

Gilliam 자폐증 평정척도(GARS : Gilliam Autism Rating Scale)의 개정판인 GARS-2는 보조교사, 부모, 임상가 등이 자폐증을 진단하고 판별하기 위해 사용된다. 대상은 3세에서 22세이며, 검사 시간은 5분에서 10분 정도 소요되는 간단한 검사도구이다. 검사를 통해서 자폐의 정도를 판별할 수 있다. GARS-2의 문항은 미국 자폐아협회에서 채택된 정의와 DSM-IV의 내용을 기초로 하여 구성되었다.

이 검사는 자폐성장애가 있는 아동의 행동특성을 기술하고 있는 42문항으로 구성되며, 다음과 같은 세 개의 하위영역으로 나누어진다. 또한 진단을 위한 주요 자료수집을 위해 아동의 부모에게 구조화된 질문을 실시한다. GARS-2는 미국 48주의 자폐아 1,107명을 대상으로 표준화된 검사도구이다.

(4) 한국 자폐증 진단검사

한국 자폐증 진단검사는 DSM-IV-TR의 자폐증 진단 기준과 GARS를 기초로 하여 우리 실정에 맞는 진단검사를 표준화하여 제작된 것이다. 자폐가 의심되는 아동과 청소년의 자폐 증상 및 심도를 평가하기 위한 도구로 3세부터 21세까지의 자폐장애가 의심되는 아동 및 청소년(그 이상도 가능)을 대상으로 하며, 검사대상을 잘 알고 있는 부모, 교사, 치료사 등이 실시할 수 있다. 소요시간은 5분에서 10분 정도로 비교적 짧다.

(5) 면접을 통한 자폐장애 진단평가(ADI-R : Autism Diagnostic Interview-Revised)

ADI-R은 Rutter, Le Couteur와 Lord(2003)가 피검사자의 발달력을 상세하게 알기 위해서 부모에게 실시하는 구조화되고 표준화된 면접으로 면접자 중심 면접을 실시한다. 즉, 부모가 한 말을 그대로 받아들이는 형식이 아니라 면접자가 전문가로서, 부모의 말을 듣고 그 내용을 바탕으로 미리 주어진 코딩 점수에 맞추어 점수화하는 방법을 사용한다. 아동의 정신 연령이 만 2세 이상이면 사용 가능하며 상한 연령의 제한은 없다.

ADI-R은 사회적인 상호작용, 의사소통, 그리고 제한된 관심과 반복적인 행동 영역의 행동들을 측정하는 문항들로 구성되며, 특히 만 4세에서 5세 사이의 기간에 초점을 둔다. 총 93문항으로 되어 있으며 자폐증의 기준점수(cut-off)가 나이에 따라서 다르다. 즉, 만 2~3세 그리고 4세 이상으로 제시된다. ADI-R을 실시하는 데 소요되는 시간은 2시간 30분에서 4시간 사이이다. 최근에 총 40문항으로 구성된 소검사가 나왔다(Le Couteur, Lord, & Rutter, 2003). 이것은 약 90분 정도 걸리는데, 이에 대해서는 아직 충분한 데이터가 쌓이지 못한 상태이다.

(6) 자폐증 진단 관찰 스케줄(ADOS : Autism Diagnostic Observation Schedule)

ADOS(PL-ADOS + ADOS)는 자폐증이나 다른 전반적 발달장애(PDD : Pervasive Developmental Disorders)를 가진 것으로 의심되는 개인에 대해 의사소통, 사회적 상호작용과 놀이 혹은 자료의 가상적인 사용을 관찰하는 반구조화된 평가도구이다(Lord, Rutter, DiLavore, & Risi, 1999). ADOS는 1980년대에 처음으로 자폐증을 가진 것으로 의심되는 아동의 사회적 행동, 의사소통, 놀이를 표준화된 방법으로 직접 관찰하는 검사도구로 소개되었다.

ADOS는 5세부터 12세 사이의 아동 중 표현 언어 기술이 적어도 3세 수준은 되는 아동에게 사용되기 위해 개발되었다. 부모나 양육자를 면담하여 자폐증과 관련된 발달 영역에서 아동의 발달사, 현재 기능을 조사자가 수집하는 자폐 진단 인터뷰 검사(ADI : Autism Diagnostic Interview, Le Couteur et al., 1989)를 보충하기 위한 도구로 제안되었다.

3 자폐성장애의 분류 및 특성

DSM-Ⅳ-TR(2000)에서는 자폐성장애라는 용어 대신 전반적 발달장애(PDD)라는 용어를 사용하며 사회성 및 언어발달 지체라는 공통점을 가지고 있는 자폐성장애, 레트 증후군, 소아기 붕괴성 장애, 아스퍼거 증후군, 달리 분류되지 않는 전반적 발달장애(PDD NOS : Pervasive Developmental Disorder Not Otherwise Specified)를 포함하고 있다. 반면 DSM-5(2013)에서는 전반적 발달장애(PDD)라는 용어 대신 자폐스펙트럼 장애(ASD : Autistic Spectrum Disorder)라는 용어를 사용하고 레트장애를 제외한 아스퍼거장애, 아동기 붕괴장애 및 달리 분류되지 않는 전반적 발달장애를 가장 중요한 범주로 포함시켰다(Tsai, 2015). 이에 따른 자폐성장애의 분류 및 특성에 대한 자세한 내용은 다음과 같다.

1) DSM-Ⅳ-TR(2000)에 따른 자폐성장애의 분류

(1) 자폐성장애(Autistic Disorder)

자폐성장애는 자폐스펙트럼의 가장 많은 부분을 차지하고 있고, 사회적 상호작용과 의사소통의 문제, 특정 영역에 한정된 활동과 관심, 상동적인 행동 등이 진단의 기준이 된다.

자폐성장애는 3세 이전에 발병하며 남아가 여아보다 4~5배 정도 더 많이 나타나고, 자폐아동의 대부분 지적장애 수준의 지적 발달을 보이며 뇌전증을 동반하기도 한다. 또한 이들이 일생 동안 언어를 습득하지 못하는 비율은 절반에서 30% 가량으로 알려져 있다.

또한 자폐성장애는 2세 이전에 부모가 자녀의 장애를 인지하는 경우가 75% 정도이고, 2세 이후 3세 이전에 자폐성장애로 진단되는 경우는 상대적으로 고기능인 빈도가 높은 것으로 알려져 있다.

자폐성장애로 진단된 아동 중에는 5~10개 단어를 사용하며 1~2세까지 비교적 정상적 발달을 한 것으로 보고되는 경우도 있지만, 대체로 정상 발달을 거치지 못하는 경우가 많은 것으로 보인다. 이들은 대체로 과잉행동을 하고, 과제 등에 집중하는 시간이 짧으며, 위험을 인지하지 못하고, 자해 혹은 충동적인 행동을 하며, 정상적 상황에서 지나치게 두려워하거나 불안을 느끼는 것처럼 보인다. 또한 자폐성장애 아동들은 감각 자극에 대해 비정상적인 반응을 보이는 경우가 많으며, 주위 상황과 관련

없이 기분의 편차가 크기도 하다. 그러나 자폐성장애를 가진 아동들은 이러한 공통점에도 불구하고 개인의 발달 수준과 생활연령에 따라 다양한 양상을 보인다.

(2) 레트 증후군(Rett's Syndrome)

1966년 Rett는 생후 6개월간 정상발달을 하다 손동작, 치매, 자폐적 행동, 운동 실조 등과 같은 심각한 퇴행을 보인 22명의 여아에 대한 사례를 보고하였다. 이후 이와 같은 증상은 레트 증후군으로 명명되었는데, 이들은 생후 약 5개월 동안 정상적인 발달을 하다 4세 이전에 급격한 퇴행을 하는 것이 특징이다.

레트 증후군이 있는 아동의 머리둘레는 출생 시에는 정상 범위에 속하지만 생후 48개월에서 5세 사이에 머리 성장 속도가 늦어진다. 또한 30개월과 5세 사이에 이미 습득한 손 기술을 상실하는 특성이 나타나는데, 초기 증상으로 손을 비트는 동작이나 손을 씻듯이 비비는 동작이 흔히 나타난다.

레트 증후군이 있는 아동은 대체로 심한 지적장애를 동반하며, 약 12,000~13,000명당 1명꼴로 여아에게만 발생하는 드문 장애이다(Kerr et al., 1986). 레트 증후군이 있는 아동은 독특하고 특징적인 발달 경로를 보이는데 대상 아동 중 80%가 약한 저혈압, 목 흔들기, 비정상적 손사용 등을 나타냈다는 보고가 있다(Sekul & Percy, 1992).

레트 증후군이 있는 아동들은 생후 6~8개월간 정상발달을 하다 1세 무렵 이미 습득한 언어를 소실하고, 쥐기 등 손을 적절하게 사용하지 못하고 정형화된 행동을 보이며, 머리 성장이 줄어들어 소두증 증세가 나타나기 시작한다. 또한 비정상적인 뇌파 혹은 경련성 장애가 나타나기도 하며 전조 증상으로 손 두드리기, 흔들기, 손가락을 번갈아 가며 펴고 구부리기, 손목이나 팔 꼬기, 손 돌리기 등이 나타나기도 한다. 레트 증후군 아동은 대체로 학령기 초에 퇴행이 최고조에 달하며(Witt-Engerstorm, 1987), 이후 눈 맞춤은 유지되지만, 대인관계, 물건이나 사람에 대한 관심을 보이지 않는다.

청소년기에 미미한 발달이 진행되기도 하지만 의사소통 및 행동장애는 전 생에 걸쳐 나타난다. 이미 습득한 말을 사용하지 못하고 수용과 표현 의사소통에 장애가 있으며, 점차 근육 긴장도가 증가되어 근육의 강직 혹은 경직현상이 나타나 휠체어를 사용하거나 척추 측만이 나타나는 경우가 많다. 아울러 성장 속도가 현저히 지체되고, 얼굴표정이 찌푸려지며, 이를 갈거나, 과호흡 증후군, 무호흡, 경련 등의 증상이 나타난다(Trevathan & Naidu, 1988).

(3) 아스퍼거 증후군(Asperger's Syndrome)

Asperger(1944)는 6세에서 11세 사이 아동 4명이 인지와 언어발달이 생활연령에 적합하게 발달하였음에도 사회적 상호작용과 비언어적 의사소통에 문제가 있고 특이한 언어를 사용하며, 특정한 주제나 사물에 관심을 보이는 사례들에 대해 보고하였다.

아스퍼거 증후군은 자폐성장애와 공통된 특성을 보이지만 임상적으로 심각하게 언어발달이 지체되지는 않는다. 이들은 2세에 단어를 사용하며 3세에 구문을 사용하고, 자조기술과 적응행동이 정상발달에 근접한다. 그러나 아스퍼거 증후군을 가진 아동은 운동발달이 지연되거나 동작이 서툴기도 하는데, 발병시기는 자폐성장애와 비슷하고, 학령기에 사회적 상호작용 기술의 문제가 뚜렷해진다.

이들을 인지기능이 정상 범위에 속하는 고기능 자폐성장애 아동과 구별하기는 쉽지 않다. 그러나 고기능 자폐성장애 아동은 지능검사에서 언어성 검사항목과 비언어성 검사항목 간 점수 차가 크지만, 아스퍼거 증후군 아동은 항목 간 점수 차이가 크지 않을 뿐 아니라 언어성 항목 점수가 비언어성 항목 점수보다 높기도 하다. 아스퍼거 증후군은 자폐성장애와 마찬가지로 남자아이에게 더 많이 나타나는 것으로 알려져 있다.

(4) 소아기 붕괴성 장애(Childhood Disintegrative Disorder)

생후 2~3년간 정상발달을 하다 3~4세부터 수개월에 걸쳐 지적·사회적 기능 및 언어 기능이 붕괴되는 심각한 발달적 퇴행을 하는 6명의 아동에 대해 Heller(1908)가 보고한 이후 헬러 증후군이라고도 불리는 소아기 붕괴성 장애는 생후 수년 동안 정상적인 발달을 하다가 점진적 혹은 급속히 여러 영역의 기술이 상실된다. 이러한 행동적, 정서적 증상들은 회복되기가 매우 어려운 것으로 알려져 있다.

소아기 붕괴성 장애는 생후 2년 동안 정상발달을 하던 아동에게 10세 이전에 나타나는데, 대부분 3~4세 사이에 발병하고 수개월에 걸쳐 서서히 나타나거나 수 일 혹은 수 주 내에 갑자기 악화되기도 한다. 이들은 사회적 상호작용과 의사소통 기술의 지체를 보이며 환경에 대한 전반적인 관심을 상실한다. 전조 증상은 아동의 활동 수준이 증가하거나 과민 혹은 불안을 나타내는 것이다.

소아기 붕괴성 장애는 매우 드문 장애로 남아에게 더 많이 나타나며, 언어 상실, 사회적 기술의 손상, 과잉행동, 상동행동, 변화에 대한 저항, 신변처리 기술의 퇴행(Volkmar & Rutter, 1995) 등을 보인다. 출현율은 자폐성장애의 10% 수준(Volkmar & Cohen, 1989) 혹은 10만 명당 1명으로 추정되며(Burd, Fischer & Kerbeshian, 1989), 초기에는 남녀 비율이 비슷한 것으로 알려져 있었으나, 최근에는 자폐성장애와 비슷한 남녀 비율을 나타낸다고 한다(Volkmar & Rutter, 1995). 아직 정확한 원인은 밝혀지지 않았지만 경련성 질환이나 대사장애를 동반하여 나타나는 것으로 알려져 있다.

(5) 달리 분류되지 않는 전반적 발달장애(비전형적 자폐증 포함, PDD NOS : Pervasive Developmental Disorder Not Otherwise Specified)

달리 분류되지 않은 전반적 발달장애는 전반적인 발달장애를 보이며 사회성 관련 기술의 지체와 혹은 사회적 상호작용을 이해하는 능력 장애와 같은 자폐성장애의 특징이 나타난다. 달리 분류되지 않는 전반적 발달장애로 진단된 아동들은 관심의 폭이 제한되어 있고, 상상놀이 발달이 지체되며, 정형화된 행동을 하기도 하지만 이러한 증상이 매우 경미하거나 나타나지 않을 수도 있으며 언어 지체가 나타나지 않을 수도 있다. 또한 이들의 사회적인 상호작용이나 대화 기술에 심각하고 광범위한 장애가 있거나, 상동증적 행동, 특정 대상에 관심과 활동을 보이지만 특정한 전반적 발달장애, 조현병 혹은 회피적 인격장애의 진단 근거에 해당되지는 않는다. 그리고 발병 연령이 늦은 경우, 비전형적인 증상, 충분한 진단 준거에는 도달하지 못하는 정도의 증상을 보이는 비전형적인 자폐증(atypical autism)에 해당되기도 한다.

달리 분류되지 않는 전반적 발달장애는 사회적 상호작용의 결여나 의사소통 기술의 결함 혹은 상동증적 행동 특성이 뚜렷하지만, 다른 장애의 증상과 공통성이 없는 경우를 모두 포함한다. 흔히 자폐성장애보다 경미한 증상을 나타낸다.

2) DSM-5(2013)에 따른 자폐성장애의 분류

DSM-5(2013)에서는 DSM-Ⅳ-TR의 전반적 발달장애 하위유형들(레트장애 제외)을 단일범주인 자폐스펙트럼장애로 통합하고 진단에서 차원적 접근을 하는 변화가 있었다. DSM-5에서는 이러한 변화가 자폐스펙트럼장애 진단기준의 심각도(severity)와 명확도(specificity)를 높이기 위한 것이라고 하였다(문장원 · 정병종, 2018).

최근 미국의 정신장애 진단 통계 편람(DSM-5, 2013)에서 제시하고 있는 자폐성장애의 심각도 수준은 〈표 9-4〉와 같다.

〈표 9-4〉 자폐성장애의 심각도 수준

심각도 수준	사회적 의사소통	제한적이고 반복적인 행동
3단계 상당히 많은 지원이 필요한 수준	• 언어적 · 비언어적 사회적 의사소통 기술에 심각한 결함이 있고, 이로 인해 심각한 기능상의 손상이 야기된다. • 사회적 상호작용을 맺는 데 극도로 제한적이며, 사회적 접근에 대해 최소한의 반응을 보인다. • 예를 들어, 이해할 수 있는 말이 극소수의 단어뿐인 사람으로서, 좀처럼 상호작용을 시작하지 않는다. 만일 상호작용을 하더라도 오직 필요를 충족하기 위해 이상한 방식으로 접근하며, 매우 직접적인 사회적 접근에만 반응한다.	• 융통성 없는 행동, 변화에 대처하는 데 극심한 어려움, 다른 제한적이고 반복적인 행동이 모든 분야에서 기능을 하는 데 뚜렷한 방해를 한다. • 집중 또는 행동 변화에 극심한 고통과 어려움이 있다.

2단계 많은 지원이 필요한 수준	• 언어적 · 비언어적 사회적 의사소통 기술의 뚜렷한 결함, 지원을 해도 명백한 사회적 손상이 있으며, 사회적 의사소통의 시작이 제한되어 있고, 사회적 접근에 대해 감소된 혹은 비정상적인 반응을 보인다. • 예를 들어, 단순한 문장 정도만 말할 수 있는 사람으로서, 상호작용이 편협한 특정 관심사에만 제한되어 있고, 기이한 비언어적 의사소통이 뚜렷하게 나타난다.	• 융통성이 없는 행동, 변화에 대처하는 데 극심한 어려움, 다른 제한적이고 반복적인 행동이 우연히 관찰한 사람도 알 수 있을 정도로 자주 나타나며, 다양한 분야의 기능을 방해한다. • 집중 또는 행동 변화에 고통과 어려움이 있다.
1단계 지원이 필요한 수준	• 지원이 없을 때에는 사회적 의사소통의 결함이 분명한 손상을 야기한다. 사회적 상호작용을 시작하는 데 어려움이 있으며, 사회적 접근에 대한 비전형적인 반응이나 성공적이지 않은 반응을 보인다. 사회적 상호작용에 대한 흥미가 감소된 것처럼 보일 수 있다. • 예를 들어, 완전한 문장을 말할 수 있는 사람으로서 의사소통에 참여하지만, 다른 사람들과 대화를 주고받는 것은 실패할 수 있으며, 친구를 만들기 위한 시도는 괴상하고 대개 실패한다.	• 융통성이 없는 행동이 한 가지 또는 그 이상의 분야에서 기능을 확연히 방해한다. 활동 전환이 어렵다. • 조직 능력과 계획 능력의 문제는 독립을 방해한다.

3) 자폐성장애의 특성

자폐성장애 아동은 일반아동과 다른 발달적 특성을 보인다. 자폐성장애 아동이 청소년기를 거쳐 성인기에 이르기까지 겪게 되는 영역별 특성 변화를 살펴보면 〈표 9-5〉와 같다.

〈표 9-5〉 자폐성장애 아동의 발달 영역별 특성 변화

영 역	연 령	특 성
사회성 발달	영유아	• 접촉을 피할 수 있음 • 집단에서 격리될 수 있음 • 영아는 얼굴 표정을 모방할 수 없음 • 유아는 부모의 웃음에 반응하여 웃을 수 없음 • 다른 사람의 감정적 요구에 반응하지 않음
	학령 초기	• 사회적 놀이에 참여할 수 없음 • 자신보다 어린 아이들을 선호할 수 있음 • 다른 아이들과 놀 때 '우두머리'로 보일 수 있음
	청소년/초기 성인기	• 사회적 기술의 격차가 더욱 분명해짐 • 연애에 어려움을 보임 • 열악한 위생과 같은 문제와 관련된 사회적 문제(예 목욕 횟수와 관련된 규칙을 엄격하게 준수)를 가끔 보임
의사소통 발달	영유아	• 말이 부족할 수 있음 • 정형화된 구어를 사용함 • 다른 사람의 말을 즉각 또는 지연 반향어로 표현함 • 자신을 부르는 데 응답하지 않을 수 있음 • 제스처를 사용하지 않음
	학령 초기	• 특정 주제에 대해 강의하는 '꼬마 교수'처럼 보임 • 일방적인 대화를 함 • 자신의 행동이 다른 사람에게 어떻게 해를 끼치는지 알지 못함
	청소년/초기 성인기	• 추상적인 개념에 대한 이해가 부족함 • 농담 또는 속담을 이해하는 것이 어려움 • 텔레비전이나 영화의 대사를 모방하여 학교에서 문제가 발생할 위험에 처할 수 있음(예 분노나 좌절감을 표현하는 수단으로 "칼로 ㅇㅇ을 죽일 거야"라고 말함).

제한적, 반복적, 비기능적 행동, 관심 또는 활동 형태	영유아	• 손으로 펄럭임, 손가락 튕기기, 흔들기와 같은 반복적인 운동을 함 • 외관을 살펴보기 위해 장난감을 정렬함 • 장난감을 기능적으로 가지고 놀지 않고 분류를 함 • 루틴에서 일부 강직성을 보임
	학령 초기	• 특정 규칙에 얽매임 • 세상을 이해하기 위해 자신만의 규칙을 만들고, 다른 사람이 이러한 규칙을 위반한 경우 자신을 통제하는 데 어려움을 겪음
	청소년/초기 성인기	• 운동 틱을 피하기 위해 정교한 의식을 하기도 함 • 동료와의 짧은 만남에 대해 몇 시간 동안 집착할 수 있음
기타	영유아	• 울화(tantrum)를 보이기도 함 • 빛 또는 소리에 대해 민감하게 반응함 • 급식 문제(종종 질감과 관련됨)를 보이기도 함 • 안전 문제(예 맨발로 눈 속을 걸어감)를 보이기도 함
	학령 초기	• 학문적 어려움을 보임 • 전환에 어려움이 있음 • 수면 또는 의사소통 문제로 인한 집중력 및 과민성의 문제를 보임 • 스포츠 활동에서 서툴 수 있음
	청소년/초기 성인기	• 우울 또는 불안의 증상을 보이기도 함 • 사회적 규범을 벗어나는 행동을 보임 • 성행위에 관한 규칙을 이해하지 못할 수 있음 • 발작 위험이 증가(사춘기 시작과 관련)할 수 있음

출처 : National Autisom Center(2011), 도명애 외(2021) 재인용.

자폐성장애 아동의 영역별 특성의 자세한 내용은 다음과 같다.

(1) 인지적 특성

자폐성장애로 진단된 아동들 중에는 평균이나 그 이상의 지적 기능을 보이는 아동도 있지만, 70~80% 정도는 지적장애를 가지고 있다(Chakrabarti & Fombonne, 2001; Fombonne, 1999; National Research Council, 2001). 지적장애를 동반하는 자폐성장애 아동은 그렇지 않은 아동보다 학업이나 일반적인 생활에 있어서 더 낮은 수행 수준을 보인다. 이는 자폐성장애와 관련된 근본적인 결함이 다양한 수준의 지적기능과 결합되어 서로 영향을 미치기 때문이다. 자폐성장애를 지닌 아동의 약 20%는 평균 및 그 이상의 지적 기능을 보이며 이들을 고기능 자폐(HFA : High Functioning Autism)라고 부른다. 이들은 대부분 통합학급에서 교육을 받고 있다. 그러나 평균 이상의 성적을 보이는 아동도 자폐로 인한 장애의 특성을 그대로 가지고 있어 학교라는 조직사회에 적응하고 사회적인 기대 수준에 맞는 행동을 하는 데 어려움을 가진다.

아스퍼거 증후군을 지닌 아동은 평균에서 평균 이상의 지능을 보이는 것으로 알려져 있으나(APA, 2000), 이들이 지니는 인지적 능력에 대해서는 아직까지 별로 알려지지 않고 있다. 아스퍼거 증후군이 있는 아동은 기계적인 암기력이 우수한 경우가 많아 학업성취도에도 우수한 결과를 보이기도 하지만, 특정 관심 영역에 대한 집착이나 융통성 없는 사고 스타일, 문제 해결력이나 조직력에서의 어려움 등의 특성으로 인하여 심각한 문제를 경험하기도 한다.

자폐성장애로 진단받은 아동들 중 약 10% 정도가 특정 영역에서 뛰어난 능력이나 기술을 보이기도 한다(National Research Council, 2001). 이러한 뛰어난 능력이나 기술은 '자폐적 우수성(autistic savant)' 또는 '서번트 증후군(savant syndrome)'이라고 하며, 음악, 미술, 수학, 암기력, 기계 조작 등의 특정 영역에서 평균 이상의 뛰어난 능력을 보인다.

예를 들어, 달력의 날짜와 요일을 계산하거나 역사의 특정 내용을 모두 암기하거나 복잡하고 어려운 연산을 빠르고 정확하게 하는 등의 능력을 보일 수 있다(이소현·박은혜, 2011). 그러나 중요한 것은 이러한 특정 영역에서의 뛰어난 능력을 보이는 아동은 이러한 능력이 자신의 전반적인 지적 능력이나 일반적인 기능과는 무관하게 나타나며 기타, 다른 영역에서는 매우 낮은 수행을 보이곤 한다(Nettelbeck & Young, 1996)는 것이다.

자폐성장애를 가진 많은 아동들은 고집성을 가진다. 일과에 대해 동일성을 고집하고 가정이나 교실환경 등 일상의 주요 공간들에서 변화에 대해 큰 혼란을 느끼며, 같은 장소, 같은 물건을 가지는 것에 집착하는 모습을 보인다. 또한 언어를 사용할 때에도 상황에 관계없이 같은 단어를 반복해서 사용하거나, 장난감과 놀이에서도 같은 모습을 보인다. 이에 따라 자신의 변화에 대해 상당히 불편함을 느끼고 반응한다. 또한 자폐성장애를 가진 아동들은 과잉선택성(overselectivity)을 보이기도 한다. 과잉선택성은 한 대상에 있어서 전체보다 특정 부분에만 초점을 맞추는 경향을 의미한다. 예를 들어, 자동차에서 바퀴에만 집착을 해 전체적인 모습을 이해하지 못하는 경우도 있다. 이와 같은 과잉선택성은 자폐성장애 아동의 학습에 큰 걸림돌로 작용한다(강영심 외, 2010).

(2) 사회 · 정서적 특성

사회적 행동에 있어서의 일탈은 자폐성장애의 주된 증상 중의 하나이다. 이러한 사회적 상호작용의 결여는 아동에 따라 나타나는 시기가 조금씩 다를 수 있다. 어떤 경우에는 태어난 지 한 달 안에 나타나는 경우도 있다. 아동이 눈 맞춤이나 응시행동을 잘 하지 않고, 안기는 것에도 흥미가 없으며, 안아주려 하면 몸이 경직되는 모습을 나타내기도 한다. 보통 또래와의 놀이를 즐기는 유아 단계에서도 또래 아동들의 놀이 활동에서 사회적인 참여가 부족하며, 사물을 반복적이고 상동적으로 조작하거나 비기능적으로 활용하곤 한다.

이러한 사회적 상호작용의 결함은 사회적인 상황에 대해 어떤 반응이 적절한지를 판단하는 능력이 부족한 점에서도 나타난다. 낯선 사람에 대해서는 지나치게 불안감을 느끼고, 또래나 어른이 자신에 대해 미소 지으며 말을 거는 등의 긍정적인 상호작용적 접근을 할 때 어떻게 반응해야 하는지 잘 알지 못한다. 이러한 사회적 상호작용의 문제들은 어른이 되면서 보다 어려워지는 경우가 대부분이지만, 고기능 자폐인 경우에는 대체로 사회생활에 문제가 없을 정도로 정상적인 사회적 상호작용을 나타내는 경우도 있다. 그렇지만 협력그룹놀이나 협력활동 등을 잘 하지 않고, 가까운 친구관계를 맺지 못하며, 다른 사람의 감정을 읽거나 깊은 애정을 나타내는 능력은 여전히 결여되는 경우가 많다(Newsom & Hovanitz, 1997).

전반적으로 대인관계를 형성하는 데 어려움을 느끼며, 어른이나 나이 어린 아기들보다는 또래 친구들과의 대인관계 형성에 더 큰 어려움을 나타낸다. 사회적 상호작용을 하는 경우 눈맞춤과 얼굴표정 등의 비언어적 행동을 효과적으로 사용하는 것에 어려움을 나타낸다. 일반적으로 다른 사람에게 먼저 다가가는 경우에는 먹을 것을 원한다거나 화장실에 가야 하는 등의 간단한 욕구나 간지러움 등의 타인이 주는 자극을 즐기기 위하여 접근하고, 그것이 만족되면 그 사람에게 특별한 관심이 없다.

무엇보다도 자신의 정보나 경험 등을 다른 사람과 공유하는 데 어려움이 있다. 일반적으로 자신이 원하는 간단한 욕구를 얻고자 하는 경우 이외에는 다른 사람과의 접촉을 자발적으로 먼저 시작하는 경우는 드물다. 다른 사람에게 능동적으로 접근하는 경우에도 자신의 접근에 대한 다른 사람의 반응에는 관심이 없는 일방적이고 반복적인 행위만을 한다. 이러한 사회적 상호작용의 어려움은 성인이 되어서도 지속되며, 사회적 상호작용을 하는 경우라 하더라도 상황을 충분히 이해한다기보다는 사회생활의 규칙이나 방법을 기계적으로 배워 사용한다고 볼 수 있다.

(3) 의사소통 특성

자폐성장애 아동의 언어 및 의사소통에 있어서 문제는 매우 다양하게 나타난다. 말을 전혀 습득하지 못하는 아동들도 있고, 말을 하는 아동들도 말의 출현 및 발달이 지체되고는 한다.

또한 말할 때 그 의미를 이해하지 못하는 상황에서 산출되는 반향어의 형태로 제한되는 경우가 많은데(이소현 · 박은혜, 2011), 말을 할 줄 아는 자폐성장애 아동의 약 80% 정도가 반향어(echolalia)를 보이는 것으로 나타났다(Prizant, 1987; Schuler & Prizant, 1985). 반향어란 일반적으로 다른 사람이 말한 단어나 문장을 의미 없이 반복하는 것으로 과거에는 반향어가 비기능적일 뿐만 아니라 언어를 이해하지 못하기 때문에 나타나는 것으로 여겨졌으나(Shapiro & Lucy, 1978), 현재는 반향어가 지닌 다양한 형태의 기능들이 보고되고 있다(이소현 · 박은혜, 2011).

자폐성장애 아동들 중에는 반향어가 아닌 의미 있는 말을 자발적으로 사용하는 경우도 언어의 형태 면에서 문제를 보인다. 특히 조음상의 실수를 빈번하게 보이고 알아들을 수 없거나 적절하지 않은 발성을 하기도 하며(Shriberg et al., 2001), 말의 강세, 높낮이, 리듬 형태 등으로 구성된 운율학적인 면에서도 문제를 보인다(Baltaxe & Simmons, 1985).

위의 언어습득의 제한과 더불어 자신의 감정을 표현하기 위해서 얼굴표정이나 의미 있는 몸짓을 사용하는 비구어 의사소통에서도 양적, 질적으로 다를 뿐만 아니라 공동 관심을 가리키는 행동에 결함을 보이며, 다른 사람의 질문에 고개를 끄덕임으로써 예/아니요의 의사표현을 나타내는 경우가 드물다.

이들이 지니는 의사소통상의 문제는 의사소통을 하고자 하는 의도표현의 미숙과 의도를 사회적으로 적절한 방법으로 표현할 줄 모른다는 것에서 가장 큰 문제점을 찾아볼 수 있다. 결론적으로 이들이 지니고 있는 언어 및 의사소통의 장애는 단순 언어지체로 인한 장애가 아니라 말, 언어 및 의사소통의 질적인 사용에 있어서의 장애이므로 이들을 위한 말, 언어 및 의사소통의 교육은 생활중심의 기능적 교육이 될 수 있도록 노력하여야 한다.

4 자폐성장애 학생을 위한 교육적 접근

1) 자폐성장애 학생 교육을 위한 기본원리

자폐성장애는 일반적으로 치료가 가능하지 않으며 만성적인 관리가 필요하다. 그리고 그 인지적 독특함으로 인해 성인이 되어서도 여전히 사회적 상호작용의 어려움을 갖는다. 따라서 자폐성장애 학생을 위한 교육의 일차적인 목표는 사회적 상호작용 개선, 문제행동 감소, 가족의 스트레스 관리를 통해 학생이 기능적이고 독립적인 삶을 영위하며 삶의 질을 최대화하는 것이라 할 수 있다. 이와 같은 자폐성장애 학생의 교육목표를 위한 교육의 기본원리는 다음과 같다(김희규 외, 2010).

첫째, 자폐성장애 학생의 교육에 있어서 부모와 가족의 참여는 필수 구성요소이다(Boettcher, Koegel, McNerney, & Koegel, 2003). 이는 가족의 스트레스 관리뿐만 아니라 자폐성장애 학생의 학습내용의 일반화를 위해서도 필요하다.

둘째, 능력과 결함에 대해 정확한 평가가 필요하다. 자폐성장애 학생의 능력, 기술, 강점, 결함 정도에 대한 정확한 평가를 내림으로써 적절한 목표를 설정하고 효과적인 교수내용과 방법을 결정할 수 있다.

셋째, 효과적인 교육적 중재의 목적이 명확하게 결정되어야 한다. 효과적인 교육적 중재에는 대화능력, 사회화 능력, 인지능력, 문제행동 다루기, 지각 및 운동근육 발달, 적응능력개발 등이 포함되어야 한다.

넷째, 효과적인 의사소통 촉진전략을 활용해야 한다. 교사는 구두로 지시한 내용을 보다 명확히 하는 데 도움을 줄 수 있는 몸짓과 시각적 도구 등을 다양하게 활용할 수 있다.

다섯째, 효과적인 사회적 상호작용의 기회를 제공해야 한다. 교사는 자폐성장애 학생이 새롭게 습득한 사회적 상호작용 기술을 자연적인 상태에서 활용할 수 있는 기회뿐만 아니라 사회적 상호작용 기술을 활용한 이야기 읽기, 모델링, 역할극 등의 체계적인 연습의 기회도 제공해야 한다.

여섯째, 물리적 학습환경과 일상적 일과를 포함한 교수환경을 체계적으로 구성해야 한다. 체계적으로 구성된 학습환경은 자폐성장애 학생의 학습에 대한 침착성, 주의력, 반응성을 증진시킨다.

2) 자폐성장애 학생을 위한 특수교육적 접근

(1) 보완 · 대체 의사소통체계(AAC)

보완 · 대체 의사소통체계(AAC : Augmentative and Alternative Communication)는 구어적 의사소통 기술을 효과적으로 향상시키지 못하는 사람들을 위해 1950대 말부터 의학과 임상 및 교육기관에서 창의적인 전략과 재료를 의사소통의 대안으로 사용하기 시작하면서 개발되었다(Zangari, Lloy, & Vicker, 1994). 초기에 AAC는 운동능력이 부족하지만 언어 이해 능력과 인지능력에 별 문제가 없는 대상자들을 위해 적용되었다. 최근 AAC는 인지적 장애를 가지고 있는 장애인들에 대한 치료와 서비스에 대한 개념으로 변화하였다.

AAC는 개인의 의사소통을 증진시키기 위해 사용되는 상징(symbol), 보조도구(aid), 전략 및 기술(strategy and technique)을 포함한다. 많은 자폐성장애 학생은 구어의 발달에 문제가 있기 때문에 최근에는 중재과정에 특별한 기법이나 도구를 이용하는 보완대체 의사소통의 사용에 대한 논의가 늘고 있다.

자폐성장애 학생을 대상으로 AAC를 적용한 연구들은 상징체계 면에서 주로 수화와 그림상징을 많이 이용하였다. 보조도구 면에서 자폐성장애 학생은 운동 능력이 양호하므로 휴대하기 편한 의사소통 책 형태가 많이 사용되었고, 최근에는 각종 하이테크 의사소통 기자재와 컴퓨터 소프트웨어들도 활용되고 있다. 그림을 이용한 보완대체 의사소통 중재방법은 의사소통에 문제가 있는 자폐성장애 학생에게 그림과 같은 보조도구를 이용해서 구어를 사용하지 않고 의사소통 기술을 교수하는 방법이다.

(2) 그림교환 의사소통체계(PECS)

그림교환 의사소통체계(PECS : Picture Exchange Communication System)는 보완대체 의사소통의 하나로 응용행동분석 원칙에 근거하여 학생이 원하는 사물을 얻기 위해 그림을 교환하도록 교수하는 기법이다(박지윤 · 이은주, 2012).

전통적인 언어 및 의사소통 치료 프로그램이 참여기술(예 눈 맞춤, '여기 봐' 등 주의환기)을 요구하는 데 비해, 그림교환 의사소통체계는 선수기술과 많은 시간을 요구하지 않고, 사회적인 강화에 동기화가 약한 자폐성장애 학생들에게 구체물을 사용함으로써 비교적 빨리 의사소통 동기를 형성하게 하는 장점이 있다(Liddle, 2001). 선호하는 실제 사물을 교환하는 행위가 즉각적으로 학생에게 보상의 역할을 하게 되어 자발성을 강화시키는 것이다(양문봉, 2000).

자폐성장애로 진단받은 학생의 80% 이상이 효과적으로 언어를 구성하는 데 어려움을 가지며, 이들은 교사에 의해 구조화된 프로그램 속에서 일련의 단어들을 학습하지만 실제로 필요할 때 사용할 가능성이 희박한 '기능성을 상실한 언어'들을 학습한다. 기능적인 언어능력을 확장하려면 훈련받는 상황이 그 언어가 사용되는 가장 알맞은 상황이어야 하고, 또 그 상황과 유관된 필요한 사물이나 내용의 단어를 훈련하는 것이 필요하며, 보상 역시 실제로 필요를 느껴서 요구한 사물을 즉석에서 얻는 상황에서 이루어지는 중재가 가장 효과적이라고 할 수 있다.

Bondy와 Frost(2002)에 의해 개발된 그림교환 의사소통체계 중재 프로그램은 각 학생들이 선호하는 강화물을 진단하는 것으로 시작된다. 강화 선호도를 결정하기 위하여 몇 가지 조합된 물건들이 각각의 학생들에게 반복적으로 제공된다. 학생의 선호도는 시간이 지남에 따라 변할 수 있기 때문에 강화물의 진단은 훈련이 끝날 때까지 계속해서 반복 측정된다. 이때 한 훈련자는 학생이 좋아하는 물건을 들고 의사소통 대상자의 역할을 한다. 다른 훈련자는 학생의 옆이나 뒤에 앉아 학생이 그림을 선택해서 대상자에게 내밀고 그 손에 놓도록 신체적인 촉진을 제공한다. 학생이 그림을 선택한 즉시 의사소통 대상자는 그림에 나타난 단어를 말하면서 학생에게 강화물을 제공한다. 촉진자는 학생이 독립적으로 그림을 교환할 수 있게 되면 즉시 촉진을 소거한다. 학생의 학습과정은 6단계로 진행된다. 중재는 최소한 30회 정도의 회기로 이루어지며, 하루 15~60분 정도가 소요된다.

이 훈련은 모든 단계에서 "이거 먹을래? 이거 줄까? 새우깡 여기 있어"와 같은 언어적 촉진은 하지 않는다(상지연 · 김은경, 2009). 먼저 훈련을 시작하기 전, 훈련에서 강화물로 사용할 물건에 대한 반응을 평가한다(송계남, 2008). 일반적으로 학생은 자기 앞에 놓인 물건 중에서 평소에 선호하던 물건이 보이면 만지거나 집으려고 손을 뻗는 경향이 있다. 부모와 담임교사의 면담을 통해 학생들이 즐겨하는 각종 사물이나 간식과 장난감들을 모아놓고 그중에서 두 가지씩 선택하여 학생이 보는 앞에 놓고 학생이 선택한 것을 선호하는 물건으로 정할 수 있다. 이때 학생이 잡으려고 손을 뻗은 사물을 또다시 따로 분류하고 마지막으로 분류된 사물들을 가지고 학생이 가장 좋아하는 것, 좋아하는 것, 관심이 없는 것으로 평가리스트를 만들어 사용한다

(최선미 · 광승철, 2014). 이 반응 평가 결과에 근거하여 그림 카드를 만든다.

〈표 9–6〉에서 각각의 물건에 대한 학생들의 반응이 서로 다르다는 것을 알 수 있다. 예를 들어 '색종이'는 학생 A에게는 '가장 좋아하는 물건'이지만, 학생 B와 학생 C에게는 '관심이 없는 물건'으로 나타난다. 그림교환 의사소통 중재에서는 반응평가를 통해 '가장 좋아하는 것'으로 나타난 물건을 그림 카드로 만들어 사용하는 것이 중요하다. '교환'행위에 대한 학생의 자발성을 이끌어 내기 쉽기 때문이다.

〈표 9–6〉 물건에 대한 학생의 반응 평가 결과의 예

	가장 좋아하는 것	좋아하는 것	관심없는 것
학생 A	새우깡, 우유, 라면, 실로폰, 핸드폰, 우산, 풍선, 거울, 색종이, 장난감 자동차, 색연필, 낚시 놀이	공, 훌라후프, 밀크사탕, 사과, 바나나, 가위, 도화지, 교과서, 신문	소꿉놀이, 윷놀이, 주사위, 치즈샌드, 스파게티, 샌드위치, 연필 지우개, 자, 빗자루
학생 B	우유, 공, 헝겊책, 바나나, 풀, 장난감 칼, 교과서, 땅콩샌드, 뻥튀기, 풍선	주사위, 요구르트, 맛동산, 장난감, 자동차, 소꿉놀이, 색연필, 도장	실로폰, 윷놀이, 라면, 새우깡, 사탕, 가위, 색종이, 연필, 핸드폰
학생 C	스티커, 풀, 요플레, 빼빼로, 바나나, 한솥도시락 메뉴판, 걸레, 고무장갑, 페브리즈	우유, 뽀또, 가위	젤리, 라면, 색종이, 연필, 샌드위치, 헝겊책, 낚시 놀이

출처 : 최선미 · 곽승철(2014), p. 200 재구성.

훈련은 6단계로 이루어진다. 1단계는 그림교환기를 익히는 단계이다. 이 단계에서 '가장 좋아하는 물건'은 손만 뻗으면 잡을 수 있는 거리에 제시하고, 그림 카드는 학생의 책상 위에 놓는다. 이때 '의사소통 상대자' 역할인 교사 외에 학생에게 신체적 촉진을 제공하여 교환개념을 습득할 수 있도록 돕는 '촉구자' 역할의 사람도 필요하다. 다음 장면을 참고하자.

학생 A와 의사소통 상대자인 교사는 서로 마주 보고 앉고, '촉구자'는 학생 A의 뒤에 앉는다. 촉구자 역할의 사람은 학생 A가 테이블 위에 놓여있는 그림카드를 집어 박교사에게 줄 수 있도록 신체적 촉진을 제공한다. 이때 촉구자는 언어적 촉진을 제공하지 않는다.

학생 A가 교사에게 자신이 좋아하는 새우깡이 그려진 그림카드를 집어 주면, 교사는 "새우깡이 갖고 싶었구나!" 하면서 학생 A에게 즉시 새우깡을 준다.

(2013 특수학교교사신규임용_중등 특수 기출 인용 재구성)

2단계는 자발적인 교환 단계로 중재자와 강화물과의 거리를 모두 넓힌 상태에서 그림 교환을 실행한다. 학생 A가 하나의 그림 카드로 그 카드에 그려진 실제 물건과의 교환을 독립적으로 하게 되면, 박 교사는 학생 A와의 거리를 점점 넓힌다. 그림 카드를 두는 위치도 바로 앞이 아니라 학생이 일어나서 가져와야 하는 거리의 책상 위에 놓는다. 이때에도 언어적 촉진을 하지는 않는다.

학생 A가 새우깡 그림 카드가 있는 곳까지 가서 그 카드를 역시 떨어진 곳에 있는 교사에게 자발적으로 갖다 주면, 교사는 학생 A에게 그 그림 카드에 그려진 실제 물건인 새우깡을 준다.

(2013 특수학교교사신규임용_중등 특수 기출 인용 재구성)

3단계는 선호하는 것과 선호하지 않는 것이 함께 제시되어 있을 때 변별하여 선택하는 훈련을 하는 단계이다.

새우깡과 샌드위치를 학생 A가 볼 수 있게 제시한다. 새우깡 그림 카드와 샌드위치 그림 카드를 1장씩 준비하여 학생 A의 손이 닿는 거리에 둔다. 학생이 주는 그림 카드의 사물을 제공한다. 학생이 인지를 잘 못하면 사물과 카드를 보여주며 이름을 말해준다.

(2013 특수학교교사신규임용_중등 특수 기출 인용 재구성)

4단계는 문장표현 단계이다. 이 단계에서는 '주세요'라는 글자도 카드로 만들어 그림 카드와 함께 제시한다. 그리고 그림 카드와 함께 '주세요'라는 글자 카드를 같이 제시하게 한다.

> **학생 A는 새우깡 그림카드와 '주세요' 글자 카드를 같이 교사에게 준다. 교사는 두 카드를 받으면 학생의 손으로 짚으면서, '새우깡 주세요'라고 같이 읽어준 뒤 새우깡을 제공한다.**
>
> (2013 특수학교교사신규임용_중등 특수 기출 인용 재구성)

5단계는 간단한 질문에 "예/아니요"를 대답하도록 가르치며 마지막으로 6단계에서는 언급하기를 가르치는데 이때 학생의 감정이나 질문, 의견표현 등과 같은 구체적인 언어기술표현의 향상을 목표로 한다(송계남, 2008). 그러나 실제로 6단계 중 3단계까지 실시하는 연구가 가장 많다. 이는 자폐성장애 학생의 의사소통 기술 습득상의 어려움 때문인 것으로 생각된다.

3) 자폐성장애 학생을 위한 통합교육적 접근

(1) 사회적 발달을 위한 교육적 지원 : 사회적 상황이야기(Social Story)

자폐성장애 학생들은 다양한 사회적 상황에서 어려움을 나타낸다. 사회적 상황에는 문제 해결하기, 나누기, 주고받기, 관심 표현하기, 의사소통하기, 비구어적인 의사소통 이해하기 등이 포함될 수 있다. 이러한 사회적 상황에서 적절하게 생활할 수 있기 위해서는 당면한 사회적 상황을 이해하기 위한 인지적 기능이 선수되어야 한다. 그리고 특정한 언어적·비언어적 행동기술들, 즉, 대처행동, 작업행동, 또래 관계 등과 같이 사회적으로 다양하고 중요한 기술들이 필요하다.

사회적 상황이야기는 사회인지적 맥락에서 제시되고 있는 중재 방법이다. 자폐성장애 학생들은 사회적 상황들을 이해하지 못하고 혼란스러워하거나 당황하며 때로는 사회적 단서를 읽지 못하거나 어려워할 수 있다. 이러한 견해에 입각하여 사회적 상황에 대한 예측 능력을 제공하는 것을 목적으로, 사회적 상황 속에서 경험하게 되는 상황들을 실제적이고 명확한 사회적 정보로 변환시켜 줌으로써 사회적 상황에서 발생하는 사건과 그 사건의 발생 원인에 대한 구체적인 설명을 제공한다(Gut & Safran, 2002).

사회적 상황이야기는 짧은 이야기 형식으로 적절한 사회적 상호작용과 사회적으로 수용 가능한 행동들을 요하는 상황에서 발생할 수 있는 미세하거나 애매한 단서들을 설명한다. 각 이야기들은 대부분 세밀한 정보를 제공하는 것에서 시작하여 상황을 정확히 설명해 주고(어디에서 일어나는지, 포함된 사람들은 누구인지, 어떠한 일이 일어나는지), 학생들에게 무엇이 일어나고 왜 그런 일이 일어나는지에 관련된 정보를 제공한다. 또한 이야기는 바람직한 반응(학생에게 기대되는 목표 행동)을 포함하고, 새로운 상황에 대하여 학생이 준비할 수 있도록 돕는다(Rowe, 1999). 상황이야기는 대상자의 견해, 다른 사람의 견해, 말로 표현되지 않는 사회적 기대 등을 강조하고 여러 다양한 사회적 상황 속에서 성공적인 상호작용을 중요하게 다룬다(Gray, 1998; Gray & Garand, 1993).

사회적 상호작용은 '사회적 시도행동'과 '사회적 반응행동'으로 나눌 수 있다. 사회적 시도행동(social initiation)이란 사회적 상호작용을 할 상대방을 선택하고, 상대방의 주의를 끌고, 적절한 행동으로 상호작용을 시작하는 것이다. 타인이 상호작용을 시작하며 접근해 오는 것에 수동적으로 반응하는 행동과는 구별된다. 사회적 시도행동은 요구하기, 이름 부르기 행동이 포함된다. 사회적 시도 행동기술은 사회적 상호작용 및 사회적 관계형성에 있어서 중요한 역할을 하며, 학생의 사회성 발달에 있어서 매우 중요한 기술이다. 자폐성장애 학생의 경우 사회적 시도 행동에 있어서 결함을 보이는 경향이 높다. 사회적 반응행동이란 다른 사람의 사회적 시도행동에 대하여 발생하는 행동적 또는 언어적인 행동으로 사회적 시도행동에 대한 반응행동을 의미한다. 반응행동에는 참여하기, 도와주기가 포함된다. 각 사회적 상호작용의 유형 및 정의는 〈표 9-7〉과 같다.

〈표 9-7〉 사회적 상호작용 유형 및 정의

유 형		정 의
시도 행동	요구하기	친구의 도움이 필요한 상황에서 신체 · 언어로 요구하는 행동(예 줘, 같이 놀자)
	이름 부르기	친구의 이름을 부르는 행동
반응 행동	참여하기	친구가 함께 놀자는 언어적, 행동적 요구에 응하여 놀이에 참여하는 행동
	도와주기	친구가 요구하는 것(물건, 행동)을 수행하는 행동

출처 : 반지정(2010) 재구성.

〈표 9-7〉의 정의에서 알 수 있는 것처럼, '친구가 함께 놀자는 언어적, 행동적 요구에 응하여 놀이에 참여하는 행동'은 '참여하기'라는 사회적 상호작용이다. 그런데 이러한 상호작용에 어려움을 보이는 학생이 있다면 〈표 9-8〉과 같은 문장이 적힌 그림 카드를 읽게 하고 그 상황을 설명하는 과정을 통하여, 이 상황에서 타인과 상호작용하는 방법을 익히도록 하게 한다. 이때 또래 학생들과 대상 학생의 상호작용 훈련을 매회 20분 정도씩 역할극 형식으로 지도할 수 있다.

〈표 9-8〉 '참여하기' 사회적 상호작용 촉진을 위한 문장의 종류와 문장의 예

문장의 종류		'참여하기' 사회적 상호작용 촉진을 위한 문장의 예
설명문		친구와 게임을 하고 있어요. / 나는 친구와 같이 놀고 싶어요.
지시문		친구가 "너도 이거 같이 할래?"라고 물으면 "응, 나도 같이 하고 싶어"라고 말합니다.
조망문	긍정	친구가 같이 놀자고 해서 같이 놀면 기분이 좋아요.
	부정	친구가 같이 놀자고 해서 같이 놀지 않으면 기분이 안 좋아요.

출처 : 반지정(2010) 재구성.

사회적 상황에 관한 문장의 제시방법보다 중요한 점은 학생이 이야기를 이해해야 한다는 점이다(Xin & Sutman, 2011). 학생의 특성상 텍스트를 읽는 데 어려움이 있다

면, 해당 학생의 이해를 돕기 위하여 그림이나 사진, 애니메이션, 컴퓨터 프레젠테이션 또는 비디오 영상 같은 매체를 활용하여 해당 문장을 제시할 수 있다(Xin, 2014). 특히 낮은 인지 기능을 보이는 자폐성장애 학생에게는 사회적 상황이야기에 그림이나 그래픽 상징 등을 포함하는 것이 추천되고 있다(Lal & Ganesan, 2011). 다른 중재 프로그램과 마찬가지로 '사회적 상황 이야기'도 해당 학생이 익혀서 쓸 수 있기 위해서는 반복적 지속적인 훈련이 필요하다.

한편 프로그램을 실시하는 과정이나 종료 후에도 중재에서 배운 말이 필요한 상황에서 적절하게 나타나기도 한다. 예를 들어, 친구들과 그림을 그리면서 검은색 색연필이 필요한 상황에서 중재 프로그램에서 배운 대로 "나한테 색연필 줘"라는 말로 요구하기 행동이 나타나기도 한다. 또한 중재 프로그램을 통하여 그룹 내의 친구들이 대상학생에게 더 많은 관심을 보이게 되었고, 대상학생 역시 친구들의 많은 관심에 더 적극적으로 반응하는 모습을 나타내게 된다(반지정, 2010).

(2) 환경중심 언어중재

전통적인 언어중재 방법은 치료실에서 치료자와 일대일 상황에서 학생에게 직접적인 방법으로 이루어짐으로써, 학생이 생활하고 있는 환경 안에서 의미 있고 기능적인 기술의 습득과 일반화를 주요 목표로 하기보다는 생활과 분리된 상황에서 성인 주도로 이루어진 단점을 안고 있다(이지현 · 조광순, 2005; Mahoney & Powel, 1992). 특정 목표를 위해 개별화된 교수 상황에서 집중적으로 반복 지도하기 때문에 언어학습의 동기화는 학생 자신의 욕구나 필요에 의한 것보다는 교사에 의한 것이다(이지현 · 조광순, 2005). 이렇게 습득된 언어가 학생의 실제 대화 상황이나 그 말이 꼭 필요한 상황에서 배운 언어를 사용할 수 없다는, 즉 일상생활 속에서 사용되는 언어를 습득할 수 없다는 일반화의 문제점이 제기되었다(이지현 · 조광순, 2005). 그러므로 자폐성장애를 위한 언어중재는 구문적인 형식이나 어휘에 중점을 둔 전통적인 중재방법보다는 자연스러운 일상생활과 실제로 의사소통이 기술이 요구되는 상황에서 언어사용의 일반화를 촉진하는 자연적인 중재방법이 요구된다(김기옥, 2007).

자폐성장애 학생과 같이 자신의 관심사에만 집착하고, 타인과 의사소통하는 데 관심이 없어서 자발적으로 언어표현을 시도하는 경우가 매우 드물다. 이처럼 교사나 친구들과 의사소통하는 것이 어려운 학생의 언어 지도에 있어서 환경중심 언어중재가 효과적이다. 환경중심 언어중재는 의사소통을 자연스럽게 유도할 수 있도록 학생의 환경 속에서 학생의 관심과 흥미에 따라 언어중재를 하는 접근법이다(김영태, 2002). 즉, 일상의 사회적 의사소통 교환을 정교화된 언어 교수의 기회로 사용하는 자연적인 언어 중재 전략이다(Alpert & Kaiser, 1992).

1970년대 중반 이후 '자연스러운 일상 대화의 맥락에서 학생에게 관심 있는 일상적인 의사소통 경험 제공'이라는 인식을 구체화할 수 있는 중재방법들이 다양하게 연구 및 검증되었다. 그리고 우발교수(Hart & Risley, 1975), 시간 지연(Hall et al., 1979), 반응 후 모델링(Rogers-Warren & Warren, 1980), 모델링(시범)(Alpert & Kaiser, 1992)과 같은 교수 기법들의 효과성이 입증되어 왔다. 초기의 환경중심 언어중재에 대한 연구들은 이 네 가지 주요 전략을 각각 단일 기법으로 적용하였고, 점차 두 가지 이상의 기법이 병행된 다양한 중재 절차가 연구되었다(김기옥, 2007). 다음은 각각 전략들의 사례이다.

일반적으로 수업을 진행할 때 다음 장면의 교사처럼 진행하는 경우가 있다. 이때 교사는 학생에게 '반응요구 후 모델링' 기법을 쓰고 있는 것이다.

교사 : (연필을 보여주며) 어제 은희가 배웠는데 이것을 영어로 뭐라고 하지?
은희 : (모른다는 표정을 지으며 대답을 하지 않는다)
교사 : Pencil이지? Pencil이라고 말해봐.
은희 : Pencil.
교사 : 잘했어요.

(2010 특수학교교사신교임용_초등 기출)

한편 '우발교수'는 다음 장면과 같은 환경을 구조화하여 학생의 자발적 발화 산출 의지를 이끌어 낸다.

> 은희 : (연필 옆에 교사가 교수환경을 구조화하기 위해 놓아둔 지우개에 관심을 보이며 지우개를 쳐다본 후 교사의 눈을 응시한다) 지우개.
> 교사 : (지우개를 영어로 뭐라고 하는지 알고 싶다는 은희의 요구를 이해하고 웃으며) 지우개는 영어로 eraser라고 해.
> 은희 : eraser.
>
> (2010 특수학교교사신규임용_초등 기출)

그러나 위의 장면과는 달리 학생의 관심이 어디 있는지를 관찰하고 그 물건이나 행동에 같이 참여하면서 학생의 요구를 미리 알아차리고, 즉 알고 싶다는 요구가 있기 전에 그에 대한 적절한 언어반응을 유도하는 경우도 있다. 이를 '모델링(시범)'이라고 한다. 다음은 '모델링(시범)'의 예시이다.

> 은희 : (연필 옆에 교사가 교수환경을 구조화하기 위해 놓아둔 지우개에 관심을 보이며 지우개를 쳐다본다).
> 교사 : ('은희가 지우개에 관심을 가지고 있구나'라고 생각한다)
> 은희야 이거 영어로 eraser라고 해. eraser.
> 은희 : eraser.

위의 장면에서 교사는 학생 관찰을 통해 환경 속에서 관심을 보이는 단어를 알려주는 것이다. 이것이 '우발교수'와 '학생중심 시범' 적용 기법의 차이점이다.

모델링 기법을 사용할 때, 학생이 흥미를 보이는 것을 중심으로 환경을 미리 조절해 둘 수도 있다. 예를 들어, 자유놀이 상황에 유아가 좋아하는 손인형과 같은 장난감을 대상 학생에게 미리 보여준 후 손이 닿지 않는 교구함 위에 올려놓는다. 이때 대상 학생이 손인형을 가지고 놀고 싶어 하며 교사 주위를 돌거나, 교실을 둘러보고 활동을 하고 싶은 영역에서 장난감이나 교구를 선택(이지현 · 조광순, 2005)하게 하는 것이다.

은희 : (손인형을 쳐다보기는 하지만 말을 하지 않는다.)
교사 : 은희가 손인형을 가지고 놀고 싶구나. "인형 주세요"라고 해볼까?
(1차 모델링)
은희 : (반응이 없다)
교사 : "인형 주세요"라고 해보자. "인…형 주세요"
(2차 모델링)
은희 : 이…영 주세요(부정확한 언어 반응)
교사 : 야. 우리 은희가 인형 주세요라고 잘 말했네.
(교사는 언어적 칭찬을 하며 인형을 주고, 3분간 인형과 함께 상호작용하여 놀이하게 한다.)
(이지현 · 조광순, 2005에서 인용 재구성)

이때 위의 장면처럼 학생이 부정확한 언어 반응을 보일 수 있다. 그러나 발음교정은 시도하지 않는 것이 좋다고 한다. 부정확한 발음을 수정하고자 하는 시도를 하면 대상학생이 모델링을 잘 따라하지 않고 발화를 하지 않으려고 하는(이지현 · 조광순, 2005) 모습을 보이기 때문이다.

한편 경우에 따라서 언어표현은 가능하나 시간이 걸릴 수 있다. 이때는 기다려 주는 것이 필요하다. 즉, 학생과 함께 활동하다가 학생의 언어적 반응을 기다려 준다. 학생이 말해야 하는 상황임을 눈치채고 말을 하게 되면 그에 적절하게 교정 또는 시범을 보인다. 다음 장면에서 교사는 '반응요구 후 모델링'과 달리 학생이 대답할 때까지 잠시 기다려 준다. 이때 학생의 언어적 반응은 5~10초 정도 기다려 주는 것이 좋다(이영철 · 김소라, 2001).

> 교사 : (연필을 보여주며) 어제 은희가 배웠는데 이것을 영어로 뭐라고 하지?
> 은희 : ……(모른다는 표정을 지으며 대답을 하지 않는다)
> 교사 : (기다려 준다)
> 잠시 후
> 은희 : Pencil.
> 교사 : 잘했어요.
>
> (2010 특수학교교사신규임용_초등 기출)

한편 자연 '환경' 속에서는 학생이 언어를 습득하기에 충분한 의사소통 기회를 제공하는 데 한계가 있다(김영태, 2002). 의도된 '환경' 속에서 학생의 언어를 촉진하기 위해 물리적인 환경을 조절하고, 학생의 의사소통 행동에 반응적으로 상호작용하여 대화의 기초를 제공하는 것이 언어를 사용·습득하도록 촉진하는 데 더 효과적이다. 이와 같이 자발적 대화 의지를 효율적으로 이끌어 낼 수 있도록 환경을 조절하는 것을 강조하는 연구, 즉 '강화된 환경중심 언어중재(Enhanced Milieu Teaching)'에 대한 연구들이 최근 활발하게 이루어지고 있다.

(3) 구조화된 환경을 강조하는 교육적 지원 : TEACCH 프로그램

TEACCH(Treatment and Education of Autistic and Related Communication Handicapped Children) 프로그램은 1970년대 초기부터 노스캐롤라이나 교육현장에서 사용해 왔고, 국가적 차원에서 검증된 환경 구조화 방법이다. 구조화된 교수에는 일상, 일정표, 시각적 지원 등을 개발하는 것이 포함된다. 하지만 환경을 구조화한다는 것이 다른 행동중재가 필요 없음을 의미하지는 않는다. 환경을 구조화하여 나타날 수 있는 행동 문제를 예방하면 다른 행동 중재 사용의 필요성이 감소됨을 주장하는 예방적 접근이다.

① 물리적 환경

성공적인 환경구조화란 자폐성장애 학생의 강점을 기초로 한 환경구조화를 말한다. 자폐성장애 학생을 위한 교실의 환경구성 지원에서 가장 우선해야 할 첫 번째 사안은 교실의 물리적 배치다. 이때 학습자료 등의 시각적 단서는 시각적인 감각양식이라는 강점을 이용하기 위해 사용되며, 일과는 반복적 일상과 의례에 대한 학생의 요구에 근거해서 매일매일의 일정표로 작성된다.

② 일정표

반복적 일상과 의례적 행동에 대한 요구는 자폐성장애 학생에게 나타나는 공통적인 요구라 할 수 있다. 환경을 구조화하는 데 있어서 반복적 일상과 의례적 행동은 일일 일정표에 반영되어야 하고, 매일 수행되어야 한다. 다음에 무엇을 할 것인지 예측이 가능하기 때문에 일정표는 한 활동에서 다음 활동으로의 전환을 촉진시킨다. 즉, 학생이 일정표의 일과를 따르기 때문에 활동을 변화시키는 것이 그다지 어렵지 않다는 것이다.

- 일정표는 학생이 다음 활동을 예측할 수 있도록 사용되어야 한다.
- 작업일정표는 얼마나 많은 작업을 해야 하고 작업이 언제 끝나는지를 알려 주는 데 사용된다.
- 일정표를 만들 때 사물, 사진, 그림, 상징 중 무엇을 사용할지 판단이 필요하다.

③ 시각적 단서

대부분의 사람들은 일상생활 중 때때로 시각적 단서의 도움을 받는다. 예를 들어, 잊어버리지 않기 위해 기록을 하거나 목록을 만든다. 그런데 자폐성장애 학생은 항상 유용한 시각적 단서가 있어야 한다. 따라서 시각적 단서를 줄여가기보다는 어떻게 시각적 단서를 환경 속에 구성할 것인지에 대해 유념하는 것이 좋다. 교사들은 종종 언제쯤 시각적 단서 사용을 중단해야 하는지를 묻는다. 하지만 중단할 필요는 없다.

④ 안전지대

자폐성장애 학생에게는 침착해질 수 있는 혼자만의 장소가 필요하다. 과잉자극 관리를 돕기 위해 안전지대를 설정한다. 안전지대는 자극 수준을 낮게 유지하는 구역이다.

- 시각적 경계가 명확한 공간 내 일부 구역을 선정한다.
- 안전지대에서는 편안함을 느끼고 차분해지며 이완될 수 있다.
- 최종적인 목표는 학생이 스스로 흥분되는 때를 인식하게 하는 것이고, 관리할 수 있을 만큼 자극이 감소될 때까지 안전지대를 이용하게 하는 것이다.
- 이완을 촉진시켜 줄 수 있는 안전지대에 보조자료를 둘 수 있다.
- 학생이 자기자극을 위해 사용하는 물건이 진정 효과를 제공하기도 한다. 비슷한 감각적 유입을 제공하는 보조 자료를 선정한다.
- 학생이 진정된 상태일 때 안전지대로 안내한다.
- 흥분이나 과잉 자극의 초기 신호가 나타나면, 학생에게 진정 단서를 제공한다.
- 불안과 흥분 수준이 증가하면 사고능력이 감소한다.
- 심각도 수준이 낮은(1단계 : 지원이 필요한 수준) 학생의 경우는 다른 장소로 이동시키는 것보다 스스로 자신의 초기 스트레스 신호를 인식하고 스스로 스트레스 수준을 관리할 수 있도록 가르치는 것이 유익하다.

❙ 참고문헌 ❙

강영심 외(2010). **특수교육학개론**. 서울 : 서현사.

교육부(2024). 특수교육연차보고서(정기국회 보고자료).

김기옥(2007). 통합 상황에서 실시한 강화된 환경중심 언어중재(Enhanced Milieu Teaching)가 자폐 유아의 자발화에 미치는 효과. **특수교육, 6**(1), 97-121.

김영태(2002). **아동언어장애의 진단 및 치료**. 서울 : 학지사.

김희규 외(2010). **특수교육학개론**. 서울 : 학지사.

도명애 외(2021). **특수교육학**. 경기 : 양서원.

문장원 · 정병종(2018). DSM-5에 나타난 자폐스펙트럼장애에 대한 쟁점과 과제. **정서 · 행동장애연구, 34**(3), 251-270.

박지윤 · 이은주(2012). 자폐범주성장애인을 대상으로 한 환경중심언어중재와 PECS중재에 관한 문헌분석 : 2000-2011년 국내 · 외 단일대상연구를 중심으로. **언어청각장애연구, 17**(3), 466-487.

반지정(2010). 사회적 상황이야기가 고기능자폐성 장애 아동의 사회적 상호작용에 미치는 효과. **심리행동연구, 2**(2), 77-91.

상지연 · 김은경(2009). 그림교환의사소통체계(PECS) 훈련이 자폐 유아의 자발적 사물요구하기 기능 습득과 일반화에 미치는 효과. **자폐성장애연구, 9**(2), 1-23.

송계남(2008). 그림교환의사소통체계를 이용한 자폐범주성장애 아동의 의사소통 중재에 관한 고찰. **특수교육, 7**(1), 173-194.

양문봉(2000). 자폐성 장애아동의 의사소통 특성과 지도방법-PECS(그림 교환 의사소통 체계)-. **자폐성장애 연구, 1**(1), 27-44.

이영철 · 김소라(2001). 형제 · 자매의 환경중심 언어중재 효과. **특수교육학연구, 36**(3), 55-76.

이소현 · 박은혜(2011). **특수아동교육**. 서울 : 학지사.

이지현 · 조광순(2005). 환경중심 언어중재가 전반적 발달장애 유아의 사물요구하기와 어휘 습득에 미치는 효과. **유아특수교육연구, 5**(3), 46-78.

최선미 · 곽승철(2014). 그림교환의사소통체계를 이용한 중재가 발달장애학생의 수업참여행동에 미치는 영향. **특수아동교육연구, 16**(2), 195-215.

Alpert, C. L., & Kaiser, A. P.(1992). Training parents as milieu language teachers. *Journal of Early Intervention, 16*(1), 31-52.

American Psychiatric Association.(2000). *Diagnostic and Statistical Manual of Mental Disorders : DSM-*

Ⅳ-TR. Washington, DC : American Psychiatric Association.

American Psychiatric Association.(2013). *Diagnostic and Statistical Manual of Mental disorders*(5th ed.). Washington, DC : Author.

Bailey, A., Phillips, W., & Rutter, M.(1996). Autism : Towards an integration of clinical, genetic, neuropsychological, and neurobiological perspectives. *Journal of Child Psychology and Psychiatry, 37*, 89-126.

Baltaxe, C., & Simmons, J. Q.(1985). Posodic development in normal and autistic children. In E. Schopler & G. Mesibov(Eds.), *ISSUE in Autism : Communication problems in autism*. New York : Plenun Press.

Berney, T. P.(2000). Autism : an evolving concept. *British Journal of Psychiatry, 108*, 1155-1161.

Blackman, J. A.(1990). *Medical Aspects of Developmental Disabilities in Children Birth to Three*(2nd ed.). Rockville, MD : Aspen.

Boettcher, M., Koegel, R., L., McNerney, E. K., & Joegel, L. K.(2003). A family-centered prevention approach to PBS in a time of crisis. *Journal of Positive Behavior Intervention, 5*(1), 55-59.

Bondy, A. S., & Frost, L. A.(2002). *A Picture' Worth : PECS and other visual communication strategies in autism*. Woodbine House. New York : Plenun Press.

Burd, L., Fisher, W. W., & Kerbershian, J.(1989). Pervasive developmental disorder : Are Rett Syndrome and Heller dementia infantile subtype? *Developmental Medicine and Child Neurology. 35*(5), 609-616.

Chakrabarti, S., & Fombonne, E.(2001). Pervasive developmental disorders in preschool children. *Journal of the American Medical Association, 285*(24), 3093-3099.

Chess, S.(1971). Autism in children with congenital rebellion. *Journal of Autism and Childhood Schizophrenia, 1*(1), 33-47.

Dawson, G., Mellzoff, A. N., Osterling, J., & Rinaldi., J.(1998). Neruopsychological correlates of early symptoms of autism. *Child Development, 69*, 1276-1285.

Deykin, E. Y., & MacMahon, B.(1980). Pregnancy, delivery, and neonatal complications among autistic children. *American Journal of Diseases of Children, 124*(9), 860-864.

Feinstein, C., & Reiss, A. L.(1998). Autism : The point of view from fragile X studies. *Journal of Autism and Developmental Disorders, 28*(5), 393-405.

Fombonne, E.(1999). The epidemiology of autism : A review. *Psychological Medicine, 29*, 769-786.

Gray, C. A.(1998). *Comic Strip Conversations*. Arlington, TX : Future Horizons.

Gray, C. A., & J. D. Garand(1993). Social Stories : Improving Responses of students with autism with Accurate Social Information. *Focus on Autistic Behavior, 8*(1), 1-10.

Gut, D. M., & Safran, S. P.(2002). Cooperative learning and social stories : Effective social skills strategies for reading teachers. *Reading & Writing Quarterly, 18*(1), 87-91.

Hall, J., Marshall, A., & spradlin, J.(1979). Time delay : A technique to increase language use and facilitate generalization in retarded children, *Journal of Applied Behavior Analysis, 12*, 431-439.

Hart, B., & Risley, T. R.(1975). Incidental teaching of language in the preschool. *Journal of Applied Behavior Analysis, 8,* 411-420.

Kerr, A. M., Stephenson, J. B. P., Opitz, J. M. & Reynolds, J. F.(1986). A study of the natural history of Rett Syndrome in 23 girls. *American Journal of Medical Genetics Part, A, 25*(S1), 77-83.

Koegel, R. L., Koegel, L. K., Frea, W. D., & Smith, A. E.(1995). Emerging interventions of children with autism : longitudinal and lifestyle implications. In R. L. Koegel & l. K. Koegel(Eds.), *Teaching Children with Autism : Strategies for initiating positive interactions and improving learning opportunities*. Baltimore : Paul H. Brookes.

Lal, R., & Ganesan, K.(2011) Children with autism spectrum disorders : social stories and self management of behaviour. *British Journal of Educational Research, 1*(1), 36-48.

Le Couteur, Ann Lord, C., & Rutter, Michael(2003). *The Autism Diagnostic Interview-revised*(ADI-R). Los Angeles, CA : Western Psychological Services.

Liddle, K.(2001). Implementing the picture exchange communication system(PECS). International. *Journal of Language and Communication Disorder, 36*, 391-395.

Lord, C., Rutter, M., DiLavore, P. C., & Risi, S.(1999). *Autism Diagnostic Observation Schedule*. Los Angeles : Western Psychological Services.

Müeller, R. A., & Courchesne, E.(2000). Autism' Home in the Brain : Reply. *Neurology, 54(1), 270.*

National Research Council(2001). *Educating Children with Autism*. Washington, DC : national Academy Press.

Nettlebeck, T., & Young, R.(1996). Intelligence and savant syndrome : Is the whole greater than the sum of the fragments? *Intelligence, 22*(1), 49-67.

Newsom, C., & Hovanitz, C. A.(1997). Autistic disorder. *Assessment of Childhood Disorder, 3*, 408-452.

Prizant, B. M.(1987). Clinical implications of echolalia behavior in autism. In T. Layton(Ed.), *Language and Treatment of Autistic and Developmental Disordered Children*(pp. 65-88). Springfield, IL : Chales Thomas, Inc.

Rowe, C.(1999). The stanley Segal Award : Do social stories benefit children with Autism in main stream Primary schools? *British Journal of Special Education, 26*(1), 12-14.

Schuler, A. L., & Prizant, B. M.(1985). Echolalia in autism. In E. Schopler & G. Mesibov(Eds.), *Communication Problems in Autism*(pp. 163-184). New York : Plenum.

Sekul, E., A. & Percy, A. K.(1992). Rett syndrome : clinical feature, genetic considerations, and the search for a biological marker. *Current Neurology, 12*, 173-200.

Seroussi, K.(2000). *Unraveling the Mysteries of Autism and Pervasive Developmental Disorders : A mother's story of research and recovery*. New York : Simon and Schuster.

Shapiro, T,. & Lucy, P.(1978). Echoing in autistic children : A chronometric study of semantic processing. *Journal of Child Psychology and Psychiatry, 19*(4), 373-378.

Shriberg, L. D., Paul, R, McSweeny, J. L., Klin, A., & Cohen, D. J.(2001). Speech and prosody characteristics of adolescents and adults with high-functioning autism and Asperger syndrome. *Journal of Speech and Hearing Research, 44*, 1097-1115.

Smalley, S. L.(1998). Autism and tyberous sclerosis. *Journal of Autism and Developmental Disorders, 28*, 407-414.

Trevathan, E., & Naidu, S.(1988). The clinical recognition and differential diagnosis of Rett Syndrome. *Journal of Child Neurology, 3*, S6-S16.

Trottier, G., Srivastava, L., & Walker, C.(1999). Etiology of infantile autism : A review of recent advances in genetic neurobiological research. *Journal of Psychiatry and Neuroscience, 24*(2), 193-215.

Tsai, L.(2000). Children with autism spectrum disorder : Medicine today and in the new millennium. *Focus on Autism and Other Developmental Disabilities, 15*(3), 138-145.

Tsai, L. Y.(2015). Impact of DSM-5 on of autism spectrum disorder. *Psychopathology Review, 2*(1), 3-16.

Volkmar, F. R., & Cohen, D. J.(1989). Disintegrative disorder of "ate onset"autism. *Journal of Child Psychology and Psychiatry, 30*(5), 717-724.

Volkmar, F. R., & Rutter, M.(1995). Childhood Disintegrative Disorder : Results of the DSM-IV autism field trial. *Journal of the American Academy of Children Adolescent Psychiatry, 29*(1), 127-129.

Williams, P. G., & Hersh, J. H.(1998). Brief report : The association of neurofibromatosis type1 and autism. *Journal of Autism and Developmental Disorders, 28*(6), 567-328.

Witt-Engerstrom, I.(1987). Rett Syndrome : A retrospective pilot study on Potential early predictive symptomatology. *Brain and Development, 9*(5), 481-486.

Xin J. F., Sutman, F. X.(2011). Using the smart board in teaching social stories to students with autism. *Teaching Exceptional Children, 43*(4), 18-24.

Zangari, C., Lloyd, L. & Vicker, B.(1994). Augmentative and alternative communication : An historic perspective. *Augmentative and Alternative Communication, 10*(1), 27-59.

CHAPTER 10

의사소통장애

2024년을 기준으로 의사소통장애 학생 배치현황을 살펴보면 전체 115,610명의 특수교육대상자 수 중 2,600명이 특수학교, 특수학급 그리고 일반학급에 배치되어 있다(교육부, 2024). 의사소통장애는 의사소통에서의 어려움을 갖는 장애이다. 사회 공동체 안에서 개인은 상대방과의 대화를 통해 서로의 생각, 느낌 등을 주고받으며 사고를 교환하게 되는데 이를 의사소통이라 한다. 효과적인 의사소통을 위해 필요한 요소가 '언어'와 '말'이다. 의사소통 가운데 언어 기호 조직과 관련된 언어 표현, 이해에 결함을 보이는 경우에 '언어장애'가 나타나고, 언어를 음성으로 나열하는 문제가 생기는 경우에 '말장애'가 나타난다. 또한 말, 언어 사용에 문제가 발생하여 의사소통에 결함이 있을 때 '의사소통장애'가 나타난다.

이 장에서는 의사소통의 정의와 진단 및 평가방법을 찾아보고, 그들이 지니고 있는 다양한 특성에 따른 교육적 지원 방법 등에 대해 알아보고자 한다.

1 의사소통장애의 정의 및 원인

1) 의사소통장애의 정의

일반적으로 의사소통장애의 정의는 외국에서 미국 언어청각임상협회(The American Speech Language Hearing Association, 1993)의 정의와 장애인교육법의 정의, 의학 분야에서 DSM-5의 정의 그리고 법적 정의로서 「장애인 등에 대한 특수교육법」이 대표적이다. 이 중 DSM-5로 대표되는 의학적 정의는 개인의 의사소통기능과 특성에 대한 진단을 바탕으로 개인의 능력을 규정하는 데 목적이 있다. 반면 「장애인 등에 대한 특수교육법」은 특수교육의 대상으로 선정되는 데 필요한 자격 부여를 목적으로 의사소통장애를 정의하고 있다.

(1) 미국 언어청각임상협회와 장애인교육법의 정의

미국 언어청각임상협회(The American Speech Language Hearing Association, 1993)의 정의에 따르면 의사소통장애는 다음과 같다.

미국 언어청각임상협회의 의사소통장애 정의

개념이나 구어 및 비구어, 그래픽 상징체계를 지각하고 전달하며 이해하는 데 손상을 가지는 경우

미국 장애인교육법(IDEA)의 정의에 따르면 의사소통장애는 다음과 같다.

미국 장애인교육법(IDEA)의 의사소통장애 정의

아동의 학습에 불리하게 작용하는 말더듬, 조음장애, 언어장애, 발성장애와 같은 의사소통장애를 말한다.

미국 언어청각임상협회와 장애인교육법 의사소통장애 정의의 주요한 차이점은 의사소통에서 제한들이 학습에 불리하게 작용하는지 여부에 대한 고려라고 할 수 있다.

(2) 의학적 정의

DSM-5(2013)에서는 의사소통장애를 언어장애(language disorder), 말소리장애(speech sound disorder), 아동기 발병형 유창성 장애(말더듬; childhood-onset fluency disorder) 그리고 사회적 의사소통장애(social communication disorder)로 구분하고 진단 기준을 〈표 10-1〉과 같이 제시하고 있다.

〈표 10-1〉 DSM-5 의사소통의 진단 기준

언어장애 진단 기준
A. 언어에 대한 이해와 생성의 결함으로 인해 여러 언어양식(예 구어, 문화, 수화 등)의 습득과 활용에 있어서 지속적인 어려움이 있으며 다음을 포함한다. 1. 어휘(단어에 대한 지식과 사용)의 감소 2. 문장구조(문법이나 형태론적 법칙을 기초로 단어와 어미를 배치하여 문장을 만드는 능력)의 제한 3. 담화(주제나 일련의 사건을 설명하거나 기술하고 대화를 나누기 위해 어휘를 사용하고 문장을 연결하는 능력)의 손상 B. 언어 능력이 연령에 기대되는 수준보다 질적이나 양적으로 낮으며, 이로 인해 효율적인 의사소통, 사회적 참여, 학업적 성취 또는 직업적 수행을 제한한다. C. 증상의 발병은 발달 초기에 시작된다. D. 이러한 어려움은 청력이나 다른 감각적 손상, 운동 기능 이상 또는 다른 의학적, 신경학적 조건에서 기인한 것이 아니고, 지적장애나 발달지연으로도 잘 설명되지 않는다.
말소리장애 진단 기준
A. 말소리의 생성에 있어서 지속적인 어려움이 있고, 말의 명료도를 방해하거나 메시지의 의사소통을 막는다. B. 장애가 효과적인 의사소통을 제한하여 사회적 참여, 학업적 성취, 또는 직업적 수행을 방해한다. C. 증상의 발병은 발달 초기에 시작된다. D. 이러한 어려움은 뇌성마비, 구개열, 청력 손실, 외상성 뇌손상이나 다른 의학적, 신경학적 조건과 같이 선천적이나 후천적 조건으로 인한 것이 아니다.
아동기 발병형 유창성 장애(말더듬) 진단 기준
A. 말의 정상적인 유창성과 말 속도 양상의 장애로 이는 연령이나 언어 기술에 비해 부적절하며, 오랜 기간 지속된다. 다음 중 한 가지 이상이 잦고 뚜렷하게 나타난다.

1. 음절의 반복
2. 자음과 모음을 길게 소리내기
3. 단어의 깨짐(예 한 단어 내에서 머뭇거림)
4. 소리를 동반하거나 동반하지 않는 말 막힘(말의 중단 사이가 채워지거나 채워지지 않음)
5. 돌려 말하기(문제 있는 단어를 피하기 위한 단어 대치)
6. 과도하게 힘주어 단어 말하기
7. 단음절 단어의 반복(예 "그-그-그-그것 좀 줘.")

B. 장애가 말하기에 대한 불안을 야기하거나 효과적인 의사소통, 사회적 참여, 학업적 수행, 직업적 수행을 제한한다.

C. 증상의 발병은 발달 초기에 시작된다(늦은 발병의 경우 성인기 발병 유창성 장애로 진단한다).

D. 이러한 어려움은 언어-운동 결함 또는 감각 결함, 신경학적 손상에 의한 비유창성 또는 다른 의학적 상태로 인한 것이 아니며, 다른 정신질환으로 설명되지 않는다.

사회적 의사소통장애 진단 기준

A. 언어적, 비언어적 의사소통의 사회적 작용에 있어서 지속적인 어려움이 있고, 다음과 같은 양상이 모두 나타난다.

1. 사회적 맥락에서 적절한 방식으로 인사 나누기나 정보 공유 같은 사회적 목적의 의사소통을 하는 데 있어서의 결함
2. 교실과 운동장에서 각기 다른 방식으로 말하기, 아동과 성인에게 각각 다른 방식으로 말하기, 그리고 매우 형식적인 언어의 사용을 피하는 것과 같이 맥락이나 듣는 사람의 요구에 맞추어 의사소통 방법을 바꾸는 능력에 있어서 손상
3. 자기 순서에 대화하기, 알아듣지 못했을 때 좀 더 쉬운 말로 바꾸어 말하기, 상호작용을 조절하기 위해 언어적, 비언어적 신호를 사용하기와 같은 대화를 주고받는 규칙을 따르는 데 제한
4. 무엇이 명시적인 기술이 아닌지(예 추측하기), 언어의 비문자적 또는 애매모호한 의미(예 관용구, 유머, 은유, 해석 시 문맥에 따른 다중적 의미)가 무엇인지를 이해하는 데 있어서 어려움

B. 장애가 효과적인 의사소통, 사회적 참여, 학업적 수행, 직업적 수행을 제한한다.

C. 증상의 발병은 발달 초기에 시작된다(그러나 결함은 사회적 의사소통 요구가 제한된 능력을 넘어설 때까지 완전히 나타나지 않을 수 있다)

D. 이러한 어려움은 다른 의학적 또는 신경학적 상태나 부족한 단어 구조 영역과 문법 능력에 기인한 것이 아니며, 자폐스펙트럼장애, 지적장애, 전반적 발달지연 또는 다른 정신질환으로 더 잘 설명되지 않는다.

(3) 법적 정의

우리나라에서는 「장애인 등에 대한 특수교육법」에서 의사소통장애를 정의하고

있다. 「장애인 등에 대한 특수교육법 시행령」 [별표](2016 개정)에 따른 의사소통장애 특수교육대상자의 정의는 다음과 같다.

「장애인 등에 대한 특수교육법」의 의사소통장애 정의

다음 각 항목의 어느 하나에 해당하여 특별한 교육적 조치가 필요한 사람

가. 언어의 수용 및 표현 능력이 인지 능력에 비하여 현저하게 부족한 사람

나. 조음 능력이 현저하게 부족하여 의사소통이 어려운 사람

다. 말 유창성이 현저하게 부족하여 의사소통이 어려운 사람

라. 기능적 음성장애가 있어 의사소통이 어려운 사람

우리나라의 「장애인 등에 대한 특수교육법」도 미국 장애인교육법(2004)과 공통으로 의사소통문제가 학습에 부정적인 영향을 미칠 경우만 특수교육대상자로 규정하고 있다.

2) 의사소통장애 속 용어

앞서 살펴본 의사소통장애의 정의에서 '말', '언어' 그리고 '의사소통'이 핵심용어로 활용된다. 우리나라에서는 현재까지 말과 언어가 엄격하게 구별되어 사용되지 않고 있다. 예컨대, 'speech disorder'를 언어장애로, 'speech therapy'를 언어치료의 용어로 사용하고 있다. 이는 영어의 'language(언어)', 'speech(말)'라는 뜻으로 볼 때 말장애, 말치료로 사용되는 것이 바람직할 것이다. 따라서 말, 언어, 의사소통의 명확한 구분을 통해 용어상 의미의 혼란을 막을 수 있다. 각 용어의 정의는 다음과 같다.

(1) 말

말(speech)이란 언어의 음성 산출이다. 의사소통을 위해 인간사회에서 언어 기호 양식을 귀로 듣고 이해할 수 있는 가장 보편적·상징적 체계로 음성을 나열하고 구성하여 이루어지는 행위이다. 구두 표현을 위해 가장 기본적인 도구인 말은 의사소

통의 효과적인 수단으로 언어 표현에 가장 많이 사용된다. |그림 10-1|과 같이 언어에 관련된 주요 기관은 운동 및 생리학적인 호흡, 발성, 조음 등과 신경근육학적인 정확한 기능이 뒤따라야 말을 할 수 있다.

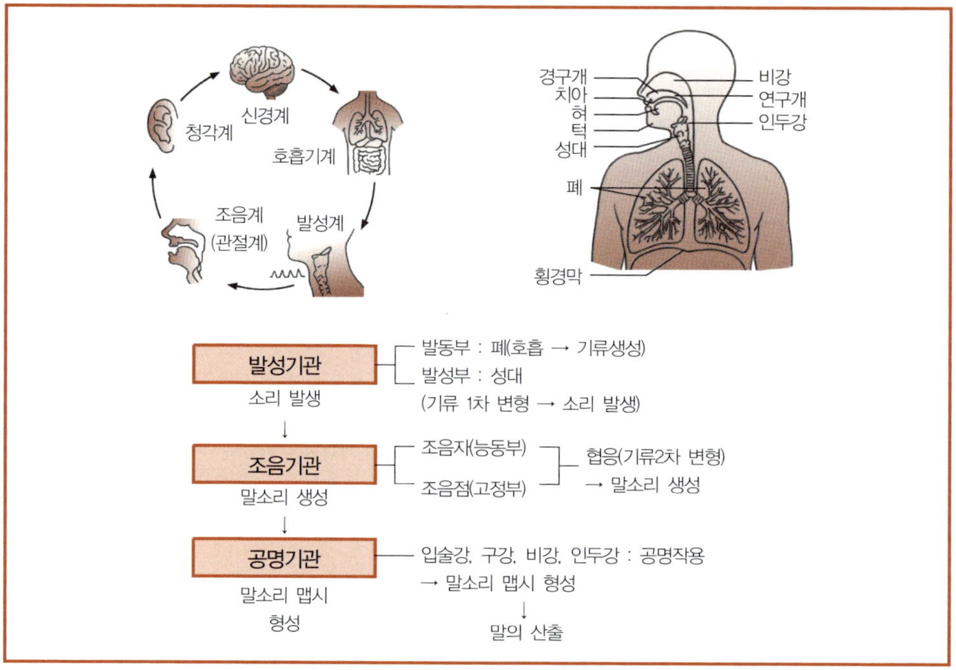

|그림 10-1| 언어 관련 주요 기관

출처 : 김영욱 외(2009).

(2) 언어

언어(language)란 생각을 표현하는 부호 및 신호를 이해하고 사용하는 방법을 포함하는 규칙을 지닌 의사소통 방법이다. 즉, 의사소통을 원활히 하기 위해 의미를 부여해 주는 특정 규칙에 따라 사용되는 체계이고 추상적인 상징체계를 나타내는 기호 조직으로 이러한 상징체계를 통해 서로의 생각을 교환하는 것이다. 표현 양식에는 말, 글, 수화, 점자 등이 있다. 즉, 언어를 구성하는 소리, 의미, 단어, 문장, 사용하는 방법 등과 관련되는 복잡한 규칙을 아는 것이 언어를 아는 것이다.

(3) 의사소통

의사소통(communication)이란 구어나 비구어적인 언어(몸짓)를 통하여 감정이나 정보, 생각 등을 전달하는 사람과 전달받는 사람 사이에 메시지를 교환하는 과정(process)이다. 메시지에는 구어(spoken language), 수화(sign language), 문어(written language), 의사소통 환경과 같은 언어적인 것과 제스처(gestured language)와 같은 비언어적인 것이 있다. 의사소통에는 메시지가 있어야 하고 송신자에 의해 암호화되어 표현되며, 수신자에 의해 정확하게 해독되어 수용되어야 한다. 따라서 |그림 10-2|와 같이 의사소통 모델을 통한 송신자, 메시지, 수신자 요소가 중요하다.

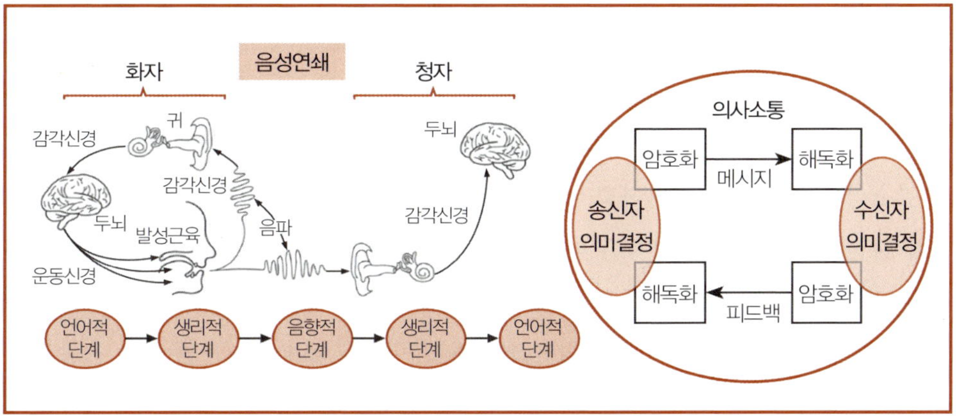

|그림 10-2| 의사소통의 모델

출처 : 김영욱 외(2009).

3) 의사소통장애의 원인

말이나 언어의 결함은 서로 관련된 여러 요소들의 상호작용에 의해서 영향을 받기 때문에(Shames et al., 1994) 많은 경우에서 그 원인이 정확하게 밝혀지지 않고 있다. 일반적으로 의사소통장애의 원인은 매우 복잡한 것으로 알려져 있으나, 구개파열과 같은 생리학적 결함과 관련된 기질적 요인(organic etiologies)과 환경적인 스트레스와 같은 신체적인 결함이 동반되지 않는 기능적 요인(functional etiologies)의 두 가지로 분류된다(Gargiulo, 2006).

(1) 기질적 요인

기질적 요인이란 신경조직이나 기관구조의 이상으로 나타나는 것이며, 두뇌 및 신경 손상, 혀, 치아, 입술, 구개파열 등의 구강기관 이상과 신경장애, 청각장애 등 생리학적 요인이 포함된다. 뇌손상 및 신경에 손상이 있을 경우에는 말소리를 내는 데 어려움을 느끼게 된다. 실어증 같은 언어장애는 뇌의 손상으로 나타나며, 만성적인 중이염도 결정적인 언어발달 시기의 청각손상을 일으키면서 언어발달에 심각한 영향을 미치기도 한다. 많은 경우에 있어서 유전적인 요인이 언어장애를 일으키기도 한다(Love & Webb, 1986; Shames, Wiig & Second, 1994). 뇌의 신경조직 결함 외에 기관구조의 이상으로 구개파열이 있다. 구개파열과 같은 구강구조에 이상이 있는 경우에도 말소리를 알아듣기 곤란하고, 정상적인 음성을 사용하지 못한다. 이러한 구개파열의 원인은 밝혀지지 않았지만 유전, 유전인자의 돌연변이, 염색체 이상, 모체 영양상태, 약물 중독, 방사선 노출, 태아의 산소 결핍 등에 기인한다고 볼 수 있다. 따라서 말, 언어장애를 일으키는 신체적인 요인은 중추신경계나 입, 후두 등에 손상을 가져오는 질병이나 사고에 의한 것으로 출생 전, 출생 시, 출생 후 또는 아동기나 성인기 등 모든 시기에 걸쳐서 발생할 수 있다(Lahey, 1988).

(2) 환경적 요인

아동의 발달 초기에 제공되는 언어의 질과 양은 아동의 어휘 및 언어발달에 분명한 영향을 미친다(Harwood, Warren, & Yorder, 2002). 즉, 환경적 요인이 말·언어의 부적절한 발달과 지연의 중요한 원인이 될 수 있다. 가령 부모가 영아기에 옹알이를 받아주지 않았다거나, 언어의 자극 없이 방치되었거나, 너무 많은 말을 들었거나, 의사소통 시작에 대한 벌 또는 무시가 있었거나, 아이가 큰 소리를 지르거나 울 때에만 반응을 보였을 경우에 언어 능력의 발달에 지체를 가져올 수 있다. 환경적 요소들은 아동기 전반에 걸쳐 말과 언어 기술을 통한 언어능력의 발달을 촉진하기도 하고 저해하기도 한다.

Bernstein과 Tiegerman(1985)은 아동이 새로운 소리를 습득하여 산출하기 시작할 때 성인의 미소나 모방 등에 의해서 강화되지 않으면 그 새로운 소리는 사라질 수 있다고 밝히고 있다. 또한 부모로부터 소리를 내거나 목소리를 통한 어휘 놀이를 제공받지 못할 경우에도 구강 기관을 움직이는 기술이나 언어 습득의 속도가 지체된다.

말더듬의 증상을 보이는 아동들 역시 환경적 영향을 받는다. 예컨대, 가족이나 이웃 중에서 말더듬이 있으면 이를 모방하는 경우가 있다. 또한 Johnson(1961)은 아동이 정상적인 발달과정에서 말을 더듬는 것을 보고 부모가 말더듬이로 잘못 진단하여 고질적 말더듬이가 되는 경우가 있다고 하였다. 즉, 부모가 말더듬이로 인정하고 지나치게 관심을 갖거나 비판을 하면 아동은 말을 하는 데 불안감을 갖게 되어, 더욱 심하게 더듬는다는 것이다. 또한 말을 더듬는 아동은 처음에는 별 문제를 느끼지 않다가 대화가 단절되면 극도의 두려움과 좌절감을 느끼고 점차 어떤 상황, 어휘 소리에 대해 말을 더 더듬고 많이 더듬을수록 두려운 상태가 된다고 본다(VanRiper, 1973).

2 의사소통장애의 진단 및 평가

의사소통장애 아동을 선별하고 진단하는 검사는 의사소통 관련 검사와 교육심리학적 평가로 구성된다. 의사소통 관련 검사는 특수교사가 진행하기도 하지만 의사들의 감독하에서 언어치료사에 의해 많이 이루어진다. 교육심리학적 검사는 언어치료사, 임상심리사, 교사에 의해 이루어질 수 있다(강영심 외, 2010).

1) 의사소통능력 진단 및 평가도구

아동의 의사소통능력을 평가하는 방법에는 비형식적 평가와 형식적 평가가 있다.

부모로부터 전해들은 아동의 능력에 대한 보고와 관찰, 발달척도, 검목표 같은 것은 비형식적 평가이고, 검사도구를 활용하여 아동의 의사소통능력을 직접 평가하는 것은 형식적 평가이다.

아동의 의사소통능력을 평가할 때는 의사소통의 문제가 무엇인지를 고려하여 결정해야 한다. 일반적으로 의사소통 문제를 평가할 때 포함하는 검사에는 구강기제 검사, 청력검사, 조음음운검사, 언어 표본, 말의 표본, 일련 및 교대운동 검사 등이 있다. 우리나라의 「장애인 등에 대한 특수교육법 시행규칙」 제2조 제1항에 따르면 이들 의사소통장애를 지닌 특수교육대상자를 선정하고 진단 평가할 때 사용하는 검사도구로 구문검사와 음운검사, 언어발달검사가 있다. 국내에서 현재까지 개발되어 사용되고 있는 의사소통 진단검사의 예들은 〈표 10-2〉와 같다.

〈표 10-2〉 의사소통장애 진단검사의 예

구 분	종 류
언어 검사	그림 어휘 검사(김영태 외, 1995) 취학 전 아동의 수용언어 및 표현언어 척도(PRES; 김영태 · 성태제 · 이윤경, 2000) 영유아 언어발달 선별검사(김영태 외, 2004) 언어이해 인지력 검사(장혜성 · 임선숙 · 백현정, 1992) 언어문제 해결력 검사(배소성 · 임선숙 · 이지희, 2000) 구문의미 이해력 검사(배소성 외, 2004)
조음 · 음운 장애검사	우리말 조음 · 음운 검사(U-TAP; 신문자 · 김영태, 2004) 한국어 발음검사(이현복 · 김선희, 1991) 아동용 발음 평가(김민정 · 배소영 · 박창이, 2007)
유창성 검사	파라다이스-유창성 검사(P-FA; 심현섭 · 신문자 · 이은주, 2004)

출처 : 도명애 외(2021).

2) 의사소통장애의 진단 및 평가절차

의사소통장애의 진단 및 평가는 개인의 의사소통능력, 증후의 변화, 장애 정도, 가능한 원인을 반영하여 실시하고 그 결과에는 장애에 대해 최대한 상세하고 완벽한 기술이 포함되어야 한다(Owens et al., 2007). 의사소통장애의 평가절차는 〈표 10-3〉과 같다.

〈표 10-3〉 의사소통장애의 평가절차

평가절차 내용
1. 사례이력 조사 : 어린 아동의 경우 부모나 보호자를 통해 아동의 병력 등에 대한 개인 정보 수집
2. 초기 면담 : 추가적인 배경정보를 수집
3. 말-언어 표집 : 말-언어 샘플의 수집과 수집한 자료의 분석
4. 청력선별검사 : 청력이 말하기에 적합한지를 검사
5. 구강-안면검사 : 말과 관련된 신체구조 및 기능의 손상 유무
6. 표준화검사
– 규준참조검사(norm referenced test) : 성별과 연령대가 같은 또래 집단과의 비교로 특정 의뢰인의 상대적 위치를 파악할 수 있음
– 준거참조검사(criteria referenced test) : 특정 기술 영역과 관련된 의뢰인의 강점과 약점을 평가
7. 관찰 및 기술적 평가 : 발화 자료나 관찰일지를 통해 자연발화 상태에서 아동의 언어 수행 정도를 자세히 기술
8. 진단 : 다양한 검사를 수집하여 결과를 통합하는 과정
9. 후기 면담 : 간단한 공식적 평가 후 부모 및 보호자와의 면담
10. 진단보고서 작성 : 의뢰인의 개인력, 종합적 평가 결과를 기술

출처 : Owens et al.(2007).

의사소통능력을 진단 및 평가하는 절차에서 활용할 수 있는 검사도구들은 다음과 같은 일반적인 제한점들을 가질 수 있다(김영태, 2002).

첫째, 검사도구들은 아동의 특정 언어능력만 측정하기 때문에 아동의 언어능력 전체 측면을 측정할 수 없다.

둘째, 구조화된 환경에서 검사가 이루어지기 때문에 아동이 긴장하여 제대로 반응하지 못하였을 가능성을 배제할 수 없다.

셋째, 검사의 결과가 아동의 현재 수준을 알려주지만 아동이 무엇을 알고, 무엇을 모르는지에 대한 정보를 제공해 주지는 않는다.

따라서 〈표 10-3〉의 절차에서 관찰 및 기술적 평가와 같이 자연발화 상태에서의 의사소통능력을 평가하는 것이 중요하다.

3 의사소통장애의 분류 및 특성

1) 의사소통장애의 분류

의사소통장애는 그 목적이나 증상, 원인 등의 기준에 따라 여러 가지 방법으로 분류될 수 있으나, 여기서는 〈표 10-4〉와 같이 크게 말장애(speech disorder)와 언어장애(language disorder), 청각장애로 나누어 살펴보고자 한다.

〈표 10-4〉 의사소통장애의 분류

의사소통장애	말장애	조음음운장애
		유창성장애
		음성장애
	언어장애	구문론(언어형태)장애
		의미론(언어내용)장애
		화용론(언어사용)장애
	청각장애	농
		난청

출처 : 김영욱 외(2009).

(1) 말장애

말이 듣기가 매우 거북하거나 알아들을 수 없고 의사소통을 방해하는 경우에 비정상적인 것으로 간주한다(Hall, Oyer, & Haas, 2001). '말장애(speech disorder)'는 언어 기호의 사용과 관련된 문제로 목소리를 조절하는 음성장애, 말소리를 산출하는 조음장애,

말의 흐름을 유지하는 유창성장애를 의미한다. 이들 세 가지 형태의 증상은 분리되어 나타나기보다 중복되어 나타나기도 하는데 각각 장애의 정의는 다음과 같다.

① 음성장애

말을 하고자 하면 우선 폐로 들이마신 숨을 내쉬게 되고, 내쉰 숨(날숨)에 의해 성대가 진동하여 목소리가 생성된다. |그림 10-3|과 같이 성대의 진동을 통해 나온 목소리는 혀나 입술, 연구개 등 구강 내 기관의 활동에 따라 우리가 인지할 수 있는 다양한 말소리로 다듬어져 나오게 된다. 실제 음성을 내는 동안 떨리는 성대는 갑상피열 혹은 성대근육으로 알려져 있는 갑상연골과 피열연골에 연결되어 있는 한 쌍의 얇은 근육이다.

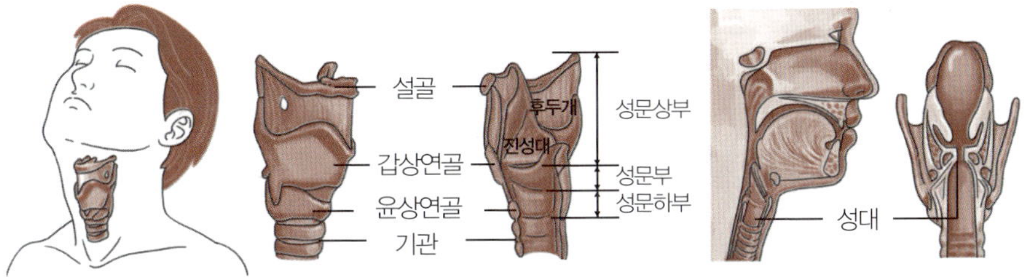

|그림 10-3| 목경부 위치와 성대근

음성장애(voice disorder)란 음성이 화자의 나이나 성별에 비해 부적절하며, 성대, 호흡기관 및 말소리의 구조적·기능적 이상으로 인하여 소리의 높낮이(pitch), 크기(loudness), 공명, 지속시간이 비정상적으로 산출되는 경우로 정의한다. 음성장애의 기본적인 유형은 발성장애(phonation disorders), 공명장애(resonance disorders)로 나누기도 하며, 발성장애는 음도(pitch), 강도(intensity), 음질(quality) 이상을 포함하고, 공명장애는 과대비성, 무비성, 동화비성을 포함한다. 이러한 음성의 질 변화를 초래하는 말장애의 한 유형 장애를

지닌 아동은 해당 인구의 6~9% 정도가 쉰 소리(hoarseness)를 갖고 조절하는 데 어려움을 겪으며, 다음과 같은 장애가 발생한다. 또 직업상 성대를 많이 사용하는 성악가, 교사, 변호사, 외판원 등에서는 음성장애 비율이 훨씬 더 높게 나타날 수 있다.

- **목소리의 고저 장애** : 음의 높낮이에 따라 목소리가 너무 높거나 너무 낮은 경우 또는 억양이 변하지 않고 한 가지 음으로만 말하는 것을 의미한다.
- **목소리의 성질 장애** : 목쉰 소리(hoarseness), 콧소리, 숨소리가 섞인 소리 등이 있다.
- **목소리의 크기 장애** : 목소리를 너무 크게 내거나, 너무 약하게 내어 알아듣기 힘든 경우를 의미한다.

② 조음장애

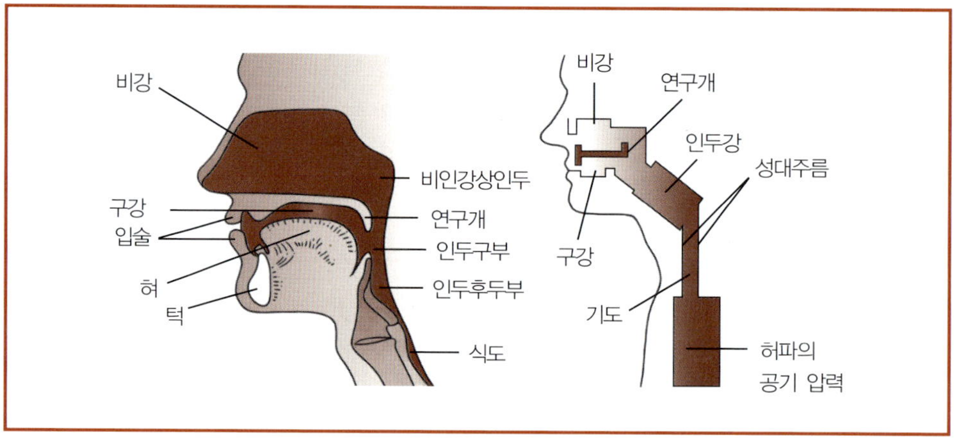

|그림 10-4| 조음기관의 구조

조음장애(articulation disorder)는 학령기 말장애를 지닌 아동들의 절반 이상이 보이는 장애로(Shames, Wiig, & Secord, 1994), 유아기 및 학령기 아동의 약 10%에서 나타나는 가장 보편적인 유형의 말장애로 알려져 있다. |그림 10-4|와 같이 조음장애는

말소리를 산출할 때 어려움을 지닌 장애로 일반적으로 단어의 생략, 대치, 왜곡, 첨가 등으로 말소리가 부정확하게 산출되는 장애이다. 즉, 말소리를 산출할 때 조음(공기가 허파를 지나서 소리를 낼 때 성문에서 성도를 거쳐서 밖으로 나오는 동안 말소리를 산출하는 것)기관의 위치, 방향, 압력 등에 의해 말소리가 부정확하게 나오는 것을 의미한다. 조음장애는 다음과 같은 증상들을 갖는다.

- **단어의 생략**(omissions) : 완전한 단어에서 일부분을 제외하고 발음하는 것이다(예 '고구마'를 '고마'로, '바다'를 '바아'로 발음하여 가운데 자를 생략하는 것이다).
- **단어의 첨가**(additions) : 목표음 외에 새로운 다른 음을 추가시키는 것이다(예 '어머니'를 말할 때 '어어머니'라고 발음하거나, '형'이나 '콩'의 낱말을 '형아'나 '콩아'라고 발음하여 '아'를 추가하는 것이다).
- **단어의 대치**(substitution) : 사용되고 있는 음을 다른 음으로 대신하는 경우로 흔히 'ㅅ'을 'ㄷ'이나 'ㅌ'으로, 'ㄹ'을 'ㄷ'으로 발음하는 것이다(예 '사탕'을 '타탕'이라고 말하거나, '사랑'을 '사당'으로, '고기'를 '고리'라고 발음하는 것이다).
- **단어의 왜곡**(distortions) : 다른 음으로 대치되는 것과 달리 정확한 발음에 속하지 않는 경우로 '학교'를 '하이고'라고 말하거나, '어머니'를 '어뫄니'라고 발음하는 것이다.

③ 유창성 장애

유창성 장애(fluency disorder)는 아동이 말을 머뭇거림, 반복, 연장하기도 하며 말의 흐름이나 속도에 있어서 문제를 가지고 비정상적인 방해를 나타내는 것으로 구체적인 증상은 다음과 같다.

- **반복** : "나는 나는 가갔다.", "나는 가가가가갔다.", "나는 ㄱㄱㄱ갔다."
- **연장** : "나는 가---았다.", "나---는 가---았다."
- **투쟁** : 말을 못하고 얼굴을 찡그리거나 혀를 내미는 행동

ASHA(American Speech-Language-Hearing Association, 1993)에서는 유창성 장애를 "음절, 단어, 구의 비정상적인 리듬과 반복으로 말의 흐름에 방해를 받는 것이며, 과도한 긴장, 투쟁적 행동, 부수적 손동작 등이 동반될 수 있다"고 정의하고 있다. 말의 속도가 너무 빠른 '말 빠름(速話)증'이나 말의 흐름이 매끄럽지 못하며, 단어를 반복하거나 말이 중단, 지연되는 '말더듬'의 형태도 여기에 속한다. 이 중에서도 말더듬 장애가 가장 보편적으로 알려져 있다. 특히 2세에서 4세 사이의 유아들 중 80%가 말더듬 현상을 보이는데, 이러한 현상은 대부분의 경우 회복된다(송준만 · 유효순, 1990).

(2) 언어장애

언어장애(language disorder)란 구어를 구사하는 대뇌 생리 과정의 결함으로 인해 의미를 해석하거나 이해하는 데 어려움을 나타내는 것으로, 언어발달지체와 실어증 등이 있다.

① 언어발달지체

언어발달지체(delayed language development)는 정상적인 아동에 비해 언어발달이 지체되어 언어를 이해하고 표현하는 데 어려움을 갖거나, 전혀 언어를 획득하지 못하거나 문법 구조에 오류를 범하는 경우를 의미한다(예 영유아가 3, 4세가 되어도 언어 사용이 안 되거나 한두 마디를 겨우 하는 경우, 또는 언어의 조직이나 구성을 이해하지 못하여 "나는 간다. 집에"와 같은 구조의 말을 자주 사용할 때 언어발달이 지체되었다고 할 수 있다).

② 실어증

실어증(aphasia)은 언어를 습득한 후에 사고나 질병으로 인한 뇌손상으로 인하여 표현이 단순하고, 의미 없는 말을 하며, 임의로 말을 만드는 등 언어능력의 어려움을 보이는 경우를 의미한다. 실어증이 발생하면 언어기호(language symbol)가 결여됨으로써 언어라는 상징기호를 표현하기 어려우며 단순한 지시 외에는 이해하지 못한다. 이로 인하여 말하기뿐만 아니라 읽기, 쓰기, 몸짓, 계산하기 등에서도 어려움을 겪게 된다.

증상에 따라 브로카 실어증(Broca's aphasia), 베르니케 실어증(Wernicke's aphasia), 전반실어증(global aphasia), 명칭실어증(anomic aphasia), 난독증(dyslexia) 및 난서증(dysgraphia) 등으로 나누어진다. 실어증과 관련된 뇌의 영역은 |그림 10-5|와 같다.

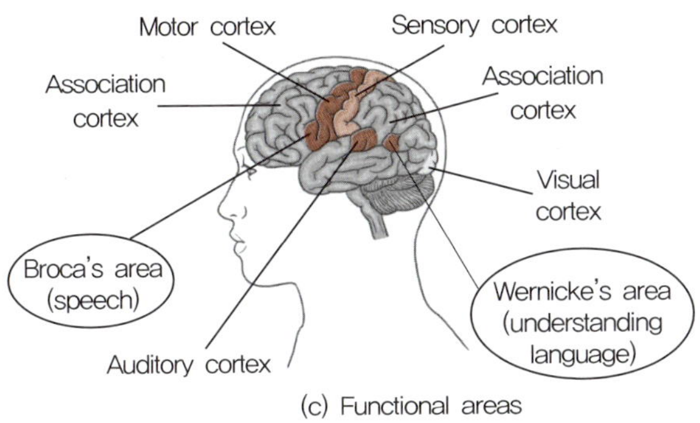

※ 뇌의 영역(localized)

- 시각 피질(Visual cortex)
- 청각 피질(Auditory cortex)
- 브로카 영역(Broca's area)
- 베르니케 영역(Wernicke's area)
- 감각 피질(Sensory cortex)
- 운동 피질(Motor cortex)
- 연합 피질(Association cortex)

|그림 10-5| 실어증과 관련된 뇌의 영역

2) 의사소통장애의 특성

(1) 언어적 특성

언어는 자신에게 말해진 의사소통의 내용을 이해하는 능력인 수용언어(receptive language)와 다른 사람에게 의미 있는 내용으로 이해되는 언어를 산출하는 표현언어(expressive language)로 나누어진다(Friend & Bursuck, 2002). 언어장애를 지닌 아동은 자신의 생각을 표현하거나 자신에게 말하는 다른 아동의 생각을 이해하기 어려워한다. 표현언어 기술에 있어서 결함은 문법, 구문론, 유창성, 어휘, 따라 하기 등에서 나타나며, 수용언어 결함은 반응, 추상, 암기, 기억 등의 기술에서 나타난다. 예를 들어, 교사의 지시를 잘 따르지 못하는 아동들은 수용언어의 문제를 지녔을 가능성이 있다. 그리고 불충분한 어휘나 불분명한 발음, 부정확한 문법 등으로 인하여 또래들과 의사소통을 잘 하지 못하는 아동들은 표현언어 장애를 지녔을 가능성이 있다. 〈표 10-5〉는 언어장애 아동들이 흔히 보이는 수용언어 및 표현언어의 문제들을 보여주고 있다.

〈표 10-5〉 언어장애 아동의 수용언어와 표현언어에서 관찰되는 문제들

수용언어	표현언어
• 질문에 적절하게 반응하지 못한다. • 추상적으로 생각하지 못하거나 관용구에 포함된 추상적인 개념을 이해하지 못한다. • 들은 정보를 기억하지 못한다. • 구두 지시 따르기를 어려워한다. • 의사소통이 중단되는 것을 인식하지 못한다. • 말로 설명해 준 내용 중 관사와 같이 덜 구체적인 단어나 조동사 및 시제를 나타내는 단어들을 놓친다. • 말로 설명한 이야기의 순서를 기억하지 못한다. • 비슷한 소리의 글자들을 혼동하거나 단어의 소리나 음절의 순서를 바꿔서 이해한다. • 유머나 은유적인 표현을 이해하기 어려워한다. • 양, 기능, 크기 비교, 시공간적 관계를 나타내는 개념을 이해하기 어려워한다. • 2개 이상의 문장이 연결된 중문이나 하나 이상의 종속절을 지닌 복합문을 이해하기 어려워한다.	• 부정확한 문법을 사용한다. • 정확하게 설명하지 못한다. • 말을 할 때 자주 멈칫거린다("있잖아, 저기, 음" 등의 주저하는 말을 자주 사용함). • 주제를 이것저것 바꾸면서 말한다. • 제한된 어휘를 사용한다. • 정확한 의미를 전달하기 위한 적절한 단어를 찾기 어려워한다. • 사회적 언어 사용이 빈약하다(특정 상황에 맞도록 의사소통 스타일을 변화시키지 못하며, 대화가 끊어질 때 회복시키지 못하고, 대화의 주제를 유지하지 못함). • 질문하기를 두려워하며, 무슨 질문을 해야 하는지를 잘 모르고, 어떻게 질문해야 하는지도 모른다. • 대화 중에 동일한 정보를 반복해서 말한다. • 추상적이거나 시공간적 개념에 대하여 말하기 어려워한다. • 상대방에게 충분한 정보를 제공하지 못한다.

출처 : Bos, C., & Vaughn, S.(2002).

(2) 심리 · 사회적 특성

말장애를 보이는 아동들은 흔히 또래 아동들로부터 거절당하거나, 창피함을 당하거나, 열등감을 경험하게 되며, 심하게는 말을 제대로 하지 못한다는 이유로 부정적인 벌을 받는 경험을 하게 된다. 이런 많은 경험으로 아동들은 낮은 자존감을 지니게 되며, 이러한 부정적인 경험들은 아동들로 하여금 분노와 좌절감을 경험하게 하고 때로는 적대감이나 위축행동까지 보이게 한다(VanRiper, 1978). 말장애 중에서도 특히 말더듬을 지닌 아동들은 사회적 활동에 어려움을 더욱 심각하게 경험할 수 있다(Shames & Ramig, 1994).

의사소통장애 아동들은 자신감과 자존감에 부정적인 영향으로 타인과 대화를 나눌 때 거절당하지 않을까 하는 불안과 긴장을 나타낸다. 그리고 언어지체로 인하여 자아존중감이 낮다. 또한 단어 놀이나 수수께끼를 할 때, 농담하면서 웃을 때, 그 외 사회적 상호작용을 할 때 융통성이 부족하다.

언어는 학습에서뿐만 아니라 사회적 관계를 형성하고 유지하는 데에도 결정적인 역할을 한다. 그러므로 언어장애 아동은 또래관계에 있어서 장애가 없는 아동에 비해 더 큰 위험요인을 지니게 된다. 다른 사람이 하는 말을 이해하고 상대방과 의사소통하는 능력은 또래와의 상호작용에 있어서 매우 중요한 요소이다. 특히 학교, 가정, 지역사회의 일상생활을 통하여 많은 갈등이 발생하게 되며, 이러한 갈등은 문제를 해결하고, 다른 사람의 입장을 이해하며, 자신의 생각이나 감정을 바르게 표현하는 등의 다양한 의사소통 기술을 통하여 해결해 나가야 한다는 점에서 그 중요성이 더 크다.

언어장애 중에서도 특히 화용론적 사용에 어려움을 지닌 아동들은 이러한 성공적인 갈등해결을 위한 기술 발달에 부정적인 영향을 받게 된다(Fujiki, Brinton, Hart, & Fitzgerald, 1999). 의사소통장애는 정서적 측면에서도 부정적인 영향을 끼칠 수 있다. 말더듬 기간이 길수록 정서적인 문제가 나타날 가능성이 높고(Shames & Plorance, 1982), 부정적 경험으로 인한 좌절감, 분노, 때로는 적대감이나 위축행동까지 보인다(VanRiper, 1978).

(3) 인지 및 학업성취

일반적으로 말이나 언어문제를 보이는 의사소통장애를 지닌 아동들은 지적 능력이나 성취도 평가에서 평균보다 낮은 점수를 보이곤 한다(Shames et al., 1994).

대부분 의사소통장애를 지닌 아동들은 복합적인 장애를 가지고 있기 때문에 이러한 결과로 의사소통장애가 지능이나 학업성취에 어려움을 준다고 단정할 수는 없다. 하지만 대부분의 의사소통장애 아동은 학업성취에 어려움을 겪는다. 이는 그들이 사용 어휘수가 적고 단어 인지력이나 독해력, 기존 개념의 미발달 등으로 학교 교과목을 학습하는 데 장애를 겪게 된다는 것이다. 또한 읽기 학습에서 추상적이고 상징적인 내용이 새롭게 도입될 경우 학습에 어려움이 따른다(Wiig, 1982).

언어는 인지발달의 기초가 되기 때문에 언어장애는 말장애와는 달리 아동의 인지 발달 및 학업성취에 영향을 미치게 된다. 유아기에 언어장애로 진단된 아동들은 초등학교에 입학한 후 읽기를 학습하거나 나중에 지식을 갖추는 데 어려움을 보인다(Folk-Ross, 2002; Snow, Scarborough, & Burns, 1999).

언어장애는 읽기 학습과 관련되어 있을 뿐만 아니라 학습장애와도 분명한 연관이 있는 것으로 알려져 있다(Bakkem & Whedon, 2002). 학습장애 아동의 약 80%가 학업성취 문제의 근거가 되는 언어장애를 동시에 가지고 있으며(Wiig et al., 1998), 유아기에 언어장애로 진단된 아동들은 학령기가 되었을 때 학습장애로 진단될 수도 있다는 주장도 있다(Smith, 2004). 읽기 학습은 학교생활에서 거의 모든 교과 학습의 기초가 되기 때문에 언어장애는 성공적인 학업성취를 저해하고 인지발달에도 영향을 준다.

4 의사소통장애 학생을 위한 교육적 접근

1) 의사소통장애 학생 교육을 위한 기본원리

의사소통장애 학생에 대해서는 다양한 교육 및 치료 접근이 이루어진다. 먼저 기질적인 원인으로 인한 의사소통장애 학생에게는 보철 및 수술 등의 의학적 접근을 우선적으로 고려해야 한다. 그리고 교육적 접근 시 의사소통장애 학생에게 적합한 지도 내용과 활동을 선정할 필요가 있다. 의사소통장애 학생 지도 내용과 활동 선정 시 고려 사항은 다음과 같다(김원경 외, 2021).

첫째, 의사소통장애 학생 지도의 목표는 의사소통능력의 수준을 고려하여 설정되어야 한다. 예를 들어, 아직 말을 하지 못하는 언어 이전 단계의 학생에게는 발성(vocalization)이나 옹알이를 촉진하여 언어 단계로 나갈 수 있도록 하면서 비구어적인 수단인 행동이나 몸짓 등을 활용하여 기초적인 의사소통능력이 습득될 수 있도록 도와주어야 한다.

둘째, 의사소통장애 학생 지도 시 발달 순서를 고려하기보다 학생이 일상생활에서 의사소통을 하는 데 우선적으로 필요한 기술을 먼저 지도할 수 있도록 한다. 이를 기능적 언어 중재 접근법(functional approach)이라고 한다. 기능적 언어 접근법은 특히 중증 언어장애 학생에게 적용되는 경우가 많다.

셋째, 의사소통장애 학생 지도 시 학생의 흥미나 연령을 고려하여 다양한 형태로 진행한다. 최근에는 자연스러운 문맥을 활용한 중재가 많이 활용되고 있어서 가정 프로그램, 학교 중심 프로그램 등 학생의 일상생활을 통합한 다양한 형태의 중재가 강조되고 있다.

의사소통장애 학생들의 경우 일반학급에 통합되어 교육을 받는 경우가 많다. 이에 따라 일반학급 교사들은 우선 의사소통장애의 유형과 특성을 이해하고 의사소통장애 학생이 대인관계에서 긍정적으로 적응할 수 있게 도와주어야 한다. 또한 효과적인 교수전략을 잘 알고 적용하며 특수교사나 언어치료사 등과 협조해야 한다.

2) 의사소통장애 학생을 위한 특수교육적 접근

(1) 의사소통장애 유형별 지도 방법

앞서 밝힌 바와 같이 의사소통장애는 여러 가지 장애 유형이 있다. 그중 다음의 음성장애, 조음장애, 유창성장애(말더듬), 의미론적 결함, 화용론적 결함, 언어발달지체, 사회적 의사소통장애에 대한 일반적인 지침을 소개하고자 한다.

① 음성장애

음성장애는 목소리(음성)가 다른 사람과 뚜렷이 달라서 의사소통에 방해가 되거나 듣는 사람으로 하여금 불안정한 느낌을 갖게 한다. 예컨대 목소리가 높거나 낮은 사람, 크거나 약한 사람, 콧소리, 목이 쉰 소리 등이 여기에 포함된다. 이와 같은 경우에 일반적인 지도 방법은 다음과 같다.

- 매체를 통하여 여러 가지 소리를 듣게 하고, 그 소리를 구별하게 한다. 또한 소리에는 강약, 높낮이가 있음을 알게 한다.

- 모델을 제공한다. 즉, 적절한 억양과 발음으로 자연스럽게 이야기할 수 있는 교사나 또래가 말의 모델이 되도록 한다.
- 녹음기를 활용하여 다른 사람과 자기의 말을 비교해 보고 말의 높낮이와 속도를 조절한다.
- 상황에 따른 말을 할 수 있도록 지도한다. 예컨대, 식당에서 주문할 때, 은행에서 저금할 때 등 여러 가지 장면을 구성하여 알맞은 말을 하게 한다.

② 조음장애

조음장애는 말소리가 부정확하게 산출되어 다른 사람이 듣고 이해하는 데 곤란을 느끼며 단어를 더하거나(첨가), 빼는 것(삭제), 다른 어휘로 대체하는 것 등의 문제를 포함한다. 이와 같은 문제를 보이는 학생들을 위한 지도 방법은 다음과 같다.

- 교사의 말을 듣거나 입 모양을 보면서 따라 하게 한다.
- 음성을 듣고 구분할 수 있는 능력을 기른다. 예컨대 'ㅅ'을 'ㅌ'으로 대체하는 학생의 경우 '사, 타', '사, 사', '타, 사', '타, 타' 등 음성을 들어서 인식하고 'ㅅ'과 'ㅌ'을 구별할 수 있게 한다.
- 학생이 말을 실수하면 비판하지 말고 올바른 말로 교정하여 학생이 한 말을 다시 반복해 준다.
- 특정 음을 발음하고, 그 소리가 어느 글자의 소리였는지 맞추는 게임을 한다.

한편 발달단계에 근거하여 음소발달을 단계별로 살펴보면 2세에서 2세 11월에 'ㅍ, ㅁ, ㅇ' 음소가 완전 습득되고, 3세에서 3세 11개월에 'ㅂ, ㅃ, ㄸ, ㅌ' 음소, 4세에서 4세 11개월에 'ㄴ, ㄲ, ㄷ' 음소, 5세에서 5세 11개월에 'ㄱ, ㅋ, ㅈ, ㅉ' 음소, 6세에서 6세 11개월에 'ㅅ' 음소가 완전 습득된다(김영태, 2002). 즉, 'ㅅ' 음소는 가장 늦게 발달되는 모습이 관찰된다. 따라서 여기서는 'ㅅ' 음소의 지도 방법을 중심으로 소개하고자 한다.

가. 학생 H의 의사소통 특성

- 수용 및 표현언어 능력이 낮음
- 발음이 불명료함
- 교사는 H의 말이 분명하지 않아 대화할 때 되묻는 일이 자주 있음

나. 특수교사와 일반교사의 대화 내용

일반교사 : H의 발음을 어떻게 도와줄 수 있나요?
특수교사 : 학교에서 자주 사용하는 음소부터 살펴볼게요. 그리고 ㉠ 오류를 보이는 음소에 대하여 청각적, 시각적, 촉각적인 단서나 자극을 주었을 때 목표하는 음소와 유사하게 반응하는 능력이 어떤지 알아보겠습니다.
일반교사 : 네, H는 /ㅅ/이 들어가는 단어들을 /ㄷ/으로 발음하는 경향을 보입니다. H는 조음·음운지도가 필요한 듯합니다.
특수교사 : 다양한 접근법 중에서 H에게는 오류를 보이는 음소가 가지고 있는 음운론적 규칙이나 양식을 알게 하는 방법을 적용해 보겠습니다. 이 접근법은 /ㅅ/이 포함된 어휘를 선정하여 낱말짝을 구성하고, 낱말짝을 이루는 두 어휘의 뜻을 H가 이해하는지 확인하는 단계부터 시작합니다.

출처 : 2017 중등 특수 A에서 인용 재구성.

먼저 학생이 나타내는 오류 유형을 살펴보는 것이 중요하다. 위의 사례와 같은 학생의 경우를 생각보자. ㉠ /ㅅ/에 대하여 청각적, 시각적, 촉각적인 단서나 자극을 주는 방법은 다음과 같다(석동일, 1999).

앞니 사이에 빨대를 끼워 살며시 문다. 컵에 든 물을 "스스스–" 하면서 분다. 이때 빨대를 통해 들어간 바람이 거품이 되어 나오는지를 확인한다.

한편 사례에서는 /ㅅ/이 들어가는 단어들을 /ㄷ/으로 발음하는 경향을 보인다고 한다. /사과/→/다과/, /사탕/→/다탕/, /사진/→/다진/, /사랑/→/다당/과 같이 발음하는 경우일 것이다. 이때 잘못 발음한 음소와 목표 음소의 차이를 체계적으로

제시해 주는 것이 중요하다(김영태, 2002). 이를 '짝자극기법'이라고 한다. 짝자극기법은 핵심단어와 훈련단어를 짝지어 가면서 제시한다. 제시 수준은 단어, 문장, 회화의 3단계로 되어 있다(석동일, 1999).

가. 단어 수준

• 핵심단어 훈련

먼저 학생의 환경에서 높은 빈도로 사용되는 단어 중 /ㅅ/으로 시작하는 단어를 가장 먼저 훈련을 시작할 단어, 즉 핵심단어로 선택한다. 여기서는 핵심단어가 /사과/라고 하자.

> /사과/ 발음을 훈련한다. → /사과/ 발음이 10번 중 9번 성공하면 /ㅅ/으로 시작하는 다른 단어로 넘어간다.

• 1개의 핵심단어와 10개의 훈련단어 짝지어 발음하기

> 앞에 익힌 핵심단어 /사과/를 /사탕/, /사진/, /사랑/, …과 같은 10개의 훈련 단어와 짝을 지어, 사과-사탕, 사과-사진, 사과-사랑과 같이 훈련한다.

나. 문장 수준

핵심단어 사과를 넣은 교사의 질문에 각 훈련단어를 삽입하여 문장을 완성한다.

> 교사 : 사과 옆에 무엇이 있니?
> 학생 : 사과 옆에 사탕(훈련단어)이 있어요.

다. 회화 수준

표적 음소 /ㅅ/을 포함하는 회화에 참여하여 4개의 단어를 연속으로 바르게 발음한다.

교사 : /ㅅ/을 포함하는 반응을 유도할 수 있는 질문을 한다. 집에는 무엇이 있어요?
학생 : 집에는 사과, 사탕, 사진이 서로 사랑스럽게 있어요.

③ 유창성 장애

유창성 장애는 말의 흐름에 있어 자연스럽지 못하고 너무 빠르거나 단어를 반복하는 등의 문제가 포함된다. 가장 일반적으로 보이는 유창성 장애로 말더듬의 형태가 있다. 여기서 말을 더듬는 경우의 지도방법을 다섯 가지로 제시하고자 한다 (Johnson, 1961; Shames & Ramig, 1994).

- 노래하기, 속삭이기, 목소리의 높낮이를 비정상적으로 변화시키기, 다 함께 큰 소리로 읽기, 박자에 맞추어 말하기 등의 활동을 한다.
- 말을 더듬는 아동의 경우 말하는 속도가 느리고 한 문장을 완성하는 시간도 오래 걸리므로 인내심을 갖고 들어주는 것이 중요하다. 만일 말하는 도중에 재촉하거나 말을 대신해 주면 열등감이나 좌절감 등의 역효과를 내기 쉽다.
- 문장을 끝내는 데 시간이 많이 걸리더라도 말을 대신해 주지 않는다.
- 아동과 함께 그림책을 소리 내어 읽거나 동시, 노래를 부른다.
- 아동이 말을 할 때 수용적인 환경을 조성해 준다. 즉, 말을 하는 도중에 실수하더라도 수용될 수 있다는 따뜻한 분위기를 제공해 주고 정서적 안정감을 가질 수 있도록 도와준다.

말을 더듬는 아동은 말더듬으로 인한 의사소통 실패 경험으로 인해 일반아동보다 더 심한 부정적인 정서를 갖는다. 또한 말더듬이 심할수록 자존감이 더 낮아지며, 더 부정적 의사소통 태도를 갖게 된다(박진원 · 권도하, 2009). 따라서 불안의 정도가 심한 말더듬 아동의 경우 불안을 증가시키는 특정 말의 어려움 또는 개별적인 상황 등에 대해 불안을 감소시키기 위한 치료가 말더듬 감소 치료와 함께 이루어져야 한다(김우정 외, 2014). 말더듬 치료에 있어서 교사의 수용과 격려가 무엇보다 우선되어야 한다.

둔감화 단계에서는 말더듬과 관련된 부정적인 감정을 줄이게 한다. 자신의 장애를 직면하고 자신의 말더듬 행동과 다른 사람들의 반응으로부터 둔감화되는 것을 말한다. 다음 수정 단계에서는 말을 쉽고 편하게 할 수 있도록 이끈다. 이 단계에서는 취소기법, 이끌어 내기 그리고 준비하기를 익히게 한다.

취소기법은 단어가 더듬어질 때 그 단어를 더듬어서 일단 끝낸 후 잠시 말을 멈추었다가(이때 마음속으로 그 단어를 반복 연습한다. 그 후), 다시 그 단어부터 편안하게 시도하는 것이다. 이를 통해 자신의 말더듬을 분석하며 동시에 자신을 안정시키면서 멈춤을 잠시 가진 뒤 쉽게 말을 다시 한다. 이끌어 내기 기법에서는 아직 단어를 더듬는 상황에 있을 때 그 나머지 말을 마저 발화하는 것을 말한다. 준비하기에서는 자신이 공포를 느끼거나 더듬는 것으로 예상되는 단어를(미리 마음속으로 연습한 후) 천천히 쉽게 시작하고 조절하는 것을 말한다. 다음의 사례에서 특수교사가 조언하는 지도방법은 '준비하기'이다.

일반교사 : 선생님, 우리 반 학생 A는 말을 빨리 하려고 하다 보니, "서, 서, 서, 서-선생님 지, 지, 지-집에 가도 되지요?"라고 낱말 일부를 반복해요. 말이 빨리 나오지 않으니까 말하려고 안간힘을 쓰다가 갑자기 고개가 뒤로 젖혀지기도 해요. 그래서 보고 있자니 답답하고 애가 타요. 어떻게 지도해야 할까요?

특수교사 : 먼저 A에게 말을 잘하는 사람도 때때로 말을 더듬을 수 있다고 말해주고, A가 자신의 비유창성을 수용하고 부정적인 감정과 태도를 갖지 않도록 격려해 주세요.

일반교사 : 그 외에 도움을 줄 수 있는 방법이 있나요?

특수교사 : 네, 선생님께서 지도할 수 있는 방법이 있어요. A에게 말을 더듬을 것으로 예상하는 낱말을 천천히 쉽게 시작하고, 조절하도록 지도해 보세요. 특히 쉽게 천천히 말을 시작하면서 갑자기 고개를 뒤로 젖혀지는 행동도 줄어들 거라고 말해주세요. 그러면 선생님도 좀 더 편안한 마음으로 A와 대화할 수 있을 거예요.

출처 : 2010 중등 특수 재구성.

④ 의미론적 결함

언어의 의미론적 측면은 말의 이해 및 내용에 관한 것이다. 표현 및 수용 어휘 수, 어휘 다양도, 의미관계 발달, 그리고 인지발달과의 관계 등에서 아동에게 의미론적 결함이 있는지 여부를 알 수 있다.

> 일반교사 : 요즘 K는 표현하려는 단어의 이름을 잘 말하지 못합니다. 예를 들면, "어… 그거 있잖아… 그거…"라고 말하곤 해요.
>
> 특수교사 : K가 단어를 떠올리는 데 어려움을 보일 때는 ㉡ 의미단서나 구문단서와 같은 다양한 단서를 사용하는 활동이 도움이 됩니다.

출처 : 2017 중등 특수 A 재구성.

위의 사례에서와 같이 표현하려는 단어의 이름을 떠올리는 데 어려움을 보이는 현상을 '낱말 찾기에 결함을 보인다(word-finding deficit)'고 표현하는데 이는 어떤 상황이나 자극하에서 특정한 낱말을 산출하는 데 어려움을 갖는 것을 말한다. 낱말 찾기 능력은 목표 낱말을 그림으로 제시하고 가능한 빠르고 정확하게 이름을 말하도록 하는 것으로 측정해 볼 수 있다(Goodglass & Wingfield, 1997).

낱말 찾기 능력을 촉진하기 위한 활동들은 단어의 의미에 대한 기억용량을 늘리는 활동(기억 확장 활동)과 기억창고에서 기억을 효율적으로 끄집어내는 책략활동(기억 인출 활동)들로 이루어진다. 대체로 목표 낱말에 대해 의미적으로 단서를 제공하는 것은 기억 확장 활동과 관련된 활동이고 소리정보를 제공하는 것은 기억 인출 활동과 관련된 활동이다(김영태, 2002). 낱말 찾기 능력 촉진을 위한 단서의 종류와 정의 및 활동은 〈표 10-6〉과 같다.

〈표 10-6〉 낱말 찾기 능력 촉진을 위한 단서의 종류와 정의 및 활동

단서의 종류	정 의	낱말 찾기 능력 촉진 활동
음운적 단서	목표 낱말과 음운적으로 관련된 낱말을 단서로 준다.	• 첫 음절(자동차의 경우 자)로 말해주거나, 써준다. • 음절 수를 손으로 두드리거나 손가락으로 알려준다.
의미적 단서	목표 낱말과 의미적으로 관련된 낱말을 단서로 준다.	• 목표낱말(선생님)의 동의어(교사), 반의어(학생), 연상어(팥에 대해 빙수), 동음이의어(사과 : 과일과 잘못을 비는 행동), 상위 범주어(모자 → 옷), 하위 범주어(옷 → 바지), 기능(자동차 → 타는 것), 물리적 특성(자동차 → 바퀴로 굴러가는 것)을 사용할 수 있다.
구문적 단서	목표 낱말이 자주 사용되는 문맥이나 상용구를 활용한다.	• 고추는 'ㅇㅇ먹고 맴맴…'과 같은 단서를 준다.

출처 : 김영태(2002), pp. 368-369 재구성.

실제로 낱말 찾기에 결함을 보이는 아동들에게 음운적 단서를 제공하는 훈련과 의미-구문 단서를 제공하는 훈련에 대한 치료효과를 비교한 연구들은 대체로 의미-구문 단서보다는 음운적 단서를 제공하는 것이 낱말 찾기를 더 효과적으로 증진시킨다고 보고하고 있다(Kaplan, Goodglass & Weintraub, 1983; Rubin, Berstein, & Katz, 1989).

⑤ 화용론적 결함

언어의 화용론적 측면이란 실제 상황적 문맥에서 말하는 사람과 듣는 사람 사이에 사용되는 말의 기능을 의미한다. 즉, 말하는 사람에게 있어서는 듣는 사람의 의도를 인식하고 이해하는 능력을 의미하며, 듣는 사람에게 있어서는 말하는 사람의 의도를 인식하고 이해하는 능력을 의미한다. 다음의 사례에서 화용론적 결함이 있는 아동의 대화 특성을 살펴볼 수 있다.

> 일반교사 : D는 친구들과 대화할 때 상대방의 말이 끝나기 전에 끼어들거나 대답을 듣지도 않고 질문만 합니다. 그래서 대화 내용을 잘 따라가지 못해서 주제를 놓치는 경우가 많습니다. 그리고 반 친구들이 하는 간접적이고 완곡한 표현을 이해하지 못하기도 합니다.
> 특수교사 : 네, D가 대화할 때 '명료화 요구하기' 전략을 활용할 수 있겠어요.

출처 : 2017 중등 특수 B 재구성.

'명료화 요구하기'란 상대의 이전 발화에 대해 명료화를 요구하는 질문을 하는 것을 말한다. 예를 들면, 다음과 같다.

> 아동 : 주세요.
> 교사 : 뭐라고?
> 아동 : 공 주세요.

위에서 제시한 방법과 달리 아동의 반응을 요구하지 않으면서도 자연스럽게 실제 상황에서 아동의 화용론적 능력을 촉진시킬 수 있는 방법도 있다. 예를 들면, 다음과 같다(김영태, 2002 재구성).

- **아동의 요구 들어주기** : 아동이 요구한 사물을 집어주거나 행동을 수행함으로써 아동에게 자신의 메시지가 전달되었다는 것을 알려준다.
- **이해했음을 표현하기** : 아동이 한 말에 대해 고개를 끄덕이거나 "응", "그래", "그렇지", "그랬어?"와 같은 말을 해줌으로써 아동의 말을 이해했다는 것을 알려준다.
- **모방** : 아동의 말을 그대로 모방함으로써 아동에게 자신의 말이 전달되었다는 것을 알려준다. 아동이 목표 언어를 바르게 사용하였을 때 "맞아"나 "그래" 등의 긍정적인 표현과 함께 아동의 말을 모방해 주면 매우 효과적이다.
- **확장** : 아동의 문장 구조는 유지한 채, 문법적으로 바르게 고쳐서 다시 들려준

다. 확장에는 구를 문장 형태로 완성시켜 다시 말해주는 문장완성방법과 문장의 형태나 기능을 바꾸어서 말해주는 문장변형방법이 있다.

- **확대** : 아동의 발화주제는 유지한 채, 정보를 더 첨가하여 들려준다. 예를 들어, 아동이 "공"이라고 했을 때, "큰 공"이나 "축구공"이라고 어휘를 확대할 수 있다.
- **분리 및 합성** : 아동의 발화를 구문의 작은 단위들로 쪼개서 말했다가 다시 합쳐서 들려준다. 예를 들어, 아동이 "형이 유리로 발을 찔렸어"라고 하면 "형이 찔렸구나", "유리에 찔렸구나", "(저런) 발이 찔렸구나"와 같이 작은 단위의 문장으로 쪼개서 말하고 나서 "형이 유리에 발이 찔렸구나"라고 합쳐서 말해준다.
- **문장의 재구성** : 아동 문장의 뜻은 유지한 채, 문장의 형태를 재구성해서 들려준다. 예를 들어, "미영이가 민이를 찼어"라는 말에 대하여 "민이가 미영이한테 맞았어?"라고 새 형태의 문장을 말해준다.

⑥ 언어발달지체

언어에 문제를 보이는 아동을 치료하기 위해서 언어치료사나 학급 교사의 역할은 매우 중요하다. 언어치료사들은 언어를 정상적으로 획득해 나가는 언어 모델과 환경을 제공함으로써 아동 스스로 언어 규칙을 발견하도록 도와주는 역할을 한다.

또한 학급 교사는 문법에 맞는 문자를 시범 보이고 정확한 문법과 새로운 어휘를 익히도록 도와주며 언어기술을 필요로 하는 활동이나 과제를 아동에 맞게 수정하여 제공해 준다. 다음은 언어발달에서 수용언어와 표현언어의 향상을 위한 방법이다.

- 문법적으로 정확한 문장의 사용을 일관성 있게 시범 보인다. 예컨대 "나 지금 밥 먹어"라는 말을 할 경우 "나는 지금 밥을 먹고 있어요"라고 문법적으로 정확한 시범을 보여야 한다.
- 말을 듣고 이해하는 '수용언어' 면에서 어려움을 겪는 아동에게는 과제를 제시할 때 요점만 간단히 전달해야 한다.
- 자신의 생각을 표현하는 '표현언어' 면에서 어려움을 겪는 아동에게는 개방적

질문보다는 폐쇄적 질문을 하는 것이 도움이 된다. 예컨대, "가을에는 어떤 종류의 꽃이 피니?"라고 질문하는 것보다 "코스모스는 가을에 피는 꽃이니?"라고 묻는 것이 쉬운 것이다.

- 단어의 의미를 다양한 보기를 사용해서 가르친다. 예컨대, '신는다'라는 단어를 지도할 때 '양말을 신는다'와 '구두를 신는다', '운동화를 신는다', '고무신을 신는다' 등의 여러 가지 표현을 사용한다.
- 새로운 어휘를 가르칠 때 수수께끼와 실물을 활용한다. 예컨대, '시계'라는 단어를 가르칠 때 소리를 내면서 '우리에게 시간을 가르쳐 주는 고마운 물건'이라고 수수께끼를 낸 후 실제 시계를 보여주면서 가르친다.
- 잘 모르는 단어를 발견했을 때 사전을 사용하도록 가르친다.
- 단어를 가르칠 때는 신체를 활용한다. 예컨대, '달린다, 뛴다, 구른다' 등의 동사를 가르칠 경우 교사가 신체로 시범 보인 후에 아동들이 직접 표현해 보기도 한다.

⑦ 사회적 의사소통장애

사회적 의사소통장애는 DSM-5(2013)에서 의사소통장애의 하위 영역으로 새롭게 등재된 영역으로, 구어 및 비구어적 의사소통을 사회적으로 사용하는 것에 지속적인 어려움을 보이는 장애를 의미한다.

사회적 의사소통장애를 위한 효과적인 교수방법으로 사회적 상황이야기(social stories)를 들 수 있다. 사회적 상황이야기란 사회 인지, 즉 사회적 상호작용에 필요한 인지 기술의 함양을 목표로, 사회적 상황을 사회적 단서로 설명하여 이해를 돕고 상황에 적절한 행동을 알려주는 짧은 이야기이다(박묘주, 2021). 사회적 상황이야기 중재 지도안의 예는 〈표 10-7〉과 같다.

〈표 10-7〉 사회적 상황이야기 중재 지도안의 예

<table>
<tr><th colspan="2">상황</th><td>중간놀이 상황</td><th>학습주제</th><td colspan="2">친구에게 함께 놀자고 요청하기</td></tr>
<tr><th colspan="2">학습목표</th><td colspan="4">친구에게 함께 놀자는 말을 할 수 있다.</td></tr>
<tr><th>학습
단계</th><th>학습
과정</th><th colspan="2">교수 학습 활동</th><th>시간</th><th>자료(•) 및 유의점(*)</th></tr>
<tr><td rowspan="2">도입</td><td>동기
유발</td><td colspan="2">「마음열기」
– 오늘 중간놀이 시간에 있었던 일에 대해 이야기 나누기
– 오늘의 기분에 대해 이야기 나누기</td><td rowspan="2">5'</td><td rowspan="2">* 오늘 있었던 일과 그 때의 기분에 대해 자연스럽게 이야기를 나누면서 자연스럽게 학습주제에 대해 생각하도록 한다.</td></tr>
<tr><td>학습
문제
확인
활동
안내</td><td colspan="2">친구에게 함께 놀자고 말해요
활동 1. 상황에 알맞은 사회적 상호작용 떠올리기
활동 2. 사회적 상황이야기 읽기
활동 3. 사회적 상황이야기 역할극 하기</td></tr>
<tr><td rowspan="3">전개</td><td>활동 1</td><td colspan="2">○ 상황에 알맞은 사회적 상호작용 떠올리기
– 중간놀이 시간에 할 수 있는 일 이야기하기
– 친구와 함께 중간놀이 시간을 보낸 경험 이야기하기
– 친구와 함께 놀고 싶을 때 어떻게 표현하는지 이야기하기</td><td>10'</td><td>* 아동이 경험이나 평소 행동을 자유롭게 말하도록 한다.</td></tr>
<tr><td>활동 2</td><td colspan="2">○ 사회적 상황이야기
– 교사가 읽어주는 이야기 듣기
– 친구에게 함께 놀자고 청하는 바람직한 방법 알기
– 스스로 이야기 읽기</td><td>5'</td><td>• 사회적 상황이야기 책
* 아동이 스스로 문장을 읽도록 한다.</td></tr>
<tr><td>활동 3</td><td colspan="2">○ 사회적 상황이야기 역할극 하기
– 친구에게 놀자고 청하는 방법을 역할극으로 연습하기
– 역할극을 하고 난 후 느낀 점 이야기하기</td><td>15'</td><td>• 사회적 상황이야기 책
* 아동이 자발적으로 역할극에 참여할 수 있도록 상황에 대한 흥미를 유발한다.</td></tr>
<tr><td>정리</td><td>활동
정리
하기</td><td colspan="2">○ 정리 및 다짐하기
– 사회적 상황 이야기를 스스로 한 번 읽기
– 교사와 하이파이브를 하며 실천 다짐하기</td><td>5'</td><td>• 사회적 상황이야기 책
* 하이파이브, "훌륭해!" 등으로 격려하고, 강화한다.</td></tr>
</table>

출처 : 박묘주(2021) 재구성.

3) 의사소통장애 학생의 통합교육을 위한 접근

말이나 언어에 문제를 가지는 학생들은 일반학급에 통합하여 교육하는 것이 바람직하다. 왜냐하면 학급 또래들이 정확한 말의 모델이 되고, 이들의 말을 들으면서 교정되기 때문이다. 그러므로 의사소통장애 학생들이 학급에 자연스럽게 수용되기 위해서 교사들은 적절한 언어 모델을 제공하고 학생들에게 의사소통의 기회를 최대한 확장해 줌으로써 사회성과 언어기술에 도움을 주어야 한다. 이러한 의사소통의 기회를 제공하기 위한 네 가지 원칙은 다음과 같다(Culatta & Culatta, 1993).

- 학생에게 필요한 요구를 예측하지 않는다. 예컨대, 크레용 없이 종이만 가지고 있는 학생에게 크레용이 필요할 것이라고 예측하여 학생이 말하기 전에 주어서는 안 된다.
- 새롭거나 독특한 사건을 일으킨다. 예컨대, 과자상자를 벽에 붙여 놓거나 젓가락으로 국물을 먹으려고 시도하는 등의 행동을 보임으로써 학생이 말을 시도할 수 있도록 해준다.
- 다른 사람들에게 정보를 전달해야 하는 기회를 제공한다. 예컨대, 점심시간에 식단을 설명하거나 자리를 정해서 가르쳐 주는 역할을 담당하게 한다.
- 학생으로 하여금 선택하게 한다. 예컨대, 간식 시간에 어느 자리에 앉아서 무엇을 먹고 마실지를 선택하여 말하게 한다.

통합교육에 있어서 가장 중요한 것은 통합된 특수학생이 가능한 한 많은 학급활동에 참여할 수 있도록 해주는 것이다. 특히 말장애를 지닌 학생들은 사회 및 학업활동 모두에 참여해야 한다. 학생의 의사소통기회를 최대한 확장시키며 또래들 간의 수용도를 증진시키는 한 가지 방법은 장애 학생의 자리를 또래들 중간에 배치하는 것이다. |그림 10-6|과 같이 일반적으로 교사들이 장애 학생을 교사와 가까이 앉게 하는데 이러한 배치는 학생들 간 상호작용을 증진시키지 못한다. 특히 특수교육대상 학생을 담당하는 보조인력(예 자원봉사자, 특수교육 실무사)이 있는 경우 자칫 잘못하면 장

애 학생이 또래들과의 상호작용을 할 수 있는 기회를 차단하게 되므로 각별히 주의를 기울여야 한다. 만일 의사소통장애 학생이 비슷한 연령의 훌륭한 또래 학생들에게 둘러싸여 자연적인 의사소통의 기회를 충분히 가질 수 있다면 이러한 환경은 의사소통장애 학생을 위한 가장 바람직한 학급 환경이 될 수 있다(이소현 · 박은혜, 2011).

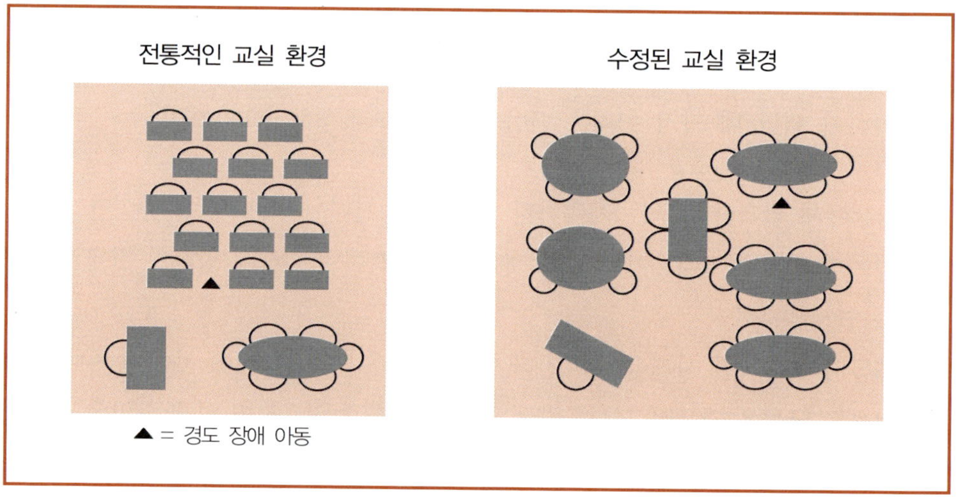

|그림 10-6| 전통적인 교실환경과 수정된 교실환경의 예

출처 : Cohen, S. B., & Plaskon, S. P.(1980), pp. 201-203.

❙ 참고문헌 ❙

강영심 외(2010). 특수교육학개론. 서울 : 서현사.

교육부(2024). 특수교육연차보고서(정기국회 보고자료).

김영욱 외(2009). 특수교육학. 서울 : 교육과학사.

김영태(2002). 학생언어장애의 진단 및 치료. 서울 : 학지사.

김우정 · 이수복 · 심현섭(2014). 학령기 말더듬아동의 불안 및 의사소통태도 특성. 특수교육, 13(2), 147-166.

김원경 외(2021). 최신 특수교육학개론. 경기 : 양성원.

도명애 외(2021). 특수교육학. 경기 : 양서원.

박묘주(2021). 사회 상황이야기 중재가 사회적 의사소통장애 학생의 사회적 상호작용에 미치는 효과. 서울교육대학교 교육전문대학원 석사학위논문.

박진원 · 권도하(2009). 학령기 말더듬 아동의 심리정서적 의사소통 태도에 관한 연구. 정서 · 행동장애연구, 25(2), 39-56.

석동일(1999). 조음 및 언어장애 치료. 대구 : 대구대학교출판부

송준만 · 유효순(1990). 특수아동교육. 경기 : 교문사.

이소현 · 박은혜(2011). 특수아동교육. 서울 : 학지사.

Bakken, J. P., & Whedon, C. K.(2002). Teaching text structure to improve reading comprehension. *Intervention in School and Clinic, 37*, 229-233.

Bernstein, D. K. & Tiegeman, E.(1985). Language and Communication disorders in child language. *Speech, and Hearing Services in Schools, 32*, 225-228.

Bos, C., & Vaughn, S.(2002). *Strategies for Teaching Students with Learning and Behavioral Problems*(5th ed.). Needleham Heights, MA : Allyn and Bacon.

Cohen, S. B., & Plaskon, S. P.(1980). *Language Arts for the Midly Handicapped Columbus*. OH : Charles E.

Culatta, B. K. & Culatta, R.(1993). Students with Communication Problems. In A. E. Blackhurst & W. H. Berdine(Eds.), *An Introduction to Special Education*(3rd ed., pp. 283-269). New York : Harper Collins. Transition from school to work Boston.

Folk-Ross, F. C.(2002). *Classroom-based Language and Literacy Intervention : A programs and case studies approach*. Boston : Allyn and Bacon.

Friend, M., & Bursuck, W.(2002). *Including Students with Special Needs : A Practical guide for classroom teachers*(4th ed.). Needham Heights, MA : Allyn and Bacon.

Fujiki, M., Brinton, B., Hart, C. H., & Fitzgerald, A. H.(1999). Peer acceptance and friendship in children with specific language impairment. *Topics in Language Disorders, 19*(2), 34-48.

Harwood, L., Warren, S. F., & Yoder, P.(2002). The importance of responsivity in developing contingent exchanges with beginning communicators. In J. Reichle, D. R. Beukelman, & J. C. Light(Eds.), *Examply Practices for Beginning Communicators : Implications for ACC*(pp. 59-96). Baltimore : Paul H. Brookes.

Gargiulo, T. L.(2006). *Stories at Work : Using stories to improve communication and build relationships*. Greenwood Publishing Group.

Goodglass, H., & Wingfield, A.(1997). *Anomia : Neuroanatomical and Cognitive Correlates*. San Diego : Academic Press.

Hall, B. J. Oyer, H. J., & Haas, W. H.(2001). *Speech, Language, and Hearing Disorders : A guide for the teacher*. Boston : Allyn and Bacon.

Johnson, W. R.(1961). Special education for mentally handicapped-A paradox. *Exceptional Children, 19*, 62-69.

Kaplan, E., Goodglass, H., & Weintraub, S.(1983). *The Boston Naming Test*. Boston : Veterans Administration.

Lahey, M.(1988). *Language Disorders and Language Development*. New York : Houghton Mifflin Co.

Love, R. J., & Webb, W. G.(1986). *Neurology for the Speech-language Pathologist*. Boston : Butterworths.

Owens, R. E., Dale, E. M., & Adeaide, H.(2007). *Introduction to Communication Disorders : A life span perspective*. Boston : Allyn & Bacon.

Rubin, H., Bernstein, S., & Katz, R. G.(1989). Effect of cues on object naming in first-grade good and poor readers. *Annals of Dyslexia, 39*, 116-124.

Shames, G., & Plorance, C.(1982). Disorders, of fluency. In G. Shames, & E. Wiig(Eds.), *Human Communication Disorders*. Columbus, OH : Merrill.

Shames. G. G., & Ramig, P. R.(1994). Stuttering and other disorders of fluency. in G. G. Shames, E. G. Wigg, & W. A. Secord(Eds.), *Human Communication Disorders*. New York : Merrill/Macmillan.

Shames, G. H., Wiig, E. G., & Secord, W. A.(1994). *Human Communication Disorders*(4th ed.). New York : Merril/Macmillan.

Smith, D. D.(2004). *Introduction to Special Education : Teaching in the age of opportunity, IDEA 2004 update edition*(5th ed). Boston, MA : Pearson Education, Inc.

Snow, C. E., Scarborough, H. S., & Burns, M. S.(1999). What Speech-language pathologists need to know about early reading. *Topic in Language Disorders, 20*(1), 48-58.

VanRiper, C.(1973). *The Treatment of Stuttering*. Englewood Cliffs, NJ : Prentice-Hall.

__________(1978). *Speech Correction*(5th ed.). Englewood Cliffs, NJ : Prentice-Hall.

Wiig, E.(1982). Language disabilities in the school-aged. in G. Shames and E Wiig E. G., & Second, W. A. *Human Communication Disorders*(4th ed.). New York : Merril/Macmillan.

CHAPTER 11

학습장애

2024년을 기준으로 학습장애 학생 배치현황을 살펴보면 전체 115,610명의 특수교육대상자 수 중 1,065명이 특수학교, 특수학급 그리고 일반학급에 배치되어 있다(교육부, 2024). 학습장애(LD : Learning Disability)라는 용어는 1962년 Kirk에 의해 읽기, 쓰기, 수학 등의 능력을 습득하고 사용하는 데 곤란함이 있는 학생들을 대상으로 처음 제시되었다. 학습장애가 처음 제시되었을 때 그 명칭에 대한 부정적인 느낌이 덜하고, 많은 부모들이 다른 장애에 비해 자신의 자녀가 학습장애라고 불리는 것에 대해 거부하지 않는 경향으로 인하여 다른 장애영역에 비해 학부모들의 선호가 높았다. 학습장애는 미국 장애인교육법(IDEA : The Individuals with Disabilities Education Act)에 판별절차가 기술되어 있는 유일한 장애영역이지만 판별과정에 대한 논란이 가장 많이 제기되는 장애영역이기도 하다(김애화 · 이동명, 2005).

1 학습장애의 정의 및 원인

1) 학습장애의 정의

일반적으로 학습장애의 정의는 Samuel Kirk의 최초 정의, 미국 장애인교육법(IDEA)의 정의, 의학 분야에서 DSM-5의 정의 그리고 법적 정의로 「장애인 등에 대한 특수교육법」의 정의가 대표적이다. 이 중 DSM-5로 대표되는 의학적 정의는 학생의 구체적인 심리적 특성을 토대로 학습장애를 규정하는 것에 목적이 있는 반면 「장애인 등에 대한 특수교육법」에서는 특수교육의 대상으로 선정되는 데 필요한 자격 부여를 목적으로 학습장애를 정의하고 있다.

(1) Samuel Kirk와 미국 장애인교육법(IDEA)의 정의

Samuel Kirk는 1962년 학습장애라는 용어를 처음으로 소개하면서 다음과 같이 정의하였다.

1962년 Samuel Kirk의 정의

학습장애는 말하기, 언어, 읽기, 철자, 쓰기 혹은 수학 과정 중 하나 혹은 그 이상의 영역에서 지체, 장애 혹은 지연된 발달을 보이는 것을 말한다. 이러한 문제는 뇌의 기능 장애 그리고(혹은) 감정이나 행동의 이상으로 인한 것이며, 정신지체, 감각장애 또는 문화적 · 교수적 요인으로 인한 것은 아니다.

Samuel Kirk의 학습장애 정의는 이후 제시된 학습장애 정의들에 많은 영향을 미쳤다. 이후 미국에서는 1975년 장애인교육법(PL 94-142)이 제정되었을 때 학습장애가 하나의 독립된 장애영역으로 포함되었고, 학습장애의 법적 정의가 마련되었다. 미국 장애인교육법(IDEA)의 정의는 다음과 같다.

미국 장애인교육법(IDEA)의 정의

- 일반적으로 '특정학습장애'란 구어나 문어 형태의 언어를 이해하고 사용하는 것과 관련된 기본심리처리과정의 하나 혹은 그 이상에서의 장애를 지칭하며, 이는 듣기, 사고하기, 말하기, 읽기, 쓰기, 철자 혹은 수학적 계산 능력의 결함으로 나타난다.
- 이 용어는 지각장애, 뇌손상, 미소뇌기능장애, 난독증 그리고 발달적 실어증과 같

은 상태들을 포함한다.

- 이 용어는 시각이나 청각장애, 운동장애, 정신지체, 정서장애 또는 환경적·문화적·경제적인 불리함이 일차로 작용하여 초래된 학습의 어려움은 포함하지 않는다.

(2) 의학적 정의

DSM-5(2013)에서는 〈표 11-1〉과 같이 학습장애의 진단 기준을 제시하고 있다. DSM-5에서는 읽기학습장애, 쓰기학습장애, 수학학습장애로 분리되었던 이전 학습장애의 영역을 특정학습장애(specific learning disability)로 통합하고 있다.

〈표 11-1〉 DSM-5 특정학습장애의 진단 기준

진단 기준
A. 학습과 학업기술을 사용하는 것의 어려움에 적합한 중재를 제공했음에도 불구하고, 적어도 6개월 동안 다음과 같은 증상 중 1개 이상이 지속된다. 1. 부정확하거나 느리고 힘들게 단어 읽기(예 한 단어를 부정확하거나 느리게 더듬거리며 읽기, 단어를 자주 억측하기, 소리내어 단어 읽기 곤란) 2. 읽는 것의 의미 이해 곤란(예 본문을 정확하게 읽을 수 있으나 순서, 관계, 추리를 이해하지 못하거나 읽는 것의 깊은 뜻을 이해하지 못함) 3. 철자쓰기 곤란(예 모음이나 자음을 더하거나 빼거나 대치시킴) 4. 글쓰기 곤란(예 문장 내에서 여러 문법적 혹은 구두점 오류, 빈약한 단락 구성, 개념에 대한 글쓰기의 명료성 부족) 5. 수 이해, 구 개념, 혹은 계산하기 곤란(예 수 크기 및 관계의 이해 부족, 또래처럼 산수 계산을 암산으로 하지 않고 손가락으로 한 자리 수를 계산하기, 수학 계산을 하는 중간에 어찌할 바를 모르다가 절차를 바꾸기) 6. 수학적 추리 곤란(예 양적 문제를 풀기 위하여 수학적 개념, 실제 혹은 절차를 응용하기 심히 곤란)
B. 이러한 학업기술이 개인의 생활연령에 비추어 기대되는 정도보다 현저히 낮아 학업 및 직업상의 성취 또는 일상생활 활동을 현저히 방해한다. 이는 개별로 수행된 표준화된 성취도평가와 종합적

인 임상검사에 의해 공식적으로 확인된다. 17세 이상 개인의 경우 손상되는 학습의 어려움에 대한 기록물이 표준화된 평가를 대체할 수 있다.

C. 학업적 어려움은 학령기 동안 발생하지만 개인의 제한된 능력을 초과하는 학업기술에 대한 요구가 있기 전까지 분명하게 드러나지 않을 수 있다(예 시간이 정해진 시험, 제한기한이 빠듯하고, 복잡한 읽기 및 쓰기 능력이 요구되는 과제, 부담이 큰 과제).

D. 학업적 어려움은 정신지체, 교정되지 않은 시력 및 청력의 문제, 다른 정신 또는 신경학적 장애, 심리사회적 역경, 학업 교수에서 사용되는 언어의 문제, 교육 기회의 부족으로 인해 기인되지 않는다.

하위 장애 분류

하위 장애를 구분하지 않고 '특정학습장애'라는 용어로 통합함

- **읽기 손상 수반형** : 단어 읽기 정확도, 읽기율 혹은 유창성, 독해력의 손상
- **쓰기 곤란형** : 철자 정확도, 문법 및 구두점 정확도, 글쓰기의 명확성 혹은 구성의 곤란함
- **수학 곤란형** : 수 이해, 계산 기억력, 계산의 정확성, 산수 추리의 정확성에서 곤란함

(3) 법적 정의

우리나라의 「장애인 등에 대한 특수교육법 시행령」 [별표](2016 개정)에 따른 학습장애의 정의는 다음과 같다.

「장애인 등에 대한 특수교육법」의 학습장애 정의

개인의 내적 요인으로 인하여 듣기, 말하기, 주의집중, 지각, 기억, 문제 해결 등의 학습기능이나 읽기, 쓰기, 수학 등 학업성취 영역에서 현저하게 어려움이 있는 사람

학습장애는 1977년 특수교육진흥법이 제정된 당시에는 장애 범주에 포함되어 있지 않았으나, 1994년 특수교육진흥법이 3차 개정되면서 특정 장애 범주의 하나로 추가되었으며, 2007년 「장애인 등에 대한 특수교육법」에서 좀 더 구체적으로 정의되었다.

2) 학습장애의 원인

학습장애는 유형이 다양하며 아직까지 명확하고 합의된 원인이 제시되지 않고 있다. 이 절에서는 신경학적, 유전적, 환경적 측면에서 제기되고 있는 원인을 살펴보고자 한다.

(1) 신경학적 요인

의학 전문가들은 학습장애 학생이 중추신경계 기능 이상을 지니고 있는 것(Hallahan et al., 2009)으로 간주하고 있다. 뇌의 활동을 정확하게 진단할 수 있는 컴퓨터 단층촬영(CT), 자기공명촬영(MRI), 기능성 자기공명촬영(fMRI), 양전기 방출 단층촬영(PET-scan) 등 의학기기의 발달은 학습장애의 신경학적 요인을 뒷받침하고 있다. 후천성 신경계통 손상은 임신 중이나 출산기에 생길 수도 있고 출생 후에 생길 수도 있는데, 출생 전 요인은 어머니의 영양 결핍 문제 및 질병과 관련이 있다. 임신 중에는 알코올이나 약물이 손상의 원인이 될 수 있고 출산기에는 미숙, 산소결핍증, 난산, 의학적 기구, 출산 합병증 등이 손상의 원인이 될 수 있으며, 출산 후에는 사고나 질병이 손상의 원인이 될 수 있다고 한다(김원경 외, 2021).

(2) 유전적 요인

읽기장애를 가진 부모들의 자녀에서 읽기능력에 어려움을 보일 가능성이 많고 난독증을 가진 경우 부모나 형제에서 난독증을 보일 가능성이 더 높은 것으로 나타났다(Schulte-Korne et al., 2006). 그 이전 연구로 Hallgren(1950)은 스웨덴에서 가계연구를 하고 난독증으로 진단을 받은 사람의 친척 중에 읽기, 쓰기, 철자 장애의 상태가 유전된다고 할 수 있을 정도로 많았다. 그리고 여러 연구들에서 일란성 쌍생아와 이란성 쌍생아를 비교 연구한 결과 일란성 쌍생아에서 학습장애(읽기장애, 수학장애, 철자장애) 일치율이 이란성 쌍둥이에서 보다 높게 나타났다(Alarcon et al., 1997).

(3) 환경적 요인

어떤 장애를 가지고 특별한 교육적 요구를 가진 학생들은 그 학생이 처한 환경적 요인을 간과할 수 없다. 학습장애 학생들은 이들을 둘러싼 환경이 그들이 가지고 있는 학업적 수행을 더 악화시킬 수도 있고 극복하도록 도와줄 수 있다. 학습장애 학생의 환경적 요인으로는 부모의 낮은 사회·경제적 지위, 빈곤한 환경, 영양결핍, 열악한 교육환경, 심리적 자극의 결핍 등이 지적되고 있으며, 이러한 환경에서 학습상의 문제가 나타날 확률이 크다고 한다. 또한 학습장애 학생의 환경적 원인으로 교사의 질적 문제인 교사의 부적절한 교수가 학습장애를 일으킬 수 있다고 한다(Hallahan et al., 2005).

2 학습장애의 진단 및 평가

학습장애 학생의 진단이나 평가는 일치된 정의의 부재로 구체적인 절차와 방법에서 논란이 되고 있다. 그러나 그동안 학습장애 학생의 판별에 학습 잠재력과 학업성취 수준 간의 불일치 모델(ability achievement discrepancy)이 많이 이용되어 왔다. 최근에는 불일치 모델의 문제점을 제시하며 중재반응 모델(Response To Intervention)이 제기되고 있다. 이 절에서는 학습장애를 평가하는 데 있어서 불일치 모델과 중재반응 모델을 살펴보고 학습장애를 진단하는 도구에 대해 살펴보고자 한다.

1) 불일치 모델

(1) 불일치 모델을 이용한 판별

불일치 모델에서는 표준화된 지능검사에서 측정되는 학습 잠재력과 실제로 나타나는 학업성취도 사이에 현저한 불일치가 존재하면 학습장애로 진단된다(Mercer et al., 1996). 불일치를 계산하는 다양한 방법이 있는데 지금까지 가장 많이 소개된 방법들은 학년 수준 불일치 모델, 기대 불일치 모델, 표준점수 비교 모델, 회귀 불일치 모델의 네 가지이다(홍성두, 2006). 학년 수준 불일치 모델은 학생들의 현재 학년과 성취점수 간의 차이에 의해 학습장애를 판별하는 방법이며, 기대 불일치 모델은 학년 수준 불일치 모델에서 학령기 이전의 기간에 대한 차이를 인정하지 않은 문제를 해결하기 위한 방법이다. 표준점수 불일치 모델은 능력을 지능지수(IQ)로 나타내고 성취도의 차이점수를 사용하여 판별하는 방법이다. 지능과 성취점수는 각각 평균 100, 표준편차 15로 나타낼 수 있어야 한다는 전제하에 두 가지 점수의 차이가 최소 15점일 때를 심각한 불일치 준거로 설정한다(Kavale, 2005). 회귀 불일치 모델은 IQ 점수가 평균으로 회귀하려는 통계적 흐름을 고정시켜 학생의 성취점수가 IQ 점수와 관련하여 합리적인 것으로 고려되는 범위에 있는지를 조절하여 불일치를 계산하는 방법이다(Reynolds & Wilson, 1984).

(2) 불일치 모델의 문제점

불일치 모델이 지닌 대표적인 문제점들로 다음과 같은 것들이 있다.

첫째, 지능은 학생의 잠재능력(potential ability)을 완벽히 나타내는 척도가 아니다(Siegel, 1989).

둘째, 불일치 공식과 판단기준에 따른 진단의 비일관성으로 인해 학습장애 적격성 여부가 다르게 나타난다는 점이다(Shepard, 1980).

셋째, 능력과 성취의 불일치가 학습장애와 학습부진을 얼마나 타당하게 구분할 수 있는지에 대한 의구심이다(Fletcher et al., 1998).

넷째, 학생의 학교교육 이전의 교육경험에 대해 통제할 수 없으므로 내적인 원인으로 인한 학습의 어려움과 교육경험의 부족으로 인한 학습의 어려움을 구분하는 것이 어렵다(김애화 등, 2012).

다섯째, 학생의 특성과 교육적 요구에 대해 충분히 파악하지 못하고 그에 따라 진단의 결과가 학생의 교수를 계획하는 데 시사점을 제공하지 못한다(김애화 외, 2012).

여섯째, 표준화 검사 도구의 심리측정적 특성(psychometric properties)상 만 9세 이전에 학습장애로 진단하기 어려워 조기중재가 쉽지 않다(Fletcher et al., 1998).

2) 중재반응 모델

최근 학습장애를 진단하는 데 있어서, 불일치 모델이 유일한 기준이 되어서는 안 된다는 주장과 함께 여러 가지 대안적 방법들이 제안되었는데 그 가운데 하나가 중재반응 모델(RTI : Response To Intervention)이다. 중재반응 모델은 학생 문제의 조기선별과 조기중재를 강조한 모델로 교사의 교수에 학생이 얼마나 반응하는지의 정도로 학습장애 여부를 판단하는 접근법이다. 불일치 모델에 여러 문제점들이 지적되면 2004년 개정된 미국의 장애인교육법에서는 대안적 학습장애 진단 모델로 중재반응 모델의 사용을 명시하고 있다.

불일치 모델과 비교하여 중재반응 모델은 다음의 두 가지 장점을 가진다(김애화 외, 2012).

첫째, 불일치 모델과는 달리 진단 자체보다는 교육을 강조하고 최대한 빨리 학습장애 위험군 학생을 선별하여 적절한 교육적 지원을 해줌으로써 학생의 학업성취도를 극대화할 수 있다.

둘째, 중재반응 모델에서는 학습장애 위험군 학생에게 먼저 중재를 제공하고 중재에 대한 학생 반응에 따라 학습장애 적격성을 결정하기 때문에 외적 요인(예 교육경험의 결핍, 가정환경 등)에 의한 학습부진과 내적원인에 의한 학습장애의 구분이 가능하다. 즉, 학습부진의 경우 적절한 중재로 인해 외적요인이 개선되면 학업성취가 향상되게 되어 내적 요인로 인해 낮은 학업성취를 보이는 학습장애와 다른 학습양상을 보이게 된다.

대표적인 중재반응 모델로는 Vaughn Gross Center for Reading & Language Arts (2003)에서 제안한 3단계 모델이 있다. 중재반응 3단계 모델의 구체적인 내용은 〈표 11-2〉와 같다.

〈표 11-2〉 중재반응 3단계 모델 내용

	대상	프로그램	집단구성	시간/담당자	평가
1단계 교육 일반교육	모든 학생	일반교육 프로그램이 과학적으로 검증된 요소를 반영	다양한 집단 구성 활용(대집단, 소집단, 협동학습, 또래교수 등)	• 일반교육과정에서 배정된 시간 • 일반교사	전체 학생을 대상으로 학습장애 위험군 학생을 선별하는 평가(benchmark assessment)를 1년에 2회 실시(1학기 초, 2학기 초)
2단계 교육 지원교수	1단계 교육에 반응하지 않은 학생으로 전체 학생의 약 20% 정도	• 체계적이고 과학적으로 검증된 교육 프로그램을 통해 1단계 교육 보충 · 지원 • 연습기회 확대, 지원 확대, 선수 개념 및 기술 교수 등 효과적인 교수 전략 활용 • 지속적인 성취도 모니터링	교사 1명당 학생 4~6명 정도의 소집단	• 1단계 교육을 받은 상태에서 주 3회, 회기당 30분 또는 1시간씩 추가로 교수 • 학교에서 지정한 자(특수교육교사)	적어도 2주에 한 번 학생의 성취 진전도 모니터링
3단계 교육 개별화 중재 (특수교육)	2단계 교육에 반응하지 않은 학생으로 전체 학생의 약 5% 정도	• 집중적이고 과학적으로 검증된 교육 프로그램을 통해 개별화된 교육적 요구 충족 • 효과적인 교수전략을 활용한 집중적 교수 실시(집중적, 개별화된 중재) • 지속적인 성취도 모니터링	교사 1명당 학생 3명 이하 정도의 소집단	• 매일 1시간씩 추가로 교수; 또는 주 3회, 회기당 2시간씩 추가로 교수 • 학교에서 지정한 자(특수교육 교사)	적어도 2주에 한 번 학생의 성취진전도 모니터링

출처 : Vaughn Gross Center for Reading & Language Arts(2003). 3-Tier reading model : Reducing reading difficulties for kindergarten through third grade students. Austin, TX : Vaughn Gross Center for Reading & Language Arts, 김애화 외(2012) 재인용.

중재반응 모델은 불일치 모델의 대안으로 학습장애 아동을 판별하는 데 여러 장점을 가진 모델로 인정받고 있지만 여러 문제점들 역시 제시되고 있다. 중재반응 모델의 문제점은 다음과 같다.

첫째, 중재반응 모델은 증거기반교수의 제공을 전제로 하지만, 현재까지 읽기 영역을 제외한 학습장애의 다른 영역들에서 과학적으로 교수 프로그램의 효과를 검증한 연구가 충분하지 않다.

둘째, 중재반응 모델의 평가 절차를 제시하고 있으나, 중재에 반응하지 않음에 대한 명확한 기준을 제시하지 못하고 있다.

3) 학습장애 평가

한국학습장애학회(2014)에 따르면 학습장애를 지닌 특수교육대상자로 선정하기 위해서는 다음 조건을 만족해야 한다.

- 지능 : 표준화된 개인별 지능검사 결과에서 전체 지능지수가 70 이상이어야 한다.
- 학력 : 표준화된 개인별 학업성취도 검사 결과에서 하위 16%tile(백분위 16) 혹은 −1SD에 해당되어야 한다.
- 배제요인 : 다른 장애(예 감각장애, 정서 · 행동장애)나 외적 요인(예 가정환경, 문화적 기회 결핍)이 학습 문제의 직접적인 원인이 되는 경우는 제외한다(단, 학습의 문제가 다른 장애나 외적 요인의 직접적인 결과인 것으로 명확하게 밝혀지지 않은 경우, 위의 조건들을 만족시키면 학습장애로 진단하여야 함).

학습장애 아동의 진단을 위해 「장애인 등에 대한 특수교육법」에서는 지능검사, 기초학습 기능검사, 학습준비도 검사, 시지각 발달검사, 지각 · 운동 발달검사, 시각 운동 통합발달검사 등을 사용하도록 규정하고 있지만 구체적인 방법과 판별 기준은 제시되지 않고 있다. 학습장애 아동 진단을 위해 활용할 수 있는 평가도구의 예는 〈표 11-3〉과 같다.

〈표 11-3〉 학습장애 진단을 위한 평가도구

		평가도구명	저자(표준화)
선별검사		학습장애 선별검사	국립특수교육원
		학습장애 선별검사(LDST : Learning Disabilities Screening Test/Student, Observer)	김동일
		학습장애 선별검사(LDSS)	김애화, 신현기, 이준석
		한국판 학습장애 평가 척도(K-LDES)	신민섭, 조수철, 홍강의
진단검사	지능검사	한국 웩슬러 지능검사(K-WISC)	곽금주, 장승민
		카우프만 아동용 지능검사(K-ABC)	문수백
		KISE 한국형 개인지능검사(KISE-KIT)	국립특수교육원
	학력검사	기초학습능력검사(NISE-B · ACT)	국립특수교육원
		BASA 기초학습기능 수행평가체제(읽기, 수학, 쓰기)	김동일
		읽기 진단 검사	김윤옥
		읽기 성취 및 읽기 인지처리 검사(RA-RCP)	김애화, 김의정, 황민아, 유현실
		쓰기 성취 및 쓰기 인지처리 검사(WA-WCP)	김애화, 김의정, 유현실

3 학습장애의 분류 및 특성

1) 학습장애의 분류

학습장애의 하위 유형에 대해 다양한 정의들이 있으나 크게 읽기장애, 쓰기장애, 수학장애, 구어장애, 사고장애를 들 수 있다.

(1) 읽기장애

읽기장애는 크게 단어인지 읽기장애, 읽기유창성 읽기장애, 읽기이해 읽기장애로 분류될 수 있다. 단어인지 읽기장애는 개별단어를 정확하게 읽고 의미를 이해하는 것에, 읽기유창성 읽기장애는 글을 빠르고 정확하게 읽는 것에 그리고 읽기이해 읽기장애는 읽은 글의 내용을 파악하는 것에 어려움을 가진다(Simmons & Kame'enui, 1998).

(2) 쓰기장애

쓰기장애는 크게 철자 쓰기장애와 작문 쓰기장애로 나뉜다. 철자 쓰기장애는 단어를 맞춤법에 맞춰 쓰는 것에, 작문 쓰기장애는 긴 글을 체계적이고 유창하게 쓰는 것에 어려움을 가진다(Graham & Harris, 2006).

(3) 수학장애

수학 학습장애는 크게 연산 수학장애와 문제 해결 수학장애로 나뉜다. 연산 수학장애는 기본적인 수 개념과 연산에서 그리고 문제 해결 수학장애는 다양한 수학적 문제, 특히 수학 문장제 문제 해결에서 어려움을 가진다.

(4) 구어장애 및 사고장애

학습장애의 대표적인 하위 유형인 읽기장애, 쓰기장애, 수학장애에 비해 구어장애와 사고장애는 상대적으로 주목을 덜 받고 있다. 구어장애는 듣기와 말하기에서 어려움을 보이고 사고장애는 실행기능, 인지전략의 사용, 자기조절에서 제한을 보인다.

2) 학습장애의 특성

학습장애아들은 인지, 학습, 정서, 행동 및 사회성 영역에서 다양한 특성을 보인다. 이러한 특성들은 공통적인 패턴을 보이기도 하지만 한 가지 이상의 복합적 특성을 보이는 경우가 많다. 학습장애아들의 이러한 현상은 정해져 있는 체계에 따라 이루어지는 것이 아니라 유형과 정도가 개인에 따라 다양하다(Hallahan, Kauffman, & Lloyd, 1999). 따라서 부모나 교사들은 학습장애 아동을 교육할 때 아동이 지니는 공통적 특성 혹은 개별적 특성을 이해하여야 하며, 이러한 특성들이 동일하게 나타나는 것이 아니라는 사실을 인지하고 교육해야 한다. 학습장애 아동들의 인지적 특성, 학습 특성, 정서 · 행동적 특성 그리고 사회적 특성은 다음과 같다.

(1) 인지적 특성

학습장애 학생은 기억, 주의, 지각 및 개념 형성 등 기초적인 인지처리 과정에서 결함을 보이는 경우가 많다. 이러한 인지적 특성을 밝히는 것은 학생을 이해하여 교육하는 데 매우 중요하다. 이들은 대부분 실제 평균 이상의 지적 능력을 지니고 있음에도 다양한 영역에서 인지처리 과정이나 주의집중력, 기억 등에서 결함을 나타내며(Swanson, 1994), 초인지 전략 사용에서 융통성이 부족하여 문제를 해결할 때 깊이 사고하지 않고 행동하는 특징이 있다(Dickman, 1990). 또한 학습장애 학생은 나이가 어리거나 미숙한 학생의 기억과 유사한 형태를 나타낸다고 한다(Swanson, 1994). 기억은 읽기, 쓰기, 수학, 언어, 학습, 조직기술, 과학, 사회 등 여러 교과목에서 중요한 역할을 하는데, 기억에서의 결함은 학습 영역과 밀접하게 관련되어 있어 학업에서의 성취율이 낮을 수밖에 없다. Hallahan 등(2005)은 학습장애 학생들이 기억에 있어서 어려움을 보이는 것은 암기를 위한 초인지 전략을 사용하지 못하기 때문이라고 하였다. 예를 들어, 학습장애 학생들은 단어들을 암기할 때 단어의 종류별로 모아서 외우는 전략을 사용하지 못하는데, 이로 인해 이 전략을 사용하는 일반 학생들에 비해서 암기력이 떨어질 수밖에 없다는 것이다.

학습장애아는 정보를 받아들이는 데 있어서 정보의 부호화와 자동화에서의 문제와 주의집중의 부족으로, 문제를 해결하는 데 또래보다 불안이 크다고 한다(Mckeachie et al., 1985). 일반아동들은 자동적으로 진행되는 정보처리가 학습장애아의 경우에는 의식적으로 주의를 집중하여야 하기 때문에 과제 수행에 더 많은 장애를 보이게 된다(Sternberg, 1988). 또한 이들은 시 · 청지각에 대한 학습과제에서도 결함이 보고되고 있다(Mazer et al., 1983). 지각에서의 결핍은 교통신호, 위험신호, 방향 표시, 단어, 그림 등을 인지, 변별하고 해석하는 데 어려움이 있을 수 있으며 시지각과 청지각에 대한 학습과제에서 반응 속도가 느리다. 예를 들면, 그림이나 숫자의 의미에 따라 반응하고 그림 속에서 모순을 이해하는 속도가 느리다.

(2) 학습 특성

학습장애 학생은 이들이 가지는 인지적인 문제점들로 인하여 학습에서도 여러 가지 어려움을 겪는다. 학습장애 학생들이 학습에서의 어려움을 보이는 대표적인 영역은 읽기, 쓰기, 말하기, 셈하기 등이다. 이들 영역 중 한두 영역에서 문제를 보이기도 하지만 종종 여러 영역에서 함께 결함을 보이는 학생도 있다.

① 읽기

읽기장애는 학습장애의 하위영역 중에서 가장 높은 비율을 차지하는 장애로 학습장애 학생들의 약 80%가 읽기장애로 분류된다(Lerner, 2003). 읽기문제의 경우 문장을 읽을 때 단어나 단어의 일부분을 빠뜨리고 읽는 생략, 제시된 문장에 없는 단어나 문장을 추가해서 읽는 첨가, 문자나 단어의 좌우를 바꾸어 읽는 도치, 단어와 문장을 반복하여 읽는 것 등과 같은 특성을 보이며, 유창성에 문제가 있는 경우에는 글을 읽고도 그 뜻을 잘 요약하거나 설명할 수 없는 어려움을 보인다. 또한 비슷한 단어를 혼동하여 읽기도 하고 개별 단어 읽기와 문장 읽기에서 어려움을 보이기도 한다. 어떤 학생들은 단어를 하나씩 천천히 읽기도 하고 읽을 수 없는 단어들은 빠뜨리고 빨리 읽어 문장 해독은 유창하나 독해력이 부족한 경우도 많다.

② 쓰기

쓰기에서는 필기구를 잡는 방법과 각도 및 자세가 어색하고 철자 쓰는 획순이 틀리는 경우가 많다. 또한 전반적으로 글자의 크기와 칸이 일정하지 않으며, 글자 모양이 왜곡되어 있는 경우가 많다. 이들은 받아쓰기를 할 때 받침이 있는 단어의 연음관계를 이해하지 못해서 소리 나는 대로 쓰는 경우가 많고 모음 'ㅏ'와 'ㅓ', 'ㅐ'와 'ㅔ'를 구별해서 쓰지 못하며, 자음에서는 'ㄷ'이나 'ㄹ'의 방향을 잘못 쓰거나 'ㅁ', 'ㅂ', 'ㅍ'의 글자를 구분하지 못하는 경우도 많다. 또한 글자를 옮겨 쓸 때 칠판과 책에 있는 글자를 옮겨 쓰는 속도가 느리고 단어의 철자를 빼고 쓰는 경우도 많으며 읽기에서와 마찬가지로 비슷한 글자로 대치하여 쓰는 경우도 있다.

작문할 때에는 구두점, 맞춤법 등과 같은 기술적인 측면이 부족하고, 부적절한 접속사를 많이 쓰며, 빈약한 어휘로 산출하는 단어 수가 적기 때문에 문장의 길이가 짧다. 문장 작문에서는 논리적 연결과 구성이 빈약하며 띄어쓰기 등 맞춤법에서도 문제를 보이며 문장부호를 부적절하게 사용한다.

③ 셈하기

셈하기 영역에서는 기초적인 수학적 지식인 수의 개념, 숫자, 수식 등이 부족하고 정보처리상의 문제로 장기기억 속에 저장되어 있는 연산지식을 적절하게 인출하지 못하는 문제를 지니고 있다. 연산과정에서 효과적인 전략보다 상대적으로 비효과적인 전략을 사용하여(Geary, 2003), 또래 학생보다 연산문제를 해결하는 속도와 정확성이 낮다. 두드러진 특징 중 숫자를 시·공간적으로 조직화하는 능력이 부족하여 자릿값에 따른 숫자의 배열에 어려움을 느끼며 6과 9, 18과 81 등의 비슷한 숫자를 혼동하는 경우가 많다. 또한 연산속도가 느리고 연산에 대한 정확성이 부족하며 받아 올림이나 내림에서 방향을 고려하지 않고 연산하는 경우와 올림과 내림을 생략하는 등의 연산전략을 생략하거나 편리한 방법으로 연산을 해서 오류를 범하는 경우가 많다. 또한 두 가지 이상의 정보를 처리해야 하는 문제에서는 한 가지 정보만으로 답을 유출하는 경우가 많다. Fletcher 등(1998)은 수학교과 학습에 있어서 단어 인지에 어려움을 가지는 학생과 수학적 계산에 어려움을 가지는 학생으로 구분하여 이해하여야 한다고 한다.

(3) 정서·행동적 특성

학습장애아의 우울증에 관한 연구에서 학습장애아들은 비장애 아동들보다 높은 수준의 우울로 위협받고 있다(Heath & Wiener, 1996). 이들은 실패의 이유를 자신의 능력 부족과 노력 부족에 두기보다는 다른 사람의 조력 부족으로 생각하는 경향이 많다고 한다(Cohen & Plaskon, 1960).

학습장애 아동은 습득된 지식의 부족으로 학년이 올라갈수록 점점 더 장애가 심화될 뿐만 아니라 누적된 학습실패로 인한 절망감과 자신감 결여, 사기 저하와 같은 낮은 학습자아 개념을 보인다. 이러한 낮은 학습자아 개념은 학습에서의 낮은 성취는 물론 학습동기에서 흥미와 의욕 상실, 자신감 상실로 다음 학습에서 더 큰 실패를 가져오게 되어 이로 인한 심한 좌절감과 의욕 및 흥미 상실 등을 가져오는 악순환을 이루게 된다.

학습장애 아동들은 인내심이 약하고 쉽게 좌절하는 경향이 많으며, 다른 사람의 감정을 이해하고 민첩하게 반응하지 못하는 경향으로 인하여 또래집단 속에서 상호작용에 어려움을 보이는 경우도 많다. 학습장애 아동의 사회적 기술 부족은 상대방으로부터 받는 거부와 부정적인 반응에 충동적으로 반응하기도 하며 공격적인 행동을 보이는 경우도 많다. 또한 정서적으로 우울하거나 사회적으로 위축되어 있다. 학습장애 아동은 사회적 상황을 이해하고 자신의 의사를 표현하는 데 어려움을 보이는 특성 때문에 보통 수준 이상의 지능을 가지고 있음에도 불구하고 부모나 교사, 또래들에게 의사가 잘못 전달될 수 있다.

학습장애와 관련된 행동 특성으로 주의집중 문제와 과잉행동이 지적되고 있다. 이들은 과제처리 속도가 느릴 뿐만 아니라 시작이 어렵고 과제를 끝까지 완수할 정도로 과제에 주의를 집중하지 못하는 모습을 보인다. 학습과 관련된 것과 관련되지 않는 자극을 잘 구별하지 못하여 학습과제 수행의 효율성이 낮다. 또한 사고의 경직성이 있어서 한 가지 자극에서 다른 자극으로 주의를 이동시키는 데 어려움을 가지고 있으며, 연속된 학습과제에 주의를 지속적으로 기울이지 못하여 학습과제를 끝까지 수행하지 못하는 경우가 많다. 학습장애 학생의 이러한 주의집중 문제는 학습 시 학생을 더욱 산만하게 하고, 학습하기에 충분할 만큼 오랫동안 주의를 지속하지 못하게 하여 학업성취의 어려움을 야기하는 경우가 많다.

(4) 사회적 특성

학습장애 아동은 사회적 능력에서도 어려움을 가진다(Gresham, 2001). 학습장애의 75%가 사회적 기술결함을 가지고 사회적으로 고립되어 있으며, 또래에게 인기가 없다(Kavale & Forness, 1996). 학습장애 학생은 상대방의 감정을 이해하는 기술이 부족하기 때문에 대인관계가 원만하지 못하고 상황에 맞지 않는 행위를 하거나 자신의 행위결과를 인식하지 못한다. 또한 또래들의 사회적 또는 비구어적 단서를 잘못 해석하는 경우가 많아서 또래들로부터 무시를 당하기도 한다. Kuhne와 Wiener(2000)의 연구에서도 학습장애 아동들은 전반적으로 사회적 호감이 낮고, 또래로부터 사회적으로 거부될 가능성이 높다고 보고한다. 그 밖에도 어른과 친구에게 인사하는 것, 놀이에 참여하는 법 등 사회적 상호작용의 예민한 단서를 놓치거나 무시할 수 있으며 이들은 사회적 예절에 민감하지 못하고 정서가 우울하거나 사회적으로 위축되는 성향이 강하고 모든 면에서 의존적이다.

4 학습장애 학생을 위한 교육적 접근

1) 학습장애 학생 교육을 위한 기본원리

다른 장애영역과 동일하게 학습장애 학생 교육에서 있어서 조기중재가 매우 중요하고 조기중재 시 효과적인 교수의 제공은 정확한 학습장애 판별까지 이어진다고 할 수 있다. 학습장애 학생을 위한 효과적인 교수 및 중재방법으로 최근 '증거기반실제(EBP : Evidence Based Practice)', 다른 말로 '증거기반교수'의 개념이 제시되었다. '증거기반실제'란 여러 연구들을 통해 그 효과가 확인된 교수와 중재 방법을 의미한다. 교사는 학습장애 학생을 지도 시 더 이상 자신의 경험에만 바탕을 둔 교수나 중재를 제공하는 것이 아닌 여러 연구들을 통해 효과가 확인된 '증거기반교수'를 탐색하여 학생들에게 제공해야 한다(추연구 · 김병룡 · 윤민영, 2019). 학습장애 학생을 위한 대표적인 증거기반교수로는 소집단 교수와 명시적 교수가 있다(Swanson et al., 1999).

2) 학습장애 학생을 위한 특수교육적 접근

학습장애 진단 모델 중 중재반응모델에서도 알 수 있듯이 학습장애 학생 교육의 내용과 방법에 있어서 일반교육과 특수교육 사이의 큰 차이는 없을 수 있다. 다만, 특수교육 단계는 교수집단이 일대일 또는 소집단으로 이루어진다는 점에서 그리고 특수교육활동이 일반교육활동에 추가되어 이루어진다는 점에서 그 교수의 강도가 일반교육단계보다 높다고 할 수 있다. 따라서 학습장애 학생을 위한 특수교육적 접근에서는 일반교육단계에서도 진행할 수 있지만 특수교육단계에서 좀 더 강도 높게 진행되어야 할 활동의 예에 대해 살펴보고자 한다.

(1) 합성 파닉스 교수

합성 파닉스 교수는 단어인지를 위한 교수법으로 구체적인 내용은 〈표 11-4〉와 같다.

〈표 11-4〉 합성 파닉스 교수

	교수내용
소리 나는 대로 표기되는 받침 없는 글자 및 단어	1단계 : 낱자 이름과 소리 가르치기 예 ㅅ : 시옷(이름), /ㅅ/(초성소리) 1-1 : 낱자 이름 가르치기 1-2 : 낱자 소리 가르치기 1-3 : 키워드를 사용하여 낱자 소리 강화하기 1-4 : 낱자 쓰기 활동 2단계 : 음소 합성 예 사 : /ㅅ/와 /ㅏ/를 합쳐서 /사/ 3단계 : 낱자-소리 대응관계를 활용하여 CV글자 읽기 예 사 : 'ㅅ' 낱자 카드와 'ㅏ' 낱자 카드를 합쳐서 만든 '사'라는 글자 읽기 4단계 : 낱자-소리 대응관계를 활용하여 CV글자 만들기 예 사 : 'ㅅ' 낱자 카드와 'ㅏ' 낱자 카드를 합쳐서 '사'라는 글자를 만들기 5단계 : CV 글자 읽고 쓰기 예 ㅅ/ㅅ/--- + ---ㅏ/ㅏ/ = 사/사/ 6단계 : 낱자-소리 대응관계를 활용하여 CVCV 단어 읽기 예 사다 7단계 : 글자/단어를 단어은행에 모아두고 연습하기 - 이미 학습한 글자/단어들을 누적 연습하기

소리 나는 대로 표기되는 받침 있는 글자 및 단어	1단계 : 낱자 이름과 소리 가르치기 예 ㅅ : 시옷(이름), /읃/(종성 소리) 2단계 : 소리 합성 예 옛 : /예/와 /읃/을 합쳐서 /옏/ 3단계 : 낱자군–소리(음절체–종성) 대응관계를 활용하여 C1VC2 글자 읽기 예 옛 : '예' 낱자군 카드와 'ㅅ' 낱자 카드를 합쳐서 만든 '옛'이라는 글자 읽기 4단계 : 낱자군–소리(음절체–종성) 대응관계를 활용하여 C1VC2 글자 만들기 예 옛 : '예' 낱자군 카드와 'ㅅ' 낱자 카드를 합쳐서 '옛'이라는 글자 만들기 5단계 : C1VC2 글자 읽고 쓰기 예 예/예/--- + ---ㅅ/읃/ = 옛/옏/ 6단계 : 낱자군–소리(음절체–종성) 대응관계를 활용하여 C1VC2C1VC2 단어 읽기 예 옛탓 7단계 : 글자/단어를 단어은행에 모아두고 연습하기 – 이미 학습한 글자/단어들을 누적 연습하기
음운변동이 적용되는 단어	1단계 : 음운변동 규칙이 적용되는 단어를 선택하여 그림과 함께 소개하기 예 연음규칙이 적용되는 단어(예 웃음)와 웃는 그림 2단계 : 음운변동 규칙 가르치기 예 연음규칙 : 앞 글자에 받침이 있고, 바로 뒤에 오는 글자가 'ㅇ'으로 시작하면, 받침은 'ㅇ' 자리로 오고 'ㅇ'은 물방울처럼 날아가 버리는 것이 연음규칙이다. 3단계 : 음운변동 규칙이 적용되는 원리 연습하기 예 연음규칙 : '앞으로'에서 첫 번째 음절의 'ㅍ'과 두 번째 음절의 'ㅇ'을 색 펜으로 표시하면서 연음규칙이 적용되는 원리 연습하기 4단계 : 음운변동 규칙이 일어나는 단어와 그렇지 않은 단어 분류하기 예 연음 규칙 적용 단어 : 걸음, 국어 예 연음 규칙이 적용되지 않는 단어 : 칠판, 동생 5단계 : 글자/단어를 단어은행에 모아 두고 연습하기 – 이미 학습한 글자/단어들을 반복 및 누적 연습한다.

출처 : 김애화 · 김의정 · 표소래(2011); 김애화 외(2012) 발췌 수정.

(2) 짝과 함께 반복 읽기

짝과 함께 반복 읽기 활동은 또래 교수를 활용한 읽기 유창성 교수법으로 구체적인 내용은 〈표 11-5〉와 같다.

〈표 11-5〉 짝과 함께 반복 읽기

단 계	교수 내용
짝 정하기	• 학생 A와 학생 B, 두 명이 짝이 되도록 구성하되, 학생 A는 글을 더 유창하게 읽는 학생, 학생 B는 글을 덜 유창하게 읽는 학생으로 구성한다.
학생 B의 수준에 적합한 글 선택하기	• 학생 B가 글에 포함된 단어의 90%를 정확하게 읽을 수 있는 읽기 지문을 선택한다.
'짝과 함께 반복 읽기' 절차를 명시적으로 설명하고 연습하기	• 교사는 '짝과 함께 반복 읽기'를 적용하기에 앞서, '짝과 함께 반복 읽기' 절차를 명시적으로 설명하고 이에 대한 시범을 보인다. 〈짝과 함께 반복 읽기〉 절차 – 학생 A와 학생 B 각각 3분씩 읽기(이때 학생 A는 학생 B에게 시범자의 역할을 한다. – 체계적으로 오류 교정하기(학생 B가 지문을 읽는 동안, 학생 A가 오류 교정 및 지원해 주기) – 각자 1분씩 '최대한 잘 읽기' – 읽기유창성 점수 계산하기 – 읽기유창성 그래프 그리기 • 그 다음 학생과 함께 전체 절차를 연습해 봄으로써 학생이 '짝과 함께 반복 읽기' 절차를 명확하게 숙지할 수 있도록 해야 한다.
'짝과 함께 반복 읽기' 적용하기	• 학생이 '짝과 함께 반복 읽기' 절차를 숙지한 다음, 학생이 각자 짝과 함께 진행한다.

출처 : 김애화 외(2012) 발췌 수정.

(3) 기억인출 교수법

기억인출 교수법은 글씨쓰기, 철자 등 다양한 쓰기지도에 활용될 수 있는 교수법이다. 기억인출 교수법은 글자나 단어를 주의 깊게 살펴보도록 지시한 후, 가림판으로 글자를 가린 상태에서 글자나 단어를 기억하여 쓰도록 한다. 처음에는 글자나 단

어를 가리고 1초 후에 기억하여 쓰도록 하다가, 점차 시간을 늘려가며 기억을 강화할 수 있도록 한다. 글자나 단어를 쓰고 난 후 가림판을 치우고 자신이 쓴 것과 제시된 것을 비교한다. 철자 지도 시 기억인출 교수법을 활용한 예는 |그림 11-1|과 같다.

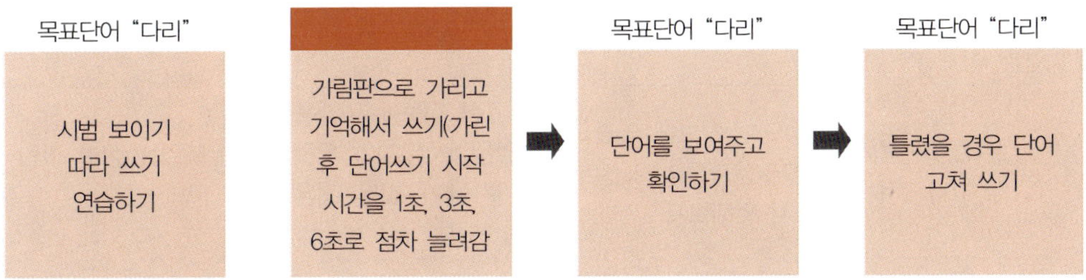

|그림 11-1| 기억인출 교수법을 활용한 글씨쓰기 지도의 예

(4) 전략교수

학습장애 학생의 문제 해결력을 향상시키는 데 효과적인 교수법으로 전략교수를 들 수 있다. 전략교수는 문제 해결 절차에 대한 명시적인 교수를 의미하며, 인지 전략 및 자기조절 전략과 같은 초인지 전략 교수 등을 포함한다(Xin & Jitendra, 1999). 전략교수의 예로 수학교과에서 인지 전략과 자기조절 초인지 전략을 적용한 교수는 〈표 11-6〉과 같다.

〈표 11-6〉 인지 전략과 자기조절 초인지 전략을 적용한 교수

단계	인지 전략 단계	자기조절 초인지 전략		
		말하기(자기교시)	묻기(자기질문)	점검하기(자기점검)
1	문제 읽기	"문제를 읽자. 이해하지 못하면 다시 읽자."	"문제를 읽고 이해했는가?"	문제를 풀 수 있을 만큼 이해했는지 점검하기
2	문제를 자신의 말로 고쳐 말하기	"중요한 정보에 밑줄을 긋자. 문제를 나의 말로 다시 말해보자."	"중요한 정보에 밑줄을 그었는가? 문제가 무엇인가? 내가 찾은 것은 무엇인가?"	문제에 있는 정보 확인하기
3	그림이나 다이어그램으로 문제를 표상하기	"그림이나 다이어그램을 만들자."	"그림이 문제에 적합한가?"	그림이 문제 속 정보와 비교하여 어긋나는지 점검하기
4	문제 해결 계획 세우기	"필요한 단계와 연산기호를 결정하자."	"만약 내가 ~을 한다면 답을 얻을 수 있는가? 다음에 해야 할 것은 무엇인가? 몇 단계가 필요한가?"	계획이 잘 세워졌는지 점검하기
5	답을 어림해 보기	"어림수를 찾아 머릿속으로 문제를 풀고 어림값을 쓰자."	"올림과 내림을 했는가? 어림수를 썼는가?"	중요한 정보를 사용하였는지 점검하기
6	계산하기	"정확한 순서대로 계산하자."	"내가 한 답은 어림값과 비교하여 어떠한가? 답이 맞는가? 기호나 단위를 잘 썼는가?"	모든 계산이 올바른 순서대로 이루어졌는지 점검하기
7	모든 과정이 옳은지 점검하기	"계산을 점검하자"	"모든 단계를 점검했는가? 계산을 점검했는가? 답은 맞는가?"	모든 단계가 맞는지 점검하기, 만약 틀렸다면 다시 하기, 필요한 경우 도움을 요청하기

출처 : Montague, M., & C. Warger, & Morgan, T., H.(2002). Solve it! Strategy instruction to improve mathematical problem solving. Learning Disabilities Research and Practice, 15, 110-116, 김애화 외(2012) 재인용.

3) 학습장애 학생의 통합교육을 위한 접근

(1) 협동학습

협동학습은 다양한 학생들이 함께 생활하는 통합학급에서 효과적인 교수방법이다. 구성원이 4~6명으로 이루어진 이질적인 능력의 소집단을 구성하여 구성원 사이에 서로 사회적 상호작용을 하며 학습하게 하는 교수방법이다. 협동학습에서는 모둠 구성원들의 상호의존성이 필수적이라 할 수 있다. 모둠 구성원들에게 요구되는 상호의존성의 종류는 다음과 같다(Mitchell, 2014, 박승희, 2018 재인용).

- 목표 상호의존성 : 집단은 한 가지 유일한 목표를 가진다.
- 보상 상호의존성 : 전체 집단은 목표 성취에 대해 동일한 인정을 받는다.
- 자원 상호의존성 : 집단 구성원들은 각자의 자원(지식 혹은 자료)을 결합하여 과제를 완성한다.
- 역할 상호의존성 : 집단의 각 구성원은 다른 역할이 할당된다.

협동학습의 대표적인 모형으로 전문가를 구성하여 과제를 해결하는 Jigsaw 모형, 개별 학습자의 향상점수를 모둠 점수로 환산하여 보상하는 모둠 성취 분담모형(STAD), 모둠 내에서 서로를 교수하며 학습해 나가는 모둠 보조 개별학습(TAI) 등이 있다. 이 중 Jigsaw 모형의 구체적 내용을 살펴보면 〈표 11-7〉과 같다.

〈표 11-7〉 Jigsaw 모형의 구체적 내용

절 차	내 용
소속 모둠 활동 1	학생들은 제시된 과제를 여러 부분으로 나누어 분담하고 자신이 맡은 부분에 대해 학습을 진행한다.
전문가 모둠 활동	같은 부분을 맡은 학생들끼리 모여 전문가 모둠을 구성하고 자신들이 학습한 내용들을 공유하며 전문적 내용을 형성한다.

소속 모둠 활동 2	전문가 모둠 활동이 끝나면 학생들은 소속 모둠으로 돌아가 전문가 모둠에서 나눈 내용들을 모둠원들과 공유한다.
평가 및 보상	학생들은 완성한 과제에 대한 평가 또는 학습한 내용에 대한 평가를 바탕으로 보상을 받는다.

(2) 협력교수

협력교수는 물리적으로 한 공간 속 다양한 학생들에게 두 명 이상의 교사가 실질적인 교수를 전달하는 것이다(김병룡, 2019). 따라서 일반학급에 통합되어 있는 학습장애 학생들의 특별한 교육적 요구를 수용하기에 효과적이라 할 수 있다. 협력교수는 교수계획, 교수실시 그리고 교수평가의 단계에서 교사들 간 협력이 필요하다. 협력교수의 예는 〈표 11-8〉과 같다.

〈표 11-8〉 협력교수의 예

학습주제	단 계	내 용
올림이 없는 (세 자리 수) × (한 자리 수)	교수 계획	▸ 사전협의 : 9월 4일 오후 4시부터 4시 30분까지 직접 만나 협의 실시 ▸ 협력교사 간 협의를 통한 수업 정보 공유 – 일반교사 : 처음 수업이니 교사용 지도서에 제시된 예시안을 참고로 수업을 진행해 보는 것이 어떨까요? – 특수교사 : 내가 학생들 전체 앞에 나서는 것이 익숙하지 않으니 이번에는 교사 설명과 시범 집단 학생들을 교수하는 것과 순회하면서 보조하는 역할만 맡겠습니다. – 일반교사 : ㅇ서ㅇ 학생과 ㅇ성ㅇ 학생은 어려움이 있는 아이들인데 교사 설명과 시범 집단에 참가시켜서 특수 선생님께서 좀 더 지원을 해주실 수 있으실까요? ▸ 기본 지도안 수정과 교수계획 – 제공된 기본 지도안에 충실하게 교수 학습활동을 진행 – 특수교사는 교사 설명과 시범 집단 학생 교수와 전체 학생 수업 시 지원역할을 함으로써 일반 학생을 대상으로 한 전체 수업에 적응 – 학습에 어려움이 있는 학생들의 상담을 통해 교사 설명과 시범 집단에 참가시키고 특수교사가 좀 더 집중적으로 지원

<table>
<tr><td></td><td>교수
실시</td><td>▶ 교사별 주요 수업활동 담당 내용
<table>
<tr><th colspan="2">수업단계</th><th>동기
유발</th><th>학습
목표
확인</th><th>선수학습
내용확인/
활성화</th><th>탐구활동/
안내된
탐구활동
집단지원</th><th>교사
시범과
설명 집단
교수</th><th>안내된
연습</th><th>독립된
연습</th><th>정리
(오류
교정)</th></tr>
<tr><td rowspan="2">담당
교사</td><td>일반</td><td>담당</td><td>담당</td><td>담당</td><td>담당</td><td>지원</td><td>담당</td><td>담당</td><td>담당</td></tr>
<tr><td>특수</td><td>지원</td><td>지원</td><td>지원</td><td>지원</td><td>담당</td><td>지원</td><td>지원</td><td>지원</td></tr>
</table>
</td></tr>
<tr><td></td><td>교수
평가</td><td>▶ 사후협의 : 9월 5일 오후 2시 10분부터 2시 20분까지 수업 직후 협의를 실시
▶ 협력교사 간 협의를 통한 수업 정보 공유
– 특수교사 : 선생님 아이들이 자릿값 오류를 많이 보이네요. 제가 도움반에서 아이들 자릿값 오류를 지도했던 적이 많은데 다음 시간에는 자릿값 오류를 보완할 수 있는 전략을 가지고 제가 아이들 계산오류를 찾고 설명해도 괜찮을까요?
– 특수교사 : ㅇ서ㅇ 학생과 ㅇ성ㅇ 학생이 지금 교사 설명과 시범 집단에 있기는 한데 모둠에 아이들이 너무 많아서 지도하기가 어려워요.
– 특수교사 : ㅇ성ㅇ이 수모형으로 자꾸 장난을 치고 수업에 집중을 안 해요.</td></tr>
</table>

출처 : 김병룡(2019) 발췌 수정.

❙ 참고문헌 ❙

교육부(2024). 특수교육연차보고서(정기국회 보고자료).

김병룡(2019). 일반교사와 특수교사의 협력교수를 통한 직접교수 제공이 초등 3학년 곱셈과 나눗셈 성취도와 수학태도에 미치는 영향-일반학생, 수학 학습장애 위험군 학생, 수학 학습장애 학생을 중심으로-. 단국대학교 대학원 박사학위논문.

김애화 · 김의정 · 김자경 · 최승숙(2012). **학습장애 이론과 실제**. 서울 : 학지사.

김애화 · 이동명(2005). 학습장애 선별 및 진단에 관한 문헌분석. **특수교육학연구**, 40(3), 191-230.

김원경 외(2021). **최신 특수교육학개론**. 경기 : 양성원.

박승희 · 최하영 · 박은영 · 김은하(2018). **특수교육요구 학습자 어떻게 가르칠 것인가, 증거기반 교수전략의 적용**. 경기 : 교육과학사.

추연구 · 김병룡 · 윤민영(2019). 학습장애 학생과 학습부진학생을 위한 수학중재연구의 질적 수준과 효과크기 분석 -준실험 및 실험연구를 대상으로-. **특수교육교과교육연구**, 12(4), 185-209.

홍성두(2006). 학습장애 진단을 위한 불일치 모형의 효율성 비교. 서울대학교 대학원 박사학위논문.

Alarcon, M., DeFries, J. C., Light, J. C., & Pennington, B. F.(1997). A twin study of mathematics disability. *Journal of Learning Disabilities, 30*, 617-623.

Dickman, S. J.(1990). Functional and dysfunctional impulsivity : Personality and cognitive correlates. *Journal of Personality and Social Psychology, 58*(1), 95-102.

Fletcher, J. M., Francis, D. J., Shaywitz, S. E. Lyon, G, R., Foorman, B. R., Stuebing, K. K., & Shaywitz, B. A.(1998). Intelligent testing and the discrepancy model for children with learning disabilities. *Learning Disabilities Research and Practice, 13*(4), 186-203.

Geary, D. C.(2003). Learning disabilities in Arithmetic : Problem-loving differences and cognitive deficits. In H. S. Swanson, K. R. Harris, & S. Graham. *Handbook of Learning Disabilities*(199-212). NY : Guilford Press.

Graham, S., & Harris, K. R.(2006). Students with learning disabilities and the process of writing : A meta-analysis of SRSD Studies. In H. L. Swanson, K. R. Harris, & S. Graham(Eds.), *Handbook of Learning Disabilities*. New York : Guilford.

Gresham, F.(2001). *Responsiveness to Intervention : An alternative approach to the identification of learning disabilities. Paper presented at the LD Summit*. Washington, DC : U. S. Department of Education.

Hallahan, D. P., Kauffman, J. M., & Lloyd, J.(1999). *Introduction to Learning Disabilities*.(3rd ed.). Boston : Allyn and Bacon.

Hallahan, D. P., Kauffman, J. M., & Pullen, P. C.(2009). *Exceptional Learners. An Introduction to Special Education*(11th ed.). Boston : Allyn & Bacon.

Hallahan, D. P, Lloyd, J. W., Kauffman, J. M., Weiss, M. P., & Martinez, E. A.(2005). *Learning Disabilities : Foundations, Characteristics, and Effective Teaching*. Boston : Allyn & Bocon.

Heath, N. L., Wiener, J.(1996). Depressing and non academic self-perceptions in children with and without learning disabilities. *Learning Disabilities Quarterly, 19*(1), 34-44.

Kavale, K. A.(2005). Identifying specific learning disability : Is responsive ness to intervention the answer? *Journal of Learning Disabilities, 38*(6), 553-562.

Kavale, K., & Forness, S.(1996). Social skill deficits and learning disabilities. A meta-analysis. *Journal of Learning Disabilities, 29*(3), 226-237.

Kuhne, M. & Wiener, J.(2000). Stability of social status of children with and without learning disabilities. *Learning Disabilities Quarterly, 23*(1), 64-75.

Lerner, J. W.(2003). *Learning Disabilities : Theories, Diagnosis and Teaching Strategies*(9th ed.). Boston : Houghton Mifflin.

Lerner, J. W., & Kline, F.(2006). *Learning Disabilities and Related Disorders*. Boston : Houghton Mifflin.

Mazer, S. R., Mclntyre, C. W., Murray, M. E., Till, R. E. & Blackwell, S. L.(1983). Visual persistence and information pick-up in learning disabled children. *Journal of Learning Disabilities, 16*(4), 221-225.

Mckeachie, W. J., Pintrich, P. R., & Lin, Y. G.(1985). Teaching learning strategies. *Educational Psychologist, 20*(3), 153-160.

Mercer, C. D., Jordan, L., Allsopp, D. H., & Mercer, A. R.(1996). Learning disabilities definitions and criteria used by state education department. *Learning Disabilities Quarterly*, 7, 87-95.

Ozlos, E. J., & Rourke, B. P.(1985). Dimensions of social sensitivity in two types of learning-disabled children. In B. P. Rourke(Ed.), *Neuropsychology of Learning Disabilities : Essentials of subtype analysis*(pp. 281-301). The Guilford Press.

Reynolds, C. R. & Willson, V. L.(1984). Crinical measurement issues in learning disabilities. *The Journal of Special Education, 18*(4), 451-476.

Schulte-Korne, G., ziegler, A., Deimel, W., Schumaker, J., Plume, E., & Bachmann, C.(2006). Interrelationship and family of dyslexia related quantitative measures. *Annals of Human Genetics,*

95, 2636-2641.

Shepard, L.(1983). The role of measurement in educational policy : Lessons from the identification of learning disabilities. *Educational Measurement : Issues and Practice, 2*(3), 4-8.

Siegel, L. S.(1989). IQ is irrelevant to the definition of learning disabilities. *Journal of Learning Disabilities, 22*, 469-486.

Simmons, D. C., & Kame'enui, E. J.(1998). *What Reading Research Tells Us about Children with Diverse Learning Needs : Bases and basics*. Mahwah, NJ : Erlbaum.

Sternberg, R.(1988). *The Triarchic Mind : A new theory of human intelligence*. New York : Viking.

Swanson, H. L.(1994). Short-term memory and working memory : Do both conti to out understanding of academic achievement in children and adults learning disabilities? *Journal of Learning Disabilities, 27*, 34-50.

Swanson, H. L., Hoskyn, M., & Lee, C.(1999). *Interventions for Students with Learning Disabilities : A meta-analysis of treatment outcomes*. New York : Guilford Press.

Xin, Y. P., & Jitendra, A. K.(1999). The effects of instruction in solving mathematical word problem-solving instruction on middle school students with learning disabilities. *The Journal of Special Education, 39*, 181-192.

CHAPTER 12

건강장애

2024년을 기준으로 건강장애 학생 배치현황을 살펴보면 전체 115,610명의 특수교육대상자 수 중 1,979명이 특수학교, 특수학급 그리고 일반학급에 배치되어 있다(교육부, 2024). 우리나라에서는 건강장애가 특수교육대상자에 포함된 것이 2005년 특수교육진흥법의 일부 개정에서부터이다. 따라서 이들 학생에 대한 교육적 조치 및 지원은 타 장애영역의 특수교육대상자와 미국, 일본, 독일 등의 외국에 비해 미흡하다.

건강장애 학생은 진료를 위하여 장기간 결석으로 인한 수업 결손, 또래집단과의 접촉 제한, 학교활동 전반에 걸친 경험 제한 등으로 사회적·정서적 고립감의 심리적 문제와 진학 및 진급 등에 대한 다양한 문제를 가지기 때문에 교육적 요구와 지원이 매우 복잡하고, 다양하다.

이 장에서는 건강장애의 정의와 진단 및 평가방법을 알아보고, 그들이 지니고 있는 다양한 특성에 따른 교육적 지원 방법 등에 대해 알아보고자 한다.

1 건강장애의 정의

건강장애는 일반적으로 소아암, 신장장애, 심장장애, 소아천식, 뇌전증 등을 포함한다. 건강장애의 의학적 진단을 위한 의학적 정의는 건강장애의 분류에서 하위유형별로 자세히 살펴보고 본 절에서는 법적인 정의만을 살펴보고자 한다.

세계보건기구(2001)는 한 개인의 장애와 기능을 건강 조건과 배경 조건 간의 복합적인 상호 관계로 구분하여 「국제기능 · 장애 · 건강분류」를 발표하였다. 이를 계기로 국내에서도 의학, 간호학, 보건학 등에서 주로 관심을 받아오던 만성질환자 혹은 만성질환이 있는 병 · 허약 학생이 특수교육대상자로 전환되었다(김은주, 2013). 우리나라에서 건강장애는 2005년 특수교육진흥법의 일부 개정 시 새로 추가된 장애영역이다. 미국 장애인교육법에서는 우리나라의 건강장애가 「기타 건강장애(other health impaired)」로 명시된다. 미국에서는 우리나라에서와 달리 주의력결핍 과잉행동장애(ADHD)가 건강장애에 포함되고 있다.

2008년부터 시행되고 있는 「장애인 등에 대한 특수교육법 시행령」 [별표](2016년 개정)에 따른 건강장애의 정의는 다음과 같다.

「장애인 등에 대한 특수교육법」의 건강장애 정의

만성질환으로 인하여 3개월 이상의 장기입원 또는 통원치료 등 계속적인 의료적 지원이 필요하여 학교생활 및 학업 수행에 어려움이 있는 사람

정의에 따르면 만성질환이 있다고 해서 모두 건강장애가 아니라 특수교육운영위원회에서 개별 특수학생의 의료적 진단 및 교육적 진단을 고려하여 선정할 수 있도록 하였으며, 선정이 되었더라도 상급 학교 진학 시 재선정이 가능하도록 하였다.

주로 소아암, 신장, 심장장애 등의 만성질환 치료를 위해 장기입원, 통원치료, 학교에 다니고 있을 때에도 지속적으로 별도의 건강관리가 필요한 경우가 해당되는 이들의 교육은 '건강'이라는 용어가 가지는 의료적인 색채로 인해 의료 · 보건 분야에서 다루어야 하는 장애 유형으로 오해받아 초기에는 교육현장에서 소외되어 왔다. 그러나 2005년 법정 특수교육대상자로 선정된 이후 달라지고 있다. 2006년부터 생겨나기 시작한 병원학교 운영과 화상강의 시스템을 이용하여 필요시 병원 및 가정에서 학습지원이 가능하도록 하는 등의 교육적 요구를 최대한 수용하고 있다.

2 건강장애의 분류 및 유형별 특성

2005년 3월 24일에 특수교육진흥법의 개정으로 건강장애가 특수교육대상자로 포함될 당시만 해도 심장장애, 신장장애, 간장애, 백혈병, 소아암과 같이 특정 하위유형을 제시하기도 하였다. 최근에는 하위유형별 항목을 규정하지는 않았지만, 특정 질환을 건강장애에 포함시킬지 여부에 관해서는 아직 논쟁의 여지가 많이 있다. 이 장에서는 소아암, 신장장애, 소아천식, 뇌전증에 대해서 살펴보고자 한다.

1) 소아암

(1) 소아암에 대한 기본 개념

소아암은 국내의 건강장애 아동 중 가장 많은 수를 차지하는 질환이다. 소아암은 아동·청소년기에 나타나는 암을 말하며, 가장 대표적인 질병으로 백혈병이 있다. 백혈병은 국내의 건강장애 아동 중 가장 많은 수를 차지하는 소아암의 한 종류이다. 백혈병은 어느 연령층에서나 발견되지만 3~6세 사이에 가장 많이 발생하며, 15세 이하의 소아암 중 1/3에 해당하는 경우가 가장 일반적이다(Bowe, 2000). 백혈병은 미성숙한 림프세포(lymphocytes)의 통제 불가능한 성장과 증식으로 인해 적혈구 수가 감소하고, 백혈구 수가 증가하는 혈액 형성 조직의 질병이다. 최근 의학·과학의 발달로 다양한 화학요법의 적용과 향상된 진단기법, 효과적인 중추신경계에 대한 예방치료로 인해 힘든 치료과정을 거쳐 완치될 수 있는 가능성이 높은 만성적 질병으로 인식되고 있다. 백혈병 외에도 아동·청소년기에 크게 백혈병, 림프종, 고형종양 등이 소아암으로 나타난다.

소아암은 주로 혈액이나 세포 등에서 발생하기 때문에 증상이 없는 경우가 많아 조기발견이 어렵다. 따라서 소아암으로 의심할 수 있는 징후의 관찰이 중요하다. 소아암의 일반적인 징후는 다음과 같다(소아암센터, 2013).

- 얼굴이 창백하고 빈혈이 지속됨
- 피가 잘 멎지 않음

- 온몸에 멍이 있는 경우가 잘 없어지지 않음
- 원인을 알 수 없는 발열이 3주 이상 지속됨
- 신체의 각 부위에서 통증이 3주 이상 지속됨
- 지속해서 두통을 호소하거나 구토가 나타나며 이러한 증상은 특히 새벽에 심해짐

(2) 소아암 아동의 특성

- 소아암 아동의 생존율이 높아지면 높아질수록 치료과정으로 인해 장기적으로나 단기적으로 인지와 사회·정서 및 행동에서의 문제가 발생하게 되고, 이로 인해 그들의 전체적인 기능이 저하되는 현상이 나타나게 된다.
- 3년간의 화학요법 치료를 받은 아동의 경우, 최근에 진단을 받아 치료를 시작한 아동들에 비해 집중, 기억, 구성, 표현 및 수용언어 기술 등을 포함한 상위 인지 기능에 대한 검사에서 더 낮은 점수를 받았다고 보고되고 있으며, 또한 치료가 끝난 아동 중 60%가 수학에서 학습장애를 보이고 있으며 수량적 기술, 소근육 운동, 시각과 운동 협응에 어려움을 겪는다고 본다.
- 백혈병 치료를 위하여 방사선 치료, 화학요법을 받았던 아동들의 학교기록, 출석 및 성취도 검사를 검토해 본 결과 읽기와 수학에서 또래보다 낮은 성취율을 보였고, 주의집중능력과 순서화능력 그리고 기억과 이해능력이 필요한 과제에서 어려움을 보였다고 보고된다.
- 백혈병 아동들 중 1/3이 학교 복귀 후 특수교육 서비스를 필요로 한다.

(3) 소아암 아동에 대한 치료 방법

소아암 아동에 대한 치료 방법은 항암 화학요법, 수술치료, 방사선치료, 조혈모세포 이식 그리고 면역치료가 있다. 항암 화학요법은 암세포를 죽이는 세포독성 약제를 사용하여 치료하는 것을 말한다. 수술치료는 종양을 완전히 절제하는 수술을 말하며, 방사선치료는 방사선으로 암 덩어리에 충격을 주어 암세포를 제거하는 방법이고, 조혈모세포 이식은 일반적으로 골수이식이라 불리는 치료방법을 의미한다. 마지

막으로 면역치료는 항암 화학요법이나 방사선 치료 등 치료 부작용을 최대한 줄이면서 인체의 면역기전을 이용하여 암세포를 제거하는 방법이다.

(4) 소아암 아동에 대한 조치 사항

백혈병과 같은 만성적인 질병을 경험한 아동들에게는, 특히 수학과 같은 수량적 영역에서 특수교육적 서비스가 필요하다.

2) 신장장애

(1) 신장장애에 대한 기본 개념

신장장애는 신체 내의 노폐물을 제거하여 적절한 수분과 전해질을 보유할 수 있도록 조절하는 기관인 신장의 기능이상으로 인해 일상생활 활동에 어려움을 가져온다. 장기간 신장 기능을 대신하는 치료가 필수적인 병이다. 만성신부전증은 신장 기능이 정상의 20~30% 이하로 저하된 경우로 소아의 경우 사구체 신염, 만성 신우신염, 방광요관 역류, 선천성 신장 기형 등의 주된 원인이 되어 나타난다. 중증 신부전 말기상태(ESRD : End Stage Renal Disease)의 경우 구토, 식욕부진과 같은 소화기 증상, 두통, 불안, 집중력 장애와 같은 정신증상, 사지 저림, 근력 저하와 같은 말초신경 장애, 면역기능 저하로 인한 감염 위험 증가, 빈혈 등을 보이게 된다. 신장장애의 징후로는 다음과 같은 증상들이 있다(대한신장학회 · 대한소아신장학회 · 보건복지부 · 질병관리본부, 2013).

- 소변에 단백이나 피가 섞여 나올 경우
- 몸이 붓거나 소변보는 횟수가 줄어든 경우
- 선천적으로 발견된 수신증이나 신장 요로계의 기형이 있을 때
- 요로감염이 있는 경우
- 급격하거나 만성의 신기능 장애가 있을 때

(2) 신장장애 아동의 특성

- 유아의 경우 식욕부진과 식이제한 등에 의한 열량 공급 부족, 만성 빈혈, 각종 내분비 장애 등으로 인한 신체적 성장장애를 보이며, 어린 뇌는 요독증(신장의 기능이 감소하면서 체내에 쌓인 노폐물이 배설되지 못해 나타나는 질환)으로의 이환성이 높기 때문에 뇌증, 지능발달 지연 등 심각한 부작용이 초래되는 수가 많다.
- 나이가 많은 학생은 호르몬 조절에 이상이 생겨 사춘기의 지연, 성적 성숙의 지연을 가져오게 되며, 이러한 신체적 미성숙이 학생에게 커다란 정신적 부담을 주어 심각한 정신과적 문제를 야기할 수도 있다.

(3) 신장장애 아동에 대한 치료 방법

신장장애 아동에 대한 치료방법은 투석이며, 투석은 혈액을 외부로 끌어내 혈액투석기에 의해 불순물과 수분을 적절한 수준까지 제거하는 혈액투석과 자신의 몸속에 있는 복막을 이용하는 복막투석이 있고, 칼륨이 많은 과일류의 섭취를 제한하는 등의 식이요법과 빈혈치료를 위해 조혈 호르몬제를 투여하거나, 부갑상선 기능 항진증을 예방하기 위한 비타민 D 주사가 필요한 경우도 있다.

(4) 신장장애 아동에 대한 조치 사항

신장장애 아동은 장기간에 걸친 투석치료 과정에서 여러 가지 정서적, 심리적 스트레스를 경험한다. 그리고 인공적인 방법에 의해 생명을 연장시키고 있다는 점으로 인해 우울 및 자살기도, 불안, 공포, 강박적 사고와 신체개념 왜곡 등의 정서적 반응이 나타나므로 이를 고려한 지도가 필요하다.

3) 소아천식

(1) 소아천식에 대한 기본 개념

소아천식은 호흡기 증상을 일으키는 알레르기 질환이다. 호흡통로에 여러 가지

자극으로 염증이 생기고 협착을 야기하는 다양한 물질에 대해 민감성이 증가되어 공기의 원활한 흐름을 방해하여 호흡에 어려움을 느끼게 한다.

(2) 소아천식 아동의 특성

- 천식 자체가 직접적으로 학습에 문제를 야기하는 것은 아니지만, 질병으로 인해 학교에 결석을 자주 하거나, 학교에 등교했을 경우에도 기분이 불쾌하거나, 집중을 할 수 없어 새로운 기술과 정보 습득에 어려움이 있다.
- 지속적인 스테로이드 복용 등 약물 복용의 가장 큰 부작용으로 침체된 기분, 두려운 느낌, 단기기억 장애 등이 있다.
- 무산소증으로 인한 뇌 상해, 학교 결석, 집중을 방해하는 병의 증세들, 그리고 청각장애를 야기하는 귀의 감염, 수면 부족, 질병을 치료하기 위한 방법으로 인한 부작용 등으로 인해 학교생활에서 어려움을 경험할 수 있다.
- 학업성취 수준과 질병 간의 상관관계는 보이지 않고 있으며, 주의집중장애와 천식이 관련 있다는 가설도 논쟁의 여지가 있다.

(3) 소아천식 아동에 대한 치료 방법

소아천식 아동의 치료 방법으로는 환경요법, 약물치료, 면역요법, 체력단련요법 그리고 식이요법이 있다. 환경요법은 생활환경에 알레르기 항원을 피할 수 있도록 생활환경을 개선하는 방법이다. 약물치료는 천식을 개선하기 위한 약물을 활용하는 것이고 면역요법은 천식 원인 항원을 적은 농도에서 점차 증량 주사하여 면역력을 키우는 치료법이며, 체력단련요법은 체력을 단련시키고 자율신경의 실조를 개선하는 방법이다. 마지막으로 식이요법은 영양관리를 통해 면역력을 높여가는 방법이다.

(4) 소아천식 아동에 대한 조치 사항

천식 발작이 나타날 때 조치 사항은 다음과 같다.

- 호흡하기 좋은 환경을 만들어 준다. 실내공간을 환기시켜 신선한 공기를 마시게 하고, 호흡을 천천히 길게 내쉬도록 하며 천식치료약이 있다면 마시게 한다(김정연, 2020).
- 호흡하기 좋은 자세를 취하게 해준다.
- 응급상황에서는 천식 아동의 처치도 중요하지만 다른 아동들도 함께 있으므로 침착하고 차분하게 대처한다.
- 즉시 병원에 가야 하는 상황은 다음과 같다.
  - 이전에 극심한 발작으로 중환자실에 입원한 경험이 있는 경우
  - 기관지 확장제 투여 후에도 즉시 반응이 없고 1시간 동안 반응이 지연되는 경우
  - 호흡곤란이 심하고 입술이나 손끝이 파랗게 되는 경우
  - 경구 스테로이드 투여 후 시간이 지나도 증상이 좋아지지 않는 경우
  - 속효성 기관지 확장제 투여 후에도 최대호기속도가 예측치의 60% 미만인 경우

4) 뇌전증

(1) 뇌전증에 대한 기본 개념

뇌전증은 뇌의 비정상적인 전기 방전으로 일시적 의식 상실과 이상행동에서 전신 강직과 간대 발작을 일으키기까지 다양한 증세를 보이는 만성 신경계 장애의 일종이며, 전 세계 인구의 약 1%는 이 증상을 나타내고 있는 것으로 보고되고 있다(신영희, 2004). 아동기에 발생하는 뇌전증의 80%는 약물로 조절이 가능하다. 이 중 30~40%는 완치가 가능하나 40~50%는 약물 복용을 중단하면 재발하는 것으로 파악되고 있다. 뇌전증의 경우 꾸준한 자기관리를 통해 정상적인 생활이 가능한 것으로 보고되고 있긴 하나 예측할 수 없는 발작 증세로 인해 부정적인 대우를 받는 경우가 많다(신영희, 2004).

뇌전증의 증상은 여러 가지가 있으며, 전신 긴장성-간대성 발작(generalized tonic-clonic seizure)은 대발작이라고 하며 가장 눈에 띄고 심각한 발작이다. 이 발작을 하

는 아동은 징후도 없이 근육이 경직되며 의식을 잃고 바닥에 쓰러진 후 근육이 수축과 이완을 반복하며 몸 전체가 심하게 흔들리고, 입에서 침이 나오고, 팔과 다리는 비틀리고 방광과 내장이 비워진다. 대부분 수축은 2~3분 안에 끝나고 아동은 혼란스럽거나 맥 빠진 상태에서 잠이 들거나 의식을 회복한다. 하루에 여러 번씩 자주 일어나거나 일 년에 한 번 정도로 드물게 나타나기도 하며 밤보다 낮에 더 잘 발생한다. 부재발작(absence seizure)은 전신 긴장성보다는 훨씬 덜 심각하다. 순간적으로 의식을 잃고, 몇 초에서 1분 30초 정도 발작이 지속된다. 멍하게 바라보고, 눈꺼풀을 떨거나 깜빡거리고, 얼굴이 창백해지거나 잡고 있는 것을 떨어뜨리기도 한다. 복합부분발작(complex partial seizure)은 짧은 기간 동안 부적절하거나 목적 없이 활동하는 형태로 나타나고, 보통 2~5분간 지속되며, 발작 후 아동은 발작 중의 일들에 대해 대부분은 기억을 못하지만, 일부 아동들은 발작 중에 질문에 대답하기도 한다. 단순부분발작(simple partial seizure)은 의식이 있는 상태에서 일어나는 돌발적인 행동이 특징이며, 매주 또는 매달 나타나거나 1년에 1~2번 나타날 수도 있다.

(2) 뇌전증 아동의 특성

- 뇌전증 아동들의 경우 과도한 양의 약물을 복용해야 하며 이 약물이 아동의 행동이나 학습에 부정적인 영향을 줄 수 있다. 부작용으로 졸음, 메스꺼움, 체중 증가, 잇몸의 경화 등이 나타날 수 있어 여러 가지 정서적 불안을 겪을 수 있다.
- 최근에는 약물요법, 식이요법, 수술 등을 통해 긍정적인 예후를 나타내고 있긴 하나, 예측하지 못한 상황에서 발작을 할 수 있다는 심리적 부담감으로 행동이 위축될 수 있다.

(3) 뇌전증 아동에의 대처

전형적인 발작은 의료적 응급상황은 아니지만 현명하게 대처하는 것이 중요하다. 한 아동이 교실에서 대발작 증세(generalized tonic-clonic seizure)를 보였을 때, 교사는 다음과 같은 절차를 따라야 한다.

- 침착하게 대처하라. 다른 아동들에게 발작 증세를 보이는 아동이 곧 좋아질 것이라고 안심시킨다.
- 발작 증세를 보인 아동을 바닥에 편안하게 있도록 하고, 다치지 않게 주위를 깨끗이 치운다.
- 평평한 곳에 눕히고, 머리 아래에 부드러운 것을 두어 몸이 비틀릴 때마다 바닥에 부딪히지 않게 한다.
- 교사는 발작을 멈추게 할 수 없으므로 가만히 지켜보는 것이 좋다. 무엇보다 아동의 의식을 억지로 회복시키려 하지 말고 아동의 움직임을 방해하지 말자.
- 아동을 부드럽게 바로 눕힌다. 기도를 유지시키고 침을 닦아주고 입을 억지로 열거나 혀를 당기지 말고, 입안에 아무것도 넣지 않는다.
- 발작이 멈추면 아동이 의식을 회복할 때까지 휴식을 취하게 한다.
- 발작 동안 호흡은 얕아질 수 있고 짧게 멈출 수도 있기 때문에 아동의 기도를 막는 것이 있는지 확인하고 인공호흡을 한다.

발작 후 회복시기는 사람마다 다르다. 그러므로 아동이 휴식을 취하도록 한다. 아동이 교실에 있기를 원하면 그렇게 하도록 해야 한다. 왜냐하면 학습 활동에 계속적으로 참여하는 것이 아동을 심리적으로 덜 힘들게 할 수 있기 때문이다. 어떤 아동이 자주 발작을 한다면 교사와 급우들은 일상적으로 발작에 대처할 수 있어야 한다. 발작이 5분 이상 지속된다면 응급조치를 해야 한다.

출처 : Adapted from Epilepsy Foundation of America(1994).

3 건강장애아의 일반적 특성

건강장애 아동의 특성은 건강 상태가 만성적인지 혹은 일시적인지, 아동이 필요로 하는 의료적 상태는 어떠한지에 따라서 다양하게 나타나고 있기 때문에 전반적으로 나타나는 학업 및 사회·정서적 특성을 중심으로 알아보고자 한다.

1) 학업 특성

건강장애 아동의 학업 특성은 입원치료로 인한 장기결석과 혈액투석이나 병원치료 등의 통원치료로 단기간의 학업 결손 누적, 병의 악화와 재발 때문에 반복적으로 입원하게 되고, 이에 따른 수업결손 등으로 자신의 능력에 비해 낮은 성취를 보이게 된다는 것이다. 질병의 심각도와 학업 수행과 뚜렷한 관련성을 찾기는 어렵지만 만성질환 치료로 인한 장기결석은 학교에서 건강장애 학생의 학업 수행에 영향을 미칠 수도 있다(강영심 외, 2010).

또한 당뇨나 소아암과 같은 만성적인 질병을 가지고 있는 건강장애 학생들은 질병 자체가 학업에 영향을 미치는 직접적인 원인이 되는 경우와 방사선 치료나 화학요법 등의 치료과정에서 원인이 되는 경우 그리고 그 기간 동안 경험하는 피곤함으로 인해서(김은주, 2006) 학업상에 어려움을 겪는 경우가 있다. 예를 들어, 당뇨병이 있는 학생의 경우 저혈당(hypoglycemia)으로 인해 학업 수행과 집중에 어려움을 경험하며, 백혈병이 있는 학생은 치료로 인해 다양한 인지적 능력이 손상된다(Brown & Madan-Swain, 1993). 이처럼 질병을 치료하는 과정에서 장기간의 약물복용이나 스테로이드 약물의 단기복용 등으로 인해 불면증과 주의력결핍 및 인지처리과정에서 손상이 유발되어(Thies, 1999), 학업적 어려움을 경험할 수 있다.

2) 사회 · 정서적 특성

건강장애 아동은 만성질환으로 오랜 병원생활을 하거나 수술, 약물복용, 화학요법 등의 장 · 단기적인 치료를 받는 동안 다양한 정서적인 변화와 갈등을 경험하게 되고, 부모로부터의 과잉보호를 받게 되고, 학급의 교사들에게는 특별한 대우를 받는 것으로 여겨져 또래 간의 긍정적인 관계를 맺는 데 어려움을 겪는다(한경근 외, 2004; Norris & Closs, 1999).

이들이 겪는 다양한 정서적 어려움과 갈등에 대해 Key 등(2001)은 만성질환의 청소년은 심각한 중등도 이상의 우울증후군을 갖고 또 Thompson과 Gustafson(1996)은 적응행동 영역에서 심각한 문제행동과 주로 낮은 자존감, 사회적응문제, 부적응행동,

우울증을 나타낸다고 한다. Thies(1999)는 만성질환의 학생들은 또래보다 두려움과 우울증을 더 경험하며, 치료과정에서 스테로이드계 약물의 부작용으로 기분 저하, 두려움이나 슬픔, 불면증과 주의력결핍 등의 문제가 생길 수 있으며, 또한 장기적인 스테로이드계 약물복용으로 인한 부작용으로 시각손상, 골절손상, 체중과다가 초래된다고 하였다. 그리고 Brown과 DuPaul(1999)은 학교생활 중 많은 활동에서의 참여 제한으로 오는 고립감과 또래나 교사와의 폭넓고 장기적인 관계를 형성하지 못하는 심리·사회적 불안감 등이 나타난다고 하였다.

이러한 심리적 특성들을 완화하기 위해서는 또래와 주위의 교사들에게 건강장애 학생에 대한 충분한 이해 교육을 하여 그 학생이 지나친 관심의 대상이 되지 않도록 배려하여야 한다. 또한 일상생활에서 도와주는 방법을 알려주고, 학교에 결석할 때 지속적으로 또래들과 상호작용할 수 있는 기회를 만들어 주어, 학교로 복귀할 때의 부담감을 최소화해 주어야 한다.

4 건강장애 학생을 위한 교육적 접근

1) 건강장애 학생 교육을 위한 기본원리

건강장애 학생들을 위한 교육적 접근은 질병의 유형, 진행·회복 정도, 정서·학업적 적응의 정도에 따라 개인차가 매우 크므로, 획일적인 교육과정 접근이 어렵다(박은혜·박지연·노충래, 2005). 따라서 개별화된 학습지원과 교육기회 확보로 학습권을 보장해 주고, 심리·정서적으로 균형 잡힌 지원으로 학교생활에 잘 적응할 수 있도록 다음 〈표 12-1〉과 같은 다양한 교육적 서비스를 지원하는 것이 필요하다.

또한 병원과 학교 등 교육환경이 바뀌게 되는 경우가 많으므로 교육이 체계적이고 연계성을 확보하기 위해 다음 |그림 12-1|과 같은 가정-학교-병원학교 간에 정보를 공유하는 것이 바람직하다(박은혜·이정은, 2003). 건강장애 학생 교육의 정상화를 위해 병원학교, 화상강의 시스템, 순회교육(방문교육) 등 다양한 방법을 통해 접근해야 한다.

〈표 12-1〉 건강장애 학생을 위한 교육적 지원방안

1. 건강장애 학생 선정 및 무상교육 제공	• 만성질환 치료를 위한 장기 의료처치가 요구되어 연간 수업일수 중 3개월 이상 결석 및 이로 인한 유급 위기에 처해있으면서 학교생활 및 학업 수행에 어려움이 있어 특수교육 지원이 요구되는 자를 건강장애로 선정하여 무상교육 혜택 여부 및 순회교육 · 병원학교 · 화상강의 등 다양한 방법을 통해 출석일수를 확보하여 상급학교 · 학년으로 진학하도록 지원
2. 건강장애 학생을 위한 개별화된 교육지원 및 심리 · 정서적 적응 지원	• 개별화교육계획 수립 : 개별화 건강관리 계획은 물론 병원학교 · 화상강의 시스템 등을 이용한 수업일수 확보 계획을 포함하고, 학생 연령과 학업 수준에 따라 학업중심 교육과정과 심리 · 정서적 적응 지원의 균형을 유지 • 사이버 가정학습 서비스, 화상강의 시스템 시범 운영 등을 이용하되, 담임교사, 특수교사, 학부모 도우미, 교사 자원봉사단, 예비교사 등이 일대일 상담 및 지도 등 지속적으로 관리하여 학년별 · 과목별 진도에 따라 학습할 수 있도록 함 • 일반 학생 봉사점수제 활용, 캠프, 기타 다양한 방법을 통한 심리 · 정서적 적응 지원으로 치료 효과 증진 및 학교생활 적응 도모
3. 병원학교 교육과정 운영	• 배치된 특수교사 외 인근 학교 교사 자원봉사단 · 예비교사 도우미 등의 방문교육, 사이버 가정 학습 서비스, 화상강의 시스템을 적극 활용 • 학사 관리 : 병원학교의 수업참여를 출석으로 인정하도록 조치 • 최소 수업시간 : 유치원생 · 초등학생 1일 1시간 이상, 중 · 고등학생 1일 2시간 • 병원학교 교육과정 연구학교 결과 적극 활용
4. 통원치료 중인 학생에 대한 교육지원방안	• 건강장애로 선정 후 개별화교육계획을 수립하되, 통신교육, 가정교육, 출석교육, 체험교육 등 교육방법의 다양화를 통해 연간 수업일수 확보 방안을 개별화교육계획에 포함

출처 : 교육과학기술부(2009).

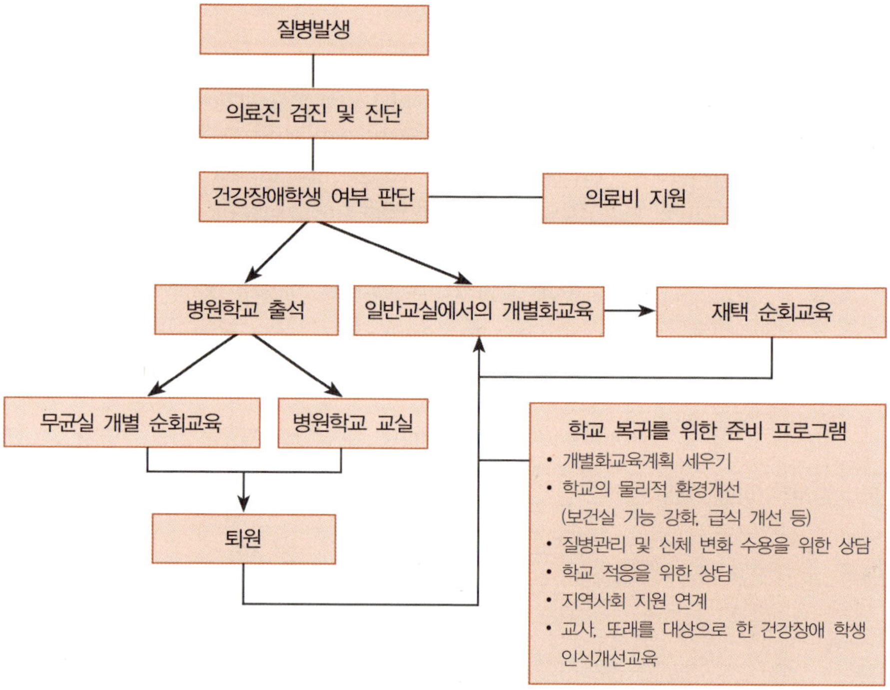

|그림 12-1| 건강장애 학생을 위한 교육전달 체계

출처 : 박은혜 외(2005).

2) 건강장애 학생을 위한 특수교육적 접근

(1) 병원학교를 통한 교육

병원학교는 장기 입원이나 장기 통원치료로 인해 학교 교육을 받을 수 없는 건강장애 특수교육대상자를 위해 병원 내에 설치된 파견학급 형태의 학교로서 장기치료를 받는 학생들에게 학업의 연속성 및 또래관계를 유지시켜 주고 심리·정서적 안정으로 인한 치료효과를 증진하는 데 운영의 목적이 있다(김은주, 2006). 병원학교는 병원 자체 운영과 교육청 소속 파견학급 형태의 운영이라는 두 가지 유형으로 구분되며, 운영 주체에 따라 교육과정 운영 방식도 달라진다(김혜리, 2012).

2009년 병원학교 현황 조사에 따르면 월 평균 829명의 건강장애 학생이 병원학교를 이용한 것으로 조사되었다. 이 중 백혈병과 소아암 환아가 1,340명으로 가장 많은 것으로 나타났다. 이용 기간별로는 1개월 미만이 가장 많았으며, 6개월~1년, 1개월~3개월 순으로 나타났다(박성우 외, 2010).

또한 건강장애 학생들이 병원학교에서 교육받고 있는 형태로는 병원 내의 교실에서 개별 또는 그룹으로 교육을 받는 형태(51.5%)가 가장 많았고, 교실에서 교사에게 개별지도를 받는 형태(27.3%), 사이버 교육(18.2%)의 순으로 나타났다. 그리고 이들이 학습하고 있는 교육내용은 학생의 현재 학습 수준에 근거한 내용(57.6%), 제 학년 수준의 교육과정 내용(18.2%), 예체능 중심의 활동내용(21.2%), 특수학교 교육과정(3.0%)의 순으로 나타났다(박은혜·박지연·노충래, 2004). 위 결과에서 볼 수 있듯이 병원학교 운영에 필요한 교육의 형태나 내용에 학생과 학부모의 요구가 충분히 반영된 학생 수준에 맞는 개별화된 교육과정을 마련하는 것이 필요하다.

2021년을 기준으로 건강장애 학생 교육지원을 위해 설치·운영하고 있는 병원학교는 33개교로 44명의 인력이 담당하고 있으며 월 평균 이용 건강장애 학생 수는 363명이다. 병원학교에 배치된 학생에게 교과교육, 체험활동, 방과후활동 등을 제공하여 지속적인 학교교육을 지원하고 있다(교육부, 2021). 병원학교 운영현황은 〈표 12-2〉와 같다.

〈표 12-2〉 병원학교 운영현황

시·도	병원명 또는 병원학교명	월평균 이용 학생 수	담당 인력 수
서울(9)	국립정신건강센터 참다울 학교	–	특수교사 3
	고려대학교구로병원 병원학교	8	사회복지사 1
	삼성서울병원 병원학교	52	일반교사 1
	서울대학교병원 어린이병원학교	27	평생교육사 1, 일반교사 1
	서울성모병원 병원학교	31	의료사회복지사 1, 사회복지사 1
	서울아산병원 병원학교	16	의료사회복지사 1
	연세암병원 병원학교	41	일반교사 1, 심리상담사 1
	원자력병원 병원학교	4	사회복지사 1
	한양대학교병원 병원학교	4	일반교사 1

부산(3)	동아대학교 병원학교	6	특수교사 1
	인제대학교 부산백병원학교	7	특수교사 1
	인제대학교 해운대백병원학교	2	특수교사 1
대구(4)	경북대학교 병원학교	8	특수교사 1
	계명대학교 동산병원학교	5	특수교사 1
	대동병원학교	2	특수교사 1
	영남대학교 병원학교	6	특수교사 1
인천(1)	인하대학교 병원학교	34	특수교사 1
광주(1)	학마을 병원학교	12	특수교사 1
대전(1)	충남대학교 병원학교	9	특수교사 1
울산(1)	다솜병원학교	6	특수교사 3
경기(2)	국립암센터(밝은 교실)	8	특수교사 2
	파주재활병원(한울빛교실)	6	특수교사 2
강원(1)	강릉아산병원학교	2	특수교사 1
충북(1)	충북대병원학교	4	특수교사 1
충남(3)	국립공주병원어울림병원학교	5	특수교사 1
	단국대학교병원학교	6	특수교사 1
	아람메디컬학교	9	특수교사 1
전북(1)	전북대학교병원 병원학교	3	특수교사 1
전남(2)	느티나무병원학교	7	특수교사 1
	여미사랑병원학교	15	특수교사 2
경남(2)	경상대학교병원어린이병원학교	7	특수교사 1
	부산대학교어린이병원학교	10	특수교사 2
제주(1)	제주대학교병원학교	1	특수교사 1
계	33	362	44

출처 : 교육부(2021).

(2) 건강장애 학생을 위한 원격교육

원격교육시스템은 장기 입원뿐만 아니라 장기 요양이 필요한 건강장애 특수교육대상자일 경우 공간이나 시간에 관계없이 학습할 수 있는 일종의 사이버 유비쿼터스 교수-학습 시스템이다. 병원학교 소속 학생도 이용할 수 있으며, 가정이나 시설 등에서 장기요양 중인 학생들도 이용 가능하다(강윤정 · 한경임, 2014). 인터넷을 통한 일대일 원격교육을 통해 공부를 지속적으로 할 수 있으며, 학교 출석으로 인정받을 수 있다. 원격교육의 교육과정은 특수교육 교육과정 교과의 학년별 내용체계에 따라 학년별로 국어 · 수학 · 영어 · 사회 · 과학의 교과를 주당 1~4시간으로 배정하여 운영하며, 그 외 심리 · 정서적 지원을 위해 다양한 야외 학습 및 체험학습, 특별활동 등을 실시하고 있다. 2021년을 기준으로 건강장애 학생 학습 지원을 위해 3개 기관에서 원격수업시스템을 운영 중이며, 시스템을 이용하는 건강장애 학생은 1,482명이고, 월 평균 이용 학생 수는 1,879명이다. 원격수업시스템 운영 기관 현황은 〈표 12-3〉과 같다.

〈표 12-3〉 원격수업시스템 운영 기관 현황 (단위 : 학급, 명, 일)

시 · 도	학급 수	강사 수	전체 학생 수			월 평균 이용 학생 수	개별학생 평균 이용일
			건강장애	기타	계		
꿀맛무지개교실 (서울특별시교육청)	14	14	206	46	252	235.3	50.03
꿈사랑학교 (경상남도교육청)	44	27	701	166	867	838	88
스쿨포유 (한국교육개발원)	36	34	575	293	868	806	51.9
계	94	75	1,482	505	1,987	1,879.3	189.93

출처 : 교육부(2021).

현재 건강장애 및 요보호학생들은 꿀맛무지개교실, 꿈사랑학교 그리고 스쿨포유와 같은 원격수업시스템을 이용하고 있다. 요보호학생이란 건강장애 학생의 선정 기준에는 적합하지 않으나, 화상, 교통사고 등의 심각한 외상적 부상으로 불가피하게 장기 결석(3개월 이상)이 예상되는 학생을 말한다. 원격교육기관에 입교하는 절차의 예는 다음과 같다.

① 건강장애 진단 후 먼저 원격교육기관의 이용 허가 공문 1부와 홈페이지에서 입학신청서를 다운받아 직접 학부모가 작성하여, 학교 담임선생님의 확인을 받아 팩스로 보내면 입학이 가능하다.

② 입학서류는 원격교육기관 이용 허가 공문 1부, 입학신청서 1부이다. 입학신청서는 원격교육기관의 홈페이지에서 다운을 받으면 된다. 입학신청서를 다운받아 학교에서 담임교사의 확인란에 확인을 받고 교육청에서 발급한 원격교육기관 이용 허가 공문과 함께 팩스로 보내면 입학이 된다.

③ 입학서류가 완비되었으면 입학 당일 원격교육기관 담임교사가 직접 학생이나 학부모님께 전화를 드려서 수강안내 전반에 대해 자세히 알려준다. 서류가 잘 들어갔는지 확인한 후 안내를 받기 전까지 기다리면 된다.

④ 학교를 통해 다음의 서류를 교육청에 접수하면, 교육청에서 심의를 거쳐 입학 허가 공문을 발급한다. 구비서류는 다음과 같다.

가. 특수교육대상자 진단 · 평가 의뢰서

나. 특수교육대상자 기초조사 카드

다. 진단서(병명과 증상 및 향후의 학교생활에 미칠 영향 기재)

라. 출석부 복사본(결석과다로 유급 위기에 처했음을 입증하는 서류임)

건강장애 학생을 위한 병원학교 · 원격교육의 출결관리 및 성적처리와 관련된 지침은 〈표 12-4〉와 같다.

〈표 12-4〉 병원학교 · 원격교육의 출결관리 및 성적처리 관련 지침

지 침	내 용
학적관리지침 (교육부 훈령 제195호 별지 제8호)	7. 병원학교 및 원격수업 등 정보매체를 이용하여 수업을 받는 건강장애 학생의 학적 및 성적처리 • 병원학교 및 원격수업 등 정보통신매체를 이용하여 수업을 받는 건강장애 학생의 학적은 소속학교에 두고 성적 및 평가는 소속학교 학업성적관리위원회의 결정에 따라 처리한다. – '소속학교'라 함은 학생의 학적이 있는 학교를 말한다.

출결관리 지침 (교육부 훈령 제195호 별지 제8호)	2. 결석 다. 질병으로 인한 결석 (3) 병원학교 및 원격수업 등 정보통신매체를 이용하여 수업을 받는 건강장애 학생이 결석한 경우 7. 병원학교 및 원격수업 등 정보통신매체를 이용하여 수업을 받는 건강장애 학생의 학적 및 성적 처리 • 출결처리 – 병원학교 및 원격수업 등 정보통신매체를 이용하여 수업을 받는 건강장애 학생의 출결을 반드시 확인해야 하며, 출결은 병원학교 및 원격수업 등 정보통신매체의 출결확인서에 따른다. – 병원학교 및 원격수업 등 정보통신매체를 이용한 수업에 출석하지 않은 경우에는 별지 제8호 및 시 · 도교육청의 규칙과 지침에 따라 결석 처리한다.
학년 수료 및 졸업에 관한 규정 (초 · 중등교육법 시행령 제50조)	제50조(수료 및 졸업 등) ① 학교의 장은 학생의 교육과정의 이수정도 등을 평가하여 학생의 각 학년과정의 수료 또는 졸업을 인정한다. ② 학생의 각 학년과정의 수료에 필요한 출석일수는 제45조의 규정에 의한 수업일수의 3분의 2 이상으로 한다. ③ 학교의 장은 당해 학교의 교육과정을 이수하였다고 인정하는 자에게 졸업장을 수여한다.
학교 생활기록 작성 및 관리 지침 (교육부 훈령 195호 별지 제8호)	6. 정보통신매체를 이용하여 수업을 받은 학생의 학적 및 성적처리 • 교육감이 지정한 교육기관 등에서 초 · 중등교육법 시행령 제48조 제4항(학교의 장은 정보통신매체를 이용하여 수업을 운영할 수 있다)에 따라 정보통신매체를 이용한 수업을 전부 혹은 일부를 받은 학생의 경우 위탁학생에 준하여 학적 및 성적을 처리한다. • 출결처리 – 정보통신매체를 이용하는 학생의 출석 및 수강 여부는 반드시 확인해야 하며 출석 확인 방법은 위탁교육기관의 운영 방법 및 형태에 따라 달리 정할 수 있다. – 정보통신매체를 이용한 수업에 출석하지 않은 경우에는 별지 제8호 및 시 · 도교육청의 규칙과 지침에 따라 결석 또는 결과 처리한다. • 성적처리 – 정보통신매체를 이용하여 수강한 과목의 성적처리는 별지 제9호 및 시 · 도교육청 학업성적관리 지침에 따른 위탁교육기관의 학업성적관리 규정에 따라 처리한다. – 시 · 도교육청 및 위탁교육기관에서는 해당 과목의 이수 인정 기준으로 학생의 출석률을 설정할 수 있으며, 출석률이 기준에 못 미쳤을 때

는 학교생활기록부에는 해당 과목 관련 내용을 일절 기재하지 않는다.

7. 병원학교 및 원격수업 등 정보통신매체를 이용하여 수업을 받는 건강장애 학생의 학적 및 성적 처리
   - 병원학교 및 원격수업 등 정보통신매체를 이용하여 수업을 받는 건강장애 학생의 학적은 소속학교에 두고 성적 및 평가는 소속학교 학업성적관리위원회의 결정에 따라 처리한다.
     - '소속학교'라 함은 학생이 학적이 있는 학교를 말한다.
   - 출결처리
     - 병원학교 및 원격수업 등 정보통신매체를 이용하여 수업을 받는 건강장애 학생의 출결은 반드시 확인해야 하며, 출결은 병원학교 및 원격수업 등 정보통신매체의 출결확인서에 따른다.
     - 병원학교 및 원격수업 등 정보통신매체를 이용한 수업에 출석하지 않는 경우에는 별지 제8호 및 시 · 도교육청의 규정과 지침에 따라 결석 처리한다.
   - 성적처리
     - 병원학교 및 원격수업 등 정보통신매체를 이용하여 수업을 받는 건강장애 학생의 성적처리는 소속학교 학업성적관리규정에 따라 처리한다.
     - 병원학교 및 원격수업 등 정보통신매체를 이용하여 수업을 받는 건강장애 학생의 평가(수행평가, 지필평가)는 평가 당일 소속학교에 출석함을 원칙으로 하며, 부득이한 경우 소속학교 학업성적관리위원회의 결정에 따른다.

(3) 순회교육

건강장애 학생들은 장기간의 학습결손을 지원해 줄 수 있는 교육 형태 중 순회교육을 주로 선호하며(박은혜 외, 2005), 이는 소속 학교의 일반교사와 특수교사, 혹은 특수교육지원센터의 순회교육 교사가 학생이 있는 각 가정에 직접 방문하여 매주 2~3회 지도해 주는 것이다.

순회교육은 건강장애 학생들의 학습권 보장을 위해 장기 결석 시에는 소속 학교로부터 방문교육을 요청할 수 있으며, 부모가 동의하고, 특수교육운영위원회에서 교육 및 심리적 지원의 질적인 측면을 신중하게 고려 및 종합적으로 판단하여 순회교육 여부를 결정한다.

3) 건강장애 학생의 통합교육을 위한 접근

건강장애 학생의 통합교육에 있어서 가장 크게 관심을 가져야 하는 것이 바로 학교로의 복귀이다. 건강장애 학생들의 궁극적인 교육성과는 학교로 복귀하는 것이다. 병원학교나 원격수업을 통해 교육적 지원을 받는다고 해도 학교활동에 참여하지 못하면 또래 학생들이 하루 종일 학교에서 접하게 되는 수많은 직·간접 경험들을 동일한 수준으로 제공받는다고 할 수 없기 때문이다. 따라서 건강장애 학생들이 의료적인 치료를 마치고 원활하게 가정 및 학교에 수용될 수 있도록 부모뿐만 아니라 교육청 및 학교 차원의 지원을 강화해 나가야 한다.

〈표 12-5〉 원적학급 복귀에 영향을 미치는 요인

구 분	학 생	부 모
신체적 변화	• 체중증가(감소) • 탈모, 통증, 수술 흉터나 치료 흔적, 운동기능장애, 청력감퇴, 피로, 백혈구 수치 감소, 성장 지연 • 변화된 외모(스트레스-자동 폐쇄성-두려움) • 합병증으로 인한 오심, 구토, 통증 등 신체적 피곤	• 아픈 아이를 학교에 맡기는 것에 대한 죄의식 • 학교와 담임교사에게 접근성 및 면담 등의 고민 • 학교 부적응에 대한 노심초사(불안, 부정적 사고) • 친구관계(놀림, 왕따, 두려움) • 스트레스로 인한 재발 가능성에 대한 불안함
정서·행동 변화	• 한정된 공간 사용으로 우울 및 불안, 공격적 성향, 사회적 고립, 자아정체감 혼동 • 학년이 올라갈수록 생각의 고착화 • 마음의 문을 닫음(자포자기) • 상급학교로 갈수록 병에 대하여 감추려는 성향	
학업에 미치는 변화	• 인지능력의 변화, 집중력과 기억력 감퇴, 빨리 읽거나 정확히 읽기 어려움, 진도 따라가기, 조직적으로 계획하고 정리하는 데 어려움, 칠판에 있는 내용을 받아 적는 데 어려움 • 진료로 인해 수업을 빠진다거나 자주 결석을 하여 학습생활 참여율 저조 • 장애요인이 많아지면서 학업성취도가 낮아지기 쉽고 불안 및 자존감 상실에 직면	

출처 : 부산광역시교육청(2010).

치료 종결 후 원적학급 복귀에 영향을 미치는 요인으로는 〈표 12-5〉와 같은 내용을 들 수 있다. 건강장애 학생을 위한 교육 및 지원서비스는 그들이 가지고 있는 병의 원인과 진행·회복 정도가 다양하고, 의료 분야와 연계를 전제로 하기 때문에 교사 단독으로 일관성을 유지하기는 매우 어렵다. 따라서 건강장애 학생을 지도하는 교사는 건강장애 학생 특성에 대한 충분한 이해를 바탕으로 부모, 의료분야 전문가와 함께 협력하면서 지원에 최선을 다해야 할 것이다.

그러나 병원학교나 원격교육이라는 교육시스템에서 알 수 있듯이 건강장애 특수교육대상자들은 장기간 일반 또래들과의 교류가 거의 없이 일반학교에서의 교육과정보다 더 적은 시간 교육을 받고 있기 때문에 학교 복귀에 어려움을 가지는 것이 사실이다. 학교 복귀의 어려움은 교과시간 부족이나 학습내용의 부족만이 아니라 또래와의 관계 부족에서도 어려움을 갖게 된다(강윤정·한경임, 2014). 따라서 건강장애의 이해를 위한 또래교육 프로그램을 개발하여 또래 학생들이 건강장애에 대한 잘못된 편견을 버리고 올바른 이해를 가질 수 있도록 도와주어야 할 것이다. 또한 건강장애 학생들이 병원학교 혹은 원격교육시스템 이용 중에도 소속 학교 또래와 교육할 수 있도록 다양한 기회를 제공할 필요가 있다(김정연 외, 2014).

학부모들 대부분은 학교복귀 지원의 참여자로 담임교사, 특수교사, 부모, 학생 등의 순으로 참여하기를 원했으며, 60% 정도의 부모는 학교복귀 지원의 주도적인 역할을 담임교사가 하기를 원하고 있어서 정규 학교교육에 대한 부모들의 선호도를 읽을 수 있다(김정연·류신희, 2009).

각 병원학교에서는 건강장애 학생의 학교 복귀를 지원하기 위해 일반 학생을 생일 및 병원학교 행사에 초대하기, 병문안 추진, 편지 및 영상 주고받기 등의 행사를 운영하고 있지만, 직접적인 이동을 전제로 하는 활동이기에 자주 추진하기에는 부담이 따른다. 따라서 일반 학생이 직접 오고 가지 않더라도 창의적 체험활동 시간 등을 이용하여 건강장애 이해 프로그램을 실시한다면 일반 학생들의 건강장애 이해 및 태도 개선에 도움이 될 것이다(한경임·강윤정, 2012).

다음의 학교복귀 지원 프로그램은 한경임과 강윤정(2012)이 개발한 것으로 총 4차시로 구성되어 있다. 먼저, 인지적 전략 접근으로 건강장애에 관한 정보를 제공하는 이론 수업, e-NIE 활동을 통한 건강장애 정보 스크랩과 홍보 글쓰기, 행동적 접근 전략으로 건강장애 학생을 다룬 TV 영상자료 시청과 창작활동하기, 건강장애에 관한 퀴즈 대회와 응원 메시지 쓰기 등의 내용으로 구성되어 있다. 프로그램의 세부 내용은 다음 〈표 12-6〉과 같다.

〈표 12-6〉 건강장애 학생 학교복귀 지원 프로그램

차시	내용	
1	만남	〈이론 수업〉 • 건강장애의 정의와 종류[소아암(백혈병, 뇌종양), 심장장애, 소아천식, 소아당뇨] • 건강장애 학생의 특징 • 건강장애 학생 대처하는 방법 (소아암, 심장장애, 소아천식, 소아당뇨)
2	알아가기	〈e-NIE 활동〉 • 신문 및 인터넷에서 건강장애에 관한 정보 스크랩 • 전국 병원학교 및 화상강의학교 홈페이지 방문 • 건강장애 홍보, 글 작성하기
3	이해하기	〈영상만남 및 창작활동〉 • 건강장애 학생이 출연하는 TV 프로그램 시청 • 소아암 학생과의 영상만남 • 창작활동(모둠별 편지쓰기, 개사하기, 그림 그리기, 시 쓰기 등)
4	힘 모아주기	〈퀴즈대회〉 • 건강장애에 관한 퀴즈대회(골든벨 활동) • 건강장애 학생에게 응원 메시지 쓰기 • 소감 발표

출처 : 한경임 · 강윤정(2014).

❙ 참고문헌 ❙

강영심 외(2010). **특수교육학개론**. 서울 : 서현사.

강윤정 · 한경임(2014). 건강장애 이해 프로그램이 건강장애 학생에 대한 일반 초등학생의 태도에 미치는 영향. **특수아동교육연구, 16**(3), 83-100.

교육과학기술부(2009). 건강장애학생을 위한 교육지원방안.

교육부(2024). 특수교육연차보고서(정기국회 보고자료).

김은주(2006). 건강장애학생을 위한 병원학교 운영 지원체계의 타당화 연구. 이화여자대학교 대학원 박사학위논문.

______(2013). 건강장애학생을 위한 병원학교 운영 지원체계의 타당화 연구. **지체 · 중복 · 건강장애 연구, 56**(3), 109-132.

김정연(2020). **건강장애 학생 교육**. 서울 : 학지사.

김정연 · 박은혜 · 김유리(2014). 병원학교와 화상강의 시스템 교육에 대한 건강장애 학생 부모의 인식 및 지원 요구. **지체 · 중복 · 건강장애연구, 57**(3), 231-250.

김정연 · 류신희(2009). 건강장애 학생의 학교복귀 지원에 대한 요구 조사. **특수교육, 8**(2), 113-133.

김혜리(2012). 일본의 건강장애학교 교육전달체계 및 국가수준 교육과정에 근거한 한국적 시사점 탐색. **특수아동교육연구, 14**(4), 483-503.

대한신장학회 · 대한소아신장학회 · 보건복지부 · 질병관리본부(2013). **만성콩팥병 예방과 관리를 위한 9대 생활 수칙**. 충북 : 질병관리본부.

박성우 외(2010). **2010 전국 병원학교 운영 워크숍 자료집**. 부산광역시교육청.

박은혜 · 박지연 · 노충래(2005). 건강장애학생을 위한 교육 지원 모형 개발. **특수교육학연구, 40**(3), 269-298.

박은혜 · 이정은(2003). 장애개념 재정립을 통한 건강장애 학생 지원체계 개발. 2003년도 제8회 이화특수교육 학습대회 자료집. **이화여자대학교 특수교육연구소, 39**(1), 143-168.

부산광역시교육청(2010). 2010 전국 병원학교 운영 워크숍 자료집.

소아암센터(2013). **소아암 100문 100답**. 경기 : 국립암센터.

신영희(2004). 간질아동의 삶의 질과 간호 관리. **아동간호학회지, 10**(2), 225-232.

한경근(2004). 중도 · 중복장애학생을 위한 통합교육 현장에서의 건강관리 지원체계. **특수교육저널 : 이론과 실천, 51**(3), 1-18.

한경임 · 강윤정(2012). 초등학생에 대한 건강장애 이해 프로그램의 효과. **한국정서 · 행동장애아교육학회, 학술대회논문집**, 251-261.

Bowe, F.(2000). *Physical Sensory, and Health Disabilities*. Columbus, Oh : Merrill.

Brown, R. T., & Dupaul, G. J.(1999). Introduction to the miniseries : Promoting school success in children with chronic medical conditions. *School Psychology Review, 26*(2), 74-90.

Brown, R. T., & Madan-Swain, A.(1993). Cognitive neuro psychological, and academic sequelae in children with leukemia. *Journal of Learning Disabilities, 26*(2), 74-90.

Key, J. D., Brown, R. T. & Marsh, L. D., Spratt, E. G., & Recknor, J. C.(2001). Depressive symptoms in adolescents with a chronic illness. *Children' Health Care, 30*(4), 283-292.

Norris, C., & Closs, A.(1999). Child and parent relationships with teachers in schools responsible for the education of children with serious medical conditions. *British Journal of Special Education, 26*(1), 29-33.

Thies, M. K.(1999). Identifying the education implications of chronic illness in school children, *Journal of School Health, 69*(1), 392-397.

Thompson Jr, R. J., & Gustafson, K. E.(1996). *Adaptation to Chronic Childhood Illness*. Washington DC : American Psychological Association.

CHAPTER 13

발달지체

2024년을 기준으로 발달지체 학생 배치현황을 살펴보면 전체 115,610명의 특수교육대상자 수 중 14,301명이 특수학교, 특수학급 그리고 일반학급에 배치되어 있다(교육부, 2024). 최근 특수교육에서 새롭게 관심이 증가하고 있는 분야가 장애 영유아 또는 장애 가능성이 있는 영유아를 위한 특수교육이다. 이는 특수교육과 유아교육의 개념을 통합한 것으로 교육의 대상을 발달지체아, 장애유아, 장애위험유아(children at risk) 등 다양한 용어로 지칭하고 있다.

발달지체란 자신의 나이보다 훨씬 어린 발달 수행 상태를 보이는 경우이며, 발달에 있어 일탈적 특성이나 지체를 의미한다. 이들은 특정 장애나 식별된 문제를 지니기도 하고 지니지 않기도 한다. 우리나라의 경우에는 「장애인 등에 대한 특수교육법」(2008)에 의해 특수교육대상자에 발달지체가 처음으로 포함되었다. 이들에 대한 이해를 돕기 위해서 이 장에서는 발달지체의 정의와 원인에 대해 고찰한 후 진단도구, 그들의 특성, 교육적 접근방법에 대해 살펴보고자 한다.

1 발달지체의 정의 및 원인

1) 발달지체의 정의

발달지체의 의미는 이론이나 학문의 발달에 기초하기보다 시대, 그 사회가 특수교육을 바라보는 시각에 따라 조금씩 달라져 왔다(김지은 · 이경은 · 박성옥, 2016).

먼저 미국의 경우 발달지체(developmental delay)란 인지 · 언어 · 신체 · 정서 · 감각 등 다양한 영역의 발달에 있어서 일탈적 특성이나 지체를 의미한다. 이 개념은 미국 장애인교육법(IDEA)에서 0~2세 장애 신생아 및 영아를 위해 처음 도입되었으며, 이후 3세부터 초등학교 저학년인 9세까지로 그 대상이 확대되었다. 왜냐하면 영유아의 발달 초기 단계부터 장애라는 명칭을 붙이는 것은 문제점이 있다는 인식 때문에 발달지체라는 용어를 사용하도록 하고 있기 때문이다(이미선 외, 2001). 발달지체아들은 특정 장애나 크게 두드러지는 문제를 지니기도 하고 지니지 않기도 하며 이에 대한 전문가의 진단 및 정의는 매우 다양하게 이루어지고 있다.

우리나라는 「장애인 등에 대한 특수교육법 시행령」 [별표](2016 개정)에서 발달지체 특수교육대상자를 다음과 같이 정의하고 있다.

「장애인 등에 대한 특수교육법」의 발달지체 정의

신체, 인지, 의사소통, 사회 · 정서, 적응행동 중 하나 이상의 발달이 또래에 비하여 현저하게 지체되어 특별한 교육적 조치가 필요한 영아 및 9세 미만의 아동

앞선 정의들에서도 알 수 있듯이 발달지체라는 개념의 적용은 장애 범주별 장애명이 아닌 발달 상태를 제시한다. 발달지체는 이를 통해 장애 유아들을 위한 교육현장에서 다음과 같은 혜택을 준다(Dec, 1996).

- 발달상 적합한 환경에 배치할 수 있도록 촉진한다.
- 유아의 요구와 능력에 맞는 서비스를 촉구하는 역할을 한다.
- 전문가들이 발달지체라는 용어의 사용을 통해서 장애 범주에 따른 서비스보다는 통합교육을 추구하게 된다.

2) 발달지체의 원인

발달지체 정의에서 알 수 있듯이 다양한 영역에서 지체가 나타날 수 있기 때문에 그 원인을 밝히는 것은 매우 어려운 일이다. 그러나 발달지체를 최소화하고 적절한 중재를 지원하기 위해서 발달지체의 원인은 매우 중요하게 다루어져야 한다.

발달지체의 위험요인은 형성된(established) 위험, 생물·의학적 위험, 환경적 위험으로 분류할 수 있다(Shackelford, 2006).

(1) 형성된 위험

염색체 이상, 신경계 이상, 선천성 기형, 태아알코올증후군 등 발달지체를 초래할 가능성이 매우 높은 타고난 신체적·정신적 조건을 말한다.

(2) 생물·의학적 위험

일반아동보다 발달지체나 장애를 초래할 가능성이 높은 심각한 생물학적, 의학적 조건들로, 저체중, 난산, 출생 시 무산소증, 만성적 호흡기 질병 등이 포함된다.

(3) 환경적 위험

부모의 약물중독이나 가난, 장애, 연령, 교육수준, 아동학대와 방임 등 발달지체의 위험이 높은 양육환경이나 가정환경 요인들을 포함한다.

2 발달지체의 진단 및 평가

발달지체에는 현재 발달에 있어 일탈적 특징을 보이거나 보일 가능성이 높은 아동들이 포함된다. 이러한 아동들은 특정 장애나 두드러진 문제를 보이기도 하고 그렇지 않기도 하기 때문에 진단에 어려움이 있으며, 전문가에 의해 다양한 진단이 나오고 있다. 하지만 발달지체아 유형이나 대상 수를 정확하게 파악하고 적절한 교육적 접근을 하기 위해서는 발달지체아의 적격성을 판단할 수 있는 합의된 판별 기준이 중요한 과제이다.

1) 일반적 판별 기준

현재 사용되는 발달지체의 일반적 판별 기준은 크게 세 가지로 구분될 수 있다 (Harbin, Gallagher, & Terry, 1991).

- 실제 연령과 현재 수행의 차이를 백분율로 표시(예 3세의 언어발달에서 25% 지체됨)
- 생활연령보다 지체된 연령(예 신체발달이 6개월 지체됨)
- 규준지향 평가도구에서 표준편차상의 이탈(예 지능검사에서 2표준편차 떨어짐)

2) 미국의 판별 기준

미국의 경우에는 각 주의 교육법이나 정책에 따라 다양한 판별 기준을 개발하여 사용하고 있다. 〈표 13-1〉은 미국의 각 주에서 채택하고 있는 발달지체의 판별 기준이다.

〈표 13-1〉 미국의 발달지체 판별 기준

주	진단 기준
애리조나	• 한 가지 이상의 영역에서 50% 지체
하와이	• 다학문적 팀의 동의, 수량적 평가 자료가 반드시 요구되지는 않음
인디애나	• 한 영역에서 표준편차 1.5 또는 생활연령 20% 지체 • 두 영역에서 표준편차 1 또는 두 영역에서 생활연령 15% 지체, 전문가의 임상적 견해
매사추세츠	• 6개월 영아의 경우 한 가지 이상의 영역에서 1.5개월 지체 • 12개월 영아의 경우 한 가지 이상의 영역에서 3개월 지체 • 18개월 영아의 경우 한 가지 이상의 영역에서 4개월 지체 • 24~30개월 영아의 경우 한 가지 이상의 영역에서 6개월 지체
몬타나	• 한 가지 영역에서 50% 지체 또는 두 가지 영역에서 25% 지체
오하이오	• '측정 가능한 지체' 또는 발달지표상의 기술을 습득하지 못함
사우스다코타	• 정상 연령 범위에서 25% 이하거나 6개월 지체되거나 또는 한 가지 이상의 영역에서 표준편차 1.5
위스콘신	• 한 가지 영역에서 25% 지체나 표준편차 1.3, 비정상적 발달 또는 팀의 결정

3) 한국 특수교육학회의 판별 기준

이 외에도 한국특수교육학회(2008)에서는 연령에 따라 0~24개월 미만, 24~36개월 이상으로 나누어 발달지체의 판별 기준을 제시하고 있다.

① 0~24개월 미만

- 하나 이상의 발달 영역에서 25% 또는 표준편차 2 이상의 지체
- 둘 이상의 발달 영역에서 20% 또는 표준편차 1.5 이상의 지체
- 전문가팀의 전문적인 임상적 판단

② 24~36개월 이상

- 하나 이상의 발달 영역에서 20% 또는 표준편차 1.5 이상의 지체
- 둘 이상의 발달 영역에서 15% 또는 표준편차 1 이상의 지체
- 전문가팀의 전문적인 임상적 판단

이러한 진단평가 기준은 대부분 표준화된 평가도구를 활용하여 지체된 정도를 양적으로 표시하기 때문에 질적인 분석을 하지 못하는 제한점들이 있다. 실제 장애 영유아나 9세 미만의 아동들을 대상으로 하여 양·질적으로 평가하기 위한 신뢰할 수 있고 타당한 도구들이 충분하지 않다. 따라서 발달지체의 진단이나 교육적 접근을 결정하기 위해서는 공식적이고 표준화된 검사방법뿐만 아니라, 면담이나 관찰과 같은 비형식적 검사를 통한 정보 수집, 부모를 포함한 다학문적 팀의 합의된 의견을 반영해야 한다.

3 발달지체의 특성

발달지체아는 진단평가 기준에서 알 수 있듯이 발달상에 한 가지 또는 여러 영역에서 지체를 보이며 그 지체된 정도도 개인에 따라 큰 차이를 보이는 복잡성 때문에 발달지체아의 공통된 특성을 찾는 것은 쉽지 않다. 여기에서는 운동발달, 인지발달,

의사소통과 언어발달, 사회 · 정서발달의 네 가지 영역의 일반적 특성에 대해 살펴보고자 한다.

1) 운동발달

운동발달은 자신의 몸을 움직이고 사물을 조작할 수 있는 능력이며, 모든 종류의 학습에 결정적인 기반을 제공한다. 운동발달은 일반적으로 힘, 유연성, 눈과 손의 협응, 대근육 운동, 걷기 · 달리기 · 던지기 등의 이동성, 소근육 운동과 놀잇감 집기, 쓰기, 신발 끈 매기와 같은 소근육통제 등을 포함하는데 발달지체 아동 모두가 운동발달에 문제가 있는 것은 아니지만 많은 아동이 운동기능의 지체와 결함을 보인다.

발달지체 아동이 보이는 운동발달의 특성을 정리해 보면 다음과 같다(강영심 외, 2010).

① **대근육 발달의 지체** : 앉기, 서기, 걷기, 뛰기 등 대근육 운동 기술의 지체로 넘어지거나 사람이나 물건에 부딪히는 경우가 많아서 위험한 물건이 있거나 사람이 많은 장소에서는 안전에 유의해야 한다. 대근육 발달에서 지체를 보이는 아동들은 숨바꼭질이나 달리기, 미끄럼틀이나 시소, 그네와 같은 놀이기구를 타는 것이 어렵기 때문에, 또래와 함께 할 수 있는 놀이에 제한을 받는다. 또한 활동 간 이동(예 교실에서 운동장으로 이동) 시 곤란을 겪는다.

② **소근육 운동과 협응 능력 발달의 지체** : 운동화 끈 매기, 지퍼 올리기, 단추 끼우기 등의 일상생활은 물론 가위질, 쓰기 그리고 퍼즐 등의 학습활동에 어려움을 보인다.

③ **자세 유지의 어려움** : 균형 잡는 것을 어려워한다. 앉거나 서는 자세를 유지하기 위해 옆 사람이나 벽에 기대거나 책상에 엎드리는 등의 행동을 보이는데 이는 자칫 산만하거나 집중력이 떨어지는 것으로 잘못 해석될 수 있다.

④ **근육 긴장도 조절의 어려움** : 지나치게 근 긴장도가 높거나 낮을 수 있다. 근 긴장도가 높은 아동은 과잉동작이 많고 동작을 변화시키기 어려운 반면, 근 긴장도가 낮은 아동은 활동하는 동안 불필요하게 입이나 입술, 혀, 손 등을 계속해서 움직이기도 하고 과제를 수행할 때 손이나 다리 등을 떨기도 한다.

2) 인지발달

인지발달은 지각, 지식, 이해, 추론, 판단 등의 독립적인 발달과 환경과의 상호작용을 위하여 매일의 일과 속에서 이 능력들을 사용할 때 점진적으로 변화되는 것을 의미한다. 구체적으로 주의집중, 기억, 목적에 따른 계획, 의사결정, 의사소통, 식별, 사고 등의 다양한 능력을 포함한다(Dunst, MaHoney, & Buchan, 1996). 인지발달의 지체는 학습 속도가 느리고 기억력이 빈약하며, 행동 통제의 어려움을 보이거나 일반화 문제를 야기하기도 한다(Hallahan & Kauffman, 2003). 발달지체 아동은 인지영역에서 주의집중과 기억, 일반화 등에 어려움을 보인다. 이를 구체적으로 살펴보면 다음과 같다(강영심 외, 2010).

① **주의집중의 결함** : 주의집중 시간이 짧고 필요한 과제에 주의를 집중하는 선택적 주의집중에 어려움을 보이며 한 번에 여러 자극을 받아들이지 못해 주의력 범위에도 제한을 가진다. 따라서 집중해야 할 자극의 중요성을 인식시키고자 자극 단서의 수나 복잡성을 줄여주며 강화를 제공하고 성공감을 주는 등의 전략을 통해 발달지체 아동의 주의집중 능력을 향상시켜야 한다.

② **작업(단기)기억의 결함** : 정보를 저장하고 저장된 정보를 필요할 때 효과적으로 인출하기 위해서는 기억을 위한 전략이나 주어진 정보를 구조화·조직화하는 것이 매우 중요하다. 그런데 발달지체 아동은 시연과 같은 기억전략을 가지고 있지 않거나 정보를 정교화하고 조직화·부호화하는 데 어려움을 보이기 때문에 기억에 문제를 가지게 된다. 따라서 주어진 정보를 언어적으로 시연·반복하고 범주화하며 분류·연상·이미지화하는 방법들을 잘 계획하여 교수한다면 발달지체 아동의 기억능력을 향상시키는 데 도움을 줄 것이다.

③ **학습된 행동 일반화의 결함** : 스스로 주변 환경을 관찰하는 능력과 타인의 행동을 모방하는 능력이 부족하고 습득한 기술을 다양한 상황으로 전이시키거나 기억을 유지하여 새로운 일이나 문제 상황에서 자신의 지식이나 기술을 적용하는 데 결함을 보인다.

3) 의사소통과 언어발달

의사소통은 욕구, 감정, 지식, 욕망 등의 정보를 전달하는 것이다. 우리는 다른 사람에게서 정보를 얻거나 나눌 때 의사소통과 언어기술을 사용하고, 주위 환경의 효과적인 통제 및 자신행동의 중재를 위하여 언어를 사용한다(송준만 · 유효순, 2004). 그러나 발달지체 아동에게 가장 일반적으로 나타나는 것이 언어발달지체이다. 의사소통과 언어발달의 지체는 또래관계에서 어려움을 초래하기도 하고 대부분의 교과학습이 언어로 이루어지기 때문에 학업성취에 영향을 주기도 한다. 이들이 사용하는 적절하지 못한 언어나 부정확한 발음, 자신을 잘 표현하지 못하는 등의 문제로 인해 열등감이나 위축을 경험하고 또래로부터 거부당하게 된다. 이러한 부정적인 경험들은 부정적인 자아개념을 형성하고 적대감이나 좌절, 분노 등 많은 정서적 문제로 이어질 수 있다. 언어발달지체는 매우 다양한 형태로 나타나는데 발달지체 아동이 보이는 일반적인 언어적 특성을 살펴보면 다음과 같다(강영심 외, 2010).

① 표현언어의 지체로 인해 말소리 습득이 지연되거나 조음에서 오류를 보이는 경우가 많다.
② 첫 단어의 습득이 늦을 뿐 아니라 첫 단어 습득 후 단어를 덧붙이거나 문장을 만드는 등의 구어확장이 느리다.
③ 잘못된 발음이나 불명확한 발음을 한다.
④ 다른 사람의 이야기를 이해하고 적절히 반응하는 데 어려움을 보인다.
⑤ 같은 단어나 문장, 질문 등을 반복한다.
⑥ 추상적이거나 비유적인 언어(예 내 마음은 호수)를 이해하기 어려워한다.
⑦ 문법적 오류가 많다.

4) 사회 · 정서발달

사회 · 정서발달은 양육자나 또래와의 상호작용으로 이루어지는 발달영역의 하나로 대부분의 아동은 양육자와 상호작용하고, 또래와 놀이를 하면서 발달시켜 간다.

사회성이 높은 아동은 장난감을 나누어 갖고 차례를 지키고 또래들과 협동하며 갈등을 해결하는 반면 발달지체 아동은 원활한 상호작용의 부족 등으로 사회적 관계를 형성하는 데 어려움을 보인다. 사회·정서발달의 지체는 정상적인 발달에 필요한 기술을 습득할 기회 제한과 적절한 사회적 기술 습득을 방해하며 또래와의 상호작용에 부정적인 영향을 준다. 발달지체 아동의 사회적 특성을 살펴보면 다음과 같다(강영심 외, 2010).

① **자기표현과 타인에 대한 이해력 부족** : 이러한 결함은 대인관계에서 열등감을 야기하게 된다. 그리고 열등감으로 인해 가족이나 또래와의 관계를 거부하고 사회적 관계 형성에 실패감이 누적되어 사회적 거부, 부적응, 고립 등의 다양한 양상으로 나타날 수 있다.

② **타인의 사회적 행동에 대해 공격적으로 반응** : 자기표현이나 의사소통의 수단으로 공격적인 행동을 하는 경우가 많다. 예를 들어, 자신이 원하는 것을 가질 수 없을 때 화를 내거나 소리를 지르고 심한 경우에 물건을 던지는 등의 행동을 통해 자신의 의사를 표현하는 경우가 있다.

③ **대인관계에서 위축이나 불안한 행동** : 교실의 구석진 곳을 좋아하고 또래가 접근하면 물러나는 반응을 보이며 자주 울고 신경질적이고 자기자극적인 행동 등을 보인다.

④ **사회적 상황을 지각하는 능력의 결함** : 다른 사람의 기분이나 태도 등을 파악하지 못하고 사회적 환경의 반응에 민감하지 못하며 상황에 맞지 않는 행동을 하는 경우가 있다.

⑤ **또래와의 관계에서 더 많은 사회적 결함** : 또래에게 접근하는 행동이 부족하고 대화를 주고받거나 놀이를 함께하는 상호작용적 행동에서도 어려움을 보인다. 이로 인해 또래보다는 성인과의 상호작용이 많아져서 친구관계나 우정을 형성하기 어려울 수 있다.

4 발달지체 학생을 위한 교육적 접근

1) 발달지체 학생 교육을 위한 기본원리

발달지체 학생 교육의 주된 목적은 그들에게 일상적인 삶을 살아갈 수 있는 능력을 길러주는 것이다. 발달지체 학생의 다양한 특성을 고려하였을 때 교육목적을 달성하기 위해서는 학생에게 개별화된 전략들이 필요하다. 하지만 이러한 개별화된 전략들 역시 일반화된 기본원리에 기초하여 개발되고 제공된다. 발달지체 학생 교육을 위한 기본원리는 다음과 같다(김희규 외, 2010).

- 주의집중 및 동기유발 : 발달지체 학생을 교육하는 데 그 효율성을 최대화하기 위해 가장 핵심적인 것은 개별 학생의 관심사, 즉 동기를 유발하는 것이 무엇인지 파악하여 적절한 환경을 마련해 주는 것이다.
- 근접발달영역에서의 지도 : 근접발달영역은 혼자서 해결할 수는 없지만 다른 사람의 도움을 받으면 해결할 수 있는 영역으로 적절한 상황에서 아동이 학습할 수 있는 정도를 나타내며, 새로운 인지발달이 일어날 것으로 기대되는 영역이다. 발달지체 학생의 지도에 있어서 독립적으로 할 수 있는 기능의 영역과 지원을 토대로 실행할 수 있는 기능의 영역에 대한 진단을 통해 장·단기 교육목표와 방법을 설정하는 것이 중요하다.
- 반복적인 실시와 규칙적인 일과 : 발달지체 학생의 지도에 있어서 교사는 하루 일과를 일관성 있게 계획하고 활동을 여러 번 반복 실시하여 학생이 그것에 친숙할 수 있도록 해야 한다. 또한 새로운 활동이나 특별한 행사를 계획할 때는 시행 전에 미리 학생에게 인지시켜 학생이 새로운 환경에 당황하지 않도록 해야 한다.
- 과제분석에 의한 단계적 교수 : 발달지체 학생이 어떤 과제를 수행하지 못할 때는 과제가 복잡하거나 그 과제에 포함된 여러 활동의 단계들 중 몇몇이 학생의 발달수준을 넘어서기 때문인 경우가 있다. 이때 과제분석을 통해 하나의 과제

를 여러 작은 과제들로 나누고 쉬운 단계부터 지도할 필요가 있다.

- **학생과의 적절한 의사소통** : 학생과의 의사소통방법은 학생의 잠재력을 극대화할 수도 있고 방해할 수 있다. 따라서 교사는 학생과의 효과적인 의사소통전략을 마련할 필요가 있다.
- **긍정적 행동지원의 적용** : 발달지체 학생들은 일반 학생들보다 문제행동을 더 많이 보일 가능성이 있다. 발달지체 학생들의 문제행동을 개선하는 데 효과적인 방법으로 긍정적 행동지원을 활용할 수 있다. 긍정적 행동지원은 문제행동의 선행사건과 결과에 대한 분석과 이와 관련된 행동전략의 교수를 통해 문제행동을 예방하고 개선하기 위한 효과적인 방법이다.

2) 발달지체 학생을 위한 특수교육적 접근

발달지체는 다른 영역과는 달리 9세 미만이라는 연령 제한 때문에 학령기 장애아동에게 제공되는 서비스와는 다른 형태의 교육적 중재가 필요한 영역이다(강영심 외, 2010). 따라서 이들의 발달상 지체된 정도에 맞는 특수교육적 서비스를 제공하기 위해 구체적인 교수전략이나 방법들이 개발되고 현장에서 적용되어야 할 것이다. 발달지체아의 특성에서 살펴본 바와 같이 아동 스스로 주위 환경으로부터 배울 수 있는 능력이 부족하고, 방치될 경우 발달이 더 지연될 수 있다. 따라서 가능한 한 조기교육을 통해 부수적인 장애를 예방하여야 한다. 발달영역별로 접근할 수 있는 교육적 지원은 다음과 같다.

(1) 운동발달

운동발달은 모든 학습 습득을 위한 주요 구성요소이며, 운동기능 교수는 발달지체 학생들에게 필수적인 교육과정이라는 두 가지 사실을 기본적으로 가정하고 접근해야 한다. 발달지체 학생의 운동기능 발달 촉진을 위한 구체적인 방법론은 다음과 같은 13가지 요소들로 제시되고 있다.

- 운동기능 발달을 촉진하기 위한 교수는 현재 학문적으로 수용되고 있는 이론적 배경을 근거로 해야 한다.
- 모든 양육자는 유아의 운동기능 발달을 촉진하기 위한 교수에 참여해야 한다.
- 운동기능 발달을 촉진하기 위한 교수를 제공하는 모든 사람은 교수를 실행하는 데 필요한 교육과 훈련을 받아야 한다.
- 교수 프로그램은 운동기능 교수를 위한 서비스 형태의 결정을 도와주는 문서화된 준거, 기준, 지침들을 제공해야 한다.
- 감각 자극에 대한 반응과 협응을 통해서 운동기능 기술을 촉진한다.
- 운동기능 기술을 위한 교수는 다음과 같은 요소들을 포함한 운동기능의 모든 요소를 다 포함해야 한다(움직임의 강도, 체격 발달, 자세 조절, 눈과 손의 협응, 사물 조작, 자세 잡기, 이동능력, 수정능력, 일반화, 감각운동기능의 통합, 공간 지각).
- 정상적인 활동과 일과 중에 운동기능 기술 교수를 실시해야 한다.
- 개별 학생의 능력에 따라 운동기능 활동, 교재, 도구, 환경, 교수전략을 수정해야 한다.
- 학습한 기술을 다양한 환경에서 사용하도록 하면서 운동기능을 촉진해야 한다.
- 학생이 독립적으로 이동할 수 있는 방법을 제공해야 한다.
- 아동이 적절한 사회적/교수적 상호작용을 할 수 있도록 자세를 잡아 주어야 한다.
- 스스로 자세를 변경할 수 없는 아동들을 위해서는 성인들이 자주 자세를 변경해 주어야 한다.
- 학생들을 위한 모든 프로그램은 구조화된 대근육 활동을 포함해야 한다.

운동기능 발달이 지체된 학생들을 교수할 때 주의할 점은 먼저 이동 공간이나 이동로가 확보되어 있는지와 교실 내의 모든 영역으로 접근 가능한지를 살펴보아야 한다. 일반적으로 운동기능 발달의 지체를 보이는 아동들은 신체적으로 허약하거나 쉽게 피로를 느끼기 때문에 교수활동과 관련해 교육과정, 시간표, 활동의 성격을 잘 조절해야 한다(권요한 외, 2015).

(2) 인지발달

인지발달이 지체된 학생들을 위해서는 가능한 한 구체적이고 직접적으로 조작 가능한 교재를 사용하는 것이 좋다(이소현, 1993). 또한 기술을 교수할 때는 작은 단계로 과제를 분석하여 지도하는 것이 효과적이다. 발달지체아의 인지발달 촉진을 위한 교수방법론은 다음과 같다.

- 인지 진단은 사물, 사건, 다른 사람들에 대한 유아의 인지적 기술과 능력의 습득을 촉진하는 환경 요소 및 사람을 판별할 수 있어야 한다.
- 인지중심의 교육과정은 탐구에 대한 인식으로부터 활용에 대한 의문에 이르기까지 점진적으로 변화하는 인간 학습의 과정을 주로 다루어야 한다.
- 인지중심의 교육과정은 아동이 다양한 상황에서 사물 및 사람과 관계를 가질 때 자신의 능력에 대한 지식을 증진시켜야 한다.
- 인지기술 교수는 사회적/비사회적 환경에서의 아동 주도 및 아동 시작의 학습과 기술 습득을 촉진해야 한다.
- 인지기술 교수는 유아가 이미 지니고 있는 지식/기술과 새롭게 학습한 지식/기술을 통합하도록 촉진해야 한다.
- 아동이 자신의 발달 수준과 흥미에 맞는 일상생활 및 활동에 참여하도록 다양한 교수방법과 교수전략을 사용해야 한다.
- 아동이 인지기술을 학습하는 주요 사회적 상황으로 아동–양육자 관계를 활용하여 상호성과 공동 관심을 강조해야 한다.
- 인지기술과 능력을 촉진하기 위해서 필요한 경우에는 적응 보조도구나 보완도구를 사용하여 아동이 환경이나 학습활동에 적극적으로 참여하게 해주어야 한다.

(3) 의사소통과 언어발달

발달지체를 경험하는 학생들은 〈표 13-2〉에 제시한 것과 같은 의사소통 기능에 문제를 보이는 경우가 많다. 다른 사람들의 말을 들을 수 있으나, 들은 말을 이해하지 못하여 구어적 반응이 부족하고, 같은 단어의 여러 가지 뜻을 학습하거나 또는 지시나 명령을 따르는 데 어려움을 보이고 있다(이지현 · 이소현, 2008).

〈표 13-2〉 의사소통의 기능과 조작적 정의

기 능	조작적 정의
요구하기 (request)	상대방에게 경고나 행위, 허락을 요구하는 것을 의미하며, 하위 기능으로는 정보 요구(예/아니요 질문, 의문사 질문, 명료화 질문, 확인 질문, 선택 질문), 행위요구, 사물요구, 허락요구가 있다.
반응하기 (response)	상대방의 질문이나 요청 또는 이전 발화에 유아가 적절하게 대응하는 것을 의미하며, 하위 기능으로 질문에 대한 반응(예/수용, 아니요/저항, 의문사 대답), 요구에 대한 반응(명료화, 순응, 선택반응, 거부/저항), 반복, 의례적 반응이 있다.
객관적 언급 (comment)	객관적인 사실에 대해 언급하는 것을 의미하며, 하위 기능으로는 사물에 주의 끌기, 이름 대기, 사건 상태, 고유특성, 기능, 위치, 시간이 있다.
주관적 진술 (statement)	직접적으로 관찰이 가능하지 않은 사실, 규칙, 태도, 느낌, 믿음에 대한 발화를 의미하며, 하위 기능으로는 규칙, 평가, 내적 상태, 속성, 주장, 설명이 있다.
대화내용수용표현 (acknowledge)	상대가 보낸 앞선 의사소통의 메시지를 받았음을 나타내는 것을 의미하며, 하위 기능으로는 수용과 승인, 부인이 있다.
대화내용구성요소 (organization device)	상대와의 개별적 접촉과 대화 상황의 흐름을 조절하는 것을 의미하며, 하위 기능으로는 의례적 인사, 부르기, 화자선택, 동반, 감탄이 있다.
발전된 표현 (advanced speech act)	환경에 대한 사실적 언급 외에 자신이 가진 생각과 느낌에 대한 진보된 표현을 의미하며, 하위 기능으로는 농담, 경고, 놀림이 있다.

출처 : 김유리 · 노진아(2011).

이러한 문제가 있는 발달지체 학생의 의사소통과 언어발달 촉진을 위한 교수방법론은 다음과 같다.

① 의사소통과 언어발달 진단 시 유의점

- 진단은 의사소통의 내용 이해와 표현, 형태, 사회적 기능에 대한 정보를 모두 수집해야 한다.
- 다양한 상황에서 의사소통 행동과 유아의 일상생활 중 일반 또래를 포함하는 다양한 의사소통 대상자와의 의사소통 행동을 모두 수집해야 한다.
- 현재 사용하고 있는 의사소통 수단의 적합성과 보완/대체 의사소통 적용의 필요성이 지적되는 경우 그 잠재적인 가능성이 점검되어야 한다.

② 의사소통과 언어발달 교수목표 선정

- 학생의 현재 사회적 상황에서 나타나는 기능적인 말의 사용(통합환경에 참여를 촉진하기 위한 잠재력 포함)이 교수목표의 선정과 우선순위 결정에 기준이 되어야 한다.
- 교수목표는 의사소통의 다양한 형태, 내용, 기능, 수단에 대한 이해와 그것의 사용에 대한 진단결과 그리고 이러한 능력이 여러 가지 상황에서 어떻게 다양하게 사용되는지에 대한 진단 결과를 반영해야 한다.
- 교수목표의 선정은 학생의 의사소통 기술과 환경 및 대상자 행동(예 기대, 기회, 환경적 반응)의 수정 가능성을 함께 고려하여야 한다.

③ 의사소통과 언어발달 교수방법

- 교수환경은 다양한 기능과 내용, 다양한 대상자, 다양한 의사소통 상황(예 집, 교실, 지역사회)을 포함하는 의사소통 기회를 제공해야 한다.
- 의사소통 대상자는 의사소통 시도에 대해서 긍정적으로 인식하고 반응해야 하며, 아동의 관심, 주제, 주도, 요구, 설명을 따라야 한다.
- 의사소통 교수는 전문가 및 부모가 유아의 목표 행동을 습득할 수 있도록 충분한 강도로 충분한 시간 동안 사용 가능한 다양한 전략(예 환경교수, 반응적 상호작용, 대화적 교수, 직접교수 등)을 포함하여 실시해야 한다.

- 장애를 가진 학생의 독특한 의사소통 수용 방법과 표현 방법(예 보청기, 안경, 의사소통판, 기타 전자보조기구)을 촉진하고 조정하며, 이러한 도구의 사용을 촉진하기 위해 특정 훈련을 계획해야 한다.
- 교육환경은 듣기/음향학에 있어서 최적의 상태를 유지해야 한다.

3) 발달지체 학생의 통합교육을 위한 접근

개인의 사회 · 정서발달과 사회적 상호작용의 발달은 실제적인 환경 속에서의 경험을 통해 이루어질 수 있다. 이에 따라 통합교육 환경에서 또래 및 성인들과의 자연스러운 상호작용은 발달지체 학생의 발달에 큰 도움이 될 수 있다. 통합교육 환경에서 발달지체 학생의 사회 · 정서발달과 사회적 상호작용 발달을 위해 고려할 수 있는 방법들은 다음과 같다.

(1) 사회 · 정서발달

사회 · 정서발달에 지체를 보이는 학생들은 매우 다양한 행동적인 특성을 보이기 때문에 교수적 접근에서 개별화된 전략을 사용해야 한다. 이들이 보이는 다양한 문제행동들은 행동의 발생 후에 주어지는 교정적인 대처보다는 예방적인 측면에서 교육적 중재로 접근해야 한다. 발달지체 학생의 사회 · 정서발달 촉진을 위한 교수방법론은 다음과 같다.

① 양육자와 상호작용 활동 계획 시 유의점

- 상호작용 중 성인은 학생의 행동을 의미 있는 것으로 해석하고, 긍정적 방법으로 일관성 있게 반응하여야 한다. 또한 사회적 상호작용에 대한 재시도를 유도하기 위해 대화를 기다려 줄 수 있어야 하며, 발달상 적합한 사물 조작 및 사회적 상호작용을 기대해야 한다.
- 학생이 자신의 능력보다 약간 높은 무엇인가를 하려고 노력할 때 성인은 어떻게 해야 하는지를 제시하고 보여준다.

- 학생이 장시간 동안 관심을 갖지도 않고 활동에 참여하지도 않을 때 학생으로 하여금 성인이나 성인이 선정한 사물과 상호작용하도록 시도한다.
- 성인과 학생 모두 촉진적 상호작용 시간에 대부분 긍정적이거나 중립적인 감정을 보여주어야 한다.
- 전문가나 부모는 학생이 쉽게 사물과 성인 상호작용자에게 접근할 수 있는 위치에 있어야 한다.
- 가능하다면 가족 구성원들(부모)이 학생의 사회/정서적 발달의 진단과정에 직접적으로 참여한다.
- 전문가는 양육자–학생 상호작용에 대한 진단 정보를 해석할 때 양육자와 학생이 서로에게 미치는 장기적 또는 즉각적인 영향의 결과로 해석해야 한다.

② 또래와 상호작용 활동 계획 시 유의점

- 학생이 또래나 성인과 사회적 상호작용에 참여할 수 있도록 놀이 활동을 계획해야 한다.
- 학생이 또래나 성인과 놀이를 원한다는 의사를 표현할 수 있도록 적절한 시작행동 및 반응행동을 지원해야 한다.
- 차례 주고받기, 나누기, 협력하기 등의 사회적 기술들을 발달시키도록 기회를 제공해야 한다.
- 학생의 개별적인 사회/정서적 욕구에 반응하고 개별적인 참여를 촉진하는 긍정적이고도 풍부한 사회적 환경을 제공해야 한다.
- 행복하고 즐거운 또래 상호작용을 촉진해야 한다.
- 아동이 또래들에게 잘 수용되도록 지원해야 한다.
- 어려운 사회적 상황(예 또래로부터 신체적 공격, 장난감 쟁탈, 또래로부터 다양한 요구)에서 적절하게 반응(협력)하는 방법을 학습하도록 도와준다.
- 다양한 환경에서 또래들과 사회적 활동에 참여할 수 있도록 프로그램을 계획한다.

(2) 사회적 상호작용능력 향상 프로그램

전통적인 사회적 상호작용 프로그램은 구조화된 환경 속에서 중재자 중심의 직접 교수와 자극 제시 강화의 틀에서 반복적이고 집중적인 행동주의적 방법을 사용한다. 그러나 이러한 방법으로 사회적 상호작용능력을 습득하는 것에 많은 제한이 있다. 이를 해결하기 위한 방법들로서 오르프-슐베르크 음악 프로그램과 놀이를 통한 사회적 상호작용 기술 향상 프로그램을 들 수 있다.

① 오르프-슐베르크 음악 프로그램

다양한 음악활동 중에서도 오르프-슐베르크 음악 프로그램이 장애 학생들에게 많이 적용되고 있다. 오르프-슐베르크 음악 프로그램은 기존의 다른 음악활동과는 달리 '말'이 중재 프로그램의 기본 골격을 이루고 있기 때문에, 발달지체 학생의 의사소통 기능에 긍정적인 효과가 나타난다(김유리 · 노진아, 2011). 또한 사람의 음성을 악기로 사용함으로써 발화와 의사소통의 기회를 제공해 준다. 그뿐만 아니라 이 프로그램의 주된 활동인 즉흥연주는 집중력과 자기표현력을 향상시키며(김인실, 2003), 창작은 개인의 음악적 경험을 길러주고 평생을 통해 음악을 사랑하고 즐길 수 있는 기회를 부여한다(김경신, 2009). 〈표 13-3〉은 오르프-슐베르크 음악 프로그램의 활동 계획안이다.

〈표 13-3〉 오르프-슐베르크 음악 프로그램의 활동 계획안

활동명	동물 흉내 내기	의사소통기능	정보, 찾기, 정보 제공하기
음악개념	▫음/▪리듬/▫멜로디/▫화성	활동형태	▪서클/▫일렬/▫기타/▫짝/▫자유
오르프 교수법	▫모방/▫탐색/▪말 리듬/ ▫즉흥연주	오르프 음악영역	▫노래 부르기/▫신체표현/▪언어/ ▫음악 듣기/▫악기연주
학습목표	피아노의 각 음역에 어울리는 동물의 움직임을 표현하면서 리듬을 익힌다.		
준비자료	피아노, 그림(코끼리, 캥거루, 참새)		

활동내용	도입	1. 동물원에 가면 어떤 동물을 만날 수 있는지 이야기한다. 2. 다양한 동물에 대해 그림 자료를 보면서 이야기하고, 생김새와 특성에 대해 이야기한다. 3. 동영상 자료를 보면서 움직임을 말로 표현해 본다.
	전개	1. 말 리듬 (1) 코끼리, 캥거루, 참새 그림을 보면서 특성을 이야기하고, 어울리는 말 리듬을 정한다. (2) 각 그림을 보면서 교사와 함께 말 리듬을 통해 길이를 익힌다. (코끼리 : 쿵–♩, 캥거루 : 통통–♩♩, 참새 : 짹짹짹짹–♬) (3) 교사가 코끼리 그림을 짚으면 해당 말 리듬을 하고, 그림에서 손을 떼면 멈춘다. 캥거루, 참새도 같은 방식으로 말 리듬을 유도한다. (4) 각각 말 리듬을 충분히 연습하고 난 후, 세 그룹으로 나눈다. 하나의 그림을 교사가 짚으면 해당 그룹이 말 리듬을 한다. 이때 교사는 동시에 두 개 또는 세 개까지 짚으면서 학생들의 말 리듬을 여러 번 반복할 수 있도록 한다. (5) 학생들이 말 리듬에 익숙해졌으면 학생들이 직접 나와서 "코끼리는 어디에?"라고 말 리듬을 준다. 활동하는 학생들은 "코끼리는 여기에"라는 받기 말 리듬과 함께 쿵–♩, 쿵–♩ 말 리듬으로 표현한다. 일반 학생과 발달지체 학생이 함께 나와서 활동을 하거나 따로 나와서 주고, 받기식의 말 리듬 놀이를 해본다.
	마무리	1. 활동이 끝난 후, 자리로 돌아와 정리하고 다시 한번 피아노 소리에 맞추어 해당 동물의 말 리듬을 하며 주고받기를 해본다. 2. 각각의 동물이 어떻게 움직였는지 이야기하며 오늘의 활동을 정리한다.
활동수정	발달지체 학생에게 표현 확장을 위한 악기를 제공한다.	
교수전략	발달지체 학생과 일반 학생이 짝을 지어 활동하여 적극적인 참여를 이끈다.	
유의사항	교사는 학생들이 정확한 리듬을 말 리듬과 신체표현을 할 수 있도록 지도한다.	

② 놀이를 통한 사회적 상호작용 기술 향상 프로그램

발달지체 학생은 또래와의 활동에 잘 참여하지 않고 대부분의 시간을 혼자 놀면서 지내는 모습을 보인다(임수량, 2013). 이러한 사회적 기술의 결함으로 인해 발달지체 학생들은 문제행동의 발생과 인지적 · 정서적 발달의 곤란, 그리고 또래들로부터 거부당하는 것과 같은 이차적 어려움을 유발시킬 위험이 있다(이민규, 2002). 따라서 발달지체 학생에게 사회성 발달은 중요한 의미를 갖는다(김지은 외, 2016).

이러한 사회성 발달은 놀이를 통해 이루어질 때 가장 효과적이다(김지신 외, 2016). 특히 규칙이 있는 구조화된 게임놀이는 흥미와 동기유발을 불러일으켜 발달지체 학생의 상호작용을 촉진하는 데 적합한 매개체가 될 수 있다(김학래, 2003; 최다정, 2005). 사회성 발달을 위한 놀이 프로그램의 예는 〈표 13-4〉와 같다.

〈표 13-4〉 사회성 발달을 위한 놀이 프로그램의 예

프로그램	나의 감정 탐험하기		
단계목표	자기인식과 표현		
목표	1. 자신의 감정을 알고, 표현한다. 2. 구성원들끼리 서로의 감정을 표현하고 서로의 감정을 이해한다. 3. 게임을 통해 구성원들과 정서적 친밀감을 느끼고 응집력을 높인다.		
활동단계	**활동내용**	**준비물**	**소요시간**
도입	1. 오늘 내 기분 표현하기 • 다양한 표정이 그려진 카드를 보고 오늘 나의 기분(감정)을 나타낸 것을 선택한다. • 구성원들에게 자신이 선택한 카드를 보여주며, 오늘 나의 감정에 대해 이야기를 나눈다.	표정 카드	10분
본 활동	1. 스티키 스틱스 게임하기 • 각자 소그룹으로 나누고, 각 집단에 진행교사들이 참여하여 게임 규칙을 설명한다. • 스티기 스틱스 게임을 한다. 2. 표정카드 • 소그룹으로 나누어, 얼굴표정 카드를 나누어 가진다. • 얼굴표정 카드를 보면서 각자 느껴지는 감정이 무엇인지에 대해 이야기를 나눈다.	스티키 스틱스, 표정 카드	30분

	※ 게임 규칙 • 주사위 3개를 한 번에 굴리고 주사위의 조건을 모두 충족하는 타일을 스틱으로 찍는다. • 타일을 찍어가다 보면 빈칸이 생기는데, 총 빈칸의 수가 5개가 되면 게임이 종료되고, 이때 가장 많은 타일을 가져온 사람이 승리한다.		
마무리	1. 게임평가 및 자기평가 • 게임에 참여하며 스스로의 감정을 평가한다. • 구성원들과 오늘 활동에서 즐거웠던 부분과, 아쉬웠던 부분에 대해 이야기를 나눈다. 2. 다음 시간에 대한 예고 • 다음 시간에 진행될 활동을 안내한다.	평가지	10분
진행 시 유의사항	• 각 소집단 상담사는 유아가 즐겁게 참여할 수 있도록 큰소리로 호응해 준다. 또한 상담사와 친밀감을 형성할 수 있도록 한다. • 유아가 자기평가를 스스로 할 수 있도록 옆에서 격려해 준다.		

출처 : 김지은 외(2016).

참고문헌

강영심 외(2010). **특수교육학개론**. 서울 : 서현사.

교육부(2024). 특수교육연차보고서(정기국회 보고자료).

권요한 외(2015). **특수교육학개론**. 서울 : 학지사.

김경신(2009). 칼 오르프 교수법을 활용한 음악치료 프로그램이 발달장애 아동의 음악적 표현능력 및 주의집중력에 미치는 효과. 창원대학교 대학원 석사학위논문.

김유리 · 노진아(2011). 오르프-슐베르크를 적용한 음악활동이 통합된 발달지체 유아의 의사소통 기능에 미치는 영향. **통합교육연구, 6**(1), 163-184.

김인실(2003). 유아기 감상교육에 관한 연구. **미래유아교육학회지, 10**(1), 85-117.

김지은 · 이경은 · 박성옥(2016). 사회성 발달을 위한 소집단 게임놀이 프로그램이 발달지체 유아의 정서지능 및 조망수용능력에 미치는 영향. **인문사회 21, 7**(6), 873-894.

김학래(2003). 집단게임 놀이치료가 ADHD 아동의 주의집중력과 적응도에 미치는 효과. 석사학위논문, 인천교육대학교 교육대학원.

김희규 외(2010). **특수교육학개론**. 서울 : 학지사.

송준만 · 유효순(2004). **특수아교육**. 서울 : 한국방송통신대학교출판부.

이미선 외(2001). **장애영 · 유아 조기발견 및 진단 · 평가방안 연구**. 충남 : 국립특수교육연구원.

이민규(2002). 여가활동 프로그램이 정신지체아동의 사회적 기술에 미치는 효과. 대구대학교 재활과학대학원 석사학위논문.

이소현(1993). **장애 영 · 유아를 위한 교육**. 서울 : 이화여자대학교 출판부.

이지현 · 이소현(2008). 자연적 중재를 이용한 활동-중심 삽입교수가 통합된 장애 유아의 기능적 의사소통 발화에 미치는 영향. **유아특수교육연구, 8**(1), 189-211.

임수량(2013). 또래유아와의 협동공놀이가 발달지체유아의 사회적 행동에 미치는 효과. 단국대학교 특수교육대학원 석사학위논문.

최다정(2005). 집단 게임놀이치료가 ADHD 아동의 부적응 행동 감소에 미치는 영향. 대구대학교 재활과학대학원 석사학위논문.

한국특수교육학회(2008). **특수교육대상자 개념 및 선별기준**. 한국특수교육학회.

Dunst, C, J., Johanson, C., Mahoney, Buchan(1996). Family-oriented early intervention policies and practice : Family-centered or not? *Exceptional Children, 23*(3), 151-164.

Harbin G. L., Gallagher, J. J., & Terry, D. V.(1991). Defining the eligible population : Policy issues and challenges. *Journal of Early Intervention, 23*, 74-84.

Hallahan, D. P., & Kauffman, J. M.(2003). *Exceptional Learners : Introduction to special education*(9th ed). Boston : Allyn and Bacon.

Shackelford, J.(2006). State and Jurisdictional Eligibility Definitions for Infants and Toddlers with Disabilities Under IDEA. *NECTAS Notes*.

CHAPTER 14

주의력결핍 과잉행동장애

ADHD는 주의력결핍 과잉행동장애(ADHD : Attention-Deficit Hyperactivity Disorder)를 말한다. 주의력결핍 과잉행동장애는 과거에 미소 뇌손상 증후군(minimal brain damage syndrome), 미소 뇌기능장애(minimal brain dysfunction), 미소 대뇌기능장애(minimal cerebral dysfunction) 또는 발달 과잉행동증(developmental hyperactivity) 등으로 불리어 왔다. 그 원인을 명확하게 밝히기는 어려우나, 미세한 뇌 또는 대뇌의 손상으로 발현될 수 있는 증상으로 생각되어 왔다. ADHD가 있는 학생에게 적절한 교육을 제공하기 위해서는 ADHD로 인한 학습상의 문제들을 잘 이해할 필요가 있다.

1 주의력결핍 과잉행동장애의 개념

1) ADHD의 정의

교사들이 학교에서 당면하는 심각한 문제 중 하나로 주의가 산만하고 수업을 방해하는 행동이 심하여 생활지도에 어려움을 겪는 학생을 꼽을 수 있다(길양숙, 2005; 2013). 교사들은 한 반에 혹은 적어도 한 학년에 한두 명은 꼭 이런 학생이 있다고 토로한다. 그러나 ADHD는 하나의 분리된 장애 범주로 분류되어 있지 않아, 정확한 ADHD 학생의 출현율 산출이 어렵다. 그러나 갈수록 ADHD 학생의 등록은 증가하고 있다

(노방환, 2011). 우리나라에서는 초등학생들 중 약 3.8%, 즉 학급당 1명 정도의 학생이 증상이 보이는 것으로 조사되었다(건강보험심사평가원, 2007).

이렇듯 주의력이 매우 부족하고, 지나치게 산만하며, 주위를 괴롭히는 행동을 하는 것이 정신질환임을 인식하기 시작한 것은 비교적 최근의 일이다. |그림 14-1|을 살펴보면 1902년 최초의 증례보고가 있었고 이러한 증상을 보이는 학생들에 대해 ADHD(Attention Deficit and Hyperactivity Disorder)가 공식적인 명칭이 된 것도 1994년이라는 것을 알 수 있다.

|그림 14-1| ADHD의 주요 사건들

출처 : 안동현 외(2004), p. 13.

따라서 교사들도 ADHD를 이해하고, 이것이 의심되는 학생들을 발견하면 학생과 부모가 협조하여 정신과 진단을 받고 필요시 약물도 복용하며 일반 학생과 공존하도록 지도할 필요가 있다고 의료계는 조언하고 있다. 그러나 교사들은 ADHD로 보이는 학생의 보호자를 설득하여 의료지원을 받도록 하는 것이 현실적으로는 쉽지 않다고 증언한다. 보호자가 자녀의 문제행동이 정신질환에 의해 야기된다는 것을 수용하기 어려워할 뿐만 아니라, 높은 수준의 양육 스트레스에 더하여 ADHD의 진단 및 치료에 필요한 재정적 부담까지 지게 되기 때문이다(김민희 외, 2011). 즉, 특수반에 배치되지 않고, 법정 특수교육대상자에게 제공되는 지원도 없다는 현실적인 문제가 있다. 따라서 ADHD 학생을 지도할 때 보호자와 의사소통을 하고, 협력을 이끌어 내는 것은 교사들에게 있어 큰 고민이다.

그러나 만약 ADHD 학생이 적절한 중재를 받지 못한다면 학년이 높아져도 증상이 개선되지 않고 오히려 악화될 수 있으며 성인 ADHD로 발전할 수도 있다(Barkley, 2006). 예전에는 ADHD 증상은 아동이 성숙하고 발달함에 따라 사라진다고 생각하였다. 최근 ADHD로 진단받은 아동을 성인까지 추적한 연구들을 살펴보면, ADHD의 주요 증상들이 여전히 지속되고 있음을 지지해 주는 결과들이 점차 증가하고 있다(정명원, 2009). ADHD가 있는 사람의 장기 추적 연구에서 학령기에 ADHD로 어려움을 경험한 개인은 성인이 된 이후에도 대인관계, 직업생활, 사회생활, 가정생활 등의 여러 영역에서 갈등과 어려움을 겪을 가능성이 큰 것으로 보고되었다(Barkley, 2002; Barkley, Fischer, Smallish, & Fletcher, 2004). 하지만 현재 국내에서 ADHD가 있는 학생의 대부분은 치료를 받아야 할 대상으로 인식되기보다는 문제아나 다루기 힘든 학생으로 낙인찍혀 질책과 처벌을 받을 뿐 적절한 치료 및 교육적인 중재를 받지 못하고 있는 실정이다(김형주, 2002).

2) ADHD의 원인

ADHD의 정확한 원인은 아직 알려져 있지 않다. 양육의 부적절한 방법, 생애 초기 경험, 사회경제적 여건의 중요성 등이 논의되고 있지만, 그것이 미치는 정도는 그리 크지 않다. 오히려 전두엽의 실행기능 이상, 전두엽의 도파민 신경전달물질의 기능 이상, 자기조절장애 등 뇌의 신경생물학적 원인이 더 결정적인 것으로 알려지고 있다. 즉, ADHD는 신경생물학적 요인과 관련된 뇌기능의 문제, 신경전달물질의 장애, 뇌 구조상의 차이 등으로 인한 장애라는 쪽으로 과학적 증거가 수렴되고 있다(Barkley, 1996). ADHD는 집중력, 기억, 학습, 자기통제, 동기부여 등을 총괄하는, 즉 뇌의 실행

기능을 담당하는 전두엽 부위의 도파민과 노르에피네프린 등의 신경전달 물질의 분비가 부족해서 생긴다는 것이다. 따라서 ADHD 증상이 학령기에 누구나 겪을 수 있는 일이라거나, 청소년기가 되면 좋아질 것이라거나, 뛰어난 재능이 있는 학생에게 나타나는 증상으로 이해해서는 곤란하다. ADHD 증후군은 관련 원인에 대한 이론이 복잡하고 다양하기 때문에 많은 전문가들이 제시하고 있는 다양한 견해를 소개하겠다.

(1) 유전적 원인

주의력결핍 과잉행동 학생의 30~40%는 그들의 부모나 형제에게도 주의력결핍 문제가 있는 것으로 보고되고 있다. 구체적으로는 도파민 D4(DRD-4), 도파민 트랜스포트 유전자(DAT1)의 관여가 시사되고 있다.

(2) 뇌의 차이

동물 연구에서 정신활성물질 투여 효과를 조사한 바 ADHD인 사람의 신경전달물질이 변화되었다는 의견이 발표되었다. 최근에 발표된 양전자 단층촬영장치(PET : Positron Emission Tomography) 사진은 대뇌피질 중에서 전두엽의 부위가 불충분하게 기능하는 것을 보여준다. 결국 중추신경계통(CNS : Central Nervous System) 장애의 다양성(조산, 출생 전 약물 노출, 감염 등)이 ADHD와 관련이 있다. 즉, 선천적인 전두엽 기능 이상으로 인해서 자기조절이 되지 않는다. MRI(자기공명촬영)로 전두엽 크기와 뇌량의 조직 및 형태 차이가 확인되고 있다(Castellanos et al., 1996).

(3) 환경적 요인

임신부의 영양 부족, 흡연, 과도한 스트레스, 감염 등이 영향을 줄 수 있고, 조산이나 난산으로 인한 두부 손상이 이러한 문제를 유발할 수 있다. 또 식품첨가제의 중독, 식품첨가제의 알러지 반응 등도 원인이 될 수 있다고 하나 과학적 근거는 미약하다.

3) ADHD의 출현율

DSM의 정신과 기준으로 학령기 아동의 약 3~7%에게 ADHD가 출현한다고 하지만(APA, 2000), 최근 들어 환경적 영향과 양육 방식의 변화 등으로 훨씬 더 증가하는 추세이다. 최근 미국에서 한 지역의 전체 공립초등학교 전체 학생의 약 5.96%가 정기적으로 약물치료를 받고 있다는 보고가 있을 정도로 출현율은 높게 나타나고 있다(Zito et al., 2000). 또한 남녀비는 대략 2:1~9:1 정도로 남자가 높게 나타난다. 이것은 남자가 더 공격적인 모습을 보이고 반사회적 문제로 병원이나 클리닉을 많이 방문하기 때문인 것으로 추정되고 있다(Barkley, 1998).

전반적으로 여자의 경우 과잉행동과 충동성 같은 ADHD의 전형적인 증상들이 거의 나타나지 않는 주의력결핍 우세형(ADHD, predominantly inattentive type : ADHD-I) 진단을 받는 경우가 많다. 그러나 오히려 인지적 측면에서 손상된 경우가 더 많은데 특히 언어능력 결손으로 나타나고(Berry et al., 1985), 이들은 보다 내면화되어서 결과적으로 불안이나 우울과 같은 증상들이 더 나타난다. 특히 학습문제가 더 많이 나타날 뿐만 아니라 또래로부터 거부당하고, 사춘기가 되어 생리주기가 되면 기분이 악화되기도 한다.

4) ADHD의 유형

DSM-5에서 제안한 세 가지 유형, 즉 주의력결핍 우세형(predominantly inattentive type)과 과잉행동/충동 우세형(predominantly hyperactive-impulsive type) 그리고 두 가지 유형의 복합 형태(combined type)로 다시 분류될 수 있다.

(1) 주의력결핍 우세형(ADHD-I : predominantly inattentive type)

ADHD 아동의 약 27%이고(Zentall, 2005), DSM-5 주의력결핍 과잉행동 진단 기준의 주의력결핍 여섯 개 항목에 해당하고, 과잉행동과 충동 증상이 여섯 개 항목 미만에 해당하는 경우를 말한다. 이들은 과잉행동과 충동에 관한 증상이 거의 없기 때문에 집단에서 간과되기 쉽다. 집중할 수 있는 시간이 지극히 짧고, 잃어버리는 물건이 많거나 다른 사람의 이야기를 잘 듣지 않는 경우가 많아 본인이 그것을 자각할 수 있는 경우 불안과 억압감을 느끼기 쉽다. 또 주의력결핍으로 인한 문제는 학년이 올라가면서 밝혀지는 경우가 대부분이며 성인기까지 계속 존재하므로, 성인이 되어서야 의료기관에서 ADHD 주의력결핍 우세형이라는 진단을 받는 경우도 많다.

(2) 과잉행동/충동 우세형(ADHD-HI : predominantly hyperactive-impulsive type)

ADHD 학생의 약 18%이고, DSM-5 주의력결핍 과잉행동 진단 기준의 과잉행동과 충동 증상 가운데 6항목 이상 해당하고, 주의력결핍이 6항목 미만인 경우를 말한다. 이 경우는 대부분은 유아기에 판별되고, 발달에 수반하여 주의결함을 나타내기 시작하여 복합형으로 이행해 가는 경우도 있다.

(3) 복합형(ADHD-C : combined type)

ADHD 학생의 약 55%이고, DSM-5 주의력결핍 과잉행동 진단 기준의 주의력결핍 또는 과잉행동과 충동 증상 가운데 6항목 또는 그 이상에 해당하는 경우를 말한다.

5) ADHD의 특성

(1) 핵심 증상

ADHD의 핵심 증상에는 과잉행동/충동과 주의력결핍이 있다.

① 과잉행동의 경우 자신이 하는 행동이 어떤 문제가 있는지, 그런 행동이 왜 잘못된 것인지를 학생이 이해하지 못한 상태에서 교사가 야단을 치거나 제지하려 하면 오히려 증상이 악화된다.

② Kindlon 등(1995)은 충동성(impulsivity)을 크게 두 가지 측면인 동기 차원(motivational domain)과 인지 차원(cognitive domain)으로 나누고 있다. 동기 차원은 처벌에 대

한 민감도와 보상에 대한 무관심, 수동적 회피 학습, 만족 지연의 요소를 내포하고, 인지 차원은 억제적 조절과 그 외의 일반적 처리과정 결함을 포함하고 있다. 임상적으로 지시를 끝까지 기다리지 않고 재빨리 반응하는 것으로 나타나는데, 대개 부주의한 실수를 초래하는 경우가 많다(안동현 외, 2004).

③ 주의력결핍은 학령 전기 때는 주의집중이 덜 요구되기 때문에 과잉행동이나 요구가 많은 것으로 간과되다가 청소년기가 되면 많이 나타나게 된다. 이것은 특히 학업부진과 이차적인 동기저하를 유발할 수 있다(안동현 외, 2004).

(2) 연령별 증상의 변화

흔히 학년이 올라가더니 ADHD가 나았다는 말을 듣기도 한다. 그러나 ADHD가 나은 것이 아니라 표현되는 증상이 변한 것임에 주의해야 한다고 의료계에서는 조언하고 있다. ADHD로 인한 연령별 증상의 변화는 〈표 14-1〉과 같다.

〈표 14-1〉 ADHD가 있는 사람의 연령 단계에 의한 증상의 변화

1. 유아기 (소수의 예시에 의한 지견이고, 미확정)	• 손을 사용하지 않고, 팔꿈치로 기어서 눈이 어지럽도록 돌고 움직인다. • 걷기 시작할 무렵에는 과잉적인 운동이 나타난다.
2. 소아기	• 안정되지 않고, 뱅뱅 돌고, 유치원의 교실에 가만히 있지 못한다. • 누구에게라도 허물이 없다. • 작은 일에 화를 잘 내고, 뇌전증을 일으킨다. • 집단행동을 취할 수 없고, 친구들을 사귈 수 없다. • 언어지체가 있거나 이야기하는 방법이 연령에 비해서 미숙하다.
3. 학생기	• 침착하지 못하다. 착석해 있지 못한다(이동성 과잉행동). • 앉아있어도 항상 몸의 어딘가를 움직이고 있다(비이동성 과잉행동). • 약간의 자극에도 신경이 산만해지고, 화를 내게 된다(충동성). • 주의집중시간이 짧고, 흥미의 대상이 눈이 어지러울 정도로 변한다(전도성). • 시끄럽게 하여 타인을 방해하거나 갑작스럽게 대답한다. • 말을 걸어도 듣지 않고, 물건을 잃어버리거나 분실이 많다.

	• 공부의 지체가 눈에 띈다. • 솜씨가 서투르다. • 자신의 단점을 지각하게 되면 혼자 틀어박혀 있거나 역으로 타인을 벌하게 되고, 타인에게 공격적으로 되는 경우가 있다.
4. 사춘기	• 과잉행동-충동성은 감소하지만, 주의집중 곤란은 지속된다. • 학업부진이 현저하게 된다. • 보호자, 교사, 친구와 알력이 나타나거나 반항적이 되거나 환상적이 되어 혼자 틀어박히게 된다. • 독자적인 생각과 이치를 주장하고, 과거의 부정적인 기억에 구애된다. • 반사회적 행동을 나타내는 경우도 있지만 신뢰하는 사람은 상상 이상으로 받아들인다.
5. 성인기	• 안정되지 못하고, 충동적이며, 부주의하다. • 완고하고 자신이 만족하지 못하고, 곧바로 욕구불만이 된다. • 일을 장기적으로 할 수 없고, 종종 직업을 바꾼다. • '일에 만족할 수 없고, 마지막까지 하지 못하고 상사와의 관계가 나쁘다'고 평가되기 쉽다. • 불안, 약물남용, 감정장애의 합병을 보는 경우가 많다.

출처 : 山崎晃資, 宮崎英憲, 須田初枝(2008).

6) 공존 질환

일반적으로 ADHD 학생은 다양한 장애가 공존하는 것으로 나타나고 그 빈도는 특정 학습장애, 품행장애, 반항장애, 불안장애, 야뇨증, 지적장애의 순으로 나타난다(홍강의 외, 1996). 이러한 공존 질환(comorbidity)은 학생의 연령이 증가하면서 다른 어떤 것보다 학습에서나 사회적으로 더 많은 문제를 일으킨다.

(1) 학습장애

ADHD가 있는 아동에게 공존하는 질환 중에서 가장 대표적인 것은 학습장애(Learning Disability)이다. 김미경 외(1996)는 ADHD 학생의 46%가 학습상 곤란을 겪는 것으로 보고하고 있다. 학습장애의 약 40%가 ADHD이고, ADHD의 90%는 학습면에 문제가 있는 것으로 나타나고 있다. 인지발달과 학업수행에서 낮다고 보고되고 있는데, 일반 학생이나 자기 형제보다 지적 발달이 낮은 것으로 나타나고 표준화된 지능검사에서 평균 7~15점 정도 낮은 점수를 받는다.

(2) 발달성 협응 운동장애

운동면에서 대단히 부자유스러운 부분이 나타난다.

(3) 적대적 반항장애

대인관계와 집단 활동에 영향을 주는 합병장애로 적대적 반항장애(ODD : Oppositional Defiant Disorder)가 있다. 윗사람에 대해서 거부적, 반항적, 순종적이지 못하고 도전적인 행동을 반복하여 가정, 학교, 사회에서 현저한 장애로 나타난다.

(4) 품행장애

품행장애(CD : Conduct Disorder)의 약 30% 정도가 ADHD 증상을 보인다.

(5) 기억 및 실행 능력

기억력 자체보다는 언어학습과 관련된 수행에서 차이로 보고 있다. 신체 및 신경학적 이상으로는 운동조절 기능과 미세운동 조절기능에서 결함을 보여 ADHD 학생은 글씨 쓰기, 필기에서 곤란을 겪는다.

7) ADHD와 자폐스펙트럼장애로 인한 행동 문제의 차이

(1) ADHD와 저기능자폐(혹은 지적장애를 수반한 자폐스펙트럼장애)

'과잉행동'은 자폐스펙트럼(ASD : Autistic Spectrum Disorder)이 있는 학생에게 나타나는 경우도 있지만 행동의 원인은 전혀 다르다. 예를 들면, '수업 중에 서서 걸어다니는' 경우, ADHD가 있는 학생은 창밖 등에 흥미를 갖는 것을 발견한 것이 계기일 수 있다. 그러나 자폐스펙트럼이 있는 학생은 무엇에 유인이 되었는지 이유를 확실히 알 수 없다. 또 ADHD가 있는 학생의 경우, 자신의 과잉행동/충동적인 행동에 의해서 자기뿐만 아니라 주위도 곤혹스럽게 해버리는 것을 스스로 충분히 이해하고 있다. 그러나 자폐스펙트럼이 있는 학생은 상대의 기분을 이해하는 능력이 충분하게 겸비되어 있지 않기 때문에 그 장소의 분위기를 알지 못하고, 규칙에 따르지 못한다. 자폐스펙트럼(ASD) 아동과 ADHD 아동의 행동을 비교하는 것은 〈표 14-2〉와 같다.

〈표 14-2〉 저기능자폐 아동과 ADHD 아동의 행동 비교

구분	내용
대인관계	• ASD로 인해 주위 사람에게 주의를 기울이지 않는다. 말을 걸어도 대답하지 않는 특징이 있다. • ADHD로 인해 대인관계를 구축하는 것이 어렵지는 않다.
언어지체	• ASD로 인해 3세를 지나도 언어를 구사하지 않을 수 있다. • ADHD로 인해 순서를 세워서 이야기하는 것이 서투른 학생이 있지만, 언어지체는 없다.
특정 사물에 대한 강한 집착	• ASD가 있는 학생은 한 가지 놀이와 장난감에 집착하며, 장시간에 걸쳐서 놀이를 계속한다. • ADHD가 있는 학생은 집중력이 없기 때문에 곧바로 다른 것에 흥미가 옮겨 간다.

(2) ADHD와 고기능자폐

고기능자폐 학생은 상대의 기분을 짐작하고, 말의 의미를 읽는 능력이 부족하기 때문에 다른 사람과의 의사소통이 좀처럼 이루어지지 않는다. 또 자신이 강한 흥미를 보이고 있는 대상에 변화가 일어나면, 패닉 상태가 되는 등의 증상도 보인다. 주변 사람들이 학생의 문제 행동 원인을 이해하기 어려워하고, 이로 인해 인간관계가 잘 형성되지 않는다.

그런 의미에서 표면적으로는 ADHD와 공통되지만 ADHD의 학생이 상대의 기분을 고려하는 것은 어렵지 않다. 단, 충동적인 행동이 원인이 되어 결과적으로 대인관

계가 잘 형성되지 않는 것뿐이다. 고기능자폐와 ADHD는 지능과 표현언어에 지체가 없다는 점에서 공통점이 있다. 고기능자폐 학생은 특정 작업에 혼자 몰두할 수 있지만 ADHD 학생은 그에 있어서 어려움을 겪는다.

2 주의력결핍 과잉행동장애가 있는 학생에 대한 교사의 역할

약물치료나 상담치료를 받고 있더라도 ADHD가 있는 학생들은 하루의 1/3을 학교에서 보내야 한다. 따라서 학교생활이 원만하지 못하면 호전을 기대하지 못할 뿐만 아니라 상태가 더 악화될 수도 있다(강위영 외, 1999; 이숙경, 2006; 정영숙 · 김장회, 2012). 이런 점에서 ADHD가 있는 학생에 대한 교사의 영향력은 매우 크다. 교실 상황에서 직접적이고도 신속하게 ADHD 문제행동에 대처할 수 있기 때문이다(Barkley, 1996). 따라서 이 장에서는 교사가 할 수 있는 ADHD 선별 방법과 보호자 상담 시 유의점을 간단히 소개하고자 한다.

1) 교사가 할 수 있는 ADHD 선별 방법

ADHD를 선별하기 위해 학생에게 나타나는 증상 또는 행동을 직접관찰과 평정척도를 사용하여 파악하는 방법이 있다.

(1) 직접관찰

ADHD의 특징은 부주의(attention deficit), 과잉행동(hyperactivity) 및 충동성(impulsivity)이다. 가장 흔하게 관찰되는 증상과 학교에서 볼 수 있는 구체적 사례를 정리하면 〈표 14-3〉과 같다. 즉, 특정 학생에게서 표에서 제시한 '학교에서 볼 수 있는 구체적 사례'와 같은 행동이 빈번하게 지속적으로 관찰되면 일단 ADHD를 의심해 볼 수 있다.

〈표 14-3〉 부주의 및 과잉행동–충동성 증상의 표현

	증 상	학교에서 볼 수 있는 구체적 사례
부주의 증상	일의 자세한 내용에 대한 주의가 부족하거나 공부, 일 또는 다른 활동에 있어 부주의한 실수를 많이 한다.	• 수학 기호 사용 시 자주 틀린다. • 지시문을 제대로 읽지 않는다. • 문제를 제대로 풀고도 엉뚱한 답을 적는다. • 시험지 뒷면에 문제가 있는 것을 놓친다.
	공부를 포함하여 어떤 일이나 놀이를 할 때 주의집중을 하지 못한다.	• 공부나 숙제를 할 때 집중하지 못한다. • 수업 중 멍하게 앉아있거나 공상 또는 낙서를 한다. • 노트필기나 알림장을 쓰지 않는다.
	다른 사람이 직접 이야기할 때도 경청하지 않는다.	• 직접 바라보고 이야기할 때도 잘 듣지 않는 것처럼 보인다. • 부모님이나 선생님이 이야기한 것을 기억하지 못한다. • 여러 번 이야기해야 알아듣는다.
	지시에 따르지 못하는 경향이 있으며 학교 숙제, 가정에서 일상적으로 해야 할 일 등을 제대로 끝내지 못한다.	• 대답을 해놓고서도 지시를 기억하지 못한다. • 여러 번 지시해도 듣지 않는다. • 같은 일(숙제)을 하는 데 다른 아이보다 훨씬 시간이 많이 걸린다. • 여러 번 지시해야 겨우 숙제나 일을 끝낸다.
	일이나 활동을 조직하거나 체계화하는 데 문제가 있다.	• 계획을 잘 세우지 못한다. • 정리를 잘 하지 못한다(책상, 가방, 사물함 등). • 공부나 일을 순서대로 하지 못하고 건너뛰거나 많이 빼먹는다. • 아침에 등교 준비가 힘들다.
	학교 공부, 숙제 등 지속적으로 정신적인 노력이 필요한 일이나 활동을 피하거나 하기 싫어한다.	• 어려운 문제는 아예 풀려고 하지 않는다. • 깊이 생각하는 것을 싫어한다.
	일이나 활동에 필요한 물건들을 자주 잃어버린다.	• 소지품, 학교 숙제, 연필, 책 등을 자주 잃어버린다. • 때로는 가방을 두고 오기도 한다.
	외부의 자극에 대하여 쉽게 산만해진다.	• 사소한 일에도 주의가 흐트러진다. • 공부하거나 숙제 중에 사소한 자극(소리 등)에 쉽게 휩쓸린다.

	일상생활의 활동을 흔히 잊어버린다.	• 학원시간 등을 잊어버린다. • 약속 등을 자주 잊어버린다. • 건망증이 심한 것 같다.
과잉행동-충동성 증상	침착하지 못하게 손이나 발을 움직이거나 자리에 가만히 앉아있지 못한다.	• 자리에 잘 앉아있지 않는다. • 앉아있기는 하나 자꾸 꼼지락거린다. • 책상에 있는 물건들을 자주 만진다. • 팔 다리를 가만히 두는 게 힘들다.
	학교 등 한 자리에 가만히 앉아 있어야 할 상황에서 이곳저곳 돌아다닌다.	• 수업시간에 자리에 가만히 있지 못하고 돌아다닌다. • 식사시간에 돌아다니면서 먹는다. • 식당 등의 공공장소에서 가만히 있지 못하고 돌아다닌다.
	상황에 부적절하게 이곳저곳 뛰어다니고 지나치게 높은 곳으로 기어오른다.	• 학교 복도를 뛰어다녀서 자주 혼난다. • 뛰지 말고 걸으라는 말을 자주 해야 한다. • 올라가면 안 되는 곳, 위험한 곳에 자주 기어오른다.
	놀이에 어려움이 있거나 조용히 놀지 못한다.	• 놀 때 항상 시끄러워서 주의를 주어야 한다.
	항상 부산하고 바쁘다.	• 천천히 하는 것이 힘들다. • 마치 모터가 달린 것처럼 끊임없이 움직인다. • 일이나 숙제를 할 때 너무 서두른다.
	말을 너무 많이 한다.	• 말이 많다는 이야기를 자주 듣는다. • 말을 많이 하지 않아야 되는 상황에서 떠든다. • 하루 종일 쉬지 않고 흥얼거리거나 중얼거린다.
	질문이 끝나기도 전에 불쑥 대답한다.	• 시키기도 전에 소리 내어 대답한다. • 자기 차례가 아닌데 말한다. • 다른 아이에게 물어본 질문에 자신이 답을 한다.
	순서를 잘 지키지 못한다.	• 줄 서서 기다리는 것을 잘 못한다. • 자기 차례를 기다리지 못하고 끼어든다. • 놀이나 게임할 때 순서를 지키기 어렵다.
	흔히 다른 사람들의 일을 방해하거나 다른 사람들의 일에 끼어든다.	• 순서를 지키지 않고 얘기한다. • 다른 사람의 이야기를 끝까지 듣지 못하고 불쑥 자기가 하고 싶은 말을 해버린다. • 아이들의 놀이를 훼방 놓는다.

(2) 단축형 코너스 교사용 평정척도

〈표 14-3〉의 내용을 근거로 직접 관찰한 결과 ADHD가 의심되는 학생이 있다면 〈표 14-4〉의 '단축형 코너스 교사용 평정척도'를 이용하여, 구조화된 관찰을 해볼 수 있다. '단축형 코너스 교사용 평정척도'에서는 '전혀 없음' 0점, '약간 있음' 1점, '상당히 있음' 2점, '아주 많음' 3점으로 점수를 부여하고 총점을 구해 평가한다. 교사가 평정한 경우 총점이 17점 이상이라면 의료진에게 의뢰해야 한다. 이때 해당 학생의 교육에 참여하는 다양한 교사들이 각각 참여하여 관찰자 간 신뢰도, 즉 평정에 대한 교사의 의견이 일치하는지 평가해야 한다.

〈표 14-4〉 단축형 코너스 교사용 평정척도

관찰행동	척 도			
	전혀 없음(0)	약간 있음(1)	상당히 있음(2)	아주 많음(3)
1. 차분하지 못하고 활동적이다.				
2. 쉽사리 흥분하고 충동적이다.				
3. 다른 아이들에게 방해가 된다.				
4. 한번 시작한 일은 끝내지 못한다.				
5. 늘 안절부절못한다.				
6. 주의력이 없고 주의분산이 된다.				
7. 요구하는 것이 있으면 금방 들어주어야 한다.				
8. 자주 또는 쉽게 울어버린다.				
9. 금방 기분이 확 변한다.				
10. 화를 터트리거나 감정이 격하기 쉽고 행동을 예측하기 어렵다.				

출처 : Conners(1970). Conners Teacher Rating Scale : CTRS.

일반적으로 ADHD는 초등학교 입학 시기인 7세 이전까지는 잘 나타나지 않는다. 그 이유는 7세 이전까지 학생들이 발달하는 속도가 일정하지 못하기 때문이다. ADHD는 사회적인 규칙을 따라야 하는 상황에서 스스로 조절이 안 되는 증상이 핵심이므로 초등학교 입학 후에 진단을 내리는 것이 신뢰성과 타당성이 있다고 본다(박형배, 2006).

(3) DSM-5의 진단 기준

ADHD의 구체적인 진단은 DSM-5 진단 기준에 근거하여 의료기관에서 내리게 된다. DSM-5(2013)에서는 ADHD의 진단 기준을 〈표 14-5〉와 같이 제시하고 있다. DSM-IV-TR에서 7세 이전에 증상 발현의 경우에만 ADHD 진단이 가능한 것으로 규정했으나, DSM-5에서는 진단 연령이 12세로 확대되었다. 7세라는 연령이 매우 임의적이고 7세보다 나이가 많은 아동에게서도 증상이 나타나기 시작(onset)하는 점을 고려한 것이다(추연구, 2014).

〈표 14-5〉 DSM-5 주의력결핍 과잉행동장애의 진단 기준

A. 기능 또는 발달을 저해하는 지속적인 부주의 및 과잉행동-충동성이 (1) 그리고/또는 (2)의 특징을 갖는다.

1. 부주의 : 다음 9개 증상 가운데 6개 이상이 적어도 6개월 동안 발달 수준에 적합하지 않고 사회적 · 학업적/직업적 활동에 직접적으로 부정적인 영향을 미칠 정도가 지속됨

   주의점 : 이러한 증상은 단지 반항적 행동, 적대감 또는 과제나 지시 이해의 실패로 인한 양상이 아니어야 한다. 후기 청소년이나 성인(17세 이상)의 경우에는 적어도 5가지 증상을 만족해야 한다.

   a. 종종 세부적인 면에 대해 면밀하게 주의를 기울이지 못하거나 학업, 작업 또는 다른 활동에서 부주의한 실수를 저지름(예 세부적인 것을 못보고 넘어가거나 놓침, 작업이 부정확함)

   b. 종종 과제를 하거나 놀이를 할 때 지속적으로 주의집중을 할 수 없음(예 강의, 대화 또는 긴 글을 읽을 때 계속해서 집중하기가 어려움)

   c. 종종 다른 사람이 직접 말을 할 때 경청하지 않는 것처럼 보임(예 명백하게 주의집중을 방해하는 것이 없는 데도 마음이 다른 곳에 있는 것처럼 보임)

d. 종종 지시를 완수하지 못하고, 학업, 잡일 또는 작업장에서 임무를 수행하지 못함(예 과제를 시작하지만 빨리 주의를 잃고 쉽게 곁길로 샘)

e. 종종 과제와 활동을 체계화하는 데 어려움이 있음(예 순차적 과제를 처리하는 데 어려움, 물건이나 소지품을 정리하는 데 어려움, 지저분하고 체계적이지 못한 작업, 시간 관리를 잘하지 못함, 마감 시간을 맞추지 못함)

f. 종종 지속적인 정신적 노력을 요구하는 과제에 참여하기를 기피하고, 싫어하거나 저항함(예 학업 또는 숙제, 후기 청소년이나 성인의 경우에는 보고서 준비하기, 서류 작성하기, 긴 서류 검토하기)

g. 과제나 활동에 꼭 필요한 물건들(예 학습 과제, 연필, 책, 도구, 지갑, 열쇠, 서류 작업, 안경, 휴대폰)을 자주 잃어버림

h. 종종 외부 자극(후기 청소년과 성인의 경우에는 관련이 없는 생각들이 포함될 수 있음)에 의해 쉽게 산만해짐

i. 종종 일상적인 활동을 잊어버림(예 잡일하기, 심부름하기, 후기 청소년과 성인의 경우에는 전화 회답하기, 청구서 지불하기, 약속하기)

2. 과잉행동-충동성 : 다음 9개 증상 가운데 6개 이상이 적어도 6개월 동안 발달수준에 적합하지 않고 사회적, 학업적/직업적 활동에 직접적으로 부정적인 영향을 미칠 정도가 지속됨

주의점 : 이러한 증상은 단지 반항적 행동, 적대감 또는 과제나 지시 이행의 실패로 인한 양상이 아니어야 한다. 후기 청소년이나 성인(17세 이상)의 경우에는 적어도 5가지 증상을 만족해야 한다.

a. 종종 손발을 만지작거리며 가만두지 못하거나 의자에 앉아서도 몸을 꿈틀거림

b. 종종 앉아있도록 요구되는 교실이나 다른 상황에서 자리를 떠남(예 교실이나 사무실 또는 다른 업무 현장, 또는 자리를 지키는 게 요구되는 상황에서 자리를 이탈)

c. 종종 부적절하게 뛰어다니거나 기어오름(주의점 : 청소년 또는 성인에서는 주관적으로 좌불안석을 경험하는 것에 국한될 수 있다)

d. 종종 조용히 여가활동에 참여하거나 놀지 못함

e. 종종 "끊임없이 활동하거나" 마치 "태엽이 풀린 자동차처럼" 행동함(예 음식점이나 회의실에 장시간 동안 가만히 있을 수 없거나 불편해함. 다른 사람에게 가만히 있지 못하는 것처럼 보이거나 가만히 있기가 어려워 보일 수 있음)

f. 종종 지나치게 수다스럽게 말함

g. 종종 질문이 끝나기 전에 성급하게 대답함(예 대화나 게임, 활동에 참견함, 다른 사람에게 묻거나 기다리지 못함)

h. 종종 자신의 차례를 기다리지 못함(예 줄 서있는 동안)

i. 종종 다른 사람의 행동을 방해하거나 침해함(예 대화나 게임, 활동에 참견함, 다른 사람에게 묻거나 허락을 받지 않고 다른 사람의 물건을 사용하기도 함. 청소년이나 성인의 경우 다른 사람이 하는 일을 침해하거나 꿰찰 수 있음)

B. 몇 가지 부주의 또는 과잉행동-충동성 증상이 12세 이전에 나타난다.

C. 몇 가지 부주의 또는 과잉행동-충동성 증상이 2가지 또는 그 이상의 환경에서 존재한다(예 가정, 학교나 직장, 친구들 또는 친척들과의 관계, 다른 활동에서)

D. 증상이 사회적·학업적 또는 직접적 기능의 질을 방해하거나 감소시킨다는 명확한 증거가 있다.

E. 증상이 조현병 또는 기타 정신병적 장애의 경과 중에만 발생되지는 않으며, 다른 정신질환(예 기분장애, 불안장애, 해리장애, 성격장애, 물질중독 또는 금단)으로 더 잘 설명되지 않는다.

다음 중 하나를 명시할 것
- 복합형 : 지난 6개월 동안 진단 기준 A1(부주의)과 A2(과잉행동-충동성)를 모두 충족한다.
- 주의력결핍 우세형 : 지난 6개월 동안 진단 기준 A1(부주의)은 충족하지만 A2(과잉행동-충동성)는 충족하지 않는다.
- 과잉행동/충동 우세형 : 지난 6개월 동안 진단 기준 A2(과잉행동-충동성)는 충족하지만 A1(부주의)은 충족하지 않는다.

현재의 심각도를 명시할 것
- 경도 : 현재 진단을 충족하는 수준을 초과하는 증상은 거의 없으며, 증상으로 인한 사회적, 학업적 또는 직업적 기능의 손상은 경미한 수준을 넘지 않는다.
- 중등도 : 증상 또는 기능적 손상이 경도와 고도 사이에 있다.
- 고도 : 진단을 충족하는 수준을 초과하는 다양한 증상 또는 특히 심각한 몇 가지 증상이 있다. 혹은 증상이 사회적 또는 직업적 기능에 뚜렷한 손상을 야기한다.

출처 : 미국정신의학회(2013).

2) ADHD 학생 보호자의 상담

(1) 보호자의 심리적 단계와 상담 방법

해당 학생이 ADHD인 것으로 선별되면, 이제 주양육자(primary care giver)의 협조

아래 적절한 의료지원을 받을 수 있도록 연계하는 것이 무엇보다도 시급하다. 그러나 부모에게 자녀가 ADHD가 의심되니 내원이 필요하다는 말을 교사가 꺼내기란 쉽지 않다. ADHD가 있는 학생의 문제행동에 대한 부모-교사 간 평정의 일치도가 낮은 편이기 때문이다(송수미 · 김재환, 2002).

교사는 1차적으로 ADHD가 있는 학생의 보호자에게도 자신의 감정과 해결해야 할 문제를 가지고 있다는 것을 이해시켜야 한다. 이는 크게 4단계로 나눌 수 있다. 장애 수용에 대한 보호자의 심리단계와 그에 따른 상담 전략은 〈표 14-6〉과 같다. 보호자는 이러한 일련의 과정을 거치면서 비로소 자녀의 상태를 바라볼 수 있게 된다(김영숙 · 윤여홍, 2009).

〈표 14-6〉 장애 수용에 대한 보호자의 심리적 단계와 상담 방법

심리적 단계		단계별 내적 갈등	심리 상태 및 상담 전략
1	충격	'정상일 거야'	→ 재진단을 받으며 치료시기를 놓칠 수도 있다. • 상담에 임하는 교사는 답답하겠지만 인내심을 가지고 기다려야 한다.
2	거부	'왜 하필 우리 가족에게…'	→ 가족 및 서로를 비난하고 원망한다. • 분노와 원망의 감정을 표현하도록 하며, 많은 사람들이 도와줄 수 있다는 점을 인식시켜 준다.
3	죄의식	'임신했을 때 …해서 그런가'	→ 더 이상 부정할 수 없는 상태가 되면 충격과 격한 감정이 가라앉으면서 죄책감에 빠져든다. • 슬픈 감정을 허용해 주며 용기를 준다. • 자녀의 장애 원인에 대한 객관적인 시각을 갖도록 도와주면서 자녀가 지닌 긍정적인 면에 초점을 두고 상담이 진행되어야 한다.
4	수용	'현실 상황을 수용해야지'	→ 구체적이고 실제적인 정보제공과 문제 해결을 위한 계획을 의논한다.

출처 : 김영숙 · 윤여홍(2009), pp. 71-73 재구성.

(2) 주양육자와 교사 관계형성 방해 요인

ADHD는 초등학교 입학과 함께 문제가 더욱 두드러지게 나타남으로 인해, ADHD가 있는 학생과 부모가 정서적인 혼란을 경험하며 교사와의 관계형성에 더욱 어려움을 겪는다(김남형, 2009). 그러나 자녀의 ADHD로 인해 교사와의 갈등을 경험한 주양육자들도 교사와 협력관계 형성을 위한 욕구가 있고, 교사가 학생에 대해 좀 더 관심을 갖고 이해해 줄 것을 바라며 교사가 도움을 줄 수 있는 사람인지를 파악하고자 애쓴다. 김남형(2009)의 연구에 의하면 주양육자들도 담임교사가 반 아이들에 대해 얼마나 관심과 애정이 있는지, 특별한 문제를 가진 아이들에 대한 경험이 있는지, 이 아이들에게 도움을 주고자 하는지, 비밀보장을 해주는 교사인지, 담임교사의 취향, 감사표현으로 무엇을 좋아하는지 등에 대한 정보를 주변 사람들로부터 얻고자 한다.

자녀의 ADHD 문제로 교사에게 도움을 요청했지만 오히려 정신과 치료 사실이 알려지며 받은 사회적 낙인과 소외감을 토로하며 학생에 대한 정보를 교사에게 알리지 않는다는 보호자도 있다. 또한 약물치료 후 ADHD 증상이 조절되어 굳이 정신과 치료 사실을 알리지 않는다는 경우도 있다. 낙인에 대한 우려에서 학생의 학년이 바뀔 때마다 보호자가 학교에 찾아가 이전 담임교사로부터 새 학년 담임교사에게 학생에 대해 편견 없이 정보를 제공해 줄 것을 부탁하는 경우도 있다. 이처럼 보호자는 교사에게 도움을 청할지 말지에 대한 양가감정을 가지고 있다. 〈표 14-7〉에 ADHD 학생의 보호자와 교사가 경험한 협력의 방해요인에 대해 범위 및 범주별로 정리하였다.

〈표 14-7〉 ADHD 학생의 보호자와 교사가 경험한 협력의 방해요인

<table>
<tr><th colspan="2">상위범주</th><th>하위범주</th><th>개 념</th></tr>
<tr><td rowspan="2">보호자</td><td rowspan="2">믿고 맡기기 힘듦</td><td>양가감정</td><td>• 학생과 보호자가 겪는 낙인, 소외감
• 정신과 치료에 대한 비밀보장을 지켜주지 않음
• 약물치료로 증상이 완화되어 구태여 알릴 필요 없음
• 도움을 받고자 담임교사를 파악하기 위해 애씀</td></tr>
<tr><td>교사의 ADHD 지식과 경험부족</td><td>• 교사가 학생을 적절히 지도하지 못함
• 보호자가 교사를 믿을 수 없음</td></tr>
</table>

<table>
<tr><td rowspan="8">교사</td><td rowspan="4">단절감</td><td>교사의 ADHD 지식과 경험부족</td><td>• 학생과 교사의 지속적인 갈등
• 가정–학교의 연계가 안 됨
• 교사가 보호자의 신뢰를 얻지 못함</td></tr>
<tr><td>보호자의 ADHD 지식과 경험부족</td><td>• 적절한 지도 방안을 모름
• 자녀의 질환을 인정하지 않음
• 정신과 약물치료에 대한 거부감
• 막연한 이해만을 원함</td></tr>
<tr><td>정보 교류가 안 됨</td><td>• 학생에 대한 정보를 듣지 못해 이해하지 못함
• 교사가 학생을 도와줄 수 없음
• 갑작스러운 학생의 변화에 교사가 대처하지 못함</td></tr>
<tr><td>소통의 어려움</td><td>• 문제 중심적 상담
• 보호자가 마음의 상처로 받아들임
• 교사의 예상치 못한 당혹스러움</td></tr>
<tr><td rowspan="2">교사, 보호자의 소진</td><td>열악한 교육환경</td><td>• 많은 수의 일반 학생을 지도함에 따른 어려움
• 학생의 개별화, 지속적 지도의 어려움</td></tr>
<tr><td>지쳐 있는 보호자</td><td>• 경제적 문제, 가정 내 문제
• 문제행동 개선, 적극적 치료, 양육의 어려움
• 교사의 지도를 따르지 못함</td></tr>
<tr><td>보호자의 낙인감, 박탈감</td><td>특수학급에 대한 이견</td><td>• 개별화된 지도, 도움을 받을 수 있는 특수학급에서 교육받는 것을 권유받았을 때, 쫓겨났다는 느낌을 받는 보호자</td></tr>
</table>

출처 : 김남형(2009) 재구성.

3) ADHD 학생을 위한 교사의 역할

교사는 학교 내에서 학생의 ADHD 증상이나 문제점을 발견하고, 치료나 교육적 중재의 필요성을 인식하여 도움을 줄 수 있는 중요한 사람이다. 그러므로 교사는 ADHD에 대한 지식을 익히고, 학생의 장애를 이해하고 수용하며 가정과 밀접하게 의사소통을 해야 한다. ADHD 학생 지도 시 교사의 역할을 살펴보면 다음과 같이 발견자, 판정자, 치료자의 세 가지 역할로 나누어 볼 수 있다(김남형, 2009).

(1) 발견자

교사는 학생의 ADHD 초기 진단에 있어 학급 내에서 관찰한 학생의 문제행동에 대해 기초적인 정보를 부모, 치료진에게 제공할 수 있다. ADHD의 진단은 학교, 가정, 임상환경에서 이루어질 때 정확성을 기할 수 있다.

(2) 판정자

교사는 ADHD 치료에 따른 변화를 모니터링하며 가정, 치료기관에 관련 정보를 제공할 수 있다. 교사는 약물치료와 관련된 학생의 학교생활에서 변화를 의사와 이야기함으로써 약물치료의 반응을 점검하는 활동에 도움을 줄 수 있다.

(3) 치료자

교사는 학교 현장에서 행동치료나 학습치료를 하는 치료자의 역할이다. 이를 위해 교사는 의사, 보호자와 함께 혼연일체로 팀을 이루어야 한다. 이 치료 팀이 서로 간의 신뢰를 바탕으로 일관성 있게 아이의 행동을 수정해야 좋은 치료 효과를 나타낼 수 있다.

〈표 14-8〉에 주양육자가 교사와의 상담에 대해 인터뷰한 내용을 일부 소개하였다. 사례를 통해 ADHD에 대한 지식을 바탕으로 한 주양육자와 신뢰관계 형성이 무엇보다 중요함을 알 수 있다. 특히 교사의 ADHD 증상에 대한 정확한 지식은 ADHD 학생에 대한 상담과 진로지도 등을 효과적으로 이끌어 가기 위한 전제조건이다. ADHD 관련 지식과 경험을 바탕으로 형성되는 교사나 학부모의 반응과 태도는 ADHD 학생에 대한 또래 그룹의 지지와 사회적 수용에 영향을 준다(최연숙, 2014).

〈표 14-8〉 보호자가 생각하는 교사와의 협력적 관계형성 방안

상위범주	하위범주	사 례
신뢰관계 형성	비밀보장을 원함	• 선생님들이 애들한테 소문을 안 내면 되고, 그러면 선생님들끼리는 알아도 큰 지장은 없는 것 같아요. 선생님들이 다른 애들 앞에서 "야, 너 임마, 네가 그러니까 그렇지…" 이러지만 않으면 특별히 문제될 것 같지 않아요.
	아이의 입장에서 있는 선생님	• 약을 중단하고 나서 딱 10일 만에 갔더니, ㅇㅇ이가 이상해졌다는 거예요. 그래서 사실은 약을 끊었다 그랬더니… 선생님이 제발 약 좀 먹여서 학교 좀 보내라. 이 말에 또 열 받아서 우린 절대 약 안 먹일거다. 그랬다가 1학년 말에 단원평가는 다 잘 보는데 기말평가는 꼴등인 거예요. 그때 선생님이 ㅇㅇ이는 너무 아깝다. 다른 평가는 다 잘 보는데 기말이 꼴등이다. ㅇㅇ이는 치료가 필요하다. 그래서 그럼 다른 방법을 알아보겠다. 약물을 제외한… 그리고 한 게 약물치료였어요.
	이해받은 느낌	• 우리 애가 약물치료를 할 거다 했더니 선생님이 그래도 어머니는 미리 이걸(ADHD) 인정하시고 받아들이는 게 참 좋다. 다른 엄마들은 그것을 끝까지 거부하신다는 거예요… 선생님이 그 점에서 반은 접고 봐주시니까 훨씬 수월하더라구요. 그래서 선생님에게 우리 애가 어떠냐고 물어보면 "괜찮아요. 무난해요" 하고 넘겨주고, 그게 되게 고마웠어요. 학교 가면 선생님과 대화하는 테크닉이 부족해서 어떻게 해야 할지 몰랐는데…
	구체적인 자문	• 선생님이 아이에 대해 아시고 숙제할 때 이렇게 좀 지도해 주고, 글 읽는 게 도움이 될 거 같다고 하시고, 학교에서도 좀 더 기다려 주신다고 하시더라구요. 그러니까 얘가 조금씩 해오는 게 많아지더라구요. 선생님이 ADHD에 대해 아는 게 정말 필요하구나라고 느꼈죠. • 2학년 때 선생님이 어드바이스를 해주신게… 이럴 때일수록 엄마가 학교일도 적극적으로 도와주시고, 애들도 사귈 수 있도록 도와주시고 해야 한다. 선생님이 해주시는 것도 한계가 있다고… 지내다 보면 애들도 ADHD 학생의 문제를 다 알기 때문에 선생님이 붙여준다고 해서 다 되는 게 아니다. 엄마가 적극적으로 참여를 하시고 엄마들끼리 잘 협력해서 잘하라고… 어드바이스를 주셨거든요.
	교사의 배려	• 저는 담임선생님한테 찾아가서 부탁했어요. 새 학년 담임선생님으로 경험있는 선생님 좀 해달라고…그랬더니 선생님이 한 번 얘기해 보겠다고 그러더니 운좋게도 전에 이런 애들(장애 학생, ADHD)학생을 맡아본 선생님이 됐어요. 그래서 너무 고마웠죠. 도움도 받았고요.

출처 : 김남형(2009) 재구성.

※ 학부모 상담에서 유의할 점

- 학생의 문제행동만을 지적하지 말고 장점과 긍정적인 면을 우선 이야기하고 이런 점만 고치면 더 좋겠다고 대화를 한다.
- 과거 ○○이와 똑같은 학생이 있었는데 소아정신건강의학과의 진료를 받고 많이 달라졌다고 성공사례를 소개한다(특히 주의집중력 향상으로 성적이 많이 향상된 예시를 소개한다).
- 직접 상담이 잘 받아들여지지 않는 부모의 경우 학생의 학교생활에 대한 간략한 일지를 가정통신문처럼 가정에 보낸다. 자녀에 대한 담임교사의 애정 어린 기록은 부모에게 있어서 갑작스러운 상담보다 훨씬 긍정적으로 받아들여질 수 있다.

3 주의력결핍 과잉행동장애에 대한 약물치료적 접근

1) 약물치료

약물치료적 접근은 Bradley(1937)에 의해 미국 뉴욕 로드아일랜드 지방(Rhode Island Province)의 청소년보호시설인 Emma Pendleton Bradley Home에 수용된 학생들을 대상으로 처음 이루어졌다. 연구를 통해 이들에게 암페타민이라는 약물을 투여하자 산만한 행동이 감소하고, 학업 수행이 좋아지는 효과를 발표하였다. 이를 시작으로 1970년대 이후 현재까지 약물치료는 ADHD 치료의 핵심이 되고 있다. 따라서 이 절에서는 학생의 ADHD 약물치료와 관련된 의료계의 자료(안동현, 2005 : 220-248)를 간략히 소개하고자 한다.

(1) 약물치료의 원칙

부모에게 약물치료를 한다고 하면 의아해하거나 반대부터 하는 경우가 많다. 하지만 약물치료는 ADHD의 약 70~80% 정도가 매우 효과적인 것으로 나타났다. 국내에서는 아직 정확한 통계가 없지만 점차 그 사용량이 늘고 있는 것은 분명하다.

여러 가지 약제가 처방되지만 가장 효과적인 것은 중추신경자극제(neuro-stimulator)로 암페타민(d-amphetamine), 메칠페니데이트(methylphenidate), 페몰린(pemoline)이 있다. 이 가운데 국내에서는 메칠페니데이트와 페몰린만 처방되고 있다.

치료 시작 전에 약물의 효과와 한계에 대해 설명해 주고 반드시 적절한 교육 혹은 행동수정 프로그램이 함께 준비된 후에 투여하도록 한다. 가장 많이 사용되는 메칠페니데이트(MPH)를 예로 들면 초기에 체중 1kg당 0.3mg을 1일 1회 아침식사 전후에 사용한다. 이렇게 사용하여 2주간 증상 호전이 없으면, 용량을 초기 투여량의 2배인 0.6~0.8mg/kg/day로 양을 늘린다. 다시 2주간 호전이 없으면, 약물을 바꾸거나 학생을 다시 평가·진단한다. 약물투여는 대개 학년 말까지 지속하고 주말이나 방학은 중지하며 새 학년이 되면 4~6주간 약물치료가 다시 필요한지 여부를 재평가한다. 학생이 틱이나 뚜렛 장애를 갖거나 가족력이 있을 경우 증상을 악화시킬 수 있기 때문에 약물 선택에 조심하고, 지속적으로 투여할 경우 성장 억제가 있을 수 있으므로 정기적으로 체중, 신장, 그 외에 혈압을 측정해야 한다(안동현, 2005 : 238).

(2) 약물의 효과

약물의 효과, 특히 단기간의 효과에 대해서는 논란의 여지없이 일치되어 왔다. 미국의 5개 지역에서 시행된 각 치료 방법의 비교연구(Conners et al., 2001)에서도 약물치료의 효과는 탁월한 것으로 입증되었다. 하지만 이것도 14개의 추적 기간에 대한 효과이기 때문에 장기간 약물의 효과에 대해서는 아직 논란이 있다. 하지만 〈표 14-9〉에 제시한 것처럼 단기간의 약물효과는 광범위하게 여러 영역에 걸쳐 나타난다. 약물의 효과에 대해서는 주위 사람들도 실감하지만, 보다 더 실감하는 것은 학생 자신이다. 그리고 성장함에 따라서 차츰 사회성이 몸에 익숙해지고, 이윽고 약을 먹지 않고도 넘어갈 수 있는 경우도 있다.

〈표 14-9〉 약물치료의 단기 효과

변화영역	학습관련 활동에서 구체적인 변화
행동에 대한 변화	1. 활동의 감소를 보인다. 2. 교실에서 소리내고, 떠들고, 시끄럽게 하는 것이 줄어든다. 3. 글씨 쓰기가 호전되기도 한다.
인지기능에 대한 변화	1. 과제 수행에 호전을 보이는데, 지속적 주의력, 주의산만, 충동성, 단기기억 수행의 호전도 포함한다. 2. 학생이 흔히 사용하는 인지전략을 촉진시킨다. 3. 지루한 과제에 대한 동기를 강화시킬 뿐 아니라, 수행의 저하를 방지하기도 한다. 4. 학업성취도에도 영향을 미쳐 수학에서 실수를 줄이고, 빼먹는 것을 줄인다. 5. 읽기, 독해, 받아쓰기에서도 호전되며, 앉아 있는 시간을 늘려준다.
대인관계 수행에서 변화	1. 쉬는 시간에도 행동을 차분하게 해준다. 2. 성인의 지시에 따르는 순응도도 증가하고, 행동의 강도를 저하시킨다. 3. 학생에서 나타나는 반항과 공격성을 감소시킬 뿐 아니라, 부모나 교사에게 보다 긍정적으로 대하게 된다. 4. 약물치료 단독으로만 이루어지는 것은 아니지만, 사회적 기능에도 많은 호전을 가져온다.

출처 : 안동현(2005) 재구성.

(3) 약물 부작용

중추신경자극제들에서는 부작용이 대개 비슷하고, 대개 용량과 관계있다. 부작용은 청소년이나 성인에 비해 소아들은 덜 민감하다. 약 20%에서 행동상의 부작용이 관찰된다. 일반적인 부작용으로 수면장애, 식욕부진, 복통, 두통, 목마름, 구토, 감정 변화, 자극민감성, 울음, 빈맥, 혈압 변화 등이 있지만 심혈관계 작용을 제외한 나머지는 수 주 안에 대개 감소한다.

그러나 약을 복용하더라도 ADHD 학생의 기본적인 행동 특성이 변하는 것은 아니다. 단지, 약을 복용하고 있는 동안 행동의 억제가 잘 되고, 주변 사람들과 충돌이 현격하게 감소한다. 또 집중력이 증가해서 수업에 익숙해지고, 학습이 유연하게 이루어진다. 더욱이 주위의 상황을 배우게 되어 자기 행동이 어떤 것인지 알게 된다.

4 주의력결핍 과잉행동장애에 대한 행동치료적 접근

1) 행동치료가 필요한 이유

(1) ADHD 약물치료 효과의 제한

① ADHD 학생의 20~30%에서 약물치료의 효과가 제한을 받는다.
② 또한 일부 학생들은 효과는 뚜렷하지만 틱 발생이나 식욕 저하 등의 일부 약물 부작용으로 약물 사용이 제한되는 경우가 있다.
③ 그리고 약물을 사용하더라도 약물 효과가 떨어지는 오후, 주말이나 방학, 혹은 약물 투여 후에 일어나는 문제들을 대처하기 위한 방법들이 필요하게 된다.

(2) ADHD의 속성에 의한 문제로 인한 비약물치료의 필요성

① 부모나 교사들이 약물 이외의 방법에 의한 치료를 요구하는 경우가 많다. 따라서 약물치료를 하면서 순응도를 높이기 위해 비약물치료를 병행하는 경우가 많다.
② ADHD에 동반된 문제행동들, 예를 들어 학습 결손 또는 자긍심 저하문제는 약물치료에 의해 호전을 기대하기 어렵다.
③ 부모-자녀, 형제, 교사 및 또래관계 자체가 약에 의해 호전되지 않는다. 이러한 필요성에 의해 약물치료와 병행 혹은 단독으로 심리-사회적 치료가 ADHD 학생들의 치료에서 유용하다(안동현, 2005).

2) 행동수정 사례

교사는 학교에 있는 동안 병원에서 처방받은 행동치료가 학교에서도 일관되게 적용될 수 있도록 연계하는 데 도움을 줄 수 있다. 혹은 직무 연수 등에서 배운 행동수정 이론을 적용하여 직접 해당 학생의 학교생활 적응을 위한 프로그램을 만들 수도 있다. 다음 사례는 한 초등학교 6학년 남학생의 담임교사가 소개한 것이다. 이 사례 학생의 경우를 예로 들어 교실에서 사용할 수 있는 행동수정 기법을 몇 가지 제안하였다.

6세경 ADHD 진단을 받고 현재 꾸준히 약을 복용 중인 6학년 남학생

1. **행동** : 청소 활동에 남아서 참여는 하나, 청소를 전혀 하지 못하고 계속 돌아다니는 행동이 파악된다. 예기치 못한 상황에 대처할 때 굉장히 두려움을 느끼고 안절부절못하며 상황에 대처하는 능력이 매우 부족하다.
2. **학습** : 수학과 학습능력 평균 이상, 국어과 중간 정도, 학습 시 주의집중을 잘 못하며 협동 학습에 전혀 참여하지 못한다.
3. **시급한 당면 문제** : 친구들과 의사소통 능력이 부족하고 행동에 유아적 습관이 나타나 무시되거나 소외되는 경우가 종종 나타난다.

(1) 자기점검과 자기강화 활용

과제분석표를 작성하여 제공한 후 '자기점검'과 '자기강화' 전략을 사용하게 하면, '청소 활동에 참여하지만, 청소는 전혀 하지 못하고 계속 돌아다니는 행동'을 수정할 수 있다. 먼저 〈표 14-10〉에 제시된 과제분석표에는 청소라는 과제를 수행하기 위하여 할 일이 순서에 따라 목록으로 만들어져 있다. 일련의 수행을 위하여 학생이 하여야 할 일을 이렇게 목록으로 짜는 것을 '과제분석'이라고 한다. 학생이 이 목록을 보고 스스로 청소를 할 수 있도록 도울 수 있다. 이때 목록의 순서에 따라 청소하고 각각의 순서를 끝낼 때마다 확인란에 점검 표시를 하도록 한다. 이러한 전략을 '자기점검'이라고 한다. 청소가 끝난 후 학생이 스스로 확인란의 동그라미표를 세어 자기가 세운 목표, 예를 들어 청소 목록 5개 중 4개를 달성하였음을 확인하도록 한다. 이것을 '자기평가'라고 한다. 이때 강화물로서 청소 시작 전에 자신이 스스로 정한 컴퓨터 게임을 할 수 있도록 서로 약속할 수 있다. 스스로 자기평가한 결과에 따른 강화물을 정하는 것을 '자기강화' 전략이라고 한다.

위와 같은 절차에 따른 자기점검법은 학업 관련 참여행동을 증가시키는 데도 효과가 있는 것으로 나타났다(박명숙 · 유은정, 2011). 이런 전략이 성공하는 데에는 과제분석표 작성이 관건이다.

〈표 14-10〉 '청소하기' 지도를 위한 과제분석표

순 서	할 일	확인란
1	창문 열기	
2	교실 앞뒤 칠판과 게시물 공간 먼지 털기	
3	바닥 쓸기	
4	바닥 닦기	
5	청소도구 정리정돈(먼지털이, 비, 손걸레)	

(2) 행동계약서 작성

일반적으로 생활 및 학습 상황에서 보이는 부적응 행동에 대하여 선생님과의 약속을 통해 해당 행동의 방지를 기대하는 경우가 많다. 그러나 구두 약속뿐만 아니라 상호 결정한 내용을 행동계약서의 문건을 만들어 두면 학생의 미래행동에 보다 강한 구속력을 가질 수 있다(제8장 참조).

(3) 행동기술훈련

행동기술 훈련으로 '친구들과의 의사소통'에 필요한 적절한 행동을 형성하는 데 도움을 줄 수 있다. 행동기술 훈련 절차는 교수(instruction) → 모델링 → 시연(rehearsal) → 피드백으로 진행된다.

교수(instruction)란 어떻게 반응해야 하는지를 설명하는 것이다. 설명만으로 학생의 행동기술 수준이 나아지지 않을 때 교사가 대신 정확한 행동 시범을 보일 수 있고 이를 모델링이라고 한다. 일단 학생이 자신이 익혀야 할 행동기술에 대하여 파악을 하게 되면 어떤 장면에서도 같은 기술을 사용할 수 있도록 반복 연습하는데 이를 시연이라고 한다. 반복 연습 후 교사는 즉각적으로 피드백을 제공해야 한다. 피드백은 정확한 수행에 대한 칭찬이나 강화를 포함한다.

(4) 약물과 행동치료의 병행

앞에서 살펴본 것처럼 약물치료는 아동의 증상을 현저히 호전시키기는 하지만 학습문제를 치료하거나 사회적 대인관계의 문제를 해결하거나 정서적 장애를 제거하지는 못한다. 또한 비약물치료만으로 아동의 대인관계 및 학습능력 등을 어느 정도 개선시켜 주지만, 이런 문제를 일으키는 뇌의 기질적 문제를 치료하지 않기 때문에 ADHD의 근본적, 근원적 치료에는 한계가 있다(Barkley, 1998).

|그림 14-2|는 1999년 미국정신건강연구소(The National Institute of Mental Health)에서 ADHD를 가진 579명의 아이들을 대상으로 약물치료와 행동치료의 효과를 14개월 동안 연구한 결과이다. |그림 14-2|에서 알 수 있듯이, 일반 학생이 80% 정도의 성취를 보이는 검사에서 약물치료를 하지 않고 행동치료만 받는 ADHD 학생 집단은 30% 정도 그리고 약물치료만 받은 학생 집단은 50% 정도의 성취를 보이는데, 약물치료와 행동치료를 함께 받은 ADHD 학생 집단은 70%에 가까운 성취를 보여주고 있다. 이 연구결과는 현재까지 약물치료를 근간으로 한 행동치료가 ADHD의 치료에 가장 효과적이라는 것을 시사한다.

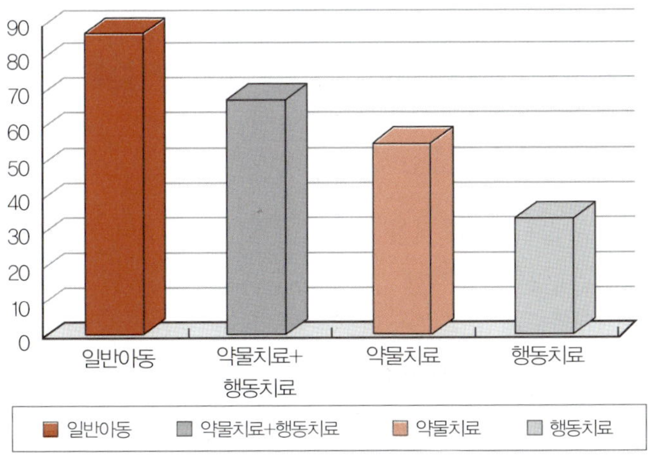

|그림 14-2| ADHD 치료 효과 비교 연구

지금까지 ADHD 학생의 문제행동에 대한 해결방안의 하나로 행동수정 기법을 살펴보았다. 그러나 행동수정 기법을 실행하는 것도 연습이 필요하다. 박명화(2001)의 연구에서 보듯이 유아교사들은 ADHD 유아들이 행동수정 기법을 사용해도 행동이 통제되지 않는다(33%), 교사의 지시를 따르지 않는다(26.6%), 행동문제를 지도하는 방법을 모르겠다(21%), 부모들이 무관심하고 비협조적이다(15.3%) 등의 어려움을 토로하고 있다. 이런 상황은 초·중·고등학생에게도 발생할 수 있다. 인간의 행동은 쉽게 바뀌지 않기 때문에 행동수정 기법을 사용하여 행동문제를 통제하기 위해서 행동수정 기법을 일관적이고 지속적으로 적용해야 한다. 몇 달 동안 지속적으로 문제행동 발생 빈도를 관찰 기록하고, 학생에게 더욱 효과적인 강화물을 고민해야 할 수도 있을 것이다.

한편 교사가 자신의 학생에게 적합한 행동수정 기법을 개발할 수도 있지만, 의료진을 통해서 행동치료를 위해 행동수정 기법이 처방될 수 있다. 따라서 부모와의 상담을 통해 의료진에 의해 처방된 행동수정 기법을 알고, 하루의 많은 시간을 보내는 학교에서 행동치료를 도와줄 수 있다면 행동치료가 학교–집–병원이라는 세 환경에서 일관되게 이루어질 수 있으므로 그 효과도 높아질 것이다.

5 주의력결핍 과잉행동장애의 특성을 고려한 교육적 접근

1) ADHD 성향을 고려한 학습전략

ADHD로 인해 초래되는 대표적인 기능적 손상 중 하나는 학습부진이다(Mannyzza et al., 1993). 최근 학습부진을 개선할 수 있는 학습전략이 주목받고 있다(김동일, 2006). 학습전략은 효율적인 학습 또는 정보를 효율적으로 기억하는 데 필요하거나 도움이 되는 여러 종류의 기능, 능력, 계획 또는 방법이다(김동일, 2006). ADHD 증상 중 특히 부주의 증상이 학습 전략 및 학업성취에 많은 영향을 미치는 것으로 나타났다. 부주의 증상은 특히 학습 전략 중 인지적 전략, 학습시간 관리에 영향을 미치는 것으로 나타났다(김윤희, 2012).

(1) 인지적 전략

인지적 전략은 학습내용을 더 잘 배우고 기억하고 이해하는 것을 돕는 전략으로 구체적으로 정보를 심적으로 떠올려 반복하고(시연), 다른 정보와 연결 짓고(정교화), 정보의 체계를 잡는(조직화) 등의 인지적 과정으로 이루어진다(김동일, 2006). 그런데 ADHD 성향의 학생들은 시연, 정교화, 조직화와 같은 인지적 전략이 저조하였다(김윤희, 2012). 특히 과제를 우선순위에 따라 배정하고 계획하는 능력은 ADHD 성향의 청소년뿐만 아니라 성인에게 모두 저조한 것으로 나타났다(김윤희, 2012; Solanto et al., 2008).

ADHD로 인한 학습전략의 부진은 실행기능 결함에 기인할 수 있다(Best, Miller, & Naglieri, 2011; Eccles, 2004; Jacobson, Williford, & Pianta, 2011). 실행기능이란 전두엽 질환 환자에게 흔히 나타나는 행동을 설명하기 위해 주로 신경심리 분야에서 사용되는 용어로 인지적, 사회적, 정서적 상황에서 목표지향적인 사고와 행동을 조직화하는 고차원적 인지기능이다(Zelazo & Muller, 2002). 실행기능의 핵심적인 역할 중 하나가 미래의 효과적인 결과를 위해 당장의 즉각적인 반응을 억제하는 것이다(Barkley, 2006). 이는 즉각적인 반응을 억제할 때 조절을 통해 목표와 기대에 부합하는 행동의 실행이 비로소 가능해지기 때문이다.

여러 실행기능 중 억제적 통제(inhibitory control)가 바로 이러한 역할을 담당한다. 억제적 통제는 그 순간의 충동적인 반응을 억제하거나 지연하는 능력, 진행 중인 반응을 멈추는 능력, 관련 없는 자극의 간섭을 막는 능력으로 이루어진다. 한 마디로 억제적 통제는 만족 지연을 가능하도록 하는 기능이다. 그런데 자기조절 혹은 자기통제의 핵심적 바탕이 되는 과정이 바로 이러한 만족지연이다(Mercalfe & Mischel, 1999).

이러한 만족지연의 어려움, 이로 인한 자기조절 실패는 학습 수행을 근본적으로 저해한다. 왜냐하면 학습은 기본적으로 만족지연의 원리에 기초해 있기 때문이다. 학습과정은 고도로 목표지향적인 까닭에 학습에서 순간의 감정과 동기 행동을 통제할 것을 요구한다. 즉, 효과적인 학습자는 의미 있는 학습목표를 성취하기 위해 당장 주의를 끄는 만족을 지연한 채 정보처리의 효율성을 높이기 위해 노력을 기울인다.

이 과정에서 동원되는 다양한 책략이 바로 학습전략이다. 따라서 학습전략은 그 종류가 어떤 것이든 대체로 자기조절적 특성을 갖는다(양명희, 2000).

따라서 Think Aloud 훈련과 같이 자신의 사고 및 행동과정을 관찰, 평가하는 데 필요한 언어를 가르치고 다양한 상황에 적용시켜 자기조절을 돕는 훈련은 도움이 된다(김형대, 2001; Kendall & Braswell, 1985; Meichenbaum & Coodman, 1971). Think Aloud 훈련의 경우, 인지적 문제 해결 과정에서 내재적 언어를 활성화시키는 자기교시 훈련과 사회적 문제 상황에서 계획 세우기, 해결책 탐색, 결과 산출 과정을 언어화하는 문제 해결 훈련을 적절히 병행한 접근법이다. 이 훈련은 문제 정의(내가 해결해야 할 문제는 무엇이지? 나는 무엇을 해야 할까?), 문제탐색(나의 계획은 무엇이지? 나는 그것을 어떻게 해결해야 할까?), 자기점검(나는 나의 계획을 활용하고 있는가?), 자기평가(나는 어떻게 했는가?) 등의 단계로 구성되어 있다(두정훈 · 손정락, 2003; 이정수, 2002).

(2) 학습시간 관리

학습 목표를 성취할 수 있도록 시간과 환경을 계획하고 점검하고 관리하는 학습시간 관리는 실행기능과 밀접한 관련이 있는 학습전략이다(Solanto et al., 2008). 특히 시간관리는 다른 학습전략에 비해 학업성취에 대한 설명력이 높고(양명희, 2000), 실행기능 결함을 보완할 수 있는 전략으로 주목받고 있다(Solanto et al., 2008). ADHD 진단을 받은 학생이라 하더라도 시간관리 기술을 가진 학생들은 비교적 학업성취가 높은 것으로 나타났다. 따라서 스스로 시간계획을 짜서 실행 여부를 점검하게 하는 시간관리 훈련이 ADHD 성향의 학생들에게는 꼭 필요하다고 하겠다.

2) 중재학습경험 기반 학습 설계의 원리

ADHD 학생의 경우에는 주의력결함 혹은 과잉행동과 충동성으로 인해 학습동기 유발에 어려움을 겪어 정상지능이라 할지라도 학업수행에 장애를 보이며 매우 낮은 자아효능감을 갖게 된다. ADHD의 경우 자극에 직접 노출시키는 것만으로는 학습자의 인지를 충분히 발달시킬 수 없으며, 교사가 자극과 학습자 사이에서 자극을 의도적 · 계획적으로 선정 · 조직하고 이를 의미 있게 해석하여, 학습자의 인지발달에 알맞게 전달하는 것, 즉 중재학습경험을 제공해 주어야 한다(Feuerstein, 1980).

중재학습경험에 기반한 학습 설계에서는 학습자의 성취 수준을 고려하여 기본적으로 학습자의 자기주도적 학습능력을 향상시키고 문제 해결을 통한 자신감과 성취감을 주어야 한다(권미경 · 전우천, 2012). 이처럼 ADHD 학생의 특성을 고려한 시스템 설계상 고려사항을 정리해 보면 〈표 14-11〉과 같다.

〈표 14-11〉 중재학습경험 이론에 기반한 학습 설계

ADHD 학생의 특성	중재학습경험 이론에 기반한 학습 설계 원리	예
주의집중력이 약한 특성	• ADHD 학생의 눈높이에 맞는 실생활에서 쉽게 발견 가능한 구체물을 통한 조작활동으로 시작한다. • 점점 심화시켜 추상적인 개념과 원리를 일반화하는 학습이 가능하도록 내용을 조직한다.	• 텍스트, 음성자료, 시각적 자료 함께 제공 • 구체물 조작활동에서 추상적 개념 습득의 구조
충동성과 과잉행동	• 학습목표를 학생의 성취 수준에 적합하도록 조절한다. • 자기주도적 학습이 가능하도록 한다. 문제 해결을 위한 과정을 도전 형식으로 순차적, 수준별로 제시하여 학생 스스로 판단하에 적절한 학습량을 선택하고 학습의 계획을 세울 수 있도록 한다.	• 학습의 지속성 유지를 위한 활동(팁, 찬스 등) • 상, 중, 하 등 단계별 팁 제공
성공 경험의 부족으로 인한 낮은 자아효능감	• 성공 경험을 통해 성취감과 자신감을 느끼고 학업성취도 향상 및 자아효능감 증진에 목적이 있다. • 문제 해결 뒤에는 반드시 칭찬과 보상의 기회를 제공하여 학습에 대한 긍정적인 경험을 제공한다.	• 상, 중, 하의 3단계로 나누어 팁을 제공하여 문제를 꼭 해결하는 성취감을 맛볼 수 있도록 유도한다. • 도전 성공 시에는 인증서 제공

출처 : 권미경 · 전우천(2012) 재구성.

중재학습경험 이론에서는 학생의 특성과 학습 목표 달성을 위해 성취 수준을 고려하여 포함할 학습 내용에 대한 양과 순서를 결정하여야 한다. 학습 내용 구조는 〈표 14-12〉에서 제시한 사례를 참고로 단계별로 순차적으로 설계한다.

〈표 14-12〉 성취 수준을 고려한 순차적 학습 설계 사례

학습 범위		3학년 1학기 수학과 3. 평면도형 4학년 2학기 수학과 4. 사각형과 다각형	
과정	학습단계	제시 자료	내용구성
투입	학습준비	• 캐릭터를 활용한 도전 과제 제시	• 도전명 제시 • 캐릭터 제시
	진단평가	• Text, 사진, 음성자료 제시 • 각 도전별 5개의 진단평가 제시	• Text, 음성 자료, 그림 자료
	성취목표 제시	• 도전 단계별 성취 목표 제시 도전 1 : 직사각형과 정사각형 알아보기 도전 2 : 사다리꼴, 마름모, 평행사변형 알아보기	• 성취 목표를 그림과 텍스트 형식으로 제공
정교화	도전과제 제시	• 도전 1 : 직사각형과 정사각형 모양과 특징에 대해 알아보기 • 도전 2 : 사다리꼴, 마름모, 평행사변형의 모양과 특징에 대해 알아보기	• 대화 형식의 팁 제공
산출	학습완료	• 학습목표 도달 시 학생에게 음악과 Text, 그림으로 축하 메시지 전달과 함께 인증서 수여	• 축하음악, 음성축하, 메시지, 인증서
	발전과제 제시	• 도전 1의 성공 시 도전 2의 과제를 학습할 수 있도록 제시	• 학습내용을 선택 가능하도록 준비

출처 : 권미경 · 전우천(2012) 재구성.

※ ADHD 학생의 학습지도에서 교사의 역할 tip

1. 사전지식을 알고 학생 자신도 어쩔 수 없이 보이는 행동의 정당성 수용
2. 규칙을 정하고 일관성 있는 태도

3. 학습 양식이나 수준에 맞는 개별적 배려
4. 짧은 주의집중으로 수업 중 특별한 배려
5. 지시는 명료하고 이해하기 쉬운 문장으로 할 것
6. 의사소통 시 눈 마주치기
7. 시작과 끝의 내용 알려 주기
8. 즉각적이고 일관성 있는 지도
9. 비생산적인 일과 활동을 생산적인 활동으로 전환
10. 실수는 가능한 한 무시
11. 왕따로부터 보호

※ ADHD 학생 이해를 위한 tip

1. ADHD로 인한 여러 가지 비적응 행동들은 의도적으로 남을 괴롭히기 위해서 하는 행동이 아니다. 자신도 스스로를 조절할 수 없어서 하게 되는 두뇌의 신경학적 결함에 의한 행동이라는 것을 인식하고 있어야 한다.
2. 학급에서 다른 학생들과 똑같은 기준으로 ADHD 학생들을 다룬다면 ADHD 학생들은 피해를 볼 수밖에 없다.
3. 부모의 역할도 중요하지만 학교에서 교사가 ADHD 학생들에게 특별한 관심과 용기를 주는 것이 열 배 이상의 치료적 효과가 있다는 것을 인식해야 한다.

참고문헌

강위영 · 변찬석 · 서경희 · 윤치연 · 이상복 · 이효신(1999). 정서행동발달과 문제예방. 대구 : 대구대학교출판부.

건강보험심사평가원(2007). 건강보험심사평가원 2007 평가결과 보고자료.

권미경 · 전우천(2012). ADHD 아동의 자아효능감 증진을 위한 MLE기반 스마트교육시스템 개발 및 적용. 정보교육학회논문지, 16(3), 337-352.

길양숙(2005). 중등교사들이 당면하는 문제와 그 원인. 교육방법연구, 17(2), 287-312.

김남형(2009). ADHD 아동의 학교적응을 위한 부모-교사의 협력적 관계형성 방안에 관한 연구. 임상사회사업연구, 6(3), 19-48.

김동일(2006). 학업상담을 위한 학습전략 프로그램. 서울 : 학지사.

김민희 · 정경미 · 서동수 · 변희정 · 이민영(2011). 정신과적 장애가 있는 아동의 문제 행동의 종류와 심각도가 부모 양육 스트레스에 미치는 효과. 한국심리학회지 : 임상, 30(3), 747-765.

김영숙 · 윤여홍(2009). 교사와 부모를 위한 특수아 상담의 이해. 경기 : 교육과학사.

김윤희(2012). ADHD 성향 청소년의 학습전략 결손에 대한 탐색적 연구. 청소년상담연구, 20(2), 171-192.

김형대(2001). 인지행동적 자기통제훈련이 ADHD아동의 자기통제능력과 과제수행능력에 미치는 효과. 대구대학교 특수교육대학원 석사학위논문.

김형주(2002). 주의력결핍 아동에 대한 교사의 문제인지 대처 방식 및 교육적 중재 활동. 수원대학교 대학원 석사학위논문.

노방환(2011). ADHD아동의 정서발달지원을 위한 사회복지제도에 관한 연구-지역사회서비스투자사업을 중심으로-. 한국자치행정학보, 25(2), 255-278.

두정훈 · 손정락(2003). Think Aloud 훈련이 ADHD 성향이 있는 아동의 주의력결핍, 충동성 및 사회적 유능성에 미치는 효과. 한국심리학회지 : 임상, 22(1), 1-15.

박명숙 · 유은정(2011). 자기점검법이 ADHD아동의 학급 내 문제행동 및 학업관련 참여행동에 미치는영향. 특수아동교육연구, 13(2), 213-235.

박명화(2001). ADHD 유아의 행동문제와 교사의 대처형태에 관한 연구. 情緖 · 學習障碍研究, 17(2), 117-134.

박형배(2006). ADHD 아동을 위한 교사의 역할. 새교육, 11월호, 102-103.

송수미 · 김재환(2002). ADHD 및 우울/불안장애 아동의 문제행동에 대한 부모-교사간 평정 일치도. 한국심리학회지 : 임상, 21(4), 859-869.

안동현(2005). 소아정신의학(pp. 220-248). 서울 : 중앙문화사.

양명희(2000). 자기조절학습의 모형탐색과 타당화 연구. 서울대학교 대학원 박사학위논문.

이숙경(2006). ADHD 아동을 대하는 초등교사의 체험분석. **초등상담연구**, 5(1), 93-118.

이정수(2002). Think Aloud 프로그램을 통한 자기통제훈련이 주의력결핍 과잉행동장애 아동의 과잉행동 및 충동성 감소에 미치는 효과. 세종대학교 교육대학원 석사학위논문.

정명원(2009). ADHD아동의 치료활성화를 위한 사회복지적 지원방안에 관한 연구. 성결대학교 대학원 석사학위논문.

정영숙 · 김장회(2012). ADHD 아동에 대한 교사의 인식 : 긍정심리학 관점의 대안적 고찰. **한국교원교육연구**, 29(2), 25-48.

최연숙(2014). 학교 교사를 위한 ADHD 정보공유 사이트의 역할과 현황. **디지털융복연구**, 12(6), 145-154.

추연구(2014). DSM-5의 개정에서 본 발달장애의 새로운 진단명과 진단 기준 그리고 ASD의 명칭 도입과 ADHD의 변화. **발달장애연구**, 18(4), 157-177.

홍강의 · 김종흔 · 신민섭 · 안동현(1996). 주의산만 · 과잉운동을 주소로 소아정신과를 방문한 아동의 진단적 분류와 평가. **소아 청소년 정신의학**, 7(2), 190-202.

Barkley, R. A.(1996). Attention-deficit/hyper-activity disorder. In E. J. Mash & R. A. Barkley(Eds), *Child Psychopathology*(pp. 63-112). New York : Guilford Press.

__________(2002). A theory of ADHD. In R. Barkley(Eds.), Attention-deficit hyperactivity disorder. *A Handbook for Diagnosis and Treatment*(pp. 297-336). New York : Academic Press.

__________(2006). Treatments of ADHD in school settings. In R. Barkley(Eds.), Attention-deficit hyperactivity disorder. *A Handbook for Diagnosis and Treatment*(pp. 547-589). New York : Academic Press.

Barkley, R. A., Fischer, M., Edelbrock, C. D., & Smallish, L.(1990). The adolescent outcome of hyperactive children diagnosed by research criteria. *Journal of the American Academy of Child and Adolescent Psychiatry, 29*, 546-557.

Berry, C. A., Shaywitz, S. E., & Shaywitz, B. A.(1985). Girls with attention deficit disorder : a silent memory? A report on behavioral and cognitive characteristics. *Pediatrics, 76*(5), 801-809.

Best, J. R., Miller, P. H., & Naglieri, J. A.(2011). Relations between executive function and academic achievement from ages 5-17 in a large, representative national sample. *Learning Individual Differences, 21*(4), 327-336.

Castellanos, F. X., Giedd, J. N., Marsh, W. L., Hamburger, S. D. et al.(1996). Quantitative brain magnetic resonance imaging in attention-deficit hyperactivity disorder. *Archives of General*

Psychiatry, 53(7), 609-616.

Eccles, J. S.(2004). Schools, academic motivation, and stage-environment fit. In R. M. Learner & L. Steinberg(Eds.), *Handbook of Adolescent Psychology*(pp. 125-154). Hoboken, NJ : Wiley.

Feuerstein, R.(1980). *Instruemntal Enrichment : An intervention program for cognitive modifiability*. Baltimore : University Park Press.

Jacobson, L. A., Williford, A. P., & Pianta, R. C.(2011). The role of Executive Function in children' competent adjustment to middle school. *Child Neuropsychology, 17*(3), 255-280.

Kendall, P. C., & Braswell, L.(1985). *Cognitive-Behavioral Self-Control Therapy for Impulsive Children*. New York : Guilford Press.

Mannyzza, S., Klein, G. R., Bessler, A., Malloy, P., & LaPadula, M.(1993). Adult outcome of hyperactive boys : Educational achievement, occupational rank, and psychiatric status. *Archives of General Psychiatry, 50*, 565-576.

Meichenbaum, D., & Goodman, J.(1971). Training Impulsive childen to talk themselves : A means of developing self-control. *Journal of Abnormal Pycology, 77*, 115-126.

Mercalfe, J., Mischel, W.(1999). A hot/cool system analysis of delay of gratification : Dynamics of willpower. *Psychological Review, 106*, 3-19.

Solanto, M., Marks, D., Mitchell, K., Wasserstein, J., & Kofman, M.(2008). Development of a new psychosocial treatment for adult ADHD. *Journal of Attention Disorder, 11*, 728-736.

Zelazo, P. D., & Muller, U.(2002). Executive function in typical and atypical development. Inn G. Usha.(Eds.), *Blackwell Handbook of Childhood Cognitive Development*(pp. 445-469). Malden : Blackwell Publishing.

Zito, J. M., Safer, D. J., Gardner, J. F., Boles, M., & Lynch, F.(2000). Trends in the prescribing of psychotropic medications to preschoolers. *Jama, 283*(8), 1025-1030.

山崎晃資, 宮崎英憲, 須田初枝(2008). **發達障害 基本理解**. 東京 : 金子書房.

CHAPTER 15

영재 아동

전통적인 관점에서 특수교육은 교육의 양극단에 위치하고 있는 장애 학생과 영재 학생에 대한 교육을 모두 포함하는 것이다. 그러나 영재 학생과 장애 학생의 특성에 적합한 전문적인 특수교육 서비스 지원은 수요자의 요구와 필요성에 따라 각각 독립된 영역으로 성장하게 되었다.

영재 학생은 학업, 음악, 춤, 미술, 리더십 등과 같은 분야에서 뛰어난 재능을 가지고 있기 때문에 이들에게 맞는 맞춤식 교육을 제공해야 한다. 이러한 교육을 제공하기 위해서는 일선 학교 교육현장에서 영재교육에 대한 지원과 투자가 확대되고 영재 학생에 대한 올바른 이해가 선행되어야 한다.

1 영재성의 정의와 영재교육의 필요성

1) 영재성의 정의

영재성에 대한 연구는 지능이론가들에 의해서 시작되었다. 영재성의 최초 기준은 Terman이 스탠포드-비네 지능검사에서 '동일 연령 집단에서 상위 1% 이상인 자'를 영재로 정의하였다. 그 후 지능검사 결과를 기준으로 하여 '상위 2~3%에 해당되는 사람이나 IQ 130 또는 140 이상인 사람'이 영재로 정의되고 있다(권요한 외, 2015). 그 외 Renzulli, Sternberg 그리고 Gardner와 같은 학자들의 정의를 살펴보면 다음과 같다.

① Renzulli의 정의 : Renzulli(1986)는 영재성의 구성요소로 평균 이상의 높은 지적 능력, 창의성, 과제 집착력의 세 가지 요인을 들었다. 세 요인의 비중을 동일하게 두고서 지적인 능력과 창의성뿐만 아니라, 과제 집착력 같은 성격적 요인이 영재의 성취에 매우 중요하다는 점을 강조하였다(윤여홍, 2000). Renzulli의 영재성에 대한 삼원 정의는 |그림 15-1|과 같다.

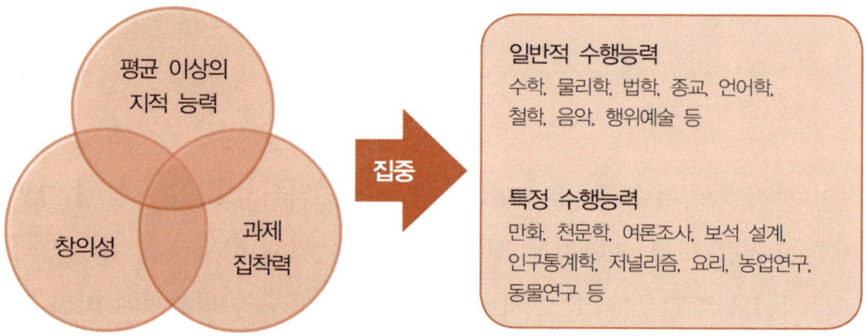

|그림 15-1| Renzulli의 영재성에 대한 삼원 정의

출처 : Renzulli, J. S.(2003), p. 76.

② Sternberg의 정의 : Sternberg(1997)는 영재성을 분석적 영재성(analytic giftedness), 종합적 영재성(synthetic giftedness), 현실적 영재성(practical giftedness)으로 분리하여 제시하였다. 분석적 영재성은 문제를 분석하고 이해하는 능력, 종합적 영재성은 통찰력, 직관력, 창조성 혹은 새로운 상황에서 적응능력, 현실적 영재성은 실생활에서 분석적 능력과 종합적 능력을 활용하여 문제를 해결하는 능력을 의미한다.

③ Gardner의 정의 : Gardner(1983)의 다중지능(multiple intelligence) 관점에서 영재성은 언어, 논리-수학, 공간, 음악, 신체운동, 인간관계, 개인내적 지능, 자연친화의 여덟 가지 유형의 지능으로 세분화할 수 있으며, 이러한 분야들 중 학생이 우수성을 보이는 분야가 발견되면 그에 따라 흥미와 능력을 확장시킬 수 있도록 기회가 제공되어야 한다.

영재에 대한 여러 학자들의 정의와 더불어 우리나라의 영재교육진흥법에서도 영재를 정의하고 있다. 영재교육진흥법에서 제시하고 있는 영재와 관련된 정의는 다음과 같다.

영재교육진흥법의 영재와 관련된 정의

제2조(정의) 이 법에서 사용하는 용어의 뜻은 다음과 같다.

1. "영재"란 재능이 뛰어난 사람으로서 타고난 잠재력을 계발하기 위하여 특별한 교육이 필요한 사람을 말한다.
2. "영재교육"이란 영재를 대상으로 개인의 능력과 소질에 맞는 내용과 방법으로 실시하는 교육을 말한다.

제5조(영재교육대상자의 선정) ① 영재교육기관의 장은 다음 각 호의 어느 하나의 사항에 대하여 뛰어나거나 잠재력이 우수한 사람 중 해당 교육기관의 교육 영역 및 목적 등에 적합하다고 인정하는 사람을 영재교육대상자로 선발한다.

1. 일반지능, 2. 특수 학문 적성, 3. 창의적 사고 능력, 4. 예술적 재능, 5. 신체적 재능, 6. 그 밖의 특별한 재능

2) 영재성이 있는 학생에 대한 특수교육의 필요성

사람들은 장애인이나 불리한 조건에 있는 사람들을 돕는 것에는 대부분 도덕적 의무감을 느끼지만, 자신보다 성취 수준이 훨씬 높거나 어떤 분야에서 뛰어난 재능을 보이는 사람들에게는 특별한 교육적 조치를 취해주어야 한다는 생각을 하지 못할 때가 있다. 그러나 지능검사에서 낮은 성취 수준을 보이는 지적장애 학생들에게 그들의 특성에 알맞은 교육이 필요한 것처럼, 지적 능력이 뛰어난 영재들에게도 그들의 잠재력을 발휘할 수 있도록 해주는 특수한 교육적 조치가 필요하다. 실제로 많은 영재들이 스스로 성공하지 못하며, 어떤 학생은 학교에서 낙오하거나 학업부진을 나타낸다. 또 어떤 영재는 범죄를 저지르는 경우도 있으며, 상담이 필요하기도 하다. 천재성이

밝혀지지 않은 채 사장되거나 재능을 발휘할 기회를 갖지 못하는 영재도 있다.

모든 장애아에게 특수한 교육적 조치가 필요한 것처럼, 영재들도 그들의 교육적 필요와 특성에 알맞은 특수교육을 받을 권리를 갖고 있다. 따라서 영재가 지닌 개별적 재능과 소질을 계발하기 위한 교육과정의 수정과 특별한 교육활동 등이 필요하다. 영재들이 사회에 기여할 수 있는 잠재력은 막대해서 철학자 제임스 밀은 세계사가 천재들의 이야기로 만들어졌다는 이야기를 할 정도이다. 그들은 미래에 뛰어난 과학자, 예술가, 작가, 발명가, 지도자가 될 가능성을 가진 사람들이다. 이처럼 그들이 사회에 끼칠 영향이 크기 때문에 여러 나라들이 영재교육에 힘쓰고 있는 것이다(송준만 · 유효순, 2004 : 177).

우리나라에서도 영재교육진흥법을 제정하여 영재 발굴에 노력하고 있으나, 교육은 주로 과학이나 예술 등의 특수목적고등학교나 사설 학원교육에서 이루어지기 때문에 전반적인 공교육체제 안에서 우수아/재능아를 판별하고 그들에게 적합한 교육을 제공하지 못하고 있는 실정이다. 현대와 같이 새로운 기술과 발명이 사회의 발전을 결정하는 상황에서 영재교육의 중요성은 더욱 강조되어야 할 것이다.

2 영재성의 진단 및 평가

현실에서 일반적으로 영재를 진단하기 위해서 사용되고 있는 방법은 표준화검사인 지능검사, 창의성검사, 학업성취검사, 적성검사 등과 행동특성 평정척도, 지속적인 관찰 혹은 학생 작품에 대한 포트폴리오, 교사 혹의 부모의 평정, 자신 및 또래의 평정, 교육과정 이외의 활동 등이 있다.

1) 표준화검사

(1) 지능검사

표준화된 지능검사는 영재를 선별해 내는 데 가장 많이 사용하고 있다. 일회적 검사 실시를 통해 영재 선별의 준거로 사용하는 것에 대해서 반대하는 사람들도 있지만,

많은 심리학자들은 지능검사가 아직까지는 인간 지능의 일부이나마 비교적 타당하고 유용하게 측정할 수 있다고 주장한다. 따라서 영재를 판별할 때 지능지수 이외의 다른 기준과 함께 사용하더라도 지능지수에 큰 비중을 두는 경우가 많다(송영민, 2001).

① 집단 지능검사

집단 지능검사는 영재이지만 성적이 우수하지 않은 학생, 성적은 우수하나 영재가 아닌 학생은 가려내지 못한다. 일반적으로 집단 지능검사에서는 IQ 115 이상부터 자세한 검사가 요구된다. 집단 지능검사가 시간·경제적 측면의 장점으로 인해 널리 사용되고 있지만 영재 선별에 적합한 문항이 적다는 점, 취학 전 학생이나 저학년의 경우 실시가 어렵다는 문제, 검사 참여를 위한 동기유발의 제한 문제 그리고 검사 자체의 타당도 문제 등이 있다는 것에 유의할 필요가 있다.

② 개인 지능검사

표준화된 대표적인 개인 지능검사로는 스탠포드-비네 지능검사(Stanford-Binet Intelligence Scale), 웩슬러 지능검사(WISC : Wechsler Intelligence Scale for Children)를 들 수 있다. 개인 지능검사는 훈련을 받은 심리학자가 실시하게 되고, 시간이 많이 걸리고 비용이 많이 들며 활용에 있어서 고도의 훈련과 경험이 필요하다는 단점이 있다. 그러나 집단검사에서 볼 수 없었던 학생들의 반응·태도를 관찰할 수 있고 반응양식을 종합적으로 분석할 수 있다는 장점이 있다. 따라서 문화실조 학생이나 어휘력이 떨어지는 영재를 측정해 낼 수 있다. 시간이나 비용의 문제 등으로 대상 학생 모두에게 개인 지능검사를 실시하기는 어렵기 때문에 집단 지능검사를 활용하여 일정한 점수(IQ 115) 이상의 학생을 선별한 후 개인 지능검사를 실시하는 것이 바람직하다.

(2) 창의성 검사

Guilford(1967)는 주어진 상황에서 일상적으로 받아들여지는 사고의 형태를 수렴적 사고라고 하고, 알려진 사실을 새로운 관계로 재조직하는 능력을 확산적 사고라고 하며 이를 창의적 사고라고 하였다. Clark(1997)는 이러한 창의적 사고를 가장 높은 형태의 영재성으로 보았다.

현재 사용되고 있는 창의성 진단 방법으로는 Torrance(2006)의 토란스 창의력 검사(TTCT : Torrance Tests of Creative Thinking), 전경원(2006)의 학생종합 창의성 검사, 임인재(2000)의 초등학생용 창의성 검사 등이 있다.

(3) 학업성취 검사

표준화 학업성취 검사는 일반적으로 학업 면에서 학생이 도달한 상대적 위치를 알려주기 때문에 영재 진단에 유용한 자료가 될 수 있다(이신동 · 이정규 · 박춘성, 2009). 그러나 이 검사는 학생이 이제까지 학습한 것을 측정하는 것이지 학습능력을 측정하는 것이 아님을 기억해야 한다. 따라서 학생의 일반적 능력을 측정하는 검사와 병행해서 이루어져야만 한다.

(4) 적성검사

적성이란 특수 영역에서 타고난 능력을 말하며, 영재의 경우 일반 지능이 높기 때문에 대체로 모든 분야에서 높은 점수를 얻어 적성이 높은 것으로 나타날 가능성이 있다. 그러므로 영재 학생을 위한 적성검사는 검사 문항의 난이도가 높아야 그들의 적성 분야가 두드러질 수 있다. 따라서 영재 학생을 위한 적성검사를 할 때 해당 학생보다 상급 학생들을 대상으로 한 검사를 실시하여 이들의 적성 분야를 파악하는 경우가 많다(이신동 · 이정규 · 박춘성, 2009).

2) 평정방법

평정은 체크리스트 형태로 영재의 특성을 관찰하고, 이 내용을 척도로 표시하는 검사이다. 평정은 교사, 학부모, 또래가 할 수 있다. 검사자마다 판단기준이 다르다는 문제점이 있어 이것만으로 영재성을 규명하기가 어렵다. 그러나 행동 특성 평정척도는 과제집중력, 관심 영역 및 동기의 정도, 학습 태도 등의 인성적 특성과 행동적 특성에 관한 정보를 제공해 주기 때문에 매우 중요하다(이신동 · 이정규 · 박춘성, 2009).

(1) 교사의 관찰 및 평정

교사에 의한 관찰 및 평정방법은 널리 사용되고 있지만 그 신뢰도에서 문제가 제기되었다. 이와 같은 신뢰도의 문제를 해결하기 위해서는 교사 훈련과 타당하고 신뢰할 수 있는 평정도구가 필요하다. 〈표 15-1〉은 교사가 잠재적인 영재를 평정하는 데 이용할 수 있는 점검항목의 예이다.

〈표 15-1〉 교사 점검항목(영재의 특성)

영재가 나타내는 경향	드물게	자주
1. 독특한 학습 스타일을 갖고 있다. (예 단계적으로 배우지 않고 한 번에 모든 것을 배운다)		
2. 대부분의 학생보다 빨리 배운다.		
3. 더 일찍 발달한다. (예 걷기, 말하기, 읽기)		
4. 복합적인 질문을 하고 호기심이 강하다.		
5. 복잡하고 자세한 설명을 한다.		
6. 관계를 빨리 파악한다.		
7. 정보를 새로운 방법으로 조직한다.		
8. 한 문제에 대하여 많은 해결책을 발견한다.		
9. 보통 이상으로 기억력이 좋다.		
10. 추상적인 사고과정을 사용한다.		
11. 사실적인 자료에서 모호성을 찾아낸다. (예 '진위' 문제)		
12. 방대한 어휘력을 가졌다.		
13. 자신을 잘 표현한다.		

14. 다양한 흥미를 가졌다.		
15. 문제를 해결하고 새로운 것을 발견하는 것을 즐긴다.		
16. 독립적으로 일하기를 좋아한다.		
17. 또래보다 더 긴 주의집중력을 가지고 있다.		
18. 흥미 있는 영역은 끈질기게 파고든다.		
19. 상당히 발달된 유머감각이 있다.		
20. 완벽주의자적 기질이 있다.		
21. 자기보다 나이가 많은 아이들이나 어른과 함께 있기를 더 원한다.		
22. 원기가 아주 왕성하다.		
23. 개인적 가치를 강하게 드러낸다.		
24. 자신과 타인에 대하여 매우 민감하다.		
25. 높은 수준의 자의식을 보여준다.		

출처 : 송준만 · 유효순(2004).

(2) 부모의 평정

부모에 의한 평정방법은 부모 자신이 교사와 달리 객관적인 입장을 취하기 어렵지만 학생발달에 관하여 지식을 가지고 있기 때문에 효과적일 수도 있다. 교사 및 부모의 평정에 근거한 영재판별 평정검사로는 GES-2(McCarney & Anderson, 1989), SRBCSSS(Renzulli et al., 1978) 등이 있다.

(3) 또래의 평정

영재의 평정에 있어서 때로는 또래의 평정을 사용할 수 있다. 또래의 평정에 사용할 수 있는 질문에는 다음과 같은 것들이 있다.

- 선생님이 계시지 않을 때는 반에서 누구에게 도와달라고 하는가?
- 반에서 누가 가장 호기심이 많은가?
- 너희들이 계획한 것을 할 수 없을 때 반에서 누가 다른 계획이나 아이디어를 가장 많이 내는가?

또래의 평정에 근거한 영재판별 평정검사로는 GES-2(McCarney & Anderson, 1989), 송인섭 · 김진희(1996) · 박춘성(2006) 등의 평정척도가 있다.

3) 지속적인 관찰로서 포트폴리오

영재성은 학교 및 학교 이외의 상황에서 여러 가지 행동이나 산출물 등을 통해서도 나타날 수 있다. 이와 같은 행동이나 산출물을 정리한 자료를 포트폴리오라고 한다. 포트폴리오를 통해서 수집한 자료를 활용하면 다음과 같은 장점이 있어 영재 측정 시 단편적 평가와 질적 평가의 제한과 같은 문제를 어느 정도 해결할 수 있을 것으로 보인다(전경원, 2005).

① 다양한 정보원으로부터 다양한 판별자료를 수집할 수 있다.
② 다양한 형태의 판별자료를 수집할 수 있다.
③ 지속적으로 판별자료를 수집할 수 있다.
④ 흥미와 적성 등을 파악하여 적절한 영재교육 프로그램에 배치할 수 있다.
⑤ 표준화검사를 통해 수집된 양적 자료를 보완할 수 있는 질적 자료를 수집할 수 있어 정확한 판별을 할 수 있다.
⑥ 다양한 특수재능 영역에서 결과물뿐만 아니라 과정도 자세하게 알 수 있다.
⑦ 창의성 발달과정을 일목요연하게 알 수 있다.

3 영재 학생의 특성

영재성은 인간의 다양한 능력과 속성이며, 정형화할 수 없는 것이다. 어떤 학생은 학업에서 두각을 나타낼 수도 있고, 또 다른 학생은 음악, 춤, 미술 또는 리더십과 같은 분야에서 뛰어난 능력이 있을 수도 있다. 역사적으로 영재는 지적으로 우수하지만 허약하거나 단명하고, 신경질적이고, 정서적으로 불안정하다는 통념이 있는가 하면, 영재들은 지적·신체적·사회적·정서적으로 대다수의 사람보다 뛰어나다고 생각하기도 한다. 여러 가지 다양한 연구를 바탕으로 영재 학생의 특성을 올바르게 이해하는 것이 필요하다.

1) 일반적 특성

대부분의 영재 학생들은 인지적 발달이 또래 학생들에 비해 빠르지만, 신체·정서적 발달은 또래 학생들과 유사한 발달 속도를 나타내는 경우가 많다. 이로 인해 주위의 또래 학생들과의 관계에서 스트레스를 경험하는 경우가 많다(김정휘·주영숙·문정화·문태형, 2004).

한편 영재 학생은 학교생활에서 자신의 능력에 맞는 적절한 과제에는 흥미를 가지고 능동적으로 생활하지만, 그렇지 못할 경우에는 학교생활을 지루해하거나 수업 시간이나 대인관계에서 부적응행동이 나타나는 경우도 있어 학교생활에 끝까지 적응을 못하는 경우가 종종 나타난다.

2) 사회·정서적 특성

영재들이 보이는 사회·정서적 특성을 살펴보면 다음과 같다(이신동·이정규·박춘성, 2009).

① 다른 사람의 기대에 민감하게 반응한다.

② 간섭 없이 혼자 해결하는 것을 좋아한다.

③ 반복적인 것을 싫어하고 새로운 것을 시도한다.

④ 도덕성이 높아 이상적인 가치를 추구한다.

⑤ 사회적인 문제에 대해 수준 높은 도덕적 사고를 하고 토론하려 한다.

⑥ 자신이 하는 일에 관심이 많고 과제집중력이 높다.

⑦ 학습 속도가 빠르기 때문에 정규 학교 수업에 흥미를 잃고 공부를 하지 않거나 문제행동을 일으키는 경우도 있다.

⑧ 과제를 완벽하게 수행하려 하기 때문에 스트레스에 시달리기도 한다.

⑨ 자아개념이 긍정적이고 자신감과 자기주장이 강하다.

3) 신체적 특성

영재는 일반 학생과 비교하여 신체적으로 건강하고 발달이 빠르다. Terman(1959)은 영재 집단을 대상으로 키, 몸무게, 일반 신체발달을 포함하는 34종의 특성을 측정하였는데, 그 결과를 종합해 보면 영재는 집단으로 볼 때 일반 학생보다 체격이 좋고 건강하다. 또한 이들은 운동능력이 뛰어나고 다양한 스포츠에서 우수한 경쟁상대가 된다(송준만 · 유효순, 2004 : 187).

Terman(1959)이 실시한 우수아들의 생육발달조사를 보면 우수아들의 신체발달은 일반 학생에 비해 빨랐다. 이들은 출생 시 일반 학생보다 몸무게가 더 무거웠으며, 이가 나는 시기가 약 2개월 빠르고, 첫걸음은 걷기와 말하는 것도 평균적으로 약 2개월 빨랐다. 즉, 우수아가 허약하고 단명한다는 전통적 통념과는 달리 우수아들은 성장률이 좋았으며, 좋은 건강상태를 누리고 있었다.

4) 인지적 특성

영재는 상위 5% 이내의 높은 지능지수를 갖고 있는 것으로 나타났다. 영재의 일반적인 인지적 특성은 다음과 같다(Renzulli, Hartman, & Callahan, 1978; Silverman, 1995).

① 동년배에 비해 높은 수준의 어휘력을 가지고 있으며, 어휘를 의미 있게 사용하고 언어표현이 풍부하고 유창하다.

② 동년배의 일반적인 관심 수준을 넘어 여러 가지 문제에 대해 정보를 많이 가지고 있다.

③ 사실적 정보를 빨리 습득하고 기억한다.

④ 인과관계를 쉽게 파악하고 사물의 배후에 숨어 있는 법칙과 원인을 발견하려고 노력한다. 또한 다른 사람의 주의를 환기시키고 날카롭고 의미 있는 질문을 많이 한다.

⑤ 사건, 사람, 사물의 배후에 숨어있는 원인을 빨리 파악하고 타당한 일반화를 잘한다. 또한 사건, 사람, 사물의 유사점과 차이점을 발견하려고 한다.

⑥ 관찰력이 날카로우며, 이야기나 영화 등에서 보다 많은 것을 보고 얻는다.

⑦ 많은 책을 읽는다. 보통 성인이 읽는 수준의 책을 좋아하며, 어려운 책도 읽기를 꺼려하지 않는다.

⑧ 복잡한 문제는 의미 있게 분할하여 이해하려 한다. 스스로 생각해 내려고 할 뿐만 아니라 논리적으로 명백한 해답을 찾으려고 한다.

⑨ 그밖에 강한 지적 호기심 및 완벽주의, 정확성, 도덕과 생존에 대한 조기 관심, 내향적 경향 등이 있다.

5) 학업적 특성

영재는 학습 문제를 처리하는 속도가 빠르고 새로운 지식을 흡수하는 과제 집착력이 높기 때문에(조석희, 2004) 학습능력이 뛰어나다. 그리고 일반적으로 읽기 능력이 일찍 발달하며, 수학과 과학에 대한 관심과 흥미가 높고 집중력이 뛰어나다. 또한 장시간 독서를 할 수 있고, 한 번 읽은 단어나 문자 등을 잘 기억하며, 읽은 내용을 또래 학생보다 잘 이해하는 경향이 있다. 말하기와 쓰기 등을 살펴보면, 어휘의 양과 수준이 또래에 비해 높고 표현력이 뛰어나다. 그러나 이러한 특성들을 모든 영재가 소유하지는 않고, 항상 학교 시험에서 상위권에 위치하는 것은 아니다.

6) 창의적 특성

영재가 보이는 창의적 행동 특성은 다음과 같다(송준만 · 유효순, 2004 : 189).

① 여러 가지 문제에 대한 강한 호기심을 가지고 있으며, 모든 문제에 대해 끊임없이 의문을 제기한다.
② 문제나 질문에 대하여 독특하거나 비상한 해결방안을 많이 제시한다.
③ 자유롭게 자신의 의견을 표현하며, 의견이 일치하지 않을 경우 자신의 주장을 도전적으로 강력하게 내세우기도 한다.
④ 모범적이고 사변적이다.
⑤ 공상, 상상 등을 포함한 다양한 지적 활동을 보인다. 여러 가지 아이디어를 조작하고 제도나 체제 등을 수용하고 개선 · 수정하는 데 많은 관심을 보인다.
⑥ 유머감각이 풍부하다.
⑦ 자신의 결함을 잘 알고 있으며, 자신의 비합리성에 대해 보다 개방적이다.
⑧ 미적 감각이 예리하다. 사물의 심미적 특성에 관심이 많다.
⑨ 다른 사람에게 쉽게 동화되지 않는다. 세부적인 사항에 대해서는 별로 관심을 갖지 않으며 개인주의적이고, 타인과 다른 것을 두려워하지 않는다.
⑩ 비판적이다. 비판을 해보지 않고는 권위적 지시를 받아들이지 않는다.

7) 영재의 부적응 문제

영재에게 부적응 문제를 야기하는 개인적 특성은 다음과 같다(김원경 외, 2021).

① 발달의 비동시성 : 영재의 경우 인지적 발달은 빠른데 신체적, 정서적, 사회적 영역의 발달은 자기 또래 학생들과 같거나 뒤처질 수 있다. 이런 영재의 경우 지적–정서적, 지적–사회적 발달의 불일치로 인해 또래들과 쉽게 어울릴 수 없게 되고 이로 인해 많은 스트레스를 받게 된다.

② **내향성과 사회성 부족** : 영재는 독립적으로 혼자서 일하기를 좋아하는 내성적인 경향성을 지니고 있다. 또한 영재는 주변 사람들을 자기 뜻대로 조직화하려고 시도하면서 타인의 생각이나 입장을 충분히 고려하지 못하기 때문에 또래들과의 관계에서 긴장이 일어날 가능성이 높다.

③ **정서적 민감성 및 강렬함과 자극의 과잉지각** : 영재는 오감을 통해 들어오는 모든 자극에 지나치게 예민한 반응을 보일 수 있다. 예를 들어, 일반 학생들이 거의 비슷한 색깔로 보고 같은 색이라고 판단하는 반면, 미적 재능이 뛰어난 영재는 두 색깔의 다른 점을 고집하게 되고 이것으로 인해 갈등이 생겨날 수 있다.

④ **완벽주의와 과도한 자기비판** : 영재의 완벽주의는 긍정적으로 작용할 경우 성취를 향한 힘과 에너지, 동기를 공급해 주지만, 자기 능력 이상의 비현실적 목표를 설정하고 시간과 에너지를 비생산적으로 과다하게 소모하면 목표를 이루지 못하게 되고 그 결과 상대적인 실패감을 느끼게 된다. 그리고 자기의 목표 추구에 지나친 집착은 자신에 대한 부적절한 비판으로 이어지기도 한다.

⑤ **위험을 피하려는 욕구** : 일부 영재는 실패에 대한 두려움 때문에 위험을 무릅쓰려고 하지 않는다. 이와 같은 위험회피 경향성은 미성취 영재와 강박적 영재에게서 흔히 볼 수 있다.

⑥ **다재다능함** : 영재는 다양한 영역에서 활동하며 자신이 가지고 있는 다재다능함을 즐기곤 한다. 이러한 다재다능함은 어느 한 영역을 깊이 있게 집중하는 데 방해가 될 수 있다.

⑦ **실존적 우울감** : 영재는 자신에 대한 높은 이상주의를 가지고 여러 직업에 두루 관심을 둔다. 이러한 특징은 보통의 나이 또래가 겪지 않는 문제들로, 영재로 하여금 자신과 인생의 의미를 찾는 데 개인적인 시간과 에너지를 많이 소비하도록 만든다.

4 영재 학생을 위한 교육적 접근

1) 조기중재

영재를 위한 조기중재 프로그램과 보다 나은 서비스를 제공하자는 데 전문가들의 의견이 모아지고 있으나, 아직까지 그러한 노력에 적절한 교사훈련의 부족, 경제적 문제, 부모들의 주장 결여, 또는 조기 입학이나 월반 등에 대한 법적 제한 등으로 인해 부정적 태도를 갖는 견해가 많다. 영재 조기중재와 관련된 문제로 다음과 같은 것들이 있다.

① 영재의 조기선별과 프로그램에 대한 합의점이 없다.
② 어린 영재를 위한 지지가 적다.
③ 영재를 위해 일할 사람을 훈련시키는 기관이 없다.
④ 경제적 지원이 충분하지 않다.
⑤ 영재가 취학연령 이전에 조기 입학을 할 수 있는 제도가 없으며, 이들을 위한 경제적 지원을 해주지 못하고 있다.
⑥ 영재의 조기 진단과 프로그램의 중요성에 대하여 부모나 교사들이 인식을 잘 하지 못하고 있다.
⑦ 장애를 가진 영재 또는 하류층 영재의 진단이 바르게 이루어지지 않고 있다.
⑧ 어린 영재의 진단은 한 번에 이루어지지 않고 지속적 평가를 요한다.

지적으로 우수한 유아는 적응행동이나 리더십에서도 보통 이상일 수 있다. 그러나 주의할 것은 그러한 능력이 취학 전 유아가 모든 영역에서 우수하다는 것을 의미하지는 않는다는 점이다. 지적 발달과는 다르게 정서발달은 같은 연령대의 또래들과 같을 수 있다. 이렇게 불균형적인 발달은 이들을 사회적으로 고립시키거나 부모나 교사가 이들의 빠른 인지나 언어 발달만을 보고 사회성이나 정서기술에 대한 비현실적인 기대를 하게 할 수도 있다.

2) 교육적 배치

영재 학생을 위한 교육적 배치는 영재 학교를 설립하여 운영하는 방법과 영재 학급을 편성하는 방법, 일반학급에 통합되어 있으면서 보충 프로그램을 운영하는 방법으로 나눌 수 있다. 이러한 교육적 배치는 |그림 15-2|와 같이 나타낼 수 있다.

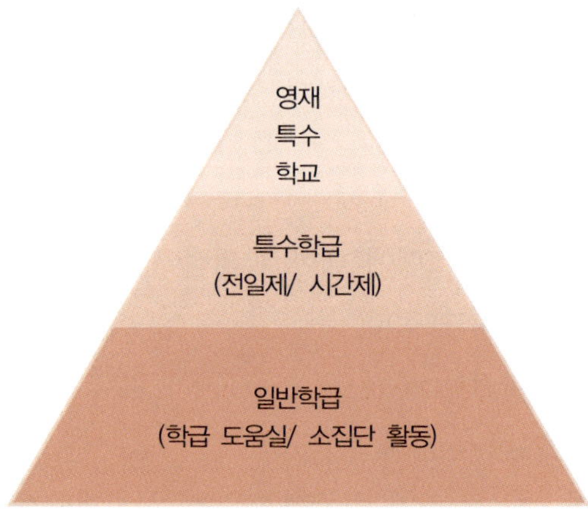

|그림 15-2| 영재 학생의 배치

(1) 영재 학교

영재 학교는 영재만을 선발하여 운영하는 학교이다. 미국의 영재 학교는 20세기 초 뉴욕에서 설립되었고, 우리나라에는 2003년도에 부산과학고등학교가 과학영재학교로 지정되어 운영되기 시작하였다. 영재 학교는 학생의 특성과 요구에 따른 속진과 심화학습을 적용할 수 있다.

(2) 영재 학급

영재 학급은 일반학교에 소속되어 있는 영재 학생들을 위하여 별도로 독립된 학급을 만드는 것이다. 영재 학급은 전일제 학급과 시간제 학급으로 나눌 수 있으며, 전일제 학급은 모든 수업을 영재 학급에서 받는 것이고, 시간제 학급은 특정 수업에 한하여 영재 학급에서 수업을 받는 것이다. 이러한 영재 학급의 주요 장점은 모든 교육과정과 교수가 능력이 높은 학생들의 요구에 초점을 맞출 수 있다는 것과 영재들이 자신의 능력에 맞는 속도에 따라 학습을 할 수 있으며, 학급의 다른 또래들이 모두 영재임에 따라 발전을 위한 보다 많은 도전을 할 수 있게 한다는 것이다. 또한 교사가 학급에서 학급으로 또는 학교에서 학교로 이동하지 않기 때문에 보다 효율적이다. 대다수의 학교에서는 영재의 수가 적어 영재 학급을 별도로 편성하는 데 어려움을 가지기도 한다.

(3) 영재를 위한 학습 도움실 및 소규모 학습 집단 활동

일반학급에 통합되어 있으며 운영할 수 있는 프로그램은 학습 도움실(resource room) 및 소규모 학습 집단 편성이다. 학습 도움실은 정규수업을 받는 일반 교실 이외의 공간에 영재 학생이 개인적인 학습 및 연구 활동을 할 수 있는 학습 공간이다. 이곳에서 이들은 자신의 관심 분야에 심층적인 탐구와 학습을 하게 된다. 그리고 소규모 학습 집단 활동은 동일한 분야에 관심과 흥미를 가지고 있는 영재학생들을 한 집단으로 묶어 해당 분야에 관한 속진 및 심화학습을 하는 것이다. 이와 같은 학습 도움실과 소규모 학습 진단 활동은 영재가 일반 학생과 완전히 격리되지 않는 장점이 있다.

3) 교육목표

영재를 위한 교육목표는 모든 학생을 위한 교육목표와 다르지 않다. 사회의 생산적인 구성원, 시민적 책임감, 평생학습자, 자아실현, 직업적 능력 등과 같은 중요한 교육목표는 영재를 포함한 모든 학생에게 적용된다. 모든 학생은 자신의 능력과 재능을 최대한으로 발달시키기 위해 교육받을 권리를 가지고 있다.

Gallagher(1958)는 영재를 위한 프로그램의 교육적 목표는 첫째, 제 학문의 지식구조를 학습하는 것과 둘째, 학습을 돕는 발견적 기술을 습득하는 두 영역에 두어야 한다고 보았다. 여기서 지식구조란 기본원리와 지식체계를 모두 포함하며 발견적 기술에는 문제 해결력, 창의성, 과학적 방법의 사용 등이 포함된다. 다시 말하면 영재에게는 지식과 지식을 효과적으로 사용하고 발달시킬 수 있는 능력 두 가지가 모두 필요하다.

학자들 대부분은 영재의 특수한 욕구에 맞는 질적인 교육과정이 제공되어야 한다고 주장하며, Heward(2003)에 의하면 영재를 위한 교육과정과 교육은 다음과 같은 특성을 지녀야 한다.

첫째, 학구적으로 재능이 있는 학생들의 학습 특성에 기초하여야 한다. 이러한 특성으로는 빠른 학습능력, 도전을 요하는 내용을 추상적으로 생각하는 능력, 생산적 · 비평적 · 창의적 · 분석적으로 사고하는 능력, 지속적으로 그리고 빠르게 지식을 저장하는 능력 등이 있다.

둘째, 학문적 정밀성을 가져야 한다. 연구기술, 컴퓨터 사용, 속독, 최소한 한 가지 이상의 외국어, 대인관계 형성 등이 체계적으로 가르쳐야 할 교육과정에 포함되어야 한다. 또한 심도 있는 원리, 교육과정이 제공되어야 한다.

셋째, 다학문적이며 주제가 있어야 한다. 학문적으로 재능이 있는 학생들은 다양한 학문의 구조, 용어, 방법 등을 접할 수 있어야 한다. 체계적인 연구기술은 우수아가 일생 동안 학습을 하는 데 사용할 수 있는 기본능력이다. 이러한 기술로는 참고문헌 사용, 도서관 사용, 정보수집, 다양한 방법으로 보고하기 등이 있다. 이와 같은 기술들은 법, 의학도서, 박물관, 화학과, 전자실험실, 국립공원 등 다양한 상황에서 거의 사용되는 것들이다.

넷째, 균형이 있어야 하며, 기록을 하여야 한다. 교육과정의 영역과 계열이 기록되지 않으면 교사가 왜, 언제, 무엇을 가르쳐야 하는지 알기 어렵다.

4) 영재교육과정

(1) 차별화된 교육과정

차별화(differentiation)란 영재에게 도전적이고 개별적으로 풍요로운 교육과정을 제공하고자 하는 다양한 전략이다. 왜냐하면 영재는 더 많은 개념을 더 빠르게 학습하기 때문이다. 이들을 위한 차별화 교육과정으로는 속진과 심화를 들 수 있다(송준만 · 유효순, 2004).

① 속진

속진(acceleration)이란 일반적인 교육과정 운영 속도에 맞추어 교육내용을 학습하는 것이 아니라, 학습 속도를 빠르게 하여 교육기간을 단축하고 상급학년의 교과내용을 학습하는 교육과정 운영방식이다.

속진교육의 방법으로는 크게 나누어 월반, 조기입학, 교육 연한의 단축 등이 있다. 조기입학은 생활연령이 미달되더라도 유치원이나 초등학교, 대학교에 입학을 허용하는 것이다. 교육 연한 단축의 실례에는 초등학교 1, 2, 3학년의 과정을 학년의 구별 없이 묶어서 각 학생이 자신의 학습능력과 속도에 따라 상위 수준으로 올라가게 하는 무학년제가 있다. 또 우수 고등학생에게 고등학교에 재학하면서 대학의 학점을 이수하여 대학 4년 과정을 빠른 시일 내에 이수할 수 있게 하기도 한다.

속진은 교육 연한이 단축되므로 개인적으로나 사회적으로 경제적이며, 지적 영재가 생산적인 일에 종사할 수 있는 시간이 증가된다는 장점을 갖는다. 그러나 조기입학이나 월반 등이 자신보다 신체적으로나 정서적으로 더 성장된 학생들과 같은 교실에서 공부해야 하므로 사회성이나 정서문제를 유발할 수도 있다. 또한 학교의 교육과정이란 학년에 따라 체계적으로 증진되는데, 월반으로 함으로써 기술이나 지식습득이 체계적으로 이루어지지 않을 수 있다.

② 심화

심화(enrichment)란 학생의 인지발달 수준에 적합하게 학습경험을 선정 · 조직하는 것이다. 심화학습은 단순히 교육자료나 교육활동의 보완을 의미하는 것이 아니라, 영재가 최대한 발달할 수 있도록 깊이 있고 폭넓은 학습경험과 새로운 학습 환경을 제공하는 것이다. 심화학습은 학생의 문제에 집중하도록 돕고 그들에게 문제 해결에 필요한 방법이나 도구를 제공한다. 더 나아가 학생이 그들의 학습이나 연구결과에 대해 의사소통을 할 수 있게 돕는 것이다. 심화학습에는 수직적, 수평적, 보충적 심화학습이 있다.

수직적 심화학습(vertical enrichment)은 영재 학생이 일반 학생에 비해 주어진 내용을 빨리 학습하는 점에 착안하여 이들의 학습 속도에 맞추어 교육과정을 진행해 나가되, 남은 시간에는 상위 계열에 속하는 활동을 하도록 하는 것이다.

수평적 심화학습(horizontal enrichment)은 영재 학생이 주어진 학습내용을 빨리 학습한다고 하더라도 남는 시간에 상급 수준의 교육과정을 미리 가르치는 것이 아니라 주어진 학습내용과 관련하여 보다 다양한 학습경험을 할 수 있도록 하자는 것이다.

보충적 심화학습(supplement enrichment)은 정규교육과정에서는 취급되지 않으나 장차 사회적으로 가치 있는 활동을 하는 데 도움이 되는 여러 학습 활동을 제공하는 것이다. 이러한 것으로는 문제 해결력, 창의력, 독서력, 리더십 개발, 성취동기, 인간관계 촉진 등의 프로그램을 둘 수 있다.

(2) 차별화된 교외학습 활동

영재 학생들에게는 교외학습경험이 중요하며 값진 것일 수도 있다. 이러한 교외학습활동으로는 인턴십과 멘토링 및 영재 캠프 등이 있다.

5) 영재교육 교사로서의 전문성

우리나라의 경우, 영재교육 담당교사의 임용기준으로 "초·중등교육법 [별표 2]의 규정에 의한 초등학교 또는 중등학교 정교사자격증을 가진 자로서 교육부 장관 또는 교육감이 인정하는 소정의 연수과정을 이수한 자"로 명시하고 있다. 따라서 영재 교육 교사의 자격요건을 일반 초등 및 중등학교의 교사이면서 영재교육 연수를 이수한 교사로 정의함을 알 수 있다(박지은 · 이봉우, 2012). 따라서 영재교육진흥법 제정 후, 현직 연수를 통해 많은 교사들이 일반학교에서 영재교육을 담당하고 있다(강충렬, 2008).

영재교육을 담당하는 교사는 일반교사로서의 전문성에 더하여 영재교육 교사로서의 전문성을 갖추어야 한다. 이러한 영재교육 교사 전문성은 〈표 15-2〉와 같이 지식기반전문성, 능력기반, 전문성, 상황기반 전문성이라는 하위 능력으로 나눌 수 있다(박경희 · 서혜애, 2007).

〈표 15-2〉 영재교육 교사 전문성 요인별 하위 구성 요소 내용

전문성	하위 구성 요소
지식기반 전문성	• 전공교과의 첨단 지식에 대한 이해 수준 • 전공교과의 전문 지식에 대한 이해 수준 • 교사가 개별로 연구를 수행할 수 있는 능력
능력기반 전문성	• 영재의 인지적 · 사회적 특성에 대한 이해 수준 • 영재판별 및 선발방법에 대한 이해 수준 • 영재에게 적합한 교수 · 학습방법을 이해하고 적용하는 능력 • 영재교육과정 편성 및 운영 능력 • 영재학생을 상담하는 능력 • 영재교육 프로그램을 개발하는 능력
상황기반 전문성	• 학부모, 지역사회와의 협력관계를 구축하는 능력 • 영재교육 관련 행정적 문제를 해결하는 능력 • 영재교육의 철학 및 목적에 대한 이해 수준

출처 : 박경희 · 서혜애(2007).

그러나 기본적으로 영재교육을 위한 교사의 자질은 일반교사의 자질과 근본적으로는 다르지 않다. 영재교육을 하는 교사에 대한 여러 연구들(Clark, 1997)이 주장하는 이들의 자질을 요약하면 다음과 같다.

① 흔하지 않은 다양한 질문, 대답, 프로젝트에 대한 수용
② 지적 호기심
③ 체계적임
④ 다양한 관심
⑤ 적절한 성취
⑥ 양적으로나 질적으로 적절한 학생과의 언어적 의사소통
⑦ 학생의 요구에 맞출 수 있는 융통성
⑧ 새로운 아이디어에 대한 개방성
⑨ 자신에 대한 이해, 수용, 존중, 신뢰

⑩ 문학과 문화에 대한 지적 호기심
⑪ 모호성에 대한 인내심
⑫ 교수에 대한 철저한 준비
⑬ 학습내용에 대한 철저한 준비
⑭ 영재를 가르치고자 하는 마음
⑮ 학습에 대한 열의, 사랑과 삶에 대한 희열
⑯ 특정 주제에 대하여는 자신이 특정 영재보다 지식이 부족할 수 있다는 점에 대한 인식

영재교육을 하는 교사의 역할로는 다음과 같은 것들을 들 수 있다(송준만 · 유효순, 2004 : 199).

첫째, 학습의 지도자가 아니라 촉진자의 역할을 해야 한다. 학습활동에 있어서 학생들이 가지고 있는 호기심의 세계를 넓히고 학습동기를 높이는 데 촉진제 역할을 해야 한다.

둘째, 학생들을 억압하기보다는 도전할 수 있도록 자극해야 한다.

셋째, 학습의 결과보다는 학습과정을 중시해야 한다. 즉, 학습자 중심의 교육을 하여 교사는 학습과정의 일원으로 참여하도록 한다.

넷째, 학생들에게 판단보다는 피드백을 주어야 한다. 영재 학생이 자신을 평가하고 측정하는 데 하나의 모델이 되고 피드백을 줄 사람은 바로 교사이다.

다섯째, 다양한 학습전략을 제시해 주며 영재 학생의 학습 스타일에 맞춘다. 어떤 목적을 달성하는 데 있어서 여러 길이 있다는 것을 배우는 것은 매우 중요하다.

여섯째, 영재 학생이 두려움 없이 창의적이고 인지적인 탐색을 할 수 있도록 수용적인 학급 분위기를 조성한다.

6) 영재의 상담

영재의 전인교육을 위해서는 속진과 심화학습이라는 학습적 지원뿐만 아니라 상담을 통한 심리적 지원 또한 필요하다. 영재학생은 지적 · 정서적 · 사회적 발달 간의 불균형으로 여러 가지 부적응 문제들을 가질 가능성이 있다. 우리나라 영재교육의 경우 영재학생들의 학습적 지원에 초점을 맞추고 진행되다 보니 그들의 부적응 문제를 간과하는 경우가 있다. 따라서 영재학생들의 부적응 문제들과 그에 대한 상담에 대해 살펴볼 필요가 있다.

(1) 영재학생의 부적응을 야기하는 환경적 요인

영재학생들에게 부적응을 야기하는 환경적 요인들은 다음과 같다(김원경 외, 2021).

① **획일화된 교육과정과 학교 환경** : 획일화된 교육과정과 학교 환경 속에서 영재는 그들의 영재적 욕구를 충족하지 못하고 무력감과 낮은 자존감 그리고 우울감을 갖게 된다.

② **타인의 기대** : 부모나 교사 등 주변인 인물들은 영재학생이 학교와 학급에 잘 순응하길 바라는 반면, 영재학생은 자신의 욕구를 충족시키고 싶어 한다. 이와 같은 기대와 욕구의 갈등은 영재학생에게 스트레스를 유발한다.

③ **부모의 이해 부족과 부적절한 양육태도** : 영재학생의 부모는 그들 자녀를 그의 또래들과 비교하여 그들의 성장단계에 맞는 것을 요구하고 이러한 관점에서 자녀를 양육한다. 이러한 부모의 몰이해와 부적절한 양육태도는 영재로 하여금 부모와의 관계를 어렵게 하고 이로 인해 많은 스트레스를 갖게 한다.

④ **형제관계** : 가정의 다른 형제들이 영재학생의 존재로 인해 위축되거나 낮은 자존감을 가질 수 있고 영재학생은 이에 대한 책임감과 죄책감을 느낄 수 있다.

⑤ **사회 · 문화적 가치** : 영재의 재능이 잘 발휘되기 위해서는 가족뿐만 아니라 사회의 지지를 받고 가치를 인정받아야 한다. 사회와 가족의 지지 여부는 영재의 능력을 가치 있는 것으로 인정하느냐의 시대적 가치기준에 달렸다.

(2) 영재적 특성으로 인한 부적응 문제의 해결을 위한 상담

영재학생들도 그들의 평범하지 않은 생각이나 행동 때문에 가정이나 학교에서 자주 '이상한 아이'로 취급받는다. 이처럼 영재들이 가정이나 학교로부터 '이상한 아이'나 '문제 학생'으로 오해받게 하는 특성들과 이에 대한 상담은 다음과 같다(김원경 외, 2021).

① **흥미의 다양성과 이에 따른 문제 해결을 위한 상담** : 상담자는 영재의 다재다능함을 인정하면서도 그들이 어느 한 분야에 그들의 지능과 재능을 집중할 수 있도록 진로지도를 해야 한다. 그들의 흥미의 다양성과 다재다능함 속에서 가장 뛰어난 재능을 발견할 수 있도록 도와주어야 한다.

② **상세함에 대한 참을성 결여에 대한 상담** : 상담자는 영재의 빠른 과제수행을 인정하면서도 그들에게 최고의 예술가나 과학자가 되기 위해서는 경우에 따라 세부적인 내용들에 많은 시간과 관심을 기울일 필요가 있다는 것을 지도해야 한다.

③ **발달의 비동시성으로 인한 문제 상담** : 대부분의 영재들은 그들의 지적, 정서적, 사회적, 신체적 발달이 일치하지 않는다. 이와 같은 불일치에 의해 영재는 가정과 학교에서 많은 격리감과 소외감을 느끼게 된다. 영재의 지적 욕구를 충족시키기 위해 조기진급은 필요하겠지만 신체적, 정서적, 사회적인 발달을 고려하지 않은 무조건적인 조기진급은 최상의 해결책이 될 수 없다.

④ **주의집중력에 따른 문제의 상담** : 영재는 어떤 작업에 몰두하기를 잘한다. 간혹 이때 부모나 교사가 어떤 지시를 해도 전혀 의식하지 못하고 이행하지 않아 질책을 듣는 경우도 있다. 부모와 교사는 영재가 이러한 특성을 가지고 있음을 이해하고 어떤 일에 몰두했을 때는 이를 방해하지 말고 기다려 주어야 한다.

⑤ **영재의 의미와 정체성에 대한 상담** : 영재와 함께 영재에 대해 정의를 내려보고 특성을 설명해 봄으로써 영재가 자신의 영재성에 대해 확신을 갖도록 도와준다. 이때 특히 영재성의 순기능적인 면과 역기능적인 면을 동시에 설명해 준다.

⑥ **학업부진과 열등감에 대한 상담** : 영재이면서도 학습이 부진한 경우가 있고, 이로 인해 학습에 대해 열등감을 갖고 있는 경우가 있다. 그리고 영재가 주의나 관심을 끌기 위해 고의로 학습부진의 모습을 보이는 경우도 있다. 후자의 경우 부모와 교사는 영재의 학습부진에 대해 과민반응을 하지 말고 무시해야 한다. 그리고 전자와 같이 열등감을 가진 영재를 위해서는 자아존중감 신장을 위한 상담을 실시해야 한다.

⑦ **영재의 도덕성에 관한 상담** : 영재는 사회에 큰 영향력을 끼치는 인물이 될 수 있다. 따라서 영재에게 도덕성은 매우 중요하다. 따라서 상담자는 '가치명료화 상담'과 같은 상담을 통하여 영재가 스스로 도덕적 사고를 하는 훈련을 경험하도록 한다.

❙ 참고문헌 ❙

권요한 외(2015). **특수교육학개론**. 서울 : 학지사.

김원경 외(2021). **최신 특수교육학개론**. 경기 : 양성원.

김정휘 · 주영숙 · 문정화 · 문태형(2004). **영재학생을 위한 교육**. 서울 : 박학사.

박경희 · 서혜애(2007). 영재교육 교사 전문성의 구성요소 탐색 연구. **영재교육연구**, 17(1), 77-98.

박지은 · 이봉우(2012). 과학 영재교육 담당교사의 영재교육 전문성에 대한 인식. **교과교육학연구**, 16(2), 587-601.

박춘성(2006). 초등영재선별을 위한 평정척도의 타당화 연구. 서울대학교 대학원 박사학위논문.

송영민(2001). 가정의 심리적 환경이 유아영재의 사회성숙도에 미치는 영향. 건국대학교 교육대학원 석사학위논문.

송인섭 · 김진희(1996). **영재성 판별을 위한 행동특성검사**. 서울 : 한국영재교육원.

송준만 · 유효순(2004). **특수아교육**. 서울 : 한국방송통신대학교출판부.

윤여홍(2000). 영재의 심리적 특성과 정서발달을 위한 상담. **새한국심리학회 : 일반**, 19(1), 79-101.

임인재(2000). **초등학생용 창의성 검사**. 서울 : 진학사.

이신동 · 이정규 · 박춘성(2009). **최신영재교육학개론**. 서울 : 학지사.

전경원(2006). **유아 종합 창의성 검사**. 서울 : 학문사.

조석희(2004). **영재교육백서 2004**. 연구자료 RM. 64.

Clark, B.(1997). *Growing up Gifted*. Columbus, Ohio : Charles Merrill Co.

Gallagher, J. J.(1958). Peer acceptance of highly gifted children in elementary school. *Elementary School Journal*, 465-470.

Gardner, H.(1983). *Frames of Mind : The Theory of multiple intelligence*. New York : Basic Book.

Guilford, J. P.(1967). *The Nature of Human Intelligence*. New York : McGraw-Hill.

Heward, W. L.(2003). *Exceptional Children*(7th ed). NJ : Prentice-Hall.

McCarney, S. B., & Anderson, P. D.(1989). *Gifted Evaluation Scale : Technical Manual*(7th ed.). Columbia, MO : Hawthorne Educational Services.

Renzulli, J. S.(1986). *Schools for Talent Development : A Practical Plan for Total School Improvement*. CT : Creative Learning Press.

Renzulli, J. S., Hartman, R. K. and Callahan, C. M.(1978). Scale for rating the behavioral characteristics of superior students. In W. B. Barbe & J. S. Rensulli(Eds.), *Psychological and*

Education of the Gifted(2nd ed). New York : Irvington.

Silverman, L. K.(1995). *Perfectionism*. Paper presented at the 11th World Conference on Gifted and Talented Children, Hong-Kong.

Sternberg, R.(1997). *The Triarchic Mind : A new theory of human intelligence*. New York : Viking.

Terman, L. M., & Oden, M. H.(1959). *The Gifted Group at Midlife : Thirty-five years' follow-up a superior group. Genetic Studies of Genetic : Vol. 5*. Stanford, CA : Stanford University Press.

Torrance, E. P.(2006). *Khatena-Torrance Creative Perception Inventory*. MA : Pearson Education. Inc.

부 록

1. 장애인 등에 대한 특수교육법
2. 장애인 등에 대한 특수교육법 시행령
3. 장애인 등에 대한 특수교육법 시행규칙

1. 장애인 등에 대한 특수교육법(약칭 : 특수교육법)

[시행 2025. 2. 28.] [법률 제20351호, 2024. 2. 27., 일부개정]

교육부(특수교육정책과) 044-203-6563

제1장 총칙

제1조(목적) 이 법은 「교육기본법」 제18조에 따라 국가 및 지방자치단체가 장애인 및 특별한 교육적 요구가 있는 사람에게 통합된 교육환경을 제공하고 생애주기에 따라 장애유형 · 장애정도의 특성을 고려한 교육을 실시하여 이들이 자아실현과 사회통합을 하는데 기여함을 목적으로 한다.

제2조(정의) 이 법에서 사용하는 용어의 정의는 다음과 같다. 〈개정 2012. 3. 21., 2021. 3. 23., 2021. 12. 28., 2024. 2. 27.〉

1. "특수교육"이란 특수교육대상자의 교육적 요구를 충족시키기 위하여 특성에 적합한 교육과정 및 제2호에 따른 특수교육 관련서비스 제공을 통하여 이루어지는 교육을 말한다.
2. "특수교육 관련서비스"란 특수교육대상자의 교육을 효율적으로 실시하기 위하여 필요한 인적 · 물적 자원을 제공하는 서비스로서 상담지원 · 가족지원 · 치료지원 · 지원인력배치 · 보조공학기기지원 · 학습보조기기지원 · 통학지원 및 정보접근지원 등을 말한다.
3. "특수교육대상자"란 제15조에 따라 특수교육이 필요한 사람으로 선정된 사람을 말한다.
4. "특수교육교원"이란 「초 · 중등교육법」 제2조제4호에 따른 특수학교 교원자격증을 가진 사람으로서 특수교육대상자의 교육을 담당하는 교원을 말한다.
5. "보호자"란 친권자 · 후견인, 그 밖의 사람으로서 특수교육대상자를 사실상 보호하는 사람을 말한다.
6. "통합교육"이란 특수교육대상자가 일반학교에서 장애유형 · 장애정도에 따라 차별을 받지 아니하고 또래와 함께 개개인의 교육적 요구에 적합한 교육을 받는 것을 말한다.
7. "개별화교육"이란 각급학교의 장이 특수교육대상자 개인의 능력을 계발하기 위하여 장애유형 및 장애특성에 적합한 교육목표 · 교육방법 · 교육내용 · 특수교육 관련서비스 등이 포함된 계획을 수립하여 실시하는 교육을 말한다.
8. "순회교육"이란 특수교육교원 및 특수교육 관련서비스 담당 인력이 각급학교나 의료기관, 가정 또는 복지시설(장애인복지시설, 아동복지시설 등을 말한다. 이하 같다) 등에 있는 특수교육대상자를 직접 방문하여 실시하는 교육을 말한다.
9. "진로 및 직업교육"이란 특수교육대상자의 학교에서 사회 등으로의 원활한 이동을 위하여 관련 기관의 협력을 통하여 직업재활훈련 · 자립생활훈련 등을 실시하는 것을 말한다.
10. "특수교육기관"이란 특수교육대상자에게 유치원 · 초등학교 · 중학교 또는 고등학교(전공과를 포함한다. 이하 같다)의 과정을 교육하는 특수학교 및 특수학급을 말한다.
11. "특수학급"이란 특수교육대상자의 통합교육을 실시하기 위하여 일반학교에 설치된 학급을 말한다.

11의2. "통합학급"이란 특수교육대상자와 또래 일반학생이 함께 편성된 학급을 말한다.

12. "각급학교"란 「유아교육법」 제2조제2호에 따른 유치원 및 「초 · 중등교육법」 제2조에 따른 학교를 말한다.

제3조(의무교육 등) ① 특수교육대상자에 대하여는 「교육기본법」 제8조에도 불구하고 유치원 · 초등학교 · 중학교 및 고등학교 과정의 교육은 의무교육으로 하고, 제24조에 따른 전공과와 만 3세미만의 장애영아교육은 무상으로 한다.

② 만 3세부터 만 17세까지의 특수교육대상자는 제1항에 따른 의무교육을 받을 권리를 가진다. 다만, 출석일수의 부족 등으로 인하여 진급 또는 졸업을 하지 못하거나, 제19조제3항에 따라 취학의무를 유예하거나 면제받은 사람이 다시 취학할 때의 그 학년이 취학의무를 면제 또는 유예받지 아니하고 계속 취학하였을 때의 학년과 차이가 있는 경우에는 그 해당 연수(年數)를 더한 연령까지 의무교육을 받을 권리를 가진다. 〈개정 2021. 3. 23.〉

③ 제1항에 따른 의무교육 및 무상교육에 드는 비용은 대통령령으로 정하는 바에 따라 국가 또는 지방자치단체가 부담한다.

제4조(차별의 금지) ① 각급학교의 장 또는 대학(「고등교육법」 제2조에 따른 학교를 말한다. 이하 같다)의 장은 특수교육대상자가 그 학교에 입학하고자 하는 경우에는 그가 지닌 장애를 이유로 입학의 지원을 거부하거나 입학전형 합격자의 입학을 거부하는 등 교육 기회의 부여에서 차별을 하여서는 아니 된다. 〈개정 2021. 3. 23.〉

② 국가, 지방자치단체, 각급학교의 장 또는 대학의 장은 다음 각 호의 사항에 관하여 장애인의 특성을 고려한 교육시행을 목적으로 함이 명백한 경우 외에는 특수교육대상자 및 보호자를 차별하여서는 아니 된다. 〈개정 2018. 2. 21.〉

1. 제28조에 따른 특수교육 관련서비스 제공에서의 차별
2. 수업, 학생자치활동, 그 밖의 교내외 활동에 대한 참여 배제
3. 개별화교육지원팀에의 참여 등 보호자 참여에서의 차별
4. 대학의 입학전형절차에서 장애로 인하여 필요한 수험편의의 내용을 조사 · 확인하기 위한 경우 외에 별도의 면접이나 신체검사를 요구하는 등 입학전형 과정에서의 차별
5. 입학 · 전학 및 기숙사 입소 과정에서 비장애학생에게 요구하지 아니하는 보증인 또는 서약서 제출을 요구
6. 학생 생활지도에서의 「장애인차별금지 및 권리구제 등에 관한 법률」 제4조의 차별

제2장 국가 및 지방자치단체의 임무

제5조(국가 및 지방자치단체의 임무) ① 국가 및 지방자치단체는 특수교육대상자에게 적절한 교육을 제공하기 위하여 다음 각 호의 업무를 수행하여야 한다. 〈개정 2016. 5. 29., 2017. 12. 19.〉

1. 장애인에 대한 특수교육종합계획의 수립
2. 특수교육대상자의 조기발견
3. 특수교육대상자의 취학지도
4. 특수교육의 내용, 방법 및 지원체제의 연구 · 개선
5. 특수교육교원의 양성 및 연수
6. 특수교육기관 배치계획의 수립

7. 특수교육기관의 설치 · 운영 및 시설 · 설비의 확충 · 정비
8. 특수교육에 필요한 교재 · 교구의 연구 · 개발 및 보급
9. 특수교육대상자에 대한 진로 및 직업교육 방안의 강구
10. 장애인에 대한 고등교육 방안의 강구
11. 특수교육대상자에 대한 특수교육 관련서비스 지원방안의 강구
12. 그 밖에 특수교육의 발전을 위하여 필요하다고 인정하는 사항

② 국가 및 지방자치단체는 제1항의 업무를 수행하는데 드는 경비를 예산의 범위 안에서 우선적으로 지급하여야 한다.

③ 국가는 제1항의 업무 추진이 부진하거나 제2항의 예산조치가 부족하다고 인정되는 지방자치단체에 대하여는 예산의 확충 등 필요한 조치를 하도록 권고하여야 한다.

④ 교육부장관은 제1항의 업무를 효율적으로 수행하기 위하여 문화체육관광부장관 · 보건복지부장관 · 고용노동부장관 · 여성가족부장관 등 관계 중앙행정기관 간에 협조체제를 구축하여야 한다. 〈개정 2008. 2. 29., 2010. 6. 4., 2013. 3. 23., 2016. 2. 3.〉

제6조(특수교육기관의 설립 및 위탁교육) ① 국가 및 지방자치단체는 특수교육대상자의 취학편의를 고려하여 특수교육기관을 지역별 및 장애영역별로 균형 있게 설치 · 운영하여야 한다.

② 국가 및 지방자치단체는 국립 또는 공립의 특수교육기관이 부족하거나 특수교육대상자의 의무교육 또는 무상교육을 위하여 필요한 경우에는 사립의 특수교육기관에 그 교육을 위탁할 수 있다.

③ 제2항에 따라 특수교육을 위탁한 경우에는 해당 특수교육기관의 교육여건이 국립 또는 공립 특수교육기관의 수준에 미달하지 아니하도록 지원하여야 한다.

④ 제2항에 따른 위탁교육 · 제3항에 따른 지원 또는 비용부담 등에 관하여 필요한 사항은 대통령령으로 정한다.

제7조(위탁교육기관의 변경신청) ① 제6조제2항에 따라 교육을 위탁받은 사립의 특수교육기관에 취학하고 있는 특수교육대상자 또는 그의 보호자는 해당 특수교육기관의 교육활동이 매우 불량하거나 특수교육대상자의 특성에 맞지 아니하여 특수교육대상자의 교육에 현저한 지장을 주고 있다고 판단되는 때에는 교육장 또는 교육감에게 그 사유를 구체적으로 명시하여 취학하고 있는 교육기관 외의 교육기관에 취학할 수 있도록 교육기관 변경을 신청할 수 있다.

② 제1항에 따른 변경신청을 받은 교육장 또는 교육감은 신청 접수일부터 30일 이내에 제10조제1항에 따른 시 · 군 · 구특수교육운영위원회 또는 시 · 도특수교육운영위원회를 열어 신청인 · 해당 학교의 장 등 이해관계인의 의견을 들은 후 변경 여부를 결정 · 통보하여야 한다.

제8조(교원의 자질향상) ① 국가 및 지방자치단체는 특수교육교원의 자질향상을 위한 교육 및 연수를 정기적으로 실시하여야 한다.

② 국가 및 지방자치단체는 특수교육대상자의 통합교육을 지원하기 위하여 일반학교의 교원에 대하여 특수교육 관련 교육 및 연수를 정기적으로 실시하여야 한다.

③ 제1항과 제2항에 따른 교육 및 연수 과정에는 특수교육대상자 인권의 존중에 관한 내용이 포함되어야 한다. 〈신설 2013. 12. 30.〉

④ 제1항과 제2항에 따른 교육 및 연수에 필요한 사항은 대통령령으로 정한다. 〈개정 2013. 12. 30.〉

제9조(특수교육대상자의 권리와 의무의 안내) 국가 및 지방자치단체는 제15조제1항 각 호의 장애를 가지고 있는 사람을 알게 되거나 제15조에 따라 특수교육대상자를 선정한 경우에는 2주일 이내에 보호자에게 해당 사실과 의무교육 또는 무상교육을 받을 권리 및 보호자의 권리 · 책임 등을 통보하여야 한다. 〈개정 2021. 3. 23.〉

제10조(특수교육운영위원회) ① 제5조에 따른 국가 및 지방자치단체의 업무수행에 관한 주요 사항을 심의하기 위하여 교육부장관 소속으로 중앙특수교육운영위원회를, 교육감 소속으로 시 · 도특수교육운영위원회를, 교육장 소속으로 시 · 군 · 구특수교육운영위원회를 각각 둔다. 〈개정 2008. 2. 29., 2013. 3. 23.〉

② 제1항에 따른 중앙특수교육운영위원회의 구성 · 운영 등에 관하여 필요한 사항은 대통령령으로, 시 · 도특수교육운영위원회 및 시 · 군 · 구특수교육운영위원회의 구성 · 운영 등에 관하여는 특별시 · 광역시 · 특별자치시 · 도 및 특별자치도(이하 "시 · 도"라 한다)의 교육규칙으로 각각 정한다. 〈개정 2019. 12. 10.〉

제11조(특수교육지원센터의 설치 · 운영) ① 교육감은 특수교육대상자의 조기발견, 특수교육대상자의 진단 · 평가, 정보관리, 특수교육 연수, 교수 · 학습활동의 지원, 특수교육 관련서비스 지원, 순회교육 등을 담당하는 특수교육지원센터를 시 · 도 교육청 및 모든 하급교육행정기관에 설치 · 운영하여야 한다. 〈개정 2019. 12. 10.〉

② 제1항에 따른 특수교육지원센터는 시 · 도 교육청, 하급교육행정기관이나 특수학교, 특수학급이 설치된 일반 초 · 중 · 고등학교 또는 관할 지역의 관공서(장애인복지관을 포함한다) 등 특수교육대상자를 비롯한 지역주민의 접근이 편리한 곳에 설치하여야 한다. 〈개정 2019. 12. 10.〉

③ 특수교육지원센터의 설치 · 운영 등에 필요한 사항은 대통령령으로 정한다. 〈개정 2019. 12. 10.〉

제12조(특수교육에 관한 연차보고서) ① 교육부장관은 특수교육의 주요 현황과 정책에 관한 보고서를 매년 정기국회 개회 전까지 국회에 제출하여야 한다. 〈개정 2019. 12. 10., 2021. 12. 28.〉

② 제1항에 따른 보고서에는 제13조제3항에 따른 특수교육대상자의 인권침해 실태조사 결과가 포함되어야 한다. 〈신설 2019. 12. 10.〉

제13조(특수교육 실태조사) ① 교육부장관은 특수교육대상자의 배치계획 · 특수교육교원의 수급계획 등 특수교육정책의 수립을 위한 실태조사를 3년마다 실시하고 그 결과를 공표하여야 한다. 〈개정 2008. 2. 29., 2013. 3. 23., 2015. 12. 22.〉

② 교육부장관은 대학에 취학하는 장애학생의 교육여건을 개선하기 위하여 장애학생의 교육복지 실태조사를 3년마다 실시하고 그 결과를 공표하여야 한다. 〈개정 2008. 2. 29., 2013. 3. 23., 2015. 12. 22., 2022. 10. 18.〉

③ 교육감은 특수교육대상자의 인권보호를 위하여 인권침해 실태에 관한 조사를 대통령령으로 정하는 바에 따라 매년 실시하여 그 결과를 교육부장관에게 보고하여야 한다. 〈신설 2019. 12. 10.〉

④ 교육부장관 및 교육감은 제1항부터 제3항까지의 규정에 따른 실태조사를 위하여 필요한 경우 관계 중앙행정기관의 장, 지방자치단체의 장 및 「공공기관의 운영에 관한 법률」에 따른 공공기관의 장, 대학의 장, 그 밖의 관련 법인 또는 단체의 장에 대하여 자료의 제출 또는 의견의 진술을 요청할 수 있다. 이 경우 요청을 받은 자는 정당한 사유가 없으면 이에 협조하여야 한다. 〈신설 2015. 12. 22., 2019. 12. 10.〉

⑤ 제1항부터 제3항까지의 규정에 따른 조사의 내용과 방법, 그 밖에 조사에 필요한 사항은 대통령령으

로 정한다. 〈개정 2015. 12. 22., 2019. 12. 10.〉

제13조의2(인권침해 사건 신고시스템의 구축 · 운영 등) ① 특수교육대상자에 대한 인권침해 현장을 보거나 그 사실을 알게 된 자는 학교 등 관계 기관에 이를 즉시 신고하여야 한다.

② 교육감은 특수교육대상자에 대한 인권침해 사건의 신속한 신고 및 발견을 위하여 신고시스템을 구축 · 운영하여야 한다.

③ 교육감은 제2항에 따른 신고시스템을 통하여 인권침해 사건을 접수한 때에는 소속 공무원으로 하여금 해당 인권침해 사건을 조사하게 할 수 있다. 이 경우 조사의 방법 · 절차 등은 대통령령으로 정한다.

④ 교육감은 제3항에 따른 인권침해 사건 조사 결과를 교육부장관에게 보고하여야 한다.

[본조신설 2019. 12. 10.]

제3장 특수교육대상자의 선정 및 학교배치 등

제14조(장애의 조기발견 등) ① 교육장 또는 교육감은 영유아의 장애 및 장애 가능성을 조기에 발견하기 위하여 지역주민과 관련 기관을 대상으로 홍보를 실시하고, 해당 지역 내 보건소와 병원 또는 의원(醫院)에서 선별검사를 무상으로 실시하여야 한다.

② 교육장 또는 교육감은 제1항에 따른 선별검사를 효율적으로 실시하기 위하여 지방자치단체 및 보건소와 병 · 의원 간에 긴밀한 협조체제를 구축하여야 한다.

③ 보호자 또는 각급학교의 장은 제15조제1항 각 호에 따른 장애를 가지고 있거나 장애를 가지고 있다고 의심되는 영유아 및 학생을 발견한 때에는 교육장 또는 교육감에게 진단 · 평가를 의뢰하여야 한다. 다만, 각급학교의 장이 진단 · 평가를 의뢰하는 경우에는 보호자의 사전 동의를 받아야 한다.

④ 교육장 또는 교육감은 제3항에 따라 진단 · 평가를 의뢰받은 경우 즉시 특수교육지원센터에 회부하여 진단 · 평가를 실시하고, 그 진단 · 평가의 결과를 해당 영유아 및 학생의 보호자에게 통보하여야 한다.

⑤ 제1항의 선별검사의 절차와 내용, 그 밖에 검사에 필요한 사항과 제3항의 사전 동의 절차 및 제4항에 따른 통보 절차에 필요한 사항은 대통령령으로 정한다.

제15조(특수교육대상자의 선정) ① 교육장 또는 교육감은 다음 각 호의 어느 하나에 해당하는 사람 중 특수교육이 필요한 사람으로 진단 · 평가된 사람을 특수교육대상자로 선정한다. 〈개정 2016. 2. 3., 2021. 3. 23., 2021. 12. 28.〉

1. 시각장애
2. 청각장애
3. 지적장애
4. 지체장애
5. 정서 · 행동장애
6. 자폐성장애(이와 관련된 장애를 포함한다)
7. 의사소통장애
8. 학습장애
9. 건강장애

10. 발달지체
11. 그 밖에 두 가지 이상의 장애가 있는 경우 등 대통령령으로 정하는 장애

② 교육장 또는 교육감이 제1항에 따라 특수교육대상자를 선정할 때에는 제16조제1항에 따른 진단·평가결과를 기초로 하여 고등학교 과정은 교육감이 시·도특수교육운영위원회의 심사를 거쳐, 중학교 과정 이하의 각급학교는 교육장이 시·군·구특수교육운영위원회의 심사를 거쳐 이를 결정한다.

제16조(특수교육대상자의 선정절차 및 교육지원 내용의 결정) ① 특수교육지원센터는 진단·평가가 회부된 후 30일 이내에 진단·평가를 시행하여야 한다.

② 특수교육지원센터는 제1항에 따른 진단·평가를 통하여 특수교육대상자로의 선정 여부 및 필요한 교육지원 내용에 대한 최종의견을 작성하여 교육장 또는 교육감에게 보고하여야 한다.

③ 교육장 또는 교육감은 특수교육지원센터로부터 최종의견을 통지받은 때부터 2주일 이내에 특수교육대상자로의 선정 여부 및 제공할 교육지원 내용을 결정하여 부모 등 보호자에게 서면으로 통지하여야 한다. 교육지원 내용에는 특수교육, 진로 및 직업교육, 특수교육 관련서비스 등 구체적인 내용이 포함되어야 한다.

④ 제1항에 따른 진단·평가의 과정에서는 부모 등 보호자의 의견진술의 기회가 충분히 보장되어야 한다.

제17조(특수교육대상자의 배치 및 교육) ① 교육장 또는 교육감은 제15조에 따라 특수교육대상자로 선정된 사람을 해당 특수교육운영위원회의 심사를 거쳐 다음 각 호의 어느 하나에 배치하여 교육하여야 한다. 〈개정 2021. 3. 23.〉

1. 일반학교의 일반학급
2. 일반학교의 특수학급
3. 특수학교

② 교육장 또는 교육감은 제1항에 따라 특수교육대상자를 배치할 때에는 특수교육대상자의 장애정도·능력·보호자의 의견 등을 종합적으로 판단하여 거주지에서 가장 가까운 곳에 배치하여야 한다.

③ 교육감이 관할 구역 내에 거주하는 특수교육대상자를 다른 시·도에 소재하는 각급학교 등에 배치하고자 할 때에는 해당 시·도 교육감(국립학교의 경우에는 해당 학교의 장을 말한다)과 협의하여야 한다.

④ 제3항에 따라 특수교육대상자의 배치를 요구받은 교육감 또는 국립학교의 장은 대통령령으로 정하는 특별한 사유가 없으면 그 요구를 따라야 한다. 〈개정 2021. 3. 23.〉

⑤ 제1항부터 제4항까지의 규정에 따른 특수교육대상자의 배치 등에 관하여 필요한 사항은 대통령령으로 정한다.

제4장 영유아 및 초·중등교육

제18조(장애영아의 교육지원) ① 만 3세 미만의 장애영아의 보호자는 조기교육이 필요한 경우 교육장에게 교육을 요구할 수 있다.

② 제1항에 따른 요구를 받은 교육장은 특수교육지원센터의 진단·평가결과를 기초로 만 3세 미만의 장애영아를 특수학교의 유치원과정, 영아학급 또는 특수교육지원센터에 배치할 수 있다.

③ 제2항에 따라 배치된 장애영아가 의료기관, 복지시설 또는 가정 등에 있을 경우에는 특수교육교원 및

특수교육 관련서비스 담당 인력 등으로 하여금 순회교육을 제공하도록 할 수 있다.

④ 국가 및 지방자치단체는 장애영아를 위한 교육여건을 개선하고 설비를 정비하기 위하여 노력하여야 한다.

⑤ 그 밖에 장애영아의 교육지원에 필요한 사항은 대통령령으로 정한다.

제19조(보호자의 의무 등) ① 특수교육대상자의 보호자는 그 보호하는 자녀에 대하여 제3조제1항에 따른 의무교육의 기회를 보호하고 존중하여야 한다.

② 부득이한 사유로 취학이 불가능한 의무교육대상자에 대하여는 대통령령으로 정하는 바에 따라 제1항에 따른 취학의무를 면제하거나 유예할 수 있다. 다만, 만 3세부터 만 5세까지의 특수교육대상자가 「영유아보육법」에 따라 설치된 어린이집 중 대통령령으로 정하는 일정한 교육 요건을 갖춘 어린이집을 이용하는 경우에는 제1항에서 정하는 유치원 의무교육을 받고 있는 것으로 본다. 〈개정 2011. 6. 7.〉

③ 제2항에 따라 취학의무를 면제 또는 유예 받은 사람이 다시 취학하고자 하는 경우에는 대통령령으로 정하는 바에 따라 취학하게 할 수 있다. 〈개정 2021. 3. 23.〉

제20조(교육과정의 운영 등) ① 특수교육기관의 유치원·초등학교·중학교·고등학교과정의 교육과정은 장애의 유형 및 정도를 고려하여 국가교육위원회가 정하고, 영아교육과정과 전공과의 교육과정은 교육감의 승인을 받아 학교장이 정한다. 〈개정 2008. 2. 29., 2013. 3. 23., 2019. 12. 10., 2021. 7. 20.〉

② 특수교육기관의 장 및 특수교육대상자가 배치된 일반학교의 장은 제1항에 따른 교육과정의 범위 안에서 특수교육대상자 개인의 장애유형과 정도, 연령, 현재 및 미래의 교육요구 등을 고려하여 교육과정의 내용을 조정하여 운영할 수 있다. 〈개정 2019. 12. 10.〉

③ 특수학교의 장은 교육감의 승인을 받아 유치원·초등학교·중학교·고등학교과정을 통합하여 운영할 수 있다.

제21조(통합교육) ① 교육감은 특수교육대상자가 일반학교에서 또래와 함께 교육받을 수 있도록 시책을 수립·시행하여야 한다.

② 각급학교의 장은 교육에 관한 각종 시책을 시행하는 경우 특수교육대상자가 통합교육을 원활히 받을 수 있도록 하여야 한다.

③ 특수교육대상자가 배치된 일반학교의 장은 일반교육교원 및 특수교육교원의 협력을 통하여 차별의 예방, 교육과정의 조정, 제28조에 따른 지원인력의 배치, 교구·학습보조기·보조공학기기의 지원 및 교원 연수 등을 포함한 통합교육계획을 수립·시행하여야 한다.

④ 일반학교의 장은 제3항에 따라 통합교육을 실시하는 경우에는 제27조의 기준에 따라 특수학급을 설치·운영하고, 대통령령으로 정하는 시설·설비 및 교재·교구를 갖추어야 한다.

⑤ 교육부장관 및 교육감은 특수교육대상자의 통합학급 교육활동을 지원하기 위하여 대통령령으로 정하는 바에 따라 특수교육교원을 둘 수 있다.

[전문개정 2024. 2. 27.]

제22조(개별화교육) ① 각급학교의 장은 특수교육대상자의 교육적 요구에 적합한 교육을 제공하기 위하여 보호자, 특수교육교원, 일반교육교원, 진로 및 직업교육 담당 교원, 특수교육 관련서비스 담당 인력 등으로 개별화교육지원팀을 구성한다.

② 개별화교육지원팀은 매 학기 마다 특수교육대상자에 대한 개별화교육계획을 작성하여야 한다.

③ 특수교육대상자가 다른 학교로 전학할 경우 또는 상급학교로 진학할 경우에는 전출학교는 전입학교에 개별화교육계획을 14일 이내에 송부하여야 한다.

④ 특수교육교원은 제1항부터 제3항까지의 규정에 따른 업무를 수행하기 위하여 각 업무를 지원하고 조정한다.

⑤ 제1항에 따른 개별화교육지원팀의 구성, 제2항에 따른 개별화교육계획의 수립·실시 등에 관하여 필요한 사항은 교육부령으로 정한다. 〈개정 2008. 2. 29., 2013. 3. 23.〉

제23조(진로 및 직업교육의 지원) ① 중학교 과정 이상의 각급학교의 장은 특수교육대상자의 특성 및 요구에 따른 진로 및 직업교육을 지원하기 위하여 직업평가·직업교육·고용지원·사후관리 등의 직업재활훈련 및 일상생활적응훈련·사회적응훈련 등의 자립생활훈련을 실시하고, 대통령령으로 정하는 자격이 있는 진로 및 직업교육을 담당하는 전문인력을 두어야 한다.

② 중학교 과정 이상의 각급학교의 장은 대통령령으로 정하는 기준에 따라 진로 및 직업교육의 실시에 필요한 시설·설비를 마련하여야 한다.

③ 특수교육지원센터는 특수교육대상자에게 효과적인 진로 및 직업교육을 지원하기 위하여 대통령령으로 정하는 바에 따라 관련 기관과의 협의체를 구성하여야 한다.

제24조(전공과의 설치·운영) ① 특수교육기관에는 고등학교 과정을 졸업한 특수교육대상자에게 진로 및 직업교육을 제공하기 위하여 수업연한 1년 이상의 전공과를 설치·운영할 수 있다.

② 교육부장관 및 교육감은 지역별 또는 장애유형별로 전공과를 설치할 교육기관을 지정할 수 있다. 〈개정 2008. 2. 29., 2013. 3. 23.〉

③ 전공과를 설치한 각급학교는 「학점인정 등에 관한 법률」 제7조에 따라 학점인정을 받을 수 있다.

④ 제1항 및 제2항에 따른 전공과의 시설·설비 기준, 전공과의 운영 및 담당 인력의 배치 기준 등에 관하여 필요한 사항은 대통령령으로 정한다.

제25조(순회교육 등) ① 교육장 또는 교육감은 일반학교에서 통합교육을 받고 있는 특수교육대상자를 지원하기 위하여 일반학교 및 특수교육지원센터에 특수교육교원 및 특수교육 관련서비스 담당 인력을 배치하여 순회교육을 실시하여야 한다.

② 교육부장관 또는 교육감은 장·단기 결석이 불가피한 특수교육대상자의 교육을 위하여 필요한 경우 순회교육 또는 원격수업을 실시하여야 한다. 〈개정 2020. 10. 20.〉

③ 교육부장관 또는 교육감은 이동이나 운동기능의 심한 장애로 인하여 각급학교에서 교육을 받기 곤란하거나 불가능하여 복지시설·의료기관 또는 가정 등에 거주하는 특수교육대상자의 교육을 위하여 필요한 경우 순회교육을 실시하여야 한다. 〈개정 2020. 10. 20.〉

④ 교육장 또는 교육감은 제3항에 따른 순회교육의 실시를 위하여 의료기관 및 복지시설 등에 학급을 설치·운영하고 이에 필요한 담당 교원을 배치하는 등 필요한 조치를 강구하며, 학생들이 원만히 학교로 복귀할 수 있도록 심리적·정서적 지원을 하여야 한다. 〈신설 2015. 12. 22., 2021. 12. 28.〉

⑤ 국가 및 지방자치단체는 제4항에 따라 학급이 설치·운영 중인 의료기관 및 복지시설 등에 대하여 국립 또는 공립 특수교육기관 수준의 교육이 이루어질 수 있도록 대통령령으로 정하는 바에 따라 행정적·

재정적 지원을 하여야 한다. 〈신설 2015. 12. 22., 2021. 12. 28.〉

⑥ 제1항부터 제4항까지의 규정에 따른 순회교육의 수업일수 등 순회교육의 운영과 제2항에 따른 원격수업의 운영에 필요한 사항은 대통령령으로 정한다. 〈개정 2015. 12. 22., 2020. 10. 20.〉

제26조(방과후 과정을 운영하는 유치원 과정의 교육기관) ①「유아교육법」 제2조제6호에 따른 방과후 과정을 운영하는 유치원 과정의 교육기관에 특수교육대상자가 배치되는 경우 해당 각급학교의 장은 특수교육대상자에 대한 방과후 과정 운영을 담당할 인력을 학급당 1인 이상 추가로 배치할 수 있다. 〈개정 2012. 3. 21.〉

② 제1항에 따른 방과후 과정 담당 인력의 자격기준, 운영방법 등에 관하여 필요한 사항은 대통령령으로 정한다. 〈개정 2012. 3. 21.〉

[제목개정 2012. 3. 21.]

제27조(특수학교의 학급 및 각급학교의 특수학급 설치 기준) ① 특수학교와 각급학교의 장은 다음 각 호의 기준에 따라 학급 및 특수학급을 설치하여야 한다.

1. 유치원 과정의 경우 : 특수교육대상자가 1인 이상 4인 이하인 경우 1학급을 설치하고, 4인을 초과하는 경우 2개 이상의 학급을 설치한다.
2. 초등학교 · 중학교 과정의 경우 : 특수교육대상자가 1인 이상 6인 이하인 경우 1학급을 설치하고, 6인을 초과하는 경우 2개 이상의 학급을 설치한다.
3. 고등학교 과정의 경우 : 특수교육대상자가 1인 이상 7인 이하인 경우 1학급을 설치하고, 7인을 초과하는 경우 2개 이상의 학급을 설치한다.

② 교육감은 제1항에도 불구하고 두 가지 이상의 장애를 지니면서 장애의 정도가 심한 특수교육대상자가 배치된 학급의 경우에는 2분의 1의 범위에서 학급 설치 기준을 하향 조정할 수 있으며, 순회교육의 경우 장애의 정도와 유형에 따라 학급 설치 기준을 하향 조정할 수 있다. 〈개정 2021. 12. 28.〉

③ 특수학교와 특수학급에 두는 특수교육교원의 배치기준은 대통령령으로 정한다.

제28조(특수교육 관련서비스) ① 교육감은 특수교육대상자와 그 가족에 대하여 가족상담, 부모교육 등 가족지원을 제공하여야 한다. 〈개정 2019. 12. 10.〉

② 교육감은 특수교육대상자에게 필요한 경우 물리치료, 작업치료 등 치료지원을 제공하여야 한다. 이 경우 특수교육대상자의 장애유형과 장애정도를 고려한 맞춤형 치료지원이 제공될 수 있도록 하여야 한다. 〈개정 2021. 3. 23., 2021. 12. 28.〉

③ 교육감은 각급학교의 장이 특수교육대상자를 위하여 필요한 경우 지원인력을 제공할 수 있도록 지원하여야 한다. 〈개정 2021. 12. 28.〉

④ 각급학교의 장은 특수교육대상자의 교육을 위하여 필요한 장애인용 각종 교구, 각종 학습보조기, 보조공학기기 등의 설비를 제공하여야 한다.

⑤ 각급학교의 장은 특수교육대상자의 취학 편의를 위하여 통학차량 지원, 통학비 지원, 통학 지원인력의 배치 등 통학 지원 대책을 마련하여야 한다. 〈개정 2021. 12. 28.〉

⑥ 각급학교의 장은 특수교육대상자의 생활지도 및 보호를 위하여 기숙사를 설치 · 운영할 수 있다. 기숙사를 설치 · 운영하는 특수학교에는 특수교육대상자의 생활지도 및 보호를 위하여 교육부령으로 정하는 자격이 있는 생활지도원을 두는 외에 간호사 또는 간호조무사를 두어야 한다. 〈개정 2008. 2. 29., 2013.

3. 23., 2013. 4. 5.〉

⑦ 제6항의 생활지도원과 간호사 또는 간호조무사의 배치기준은 국립학교의 경우 교육부령으로, 공립 및 사립 학교의 경우에는 시·도 교육규칙으로 각각 정한다. 〈신설 2013. 4. 5.〉

⑧ 각급학교의 장은 각급학교에서 제공하는 각종 정보(교육기관에서 운영하는 인터넷 홈페이지를 포함한다)를 특수교육대상자에게 제공하는 경우 특수교육대상자의 장애유형에 적합한 방식으로 제공하여야 한다. 〈개정 2013. 4. 5.〉

⑨ 교육감(국립학교의 경우에는 해당 학교의 장을 말한다)은 「의료법」 제3조에 따른 의료기관과 협의하여 해당 의료기관에 소속된 같은 법 제2조에 따른 의료인으로 하여금 학교 내에서 특수교육대상자에게 의료적 지원을 제공하도록 할 수 있다. 이 경우 의료인이 제공하는 의료적 지원의 구체적 범위는 대통령령으로 정한다. 〈신설 2024. 2. 27.〉

⑩ 제1항부터 제9항까지의 규정에 따른 특수교육 관련서비스의 제공을 위하여 필요한 사항은 대통령령으로 정한다. 〈개정 2013. 4. 5., 2024. 2. 27.〉

제5장 고등교육 〈개정 2016. 5. 29.〉

제29조(특별지원위원회) ① 대학의 장은 다음 각 호의 사항을 심의·결정하기 위하여 특별지원위원회(이하 "특별지원위원회"라 한다)를 설치·운영하여야 한다. 〈개정 2022. 10. 18.〉

1. 대학의 장애학생 지원을 위한 계획
2. 심사청구 사건에 대한 심사·결정
3. 그 밖에 장애학생 지원을 위하여 대통령령으로 정하는 사항

② 특별지원위원회의 위원은 장애에 대한 이해와 경험이 풍부한 사람, 관계 교직원 또는 재학 중인 장애학생 중에서 대통령령으로 정하는 바에 따라 대학의 장이 임명한다. 〈신설 2022. 10. 18.〉

③ 특별지원위원회의 설치·운영 등에 관하여 필요한 사항은 대통령령으로 정한다. 〈개정 2022. 10. 18.〉

제30조(장애학생지원센터) ① 대학의 장은 장애학생의 교육 및 생활에 관한 지원을 총괄·담당하는 장애학생지원센터를 설치·운영하여야 한다. 다만, 장애학생이 재학하고 있지 아니하거나 대통령령으로 정하는 바에 따라 장애학생 수가 일정 인원 이하인 소규모 대학 등은 장애학생 지원부서를 둠으로써 이를 갈음할 수 있다. 〈개정 2021. 3. 23., 2022. 10. 18.〉

② 장애학생지원센터(제1항에 따라 장애학생 지원부서로 갈음하는 경우에는 이를 말한다. 이하 같다)는 다음 각 호의 업무를 담당한다. 〈개정 2021. 3. 23., 2021. 12. 28., 2022. 10. 18.〉

1. 장애학생을 위한 각종 지원에 관한 사항
2. 제31조에서 정하는 편의제공에 관한 사항

2의2. 「장애인복지법」 제25조제2항에 따른 대학 내 장애인 인식개선교육 실시에 관한 사항

3. 교직원·지원인력 등에 대한 교육에 관한 사항
4. 장애학생 교육복지의 실태조사에 관한 사항
5. 그 밖에 대학의 장이 회의에 부치는 사항

③ 장애학생지원센터의 장은 장애인 인권에 대하여 전문적인 지식과 경험이 있는 사람으로서 대통령령으로 정하는 자격을 갖추어야 한다. 〈신설 2022. 10. 18.〉

④ 장애학생지원센터의 설치 · 운영에 관하여 필요한 사항은 대통령령으로 정한다. 〈개정 2022. 10. 18.〉

제30조의2(개인별 교육지원계획) ① 장애학생지원센터의 장은 장애학생의 개인별 수요를 조사하여 그 결과를 특별지원위원회에 보고하여야 한다.

② 장애학생지원센터의 장은 제1항의 보고사항을 반영하여 매 학기마다 장애학생에 대한 개인별 교육지원계획을 작성하여 대학의 장에게 보고하여야 한다.

③ 대학의 장은 제2항에 따른 개인별 교육지원계획에 따라 장애학생을 지원하여야 한다.

④ 장애학생의 개인별 수요 조사 및 교육지원계획 수립에 관하여 필요한 사항은 대통령령으로 정한다.

[본조신설 2022. 10. 18.]

제31조(편의제공 등) ① 대학의 장은 해당 학교에 재학 중인 장애학생의 교육활동의 편의를 위하여 다음 각 호의 수단을 적극적으로 강구하고 제공하여야 한다. 〈개정 2021. 12. 28., 2022. 10. 18.〉

1. 각종 학습보조기기 및 보조공학기기 등의 물적 지원
2. 교육지원인력 배치 등의 인적 지원
3. 취학편의 지원
4. 정보접근 지원
5. 「장애인 · 노인 · 임산부 등의 편의증진보장에 관한 법률」 제2조제2호에 따른 편의시설 설치 지원
6. 그 밖에 장애학생의 교육활동에 필요한 것으로서 특별지원위원회에서 정하는 사항에 대한 지원

② 대학의 장은 해당 학교의 입학전형절차에서 장애수험생의 수험의 편의를 위하여 「장애인차별금지 및 권리구제 등에 관한 법률」 제14조제1항 각 호의 수단 중 수험편의에 필요한 수단을 적극적으로 강구하고 제공하여야 한다. 〈신설 2015. 12. 22.〉

③ 국가 및 지방자치단체는 제1항 및 제2항에 따라 필요한 경비를 예산의 범위 안에서 지원하여야 한다. 〈개정 2015. 12. 22.〉

④ 대학의 장은 제1항제4호에 따른 정보접근 지원을 위하여 수업 중 활용하는 영상물에 장애학생을 위한 화면해설, 폐쇄자막 또는 수어통역 등 대통령령으로 정하는 편의를 제공하여야 한다. 〈신설 2021. 12. 28.〉

제32조(학칙 등의 작성) 대학의 장은 이 법에서 정하는 장애학생의 지원 등에 관하여 다음 각 호에 해당하는 내용을 학칙에 규정하여야 한다. 〈개정 2021. 12. 28.〉

1. 장애학생의 학습지원에 관한 사항
2. 장애학생의 입학시험을 포함한 입학전형 관리에 관한 사항
3. 수업 중 활용하는 영상물에 장애학생의 정보접근 지원을 위한 편의제공에 관한 사항
4. 그 밖에 장애학생의 교육활동 편의를 위하여 필요한 사항

제33조(장애인고등교육지원센터) ① 교육부장관은 대학에 재학하는 장애학생에 대한 통합적 지원을 위하여 장애인고등교육지원센터(이하 "고등교육센터"라 한다)를 설치하거나 지정하여야 한다.

② 고등교육센터는 다음 각 호의 업무를 수행한다.

1. 장애학생 고등교육 관련 연구 · 분석
2. 장애학생 고등교육 지원 관련 자료 개발 · 보급
3. 장애학생의 진로 · 취업 지원

4. 장애학생 지원에 대한 교직원 등 연수 지원
5. 제13조에 따른 장애학생 교육복지 실태조사 운영 및 컨설팅
6. 제30조에 따른 장애학생지원센터 운영 지원
7. 그 밖에 장애학생 고등교육 지원을 위하여 필요한 사업

③ 국가는 제1항 및 제2항에 따른 고등교육센터의 설치 · 지정 및 운영에 필요한 경비를 지원할 수 있다.

④ 고등교육센터의 설치 · 지정 및 운영 등에 필요한 사항은 대통령령으로 정한다.

[본조신설 2022. 10. 18.]

제34조 삭제 〈2016. 5. 29.〉

제6장 보칙 및 벌칙

제35조(대학의 심사청구 등) ① 장애학생 및 그 보호자는 대학에 이 법에 따른 각종 지원조치를 제공할 것을 서면으로 신청할 수 있다.

② 대학의 장은 제1항에 따른 신청에 대하여 2주 이내에 지원 여부 및 그 사유를 신청자에게 서면으로 통지하여야 한다.

③ 장애학생 및 그 보호자는 제1항에 따른 신청에 대한 대학의 결정(부작위 및 거부를 포함한다)과 이 법을 위반하는 대학의 장 또는 교직원의 행위에 대하여 특별지원위원회에 심사청구를 할 수 있다.

④ 특별지원위원회는 제3항의 심사청구에 관하여 2주 이내에 결정을 하여야 한다.

⑤ 제3항에 따른 심사에서는 청구인에게 의견진술 기회를 주어야 한다.

⑥ 대학의 장, 교직원, 그 밖의 관계자는 제4항에 따른 결정에 따라야 한다.

⑦ 그 밖에 특별지원위원회에 대한 심사청구에 관하여 필요한 사항은 대통령령으로 정한다.

제36조(고등학교 과정 이하의 심사청구) ① 특수교육대상자 또는 그 보호자는 다음 각 호의 어느 하나에 해당하는 교육장, 교육감 또는 각급학교의 장의 조치에 대하여 이의가 있을 때에는 해당 시 · 군 · 구특수교육운영위원회 또는 시 · 도특수교육운영위원회에 심사청구를 할 수 있다.

1. 제15조제1항에 따른 특수교육대상자의 선정
2. 제16조제3항에 따른 교육지원 내용의 결정 사항
3. 제17조제1항에 따른 학교에의 배치
4. 제4조를 위반하는 부당한 차별

② 제17조제1항에 따라 특수교육대상자를 배치받은 각급학교의 장은 이에 따를 수 없는 특별한 사유가 있거나 배치받은 특수교육대상자가 3개월 이상 학교생활에의 적응에 상당한 어려움이 있는 경우에는 해당 시 · 군 · 구특수교육운영위원회 또는 시 · 도특수교육운영위원회에 심사청구를 할 수 있다. 〈개정 2021. 3. 23.〉

③ 시 · 군 · 구특수교육운영위원회 또는 시 · 도특수교육운영위원회는 제1항과 제2항의 심사청구를 받은 때에는 이를 심사하여 30일 이내에 그 결정을 청구인에게 통보하여야 한다.

④ 제3항의 심사에서는 청구인에게 의견진술의 기회를 주어야 한다.

⑤ 교육장, 교육감, 각급학교의 장, 그 밖의 관계자는 제3항에 따른 결정에 따라야 한다.

⑥ 제3항에서 정하는 심사결정에 이의가 있는 특수교육대상자 또는 그 보호자는 그 통보를 받은 날부터

90일 이내에 행정심판을 제기할 수 있다.

⑦ 제1항부터 제4항까지의 규정에 따른 심사청구의 절차 등에 관하여 필요한 사항은 대통령령으로 정한다.

제37조(권한의 위임과 위탁) ① 이 법에 따른 교육부장관의 권한은 그 일부를 대통령령으로 정하는 바에 따라 교육감에게 위임할 수 있다. 〈개정 2008. 2. 29., 2013. 3. 23.〉

② 이 법에 따른 교육감의 권한은 그 일부를 대통령령으로 정하는 바에 따라 교육장에게 위임할 수 있다.

제38조(벌칙) 다음 각 호의 어느 하나에 해당하는 자는 1년 이하의 징역 또는 1천만원 이하의 벌금에 처한다.

1. 제4조제1항을 위반하여 장애를 이유로 특수교육대상자의 입학을 거부하거나 입학전형 합격자의 입학을 거부하는 등의 불이익한 처분을 한 교육기관의 장
2. 제4조제2항제4호를 위반하여 대학의 입학전형절차에서 수험편의의 내용의 확인과 관계없는 별도의 면접이나 신체검사를 요구한 자

[본조신설 2016. 5. 29.]

[종전 제38조는 제38조의2로 이동 〈2016. 5. 29.〉]

제38조의2(벌칙) 다음 각 호의 어느 하나에 해당하는 자는 300만원 이하의 벌금에 처한다. 〈개정 2018. 2. 21.〉

1. 삭제 〈2016. 5. 29.〉
2. 제4조제2항제1호부터 제3호까지의 규정을 위반하여 특수교육 관련서비스의 제공, 수업, 학생자치활동, 그 밖의 교내외 활동에 대한 참여와 개별화교육지원팀에의 보호자 참여에 있어서 차별한 자
3. 삭제 〈2016. 5. 29.〉
4. 제4조제2항제5호를 위반하여 입학·전학 및 기숙사 입소 과정에서 비장애학생에게 요구하지 아니하는 보증인 또는 서약서 제출을 요구한 자
5. 제4조제2항제6호를 위반하여 학생 생활지도에 있어서 「장애인차별금지 및 권리구제 등에 관한 법률」 제4조의 차별을 한 자

[제38조에서 이동 〈2016. 5. 29.〉]

부칙 〈제20351호, 2024. 2. 27.〉

이 법은 공포 후 1년이 경과한 날부터 시행한다.

2. 장애인 등에 대한 특수교육법 시행령(약칭 : 특수교육법 시행령)

[시행 2023. 4. 19.] [대통령령 제33406호, 2023. 4. 18., 일부개정]

교육부(특수교육정책과) 044-203-6563

제1장 총칙

제1조(목적) 이 영은 「장애인 등에 대한 특수교육법」에서 위임된 사항과 그 시행에 필요한 사항을 규정함을 목적으로 한다.

제2조(의무교육의 실시) 「장애인 등에 대한 특수교육법」(이하 "법"이라 한다) 제3조 및 법률 제8483호 부칙 제1조 단서에 따라 특수교육대상자에 대한 의무교육은 다음 각 호에 따라 차례로 각각 실시한다.

1. 2010학년도 : 만 5세 이상 유치원 과정 및 고등학교 과정
2. 2011학년도 : 만 4세 이상 유치원 과정
3. 2012학년도 : 만 3세 이상 유치원 과정

제3조(의무교육의 비용 등) ① 법 제3조제3항에 따라 국가 또는 지방자치단체가 부담하여야 하는 비용은 입학금, 수업료, 교과용 도서대금 및 학교급식비로 한다.

② 국가 및 지방자치단체는 제1항의 비용 외에 학교운영 지원비, 통학비, 현장·체험학습비 등을 예산의 범위에서 부담하거나 보조할 수 있다.

제2장 국가 및 지방자치단체의 임무

제4조(위탁교육) ① 교육감은 법 제6조제2항에 따라 특수교육대상자에 대한 교육을 사립(私立) 특수교육기관에 위탁할 때에는 관할 구역에 있는 사립 특수교육기관의 교육여건, 교육 가능한 인원, 교육기간 등에 관하여 그 특수교육기관의 장(특수학급이 설립된 사립학교의 장을 포함한다)과 협의해야 한다.

② 교육감은 특수교육대상자의 교육을 위탁한 사립 특수교육기관에 대하여 국립 또는 공립 특수교육기관과 같은 수준의 교육을 할 수 있도록 운영비, 시설비, 실험실습비, 진로 및 직업교육비, 교직원의 인건비, 그 밖에 특수교육에 필요한 경비를 지급하여야 한다.

③ 제1항과 제2항 외에 위탁교육의 운영에 관한 세부 사항은 교육감이 정하는 바에 따른다.

제5조(교원의 자질 향상) ① 교육부장관 및 교육감은 통합교육에 대한 이해를 높이기 위하여 일반학교의 교원(특수교육교원은 제외한다. 이하 이 조에서 같다)에게 연수를 받게 하는 경우 특수교육에 관한 내용을 포함하여야 한다. 〈개정 2013. 3. 23.〉

② 교육부장관 및 교육감은 통합교육을 효율적으로 시행하기 위하여 통합교육을 지원하는 일반학교의 교원에 대하여는 특수교육과 관련된 직무연수 과정을, 특수교육교원에 대하여는 일반교과 교육에 관한 직무연수 과정을 개설·운영하여야 한다. 〈개정 2013. 3. 23.〉

제6조(중앙특수교육운영위원회 구성·운영) ① 법 제10조제1항에 따른 중앙특수교육운영위원회(이하 "중앙위원회"라 한다)는 위원장을 포함하여 15명 이내의 위원으로 구성한다.

② 중앙위원회의 위원장(이하 "위원장"이라 한다)은 교육부차관이 되고, 위원은 당연직위원과 위촉위원으로 구성한다. 〈개정 2013. 3. 23.〉

③ 당연직위원은 교육부, 행정안전부, 문화체육관광부, 보건복지부, 고용노동부, 여성가족부의 고위공무원단 소속 공무원으로서 해당 부처의 장관이 지명하는 사람이 된다. 〈개정 2010. 3. 15., 2010. 7. 12., 2013. 3. 23., 2014. 11. 19., 2017. 7. 26.〉

④ 위촉위원은 다음 각 호의 어느 하나에 해당하는 사람 중에서 위원장이 위촉한다.

1. 특수교육교원 자격이 있는 사람으로서 7년 이상 특수교육대상자를 교육하거나 교육하였던 사람
2. 특수교육대상자의 학부모 또는 보호자로서 특수교육 분야에서 활동하거나 활동 경험이 있는 사람
3. 「고등교육법」 제2조제1호 또는 제3호에 따른 학교에서 특수교육에 관한 학문을 가르치는 부교수 이상으로 재직하거나 재직하였던 사람

⑤ 위촉위원의 임기는 2년으로 하되, 2차에 한하여 연임할 수 있다.

⑥ 중앙위원회의 회의는 연 2회 이상 개최하여야 하며, 위원장이 필요하다고 인정하거나 재적위원 3분의 1 이상이 요구하는 경우에는 위원장이 회의를 소집한다.

⑦ 중앙위원회의 회의는 재적위원의 과반수 출석으로 개의하고, 출석위원 과반수의 찬성으로 의결한다.

⑧ 중앙위원회는 필요하다고 인정되면 관계 행정기관에 직원의 출석 · 설명과 자료 제출을 요구할 수 있다.

⑨ 그 밖에 중앙위원회의 구성 및 운영 등에 필요한 사항은 중앙위원회의 의결을 거쳐 위원장이 정한다.

제6조의2(위촉위원의 해촉) 중앙위원회의 위원장은 제6조제4항제1호부터 제3호까지의 규정에 따른 위촉위원이 다음 각 호의 어느 하나에 해당하는 경우에는 해당 위원을 해촉(解囑)할 수 있다.

1. 심신장애로 인하여 직무를 수행할 수 없게 된 경우
2. 직무와 관련된 비위사실이 있는 경우
3. 직무태만, 품위손상이나 그 밖의 사유로 인하여 위원으로 적합하지 아니하다고 인정되는 경우
4. 위원 스스로 직무를 수행하는 것이 곤란하다고 의사를 밝히는 경우

[본조신설 2015. 12. 31.]

제7조(특수교육지원센터의 설치 · 운영) ① 교육감은 법 제11조에 따른 특수교육지원센터를 설치할 때 그 업무를 수행할 수 있는 독립된 공간을 확보하여야 한다.

② 교육감은 특수교육지원센터가 그 업무를 효율적으로 수행할 수 있도록, 담당 업무를 전담하는 특수교육 분야의 전문인력을 배치하여야 한다.

③ 교육감은 지역의 지리적 특성 및 특수교육의 수요 등을 고려하여 필요한 경우에는 하나의 하급교육행정기관에 2 이상의 특수교육지원센터를 설치 · 운영할 수 있다.

④ 특수교육지원센터는 담당 업무를 효율적으로 수행하기 위하여 관련 기관과의 연계체제를 구축하고 협력하여 업무를 수행할 수 있다.

⑤ 교육감은 특수교육지원센터의 진단 · 평가 과정에서 장애가 의심되는 영유아 또는 학생이 이전에 의료적 진단을 받지 아니한 경우에는 이에 대한 의료적 진단을 보건소, 병원 또는 의원에 의뢰하여야 한다.

⑥ 교육감은 제5항에 따라 의료적 진단을 보건소, 병원 또는 의원에 의뢰한 경우에는 그 비용을 부담하여야 한다.

제8조(실태조사) ① 법 제13조제1항에 따른 실태조사에는 다음 각 호의 사항이 포함되어야 한다. 〈개정 2020. 1. 29.〉

1. 특수교육대상자의 성 · 연령 · 장애유형 · 장애정도별 현황
2. 특수교육기관 및 그 교육과정의 운영 실태
3. 특수교육 관련서비스의 제공 현황
4. 특수교육 지원을 위한 행정조직 및 지원 현황
5. 특수교육재정의 확보 · 분배 · 활용 현황
6. 특수교육대상자의 교육성과 및 학교 졸업 후의 생활상태
7. 삭제 〈2021. 4. 20.〉
8. 특수교육대상자 및 그 보호자, 특수교육에 관한 전문가 등 특수교육 관련자의 특수교육 지원에 대한 만족도 및 요구 사항

② 법 제13조제2항에 따른 실태조사에는 다음 각 호의 사항이 포함되어야 한다. 〈신설 2020. 1. 29.〉

1. 법 제29조에 따른 특별지원위원회의 설치 · 운영 현황
2. 법 제30조제1항에 따른 장애학생지원센터의 설치 · 운영 현황
3. 법 제31조제1항 및 제2항에 따른 장애학생의 교육활동 편의 및 장애수험생의 수험 편의를 위한 수단의 제공 현황
4. 법 제32조에 따른 장애학생 지원 등에 관한 학칙의 규정 현황
5. 법 제35조제3항에 따른 심사청구의 운영 현황

③ 법 제13조제3항에 따른 실태조사에는 다음 각 호의 사항이 포함되어야 한다. 〈신설 2020. 12. 8.〉

1. 특수교육대상자에 대한 인권침해 행위의 유형별 현황
2. 인권침해 행위로 피해를 입은 특수교육대상자를 보호하기 위한 조치 현황
3. 인권침해 행위를 한 사람에 대한 조치 현황
4. 그 밖에 특수교육대상자의 인권보호를 위하여 필요하다고 교육부장관이 인정하는 사항

④ 법 제13조제1항부터 제3항까지의 규정에 따른 실태조사는 표본조사의 방법으로 시행하되, 제1항부터 제3항까지에서 규정한 사항에 관하여 정확한 현황을 파악하고 조사항목의 특성상 필요한 경우에는 전수조사(全數調査)의 방법으로 시행할 수 있다. 〈개정 2020. 1. 29., 2020. 12. 8.〉

⑤ 교육감은 법 제13조제3항에 따른 실태조사를 다른 교육감과 공동으로 실시하거나 필요하면 해당 조사 업무에 전문성이 있는 기관 또는 단체에 의뢰하여 실시할 수 있다. 〈신설 2020. 12. 8.〉

제8조의2(인권침해 사건의 조사) ① 법 제13조의2제3항에 따른 조사는 서면조사와 현장조사의 방법으로 실시할 수 있다.

② 교육감은 법 제13조의2제3항에 따른 조사를 할 때에는 조사의 목적과 항목 등을 포함한 조사계획을 미리 조사대상자에게 통지해야 한다.

③ 교육감은 법 제13조의2제3항에 따른 조사에 필요한 자료의 제출이나 의견의 진술을 학교 등 관계 기관에 요청할 수 있다.

④ 교육감은 법 제13조의2제3항에 따른 조사에 필요하면 관계 전문가를 참여하게 하여 의견을 청취할 수 있다.

[본조신설 2020. 12. 8.]

제3장 특수교육대상자의 선정 및 학교 배치 등

제9조(장애의 조기발견 등) ① 교육장 또는 교육감은 매년 1회 이상 법 제14조제1항에 따른 홍보를 하여야 한다.

② 교육장 또는 교육감은 장애의 조기발견을 위하여 관할 구역의 어린이집 · 유치원 및 학교의 영유아 또는 학생(이하 "영유아 등"이라 한다. 이하 이 조에서 같다)을 대상으로 수시로 선별검사를 하여야 한다. 이 경우 「국민건강보험법」 제52조제1항 또는 「의료급여법」 제14조제1항에 따른 건강검진의 결과를 활용할 수 있다. 〈개정 2011. 12. 8., 2012. 8. 31.〉

③ 교육장 또는 교육감은 선별검사를 한 결과 장애가 의심되는 영유아 등을 발견한 경우에는 병원 또는 의원에서 영유아 등에 대한 장애 진단을 받도록 보호자에게 안내하고 상담을 하여야 한다.

④ 교육장 또는 교육감은 선별검사를 받은 영유아 등의 보호자가 법 제15조에 따른 특수교육대상자로 선정받기를 요청할 경우 영유아 등의 보호자에게 영유아 등의 건강검진 결과통보서 또는 진단서를 제출하도록 하여 영유아 등이 특수교육대상자에 해당하는지 여부를 판단하기 위한 진단 · 평가를 하여야 한다.

⑤ 교육장 또는 교육감은 제3항에 따라 진단 · 평가한 결과 영유아 등에게 특수교육이 필요하다고 판단되면 보호자에게 그 내용과 특수교육대상자 선정에 필요한 절차를 문서로 알려야 한다.

⑥ 제2항부터 제5항까지의 규정에 따른 선별검사 및 진단 · 평가에 필요한 사항은 교육부령으로 정한다. 이 경우 제2항에 따른 선별검사에 관한 사항은 보건복지부장관과 협의하여야 한다. 〈개정 2010. 3. 15., 2013. 3. 23.〉

제10조(특수교육대상자의 선정) ① 법 제15조제1항제11호에서 "두 가지 이상의 장애가 있는 경우 등 대통령령으로 정하는 장애"란 같은 항 제1호부터 제9호까지의 규정에 따른 장애가 두 가지 이상 중복된 장애를 말한다.

② 법 제15조제1항에 따라 특수교육대상자를 선정하는 기준은 별표와 같다.

제11조(특수교육대상자의 학교 배치 등) ① 교육장 또는 교육감은 법 제17조제1항에 따라 특수교육대상자를 학교에 배치할 때에는 해당 학교의 장과 특수교육대상자에게 각각 문서로 알려야 한다.

② 교육장 또는 교육감은 특수교육대상자를 일반학교의 일반학급에 배치한 경우에는 특수교육지원센터에서 근무하는 특수교육교원에게 그 학교를 방문하여 학습을 지원하도록 하여야 한다.

③ 각급학교의 장은 특수교육대상자에 대한 교육지원의 내용을 추가 · 변경 또는 종료하거나 특수교육대상자를 재배치할 필요가 있으면 법 제22조제1항에 따른 개별화교육지원팀의 검토를 거쳐 교육장 및 교육감에게 그 특수교육대상자의 진단 · 평가 및 재배치를 요구할 수 있다.

제12조(배치에 대한 이의) 법 제17조제4항에서 "대통령령으로 정하는 특별한 사유"란 해당 특수학교가 교육하는 특수교육대상자의 장애종류와 배치를 요구받은 특수교육대상자의 장애종류가 달라 효율적인 교육을 할 수 없는 경우를 말한다.

제4장 영유아 및 초 · 중등교육

제13조(장애영아의 교육지원) ① 만 3세 미만의 장애영아(이하 이 조에서 "장애영아"라 한다) 교육의 수업일수는 매 학년도 150일을 기준으로 하되, 장애영아의 건강 상태 및 교육과정의 운영상 필요한 경우에는 교육부장관, 교육감 또는 교육장의 승인을 받아 30일의 범위에서 줄일 수 있다. 〈개정 2013. 3. 23.〉

② 법 제18조제2항에 따라 특수교육을 받는 영아학급 등의 교원 배치에 관한 사항은 교육부장관, 교육감 또는 교육장이 정한다. 〈개정 2013. 3. 23.〉

③ 교육감이나 교육장은 법 제18조제2항에 따라 장애영아를 특수교육지원센터에 배치하여 교육을 하는 경우 「특수학교시설 · 설비기준령」 별표에 따른 보통교실을 그 특수교육지원센터에 갖추어야 한다.

④ 장애영아 담당 교원은 「초 · 중등교육법」 제21조제2항에 따른 특수학교 유치원교사 자격증을 소지한 사람으로 한다. 〈개정 2014. 12. 23.〉

제14조(취학의무의 유예 또는 면제 등) ① 특수교육대상자의 보호자가 법 제19조제2항에 따라 특수교육대상자의 취학의무를 유예받거나 면제 받으려는 경우에는 관할 교육감 또는 교육장에게 취학의무의 유예 또는 면제를 신청하여야 한다.

② 제1항에 따른 신청을 받은 교육감 또는 교육장은 법 제10조제1항에 따른 관할 특수교육운영위원회의 심의를 거쳐 특수교육대상자의 등 · 하교 가능성, 순회교육 실시 가능성 및 보호자의 의견 등을 고려하여 면제 또는 유예를 결정한다. 이 경우 유예기간은 1년 이내로 하고, 유예기간을 연장하려는 경우에도 관할 특수교육운영위원회의 심의를 거쳐야 한다.

③ 취학의무를 면제 또는 유예받은 사람이 다시 취학하고자 하는 경우 그 보호자는 교육감 또는 교육장에게 취학을 신청하고, 그 신청을 받은 교육감 또는 교육장은 관할 특수교육운영위원회의 심의를 거쳐 취학 여부를 결정하여야 한다.

제15조(유치원 의무교육을 받는 것으로 보는 어린이집의 요건) 법 제19조제2항 단서에서 "대통령령으로 정하는 일정한 교육 요건을 갖춘 어린이집"이란 「장애아동 복지지원법」 제32조제2항에 따라 지정받은 장애영유아를 위한 어린이집을 말한다.

1. 「영유아보육법」 제30조제1항에 따른 평가인증을 받은 어린이집
2. 장애아 3명마다 보육교사 1명을 배치한 어린이집(보육교사가 3명 이상인 경우에는 보육교사 3명 중 1명은 「초 · 중등교육법」 제21조제2항에 따른 특수학교 유치원교사 자격증을 소지한 교사여야 한다)

[제목개정 2011. 12. 8.]

제16조(통합교육을 위한 시설 · 설비 등) ① 일반학교의 장은 법 제21조제2항에 따라 통합교육을 실시하는 경우에는 특수교육대상자의 교내 이동이 쉽고, 세면장 · 화장실 등과 가까운 곳에 위치한 66제곱미터 이상의 교실에 특수학급을 설치하여야 한다. 다만, 배치된 특수교육대상자의 수 및 그 학교의 여건 등을 고려하여 시 · 도 조례로 정하는 바에 따라 44제곱미터 이상의 교실에 학급을 설치할 수 있다.

② 일반학교의 장은 법 제21조제2항에 따라 통합교육을 실시하는 경우에는 배치된 특수교육대상자의 성별, 연령, 장애의 유형 · 정도 및 교육활동 등에 맞도록 정보 접근을 위한 기기, 의사소통을 위한 보완 · 대체기구 등의 교재 · 교구를 갖추어야 한다.

제17조(전문인력의 자격 기준 등) 법 제23조제1항에서 "대통령령으로 정하는 자격이 있는 진로 및 직업교육을 담당하는 전문인력"이란 「초 · 중등교육법」 제21조제2항에 따른 특수학교 정교사 · 준교사 · 실기교사의 자격(각각 중학교 과정 이상의 교육과정을 담당할 수 있는 자격으로 한정한다)이 있는 사람으로서 다음 각 호의 어느 하나에 해당하는 사람을 말한다. 〈개정 2018. 10. 30.〉

1. 대학이나 대학원에서 직업재활에 관한 전공을 이수한 사람

2. 진로 및 직업교육과 관련한 국가자격증 또는 민간자격증 소지자
3. 진로 및 직업교육과 관련한 직무연수를 이수한 사람

제18조(진로 및 직업교육을 위한 시설 등) ① 중학교 과정 이상 각급 학교의 장은 법 제23조제2항에 따라 진로 및 직업교육을 위하여 66제곱미터 이상의 교실을 1개 이상 설치하여야 한다. 다만, 중학교 과정 이상 특수학교의 장은 「특수학교시설 · 설비기준령」 제4조에서 정하는 기준에 따라 설치하여야 한다. 〈개정 2016. 12. 5.〉

② 특수교육지원센터는 특수교육기관, 한국장애인고용공단지부 등 해당 지역의 장애인 고용 관련 기관, 직업재활시설, 장애인복지관, 산업체 등 관련 기관과 협의체를 구성하여야 한다. 〈개정 2009. 12. 31.〉

③ 교육감은 제1항에 따른 진로 및 직업 교육을 위한 교실의 설치비용을 지원하는 등 특수교육대상자의 진로 및 직업 교육에 필요한 인력과 경비를 지원하도록 노력하여야 한다. 〈개정 2016. 12. 5.〉

제19조(전공과의 설치 · 운영) ① 법 제24조제1항에 따른 전공과를 설치 · 운영하는 특수교육기관의 장은 66제곱미터 이상의 전공과 전용 교실을 1개 이상 설치하여야 하며, 세부적인 시설 · 설비의 기준은 교육감이 정한다.

② 전공과를 설치한 교육기관의 장은 그 설치 목적을 달성하기 위하여 현장실습이 포함된 직업교육계획을 수립하여야 한다.

③ 전공과의 수업 연한과 학생의 선발 방법은 교육감의 승인을 받아 전공과를 설치한 교육기관의 장이 정한다.

④ 전공과를 전담할 인력은 전공과를 설치한 특수교육기관의 고등학교 과정과 같은 수준으로 배치한다.

제20조(순회교육의 운영 등) ① 교육장이나 교육감은 법 제25조제1항에 따른 순회교육을 하기 위하여 순회교육을 받는 특수교육대상자의 능력, 장애 정도 등을 고려하여 순회교육계획을 작성 · 운영하여야 한다.

② 순회교육의 수업일수는 매 학년도 150일을 기준으로 하여 각급학교의 장이 정하되, 순회교육을 받는 특수교육대상자의 상태와 교육과정의 운영상 필요한 경우에는 지도 · 감독기관의 승인을 받아 30일의 범위에서 줄일 수 있다.

③ 삭제 〈2016. 6. 21.〉

제20조의2(원격수업의 운영) ① 교육부장관 및 교육감은 법 제25조제2항에 따른 원격수업(이하 "원격수업"이라 한다)을 실시하기 위하여 특수교육대상자의 장애유형 및 장애정도를 고려한 원격수업시스템을 구축 · 운영해야 한다.

② 교육부장관 및 교육감은 원격수업을 위하여 점자 및 자막 자료 등 특수교육대상자의 장애유형 및 장애정도에 따른 교육자료를 개발 · 보급해야 한다.

③ 제1항 및 제2항에서 규정한 사항 외에 원격수업의 원활한 운영을 위하여 필요한 세부사항은 교육부장관 및 교육감이 정한다.

[본조신설 2021. 4. 20.]

제20조의3(특수교육대상자를 위한 학급을 설치 · 운영 중인 의료기관 등에 대한 지원) 국가 및 지방자치단체는 법 제25조제5항에 따라 특수교육대상자를 위한 학급을 설치 · 운영 중인 의료기관 및 복지시설 등에 다음 각 호의 지원을 한다.

1. 학급의 설치 · 운영에 필요한 비용 지원
2. 학급 담당 교원 또는 특수교육 관련서비스 담당 인력 지원
3. 순회교육에 필요한 교재 · 교구 지원
4. 그 밖에 국립 또는 공립 특수교육기관 수준의 교육이 이루어질 수 있도록 지원이 필요하다고 국가기관 또는 지방자치단체의 장이 인정하는 지원

제21조(유치원 과정의 방과후 과정 담당 인력의 자격기준 및 운영방법) ① 법 제26조제1항에 따라 특수교육대상자에 대한 방과후 과정 운영을 담당하는 인력은 「영유아보육법」 제21조제2항에 따른 보육교사의 자격 또는 「유아교육법」 제22조 및 「초 · 중등교육법」 제21조에 따른 교원의 자격을 가지고 있는 사람으로 한다. 〈개정 2012. 4. 20.〉

② 방과후 과정을 운영하는 유치원 과정의 교육기관의 장은 교육과 보육을 연계하고 정규교육과정을 포함하여 1일 8시간 이상으로 운영하며, 그 밖에 운영에 필요한 사항은 교육감이 정한다. 〈개정 2012. 4. 20.〉

③ 교육감은 방과후 과정을 운영하는 유치원 과정의 교육기관에 대하여 그 교육에 소요되는 경비를 부담하거나 보조하여야 한다. 〈개정 2012. 4. 20.〉

[제목개정 2012. 4. 20.]

제22조(특수학교 및 특수학급에 두는 특수교육교원의 배치기준) 법 제27조제3항에 따라 배치하는 특수교육 담당 교사는 학생 4명마다 1명으로 한다. 다만, 도시와 농촌 · 산촌 · 어촌 교육의 균형발전, 특수교육지원센터의 운영현황, 특수교육대상자의 지역별 분포 및 두 가지 이상의 장애를 지니면서 장애의 정도가 심한 특수교육대상자의 배치 현황 등을 고려하여 특별시 · 광역시 · 특별자치시 · 도 · 특별자치도별 교사는 교육부장관이, 단위 학교 · 학급별 교사는 해당 교육감 또는 교육장이 배치 기준의 50퍼센트의 범위에서 가감하여 배치할 수 있다. 〈개정 2013. 3. 23.〉

제23조(가족지원) ① 법 제28조제1항에 따른 가족지원은 가족상담, 양육상담, 보호자 교육, 가족지원프로그램 운영 등의 방법으로 한다.

② 제1항에 따른 가족지원은 「건강가정기본법」 제35조에 따른 건강가정지원센터, 「장애인복지법」 제58조에 따른 장애인복지시설 등과 연계하여 할 수 있다.

제24조(치료지원) ① 법 제28조제2항에 따른 치료지원에 필요한 인력은 「의료기사 등에 관한 법률」 제4조에 따른 면허 또는 「자격기본법」 제19조제1항에 따라 주무부장관이 공인한 민간자격을 소지한 사람으로 한다.

② 교육감 또는 특수학교의 장은 특수교육지원센터 또는 특수학교에 치료실을 설치 · 운영할 수 있다.

③ 교육감은 「공공보건의료에 관한 법률」 제2조에 따른 공공보건의료기관 및 「장애인복지법」 제58조에 따른 장애인복지시설 등과 연계하여 치료지원을 할 수 있다.

제25조(지원인력) ① 교육감은 법 제28조제3항에 따라 각급학교의 장이 특수교육대상자를 위한 지원인력을 원활하게 제공할 수 있도록 지원인력 수급에 관한 계획의 수립, 지원인력의 채용 · 배치 등 지원인력의 운영에 필요한 업무를 수행한다.

② 교육감 또는 교육장은 지원인력의 자질 향상을 위하여 특수교육에 관한 연수를 실시하여야 한다.

③ 지원인력의 역할 및 자격은 교육부령으로 정하고, 그 밖에 운영 방법에 관한 세부 사항은 교육감이 정하여 고시한다. 〈개정 2013. 3. 23.〉

제26조(각종 교구 및 학습보조기 등 지원) 교육감은 법 제28조제4항에 따라 각급학교의 장이 각종 교구·학습보조기·보조공학기기를 제공할 수 있도록 특수교육지원센터에 필요한 기구를 갖추어 두어야 한다.

제27조(통학 지원) ① 교육감은 각급학교의 장이 법 제28조제5항에 따른 통학 지원을 원활하게 할 수 있도록 통학차량을 각급학교에 제공하거나 통학 지원이 필요한 특수교육대상자 및 보호자에게 통학비를 지급하여야 한다.

② 각급학교의 장은 특수교육대상자가 현장체험학습, 수련회 등 학교밖 활동에 참여할 수 있도록 조치를 취하여야 한다.

제28조(기숙사의 설치·운영) ① 교육감은 법 제28조제6항에 따른 기숙사의 운영에 필요한 경비를 예산의 범위에서 부담하거나 보조할 수 있다.

② 공립 및 사립학교의 기숙사 시설·설비 기준은 시·도 교육규칙으로 정한다.

제29조(기타 특수교육 관련서비스의 제공) ① 교육부장관 또는 교육감은 제23조부터 제28조까지의 규정에서 정한 특수교육 관련서비스 외에 보행훈련, 심리·행동 적응훈련 등 특정한 장애유형의 특수교육대상자에게 필요한 특수교육 관련서비스를 제공하여야 한다. 〈개정 2013. 3. 23.〉

② 제1항의 특수교육 관련서비스 제공에 필요한 인력은 국가자격 또는 「자격기본법」 제19조제1항에 따라 주무부장관이 공인한 민간자격을 소지한 사람으로 한다.

제5장 고등교육 〈개정 2017. 5. 29.〉

제30조(특별지원위원회의 설치·운영) ① 대학의 장은 그 대학에 장애학생이 10명 이상 재학하는 경우에는 법 제29조에 따른 특별지원위원회(이하 "특별지원위원회"라 한다)를 설치·운영하여야 한다.

② 장애학생이 10명 미만인 대학의 장은 법 제30조제2항에 따른 장애학생 지원부서가 법 제29조제1항제1호 및 제3호에 관한 특별지원위원회의 기능을 수행할 수 있도록 할 수 있다.

③ 특별지원위원회는 위원장 1명을 포함하여 5명 이상 15명 이하의 위원으로 성별을 고려하여 구성한다.

④ 특별지원위원회의 위원은 다음 각 호의 사람 중에서 대학의 장이 임명한다. 이 경우 각 호별 해당 위원 수가 전체 위원 수의 10분의 6을 초과하지 않도록 해야 한다.

1. 해당 대학의 장애학생 지원 및 복지 관련 교직원
2. 해당 대학에 재학 중인 장애학생
3. 그 밖에 장애학생 지원에 관한 학식과 경험이 풍부하다고 대학의 장이 인정하는 전문가

⑤ 제1항부터 제4항까지에서 규정한 사항 외에 특별지원위원회의 구성 및 운영에 필요한 사항은 대학의 장이 정한다.

제31조(장애학생지원센터의 설치·운영) ① 법 제30조제1항 단서에서 "일정 인원"이란 9명을 말한다.

② 법 제30조제3항에 따른 장애학생지원센터의 장의 자격을 갖춘 사람은 해당 대학의 교직원으로서 다음 각 호의 어느 하나에 해당하는 사람으로 한다.

1. 교육학, 사회복지학, 법학 등 장애인 인권 관련 분야의 학위를 소지한 사람
2. 교육, 보건·의료, 복지 등 분야의 「자격기본법」에 따른 국가자격을 소지한 사람
3. 장애학생 지원 및 복지 관련 업무에 3년 이상 종사한 경력이 있는 사람

4. 그 밖에 제1호부터 제3호까지의 규정에 준하는 자격으로 대학의 장이 정하는 자격을 갖춘 사람

제31조의2(개인별 수요 조사 및 교육지원계획 수립 등) ① 법 제30조의2제1항에 따른 장애학생의 개인별 수요 조사에는 다음 각 호의 사항이 포함돼야 한다.

1. 장애유형 및 장애정도
2. 법 제31조제1항 각 호의 수단 중 장애학생에게 필요한 수단 및 기간

② 장애학생지원센터(법 제30조제1항에 따라 장애학생 지원부서로 갈음하는 경우에는 이를 말한다)의 장은 법 제30조의2제2항에 따라 대학의 장에게 보고된 개인별 교육지원계획의 내용을 해당 장애학생에게 대학의 장이 정하는 기간 내에 알려야 한다. 이 경우 장애학생이 요청하면 해당 계획을 장애학생이 소속된 학과·학부 또는 대학원의 장에게도 통지해야 한다.

③ 제1항 및 제2항에서 규정한 사항 외에 개인별 수요 조사 및 교육지원계획 수립 등에 필요한 사항은 대학의 장이 정한다.

제32조(수업 중 활용하는 영상물의 편의제공) ① 법 제31조제4항에 따라 대학의 장은 장애학생을 위하여 다음 각 호의 편의를 제공해야 한다.

1. 「장애인복지법 시행령」 별표 1 제3호에 따른 시각장애인을 위하여 영상물의 화면 장면, 자막 등을 음성으로 전달하는 화면해설
2. 「장애인복지법 시행령」 별표 1 제4호에 따른 청각장애인 또는 같은 표 제5호에 따른 언어장애인(이하 이 조에서 "청각장애인등"이라 한다)을 위하여 영상물의 음성 및 음향을 화면에 글자로 전달하는 폐쇄자막
3. 청각장애인등을 위하여 영상물의 음성 및 음향을 손짓, 몸짓, 표정 등으로 전달하는 한국수어 통역

② 대학의 장이 법 제31조제4항에 따라 수업 중 활용하는 영상물(이하 이 조에서 "수업영상물"이라 한다)에 제1항에 따른 편의를 제공할 때에는 다음 각 호의 방법을 사용할 수 있다.

1. 제1항 각 호의 편의를 영상의 형태로 제작하여 수업영상물에 포함하는 방법
2. 교육지원인력을 배치하거나 학습보조기기·보조공학기기 및 정보통신매체 등을 활용하여 제1항 각 호의 편의를 수업영상물과 함께 실시간으로 제공하는 방법

제32조의2(장애인고등교육지원센터의 설치·지정 등) ① 교육부장관은 법 제33조제1항에 따라 장애인고등교육지원센터(이하 "고등교육센터"라 한다)를 설치하거나 다음 각 호의 기관 또는 법인 중에서 고등교육센터를 지정해야 한다.

1. 「공공기관의 운영에 관한 법률」 제4조에 따른 공공기관
2. 「고등교육법」 제2조 각 호에 따른 학교
3. 「정부출연연구기관 등의 설립·운영 및 육성에 관한 법률」 제8조제1항에 따른 연구기관
4. 「공익법인의 설립·운영에 관한 법률」 제2조에 따른 공익법인
5. 「민법」 제32조에 따른 비영리법인
6. 그 밖에 장애학생 고등교육 지원 업무에 관한 전문성을 갖춘 기관이나 법인

② 제1항에 따라 고등교육센터로 지정받으려는 기관 또는 법인은 다음 각 호의 기준을 모두 갖추어야 한다.

1. 법 제33조제2항 각 호에 따른 업무 수행에 필요한 조직·인력을 보유할 것

2. 법 제33조제2항 각 호에 따른 업무 수행에 필요한 사무실, 장비 · 시설을 갖출 것
3. 법 제33조제2항 각 호에 따른 업무 수행에 필요한 사업계획 및 운영규정을 갖출 것

③ 제2항에 따라 고등교육센터가 갖추어야 하는 기준의 세부 내용은 교육부장관이 정하여 고시한다.

④ 교육부장관은 고등교육센터를 지정하려는 경우에는 제2항 및 제3항에 따른 기준이 포함된 지정계획을 10일 이상 관보 또는 교육부 인터넷 홈페이지에 게시해야 한다.

⑤ 고등교육센터로 지정받으려는 기관 또는 법인은 지정신청서에 다음 각 호의 서류를 첨부하여 교육부장관에게 제출해야 한다.

1. 제2항제1호의 조직 · 인력의 보유 현황이나 확보 계획
2. 제2항제2호의 사무실, 장비 · 시설의 보유 현황이나 확보 계획
3. 제2항제3호의 사업계획 및 운영규정

⑥ 고등교육센터의 지정기간은 5년으로 한다.

⑦ 교육부장관은 제1항에 따라 지정된 고등교육센터가 다음 각 호의 어느 하나에 해당하는 경우에는 그 지정을 취소할 수 있다. 다만, 제1호에 해당하는 경우에는 그 지정을 취소해야 한다.

1. 거짓이나 그 밖의 부정한 방법으로 지정을 받은 경우
2. 제2항 및 제3항에 따른 기준에 적합하지 않게 된 경우

⑧ 교육부장관은 제1항 및 제7항에 따라 고등교육센터를 지정하거나 지정을 취소한 경우에는 관보 또는 교육부 인터넷 홈페이지에 지체 없이 게시해야 한다.

⑨ 제1항부터 제8항까지에서 규정한 사항 외에 고등교육센터의 지정 · 운영에 필요한 사항은 교육부장관이 정하여 고시한다.

제6장 보칙

제33조(심사청구 절차) 법 제35조제3항 및 법 제36조제1항 또는 제2항에 따른 심사청구 및 그 심사청구에 대한 결과의 통지에 필요한 서류는 각각 교육부령으로 정한다. 〈개정 2013. 3. 23.〉

제34조(규제의 재검토) 교육부장관은 다음 각 호의 사항에 대하여 다음 각 호의 기준일을 기준으로 3년마다(매 3년이 되는 해의 기준일과 같은 날 전까지를 말한다) 그 타당성을 검토하여 개선 등의 조치를 하여야 한다.

1. 제30조에 따른 특별지원위원회의 설치 · 운영 : 2016년 1월 1일

1의2. 제30조제3항 및 제4항에 따른 위원회의 구성 : 2023년 1월 1일

1의3. 제31조제2항에 따른 장애학생지원센터의 장의 자격 : 2023년 1월 1일

2. 제31조의2제2항에 따른 장애학생 개인별 교육지원계획의 내용을 장애학생에게 알릴 의무 : 2016년 1월 1일

3. 삭제 〈2017. 5. 29.〉

[전문개정 2016. 12. 30.]

부칙 〈제31623호, 2021. 4. 20.〉

이 영은 2021년 4월 21일부터 시행한다.

장애인 등에 대한 특수교육법 시행령 [별표]〈개정 2016. 6. 21.〉

특수교육대상자 선정 기준(제10조 관련)

1. 시각장애를 지닌 특수교육대상자

시각계의 손상이 심하여 시각기능을 전혀 이용하지 못하거나 보조공학기기의 지원을 받아야 시각적 과제를 수행할 수 있는 사람으로서 시각에 의한 학습이 곤란하여 특정의 광학기구 · 학습매체 등을 통하여 학습하거나 촉각 또는 청각을 학습의 주요 수단으로 사용하는 사람

2. 청각장애를 지닌 특수교육대상자

청력 손실이 심하여 보청기를 착용해도 청각을 통한 의사소통이 불가능 또는 곤란한 상태이거나, 청력이 남아 있어도 보청기를 착용해야 청각을 통한 의사소통이 가능하여 청각에 의한 교육적 성취가 어려운 사람

3. 지적장애를 지닌 특수교육대상자

지적 기능과 적응행동상의 어려움이 함께 존재하여 교육적 성취에 어려움이 있는 사람

4. 지체장애를 지닌 특수교육대상자

기능 · 형태상 장애를 가지고 있거나 몸통을 지탱하거나 팔다리의 움직임 등에 어려움을 겪는 신체적 조건이나 상태로 인해 교육적 성취에 어려움이 있는 사람

5. 정서 · 행동장애를 지닌 특수교육대상자

장기간에 걸쳐 다음 각 목의 어느 하나에 해당하여, 특별한 교육적 조치가 필요한 사람

가. 지적 · 감각적 · 건강상의 이유로 설명할 수 없는 학습상의 어려움을 지닌 사람
나. 또래나 교사와의 대인관계에 어려움이 있어 학습에 어려움을 겪는 사람
다. 일반적인 상황에서 부적절한 행동이나 감정을 나타내어 학습에 어려움이 있는 사람
라. 전반적인 불행감이나 우울증을 나타내어 학습에 어려움이 있는 사람
마. 학교나 개인 문제에 관련된 신체적인 통증이나 공포를 나타내어 학습에 어려움이 있는 사람

6. 자폐성장애를 지닌 특수교육대상자

사회적 상호작용과 의사소통에 결함이 있고, 제한적이고 반복적인 관심과 활동을 보임으로써 교육적 성취 및 일상생활 적응에 도움이 필요한 사람

7. 의사소통장애를 지닌 특수교육대상자

다음 각 목의 어느 하나에 해당하여 특별한 교육적 조치가 필요한 사람
- 가. 언어의 수용 및 표현 능력이 인지능력에 비하여 현저하게 부족한 사람
- 나. 조음능력이 현저히 부족하여 의사소통이 어려운 사람
- 다. 말 유창성이 현저히 부족하여 의사소통이 어려운 사람
- 라. 기능적 음성장애가 있어 의사소통이 어려운 사람

8. 학습장애를 지닌 특수교육대상자

개인의 내적 요인으로 인하여 듣기, 말하기, 주의집중, 지각(知覺), 기억, 문제 해결 등의 학습기능이나 읽기, 쓰기, 수학 등 학업 성취 영역에서 현저하게 어려움이 있는 사람

9. 건강장애를 지닌 특수교육대상자

만성질환으로 인하여 3개월 이상의 장기입원 또는 통원치료 등 계속적인 의료적 지원이 필요하여 학교생활 및 학업 수행에 어려움이 있는 사람

10. 발달지체를 보이는 특수교육대상자

신체, 인지, 의사소통, 사회·정서, 적응행동 중 하나 이상의 발달이 또래에 비하여 현저하게 지체되어 특별한 교육적 조치가 필요한 영아 및 9세 미만의 아동

3. 장애인 등에 대한 특수교육법 시행규칙(약칭 : 특수교육법 시행규칙)

[시행 2022. 7. 21.] [교육부령 제269호, 2022. 6. 29., 일부개정]

교육부(특수교육정책과) 044-203-6563

제1조(목적) 이 규칙은 「장애인 등에 대한 특수교육법」 및 같은 법 시행령에서 위임된 사항과 그 시행에 필요한 사항을 규정함을 목적으로 한다.

제2조(장애의 조기발견 등) ① 교육장 또는 교육감은 「장애인 등에 대한 특수교육법」(이하 "법"이라 한다) 제14조제1항 또는 제3항에 따른 선별검사나 진단·평가를 실시하는 경우에는 별표에 따른 검사를 각각 실시하여야 한다.

② 보호자 또는 각급학교의 장은 법 제15조제1항 각 호에 해당하는 장애를 가지고 있거나 장애를 가지고 있다고 의심되는 영유아 및 학생을 발견하여 진단·평가를 의뢰하고자 하는 경우에는 별지 제1호서식에 따른 진단·평가의뢰서를 작성하여 교육장 또는 교육감에게 제출하여야 한다.

③ 교육감 또는 교육장은 「장애인 등에 대한 특수교육법 시행령」(이하 "영"이라 한다) 제9조제5항에 따라 진단·평가의 결과를 영유아 및 학생의 보호자에게 알릴 때에는 별지 제2호서식에 따른다.

제3조(특수교육대상자의 학교 배치) 교육감 또는 교육장이 영 제11조제1항에 따라 특수교육대상자를 학교에 배치할 때에는 별지 제3호서식에 따라 해당 학교장과 특수교육대상자에게 통지하여야 한다.

제3조의2(교육과정) 〈삭제〉

제4조(개별화교육지원팀의 구성 등) ① 각급학교의 장은 법 제22조제1항에 따라 매 학년의 시작일부터 2주 이내에 각각의 특수교육대상자에 대한 개별화교육지원팀을 구성하여야 한다.

② 개별화교육지원팀은 매 학기의 시작일부터 30일 이내에 개별화교육계획을 작성하여야 한다.

③ 개별화교육계획에는 특수교육대상자의 인적사항과 특별한 교육지원이 필요한 영역의 현재 학습수행 수준, 교육목표, 교육내용, 교육방법, 평가계획 및 제공할 특수교육 관련서비스의 내용과 방법 등이 포함되어야 한다.

④ 각급학교의 장은 매 학기마다 개별화교육계획에 따른 각각의 특수교육대상자의 학업성취도 평가를 실시하고, 그 결과를 특수교육대상자 또는 그 보호자에게 통보하여야 한다.

제5조(지원인력의 역할 및 자격) ① 법 제28조제3항에 따라 학교에 배치되는 지원인력은 교사의 지시에 따라 교수학습 활동, 신변처리, 급식, 교내외 활동, 등하교 등 특수교육대상자의 교육 및 학교 활동에 대하여 보조 역할을 담당한다.

② 제1항에 따른 지원인력의 자격은 고등학교를 졸업한 사람 또는 이와 같은 수준 이상의 학력이 있다고 인정된 사람으로 한다.

제6조(생활지도원의 자격 및 배치기준) ① 법 제28조제6항 후단에 따라 특수학교의 기숙사에 두는 생활지도원은 다음 각 호의 어느 하나에 해당하는 사람으로 한다. 〈개정 2013. 10. 4.〉

1. 「초·중등교육법」 별표 2의 자격 기준에 해당하는 사람

2. 고등학교를 졸업한 사람 또는 이와 같은 수준 이상의 학력이 있다고 인정된 사람으로서 다음 각 목의 어느 하나에 해당하는 자격이 있는 사람

가. 「의료기사 등에 관한 법률」 제2조에 따른 물리치료사 또는 작업치료사

나. 「사회복지사업법」 제11조에 따른 사회복지사

다. 「영유아보육법」 제21조제2항에 따른 보육교사

② 법 제28조제6항 후단에 따라 국립학교에 두는 생활지도원은 학생 5명마다 1명 이상을 배치하여야 한다. 다만, 시각장애 또는 청각장애가 있는 특수교육대상자를 교육하는 중학교 및 고등학교 과정의 경우에는 학생 7명마다 1명 이상을 배치할 수 있다.

제6조의2(간호사 등의 배치기준) 법 제28조제6항 후단에 따라 국립학교에는 간호사를 1명 이상 배치하되, 기숙사에 기숙하는 학생이 50명을 초과하는 경우에는 그 초과인원 50명마다 간호사 또는 간호조무사를 1명 이상 추가로 배치하여야 한다.

[본조신설 2013. 10. 4.]

제7조(특별지원위원회에 대한 심사청구 결과 통보 등) ① 법 제35조제3항에 따라 장애학생 또는 그 보호자가 심사청구를 할 때에는 별지 제4호서식에 따른 심사청구서를 해당 학교의 특별지원위원회에 제출하여야 한다.

② 제1항에 따른 심사청구를 받은 해당 학교의 특별지원위원회는 심사를 거쳐 별지 제5호서식에 따른 심사결과통지서를 그 청구인에게 교부하여야 한다.

제8조(고등학교 과정 이하의 심사청구 결과 통보 등) ① 법 제36조제1항 또는 제2항에 따라 특수교육대상자, 그 보호자 또는 각급학교의 장이 심사청구를 할 때에는 별지 제6호서식에 따른 심사청구서를 해당 시·군·구특수교육운영위원회 또는 시·도특수교육운영위원회에 제출하여야 한다.

② 제1항에 따른 심사청구를 받은 해당 시·군·구특수교육운영위원회 또는 시·도특수교육운영위원회는 심사를 거쳐 별지 제7호서식에 따른 심사결과통지서를 그 청구인에게 교부하여야 한다.

부칙 〈제240호, 2021. 6. 30.〉 (어려운 법령용어 정비를 위한 11개 법령의 일부개정에 관한 교육부령)

이 규칙은 공포한 날부터 시행한다.

■ 장애인 등에 대한 특수교육법 시행규칙 [별표] 〈개정 2016. 6. 23.〉

<u>특수교육대상자 선별검사 및 진단 · 평가 영역(제2조제1항 관련)</u>

<table>
<tr><th colspan="2">구분</th><th>영역</th></tr>
<tr><td colspan="2">장애 조기 발견을 위한 선별검사</td><td>1. 사회성숙도검사
2. 적응행동검사
3. 영유아발달검사</td></tr>
<tr><td rowspan="5">진단 · 평가 영역</td><td>시각장애 · 청각장애 및 지체장애</td><td>1. 기초학습기능검사
2. 시력검사
3. 시기능검사 및 촉기능검사(시각장애의 경우에 한함)
4. 청력검사(청각장애의 경우에 한함)</td></tr>
<tr><td>지적장애</td><td>1. 지능검사
2. 사회성숙도검사
3. 적응행동검사
4. 기초학습검사
5. 운동능력검사</td></tr>
<tr><td>정서 · 행동장애 자폐성장애</td><td>1. 적응행동검사
2. 성격진단검사
3. 행동발달평가
4. 학습준비도검사</td></tr>
<tr><td>의사소통 장애</td><td>1. 구문검사
2. 음운검사
3. 언어발달검사</td></tr>
<tr><td>학습장애</td><td>1. 지능검사
2. 기초학습기능검사
3. 학습준비도검사
4. 시지각발달검사
5. 지각운동발달검사
6. 시각운동통합발달검사</td></tr>
</table>

비고 : 특수교육대상자 선정을 위한 장애유형별 진단·평가 시 장애인증명서·장애인수첩 또는 진단서 등을 참고자료로 활용할 수 있다.

[별지 제1호서식] 〈개정 2021. 6. 30.〉

(앞면)

<table>
<tr><td colspan="6">특수교육대상자 진단 · 평가 의뢰서</td></tr>
<tr><td colspan="2">접수번호</td><td colspan="2">–</td><td colspan="2"></td></tr>
<tr><td rowspan="3">대상자</td><td>성 명
(한자)</td><td colspan="2"></td><td>성별</td><td>남 여</td></tr>
<tr><td>주 소</td><td colspan="4"></td></tr>
<tr><td>소 속</td><td colspan="4"></td></tr>
<tr><td rowspan="2">보호자</td><td>성 명</td><td></td><td>대상자와의
관계</td><td colspan="2">대상자의 (　　　)</td></tr>
<tr><td>주 소</td><td></td><td>전화번호</td><td colspan="2"></td></tr>
<tr><td colspan="6">「장애인 등에 대한 특수교육법」제14조 제3항 및 같은 법 시행령 제9조 제4항에 따라 위와 같이 신청합니다.
년　　월　　일
보호자　　㊞
(학교장)　　㊞
시 · 도교육감(교육장)　귀하</td></tr>
</table>

(자르는 선)

특수교육대상자 진단 · 평가의뢰서(고등학교과정이하)접수증

접수번호

<table>
<tr><td colspan="2">소 속</td><td>학생명</td><td>성 별</td><td>비 고</td></tr>
<tr><td colspan="2"></td><td></td><td></td><td></td></tr>
<tr><td colspan="5">위와 같이 접수하였음을 증명함.</td></tr>
<tr><td>접수자</td><td colspan="2">년　월　일
성명　　서명</td><td colspan="2">년　　월　　일</td></tr>
<tr><td colspan="5">시 · 도교육감(교육장)　㊞</td></tr>
</table>

(뒷면)

1. 특수교육대상자 진단 · 평가의뢰서 제출 및 처리절차

- 보호자의 신청
- 각급학교의 장이 신청 → 보호자의 사전 동의

↓

- 교육감 또는 교육장의 접수
- 교육감 또는 교육장이 특수교육지원센터로 진단 · 평가 회부 — 즉시
- 특수교육지원센터에서 진단 · 평가 실시 — 30일 이내
- 진단 · 평가 결과를 교육감 또는 교육장에게 보고
- 교육감 또는 교육장은 특수교육대상자 선정여부 및 교육지원 내용을 결정하여 보호자에게 서면으로 통지 — 2주 이내
- 교육감 또는 교육장은 해당 특수교육운영위원회의 심사를 거쳐 특수교육대상자를 배치 (보호자 의견 수렴)
  - → 보호자 또는 각급학교의 장은 이의 있을 경우 심사청구
- 해당 특수교육운영위원회는 심사 후 그 결정을 교육감 또는 교육장이나 학교의 장에게 통보 — 30일 이내
- 심사 결정에 이의가 있는 보호자는 행정심판 제기 — 90일 이내

2. 작성시 유의사항

(가) 각급 학교의 장이 신청하는 경우 특수교육대상자의 보호자가 작성한 동의서를 첨부할 것.

(나) 접수번호 : 시 · 도(하급)교육청에서 부여하므로 지원자는 기재하지 아니함.

(다) 의뢰서의 기재사항을 수정할 때에는 반드시 해당 학교의 장 또는 시 · 도교육감(고등학교입학자격검정고시 합격자에 한함)의 날인이 있어야 함.

[별지 제2호서식]

특수교육대상자 진단 · 평가 결과통지서

교부번호 :

특수교육대상자 선정여부 및 교육지원 내용 등 결정 사항	

성　　명 :　　　　　　　　　　　　성　별(남, 여)

주　　소 :

생년월일 :　　　　년　　　월　　　일생

현재 소속기관 :　　　　학교　　부　　제　　학년　　재학(졸업)

「장애인 등에 대한 특수교육법」 제16조제3항 및 같은 법 시행령 제9조제5항에 따라 진단 · 평가 결과를 통지합니다.

교부자서명㊞

년　　　월　　　일

시 · 도교육감(교육장)　㊞

[별지 제3호서식]

특수교육대상자 배치 결과통지서

교부번호 :

배정학교	학교 부 제 학년 (학급)

성　　명 :　　　　　　　　　　　성　별(남, 여)

주　　소 :

생년월일 :　　　　년　　월　　일생

현재 소속기관 :　　　학교　　부　　제　　학년　　재학(졸업)

위 학생은 「장애인 등에 대한 특수교육법」 제17조제1항 및 같은 법 시행령 제11조제1항에 따라 위의 학교로 배정되었음을 통지합니다.

교부자서명 ㊞

년　　월　　일

시 · 도교육감(교육장) ㊞

[별지 제4호서식] 〈개정 2019. 9. 17.〉

(앞면)

<table>
<tr><th colspan="5">심사청구서 (전문대학 이상)</th></tr>
<tr><td>① 사건</td><td colspan="4"></td></tr>
<tr><td rowspan="3">② 청구인</td><td>성명</td><td></td><td>성별</td><td></td></tr>
<tr><td>주소</td><td colspan="3">(전화번호 :   )</td></tr>
<tr><td>소속</td><td colspan="3"></td></tr>
<tr><td>③ 피청구인</td><td colspan="4"></td></tr>
<tr><td>④ 재심청구의 대상이 되는 처분내용</td><td colspan="4"></td></tr>
<tr><td>⑤ 재심청구의취지</td><td colspan="4"></td></tr>
<tr><td>⑥ 재심청구의이유</td><td colspan="4"></td></tr>
<tr><td>⑦ 기타입증자료</td><td colspan="4"></td></tr>
<tr><td>⑧ 근거법률</td><td colspan="4">「장애인 등에 대한 특수교육법」 제35조제3항 및 같은 법 시행령 제33조</td></tr>
<tr><td colspan="5">위와 같이 심사를 청구합니다.

년 월 일

청구인 (서명 또는 인)

특별지원위원회 위원장 귀하</td></tr>
</table>

(뒷면)

1. 심사청구서 작성요령
   ① 사건명 : ○○ 처분 취소 청구
   ② 피청구인 : 처분권자를 말함
   ③ 심사청구의 대상이 되는 처분내용 : 년 월 일자 ○○ 처분
   ④ 심사청구의 취지 : 피청구인이 년 월 일 청구인에 대하여 한 ○○ 처분에 대하여 이의 취소를 구함
   ⑤ 심사청구의 이유 : 청구의 취지가 인용될 수 있도록 원처분이 위법 또는 부당하다고 생각되는 점을 지적하고 그 시정을 요구하는 주장을 논리적으로 기술
   ⑥ 기타 입증자료 : 본 건과 관련있는 각종 증거 및 참고자료
   ※ 심사청구이유 및 입증자료 내용이 많을 때는 목록만 기재하고 첨부자료로 제시 가능

2. 심사절차

1. 재심청구 → 2. 사건배정 → 3. 심사청구서 검토 → 4. 심사청구서 접수 및 변명서 제출 요구 → 5. 변명서 접수 · 검토 → 6. 사실조사 → 7. 심사기일 지정 · 통지 → 8. 심사회의 → 9. 결정 → 10. 결정서 작성 → 11. 결정서 송부

[별지 제5호서식]

<table>
<tr><th colspan="5">심사결과통지서 (전문대학 이상)</th></tr>
<tr><td>① 사건</td><td colspan="4"></td></tr>
<tr><td rowspan="3">② 청구인</td><td>성명</td><td></td><td>성별</td><td></td></tr>
<tr><td>주소</td><td colspan="3">(전화번호 :)</td></tr>
<tr><td>소속</td><td colspan="3"></td></tr>
<tr><td>③ 피청구인</td><td colspan="4"></td></tr>
<tr><td>④ 심사청구의 대상이 되는 처분내용</td><td colspan="4"></td></tr>
<tr><td>⑤ 심사 결과</td><td colspan="4"></td></tr>
<tr><td>⑥ 근거법률</td><td colspan="4">「장애인 등에 대한 특수교육법」 제35조제3항 및 같은 법 시행령 제33조</td></tr>
<tr><td colspan="5">위와 같이 심사 결과를 통지합니다.

년 월 일

특별지원위원회 위원장 (서명 또는 인)

청구인 귀하</td></tr>
</table>

[별지 제6호서식] 〈개정 2019. 9. 17.〉

(앞면)

<table>
<tr><th colspan="8">심사청구서 (고등학교 과정 이하)</th></tr>
<tr><td colspan="2">① 사건</td><td colspan="6"></td></tr>
<tr><td rowspan="4">② 청구인</td><td rowspan="3">특수교육대상자 또는 보호자</td><td>성명</td><td colspan="3"></td><td>성별</td><td></td></tr>
<tr><td>주소</td><td colspan="5">(전화번호 :)</td></tr>
<tr><td>소속학교</td><td colspan="5"></td></tr>
<tr><td>학교장</td><td>성명</td><td></td><td>학교명</td><td colspan="3">(전화번호 :)</td></tr>
<tr><td colspan="2">③ 피청구인</td><td colspan="6"></td></tr>
<tr><td colspan="2">④ 심사청구의 대상이 되는 처분내용</td><td colspan="6"></td></tr>
<tr><td colspan="2">⑤ 심사청구의 취지</td><td colspan="6"></td></tr>
<tr><td colspan="2">⑥ 심사청구의 이유</td><td colspan="6"></td></tr>
<tr><td colspan="2">⑦ 기타입증자료</td><td colspan="6"></td></tr>
<tr><td colspan="2">⑧ 근거법률</td><td colspan="6">「장애인 등에 대한 특수교육법」 제36조제1항 및 제2항, 같은 법 시행령 제33조</td></tr>
<tr><td colspan="8">위와 같이 심사를 청구합니다.

년 월 일

청구인 (서명 또는 인)

특수교육운영위원회 위원장 귀하</td></tr>
</table>

(뒷면)

1. 심사청구서 작성요령

① 사건명 : ○○ 처분 취소 청구

② 피청구인 : 처분권자를 말함

③ 심사청구의 대상이 되는 처분내용 : 년 월 일자 ○○ 처분

④ 심사청구의 취지 : 피청구인이 년 월 일 청구인에 대하여 한 ○○ 처분에 대하여 이의 취소를 구함

⑤ 심사청구의 이유 : 청구의 취지가 인용될 수 있도록 원처분이 위법 또는 부당하다고 생각되는 점을 지적하고 그 시정을 요구하는 주장을 논리적으로 기술

⑥ 기타 입증자료 : 본 건과 관련있는 각종 증거 및 참고자료

※ 심사청구이유 및 입증자료 내용이 많을 때는 목록만 기재하고 첨부자료로 제시 가능

2. 심사절차

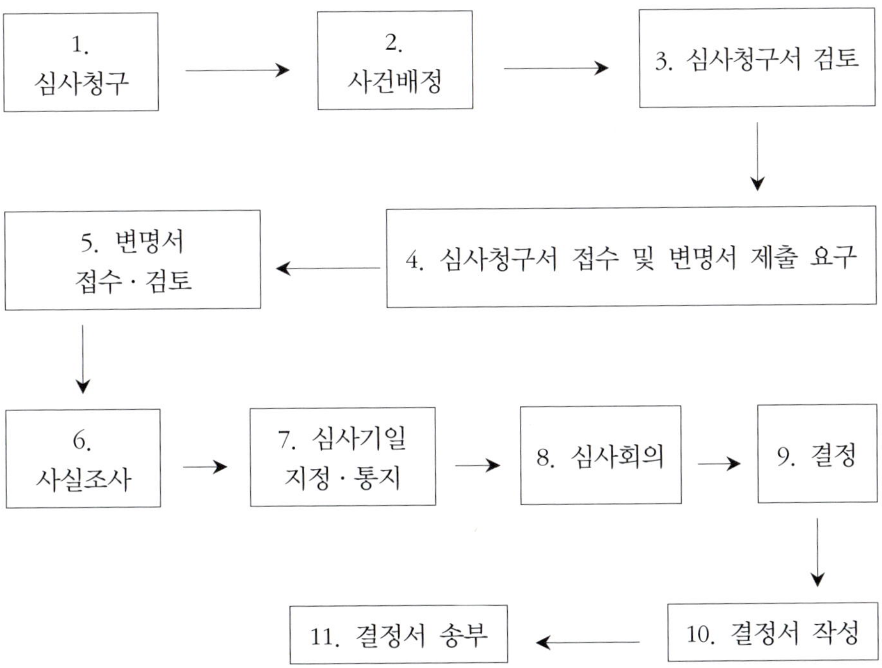

[별지 제7호서식]

<table>
<tr><th colspan="5">심사결과통지서 (고등학교 과정 이하)</th></tr>
<tr><td>① 사건</td><td colspan="4"></td></tr>
<tr><td rowspan="3">② 청구인</td><td>성명</td><td></td><td>성별</td><td></td></tr>
<tr><td>주소</td><td colspan="3">(전화번호 :)</td></tr>
<tr><td>소속</td><td colspan="3"></td></tr>
<tr><td>③ 피청구인</td><td colspan="4"></td></tr>
<tr><td>④ 심사청구의 대상이 되는 처분내용</td><td colspan="4"></td></tr>
<tr><td>⑤ 심사 결과</td><td colspan="4"></td></tr>
<tr><td>⑥ 근거법률</td><td colspan="4">「장애인 등에 대한 특수교육법」 제36조제3항 및 같은 법 시행령 제33조</td></tr>
<tr><td colspan="5">위와 같이 심사 결과를 통지합니다.

년 월 일

특수교육운영위원회 위원장 (서명 또는 인)

청구인 귀하</td></tr>
</table>

찾아보기

인명

내용

저/자/약/력

■ **추연구**
춘천교육대학교 교육학과 교수
대구대학교 대학원 지적장애전공, 문학박사
춘천교육대학교 교육대학원 초등특수교육전공 주임

■ **김병룡**
춘천교육대학교 교육대학원 초등특수교육전공
단국대학교 대학원 학습장애전공, 교육학박사
나사렛대학교 특수교육과 교수

【제2판】

특수교육의 이해

|공저자| 추연구 · 김병룡

|1판 1쇄| 발행 2022년 6월 30일
|2판 1쇄| 발행 2025년 3월 1일

|발행인| 김동훈
|발행처| 공동체

|주소| 경기도 고양시 일산동구 호수로 358-39, 동문타워Ⅰ 905호(백석동)
|전화| 031) 814-3000(대표)
|팩스| 031) 814-3100
|홈페이지| www.compub.co.kr
|전자우편| compub@naver.com
|출판등록| 2005년 10월 6일
|등록번호| 제396-2005-36호

|ISBN| 979-11-6725-832-8
정가 28,000원